Heiner Monheim,
Christoph Zöpel (Hg.)

Raum für Zukunft

Zur Innovationsfähigkeit von Stadtentwicklungs- und Verkehrspolitik

2. überarbeitete und ergänzte Auflage

Mit Beiträgen von
Franz Alt, Hein Arning, Reinhold Baier, Henry Beierlorzer, Michael Bräuer, Hans-Dieter Collinet, Dietrich Fürst, Karl Ganser, Hans-Peter Gatzweiler, Hubert Heimann, Wolfgang Hillemeyer, Karl Jasper, Marion Klemme, Rolf Kreibich, Heinrich von Lersner, Heiner Monheim, Rolf Monheim, Christian Muschwitz, Peter Obbelode, Irene Wiese von Ofen, Franz Pesch, Peter Pötter, Johannes Rau, Götz von Rohr, Wolfgang Roters, Karl Schmidt, Ulrich Schramm, Thomas Sieverts, Roswitha Sinz, Carl Steckeweh, Agnes Steinbauer, Marion Traube, Rolf Tiggemann, Klaus Töpfer, Hans-Jochen Vogel, Herrmann Zemlin und Christoph Zöpel

Das Titelbild zeigt eine Installation von Jan Bormann:
Die Sonnenuhr auf der Bergehalde Schwerin in Castrop-Rauxel
(© Fotodesign Uwe Gruetzner)

1. Auflage September 1997
2. überarbeitete und ergänzte Auflage Oktober 2008
Satz und Gestaltung: Klartext Medienwerkstatt GmbH, Essen
Umschlaggestaltung: Volker Pecher, Essen
Druck: Druckerei Strauss, Mörlenbach
© Klartext Verlag, Essen 2008
ISBN 978-3-8375-0010-3
Alle Rechte vorbehalten

www.klartext-verlag.de

KLARTEXT

Inhalt

Vorwort 9

Historische Entwicklung und aktuelle Neuorientierung der räumlichen Planung – Grundlagen, Grundtendenzen und Grundüberlegungen

Christoph Zöpel
Stadtentwicklung und Politik des Staates 12

Christoph Zöpel
Regionalisierung – Grundgedanken zu einer besseren (Raum-)Entwicklungspolitik 43

Heiner Monheim, Christian Muschwitz
Dorf – Stadt – Großstadt – Verdichtungsraum. Die Entwicklung von Siedlungen
und Raumstrukturen in Deutschland im historischen Wandel 57

Hans-Peter Gatzweiler
Raumordnungs- und Städtebaupolitik des Bundes im Wandel der Zeiten 85

Michael Bräuer
Stadtentwicklungspolitik in der DDR und den neuen Ländern 104

Dietrich Fürst
Der Wandel raumplanerischer Leitbilder – Wandel raumplanerischen Denkens 121

Karl Ganser
Vom Wachstumsdiktat zur Schrumpfungsrealität.
Grundgedanken für eine alternative Stadt- und Regionalentwicklungspolitik 135

Marion Klemme
Neubau, Umbau, Rückbau, …bau? Stadtentwicklung ohne Wachstum 162

Ulrich Schramm
30 Jahre Stadtentwicklungsplanung in München 177

Heinrich von Lersner
Global denken, lokal handeln: Stadtpolitik als innovative Umweltpolitik 189

Thomas Sieverts
Nutzungsmischung im historischen und kulturellen Zusammenhang.
Chancen für die Zukunft der Stadtplanung 195

Heiner Monheim, Rolf Monheim
Innenstädte zwischen Autoorientierung, Verkehrsberuhigung, Shopping Centern
und neuen Steuerungsmodellen 204

Rolf Kreibich
Planen für das Jahr 2025.
Können die Zukunftsforschung und die Agenda 21 Orientierungshilfe leisten? 242

Innovationsfähigkeit der Akteure

Götz von Rohr
Ausbildung für innovative räumliche Planung 256

Irene Wiese von Ofen
Die Innovationsfähigkeit kommunaler Planung 262

Wolfgang Roters
Ministerien als Innovationszentralen? 271

Carl Steckeweh
Lobby- und Verbändearbeit: Motor oder Bremse einer innovativen Stadtentwicklung? . . . 283

Franz Alt
Aktualitätsversessenheit und Umweltvergessenheit im deutschen Journalismus.
Die Rolle der Medien für eine innovative Stadt- und Umweltplanung 290

Heiner Monheim
Innovationen für ein effizientes Verkehrssystem 300

Verkehrsentwicklung

Heiner Monheim
Die Autofixierung der Verkehrspolitik. Warum die ökologische Verkehrswende
bisher nicht vorankommt und wie sich das ändern ließe 324

Herrmann Zemlin
Raus aus dem Stau: Über die (Un-)Möglichkeit einer Verkehrswende 341

Heiner Monheim
Stadtentwicklung und Verkehr –
eine Bilanz zwischen Frustration, Innovation und Hoffnung 347

Heiner Monheim
Die Rolle von Großprojekten in der Verkehrspolitik 363

Stadtentwicklung in den Städten und Regionen Nordrhein-Westfalens

Johannes Rau
Zukunft für das Ruhrgebiet 388

Hans-Dieter Collinet
Die Neuorientierung der Stadterneuerung in Nordrhein-Westfalen:
Grundüberlegungen zu den Beispielen 396

Wolfgang Hillemeyer
Von der intensiven Flächensanierung zur erhaltenden Stadterneuerung:
Von Rheda nach Wiedenbrück 402

Hubert Heimann
Behutsame Stadterneuerung in Solingen am Beispiel des Gebietes Lüneschloßstraße 405

Rolf Tiggemann
Flächenhafte Wohnumfeldverbesserung:
Das Modellprogramm Mittleres Ruhrgebiet – Bochum, Herne, Witten 408

Franz Pesch
Wie alles anfing – Stadterneuerung in Wuppertal-Elberfeld 411

Hein Arning
Der Dienstleistungs-, Gewerbe- und Landschaftspark Erin in Castrop-Rauxel 414

Hans-Dieter Collinet
Das Beispiel Museum für Sozial-, Wirtschafts- und Technikgeschichte
der Region Aachen in Stolberg 417

Kurt Schmidt
Rheinufertunnel Düsseldorf. Die Stadt kommt wieder zum Fluß 420

Reinhold Baier
Die Umgestaltung der Frankfurter Straße in Hennef 423

Roswitha Sinz
Stadterneuerung im Severinsviertel: das Projekt Karthäuser Wall 426

Peter Obbelode
Die Ravensberger Spinnerei aus Bielefeld: Pilotprojekt für eine »Kulturfabrik« 429

Peter Pötter
»Ohne das Ministerium hätte es unsere Genossenschaft nicht gegeben!« –
Geschichte der Bewohner-Genossenschaft in der Rheinpreußensiedlung 433

Henry Beierlorzer, Karl Jasper, Marion Traube
Stadterneuerung im Ruhrgebiet 1989–1999:
Die Internationale Bauausstellung Emscher Park 437

Henry Beierlorzer
Die Regionalen in Nordrhein-Westfalen –
Integrierte Handlungsprogramm für den Strukturwandel 474

Henry Beierlorzer
Die Regionale 2006 im Bergischen Städtedreieck –
Ein integriertes Strukturprogramm für das Profil einer Region 480

Rückschau und Ausblick in Interviews

30 Jahre Stadt- und Verkehrspolitik auf dem Prüfstand 488

Heiner Monheim, Agens Steinbauer
Vorbemerkung zu den Interviews 488

Interview mit Karl Ganser
Bilanz zur Stadtentwicklung und Verkehrsentwicklung in Deutschland 489

Interview mit Hans-Jochen Vogel
Bilanz der Stadtentwicklung in Deutschland 496

Interview mit Klaus Töpfer
Bilanz der Stadtentwicklung in Deutschland 498

Interview mit Christoph Zöpel
Bilanz der Stadtentwicklung in Deutschland 501

Interview mit Hans-Jochen Vogel
Bilanz der Verkehrsentwicklung in Deutschland 503

Interview mit Klaus Töpfer
Bilanz der Verkehrsentwicklung in Deutschland 504

Interview mit Christoph Zöpel
Bilanz der Verkehrsentwicklung in Deutschland 507

Autoren und Mitwirkende 509

Vorbemerkung zur 2. Auflage

»Raum für Zukunft« wurde 1997 von uns herausgegeben aus Anlass des 60. Geburtstags von Karl Ganser. Das Buch richtete sich seinerzeit an Architekten, Stadtplaner und Raumplaner sowie politische und fachliche Weggefährten von Karl Ganser. Da sich das Buch auch als Lehrbuch eignet, wurde ein erheblicher Teil der Auflage auch an Studierende abgesetzt, als planungskonzeptionelle Aufsatzsammlung für den Nachwuchs. Seit nunmehr zwei Jahren ist die Auflage vergriffen und es gab vor allem aus dem Hochschulbereich viele enttäuschte Nachfragen, warum das Buch nicht mehr zu haben sei.

Das ließ bei Heiner Monheim die Idee einer Neuauflage reifen. Klar war, dass Karl Ganser für eine solche Neuauflage keine Wiederholung der ihm selbst als Person gewidmeten persönlichen Beiträge wünschte. Ansonsten war er aber mit einer Neuauflage einverstanden und sogar bereit, eigene Gedanken zu den Grundfragen herkömmlicher Wachstumsorientierung angesichts der anstehenden demografischen und ökonomischen Schrumpfungsprozesse beizutragen. Weiter war klar, dass eine durchgängige Neubearbeitung und Aktualisierung aller Beiträge durch die Autoren wegen zeitlicher und organisatorischer Restriktionen der beiden Herausgeber nicht möglich wäre. So blieb dann nur die Möglichkeit für eine erweiterte und teilweise veränderte Neuauflage unter Beibehaltung der Kernbestandteile.

Neu aufgenommen wurden zur Abrundung des planungsgeschichtlichen und planungskonzeptionellen Teils weitere Beiträge.

Im allgemeinen Einführungsteil:
– ein Beitrag von Christoph Zöpel über die Rolle der Regionalisierungen in der Raumentwicklungspolitik;
– ein Beitrag von Heiner Monheim und Christian Muschwitz über Grundprinzipien und Verläufe deutscher Siedlungsentwicklung im urbanen und ländlichen Raum;
– ein Beitrag von Karl Ganser über die Konflikte zwischen wachstums- und schrumpfungsorientierten Entwicklungsstrategien;
– ein Beitrag von Marion Klemme über die Schwierigkeit der Kommunen, positive planerische Schrumpfungsstrategien zu entwickeln;
– ein Beitrag von Heiner Monheim und Rolf Monheim über die Entwicklung der deutschen Innenstädte in den letzten vier Jahrzehnten unter dem Einfluss autogerechter Verkehrsplanungen, fortschreitender Verkehrsberuhigungskonzeptionen mit immer größeren Fußgängerbereichen und unter der Konkurrenz peripherer und innerstädtischer Shopping Center.

Im Teil zur Innovationsfähigkeit der Politik:
– ein Beitrag von Heiner Monheim zum Innovationsstau und Innovationsbedarf deutscher Verkehrspolitik angesichts der neuen Herausforderungen der Energie-, Klima- und Umweltpolitik-

Im Teil zur Verkehrspolitik:
– ein Beitrag von Heiner Monheim über die negative Wirkung von Großprojekten in der Verkehrspolitik;
– ein Beitrag von Heiner Monheim über den Wandel kommunaler Verkehrspolitik und -Planung in den letzten Jahrzehnten.

Im Teil zu den Fallbeispielen
– ein Beitrag von Henry Beierlorzer über die Regionalen als integrierte Handlungsprogramme in der Nachfolge der IBA Emscherpark;
– ein Beitrag von Henry Beierlorzer über die Regionale 2006 Bergisches Städtedreieck.

Mit diesen Ergänzungen ist die Neuauflage von Raum für Zukunft noch abgerundeter. Die unverändert beibehaltenen Beiträge und die Interviews mit einigen herausragenden politisch Verantwortlichen haben durchgängig immer noch eine hohe thematische Aktualität und zeitgeschichtliche Relevanz.

Wir danken den neuen und den alten Autoren und dem Verleger, Dr. Ludger Claßen vom Klartext Verlag, der auch die erste Auflage erfolgreich betreut hatte. Wir hoffen, die Neuauflage kann Interesse wecken, Orientierung geben und zur konstruktiven Diskussion anregen.

Heiner Monheim und Christoph Zöpel

**Neuorientierung der räumlichen Planung –
Bilanz und Zukunft**

Christoph Zöpel

Stadtentwicklung und Politik des Staates

Städte sind steingewordene Geschichte, wobei sich die Bau- und Werkstoffe ändern, Geschichte aber nicht endet. Die festen, gebauten oder errichteten Monumente tradieren das Wissen um soziale Chancen und Risiken vergangener Zeit, das zur Fortsetzung der Geschichte treibt und so Zukunft macht. Es ist ein Kontinuum an Kommunikation, deren Teilnehmer handeln und Handeln erfahren.

Der Kontinuität aber versetzen denkende Menschen zumindest fiktive Brüche, die eine Ordnung des Geschehens ermöglichen. Dabei variieren die Brüche und die Kategorien der Ordnung mit der Zeit und den Menschen – allerdings, um so fester die Monumente, um so beständiger können historische Momente werden.

Feste Monumente, das sind
- die Pyramiden Ägyptens, die Akropolis in Athen, das Forum Romanum, die Omajaden-Moschee in Damaskus, romanische Dome und gotische Kathedralen,
- Burgen, Festungen, Schlösser, Rothenburg ob der Tauber, Carcassone oder Kraków,
- Karlsruhe und St. Petersburg als Stadtgründungen des aufgeklärten Absolutismus,
- gründerzeitliche Stadterweiterungen, Paris, Berlin, Wien, Budapest,
- Malakow-Türme, Arbeitersiedlungen in Oberhausen-Eisenheim oder in Katowice, Stahlwerke,
- Köln-Chorweiler, München-Perlach und Dortmund-Scharnhorst,
- Villen im rheinischen Hösel oder am Starnberger See,
- zerstörte Lippe-Auen, stinkende Emscher,
- Neue Mitte Oberhausen, Landschaftspark Meiderich-Nord,
- viel arbeitsfreie Zeit in der europäischen Stadt, Leben im Orbit, die Einsiedelei mit Internet-Anschluß.

Immer waren und sind Menschen dabei: Pharaonen und Sklaven, Aristoteles und Heloten, Cäsar, Cicero und die Plebejer, Raubritter und Leibeigene, Kleriker und Sünder, Alexander Borgia und Ablaß-Spender, Kurfürsten, Balthasar Neumann oder Johann Conrad Schlaun, in Preußen Karl Friedrich Schinkel, als auch Schelling und Hegel wie Siemens und Halske, Krupp in Villa Hügel und in der Bochumer Jahrhunderthalle, Lumpenproletarier und Facharbeiter, Kumpel Anton, Bottrops Oberbürgermeister Ernst Wilczok und Karl Ganser …

Manche für Momente, andere für Jahre, dabei jeder auch handelnd, aber die meisten handeln erfahrend.

Die Orte, die in den Mittelpunkt der ordnenden Betrachtung rücken, wechseln. Es kann also auch die Emscher sein. Hierher lege ich den fiktiven Bruch, hierher den Bezugspunkt ordnender Analyse von stadtbezogener Entwicklung. Um den Bezugspunkt Emscher legen sich räumliche und zeitliche Ringe:

Räumlich – das Ruhrgebiet, Nordrhein-Westfalen, Westdeutschland, Mitteleuropa, die globalisierten Gesellschaften.

Zeitlich – die IBA-Emscher-Park seit zehn Jahren Beispiel nachhaltiger Regionalpolitik in Zeiten fiskalischer Dürre; die Stadtentwicklungspolitik im Nordrhein-Westfalen der 80er Jahre; die Nachkriegszeit seit der verfassungspolitischen Konstituierung der deutschen Bundesrepublik, die auslaufende Industrieepoche, die europäische Stadt seit der Antike.

Ordnende Betrachtung benötigt objektivierende Begriffe, das Zitat durch Habilitationen und Evaluationen kanonisierter Wissenschaft. Sie bleibt kontrovers vor unterschiedlichen Werten oder dem Fehlen von Werten. Sie bleibt offen angesichts der glücklicherweise unvermeidbaren Subjektivität des jeweils Ordnenden und dieser Subjektivität seiner Adressaten. So fließt sie ein in das Kontinuum sozialer Kommunikation, das soziale Entwicklung ausmacht, auch die Entwicklung der Städte.

Die Stadt

Stadt ist der Ort vielfältigster Möglichkeiten des sozialen Zusammenwirkens und der sozialen Kommunikation in Arbeit und Freizeit. Diese Stadt wird allerdings dadurch konstituiert, daß es ein Gefüge von Häusern gibt, um derentwillen Menschen zusammenkommen und in denen sie zuhause sind.

Fachbegrifflich stehen sich so soziologischer und raumplanerisch-städtebaulicher Approach gegenüber. Aber die Dialektik dieser Definitionen von Stadt weist darüber hinaus. Sie führt zum Spannungsverhältnis von *Identität* und *Veränderung*. Die Suche nach Heimat, die den Älteren eher bestimmt als den Jüngeren, hat sicher manche Bezüge: Die Landschaft, das Klima, die Sprache, aber eben auch die Stadt, die ortsgerichtete Spurensuche nach dem Gebliebenen und Bleibenden. Kommunikation braucht einen Bezugsort und Handeln noch mehr.

Damit trägt Stadtentwicklung Ungleichzeitigkeit konstitutiv in sich. Das begriffliche Paradoxon »Erhaltende Stadterneuerung« beschreibt so nicht nur eine Strategie konkreter Stadtentwicklungspolitik der 80er Jahre in Nordrhein-Westfalen, sondern steht für städtisches Handeln generell. Die Gestaltung von Stadt war vielleicht auch immer der Umgang mit Ungleichzeitigem. Grabmäler errichten, um den Tod zu überdauern, Macht in Bauten festhalten, um sie zu verlängern, die alten Häuser abreißen, um die Stadt attraktiver zu machen. Um so mehr Menschen sich am städtischen Handeln beteiligen konnten und können, um so konfliktuöser wurde die entsprechende handlungsorientierte Kommunikation bei ungleichzeitigem Erleben. Die Suche nach dem demokratischen Rahmen dafür ist ein wesentlicher Teil stadtbezogenen gesellschaftlichen Handelns. Um so partizipationsoffener dieser Rahmen wird, desto schwerer die Planung. Hier liegt wohl das Leiden der Stadtplaner, nämlich in der Unplanbarkeit von Ungleichzeitigkeiten.

Politik

So führt Stadt zwangsläufig zur Politik. Um so dichter die soziale Kommunikation, um so mehr verlangt sie nach Ordnung, um so stärker gemeinsame Identität gefährdet sein kann, desto intensiver organisiert sich das Bedürfnis gemeinsamen Schutzes.

Die europäische Stadt, historisch konkret die griechische Polis, ist der Geburtsort von Politik, der Politea, der Kunst der Polis. An einer solchen Stelle mag es gerade in Zeiten der Politikverdrossenheit erlaubt sein, von Politik als Kunst, von Politikern als Künstlerinnen oder Künstlern zu sprechen. Kunst kommt von Können – heißt es umgangssprachlich und auch ethymologisch richtig. »Gemäß der Grundbedeutung von Können zielt Kunst auf das Wissen im Können«, so Friedrich Kluge im Ethymologischen Wörterbuch der deutschen Sprache, (Berlin-New York 1975, S. 413). Platon wollte deshalb die Politik den Philosophen, den Gelehrten übertragen – was zum bislang letzten Mal in der Frankfurter Paulskirche an der Wirklichkeit gescheitert ist. Aber der dahinterstehende Anspruch, der Politiker sollte wissen, was er kann und tut, ist richtig. Aristoteles hat das dauerhaft gültig ausgeführt. Er verstand Politik als Antwort auf die Grundprobleme sozialer Verbände, als Möglichkeit kollektiven Handelns bei nicht vorauszusetzendem Konsens. Was sich von selbst regelt, erfordert keine Politik. Politik diente zunächst der Stadt, dann Reichen und Staaten, indem sie Gefahrenabwehr nach außen, Gefahrenabwehr nach innen, Organisation des gemeinsamen Wohls, Sicherung von dessen Verteilung war und blieb.

Alles war zumindest philosophisch in Ordnung, bis in der Renaissance Macchiavelli Politik als Organisation vor Macht beschrieb. Es dauerte dann fast 300 Jahre, damit in der amerikanischen Unabhängigkeitserklärung und der französischen Revolution Politik auch wieder als Begrenzung von Macht begriffen wurde.

Die Unterscheidungen im begrifflichen Verständnis von Politik sind im Englischen wesentlich deutlicher: Politik zur Lösung von Problemen, das aristotelische Politikverständnis, heißt Policy, Politik als Gebrauch von Macht, auch im Sinne Macchiavellis, Politics, und für die politische Ordnung gibt es das Wort Polity. Mir geht es um Policy der Stadtentwicklung, bei der Politics in einer funktionsfähigen demokratischen Polity ablaufen.

Nicht nur im Bezug auf Stadtentwicklung glauben viele in Deutschland, die Politics wären nicht in Ordnung, ja die Polity müsste geändert werden. Die breiter werdende Debatte um institutionelle Reformen hat begonnen. Was steht dahinter? Wir erleben Werteverlust, bürokratische Geheimhaltung, Diskrepanz zwischen öffentlichen und nicht öffentlichen Reden, funktionslos werdende innerparteiliche Demokratie, manchmal auch platt opportunistische oder vorteilsbedachte Abgeordnete, nur noch wahltaktischen Parteienstreit.

Die Frage ist, war das nicht immer so? Platon und Aristoteles kannten die Tyrannen, auf Cäsar und Cicero folgten Caligula und Nero, der Minnegesang Wolfram von Eschenbachs – eine kleine bayerische Stadt trägt noch heute seinen Namen – und die Überfälle der Raubritter – ihre Namen sind seltener in städtischen Straßen festgehalten als die von Generälen des 20. Jahrhunderts – lagen eng beieinander. Das Widersprüchliche der Politik konnte sich in Familien wie den Medicis manifestieren, eine ihrer Frauen, Anna Maria Luisa war an der Seite Kurfürst Jan Wellems im 17. Jahrhundert eine ehrgeizige Standortförderin Düsseldorfs. Seit dem Absolutismus konkretisierte es sich in einzelnen Personen: Der Weg Friedrichs des Großen vom Flötenkonzert in Potsdams Sanssouci in die schlesischen Kriege und zur Zerstörung der Brühlschen Terrassen in Dresden war nicht weit.

Jeder heute Lebende, der vor 1945 geboren ist, hat auch Hitler und Stalin erlebt. Hitler traf übrigens im Godesberger Rheinhotel Dreesen mit der deutschen Industrie geschichtsbuchträchtig zusammen. Und Karl Marx hat bei seiner Analyse kapitalistischer Ausbeutung mit Stalin nicht gerechnet. Also auch das Ende von Politik generell oder auch nur zugunsten der Wirtschaft ist nicht der Ausweg aus der Verdrossenheit. Das alles und mehr muss und kann Kritik mildern und vor Hochmut bewahren beim Blick auf die demokratische Realität zwischen Berlin und Bonn, von Schwaben nach Düsseldorf und an die Emscher. Ja schließlich muss selbst Kritik nicht selbstlos sein, auch Flucht des Intellektuellen aus der Melancholie, die Immunisierung des Wissenschaftlers vor der Verantwortung im universitären Elfenbeinturm, der Gelderwerb des Journalisten, der Hegemonieanspruch der Inhaber von Medienmacht.

Das endlos mögliche Wissen um die historische Relativität jeweiligen Wertbezugs ist jedoch alles andere als wertfreie Beliebigkeit. Die Wirkungen von Werten und Werte-Losigkeit sind analysierbar und sie werden mitgetragen im Kontinuum handlungsorientierter Kommunikation in Stadt, Staat und Gesellschaft. Ihr gegenwärtiger politischer Rahmen und ihre politischen Aspekte werden im folgenden aufbauend auf praktischer Erfahrung skizziert.

Die Polity der Stadtentwicklung in der Bundesrepublik Deutschland

1945 war offenkundig nicht die Stunde null. Schon der Begriff des Wiederaufbaus, für die Stadtentwicklung der folgenden Jahre prägend, verweist auf die Faktizität der Kontinuität, wie bedeutsam auch der Bruch nach Faschismus, Zweitem Weltkrieg und Kriegsende gewertet werden mag. Auch Neubeginn ist etwas anderes als Null-plus, er benötigt dialektisch das Alte. Aber so gesehen neu war die Rückkehr zum Können in der Politik nach in das Extreme gesteigertem Machtzynismus.

Deutschland schuf sich eine Polity – verankert im Grundgesetz, in den Landesverfassungen und den kommunalen Satzungen. Für das Verhältnis von Stadtentwicklung und Politik entscheidend wurde dabei der übergeordnete Gedanke der Gewaltenteilung als Antwort auf und zur Abwehr von Totalitarismus. Es gibt jetzt die Prinzipien repräsentativer Demokratie und partizipativer politischer Willensbildung mit grundgesetzlicher Verankerung der Parteien. Es gibt in der Tradition Montesquieus die horizontale Gewaltenteilung mit einer Stärkung richterlicher Unabhängigkeit. Und es kommt hinzu die vertikale Gewaltenteilung zwischen Bund, Ländern und Gemeinden. Der verfassungspolitische Rahmen konstituiert so ein System von Checks and Balances, von institutionellen Konflikten zwischen politischen Ebenen und Organen oder auch den Zwang zum Querkonsens, verfaßt seit Ende der 60er Jahre in Mischkompetenzen und Mischfinanzierungen. Im Laufe der Zeit sind die historischen Motive für dieses fast extrem gewaltenteilige System unklar geworden, und die Vielfalt der Kompetenzen wird hinderlich bei konkreten Problemen und Projekten, erlaubt gegenseitige Schuldvorwürfe zwischen den Ebenen und Organen des politischen Systems. Die zunehmende Verflechtung des deutschen Verfassungssystems mit dem verfassungspolitischen Rahmen der Europäischen Union kompliziert die Polity der Bundesrepublik weiter.

So mag es sein, dass checks and balances zu institutionellen Hemmnissen für funktionsgerechtes Handeln geworden sind. Hier liegt ein Ansatz, das Verhältnis von Struktur und Prozess im politischen System der Bundesrepublik Deutschland zu überprüfen. Fritz W. Scharpf hat dafür jüngst überzeugend plädiert (Frankfurter Allgemeine Zeitung vom 5.6.1997). Das Gewicht des Verfassungsrahmens wird so wieder deutlich. Es geht verloren bei einem kommunikationsorientierten Politikverständnis: Hier sind Problemlösungen abhängig von beliebigen Akteuren, im Spektrum vom multinationalen Konzern bis zur dörflichen Bürgerinitiative, die geleitet sind von ihrem subjektiven Willen und die gemessen werden an einer vielfach wieder subjektiven Moral ihrer Beobachter.

Für die konkrete Politik der Städte hat die Verfassungsentwicklung zu einem Handlungsrahmen geführt, der einerseits als Korsett empfunden wird, andererseits eben kommunikationspolitisch Möglichkeiten der Verantwortungszuweisung an höhere Ebenen und damit auch der Rechtfertigung von kommunalem Nichthandeln bietet.

Der deutschen Geschichte und auch der deutschen Verfassungstradition entsprechend entstand die Bundesrepublik Deutschland als ein Bund von Ländern. Die historische Stellung der deutschen Städte wurde dabei deutlich mit der Teilnahme von Berlin, Hamburg und Bremen an der Bund-Bildung. Sie haben damit als Länder Staatsqualität. Für tausende andere Städte mußte sich ihre Stellung in der Verfassungswirklichkeit von Bund und Ländern erweisen.

Die Gemeinden in den Landesverfassungen

Die Verfassungen der Länder regeln das Verhältnis von Staat und Stadt. Beispielhaft zeigen das die Bestimmungen der nordrhein-westfälischen Verfassung vom 28.6.1950. Artikel 1 bestimmt: »Das Land gliedert sich in Gemeinden und Gemeindeverbände«. Artikel 78 garantiert die kommunale Selbstverwaltung. Er legt die Verwaltungskompetenz »in die Hände der Landesregierung, der Gemeinden und Gemeindeverbände«. Dabei geht Artikel 78 im Kern davon aus, daß Gemeinden ein vorkonstitutioneller Bestand zukommt. Die Landesverfassung schützt diesen Bestand aber nur im begrenzten Umfang. Entsprechend hat das Land als Staat die Befugnis, Gemeinden aufzulösen oder ihre Grenzen zu ändern. Von dieser durch den Verfassungsgerichtshof des Landes bestätigten Befugnis hat der nordrhein-westfälische Gesetzgeber mit den Neugliederungsgesetzen der 1960er und 1970er Jahre umfänglich Gebrauch gemacht. Von 2.334 Kommunen blieben 396 übrig, davon 23 kreisfreie Städte, die übrigen 373 in 31 Kreisen zu Gemeindeverbänden zusammengeschlossen.

Die kommunale Gebietsreform in Nordrhein-Westfalen ist der Extremfall in der Bundesrepublik. Aber durch entsprechende Reformen ist in allen Flächenländern die Zahl der Städte und Gemeinden erheblich reduziert worden auf 1993 8.518 in Westdeutschland. Dass es nach der Vereinigung wieder 16.032 Städte und Gemeinden in Deutschland gibt, ist auf die bisher behutsame kommunale Neugliederung in den neuen Ländern zurückzuführen.

Trotz dieser Reduzierung sind die Unterschiede in der Größe der Städte und Gemeinden erheblich geblieben. 13 Städte haben 500.000 und mehr Einwohner, weitere 25 über 200.000 Einwohner, 46 zwischen 100.000 und 200.000 und 108 zwischen 50.000 und 100.000 Einwohner. Die meisten hingegen sind »kleiner« als 50.000 Einwohner. Das Bild der Stadt in der öffentlichen Kommunikation wird hingegen von sehr großen, München, Frankfurt, Hamburg und seit 1991 von Berlin, bestimmt, wiewohl deren metropole Wirklichkeit der täglichen Stadterfahrung der meisten Menschen in Deutschland nicht entspricht. Auch die Großstädte an Rhein und Ruhr werden nur selten publizistisch breit kommuniziert; Folge ihres untypischen polyzentrischen Nebeneinanders.

Die Rhein-Ruhr-City wurde nicht gebildet, obwohl Nordrhein-Westfalen auf der Grundlage eines eher gemeindefreundlichen Verfassungstextes die Zahl der Gemeinden durch eine funktional-technokratische Neugliederungsgesetzgebung erheblich reduziert hat. Anders als in Bayern, wo Verfassung und kommunale Gebietsreform ein reziprokes Verhältnis zeigen.

Artikel 11 der bayerischen Verfassung vom 2.11.1946 lautet: »Jeder Teil des Staatsgebiets ist einer Gemeinde zugewiesen. Eine Ausnahme hiervon machen bestimmte unbewohnte Flächen (ausmärkische Gebiete). Die Gemeinden sind ursprüngliche Gebietskörperschaften des öffentlichen Rechts. Sie haben das Recht, ihre eigenen Angelegenheiten im Rahmen der Gesetze selbst zu ordnen und zu verwalten, insbesondere ihre Bürgermeister und Vertretungskörper zu wählen. Durch Gesetz können den Gemeinden Aufgaben übertragen werden, die sie namens des Staates zu erfüllen haben.«

Dieses eher staatsorientierte Gemeindeverständnis gilt in Bayern für eine ungleich größere Zahl von Gemeinden als in Nordrhein-Westfalen: Nämlich für 2.051, von denen mehr als 1.500 weniger als 5.000 Einwohner haben. So groß bzw. so klein sind in Nordrhein-Westfalen nur drei Gemeinden.

Die verfassungsrechtliche Definition der Gemeinden in den Landesverfassungen ist ein wesentlicher Rahmen für die Stadt- und Gemeindeentwicklung. Verfassungsziele, materielle wertorientierte Bestimmungen mit Einfluss auf die Entwicklung der Städte und Gemeinden können ein weiterer sein.

Hier ist die nordrhein-westfälische, nach Verabschiedung des Grundgesetzes beschlossene Verfassung sehr zurückhaltend. Lediglich in Art. 29 findet sich eine eher hausbacken wirkende Bestimmung: »Die Verbindung weiter Volksschichten mit dem Grund und Boden ist anzustreben. Das Land hat die Aufgabe, nach Maßgabe der Gesetze neue Wohnungen und Wirtschaftsheimstätten zu schaffen und den klein- und mittelbäuerlichen Besitz zu stärken. Die Kleinsiedlung und das Kleingartenwesen sind zu fördern.«

Dagegen enthält die Bayerische Verfassung – vor dem Grundgesetz beschlossen – soziale und stadtstrukturelle Ziele, so in Art. 106 zur Unverletzlichkeit der Wohnung, in Art. 109 zur Freizügigkeit, in Art. 125 zum Anspruch kinderreicher Familien auf gesunde Wohnungen, in Art. 141 zum

Stadtentwicklung und Politik des Staates

Denkmalschutz, in Art. 149 zum Schutz der Friedhöfe und in Art. 161 zur Verteilung und Nutzung des Bodens.

Stadtentwicklung und Grundgesetz

Im Grundgesetz für die Bundesrepublik Deutschland sind für den Zusammenhang von Stadtentwicklung und Politik zwei Regelungskomplexe von besonderer Bedeutung:
– das Verhältnis Staat – Kommunen und
– die Zuordnung der Instrumente hoheitlichen politischen Handelns, Gesetz und Geld, auf Bund, Länder und Gemeinden.

Das Verhältnis von Staat und Stadt

Art. 20 bestimmt die Bundesrepublik Deutschland als einen demokratischen und sozialen Rechtsstaat mit Gesetzgebung, vollziehender Gewalt und Rechtsprechung als Organen der Staatsgewalt. Dies gilt nach Art. 28 auch für die Länder. Die Gemeinden haben das Recht, alle Angelegenheiten der örtlichen Gemeinschaft im Rahmen der Gesetze in eigener Verantwortung zu regeln. Seit 1994 umfasst die Gewährleistung der Selbstverwaltung auch die Grundlagen der finanziellen Eigenverantwortung.

Art. 30 bestimmt, dass die Ausübung der staatlichen Befugnisse und die Erfüllung der staatlichen Aufgaben Sache der Länder ist, soweit das Grundgesetz keine andere Regelung trifft oder zulässt.

Das so in den Art. 28 und 30 thematisierte Verhältnis von Staat und Stadt ist also primär das Verhältnis der Länder, übrigens nicht »Bundes«-Länder, zu den Gemeinden. Dies hat sehr praktische Bedeutung für die politische Lösung von konkreten Problemen und die Durchführung von politischen Projekten, insbesondere wenn noch keine verwaltungsgesetzlichen Regelungen dazu getroffen sind. Kleinere Probleme lassen sich auf der Ebene der Stadt lösen, als konkrete Aufgaben kurzfristig der Stadtpolitik, längerfristig der Stadtentwicklungspolitik. Größere Probleme berühren das Staat-Stadt-Verhältnis. Sie erfordern und konstituieren Handlungsbeziehungen zwischen der staatlichen und kommunalen Ebene.

Recht und Geld

Schon Stadtpolitik, mehr noch die politischen Handlungsbeziehungen zwischen Staat und Stadt sind die Anwendung der beiden Instrumente hoheitlichen politischen Handelns: *Recht und Geld*. Die Verteilung der entsprechenden instrumentellen Kompetenzen ist ein Kernstück des Grundgesetzes.
Das gilt für
– die Gesetzgebung,
– die Gesetzesanwendung durch Verwaltungen,
– die Finanzverteilung.
a. Bei der Gesetzgebung unterscheidet das Grundgesetz die ausschließliche Zuständigkeit des Bundes, zwischen Bund und Ländern konkurrierende Gesetzgebung und die Rahmengesetzgebung des Bundes. Aus der Sicht der Stadtentwicklung ist nach der »Stadtnähe« der entsprechenden Materien zu fragen. Um so stärker die Stadt, vor allem als Gefüge von Häusern, Gebäuden und Straßen, betroffen ist, desto mehr wäre dem Sinn von Art. 30 entsprechend eine Landeszuständigkeit geboten. Gerade diesem Kriterium aber entspricht die entsprechende Kompetenzzuweisung des Grundgesetzes wenig.
  – Für Luftverkehr, Eisenbahn und Telekommunikation kann nur der Bund Gesetzesentscheidungen treffen. Flughäfen liegen in Städten und Flugzeuge fliegen über Städte, Eisenbahnen

gewinnen für die Verkehrsinfrastruktur und die Verkehrsanbindung der Städte eine immer größere Bedeutung, Telekommunikation hat angesichts der technologischen Entwicklung hin zur Telematik, zur Möglichkeit von Telematik-Citys, zukunftsträchtigen Einfluss.
- In der zwischen Bund und Ländern konkurrierenden Gesetzgebung, die allerdings der Bund in fast jedem Fall für sich in Anspruch genommen hat, sind im Artikel 74 insbesondere das Recht der Wirtschaft, das Recht der Enteignung, das Recht zur Überführung von Grund und Boden, von Naturschätzen und Produktionsmitteln in Gemeineigentum oder in andere Formen der Gemeinwirtschaft und das Recht des Grundstückverkehrs, Bodenrecht (ohne das Recht der Erschließungsbeiträge) und das Recht landwirtschaftlichen Pachtwesens, des Wohnungswesens und des Siedlungs- und Heimstättenwesens von stadtentwicklungsbezogener Bedeutung.
- Bei der Rahmengesetzgebung des Bundes nach Artikel 75 gilt das für Naturschutz- und Landschaftspflege und Bodenverteilung, Raumordnung und Wasserhaushalt; da Städte als Hochschulstandorte besondere Funktionen gewinnen, auch für den Hochschulbau.

b. Der Umgang mit Bundesgesetzen in den Kommunen wird dadurch komplex, dass die Gesetzgebungskompetenz nicht die Verwaltungskompetenz nach sich zieht. Die Länder führen nach Artikel 83 die Bundesgesetze als eigene Angelegenheiten aus, soweit das Grundgesetz nichts anderes bestimmt oder zulässt. Sie unterliegen dabei der Bundesaufsicht. Sie führen Bundesgesetze im Auftrage des Bundes aus und unterliegen dabei den Weisungen der zuständigen Bundesministerien. Es gibt bundeseigene Verwaltungen besonders im Verkehrswesen, also für die Eisenbahnen und die Wasserstraßen sowie für das Post- und Telekommunikationswesen. Bundesstraßen und Bundesautobahnen verwalten die Länder im Auftrage des Bundes. Von »Stadtnähe« kann also nicht die Rede sein. Die Verwaltungskompetenz des Bundes im Verkehrswesen ist im Gegenteil fast alltäglich hinderlich für die Stadtentwicklungspolitik, sie bedeutet ortsferne Entscheidungen und Zeitverzögerungen.

c. Zwischen 1966 und 1969 wurden in das Grundgesetz Gemeinschaftsaufgaben von Bund und Ländern im Artikel 91 a, Abs. 4 und Mitfinanzierungsmöglichkeiten bei investiven Aufgaben von Ländern und Gemeinden im Artikel 104 a aufgenommen. Damit sollte ein Übermaß an vertikaler Gewaltenteilung beseitigt werden. Die Wirkungen derartiger Politikverflechtungen zwischen Bund, Ländern und Gemeinden sind eine Stärkung der Fachverwaltungen, eine Einschränkung der Haushaltsautonomie der Länder, eine gestaffelte Abhängigkeit der Kommunen und damit eine Erschwernis klarer Prioritätensetzungen in der Landespolitik.

d. Länder und Städte handeln mit den Gesetzen des Bundes – das bestimmt in weitem Maße den rechtlichen Rahmen von Stadtentwicklungspolitik. Noch stärker gilt das für die fiskalischen Möglichkeiten, allerdings ungleichgewichtig für die Einnahme- und die Ausgabenseite der öffentlichen Haushalte. Die Steuergesetzgebungskompetenz liegt fast vollständig beim Bund. Das Grundgesetz muss deshalb notwendigerweise die Verteilung der Steuererträge auf Bund, Länder und Gemeinden regeln. Dabei sind die Gemeinden in drei Artikeln berücksichtigt:
- Nach Artikel 106 Abs. 5 erhalten die Gemeinden einen Anteil an dem Aufkommen der Einkommensteuer.
- Nach Artikel 106 Abs. 6 steht den Gemeinden das Aufkommen der Realsteuern zu.
- Nach Artikel 107 Abs. 7 fließt den Gemeinden ein Hundertsatz von dem Länderanteil am Gesamtaufkommen der Gemeinschaftssteuern, das sind Einkommensteuer, Körperschaftsteuer und Umsatzsteuer, zu.

Das faktische Monopol des Bundes für die Einnahmeseite hat auf der Ebene der Länder und Kommunen zu einer halbierten Verantwortung oder besser halbierten Verantwortungslosigkeit in der

Haushaltspolitik geführt. Folge ist eine weit verbreitete Alimentationsmentalität. Bei den Kommunen ist sie doppelt, sowohl gegenüber dem Bund wie gegenüber den Ländern, die ihrerseits wieder den größten Teil der Einnahmen der Gemeinden in Gemeindefinanzierungsgesetzen regeln.

Eine Ausnahme, die kommunale Einnahmekompetenz konstituiert, bilden die möglichen Hebesätze, die die Gemeinden auf ihren Anteil an der Einkommensteuer oder den Realsteuern festlegen können. Aber gerade hier gibt es mit Hinweis auf den Wettbewerb zwischen Kommunen eine Tendenz zur Nivellierung.

Die grundgesetzliche Zuordnung der rechtlichen wie fiskalischen Instrumente auf Bund, Länder und Gemeinden hat eine integrierte Entwicklungspolitik der Städte nicht begünstigt. Die so geschaffenen Kompetenzstrukturen für Parlamente und Verwaltungen werden als Grundlagen politischen Einflusses verteidigt oder auch als Störmöglichkeit missbraucht. Das gilt besonders, wo sie prozessuales Handeln betreffen. Exemplarisch dafür ist die Bundeszuständigkeit im Verkehrswesen. Sie könnte relativ problemfrei weitgehend kommunalisiert werden. Für die Eisenbahnen ist das 1994 eingeleitet worden. Die Zuständigkeit für den schienengebundenen Personennahverkehr haben die Länder und Kommunen. Die Länder haben sich allerdings fiskalische Zügel im Art. 106a garantieren lassen.

Zu den vielfältigen Gründen für den kontinuierlich fortschreitenden Bau von Bundesautobahnen und Bundesstraßen mag es gehören, dass hier eines der wenigen Politikfelder liegt, bei dem der Bund durch Gesetzesbeschluss federführend Einfluss auf die Raumnutzung in den Kommunen nimmt. Die Bundesstraßenbedarfsplan-Gesetze sind so eine Möglichkeit für die Bundestagsabgeordneten in den Städten oder Gemeinden ihrer Wahlkreise etwas für ein konkretes Projekt, nämlich ein Stück Fernstraße, zu tun.

Wertentscheidungen des Grundgesetzes
Das Grundgesetz enthält ohne Zweifel Wertentscheidungen, die für Stadtentwicklungspolitik bedeutsam sind. Sie bilden notwendigerweise ein komplexes Bündel, in dem die einzelnen Werte miteinander konfligieren oder sich ergänzen und verstärken können.
– Grundrechtliche Freiheiten,
– soziale Verpflichtungen,
– gewaltenteilige Demokratie
sind die Grundtrias dieser Verfassungswerte. Die Sozialpflichtigkeit des Eigentums ist dabei die Basis für eine Gesetzgebung, die Stadt als dauerhaftes Sozialgefüge stärken kann. Im Bauplanungsrecht ist diese Verfassungsbasis für den Umgang mit Grund und Boden genutzt worden. Sie konfligiert mit den »Wirtschaftsfreiheiten«, vor allem dann, wenn Stadtentwicklungspolitik zwischen ökonomischen und sozialen Wirkungen stadtstruktureller Entscheidungen abwägen muss. Nach der Vereinigung Deutschlands wurde mit dem Artikel 20a der Schutz der natürlichen Lebensgrundlagen in Verantwortung für die künftigen Generationen zum Staatsziel. Die Sozialpflichtigkeit von Grund und Boden erfährt in Verbindung mit diesem ökologischen Verfassungsrecht eine neue historische Ausprägung, die den Veränderungen der Lebensbedingungen am Ende der Industrieepoche gerecht werden könnte.

Stadtentwicklungs-Policy

Zeitliche Ordnung
Die Darstellung prozessualer Politikverläufe macht zum Zweck der Ordnung eine Periodisierung erforderlich. Gemeinsam mit Karl Ganser habe ich in den 80er Jahren die Nachkriegsgeschichte der Stadtentwicklung in Westdeutschland und speziell in Nordrhein-Westfalen eingeteilt in die Abschnitte
– Wiederaufbau
– Wachstum
– Besinnung.
Seit 1989 lässt sich für das vereinigte Deutschland von einer Periode des
– Umbruchs und der Ungleichzeitigkeiten
sprechen.

Wie lassen sich derartige Perioden voneinander abgrenzen? Sicherlich am besten in analytischer Beschreibung. Noch immer vermag keine deskriptive Methode differenzierte soziale Wirklichkeit besser zu erfassen als menschliche Sprache. Nur birgt diese Methode die Gefahr des Fehlens eines möglichst einfachen intersubjektiven Maßstabes. Ein solcher Maßstab ist der quantitative Vergleich. Viele Debatten werden geführt, weil quantitative Veränderungen nicht erkannt werden.

Wiederaufbau und Wachstum
Die beiden ersten Perioden haben ein Merkmal gemeinsam: die Vermehrung. Wiederaufbau nimmt sprachlich eher Bezug auf reale Bestände, Wachstum als Begriff der Ökonomik auf monetäre Größen, insbesondere das so gemessene Sozialprodukt. Beides hat auch seinen Bezug zu den Definitionen von Stadt, das Sozialprodukt zum sozialen Zusammenwirken, die realen Bestände zu den Häusern.

Die Einordnung der Wachstumsraten der Nachkriegszeit in eine längere historische Betrachtung zeigt, wie exzeptionell die Zeit zwischen 1950 und 2000 zu sehen ist. Sie relativiert Urteile, besonders über geringere Steigerungsraten des Sozialprodukts seit Mitte der 70er Jahre.

Im Blick auf das schnell steigende Sozialprodukt wirken die Abschnitte von Wiederaufbau und Wachstum wie ein Kontinuum. Das Wirtschaftswunder der Jahre nach der Währungsreform von 1948 ging über in eine Periode fast störungsfreier wirtschaftlicher Entwicklung mit realen Steigerungsraten zwischen maximal 11,5 % 1955 und 6 % als Durchschnittswert. Diese Entwicklung wurde getragen von unternehmerischem Handeln, das die Produktion steigern, neue Produkte entwickeln und die Produktivität erhöhen konnte. Städtebaulich hingegen sind Unterschiede feststellbar. Wurden im Wiederaufbau zerstörte Flächen wieder genutzt, und überkommene Maßstäblichkeit beibehalten, so verlagerte sich das Bauen in der Wachstumsphase auf neu erschlossene Flächen und auf großmaßstäbliche Projekte. Industrialisierung hatte weite Bereiche des produzierenden Sektors erfasst. Das betraf auch den Wohnungsbau. Die Hochhäuser der 60er und 70er Jahre sind vor allem ein Ausdruck unternehmerischen Wachstumswillens, dem sich Planung und Architektur anpassten.

Die Periode des Wachstums hatte eine Delle, der Konjunktureinbruch 1967, das Sozialprodukt fiel in diesem Jahr um 0,2 %. Erstmals gab es in der Bundesrepublik Arbeitslosigkeit als wirtschaftspolitisches Problem, mit 460.000 Betroffenen und einer Arbeitslosenquote von 2,1 %. Diese Krise führte zum Regierungswechsel und zur Konzipierung staatlicher Wachstumspolitik. Das Gesetz über »Wachstum und Stabilität der Wirtschaft« normierte sie. Vor allem fiskalische Instrumente sollten Konjunkturschwankungen ausgleichen und damit stetiges Wachstum sichern. Investive Beschäftigungsprogramme wurden so auch zu einem gewichtigen Hebel staatlich beeinflusster Stadtentwicklungspolitik.

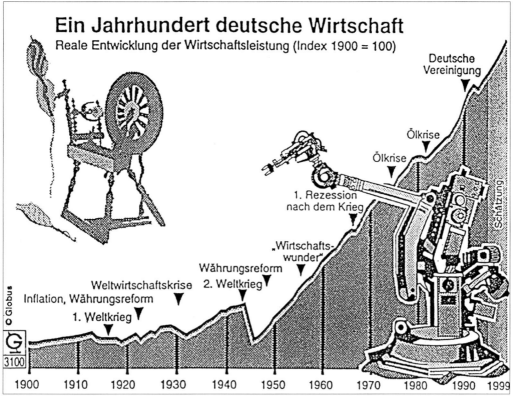

Ein Jahrhundert deutsche Wirtschaft: Reale Entwicklungen der Wirtschaftsleistung (Globus-Grafik 3100, 1996)

Besinnung
Diese Wachstumspolitik fand ihre Bewährungsprobe in der nächsten Krise 1973. Sie konnte dabei die Arbeitslosigkeit nicht beseitigen und begann die öffentlichen Haushalte zu überfordern, weil die Kredite der Rezession im Boom zurückzuführen offensichtlich demokratische Parlamente überfordert. Damit ergab sich der Übergang in die Periode der Besinnung, die vielleicht aber auch Normalität in ihrer Widersprüchlichkeit zeigt.

Im Rückblick vom Ende der neunziger Jahre aus lassen sich die Jahre zwischen dem Anfang der 70er Jahre und 1989 nämlich durchaus als eine lange Periode wirtschaftlicher, gesellschaftlicher und politischer Normalität auf hohem Niveau begreifen. Auf hohem Niveau befinden sich das jährliche Sozialprodukt und das Volksvermögen. Mit abflachenden Raten wachsen Sozialprodukt und Einkommen weiter. Und der Bestand an Geld- und Sachvermögen wächst mit, so die Zahl der Wohnungen zwischen 1970 und heute von 20 auf 30 Mio. Gerade so lässt sich eine reiche Gesellschaft beschreiben.

Normalität bedeutet aber in reichen und komplexen spätindustriellen Gesellschaften nicht Störungsfreiheit. Diese Vorstellung wäre eine Idealisierung der Wiederaufbau- und Wachstumsperiode. Störungen führen zu Widersprüchen, zum Infragestellen von bis dahin tragfähigen Konsensen. Unübersichtlichkeit ist die Folge von Gegensätzen, Besinnung hingegen eine Reaktion auf vorangegangene Fehler, wie sie Jahre von Wiederaufbau und Wachstum mit sich bringen.

Die Ursachen von Unübersichtlichkeit und notwendiger Besinnung lassen sich in vier größere sozialökonomische Zusammenhänge fassen:
1. Da sind einmal die konjunkturellen und strukturellen Wachstumsschwankungen und die trotz periodischen Wirtschaftsaufschwungs langsam, aber kontinuierlich steigenden Einkommensdisparitäten.
2. Dann gibt es die ökologische Kehrseite des wirtschaftlichen Wachstums. Sie schlägt sich nieder auch in der zunehmenden Inanspruchnahme des Raumes, in städtebaulichen Fehlleistungen, in Städten mit automobilem Chaos.
3. Weiter gibt es in wirtschaftlich wachsenden Gesellschaften ein paralleles Wachstum der Staatstätigkeit. Das liegt auch an der zunehmenden Zieldifferenzierung staatlicher Aufgaben. Dabei wird die staatliche Steuerungsfähigkeit quantitativ und qualitativ überschätzt. Und das führt zu steigender Staatsverschuldung und zunehmender Regelungsdichte.
4. Konkretes politisches Handeln wird damit schwieriger und zunehmend durch kommunikative politische Auseinandersetzungen überlagert.

Umbruch und Ungleichzeitigkeiten
Die welthistorische Zäsur von 1989 wird als ein tiefer Bruch in ihren Auswirkungen zunehmend spürbar. Das Ende des Kommunismus, die Vereinigung Deutschlands haben mehr verändert als im Moment des Ereignisses selbst geglaubt werden konnte. Dabei weisen Umbruch und Ungleichzeitigkeiten in zwei Richtungen. Die bequeme Wohlstandsisolierung der Bundesrepublik und anderer westeuropäischer Staaten ist zu Ende gegangen, sie finden sich mehr und mehr einbezogen in globalisierende Entwicklungen. Andererseits sind die Niveauunterschiede zwischen West- und Ostdeutschland offenkundig, sowohl beim Sozialprodukt wie beim Ressourcenverbrauch. Deshalb ist in den neuen Ländern zwischen aufholender Entwicklung und Vermeidung westdeutscher Fehler abzuwägen. Das gilt vor allem für das Paradigma der Industriegesellschaft.

Die Ungleichheiten beeinflussen auch Stadtentwicklung und Stadtentwicklungspolitik. Ihr entscheidender Indikator in hoch entwickelten Gesellschaften ist aber immer deutlicher nicht das jährliche Sozialprodukt, das als Einkommen verausgabt oder als Konsumgütermenge konsumiert wird, sondern es sind die Investitionen auf der einen Seite und die Inanspruchnahme der Ressource Raum auf der anderen. Wachsende Baubestände und abnehmender Freiraum korrespondieren so miteinander als real konfligierende Größen.

Stadtentwicklungspolitik in Nordrhein-Westfalen
Der prozessuale Verlauf der Stadtentwicklungspolitik lässt sich orientiert an den kommunikativen gesellschaftlichen Vorgängen oder orientiert an den Häusern beschreiben. Das gilt für jeglichen Ort, das gilt für jegliches Ereignis, auch für den tiefen Bruch 1945. So beginnt Johannes Volker Wagner seinen einleitenden Überblick zur Geschichte der Stadt Bochum seit 1945: »Als amerikanische Einheiten am 10. April 1945 in Bochum einrückten, bot die einstige ›NS-Gauhauptstadt von Westfalen-Süd‹ ein Bild des Chaos und des Grauens. Es war damals nur schwer vorstellbar, wie diese Stadt überhaupt wieder eine neue politische Kontur würde gewinnen können. Der Bochumer Bürgermeister ... übergab die Stadt kampflos den einrückenden Siegertruppen. Damit war für die Bochumer Bevölkerung der Krieg zu Ende.

Da Bochum in der britischen Besatzungszone lag, übernahm der englische Militärkommandant die schwierige Aufgabe, für Ruhe und Sicherheit zu sorgen, die Verwaltung der Stadt und das öffentliche Leben wieder in Gang zu setzen, die Bevölkerung vor dem Verhungern zu bewahren. Der Besatzungsmacht war klar, daß dies alles nur mit Hilfe gut funktionierender deutscher Verwaltungen

Stadtentwicklung und Politik des Staates **23**

geschehen konnte, die deshalb unter ihrer strengen Kontrolle weiter arbeiten sollten. Bereits am 16. April 1945 stellte der britische Stadtkommandant wieder einen deutschen Fachmann an die Spitze der Stadtverwaltung …

Allerdings entschlossen sich die Briten bald, dem Oberbürgermeister einen Stadtausschuss zur Seite zu stellen, der ihn in allen wichtigen Fragen beraten sollte. Es war dies ein erster Schritt auf dem Weg zur Demokratisierung und Beteiligung der Bürger am politischen Leben der Stadt.«

Der wohnungswirtschaftliche Bericht Nordrhein-Westfalen 1982 des damaligen Ministers für Landes- und Stadtentwicklung hingegen beginnt: »Bei der Volks- und Gebäudezählung am 17.5.1939 im Gebiet des späteren Landes Nordrhein-Westfalen wurden 3.353.371 Wohnungen mit rund 12.833.000 Räumen gezählt.

Durch den Zweiten Weltkrieg erlitt das Land starke Zerstörungen. Unmittelbar nach Kriegsende waren von den im Jahr 1939 vorhandenen Wohnungen nur
- rund 1.296.000 = 38,7 % unbeschädigt;
- rund   682.000 = 20,3 % wurden total zerstört;
- rund   460.000 = 13,7 % wurden so stark beschädigt, dass sie praktisch nicht mehr bewohnbar waren;
- rund   915.000 = 27,3 % wurden trotz Beschädigung bewohnt.

Der Grad der Zerstörung war regional unterschiedlich. Der rheinische Landesanteil hatte die höheren Zerstörungsquoten.«

Wiederaufbau
1946 gab es 2.302.000 Wohnungen, schon ein Jahr später waren es 2,501 Millionen, 1950 2,662 Millionen Wohnungen.

Die Städte als Gefüge von Häusern existierten, wenn auch reduziert und beschädigt. Stadtentwicklung setzte sofort wieder ein, allerdings mit großen Gestaltungsmöglichkeiten für Veränderungen von Grundriss und Aufriss. Es bestand die Chance, wertbezogene Leitbilder zu entwerfen und zu realisieren. Dabei bot die Charta von Athen aus dem Jahre 1933, die nach Funktionen gegliederte Stadt, Orientierung. Für die Stadt Bochum schildert Wagner das so: »Sieht man auf das Bochum des Jahres 1945, so hatte die Stadt fast alle äußeren Konturen verloren: sie war nur noch ein riesiges Trümmerfeld. Die Angriffe der alliierten Bomberverbände seit 1943 hatten die einstige ›Waffenschmiede des Reiches‹ in Schutt und Asche gelegt: das historische Zentrum war fast vollständig zerstört, 4 Millionen Kubikmeter Schutt bedeckten das Stadtgebiet.

Nach einer Bilanz des neuen Stadtbaurats Clemens Massenberg vom 26. August 1946 im Bauausschuss waren von ehemals 92.100 Wohnungen nur noch 25.000 ›teils in stark beschädigtem Zustand‹ erhalten …

Um die Stadt vom Trümmerschutt freizuräumen und gleichzeitig dringend benötigte Baumaterialien für den Wiederaufbau zu beschaffen, erließ Bochum als erste Stadt im Nachkriegsdeutschland eine Regelung für die Enttrümmerung und Trümmerverwertung. Ferner wurde durch ein frühzeitiges Planungskonzept, durch eine Gestaltungssatzung (1947) und durch Bauberatung versucht, aus den Trümmern ein neues, ein ›besseres und schöneres‹ Bochum zu schaffen, wobei das ›enge, verwinkelte und verschmutzte Bochum der Vorkriegszeit‹ zu einer modernen Industriestadt umgestaltet werden sollte – zu einer Stadt, die von menschlichem Maß geprägt war und in der Grünflächen, Luft und Sonne eine wichtige Rolle spielen sollen.

Dabei ging man von dem Konzept einer ›Sternstadt mit Trabanten‹ aus. Das hieß, die Innenstadt sollte als Geschäfts- und Verwaltungszentrum zum pulsierenden Mittelpunkt der Stadt ausgebaut werden, von wo dann radial Hauptstraßen ausgehen sollten, an denen – mit viel Grünflächen dazwischen – Wohn- und Gewerbegebiete als ›Trabanten‹ vorgesehen waren.

Bereits am 1. Oktober 1948 wurde vom Rat für den Wiederaufbau der Innenstadt ein Neuordnungsplan verabschiedet, der durch die Anlage eines Umgehungsringes um die Innenstadt, durch ein großes Straßenkreuz im Zentrum sowie durch die Verlegung des Hauptbahnhofes, die nach langwierigen Verhandlungen mit der Deutschen Bundesbahn schließlich durchgesetzt werden konnte (1957), der modernen Stadt Bochum ein großstädtisches und vor allem ›verkehrsgerechtes Gesicht‹ verleihen sollte.

Durch ihre Plan- und Konzeptvorgaben versuchte die Stadt, auch in der Architektur neue Akzente zu setzen. Zwar konnte der zunächst im Vordergrund stehende soziale Wohnungsbau nur einfachste Gebrauchsarchitektur liefern: Bei verbesserter Ausstattungsqualität (Wohnungen mit Bad und Kochküche) wurden bis Mitte der 50er Jahre 25.000 Wohnungen neu und die gleiche Anzahl kriegszerstörter Wohnungen wiedererrichtet; aber durch eng gefasste Planvorschriften und die Ausführung repräsentativer öffentlicher Bauten versuchte die Stadt, auch in der Formgebung (Rasterfassade und Nierenform), in der Linienführung (schwingende und lichte Linien), in der Materialsprache (zumeist Backstein, aber auch Beton und Glas) und in der Farbgebung neue gestalterische und städtebauliche Normen vorzugeben. Richtungsweisend für das Stadtbild sollten vor allem die zwischen 1950 und 1957 entstandenen Gebäude der Aral-Hauptverwaltung, des Stadtbades und der Stadtwerke, das Schauspielhaus und der neue Hauptbahnhof werden.«

Nota bene: Das Gebäude des Stadtbades, obwohl unter Denkmalschutz gestellt, soll demnächst abgerissen werden, trotz eines Förderungsangebots in Höhe von 10 Millionen DM seitens des Landes für die Erhaltung, das die Abwägung der Belange des Denkmalschutzes mit denen der Wirtschaftlichkeit erleichtern sollte.

Der Stadthistoriker vermeidet Hinweise auf die Politik des Landes. Aber auch die fand sofort statt. Am 9. Mai 1945 endete mit der Kapitulation die staatliche Existenz Preußens. Die britische Militärregierung arbeitete mit einer Verwaltungsstruktur, die aus der Nord-Rheinprovinz, der Provinz Westfalen und dem Land Lippe bestand. In der Rheinprovinz gab es bereits am 19.7.1945 die »Richtlinie Nr. 1« zur Wohnraumbeschaffung. Am 13.10. wurde durch die finanztechnische Anweisung Nr. 50 der Militärregierung das Wohnungsnotprogramm 1945 auf den Weg gebracht. Es gab eine Aufgabenverteilung zwischen Militär, Stadtverwaltungen und bürgerschaftlicher Selbsthilfe, die das wohl immer sinnvolle Zusammenwirken von Staat, Kommune und privatem Engagement aufzeigt.

»Gemäß diesem Programm ist die Armee verantwortlich für die Beschaffung von Materialien und in einem gewissen Umfang auch für den Transport. Die Stadtverwaltungen sind verantwortlich für die Beschaffung aller Überwachungs- und gelernten Arbeiter, wie solche benötigt werden. Die Hausbewohner selbst müssen für ungelernte Arbeiter sorgen.«

Am 21.1.1947 ist das Land Nordrhein-Westfalen einschließlich Lippe in seinen heutigen Grenzen gebildet, am 20.4.1947 wird der Landtag gewählt. Es gibt jährliche Wohnungsbauprogramme. 1950 beginnt auch die Städtebauförderung. Dies alles geschieht, bevor stadtentwicklungspolitisch relevantes Recht auf Landes- oder Bundesebene kodifiziert war. Im Land gab es allerdings schon 1950 ein Landesplanungsgesetz.

Wachstum
Der Wiederaufbau dauerte bis zur Mitte der 50er Jahre. 1954 schon überstieg der Wohnungsbestand die Zahl des Jahres 1939, 1957 die 4. Million. Die jährlichen Fertigstellungszahlen schwankten in den 50er Jahren zwischen 104.000 und 187.000.

Stadtentwicklung und Politik des Staates

In Nordrhein-Westfalen war die Periode des Wachstums aber früher gestört als es die gesamtwirtschaftliche Entwicklung der Bundesrepublik zeigt. Nordrhein-Westfalen und speziell sein industrieller Kern, das Ruhrgebiet, spürten Strukturwandel eher als andere Regionen als schmerzhafte Seite von Wirtschaftswachstum. Die ersten Feierschichten im Ruhrgebiet wurden am 22.2.1958 verfahren. Von 1956 bis 1966 ging die Zahl der Bergleute von 377.000 auf 187.000 zurück. In dieser Situation begannen regionale Strukturpolitik und Landesentwicklungspolitik. Sie folgten dem Ruf nach dem Staat, nach staatlicher Politik. Er wurde auf der Landesebene – Art. 30 des Grundgesetzes entsprechend – zuerst erhört. Die CDU/FDP-Regierung beschloss 1962 ein Landeskreditprogramm für Wirtschaftsförderung. Am 7.8.1964 gab es ein erstes Landesentwicklungsprogramm – Startschuss für eine sehr konkrete landespolitische Beeinflussung auch von Stadtentwicklung.

Eine erste konzeptionelle Systematisierung erfolgte nach dem Wechsel zu einer SPD/FDP-Regierung mit dem Entwicklungsprogramm Ruhr vom März 1968. Es enthielt die Handlungsschwerpunkte »Ausbau von Verkehrsnetzen und Stadtzentren« mit dem Unterpunkt »Ausbau von Stadt- und Stadtteilzentren« sowie »Pflege der Stadtlandschaft«. »Eine der großen Aufgaben« für das Ruhrgebiet »ist daher eine stärkere Konzentration der Bebauung an geeigneten Standorten zur Gewinnung großer, zusammenhängender Grünflächen und die Sanierung, Erneuerung und Korrektur nicht mehr funktionsgerechter Stadtteile«. Als Pflege der Stadtlandschaft wurden Haldenbegrünung, regionale Grünflächen, Waldpflege, Gebäudeabbruch, Planierung und Geländebegrünung, Innen- und Außenerneuerung des Altbaubestandes begriffen. Erfüllung der städtischen Funktionen, städtebauliche Konzentration und Erneuerung der Bestände verbinden sich dabei zu einem diffusen Leitbild von Stadt.

Seine Fortsetzung fand das Entwicklungsprogramm Ruhr (1970) im Nordrhein-Westfalen-Programm 1975. Das Kapitel 5.2 war dem Städtebau gewidmet. Es beginnt: »Das Ziel des Städtebaus ist eine Verbesserung der baulichen Entwicklung durch geordnetere und intensivere Nutzung vorhandener Bauflächen und Freiräume. Dabei muß mehr als bisher der Zersiedlung der Landschaft entgegengetreten und bei Entscheidungen über die bauliche Nutzung der langfristig wirtschaftlichen Lösung der Vorzug gegeben werden.« Landesplanungsrecht und Zweckzuweisungen sollten zur Realisierung instrumentell eingesetzt werden.

»Die Landesplanung wird hierfür die Ziele entwickeln und vorhandene Zieldarstellungen überprüfen und ergänzen. Die Gemeinden müssen ihre Bauleitpläne diesen Zielen anpassen. Dabei sollen Bauflächen, für die noch keine Baurechte entstanden sind und für deren Bebauung in absehbarer Zeit kein Bedarf besteht, möglichst wieder eingezogen werden.«

Städtebauförderung sollte in den Verdichtungsgebieten vorrangig stattfinden. Dazu gehörten neben dem Ruhrgebiet auch die Räume Bielefeld, Münster und Aachen. Die Zweckzuweisungen für den Städtebau wurden konkretisiert. Es waren für den Programmzeitraum 1970–1975 Gesamtausgaben in Höhe von 2,038 Mrd. DM vorgesehen. Darin sollte ein Bundesanteil von 600 Mio. DM enthalten sein, den das Land nach Verabschiedung des Städtebauförderungsgesetzes von 1972 bis 1975 erwartete.« Die Praxis der Städtebauförderung in den frühen siebziger Jahren führte zu aufwendigen Flächensanierungen, teuren Betriebsverlagerungen, autogerechten innerstädtischen Verkehrsbauten, riesigen Entwicklungsmaßnahmen.

Dazu kamen großmaßstäbliche Planungen für den Wohnungsbau. Als Maßnahmen zwischen 1970 und 1975 waren vorgesehen: »Bau von rund 200.000 Neubauwohnungen und Erneuerung von rund 250.000 Altbauwohnungen mit Vorrang an Entwicklungsschwerpunkten, die Stadt- und Stadtteilzentren an S-Bahn- und Stadtbahn-Haltestellen und in zentralen Orten.« Die Landesausgaben für diesen Zweck im Programmzeitraum sollten 4,327 Mrd. DM betragen.

Die raumplanerischen Vorgaben und die Betonung der Wohnungsmodernisierung zeigen für die Stadtentwicklungspolitik das Ende sich selbsttragenden Wachstums und die Versuche der qualitativen politischen Steuerung. Der Wohnungsbestand war nämlich über 4,5 Mio. Wohnungen 1960, 5,1 Mio. 1964 5,6 Mio. 1969 auf 6,1 Mio. 1973 gestiegen. 1979 wurde mit 6,8 Mio. die Verdoppelung des Bestandes von 1939 erreicht.

Entwicklungsprogramm Ruhr und Nordrhein-Westfalen-Programm 1975 waren als beschäftigungsorientierte Wachstumsprogramme konzipiert. Sie waren bestimmt vom optimistischen staatlichen Steuerungswillen. Wachstum wurde aber nicht allein quantitativ, sondern auch qualitativ verstanden, die Vielfalt der landespolitischen Ziele auch im Bereich der Stadtentwicklung macht das deutlich.

Besinnung

Damit war das Nordrhein-Westfalen-Programm im nachhinein betrachtet Gipfelpunkt politischen Planungs- und Gestaltungswillens im Rahmen einer jetzt bereits qualitativen Wachstumspolitik, damit aber auch Überleitung zu der Periode der Besinnung angesichts der offenkundig gewordenen strukturellen Veränderungen einer wachsenden Wirtschaft, die eben nicht trendmäßige Verlängerung des Gewohnten, sondern den auch schmerzhaften Umstieg in Neues bedeutete. 1975 gab es keine Fortschreibung des Nordrhein-Westfalen-Programms mehr. Etwa gleichzeitig, 1972, war Dennis Meadows im Auftrag des Club of Rome geschriebenes Buch »Grenzen des Wachstums« erschienen. Ökologische Restriktionen traten damit mehr und mehr in das Bewusstsein. Sie waren durchaus schon global – 1997 ist die Erinnerung daran brandaktuell – aber besonders deutlich in Regionen hoher Verdichtung und damit in Nordrhein-Westfalen, dem mit rund 500 Einwohnern auf den Quadratkilometer bevölkerungsreichsten Staat Europas.

Grenzen der Landesplanung

In Nordrhein-Westfalen standen in den 70er Jahren die Instrumente Geld und Recht ohne sonderliche Restriktionen zur Verfügung. Das System der Landesplanung – Landesplanungsgesetz, Landesentwicklungsprogramm-Gesetz, Landesentwicklungspläne, Gebietsentwicklungspläne – war voll entfaltet. Es wurde für die Fläche des gesamten Landes angewandt. Seine Wirksamkeit war dennoch begrenzt – vor allem, wo es von den Betroffenen gewünschte Raumnutzungen einschränkte oder unerwünschte durchsetzen wollte. Das erste galt für die Ausweisung von neuen Wohngebieten zu Lasten des Freiraums, das zweite für die Festlegung besonders eingriffsintensiver Nutzungen.

Diese Grenze von Landesplanung zeigte sich besonders bei der Erarbeitung des Landesentwicklungsplanes VI: »Festlegung von Gebieten für flächenintensive Großvorhaben (einschließlich Standorten für die Energieerzeugung), die für die Wirtschaftsstruktur des Landes von besonderer Bedeutung sind. »Dieser LEP VI wollte versuchen, vorausschauend an vielen Stellen des Landes große Flächen zu sichern, auf denen einmal industrielle Großvorhaben durchgesetzt werden sollten. Dabei wurden um der abstrakten Planung willen an jedem Standort des LEP VI ein Konflikt mit der betroffenen Bevölkerung ausgetragen, ohne dass die Landesregierung sagen konnte, was wirklich geschehen sollte und ohne sicher zu sein, dass überhaupt etwas geschehen würde. Inzwischen ist an den meisten damals ausgewiesenen Standorten nichts geschehen. Eine ungewollte Folge der Konflikte um die Standorte für die atomare Energieerzeugung war allerdings, daß die Bedenken gegenüber der Kernkraft dadurch gestärkt wurden, eben weil dabei abstrakt mehr mögliche Standorte diskutiert wurden als konkret je nötig gewesen wären.

Bei der Aufstellung des Landesentwicklungsplanes IV »Gebiete mit Planungsbeschränkungen zum Schutz der Bevölkerung vor Fluglärm« ergab sich ein Planungsprozess, der als Versuch der insti-

Stadtentwicklung und Politik des Staates

tutionellen Landesplanung zur Legitimierung von ihrerseits nicht zu verantwortenden tatsächlichen Vorgängen aufgefasst wurde. Der Einfluss der Landesplanung auf Militärflughäfen zumindest war gleich Null. Es musste jedoch planerisch legitimiert werden, dass Bürger in der Umgebung dieser Flughäfen nicht bauen durften, obwohl einige das trotz Fluglärms wollten.

Evidenter wurde diese Legitimierung ohne tatsächliche Verantwortung noch beim dann so aufgegebenen LEP V »Gebiete für den Abbau von Lagerstätten«. Hier ging es darum, planungsrechtlich festzulegen, wo in Nordrhein-Westfalen Bodenschätze liegen, die bei der Planung zu beachten sind. Das ist ein im Prinzip vernünftiges Vorhaben. Nur in der landesplanerischen Umsetzung führte es zu einer Diskussion darüber, dass Landesplanung landschaftlich wertvolle Flächen zerstören wollte, um Bodenschätze zu gewinnen.

Städtebauförderung reichlich
Die Expansion der fiskalischen Steuerungsmöglichkeiten des Landes zeigte sich vor allem bei den Zweckzuweisungen für die Städtebauförderung. Die Mittel waren von 17,6 Mio. im Jahre 1950 auf 173 Mio. 1969 angestiegen. In den 70er Jahren betrugen sie:

Mittel für die Städtebauförderung insgesamt 1970–1980 (ohne Ruhrprogramm)

Jahr	Landesmittel Städtebauförderung Haushaltsansätze	Sonderprogramme (S1-S3, ZIP) Bundes- und Landesmittel	Bundesmittel nach §§ 71/2 StBauFG	Mittel insgesamt
		Mio. DM		
1970	305,0	—	—	305,0
1971	434,0	—	17,7	451,7
1972	416,4	—	36,1	452,5
1973	493,9	—	48,6	542,5
1974	621,0*	23,0	48,7	692,7
1975	560,0	87,5	50,9	698,4
1976	405,0	—	53,1	458,1
1977	473,5	266,0	42,3	781,8
1978	580,0	—	45,2	625,2
1979	723,5	—	40,5	764,0
1980	723,5	—	59,5	783,0
1970–1980	5.735,8	376,5	442,6	6.554,9

* einschließlich 145 Mio. DM Eventualhaushalt

Stadtentwicklungspolitik als Fachressort
Das Jahr 1980 bedeutete einen Einschnitt der Stadtentwicklungspolitik des Landes. Teilkompetenzen mehrerer Ressorts wurden zu einem Ministerium für Landes- und Stadtentwicklung zusammengeführt, mit Zuständigkeit für Landesplanung, Stadtentwicklung, Denkmalschutz, Wohnungswesen, Bautechnik, Bauordnung und staatliches Bauen. In der nächsten Legislaturperiode kam als weitere Zuständigkeit das Verkehrswesen hinzu, die Landesplanung dagegen wurde in ein Ministerium für Umweltschutz, Raumordnung und Landwirtschaft umressortiert. Es war also die institutionelle Voraussetzung für eine integrierte Stadtentwicklungspolitik des Landes gegeben. Dies bot die Chance, Leitbilder zu formulieren, die den Grenzen des Wachstums entsprachen und sie im Rahmen der politischen Handlungsbeziehungen zwischen dem Land und den Kommunen instrumentell umzu-

setzen. Übergreifendes Leitbild war das der erhaltenden Stadterneuerung. Es setzte sich ab von den Leitbildern des Wiederaufbaues und der Wachstumsperiode, die in den 70er Jahren zu Flächensanierungen in den Innenstädten und zu kompakten neuen Wohnsiedlungen am Stadtrand geführt hatten.

Erhaltende Stadterneuerung umfasste vor allem zwei miteinander verbundene Programmteile:
– Behutsame Modernisierung und mieterverträgliche Standards in den Wohnungen,
– Verbesserung des Wohnumfeldes.
Statt die knappen Mittel auf wenige Standorte und intensive Maßnahmen zu konzentrieren, sollten Wohnquartiere durch kleinteilig über das ganze Stadtgebiet verstreute Maßnahmen einer stufenweisen Erneuerung zugeführt werden.

Hauptbestandteil der *Wohnumfeldverbesserung* waren dabei:
– Verkehrsberuhigung im gesamten Straßennetz eines Wohnquartiers,
– Begrünung der Wohnviertel, unter Ausnutzung von Verschnittflächen, Abstandsflächen, Baulücken, Fassaden und Dachflächen,
– Schaffung von privat nutzbaren Grünflächen in verschiedenen Gartenformen auf dazu geeigneten privaten und öffentlichen Flächen, Mietergärten,
– Zugänglichmachung und Herrichtung von Brachflächen,
– Fassadengestaltung,
– Ordnung des ruhenden Verkehrs.

Die *behutsame Modernisierung* der Wohnungen machte ein Umdenken in den Zielsetzungen, Standards und Förderungsbestimmungen notwendig. Das bedeutet:
– Mietermodernisierung,
– Dachgeschossausbau,
– Fassadengestaltung, Anbau von Balkonen,
– Grundrissänderungen.

Erhaltende Stadterneuerung bedeutet so einerseits *Auflockerung*. Größere Wohnungen, die Unterbringung des ruhenden Verkehrs, die Erhaltung und Vermehrung von Grün- und Freiflächen. Andererseits konnten größere Baulücken zur *Verdichtung* von Siedlungen genutzt werden.
Der größte Teil des *Wohnungsneubaues* würde jedoch nach wie vor auf Neubauland stattfinden. Im Neubau sollten daher Siedlungsformen *mit mittlerer Dichte* verfolgt werden, in denen die Wohnvorteile des bisherigen Einfamilien- und Reihenhauses mit den Vorteilen des verdichteten Wohnungsbaues verbunden sind. Mit zweigeschossiger Reihenhausbebauung lassen sich die gleichen Dichten erreichen wie mit den Hochhauskonzepten der Wohnanlagen aus den 60er Jahren. Dazu ist es notwendig, dass bei der Neubebauung von vornherein eine flächensparende Erschließung mit Verkehrsberuhigung eingeplant wird. Die Straßen ergänzen dann die Haus- und Hofflächen, Kinder können gefahrlos auf diesen Straßen spielen. Begegnungsräume werden angeboten. Die Monotonie der Neubausiedlungen herkömmlicher Art wird vermieden.
Dieses so konkretisierte Leitbild der erhaltenden Stadterneuerung knüpft erkennbar an die Entwicklung der europäische Stadt an, wie sie sich als ein identifizierbares Gefüge von Häusern, verbunden mit einer reich ausgestatteten ökonomischen und sozialen Infrastruktur, durch die Jahrhunderte erhalten hat. Das Schwergewicht der Bauaufgaben sollte darin liegen, diese so existierenden Städte unter allen wesentlichen Belangen behutsam zu erneuern.

Dies heißt bis heute ökologische Erneuerung, also Stadtökologie und Freiraumpolitik. Es heißt soziale Erneuerung, und diese ist unmittelbar verbunden mit kultureller Erneuerung. Es heißt auch stilbildende Erneuerung: die Bauleistung der Nachkriegszeit erreichte keine Stilfindung, die über Einzelvorhaben und kürzeste Zeiträume hinausging. Die Verunsicherung der Architekten, ein unreflektierter Historizismus, nach rastloser Herstellung von Quantität die Suche nach neuen Maßen und humanen städtebaulichen Zusammenhängen signalisieren das.

Die Verteilungsdimension dieses städteplanerischen Leitbildes kommt darin zum Ausdruck, daß Städte Defizite haben, wenn ihr öffentlicher Raum nicht für alle ihre Bewohner die Qualität hat, die die Oberschicht genießen möchte. Die konstanten Kriterien der europäischen Stadt seit der Antike liegen in einem Wechselverhältnis zwischen Abgeschlossenheit und Offenheit zur sozialen Kommunikation. Diese Maßstäbe hat sich die Oberschicht seit jeher realisiert, so im zentrennahen Innenstadthaus mit zugehörigem Garten. Dies ist auch der Maßstab für die Wünsche und Träume von Industriearbeitern, und hier liegt der Ansatz für eine sozial und damit verteilungspolitisch orientierte Erneuerung des Wohnumfelds durch Grün und Räume für öffentliche Kommunikation.

Neben der Behebung sozialer Defizite wird es eine ständige städtebauliche Aufgabe bleiben, Bauschäden zu beseitigen, die aus Umweltbelastungen entstehen. Die Zerstörung historischen Gesteins durch aggressive Schadstoffe in der Luft nimmt zu. Volkswirtschaftlicher Schaden verbindet sich mit einer Gefährdung historischer, kulturell wertvoller baulicher Substanz. Aber nicht nur Belange des Denkmalschutzes sind betroffen. Selbst die Bauten der Nachkriegszeit, selbst der Beton halten der Aggressivität der Luftbelastung nicht stand. Das Steinesterben – möglicherweise nachhaltiger unsere soziale Umwelt verändernd als das Waldsterben, da Unwiederbringliches verloren geht – ist eines der signifikantesten Beispiele für das Unvermögen, Technik und Ökologie in Einklang zu halten.

Erneuerungsbedarf erwächst letztlich aus der Notwendigkeit, gestalterische Ausrutscher der 60er Jahre zu reparieren. Der massive Wohnhochhausbau dieser Jahre wird heute generell als Fehlentwicklung bewertet und der Konsens über die Notwendigkeit des Rückbaus beginnt sich zu verdichten.

Die sich ausdifferenzierende Umsetzung der erhaltenden Stadterneuerung wurde 1980 kommunikativ einprägsam gebündelt zu vier Leitbildern mit bleibender Gültigkeit, auch noch für das Konzept nachhaltiger Stadtentwicklung, das die UNO mit der lokalen Agenda 21 global kommuniziert:
- mehr Raum für Fußgänger,
  heute würde es heißen: Stadt der kurzen Wege.
- mehr Grün in die Stadt,
  heute würde es heißen: ökologische Erneuerung.
- mehr Spielraum für Kinder,
  heute würde das bedeuten, die Stadt vor allem als Lebenswelt und nicht zuerst als Standort begreifen.
- lieber kleiner als zu groß,
  heute wäre von möglichst flexiblen, immateriellen ressourcensparenden Technologien zu sprechen.

Die Umsetzung der Strategie erhaltender Stadtentwicklung und ihrer Leitbilder wurde begünstigt durch die Erwartung abnehmender Bevölkerung und fiskalische Restriktionen, die 1981 einsetzten. Für intelligente Umnutzung statt teuren Neubaus wuchs das Verständnis. Es begann ein kontinuierlicher Rückgang der staatlichen Investitionsquote. Für die Aufgaben des Ministeriums für Stadtentwicklung und Verkehr mit seinen Kompetenzen zwischen 1985 und 1990 ergab sich folgendes Bild:

Übersicht über die Entwicklung der Investitionsausgaben (Soll) im Geschäftsbereich des MSWV
(Einzelpläne 11 und 14) – Angaben in Mio. DM –

Förderbereich	1980	1981	1982	1983	1984	1985	1986	1987	1988	1989	1990
Städtebau	913,7	779,5	636,5	611,6	601,1	520,1	518,1	537,1	466,7	465,7	439,8
Wohnungsbau	1.943,7	2.131,6	2.304,4	1.486,5	1.498,7	1.059,1	650,1	632,5	115,7	180,7	392,6
Denkmalschutz	40,3	50,2	44,7	40,8	41,1	52,0	51,9	54,2	54,7	53,8	53,8
Öffentlicher Personennahverkehr	350,8	380,9	436,3	385,4	397,6	386,2	406,2	401,6	378,9	367,9	394,9
Schiffahrt	52,6	39,2	39,2	38,0	39,9	43,0	39,4	50,0	46,0	53,5	57,5
Straßenbau	741,0	598,2	621,4	596,2	607,9	550,2	495,9	475,2	440,9	468,5	450,3
Pauschal. Straßenbauzuweisungen aus dem Kfz-Steuerverbund	573,2	592,3	461,3	439,2	437,3	476,3	446,8	292,1	0,0	0,0	0,0
Sonstige	6,5	6,9	4,0	3,5	2,2	4,3	4,8	4,4	8,0	11,9	9,8
Summe	4.621,7	4.578,9	4.547,8	3.601,2	3.625,8	3.091,1	2.613,3	2.447,1	1.511,0	1.602,0	1.798,6
Bundeszuweisungen für Investitionen	1.191,3	1.205,3	1.234,0	1.263,0	1.257,8	1.175,1	1.127,8	1.085,6	1.181,2	1.314,4	1.519,2
Gesamtsumme	5.813,0	5.784,2	5.781,8	4.864,2	4.883,6	4.226,2	3.741,1	3.532,7	2.692,2	2.916,4	3.317,8
nachrichtlich: Bundesfernstraßenhaushalt	1.393,7	1.405,1	1.392,7	1.446,7	1.396,3	1.381,9	1.348,2	1.296,5	1.313,3	1.323,4	1.251,7

Die Anwendung des Instrumentariums Recht vollzog sich im ausdifferenzierten Gesetzesrahmen des Bundes und des Landes. Gesetzesnovellierungen brachten kaum große Effekte, so exemplarisch die Änderung der Landesbauordnung. Sie wurde vom Landtag 1984 einstimmig verabschiedet, nach umfassender Kommunikation mit allen am Bau beteiligten organisierten Interessen. Fast am Tag der Verabschiedung begannen die Klagen über ein hinderliches Gesetz erneut.

Der Versuch, das Landesplanungsrecht konsequent ökologisch zu nutzen, misslang auch weitgehend. Dieser Versuch bestand in der Fortentwicklung des LEP III »Umweltschutz durch Sicherung natürlicher Lebensgrundlagen«. Ihm vorausgegangen war der erste Freiraumbericht eines deutschen Landes. Der Bericht zeigte, dass die Siedlungsfläche Nordrhein-Westfalens 1981 19 % betrug, allerdings mit großen regionalen Unterschieden. In den Städten Herne (77 %), Gelsenkirchen (74 %), Oberhausen (70 %) und Bochum (67 %) machte die Siedlungsfläche mehr als zwei Drittel der Gesamtfläche aus. Die Folgerung daraus sollte sein, vor allem in den Gebieten, in denen die Siedlungsintensität bereits hoch ist, die Freiräume zu sichern. Gedacht war dabei an die Uferflächen von Rhein und Ruhr, soweit sie durch das Industriegebiet fließen. Der Planungsprozess verlief aber so, dass an dessen Ende auf einer entsprechenden Karte fast ganz Nordrhein-Westfalen grün gemalt wurde, nämlich überall da, wo nicht gesiedelt ist, und das waren nach dem Freiraumbericht rd. 80 % der Landesfläche. Da manchmal alles und nichts fast dasselbe sein können, ergab sich als eigentliches Ergebnis, daß besonders wertvoller ballungskernnaher Freiraum weiterhin nicht besonders geschützt war, denn Freiräume wurden ja in ganz Nordrhein-Westfalen in gleicher Weise landesplanerisch gesichert.

So entwickelte sich die Staat-Stadt-Beziehungen in der nordrhein-westfälischen Stadtentwicklungspolitik zu einer *projektorientierten* Zusammenarbeit. Bestehendes Recht anwenden und fiskalische Möglichkeiten als Anreiz ausnutzen waren die instrumentellen Strategien. Karl Ganser hat daraus die konzeptionell fundierte Planungspraxis des *perspektivischen Inkrementalismus* entwickelt, oder wie ich es populär formulieren würde: »Kleine Schritte, aber das Ziel vor Augen«.

Die sozial und ökologisch orientierte nordrhein-westfälische Stadtentwicklungspolitik mit ihrem Anspruch auf Rationalität und Transparenz beruhte auf diesem Konzept. Seine Darstellung folgt weitgehend Karl Gansers Beitrag: »Instrumente von gestern für die Städte von morgen?« in Ganser/Hesse/Zöpel: »Die Zukunft der Städte«. Inkrementalismus in der Planungstheorie ist der gescholtene oder auch gelobte Gegenpart einer »comprehensive policy«. Mit dem vorgestellten Adjektiv ist eine Vielzahl von kleinen Schritten gemeint, die sich auf einen perspektivischen Weg machen. Im Anspruch ist dies sicher der kleinere Bruder der integrierten Entwicklungsplanung, in der praktischen Politik könnte man darin durchaus auch den erfolgreicheren Nachkommen sehen. Die methodischen Konstruktionsprinzipien sind:

1. Orientierung an Grundwerten:
   Die Zielvorgaben bleiben auf dem Niveau von gesellschaftlichen Grundwerten, aber diese Werte müssen vorhanden sein und kommuniziert werden. Auf eine weitergehende Operationalisierung der Zielperspektiven wird bewusst verzichtet. Dies erleichtert Verständlichkeit und Konsensbildung.
2. Prinzipientreue am Einzelfall
   Die Zieltreue wird an symbolischen Einzelfallentscheidungen nachgewiesen. Dies erhöht die Glaubwürdigkeit und erläutert die Prinzipien der angestrebten Entwicklung.
3. Projekte statt Programme
   Konkrete Projekte treten an die Stelle abstrakter Programme. Die Planungs- und Finanzierungsinstrumentarien ändern sich am »Bedarf« dieser Projekte. Das Programm entsteht sozusagen empirisch durch das Bündeln wesensgleicher Projekte.
4. Überschaubare Etappen
   Die Dominanz langfristiger Programme wird durch einen mittelfristig überschaubaren Handlungszeitraum ersetzt. Statt dem mühsamen Zerlegen eines langfristigen Programms in mittelfristige Realisierungsabschnitte steht das mittelfristig Realisierbare am Anfang – verbunden mit der Möglichkeit, darauf langfristig aufzubauen.
5. Verzicht auf flächendeckende Realisierung
   Herkömmliche Landesplanung bemüht sich um flächendeckende Umsetzung ihrer Ziele. Das führt zu vielen Geisterdebatten, weil viele Konflikte auf Vorrat geregelt werden, wie beim LEP VI gezeigt. Dem Projektprinzip genügt eine differenzierende Regionalisierung, die den jeweils angepeilten Handlungsabsichten am geeigneten Ort entspricht.
6. Integration der Instrumente statt Integration der Programme.
   Integrierte Programme und spezialisierte Instrumente passen nicht zusammen. Die Programme bleiben Papier. Stattdessen ist die Teilintegration der hochspezialisierten Rechts- und Finanzinstrumente der effizientere Weg zu einer perspektivisch und integriert gedachten Politik.
7. Ökonomische statt rechtliche Intervention
   In der Praxis der Planung und Verwaltung ist die ökonomische Intervention im Vergleich zu rechtlich kodifizierten Geboten und Verboten stark unterentwickelt. Die Veränderung der wirtschaftlichen Rahmendaten eines Projekts führt schneller zum Erfolg als die »Verwicklung eines Falles« in ein kompliziertes System von Rechtsnormen und Verwaltungsvorschriften.

Der komplexeste und ehrgeizigste Versuch projektorientierter Zusammenarbeit mit Städten in der nordrhein-westfälischen Stadtentwicklungspolitik ist seit 1989 die Internationale Bauausstellung Emscher Park. Sie ist die Konsequenz aus der Erkenntnis, dass die Leitbilder und Ziele der erhaltenden Stadterneuerung in großen Städten und bei besonders gravierenden ökologischen und städtebaulichen Missständen besonders schwer realisierbar sind. In der städtebaulich meist vernachlässigten und ökologisch meist belasteten Region Westdeutschlands, der Region zwischen Emscher und Lippe, sollte das dennoch versucht werden. Auf diese Weise liegen an der Emscher auch der Bezugspunkt ordnender Analyse des Verhältnisses von Stadtentwicklung und staatlicher Politik und der Prüfstein für die entsprechende hier geschilderte Konzeption.

Der perspektivische Inkrementalismus hat ohne Zweifel Schwächen, gemessen an einem Ideal von Rationalität, aber auch gemessen an einer mittelfristigen Verlässlichkeit von Politik. Aber dazu müsste neben die direkt auf die Stadtentwicklung bezogenen Planungs- und Förderinstrumente die Ausformung einer gesamtstaatlichen Politik treten, die den offenkundigen Grenzen des Wachstums Rechnung trägt – ökonomisch, ökologisch, fiskalisch. Für die Investitionsentscheidungen privater Unternehmen, für die Kaufentscheidungen von Konsumenten, für die Wahl des Verkehrsmittels oder für die Produktion von Chemikalien und deren Ablagerungen wirken sich zu viele falsche incentives aus. Die Zielrichtung muss die »Internalisierung der Umweltkosten« sein. Dafür ist eine kluge Kombination von Geboten, Verboten und Umweltsteuern notwendig. Ein Beispiel mag diese Kombination im Bereich des Stadtverkehrs verdeutlichen: Tempo 30 als innerörtliche Regelgeschwindigkeit verbindlich für alle, verkehrsmittelneutrale Begünstigung des Arbeitsweges anstelle der derzeitigen Bevorzugung der PKW-Nutzung und hohe Mineralölsteuern als Anreiz zum Nachdenken, wie oft man das Auto eigentlich stehen lassen könnte.

Ohne derartige Veränderungen der gesamtstaatlichen Rahmenbedingungen sind die politischen Handlungsbeziehungen zwischen Land und Kommunen häufig zu kurzatmig und beschränkt auf die Korrektur im Detail. Das gilt besonders für die kommunale Verkehrspolitik. Das Nebeneinander von Angeboten des automobilen Verkehrs und des Verkehrs mit öffentlichen Verkehrsmitteln muß zu Lasten des ÖPNV enden, es sei denn die Raumstrukturen machen den automobilen Verkehr unmöglich – zuerst in hochverdichteten Städten, wie in New York weitgehend Realität. Im Konkurrenzverhältnis stehen sich zwei entgegengesetzte Kalküle gegenüber:
– beim Auto: das privat finanzierte Fahrzeug, die unentgeltlich erbrachte Fahrleistung und die steuerfinanzierte Infrastruktur;
– bei öffentlichen Verkehrsmitteln: die über die Fahrpreise finanzierten hohen Kosten der Fahrleistung sowie die in die Fahrpreise teilweise eingerechneten Kosten für Fahrzeug und, in Fällen der Schienenverkehrs, auch der Strecke; dazu kommen steuerfinanzierte Infrastruktur und Subventionen.

Würden Autofahrer ihre Fahrleistungen und -zeit kostengemäß bewerten, könnten sich gerade Besserverdiener das Autofahren nicht leisten.

Stadtentwicklungspolitik des Bundes
Wiederaufbau
Auch die für die Entwicklung der Städte wesentliche prozessuale Politik des Bundes begann mit der Beseitigung der Wohnungsnot und war damit zunächst Wohnungspolitik. Nach Überwindung der Zerstörungen des Krieges bestand dafür an fiskalischen Mitteln kein Mangel. Die Einnahmen des Staates stiegen kontinuierlich schnell. Zur Systematisierung des rechtlichen Instrumentariums blieb Zeit.

1945 gab es rund 8 Mio, 1949 rd. 10 Mio. Wohnungen. Mit Schwerpunkt im sozialen Wohnungsbau wurde dieser Bestand schnell erhöht. Jährlich wurden bis 1956 über 500.000 Wohnungen, davon über 300.000 im sozialen Wohnungsbau errichtet. Dafür gab es mit dem 1. Wohnungsbaugesetz von 1950 eine Rechtsgrundlage, die 1956 mit dem 2. Wohnungsbaugesetz und einem 2. Förderweg ergänzt und erweitert wurde. Es ist bis heute rechtliche Basis eines sich kasuistisch verfeinernden Regelwerks der staatlichen direkten Wohnungsbauförderung geblieben.

Sozialer Wohnungsbau bedeutet: Der Staat fördert mit Zuschüssen, günstigen Krediten, Zinszuschüssen oder günstigen Krediten für den Kapitaldienst den Wohnungsbau. Gegenleistung des Investors sind die Kostenmiete und eine Belegungsbindung zugunsten sozial berechtigter, dann aber unkündbarer Mieter.

Im Zeitverlauf ergaben sich daraus folgende Kernprobleme:
– Die Kostenmiete führt zu Mietverzerrungen.
– Einkommensverbesserungen der Mieter führen zu Fehlbelegungen.
– Kreditfinanzierte oder zeitlich begrenzte Förderungen führen oft zu Mieterhöhungen.
– Der Umgang mit diesen Problemen führt zum sich immer stärker bürokratisierenden Regelwerk.

Die städtebaulichen Aspekte des Wohnungsbaus der 50er Jahre waren stark von dem hohen Anteil an Sozialwohnungen bestimmt. Die Sozialwohnungen hatten zunächst einen niedrigen Standard – der Not der Zeit und den Vorstellungen ihres sozialen Charakters entsprechend. Mit dem 2. Wohnungsbaugesetz wurden allerdings schon qualitative Verbesserungen angestrebt. In den Siedlungen der 50er und frühen 60er Jahre ist eine gewisse einfache Einheitlichkeit der Neubauwohnungen zwar unübersehbar, aber es ist auch qualitativ Gutes an diesen Siedlungen zu erkennen. Die aufgelockerte Zeilenbauweise, relativ große Hof- und Gartenflächen, die Beschränkung auf zwei- bis drei-geschossige Bauten erweisen sich den in den späten 60er Jahren errichteten Sozialbauwohnungen, insbesondere in Hochhäusern, an sozialer Akzeptanz überlegen.

Wachstum

Die hohen Zubauraten setzten sich fort – jährlich über 500.000 neue Wohnungen waren die Regel. Der Rekord lag bei 714.000 Wohnungen im Jahre 1973. Damit stieg auch der Bestand. 1961 gab es 16,8 Mio. Wohnungen, seit 1969 zum Ende der Wachstumsperiode mehr als 20 Mio.

Die seit Ende der 50er Jahre forcierte direkte und steuerliche Förderung des Eigenheimbaus hatte dabei die Siedlungsstrukturen verändert, die Städte flossen in ihr Umland, Suburbia begann sich zu entwickeln.

Die Stadtentwicklungspolitik des Bundes begann durch die Schaffung eines Rechtsinstrumentariums. 1960 wurde das Städtebaurecht kodifiziert. Das Bundesbaugesetz wurde verabschiedet. Mit den Vorarbeiten dazu war bereits 1951 begonnen worden. Allerdings musste zunächst die Zuständigkeit zwischen Bund und Ländern vom Bundesverfassungsgericht geklärt werden. Es machte den Bund zuständig für die städtebauliche Planung. Sie bestimmt die rechtliche Qualität des Bodens: Konkret in welcher Weise der Eigentümer sein Wohnstück nutzen darf, und insbesondere ob er überhaupt bauen darf und in welcher Form. Diese städtebauliche Planung wurde im Bundesbaugesetz geregelt. Sie ist abzugrenzen vom sogenannten Baupolizeirecht der Landesbauordnungen, das die Ausführungen der baulichen Auflagen durch ordnungsrechtliche Vorschriften über die Errichtung, Erhaltung, Änderung, Nutzung und den Abbruch von baulichen Anlagen sowie die Grundlagen der verkehrlichen Erschließung bestimmt. Baugenehmigungen werden auf der Grundlage der Bauordnungen erteilt, wobei die Festsetzungen der öffentlichen Bauleitplanung auf der Grundlage des Bundesbaurechts zu beachten sind.

Ab 1965 bekam die Baupolitik Schwierigkeiten, ausgelöst durch die neue politische Erfahrung von Knappheit des Instruments Geld, Auswirkung der ersten Rezession der Nachkriegszeit. Gleichzeitig begann die spürbare Verteuerung des Baulandes als Folge räumlicher Knappheit bei zunehmender Verdichtung; die Grenzen des Wachstums wurden doppelt erkennbar.

Der Bund reagierte mit restriktiver fiskalischer Feinsteuerung einerseits, mit Wachstumsförderung durch fiskalische und monetäre Mittel andererseits. Die Jahre 1965 bis 1968, in denen dauerhaft hohes Wachstum noch für möglich gehalten wurde, können den Blick für die prinzipielle bürokratische Expansion schärfen. Zunächst sollte das Haushaltsdefizit trotz sinkender Einnahmen möglichst gering gehalten werden, was auch bei der Wohnungsbauförderung zu Kürzungen führte. Es folgte der Regierungswechsel zur großen Koalition. Die Verknüpfung zwischen Wohnungspolitik einerseits, Finanz- und Strukturpolitik andererseits, wurde enger. Bürokratieprobleme fiskalischer Knappheit verbanden sich mit Bürokratieproblemen einer wachsenden Gesellschaft, mit sozialen Differenzierungen, ökologischen Restriktionen und zunehmendem Reichtum auch an Wohnungsbeständen. Die politischen Antworten auf fiskalische und konjunkturelle Probleme, nämlich antizyklische Finanzpolitik und mittelfristige Finanzplanung, komplizierten den Zielkatalog jeglicher sektoraler Politik, auch der Wohnungspolitik.

Allerdings konnten die konjunkturellen Schwierigkeiten Ende der 60er Jahre noch einmal überwunden werden, die Rezession hatte allerdings zu einem Regierungswechsel geführt. Nun aber begann doch immer deutlicher das Ende der Wachstumsperiode.

Einerseits: Das wohnungspolitische Instrumentarium war voll entwickelt und brauchte nur noch angewendet zu werden; die Institutionen des Wohnungsbausektors – Bürokratien bei Bund, Ländern und Gemeinden, Verbänden – waren vorhanden und erheblich ausdifferenziert; gewaltige Neubauleistungen hatten große Bestände entstehen lassen.

Andererseits: 1969 hatte die Zahl der neu gebauten Wohnungen eine negative Symbolik: Die magische Grenze von 500.000 wurde unterschritten, wenn auch nur um wenige Tausend. Die Bundesregierung reagierte mit einer erneuten Ankurbelung vor allem auch des sozialen Wohnungsbaus. Das führte 1973 zum Neubaurekord der Nachkriegszeit: mit 714.000 Wohnungen. Und damit bekam die Beurteilung des Wohnungsmarktes erstmals ein anderes Vorzeichen: Es wurde von Überangeboten und Leerständen geredet.

Das verstärkte die Feinsteuerung: Es gab eine Grundförderung mit erhöhten Einkommensgrenzen, ein Intensivprogramm für besonders benachteiligte Gruppen, ein Regionalprogramm; dabei wurden zeitlich befristete Aufwendungsdarlehen eingesetzt und damit Mieterhöhungen programmiert.

Für die Bestände älterer Sozialwohnungen wurde eine Regelung eingeführt, die sich später als problematisch erweisen sollte. Hier durften nur noch Personen einziehen, deren Haushaltseinkommen 20 % unter der allgemeinen Einkommensgrenze lag. Damit war die Konzentration sozial Schwächerer in den älteren Beständen des sozialen Wohnungsbaus eingeleitet. Es wurde aber auch die Bindungsfrist der öffentlichen Baudarlehen nach Rückzahlung verlängert, um den Bestand an Sozialwohnungen zu erhalten. Um Mietverzerrungen im Kostenmietensystem abzubauen, wurden die Zinsen älterer Baudarlehen auf 4 % erhöht.

Städtebaupolitik des Bundes, die über Wohnungsbauförderung hinausging, auch mit fiskalischen Instrumenten, ermöglichten das Städtebauförderungsgesetz vom 1. August 1971 und das Gemeindeverkehrsfinanzierungsgesetz vom 18. März 1971. Das Städtebauförderungsgesetz normiert Sonderrechte für städtebauliche Sanierungs- und Entwicklungsmaßnahmen, deren einheitliche Vorbereitung und zügige Durchführung im öffentlichen Interesse liegt. Der Bund beteiligte sich auf der Grundlage von Art. 104a des Grundgesetzes an der Finanzierung. Damit war das Instrumentarium des Bundes für die Stadtentwicklungs- und Wohnungspolitik voll ausgebildet. Die wesentlichen Alternativen der Sanierungspolitik dieser Zeit waren: Abbruch und Neubau oder Modernisierung und soziale wie später ökologische Erneuerung. Schon vor Verabschiedung des Städtebauförderungsgesetzes und dann in der ersten Hälfte der 70er Jahre wurde der Abbruch – Neubau-Strategie Vorrang eingeräumt, auch wegen der privatwirtschaftlichen Vorteile, die durch die Bundesfinanzhilfen mit subventioniert wurden, dagegen gab es soziale Widerstände, städtebauliche Verluste wurden deutlich. Die Protestaktionen der von Flächensanierung Betroffenen machten das Ende des wirtschaftswunderlichen Konsenses in den Städten deutlich. Der Sanierungsbegriff bekam einen negativen Klang.

Das Gemeindeverkehrsfinanzierungsgesetz, auch auf der Grundlage von Art. 104a, wurde zum Movens der autogerechten Stadt, zu Lasten gewachsener Strukturen und öffentlichen Kommunikationsraums. In den Großstädten kam der ÖPNV teuer unter die Erde, oben entstanden allerorts die Autoschneisen.

Zunächst in der theoretischen Diskussion entwickelte sich als Antwort die Strategie der erhaltenden Stadterneuerung, Zeichen von Besinnung auf die Notwendigkeit sozialer und ökologischer Werte.

Besinnung
Jetzt wurde Normalität in ihrer Widersprüchlichkeit deutlich:
- Der öffentlich geförderte Wohnungsbau verlor Schritt für Schritt an quantitativer Bedeutung für den Wohnungsmarkt und damit für die problemlose Wohnungsversorgung Einkommensschwächerer. Dies hatte zwei Gründe:
- Die zunehmende finanzielle Enge bei steigender Staatsverschuldung ließ die Mittel für die Wohnungsbauförderung sinken.
- Die Baukosten verteuerten den Wohnungsbau weit über den allgemeinen Preisindex hinaus; damit wurde der Effekt der geringeren Finanzmittel, gemessen in Wohnungseinheiten, weiter verstärkt.
- Eine aufkommende ideologische Debatte über Markt oder Staat ließ das Ansehen des sozialen Wohnungsbaus zusätzlich sinken. Mit der Rückzahlung von Baudarlehen der früheren Förderjahrgänge begann der Bestand an Sozialwohnungen wegen des Auslaufens der Bindungen abzunehmen. Aus fiskalischen Gründen wurde dieser Prozess durch gesetzgeberische Maßnahmen beschleunigt, die eine vorzeitige Rückzahlung attraktiv machten. In den verbleibenden Sozialwohnungen konzentrierten sich wegen zunehmender Einkommensdisparitäten sozial Schwächere. Dazu trug auch die Einführung der Fehlbelegungsabgabe bei, die Besserverdienende zum Auszug aus ihren Sozialwohnungen veranlasste. Eine Maßnahme zum Abbau sozialstaatlicher Ungereimtheiten hatte damit auch unerwünschte soziale Folgen.
- Wachsende Bedeutung erlangte die steuerliche Förderung des Baus oder des Erwerbs von Miet- und Eigentümerwohnungen nach §7b Einkommenssteuergesetz. Dabei hat diese steuerliche Förderung besondere Wirkungen. Sie begünstigt wegen der progressiv gestalteten Einkommenssteuertarife Reichere und sie ist unabhängig von jährlichen Ausgabebeschlüssen des Bundestages.
- Zur Erhaltung des Wohnungsbestandes wurden 1976 das Wohnungsmodernisierungsgesetz verabschiedet. Es gab noch über 11 Mio. Wohnungen ohne Sammelheizungen, über 3 Mio. Wohnungen ohne eigenes Bad. Ungezählte Wohnungen hatten zu kleine oder schlecht belichtete und belüftete Räume. Über den Stand der Wärme- und Schallisolierung sowie über die Beheizbarkeit hatte man nur dürftige Kenntnisse. Der Abbruch solcher modernisierbarer Wohnungen hatte aber städtebaulich und auch wohnungswirtschaftlich Probleme geschaffen und soziale Widerstände geweckt. 1978 folgte das Modernisierungs- und Energiespargesetz. Es zog energiepolitische Konsequenzen aus der Ölkrise und der beginnenden Ablehnung der Kernenergie.
- Viele Gemeinden waren nicht in der Lage oder Willens, das erweiterte stadtplanungsrechtliche Instrumentarium anzuwenden, vor allem nicht »unpopuläre« Instrumente. Sie klagen aber über die Gesetzeslücken. Das kommunale Vollzugsdefizit ist eine kommunikativ verschleierte Schwachstelle der Stadtplanung geworden.

Im Jahre 1982 zerbrach die SPD/FDP-Koalition und es folgte eine CDU/FDP-Regierung. Die wirtschaftspolitischen Schwierigkeiten der lang anhaltenden Rezession nach dem zweiten Erdölschock des Jahres 1973 waren ausschlaggebender Anlass. Die neue Bundesregierung trat mit der Zielsetzung an, die Rahmenbedingungen des Wohnungsmarktes zu lockern und so die Marktmechanismen stärker sich selbst zu überlassen. Zu ihren ersten Maßnahmen überhaupt gehörte das Gesetz zur Erhöhung des Angebotes an Mietwohnungen, mit dem das Mietrecht im Interesse der Vermieter geändert werden sollte, um so Investitionshemmnisse für den Wohnungsbau zu beseitigen. Dem folgten eine verbesserte steuerrechtliche Förderung des Wohneigentums, eine kontinuierliche Verringerung der Finanzmittel für den sozialen Wohnungsbau, bis hin zum Rückzug des Bundes aus der Förderung für Mietwohnungen im Jahre 1984, die Einstellung der Modernisierungsförderung und ein Konjunktur steuernder Einsatz der Städtebauförderung. Auch die Steuerbefreiung für gemeinnützige Unternehmen und das Wohnungsgemeinnützigkeitsgesetz wurden aufgehoben; allerdings hatte die Neue Heimat die sozialen Ideale dieser Konzeption unrettbar diskreditiert.

Die neue Wohnungspolitik führte zunächst zu einem kurzen Anstieg, dann aber zum kontinuierlichen Rückgang des Wohnungsneubaus. 1988 wurde mit 209.000 Wohnungen ein Tiefstand erreicht. Dieser Rückgang war durch einen deutlichen Mietanstieg begleitet. Seit dem Regierungswechsel von 1982 stiegen die Mieten schneller als die Lebenshaltungskosten und schneller als die Nettoeinkommen.

Erstmals hat eine Regierung durch tatsächlich falsche Wohnungspolitik Wohnungsmangel herbeigeführt. 1988 war eine Wohnungsbestandslücke entstanden. Die Strategie des Rückzugs des Staates und des Vertrauens in den sich mehr selbst überlassenen Markt war gescheitert. Es wurde offenkundig, dass der Markt den Rückzug des Staates nicht auffangen und noch weniger auf die einsetzende Zuwanderung, den Wiederanstieg der Bevölkerung und vermehrte Nachfrage reagieren konnte. Staatsversagen zog Marktversagen nach sich. Ab 1988 mussten staatliche Rahmensetzungen zur sozialen Absicherung und fiskalische Förderung wieder verstärkt werden. Der Nachholbedarf an Wohnungsneubauten war aber für mehr als 10 Jahre nicht aufholbar.

Dabei ging die Komplizierung des Wohnungsrechts weiter. Zum 1. Juli 1989 wurde mit dem Gesetz zur Änderung des 2. Wohnungsbauförderungsgesetzes für den sozialen Wohnungsbau ein dritter Förderweg eingeführt. In diesem dritten Förderweg lassen sich mit einem geringeren Förderaufwand mehr Wohnungen bauen, allerdings um den Preis kürzerer, vielfach nur siebenjähriger Bindungen. Damit wurde über den Umweg einer kurzfristigen Erhöhung der Zahl der geförderten Wohnungen langfristig eine weitere Beschleunigung des Auslaufens der Bindungen und damit des öffentlich geförderten Wohnungsbaues programmiert.

Eine grundlegende Änderung bedeutete das Gesetz zur Neuregelung der steuerlichen Förderung des selbst genutzten Wohneigentums. Kernstück dieses Gesetzes war die Umstellung der steuerlichen Behandlung des selbst genutzten Wohneigentums auf eine konsequente Konsumgutlösung. Aufwendungen werden steuersystematisch nicht mehr als Werbungskosten, sondern als Sonderausgaben betrachtet. Der Nutzungswert der eigengenutzten Wohnung wurde nicht mehr besteuert.

1985 war ein Jahr herausragenden Gesetzesaktivismus mit der Verabschiedung des Baugesetzbuches. Es wurde von einem Jahrhundertwerk gesprochen. Im wesentlichen brachte es die Zusammenfassung des Bundesbaugesetzes mit dem Städtebauförderungsgesetz. Materiell sollten einige bauplanerische Erleichterungen eintreten. Sie hatten aber nicht die propagierte Wirkung. Schon bald wurden als Grund für den Rückgang des Wohnungsneubaus wieder hinderliche Bauvorschriften angeführt. Diese Probleme sollte das Gesetz zur Erleichterung des Wohnungsbaus im Planungs- und Baurecht mildern, das im Jahre 1990 in Kraft trat. Sein wesentlicher Bestandteil ist ein bis zum 30. April 1995 befristetes Maßnahmengesetz zum Baugesetzbuch. Das Jahrhundertwerk wurde

Stadtentwicklung und Politik des Staates 37

also bereits vier Jahre nach seinem Inkrafttreten erstmals novelliert. Seit Juni 1997 gibt es mit dem BauROG – dem Bau- und Raumordnungsgesetz 1998 – wieder eine als grundsätzlich gepriesene Veränderung des Bauplanungsrechts.

Politics-Verdrossenheit auch in der Stadt

Geld und Recht sind die beiden Instrumente politischen Handelns, insbesondere des Staates, aber auch der Städte. In einem hoch entwickelten demokratischen Staat wie der Bundesrepublik Deutschland sind diese Instrumente für projektorientiertes Handeln obsolet geworden.

Kontinuierliche Gesetzgebung durch fast fünf Jahrzehnte hat nach der Periode wesentlicher Kodifizierungen zum Gesetzesaktivismus geführt. Das für die Stadt relevante gesetzliche Regelwerk ist unübersichtlich geworden; es herrscht Vollzugsdefizit. Das Instrument Geld wurde im Verlauf des Wachstumsprozesses überbeansprucht. Der Haushaltsgesetzgeber sieht sich nicht mehr in der Lage, Einnahmen und Ausgaben auszugleichen. So zehren die Zinsen für die Kredite an der fiskalischen Handlungsfähigkeit: 16 % der Steuereinnahmen in Höhe von 800 Mrd. DM im Jahre 1996 in Deutschland werden für Zinszahlungen ausgegeben. Finanzmittel für Städtebauförderung, sozialen Wohnungsbau, zum Erhalt der städtischen Infrastruktur gehen drastisch zurück.

In dieser Situation nimmt politische Kommunikation zu, aus unterschiedlichen Motiven mit divergierenden Zielen. Aber fast immer verschleiert sie die wirklichen Gründe der politischen Handlungsschwächen.

Da ist das Motiv der Kritik. Die Zustände in den Städten werden beklagt, die Politik dafür verantwortlich gemacht. Diese Kritik führt vielfach nicht weiter – so sie die zeithistorischen Bezüge ausblendet. Die Krise der Städte, diese Klage ist nicht neu, sie ist so oft wiederholt worden, dass sie als Ritual begriffen wird.

Die Politik, an die sich die Kritik richtet, flieht kommunikativ in zwei Richtungen: In die Moderatorenrolle und in die Sachzwangverwaltung. Moderation durch Politik bedeutet Transfer von Wissen und Ausgleich von Interessen. Wissen über die Stadt und die Vielfalt ihrer Probleme und Möglichkeiten ist in der Wissenschaftsgesellschaft vielleicht nicht im Überfluss, aber doch in nicht mehr übersehbarer Fülle vorhanden. Erforderlich ist eine zielorientierte und wertbezogene Ordnung des Wissens, um auf seiner Basis handlungsorientiert kommunizieren zu können. Interessen sind vielfältig, aber nicht gleich mächtig. Politik, die Interessen moderiert, muss sich Verteilungsfragen stellen, sonst wird sie zum Handlanger der Stärksten und damit schleichend von ihnen ersetzt. Die Schwachen und das Schwache brauchen politische Anwälte, also in der Stadt, als Gefüge von Häusern, die Grünflächen und die Denkmäler, der preiswerte Wohnraum und die Spielwiesen, vor allem der öffentliche Raum als das bauliche und soziale Konstitutivum der europäischen Stadt.

Instrumentell hilflose Politik hat zu einem Bild zivilgesellschaftlichen Handelns geführt, in dem beliebige Akteure miteinander kommunizieren und die Ergebnisse der Kommunikation irgendwie in Handeln umsetzen. Dieses Bild blendet die Machtverhältnisse aus. Wirklichkeitsnäher ist das Gesellschaftsmodell Niklas Luhmanns, der die moderne Gesellschaft in autonome Subsysteme gliedert, die um Einfluss konkurrieren. Sie konkurrieren auch um die Nutzung des städtischen Raumes. Dabei sind Innenstädte sozial empfindlich und attraktiv zugleich. Das führt zu Konflikten zwischen Wirtschaft und sozialer Politik. *Standort oder Lebensraum*, so lässt sich der Kern dieses Konflikts in städtebaulich relevanten Begriffen definieren.

Politische Perspektiven von Stadtentwicklung

Zukunft ist voll von Entscheidungen der Gegenwart, ist Wahlmöglichkeit in einer historischen Situation. Über diese Wahlmöglichkeiten und für zukunftsrelevantes Handeln sollte interpersonelle Klarheit erreicht werden, ist eine zureichende Verständigung über die Geschichte und die Gegenwart der Zukunft erforderlich. Zu dieser Verständigung versucht die Skizzierung der Stadtentwicklungspolitik in der Bundesrepublik Deutschland einen Beitrag zu leisten. Auf dieser Basis kann nun zukunftsrelevantes Handeln in den Blick genommen werden, konkret das politische Handeln, das dann die Perspektiven der Stadtentwicklung ausmacht. Politisches Handeln verbindet sich dabei mit dem vielfältigen Handeln je einzelner, das zunächst privat ist: Die Entscheidung, Kinder zu haben, Migration, das Ergebnis forschender Tätigkeit, Konsumverhalten, die Neigung zum Raffen oder Teilen, die Entscheidung zwischen Arbeiten und freier Zeit, zwischen Erwerb und Erwerbsverzicht. Individuelle Handlungen bündeln sich zu gesellschaftlichen Trends, zu Verhaltensmustern, zur Stabilisierung oder Veränderung von Strukturen. Eingebettet in soziale Kommunikation nimmt politisches Handeln darauf Einfluss, abschwächend oder verstärkend.

Welche dieser Entwicklungen sind wichtig für die Stadt? Ich möchte in den Blick nehmen:
– die Bevölkerung,
– die gesamtwirtschaftliche Entwicklung,
– die strukturellen ökonomischen Veränderungen,
– Wissen, Werte und Leitbilder,
– die institutionellen Reformen von Politik.

Bevölkerung
Die Weltbevölkerung dürfte von heute 5,5 Mrd. Menschen auf 8 Mrd. etwa im Jahr 2025 ansteigen, am wenigsten allerdings in den hoch entwickelten Ländern. Dabei wird auch weltweit der Anteil Älterer zunehmen. In Westeuropa werden 2030 die über 60-Jährigen nicht mehr wie heute rund 20 Prozent, sondern deutlich über 30 Prozent der Bevölkerung ausmachen. Dabei werden die Menschen zunehmend in Städten leben, in West- und Osteuropa und in Amerika über 80 Prozent.

Westdeutschland erlebte zwischen 1974 – damals gab es hier 62,1 Mio. Einwohner – und 1985 einen leichten Rückgang der Bevölkerung auf unter 61 Mio. Einwohner. 1995 waren es wieder über 66 Mio., vor allem bedingt durch Wanderungen seit dem Zusammenbruch der kommunistischen Staaten in Osteuropa.

Für die kommenden zehn Jahre wird für Deutschland ein weiterer Bevölkerungsanstieg vorausgesagt, von 82 Mio. heute auf vielleicht dann 85 Mio. Anschließend geht die Bevölkerung allerdings wieder zurück auf unter 70 Mio. Einwohner nach 2030. Die tatsächlichen Größen werden abhängig sein von der Zuwanderung aus den weniger reichen Ländern Europas, aus Vorderasien und Nordafrika.

Dabei wird auch in Deutschland der Anteil alter Menschen hoch sein. Kamen 1950 auf 15 Menschen über 60 Jahre 31 unter 20, so wird diese Relation im Jahre 2040 34 ältere gegenüber 16 jüngeren betragen.

Sozialprodukt
Prognosen zur Entwicklung des Sozialprodukts sind Aussagen über mögliches oder erwartetes Wirtschaftswachstum. Diese Aussagen sind belastet durch eine konzeptionelle oder auch ideologische Diskussion über die Bewertung wirtschaftlichen Wachstums. Diese ideologische Diskussion löst sich allerdings schnell auf, wenn quantitativ argumentiert wird. In seinem Bericht an den Club of Rome

über die Grenzen des Wachstums argumentierte Dennis Meadows durchaus mit Energie- und Rohstoffknappheit, mit Umweltverschmutzung als wachstumsbegrenzenden Faktoren. Im Wesentlichen aber beschrieb er die Grenzen exponentiellen Wachstums, also eher eine Erkenntnis mathematischer Logik. Der theoretischen Einsicht, dass exponentielles Wachstum dauerhaft nicht möglich ist, entsprach in den 70er Jahren der Hinweis auf die Irrealität von Prognosen, die langfristig jahresdurchschnittlich 5 % Wachstum für möglich hielten. Damals galt die Kritik an 5 %-Wachstumsprognosen als wachstumsfeindlich, heute die Annahme von 2 % als zumindest realistisch. Denn es hat sich die Erkenntnis durchgesetzt, dass, je höher das Niveau des Sozialproduktes ist, desto niedriger die Wachstumsrate sein dürfte. Gerade der Vergleich der Entwicklung des Sozialprodukts in West- und Ostdeutschland belegt dieses innerhalb eines Staates.

Die globale Entwicklung zeigt der Weltentwicklungsbericht 1996 »Vom Plan zum Markt« der Weltbank (Bonn 1996). In den Ländern mit hohem Einkommen stieg das Bruttoinlandsprodukt zwischen 1980 und 1990 mit einer jährlichen Wachstumsrate von durchschnittlich 3,2 %, von 1990 bis 1994 von 1,7 %. In Deutschland waren die entsprechenden Werte 2,2 % bzw. 1,1 %. Wird das Bruttosozialprodukt pro Kopf herangezogen, verringern sich die mit wirtschaftlichem Wachstum verbundenen Wohlstandssteigerungen. Die jahresdurchschnittliche Steigerung 1985 bis 1994 beträgt 1,9 % in den Ländern mit hohen Einkommen.

Prognosen zur wirtschaftlichen Entwicklung in Deutschland werden zumeist nur für mittelfristige Zeitspannen abgegeben.

Das Bundeswirtschaftsministerium hat im Juli 1996 die »Projektion der gesamtwirtschaftlichen Entwicklung bis zum Jahre 2000« in der Bundesrepublik Deutschland vorgelegt: Es wird eine jahresdurchschnittliche Veränderung des Bruttosozialproduktes von preisbereinigt 2 v. H. angenommen.

Bis in das Jahr 2005 geht die Prognose von Adrian Ottnach/Stefanie Wahl/Reinhard Grünwald in »Risse im Fundament« (Berlin u. a. 1995).

Als wahrscheinlichste Variante werden jahresdurchschnittlich 2,0 v. H. als durchschnittliche Wachstumsrate genannt. Eine langfristige Prognose ist einem Gutachten der Prognos AG aus dem Jahre 1995 zu entnehmen. Sie unterstellt jahresdurchschnittlich 1,9 % bis 2040. Es macht nach alldem Sinn, sich langfristig auf ein durchschnittliches Wachstum von gut 2 % einzustellen, mit eher abnehmender Tendenz – der Logik exponentiellen Wachstums entsprechend.

Strukturwandel
Entscheidende strukturelle Veränderung dürfte das Ende der Industriegesellschaft sein, sie wird von der Dienstleistungsgesellschaft abgelöst werden.

Der technische Fortschritt macht die Produktion der industriellen und gewerblichen Güter mit immer weniger menschlicher Arbeit möglich. Das Unverständnis für Prognosen, die einen sehr geringen Beschäftigtenanteil im sekundären Sektor voraussagen, bedeutet Wirklichkeitsverweigerung, oft motiviert durch blinde Defensivstrategien in Industrieunternehmen und politischen Parteien. Denn diese Entwicklung ist nur eine Wiederholung des Rückgangs des primären Sektors im vergangenen Jahrhundert. Nicht mehr die Mehrheit der Arbeitenden in Europa ist wie im 19. Jhdt. in der Landwirtschaft tätig, sondern nur noch minimale Prozentsätze.

Vorausgesagt wurde diese Entwicklung hin zum tertiären Sektor bereits in den 60er Jahren durch Jean Fourastier. Er verband sie mit seinen Prognosen über den Produktivitätsfortschritt und damit über die Verkürzung der Arbeitszeit. Das Sozialprodukt in der Dienstleistungsgesellschaft wird mit immer weniger Arbeitszeit erstellt werden können. Fourastier prognostizierte eine Lebensarbeitszeit von 40.000 Stunden = 30 Wochenstunden × 40 Arbeitswochen × 35 Arbeitsjahren. Da gleichzeitig die Lebenszeit eines 80-Jährigen 700.000 Stunden beträgt, entfallen nur ganze 6 % des Lebens auf

Arbeit. Das hat auch Konsequenzen für die Stadtentwicklungspolitik. Sie muss sich vermehrt um das Leben der in der Stadt wohnenden Menschen während ihrer erwerbsarbeitsfreien Zeit kümmern. Nur so wird Stadtentwicklungspolitik ihrer Aufgabe gerecht werden, Stadt als Lebenswelt oder Lebensraum aller ihrer Bürger, der jeweiligen Minderheit gerade Erwerbstätiger und der jeweiligen Mehrheit gerade nicht Erwerbstätiger, darunter der zunehmenden Zahl Älterer, zu gestalten. Die gerechte Verteilung von Arbeit und Erwerbsmöglichkeiten bleibt eine hohe Priorität der Gesellschaftspolitik für Staat und Tarifpartner. Die nachhaltige Stadtentwicklungspolitik aber darf Stadt nicht primär als Standort, sondern muss sie als Lebensraum begreifen.

Wissen, Werte und Leitbilder
Wirtschaftliches Wachstum wie Produktivitätssteigerungen wie sektoraler Wandel sind Folge von technischem Fortschritt, Manifestation der Wissenschaftsgesellschaft. Der Produktionsfaktor Wissen ist das überragende Movens der gesellschaftlichen Entwicklung im ablaufenden und sicher im nächsten Jahrhundert. Dieses Wissen ist Folge der Aufklärung. Mit den Worten Immanuel Kants ist Aufklärung: »Der Ausgang des Menschen aus seiner selbstverschuldeten Unmündigkeit aufgrund des Unvermögens, sich seines Verstandes zu bedienen.« Dabei hat der menschliche Verstand allerdings Entwicklungen ermöglicht, denen menschliches Sozialverhalten sich nicht schnell genug anpassen kann. Und so besteht die Gefahr, dass der Auszug aus der selbstverschuldeten Unmündigkeit in einer Abhängigkeit von Sachzwängen der Technik endet, die der menschliche Verstand selbst geschaffen hat. Rationalität als Abkehr von ideologischen Zwängen darf aber nicht in neuen Zwängen enden, weil Rationalität sich nicht selbst beherrscht. Auszug des Menschen aus seiner selbstverschuldeten Abhängigkeit von Technik muss Wissenschaft und Politik, auch die Stadtentwicklungspolitik, bestimmen.

Das ist auch eine Frage von Werten. Zu den Folgen der Aufklärung gehört die Relativierung von Werten, ihre Loslösung aus theologischen oder metaphysischen Bindungen. Dabei ist die Aufklärung selbst wertbestimmt. Mündigkeit, Individualität, Freiheit einerseits, Gleichheit, Gerechtigkeit, Solidarität andererseits sind ihre Werte. Sie haben immense Wirkung entfaltet, sowohl emanzipatorisch wie ökonomisch. Wirtschaftsfreiheit, Industrialisierung, Demokratie sind historisch eng miteinander verbunden.

Die entscheidende Problematik der Wertedebatte ist nun das Verhältnis von dauerhafter Gültigkeit und dem sozialen Wandel unterworfener Veränderlichkeit. Die positivistische Wissenschaftstheorie hat die Gültigkeit von Werten zwar nicht in Frage gestellt, sie aber der reinen Subjektivität überlassen. Was methodologisch als Werturteilsfreiheit von Wissenschaft heuristisch Sinn macht, hat zur Wertfreiheit geführt, die auch wissenschaftlich nicht sinnhaft ist. Sozialwissenschaftliche Aussagen sind notwendig mit Werten verbunden, ihre Bestätigung und ihre praktische Verwertbarkeit ist weitgehend abhängig vom Konsens der Betroffenen über die zugrunde liegenden Wertungen. Die Beschaffenheit sozialwissenschaftlicher Aussagen ist bedingt durch die Beschaffenheit des sozialwissenschaftlichen Objektbereichs, durch die Verbindung der sozialen Wirklichkeit mit menschlichen Wertungen. Diese Wertungen müssen eine gewisse intersubjektive Gleichförmigkeit als Voraussetzung ihrer allgemeinen Anerkennung besitzen. Intersubjektiv gleichförmige Wertungen und das persönliche Werturteil sind deshalb nicht gleichzusetzen. Denn ihre jeweilige soziale Funktion ist unterschiedlich. Schon die traditionelle Ethik hatte zwischen der persönlichen Ethik, also den Werten des einzelnen, und der sozialen Ordnung unterschieden, wobei sich die soziale Ordnung einer allgemeinen wertbezogenen Beurteilung unterwarf. Diese Bewertung sozialer Regelungen erfolgt in Ansehung der geregelten sozialen Wirklichkeit. Intersubjektive Gleichförmigkeit der Wertungen ist um so eher feststellbar, je enger diese mit der Bewältigung einfacher menschlicher

Lebensnotwendigkeiten verbunden sind. Mit der Differenzierung der Gesellschaftsstrukturen und -kulturen erfolgt auch eine Differenzierung der Wertsysteme. Die Anerkennung bestimmter intersubjektiv gleichförmiger Wertungen, auf die auch der einzelne als Teil der Gesellschaft verpflichtet ist, dürfte aber zu den Existenzvoraussetzungen einer Gesellschaft gehören, Existenzvoraussetzung verstanden nicht etwa im Sinne konservierender Stabilität, sondern auch als Basis progressiver Entwicklung. Die Wertungen sind Voraussetzung und Ergebnis sozialen Handelns; sie stehen in der ständigen Spannung von Kritik und Konkretisierung, das Verhältnis zwischen Abwehr der Dogmatisierung und Postulierung neuer Werte ist als dialektischer Prozess zu verstehen. Dieser Prozess kann aber nicht ohne Bezug zur Wirklichkeit erfolgen; die Anerkennung der Werte ist abhängig von ihrer sozialen Funktionsfähigkeit und von sozialem Konsens. Beides kann Gegenstand empirischer Sozialforschung sein.

Diese wissenschaftstheoretischen Erkenntnisse sind, so sehe ich es, auch hinsichtlich der Gültigkeit der Leitbilder von Stadtentwicklung bestätigt. Sowohl das Leitbild der Charta von Athen wie die Abkehr von ihm seit Mitte der 70er Jahre sind Ergebnisse von gesellschaftlichem Erleben der gebauten Wirklichkeit. Die Vernachlässigung der sozialen Dimension von Stadt für die Mehrheit ihrer Bewohner führte am Ende der ersten Industrialisierungen konsequenterweise zum Leitbild einer Stadt, in der schon baulich die soziale Vielfalt menschlicher Bedürfnisse befriedigt werden konnte. Die zunehmende Disfunktionalität dieser Stadt, insbesondere als Folge der weiteren technologisch-industriellen Entwicklung, die sich im Massengebrauch des Autos konkretisierte, machte ihr Leitbild wieder hinfällig und insbesondere seine ökologischen Folgen deutlich.

Die Konkretisierung der Werte der Aufklärung ist also offenkundig eine Entwicklung, die freiheitsstiftende Ergebnisse technischen Fortschritts aufnehmen kann, indem sie durch Technikwahl Schattenseiten zu vermeiden sucht.

Institutionelle politische Reformen
Schwächen des Verhältnisses von Stadt und Politik in den vergangenen 40 Jahren sind aber weniger auf Mangel an Werten als auf Mängel bei ihrer instrumentellen Umsetzung zurückzuführen. Die kontinuierlich wachsenden demokratischen Gesellschaften haben sich sowohl im Umgang mit dem Instrument Recht wie auch im Umgang mit dem Instrument Geld überfordert. Haushaltsdefizite und Überbürokratisierung sind, wie gezeigt, die Folgen. Institutionelle Änderungen der Polity dieser Gesellschaften werden diskutiert und sind geboten. Dabei muss der Gedanke der Entlastung von Komplexität für die demokratisch legitimierten politischen Entscheidungsträger im Vordergrund stehen, angesichts sich ständig steigender Komplexität aufgrund der Vermehrung von Wissen und deren technologischen Anwendungen.

Im Rahmen bisheriger Verfassungsreformen hat sich auf der Ebene der Werte das Grundgesetz der Bundesrepublik Deutschland als anpassungsfähig erwiesen, wie mit der Aufnahme des Staatsziels Umweltschutz in Artikel 20a gezeigt wurde.

Im Bereich des Instrumentellen ist für die monetäre Steuerung ökonomischer Kreisläufe eine Entlastung des parlamentarischen Entscheidungssystems durch eine unabhängige Instanz, die Bundesbank, mit positiver Wirkung institutionalisiert worden. Vergleichbares wäre für die fiskalische Steuerung und für ökologische Regelmechanismen anzustreben.

Ein grundsätzlicher Ausschluss der staatlichen Kreditaufnahme, oder zumindest ihre ausdrückliche Genehmigung durch die Notenbanken, wäre eine institutionelle Vorkehrung, die wieder überschaubare fiskalische Handlungsfähigkeit auf allen politischen Ebenen ermöglichen würde.

Regelmechanismen zur Einschränkung im ökologischen Kreislauf auftretender Überbeanspruchungen durch Emissionen wären gestaltbar. Die Zuständigkeit dafür könnte bei einer unabhängigen ökologischen Institution angesiedelt werden.

Derartige generelle Regelungsmechanismen sollten in sich globalisierenden Gesellschaften auf möglichst hoher Ebene, also für einen weiten Gestaltungsbereich angesiedelt werden. Das gilt für die hier aufgezeigten Möglichkeiten der monetären, fiskalischen und ökologischen Steuerung zumindest für den Raum Europa. Um so stärker hier für alle auf unteren Ebenen handelnden politischen Entscheidungsträger Komplexität gemindert ist, um so mehr Autonomie der einzelnen Ebenen und damit Abbau von Mischkompetenzen wird möglich. Dann ist eine klarere Aufgabenabgrenzung innerhalb eines europäischen Rahmens für die Ebene der Staaten, der Regionen – in Deutschland der Länder – und der Städte möglich, bei besserer aufgabenbezogener Ausstattung mit den Instrumenten Recht und Geld.

Der Ausweg aus der Verdrossenheit über Politik, auch im Bereich der Stadtentwicklung, wird immer nur in beiden Dimensionen möglich sein, der Dimension der Umsetzung sich sozial entwickelnder Wert und der Dimension institutioneller Reformen, die Komplexität durch dauerhafte Regelungsmechanismen reduzieren und so die Instrumente prozessualen demokratisch legitimierten Handelns funktionsfähig erhalten.

Christoph Zöpel

Regionalisierung – Grundgedanken zu einer besseren (Raum-)Entwicklungspolitik

1. Region – ein diffuser Begriff

Wenige Fachbegriffe werden so unscharf und beliebig angewendet wie »Region«. Weder die Regionalwissenschaften an den Hochschulen noch die Regionalpolitik in der Praxis konnten begriffliche Klarheit schaffen. Trotzdem hat die Regionalplanung den Auftrag, für eine ausgewogene Regionalentwicklung in Deutschland zu sorgen. Und Regionalplanung ist in Deutschland ein etabliertes Berufsfeld vieler Planer geworden, in dem seit Jahrzehnten mit wechselnden Konjunkturen regionalplanerisches und regionalpolitisches Handeln stattfindet. Dieses ist keineswegs interessenfrei. Für welchen als eine Region verstandenen Raum und für welche darauf bezogenen Interessen soll in Abgrenzung zu anderen Regionen entwicklungsperspektivisch gehandelt werden? Regionalpolitische Interessen und die regionalpolitische Zielfindung müssen transparent werden. Hierzu soll der folgende Text beitragen.

Das lateinische Wort »regio« bedeutet, etymologisch fundiert, zunächst »Richtung«, dann übertragen »Grenzlinie« und »Grenze«, schließlich »Gegend als Teil der Erde oder des Landes«, also Gebiet, Bereich, Sphäre, Landschaft, Landstrich, Bezirk, Distrikt, Stadtbezirk, Stadtquartier, Stadtviertel. (Menge/Güthling (1955), erster Teil S. 647).

2. Region – Teil des globalen Raumes

Die begrifflichen Bedeutungen von Erde, Geos, Welt, Kosmos, Universalität, Globalität und von ihnen abgeleiteter Worte lassen sich kaum sinnvoll ordnen. Es macht Sinn, von der Erde zu sprechen, wenn der von Menschen bewohnte Planet des Sonnensystems gemeint ist, als ein gesamter Raum. Das Sonnensystem beeinflusst das Leben auf der Erde, Tag und Nacht ergeben sich aus diesem Zusammenhang, das Klima wird von ihm mitbestimmt, Sommer und Winter, Wärme und Kälte, Wasser und Trockenheit. Die Geografie beschreibt die physikalische Struktur der Erde. Vor aller Besiedlung und damit vor aller gesellschaftlichen Kommunikation existieren diese Bedingungen und Voraussetzungen menschlichen Lebens und machen Teile des Raumes Erde, also Regionen unterschiedlich. Die reflektierte Wahrnehmung dieser unterschiedlichen Bedingungen erklärt auch zwischen Teilen der Erde unterschiedliche Weltsichten und damit die Vielfalt der Kulturen.

Die Erde hat die Gestalt einer Kugel, physikalisch exakt die eines abgeflachten Rotationsellipsoids. Das wissen die Menschen erst seit Ende des 15. Jahrhunderts, worauf die Europäer allerdings sogleich mit der »Globalisierung« der menschlichen Beziehungen im gesamten Raum der Erde begannen. Deren Oberfläche misst 510 Millionen Quadratkilometer, wovon nur 149 Millionen Quadratkilometer oder 29,2 Prozent Landfläche sind, ohne die Antarktis 136 Millionen Quadratkilometer. Der größere Teil der Landfläche liegt auf der nördlichen Halbkugel. Vom Äquator aus sind die nördliche und die südliche Halbkugel geografisch unterscheidbar. Für Osten und Westen gilt diese Klarheit nicht. Diese beiden Himmelsrichtungen sind immer vom Standort des Betrachters abhängig. Das ist nicht ohne Bedeutung für die »politische Semantik der Himmelsrichtungen«. Das Klima hat auf der Erde unterschiedliche Naturverhältnisse entstehen lassen, auf den Meeren – am Nord- und Südpol sind sie gefroren – und als Naturlandschaften zu Lande.

Die Menschheit hat in gesellschaftlichem Handeln Naturlandschaften zu Kulturlandschaften werden lassen – allerorts, nur marginal in der Antarktis, aber auch auf Grönland, im Himalaja, wo die Bergsteigercamps seit der ersten Bezwingung des Mount Everest 1953 zum Wirtschaftsfaktor wurden, oder in der Sahara, wo nach den Tuareg die Rallye Paris–Dakar kam. Intensiver geschieht dies natürlich in dichter besiedelten Landschaften. Deren Kulturalisierung war gesellschaftliches, politisches Handeln. Kulturlandschaften sind zugleich Lebensräume und Wirtschaftsstandorte. Seit Jahrtausenden integrieren und verdichten sich Kulturlandschaften, Lebensräume und Wirtschaftsstandorte zu Städten und zu besiedelten Regionen.

Mit über neun Milliarden Menschen um 2050 – entsprechend den Daten des United Nations Population Funds (2007) – wird die Erde zu einem einzigen global dicht vernetzten Siedlungsraum, als Kulturlandschaft, Lebensraum und Wirtschaftsraum. Bei der heutigen Bevölkerungszahl von etwa 6,6 Milliarden beträgt die rechnerische Siedlungsdichte auf den 136 Millionen Quadratkilometern Landfläche, ohne Antarktis, 48 Menschen auf einem Quadratkilometer. Bei neun Milliarden werden es 66 sein. Die Siedlungsdichte von 70 Menschen auf einem Quadratkilometer wäre bei einer Weltbevölkerung von 9,5 Milliarden erreicht. Die Menschheit erlebt so einen globalen Verstädterungs- oder Urbanisierungsprozess. Die Siedlungsdichten der urbanen Räume liegen allerdings um ein Vielfaches höher, mit extremen Bevölkerungskonzentrationen auf kleiner Fläche in den schnell wachsenden Megacities der Entwicklungsländer.

Die Landfläche der Erde lässt sich letztlich beliebig und in beliebigen Stufen regionalisieren, also räumlich teilen oder gliedern. Mit dieser Regionalisierung werden abgrenzbare Räume gesellschaftlichen Handelns gebildet. Gründe für diese handlungsorientierte Regionalisierung sind auch immer politisch. Deren Sinnhaftigkeit oder Zweckmäßigkeit hängt zunächst von der geografischen Grundstruktur, dann von der Größe des zu regionalisierenden Territoriums und seiner Bewohnerzahl ab.

Von den 136 Millionen Quadratkilometern der Landfläche sind 85 Millionen Quadratkilometer oder etwa 62 Prozent als eurasisch-afrikanische Landmasse miteinander verbunden, einschließlich der vorgelagerten Inseln. Amerika mit 42 Millionen Quadratkilometern und Australien mit fast 9 Millionen Quadratkilometern sind davon getrennt (Statistisches Bundesamt 2006, S. 217). Diese geophysikalische Teilung der Erde beeinflusst globalpolitische Entwicklungen, sie ist ein wesentlicher geopolitischer Faktor. Auch »Weltsichten« haben sich daran ausgebildet:

- Ost-West-Trennlinien gründen in jahrtausendalten innereurasischen Auseinandersetzungen und Wanderungen.
- Die politische und ökonomische Dominanz des Nordens hängt mit der »*Nordlastigkeit*« der Landfläche zusammen, mit der im Vergleich zum Norden territorial nur kleinen gemäßigten Klimazone südlich des Äquators.
- Die von der eurasisch-afrikanischen Landmasse getrennte Lage Amerikas stärkt die Weltmachtstellung der USA wie historisch zuvor Insellagen die territoriale Expansion von politischer Macht begünstigten.

Die beiden großen Landmassen wurden im Laufe der Geschichte in Länder, Territorien und Staaten regionalisiert, mit immer wieder veränderten Grenzen. Dabei war eine hierarchisch abgestufte Regionalisierung gängige Wirklichkeit – in Europa ist das im Heiligen Römischen Reich Deutscher Nation mit seinen fürstlichen und städtischen Reichsteilen deutlich erkennbar. Über die Länder oder Städte wurde in unterschiedlicher Form politische Herrschaft ausgeübt. In der Neuzeit fand die Regionalisierung der Erde von Europa ausgehend ihre besondere rechtliche Form mit der Bildung von Territorialstaaten, die streng gegeneinander abgegrenzt werden, um mittels des staatlichen Gewaltmonopols territoriale politische Herrschaft ausüben zu können. Diese Territorialstaatsbildung löste föderative politische Verbünde von Regionen ab und beendete die politische selbstständige Herrschaft von Städten, einer siedlungsgeographischen Spezifikation von Region. Seit dem 19. Jahrhundert konstruierten dann »Nationalstaaten« besondere kulturelle Identitäten für ihre jeweiligen regionalen Herrschaftsbereiche. Als demokratischen Staaten schufen sie eine auf den Rechten ihrer Bürger beruhende Legitimationsgrundlage für das Ausüben der territorialen Herrschaft. Die Gesellschaftstheorie verband historisch zeitgleich den Raumbezug von Gesellschaften mit politisch-staatlichen Territorien.

Diese territorialen Staaten schufen allerdings wiederum dezentrale, also regionalisierte Strukturen, indem sie Städte bzw. Gemeinden und Provinzen bildeten und abgrenzten. Bei demokratischer Verfasstheit wurde auch diese dezentralisierende Regionalisierung legitimiert und mit Selbstverwaltungsrechten versehen. Dezentralisierung kann im Interesse der Entwicklung der Regionen wie im Interesse des Gesamtstaates liegen. Regionalpolitik hat so grundsätzlich zwei Dimensionen, die bessere räumliche Entwicklung des gesamten Staates und die bessere Entwicklung des regionalen Teilraumes.

Die Aufteilung zuerst Europas und dann der Welt in »Nationalstaaten« ist sicher auch nur eine historische Phase der Regionalisierung der Erde, die den globalen politischen Prozess der Regionalisierung nicht abgeschlossen hat. Seit dem 20. Jahrhundert gibt es weiterhin unterhalb, jetzt aber auch oberhalb dieser nationalstaatlichen Ebene andere »Regionen«, sie lassen sich als substaatliche Regionen einerseits und subglobale Weltregionen andererseits unterscheiden.

3. Region mehr als örtlicher Zusammenschluss unterhalb der staatlichen Ebene

Das in Deutschland und in vielen europäischen Staaten gebräuchliche Verständnis von Region wird so weder langfristigen Prozessen der Regionalisierung noch der politischen Wirklichkeit zu Beginn des 21. Jahrhunderts gerecht. Nach Manfred Sins (2005) Definition im Handwörterbuch der Raumordnung »versteht man unter einer Region einen aufgrund bestimmter Merkmale abgrenzbaren, zusammenhängenden Teilraum mittlerer Größenordnung in einem Gesamtraum. In der Alltagssprache wird der Begriff ›Region‹ oder das Attribut ›regional‹ meist dann verwendet, wenn Gegebenheiten bezeichnet werden sollen, die mehr als den örtlichen Zusammenhang betreffen, aber unterhalb der staatlichen Ebene angesiedelt sind.«

Es sind vor allem zwei Entwicklungen, die dieses Verständnis von Region schon in europäischer, und dann in globaler Perspektive unbrauchbar machen – kleine, kaum sinnvoll regionalisierbare Staaten und die Entwicklung zur Weltgesellschaft.
– In der EU haben Estland, Luxemburg, Malta, Slowenien und Zypern weniger als zwei Millionen Einwohner, in Europa auch Island oder Montenegro. In der Arabischen Liga sind das Bahrain, Katar und die Komoren, und in Asien Bhutan oder Ost-Timor, in Afrika Benin oder Namibia.
– Grenzüberschreitendes Handeln und Kommunizieren stellt spätestens seit Verbreitung der neuen Informationstechnologien die räumliche Abgrenzung zwischen Regionen, die politisch und kulturell als Staaten definiert und räumlich abgegrenzt werden, in Frage. Das erlaubt, ja erfordert es, von der Weltgesellschaft als einzigem Zusammenhang menschlicher Kommunikationsbeziehungen zu sprechen. Der Raumbezug der Weltgesellschaft ist dann die Erde als ganze.

Die Sinnhaftigkeit oder Zweckmäßigkeit von deren handlungsorientierter Regionalisierung unterliegt den gleichen Kriterien, die für jede handlungsorientierte Regionalisierung deutlich geworden sind: geografische Grundstruktur, Größe des regional zu integrierenden Territoriums, Einwohnerzahl, Identität, Größe und Verteilung des Sozialprodukts – und das immer mit der Vorgabe der politischen Handlungsfähigkeit zur Erreichung der Entwicklungsziele.

Weltregionalisierte Handlungs- und Kommunikationszusammenhänge müssen entweder »Staatsregionen« übergreifend oder »Staatsregionen« dezentralisierend gesehen werden. Dabei ist die Sichtweise von der Größe der Staaten bestimmt. Es gibt einsichtige Gründe, China und Indien angesichts der Größe ihrer Bevölkerung auch aus weltregionaler Sicht substaatlich in kleinere Regionen zu gliedern, die Mehrzahl der Staaten aber suprastaatlich zu größeren Weltregionen zusammenzufassen. Das macht deutlich, dass für jede Regionalisierung der Erde bzw. der Welt mit Bezug zu politischer Handlungsfähigkeit die Zahl der Menschen die entscheidende Ausgangsgröße ist. Von den 2007 6,6 Milliarden Menschen leben nur 728 Millionen in Europa, 304 Millionen in den USA, also etwa ein Sechstel im sogenannte Westen, aber 4 Milliarden in Asien, etwa eine Milliarde in Afrika, 730 Millionen in Lateinamerika. Europäer sprechen manchmal auch im politikwissenschaftlichen Kontext von der »Region Asien« – jenseits der begrifflichen Möglichkeit, jede beliebige »Gegend der Erde« als Region zu bezeichnen, eine ignorante Klassifizierung aus der Position europäischer Selbstüberschätzung.

Zu Staaten regionalisiert und so politisch segmentiert sind 192 Territorien. Die Verteilung der Bevölkerung auf diese 192 »Nationalstaaten« ist extrem ungleich. China hat 1.331 Millionen Einwohner, Indien 1.136 Millionen, die USA 304 Millionen, Indonesien 228 Millionen, Brasilien 191 Millionen. Diese fünf größten »Staatsregionen« haben zusammen 47 Prozent der Weltbevölkerung. Alle 192 haben als Mitglieder der UN gleiche völkerrechtliche Souveränität. Aber das ist eine Illusion gegen die Realität und deshalb einer der Gründe, über Regionen jenseits territorialstaatlicher Grenzen zu sprechen. Es gibt den wissenschaftlichen Diskurs, die Nationalstaaten seien nicht mehr in der Lage, ihre eigenen politischen Aufgaben zu erfüllen, geschweige denn die globalen Probleme zu lösen. Als Alternative werden verschiedenen Formen von »Governance« jenseits der »Nationalstaaten« vorgeschlagen, darunter »Regional Governance«, die als räumlichen Bezug natürlich Regionen braucht. Allerdings entspricht die globalpolitische Realität diesem Diskurs nicht. Zu Beginn des 21. Jahrhunderts gibt es einerseits die drei mächtigsten »Nationalstaaten« der Geschichte, die USA, China und Indien, andererseits ist die große Mehrheit der 192 UN-Mitglieder nicht in der Lage das staatliche Gewaltmonopol in einfachster Weise zu erfüllen. Viele von ihnen existieren nur zur Sicherung der Privilegien ihrer – oft korrupten Eliten – so in Zentralamerika oder in vielen Staaten Afrikas –, oder als Ergebnis des Machtspiels der Großmächte – so der Kosovo, dessen »Unabhängigkeit« auch eine Form der Regionalisierung ist – allerdings ohne entwicklungsbezogen positive Wirkung.

Kriterien, die auch im globalen Maßstab staatliche und damit regionalpolitische Handlungsfähigkeit begründen, sind neben der Bevölkerung vor allem die Größe des Territoriums und die Höhe des Sozialprodukts. Ein Staat, der seine internen Probleme bewältigen und wirksam an globaler Politik mitwirken will, braucht dazu wohl wenigstens ein Prozent der Weltbevölkerung, das sind 2007 etwa 66 Millionen Einwohner. Die 18 bevölkerungsreichsten Staaten der Welt haben jeweils mehr als diese 66 Millionen Einwohner, zusammen stellen sie rund 70 Prozent der Weltbevölkerung.

Die rein räumliche Regionalisierung der Erde im Rahmen staatlicher Grenzen zeigt die herausgehobene Situation von sechs Staaten, die ein Territorium von mehr als sieben Millionen Quadratkilometern haben. Einzig ist dabei die Situation Russlands mit 17 Millionen. Kanada und die USA haben knapp 10 Millionen, China 9,5 Millionen, Brasilien 8,5 Millionen und Australien 7,7 Million

Quadratkilometer. Der nächste Staat in diesem Ranking ist Indien mit nur 3,3 Millionen. Diese sechs Staaten sind natürlicherweise reich an einer Vielfalt von Rohstoffen einschließlich energetischer Rohstoffe. Das globale Angebot von Rohstoffen hängt von diesen Staaten ab. Es wird deutlich, dass Rohstoffvorkommen ein Kriterium globaler Regionalisierung ist.

Beim Blick auf die Rohstoffvorkommen werden auch auf globaler Ebene die zwei grundsätzlichen Dimensionen regionaler Politik deutlich, die bessere Raumentwicklung der gesamten Welt und die bessere Entwicklung ihrer regionalen Teilräume. Globaler Regionalisierung entspricht deshalb Welt-Raumordnungspolitik.

4. Regionalisierung global: Handlungsfähige Weltregionen

Eine regionalisierte Struktur der Welt wird geografisch von der Zweiteilung der Welt in eurasisch-afrikanische Landmasse und Amerika determiniert. Auch Menschenrechtlich normativ und damit demokratisch legitimierend ist die Einwohnerzahl ausschlaggebende Orientierungsgröße für integrierte Weltregionen, die gemeinsam globale Gewaltenteilung organisieren sollen. China und Indien sind von der Bevölkerungsmenge her singulär, ihre 1.331,4 Millionen bzw. 1.135,6 Millionen Menschen bedeuten 20,2 Prozent bzw. 17,2 Prozent der Weltbevölkerung. Diese Staaten bilden daher eigene Weltregionen, die anderen werden kleiner sein müssen. 10 Prozent der Weltbevölkerung wären ein – zunächst rein statistisches – Orientierungsmaß für handlungsfähige Weltregionen, also Territorien mit etwa 650 Millionen Einwohnern. Somit könnte die Welt folgende Regionen umfassen:
– China,
– Indien,
– ASEAN und Australien,
– Russland und die GUS,
– Mittlerer Osten und Nordafrika,
– Europa,
– Subsahara-Afrika,
– Nordamerika und Zentralamerika
– Südamerika.

Alle diese Regionen, nicht nur China und Indien, sind historisch und politisch stark geprägt von großen Staaten, die bei der Weltregionalisierung entscheidende Bedeutung haben. Für die USA ergeben sich Integrationsherausforderungen gegenüber Mexiko und den kleineren zentralamerikanischen und karibischen Nachbarn, für Russland gegenüber den GUS-Staaten. Weder die USA noch Russland werden diesen Integrationsherausforderungen wegen ihres nationalistischen Großmachtselbstverständnisses derzeit gerecht. In Süd- und Ostasien liegen neben China und Indien weitere 6 der 18 Staaten mit mehr als einem Prozent der Weltbevölkerung, Indonesien, Pakistan, Bangladesh, Japan, Vietnam und die Philippinen. Ihre regionale Integration und die ihrer kleineren Nachbarn müssen sich in einer Vielfalt regionaler Kooperationsformen und in Relation zu Indien und China vollziehen.

Zum Mittleren Osten gehören Ägypten, der Iran und – in der Zuordnung konfligierend mit Europa – die Türkei. In Subsahara-Afrika bilden Nigeria, Äthiopien und Südafrika bisher nur sehr bedingt Kerne der regionalen Integration. In Südamerika ist Brasilien nach Einwohnerzahl und Fläche der mit Abstand größte Staat, was aber der Integration des Subkontinents bisher nicht förderlich war – bedingt auch durch die Zugehörigkeit Brasiliens zur portugiesischen Lusophonie, die es von den anderen, spanisch sprechenden Staaten Lateinamerikas trennt.

5. Die Europäische Union als Weltregion und als Akteur von Regionalpolitik

Zu den bereits handlungsfähigen Weltregionen gehört Europa. Es ist geografisch der westlichste Teil der eurasisch-afrikanischen Landmasse. Als subglobale Weltregion kann Europa mit der EU gleichgesetzt werden, sie hat 2008 über 490 Millionen Einwohner, bei einer Fläche von 4,2 Millionen Quadratkilometern, also kleiner als die sechs flächengrößten Staaten, aber vor Indien. Dazu kommen in den Staaten Südosteuropas, die eine Mitgliedschaft anstreben, zusammen weitere 29 Millionen Menschen. Bis 2050 wird die Bevölkerung Europas nach den Prognosen der UNPFA zurückgehen. Ob das eintritt, ist fragwürdig. Migration wird hier von ausschlaggebender Bedeutung sein. Es ist kaum realistisch das Eintreten der UNPFA-Prognose anzunehmen, die bis 2050 eine Zunahme der Weltbevölkerung um 2,5 Milliarden, gleichzeitig aber ein »Schrumpfen« in Europa um 70 Millionen erwartet.

5.1 Die Identität Europas

Für die Weltregion Europa soll Identität als Kriterium handlungsorientierter Regionalisierung beleuchtet werden. Europäer diskutieren ihre Identität meistens im Sinne einer positiven, manchmal anmaßenden, dabei mehr und mehr defensiv werdenden Abgrenzung gegenüber anderen. Mit territorialem Bezug wird dabei um die sinnvollen Grenzen der EU gestritten.

Historisch-kulturelle Abgrenzungen Europas von Asien, gerade auch wenn sie eine europäische Identität bestimmen sollen, versagen in diesem Zusammenhang, wie frappierend das Beispiel der indoeuropäischen Sprachen zeigt. Finnisch, Ungarisch und Baskisch sind nicht indoeuropäisch, Albanisch, Hindi und Farsi hingegen gehören dazu (Haarmann 2001). Europäische Identität mit europäischen Sprachen zu verknüpfen, ist sprachwissenschaftlich also nicht begründbar.

Auch ethnische Unterscheidungen sind nicht wirklich klärend. Die Geschichte der Welt, und dabei vielleicht besonders die Geschichte Europas, ist eine Geschichte der Wanderungen. Ethnien haben sich ständig gemischt. Sprachlich wie ethnisch ist es die Vielfalt, die Europa ausmacht. Begonnen hat die zivilisatorische Prägung Europas mit dem griechischen und römischen Welt- bzw. Gesellschaftsverständnis. Die christliche Prägung bis heute ist offenkundig, jüdische wirkt hinein. Monotheistische Vielfalt begann mit den kirchlichen Schismen bereits vor der arabisch-muslimischen Invasion. Die Kriege zwischen Christen und Muslimen lassen sich im Vergleich mit den Glaubenskriegen nach der christlich-europäischen Reformation nicht als besonders trennend bezeichnen. Die Aufklärung lieferte dann die Grundlagen der Individualität und der rationalen Mündigkeit als Selbstverständnis europäischer Menschen: autonome Individuen fordern seither uneingeschränkt gleiche Menschenrechte.

Ihre dauerhafte Realisierung benötigt Mechanismen der gesellschaftlich-politischen Integration. Nur so konnten die europäischen Gesellschaften und ihre Staaten politisch nach innen und nach außen handlungs-, das heißt problemlösungsfähig werden. Dieser Mechanismus ist bei demokratischer Verfasstheit die soziale Integration, der Anspruch jeden Individuums auf ein Mindestmaß an sozialer Sicherheit. Der sozialen Integration gingen aber durch die Jahrhunderte bekanntlich blutige Konflikte voraus. Europa im 21. Jahrhundert sollte sich als Ergebnis durchaus problematischer historischer Entwicklungen verstehen. Gemeint sind die Abfolge von politischen Herrschaftsbereichen und damit zusammenhängende politisch-militärische Auseinandersetzungen, denen sich kleinere Gemeinschaften mit unterschiedlichen Sprachen, Kulturen und Eigenschaften anpassten oder widersetzten.

Das Imperium Romanum und Herrschaftsbereiche, untereinander um Macht kämpfend, mit Bezug zu Deutschen, Franzosen, Briten, Russen und auch Türken haben Europa geprägt und bis heute Nachwirkungen hinterlassen. Daraus ergibt sich, dass sich diese großen Mächte der neuzeitlichen europäischen Geschichte samt und sonders historisch nur schwer begründbar dauerhaft aus Europa ausgrenzen lassen, auch nicht Russland und die Türkei.

Innerhalb der Herrschaftsbereiche bestand allerdings weitere sprachliche und kulturelle Vielfalt. Sie führte erst seit dem 19. Jahrhundert zu staatlich-politischer, konkret nationaler Vielfalt, mit dem Ende des Heiligen Römischen Reiches nach der Französischen Revolution sowie dem Zusammenbruch Habsburgs, des Osmanischen Reiches und des Deutschen Reiches nach dem Ersten Weltkrieg. Nach dem Zweiten Weltkrieg ging die Machtstellung Großbritanniens und Frankreichs an die USA verloren, weg von der eurasisch-afrikanischen Landmasse. Die USA trugen gegenüber dem zur Sowjetunion gewandelten Russland den Ost-West-Konflikt aus, der friedlich mit der Implosion der kommunistischen Staaten in Europa zu Ende ging – friedliche Konfliktlösung wurde dabei zu einer neuartigen, vielleicht wirklich identitätsstiftenden Erfahrung der Europäer.

Damit ist die Identität Europas im 21. Jahrhundert beschrieben:
- kulturelle Vielfalt seit der Antike,
- Individualität, rationale Mündigkeit und gleiche Menschenrechte seit der Aufklärung,
- soziale Integration seit der Industrialisierung und
- friedliche Konfliktlösung seit 1981 bzw. 1989.

Diese Identität basiert auf Demokratie. Alle Staaten in der EU sind Demokratien. Jeder Staat, der diese europäische Identität als seine eigene versteht und mit anderen teilt, kann zur EU gehören. Weder das Argument der territorialen Überdehnung noch das einer Überzahl von Mitgliedstaaten sprechen dagegen. China und Indien zeigen ganz andere Bevölkerungsdimensionen erfolgreicher weltregionaler Integration. Im Vergleich dazu ist die EU relativ klein, ohne Aussicht, jemals diese Bevölkerungsdimensionen zu erreichen.

Indien zeigt weiter die *demokratische* Dimension weltregionaler Integration hin zu mehr »föderativer Staatlichkeit«, mit deutlich mehr Einwohnern als sie die EU hat. Dies alles entkräftet Argumente gegen die Fortsetzung der Erweiterungspolitik. Im Gegenteil, sie ist identitätsstabilisierend und territorial erforderlich. Dazu muss sie sich zunächst auf die Staaten Südosteuropas konzentrieren, die Mitglied werden wollen und es noch nicht werden konnten: auf Albanien mit seinen 3 Millionen Einwohnern, Bosnien-Herzegowina mit 4 Millionen, Kroatien mit 5 Millionen, Mazedonien mit 2 Millionen, Moldawien mit 4 Millionen, Montenegro mit 0,6 Millionen und Serbien mit 8 Millionen Einwohnern, das Kosovo mit 2 Millionen Einwohnern.

Die Erweiterung um diese Staaten ist zwingend notwendig, wegen der territorialen Integrität der EU und wegen ihrer Verantwortung für die menschliche Sicherheit von 25 Millionen Europäern, die anders als die 491 Millionen »restlichen« Europäer noch nicht EU-Bürger sind. Ohne die Mitgliedschaft dieser wenigen Menschen und ihrer kleinen Staaten bestünde innerhalb der EU eine Enklave, ein Vakuum geringerer Sicherheit zu Lasten zunächst der direkt betroffenen, darüber hinaus aller Europäer.

Schwerer wiegen inzwischen noch die Rechte der 25 Millionen Menschen in diesen Staaten auf Reisefreiheit in Europa. Für jegliche Regionalisierung innerhalb der EU ist das Identitätsmerkmal »kulturelle Verschiedenheit« von überragender Bedeutung. Kulturelle Verschiedenheit nutzt Kultur nicht zur Ausgrenzung anderer, sondern als Angebot an andere.

5.2 Regionalpolitik in der EU

Regionalpolitik der EU entstand im Zuge ihrer Erweiterungen seit Anfang der 1970er Jahre. Die EU, bzw. die EWG, war zunächst ökonomisch homogen oder setzte auf die ausgleichenden Wirkungen des gemeinsamen Marktes. Mit der Aufnahme Irlands 1973 und dann Griechenlands 1981,

Spaniens und Portugals 1985 traten aber ökonomische Disparitäten zwischen den Mitgliedssaaten auf, die um der sozialen Kohäsion willen zur Regionalpolitik der EU führten, zu einer Regionalpolitik mit beiden dargelegten Dimensionen, die der besseren Entwicklung der EU als Gesamtraum und die der besseren räumlichen Entwicklung schlechter entwickelter Staaten oder substaatlicher Regionen. Erstes finanzielles Instrument war der Europäische Fonds für regionale Entwicklung (EFRE) seit 1975.

Bezogen auf die europäische Identität steht die EU-Regionalpolitik im Spannungsfeld zwischen dreien ihrer vier Komponenten, zunächst zwischen der kulturellen Vielfalt und der sozialen Integration. Kulturelle Vielfalt erfordert ein hohes Maß an regionaler Autonomie, auch innerhalb der Mitgliedsstaaten und deren Grenzen überschreitend, mit dem Ziel der Bewahrung regionaler Diversität. Soziale Integration erfordert einheitliche Kriterien regionaler Entwicklung mit dem Ziel der Überwindung von regionalen Disparitäten. Mit der Aufnahme zuvor rechtsautoritär oder kommunistisch regierter Staaten kam die Komponente der friedlichen Konfliktlösung hinzu.

Die Regionalpolitik der EU soll zum Ausgleich von Entwicklungsunterschieden sowohl zwischen Staaten wie zwischen Regionen innerhalb von Mitgliedsstaaten beitragen. Dabei bildete sich eine regionalpolitische Kompetenz der EU. Jürgen R. Grote (1996, S. 234) konstatiert für die Zeit seit Ende der 1980er Jahre eine »supranational und funktionalistisch ausgerichtete« EU-Regionalpolitik, die »sich von nationalstaatlichen Beschränkungen (Ministerrat) und von Abhängigkeiten im Bereich der Zielgebiete (regionale Verwaltungen und Akteure) freimachte«. Dafür gab es ein offenkundiges bürokratisches Eigeninteresse der EU-Kommission und ihrer Generaldirektionen. Inzwischen grenzt die EU die Regionen ab, teilweise auch in konfliktuösen Verhandlungen mit den Mitgliedsstaaten. Es wurden auch grenzüberschreitende Regionen gebildet. Offen bleibt, ob diese »EU-Regionen« ihre Identität besitzen und inwieweit sie politisch legitimiert handeln können oder ob sie nur »behandelt«, anders ausgedrückt nach übergeordneten Kriterien gefördert werden.

Diese Problematik ist in jedem Mitgliedstaat anders zu sehen, im Zuge der Erweiterung nach der Implosion der kommunistischen Systeme in Europa wurden auch neue Mitgliedsstaaten bürokratisch »von oben regionalisiert«, z. B. Slowenien mit seinen nicht zwei Millionen Einwohnern hatte dafür kaum Verständnis.

6. Regionen und Regionalpolitik im föderativen Deutschland

In Deutschland stellten sich die Aufgaben und die Ziele der Regionalisierung nach 1945 historisch neu. Nationale Identität war vom Nationalsozialismus verbrecherisch missbraucht worden, nationalstaatliche Regionalisierung Europas und der Welt über das Konstrukt der Nation hatte sich als menschheitsbedrohende Gefahr erwiesen. Der Nationalsozialismus hatte auch die föderalen Strukturen Deutschlands, die eine historisch gewachsene Regionalisierung begründet hatten, eingeebnet. Dieser antiföderalen Politik folgte nach 1945 in der DDR das kommunistische System. Prinzipielle Kritiker des Föderalismus in der Bundesrepublik Deutschland sollten sich dieser historischen Tatsachen schon bewusst sein. Im demokratischen Deutschland wurden 1946 wie 1989 die föderalen Strukturen wiederhergestellt und damit eine Regionalisierung neu begründet, in der die Regionen als Länder verfassungsrechtlich Staatsqualität besitzen. Für die tiefere Regionalisierung, in Form der Bildung von Städten und Kreisen sind die Länder zuständig, wobei das Grundgesetz diesen durch Landesgesetze gebildeten Kommunen und Kommunalverbänden Selbstverwaltungsrechte garantiert. Eine Regionalisierung innerhalb der Länder und oberhalb der Kommunen können die Länder als rein staatliche Verwaltungsgliederung vornehmen oder auch in Form von Kommunalverbänden.

Die regionale Struktur der Länder ist natürlicherweise von ihrer territorialen Größe abhängig. So lassen sich die drei Stadtstaaten Berlin, Hamburg und Bremen nicht regionalisieren (abgesehen von ihrer Untergliederung in Stadtbezirke). Es stellt sich dort eher die Frage ihrer Integration in länderübergreifende Regionen. Die großen Flächenstaaten Bayern, 70.552 qkm, Niedersachsen, 47.624 qkm, Baden-Württemberg, 35.752 qkm, Nordrhein-Westfalen, 34.085 qkm, und Brandenburg, 29.479 qkm, erfordern eine Regionalisierung. Beim Saarland mit 2.589 qkm ist dieses Erfordernis eher fraglich. Diese territorialen Unterschiede zwischen den Ländern erschweren die Formulierung von allgemeinen Konzepten politisch institutionalisierbarer Regionalpolitik im Rahmen der demokratisch-föderalen Staatsstruktur der Bundesrepublik.

Oberhalb der Länder hat sich eine eigene Regionalpolitik des Bundes entwickelt. Sie lässt sich, Fachpolitiken übergreifend, als Raumordnungspolitik und, ökonomisch orientiert, als regionale Strukturpolitik begreifen.

– Ein Raumordnungsgesetz des Bundes gibt es seit 1965, ein erster Raumordnungsbericht wurde bereits 1963 von der Bundesregierung vorgelegt.
– Regionale Strukturpolitik begann infolge wirtschaftssektoraler Umbrüche mit regionalen Wirkungen Mitte der 1960er Jahre mit der typischen Dominanz der Industrieförderung und wirtschaftsorientierten Infrastrukturförderung. Ihr wichtigstes Instrument wurden die Gemeinschaftsaufgaben, vor allem die Gemeinschaftsaufgabe zur Verbesserung der regionalen Wirtschaftsstruktur. Die zu fördernden Regionen wurden nach einem Indikatorensystem zwischen Bund und Ländern festgelegt, die Grenzen der Länder werden dabei nicht überschritten. Schwerpunkte der Förderung waren ländliche Räume, altindustrielle Standorte sowie bis 1989 die Grenzgebiete zur DDR, danach die neu gebildeten Länder Ostdeutschlands.

Seit der Vereinigung und damit nach der Heranführung der ehemals kommunistischen Staaten an die EU sowie seit der Ausbildung der »supranational-funktionalistischen EU-Regionalpolitik ist die Gemeinschaftsaufgabe in zunehmenden Abhängigkeit von der EU geraten. Das gibt zu grundsätzlichen Überlegungen zu regionaler Strukturpolitik Anlass. Sie umfasst nach der Definition von Hans-Friedrich Eckey (2004) »alle Handlungsbereiche, die darauf abzielen, die Struktur einer Volkswirtschaft anders zu gestalten als sie sich aufgrund des marktwirtschaftlichen Prozesses ergeben hätte. (…) Sie besteht damit »in einer bewussten Beeinflussung der relativen Bedeutung von Regionen innerhalb einer Volkswirtschaft«. Eine der Grundsatzentscheidungen der regionalen Strukturpolitik ist nach Eckey »Politik für die Regionen« versus »Politik der Regionen«. Damit thematisiert er die beiden Dimensionen von Regionalpolitik. Er charakterisiert sie als die prozesspolitische oder interventionistische und die ordnungspolitische Variante der Regionalpolitik. Ordnungspolitisch vollzieht sich ein interregionaler Wettbewerb, für den der Staat nur den Rahmen setzt. Staatliche Transfers, die überwiegend an Unternehmen fließen, treten zurück. Regionale Entwicklung vollzieht sich »über den Wunsch und das Wollen der in der Region ansässigen Menschen«, deren Entwicklung zu verbessern. Entsprechend sind »primäre Akteure (…) die Regionen und Gemeinden, die ihre Position im interregionalen Wettbewerbsprozess zu verbessern suchen.

Diese Position stößt in europäischer und in globaler Dimension auf Probleme. Wettbewerb zwischen Teilräumen wie Regionen, die auch immer Wirtschaftsstandorte sind, hat Bezug zum Wettbewerb zwischen Unternehmen. Große Unternehmen können im Wettbewerb Teilräume, selbst wenn sie staatlich verfasst sind, gegeneinander ausspielen. Standortwettbewerb wird zum Buhlen um die Investitionsgunst von (Groß-) Unternehmen des Privaten Sektors. Die Machtdimension zeigt ein Ranking, das die Sozialprodukte von Staaten und die Umsätze von Unternehmen vergleicht: Dabei belegt Exxon Mobile mit 378 Milliarden Umsatz Rang 11, nur das Sozialprodukt der EU, der USA,

Japans, Chinas, Kanadas, Indiens, Südkoreas, Mexikos, Australiens, Brasiliens und Russlands ist größer. Auf die Schweiz folgen dann Wall Mart und Royal Dusch Shell.

Diese Zahlen zeigen einen weiteren Grund für die Bildung handlungsfähiger Regionen in globaler Dimension. Diese weltregionale Handlungsfähigkeit muss Rahmen für den Wettbewerb zwischen Teilräumen wie zwischen Unternehmen setzen. In der EU bedeutet das vor allem die Vereinheitlichung der unternehmensbezogenen Besteuerung. Ein teilräumlicher Steuerwettbewerb hat fatale Verteilungswirkungen. Die ordnungspolitische Regionalpolitik, wie sie Eckey formuliert, findet ihre Entsprechung in ordnungspolitischen Vorstellungen, die exemplarisch der tschechische Präsident Klaus vertritt, wenn er für mehr Wettbewerb zwischen den EU-Staaten plädiert.

7. Metropolen und Metropolregionen

Der konzeptionellen Gegensatz zwischen »Politik für die Regionen« und »Politik der Regionen« führt in Deutschland und Europa zum Konzept der Metropolregionen. Wenn die Regionen für ihre Entwicklung die Verantwortung tragen, müssen sie nach Kriterien der Handlungsfähigkeit suchen, und dann drängt sich die Einwohnergröße auf. Das gilt vor allem, wenn die globale Dimension beachtet wird, die zwingend beim Wettbewerb um die Gunst von Großunternehmen deutlich wird. Global hat sich die Bedeutung von Standorten mit dem Entstehen von Metropolen und Global Cities verändert. Das hängt zuerst mit dem Wachstum der Weltbevölkerung und der zunehmenden Urbanisierung zusammen. Etwa zwei Drittel des Bevölkerungswachstums findet in den Städten statt. 2008 werden weltweit erstmals mehr Menschen in Städten leben als in ländlichen Räumen (UNPFA, S. 1). Urbanisierung bedeutet auch Vermehrung und Wachstum großer Städte. 1950 gab es weltweit 85 Städte mit mehr als einer Million Einwohnern, 2007 sind es nach Thomas Brinkhoff (2007) 486. Unter den Megacities liegt London auf Rang 23, es folgen auf Rang 26 Paris mit 9,6 Millionen, auf Rang 49 Madrid mit 6,0 Millionen, auf Rang 53 Ruhr mit 5,8 Millionen und auf Rang 79 Berlin mit 4,2 Millionen Einwohnern. Die Abgrenzung und damit die Zahl und Größe von Megacities hängt von unterschiedlichen Definitionen und Kriterien ab. Dieter Bronger (2004, S. 28 ff.) gibt dazu einen informativen Überblick. In allen Fällen handelt es sich um hoch verdichtete Agglomerationen, mit deutlich über 1.000 Einwohnern auf dem qkm. Die politische Abgrenzung dieser großen Städte stimmt mit der siedlungsgeographischen kaum überein, für Deutschland ist Ruhr das signifikante Beispiel. Die Urbanisierung und das Wachstum der Megacities korrespondiert mit der Verbreitung der neuen Informationstechnologien. Die Netze globaler Kommunikationen, primär in den Bereichen von Finanztransaktionen und Handel, haben Global Cities als Knoten in diesen Netzen entstehen lassen. Saskia Sassen (1996 und 2001), die diese Global Cities auf den Begriff gebracht hat, nennt vor allen anderen New York, London und Tokio, also die großen Metropolen Nordamerikas, Europas und Japans. Diese Metropolen und viele andere große Städte und Stadtregionen in diesen Weltregionen erleben eine weitere Verbesserung ihrer Entwicklung.

Entsprechend bemühen sich die großen europäischen Städte darum, Global City-Funktionen oder metropolitane Funktionen erfüllen zu können. Dabei versuchen sie ihre im Vergleich zu den anderen Megacities vergleichsweise geringe Größe durch die Aufblähung zu Metropolregionen und regionale Kooperation in diesen auszugleichen. In Deutschland suchen immer mehr Großstädte diesen Weg. Daraufhin wurden im Rahmen der Bundesraumordnung Metropolregionen festgelegt, die den herkömmlichen Verwaltungsstrukturen der Länder nicht mehr entsprechen und z. T. auch Ländergrenzen überschreiten. Dieser Ansatz stößt bei den betroffenen Ländern und beim Bund auf unterschiedliche Reaktionen. Für die Länder sind Metropolregionen ein Konkurrent, für den Bund eine Gelegenheit, die eigenen Kompetenzen zulasten der Länder auszuweiten. Konzeptionell sind 2007 die Metropolregion im Mittelpunkt der fachlichen Diskussion um Raum- und Stadtentwicklung in Deutschland.

8. Regional Governance

Auffassungen von Regionalpolitik, die einmal nicht-staatliche bzw. nicht-kommunale private Akteure als generell gleichlegitimiert neben die öffentlichen stellen, und zum anderen Grenzen von Staaten, Ländern und Kommunen bzw. Kommunalverbänden negieren, erfüllen Merkmale, die sich generell mit Governance-Konzepte verbinden. Sie lassen sich als »Regional Governance« Konzepte bezeichnen. Governance Konzepte sind im Zuge des Bedeutungsverlustes von Nationalstaaten entstanden. Empirisch-heuristisch haben sie ihre Berechtigung. Ihre Problematik liegt in den ungelösten Fragen nach der demokratischen Legitimierung von Governance. Von (zivil-)gesellschaftlichen Organisationen oder Initiativen entwickelte Handlungsprojekte, von Wissenschaftlern konzipierte Strategien bedürfen unbeschadet ihrer sachlich-fachlichen Berechtigung für ihre politische, also kollektive Verbindlichkeit, rechtlich legitimierender Entscheidungen, in demokratischen Ordnungen der demokratischen Legitimation. Und diesbezüglich unterscheiden sich öffentliche und private Akteure, vor allem Unternehmen. Letzteren fehlt in der Regel trotz erheblicher faktischer und lobbyistischer Machtakkumulation die demokratische Basis.

9. Regionalisierung in NRW

Die Regionalisierung Nordrhein-Westfalens ist geschichtlich mit seiner Gründung in Folge der Zerschlagung Preußens durch die Siegermächte des Zweiten Weltkriegs zu sehen. Das Land entstand aus Teilen preußischer Provinzen und dem zuvor selbstständigen Land Lippe. Oberhalb der kommunalen Ebene, der Städte und Landkreise, wurden 1946 einerseits sechs rein staatliche Regierungsbezirke gebildet, dazu drei regionale Kommunalverbände, zwei der preußischen Provinzialstruktur folgende Landschaftsverbände, dazu – eine Entscheidung des demokratischen Preußens aufnehmend – in der Agglomeration zwischen Ruhr, Emscher und Rhein der Siedlungsverband Ruhrkohlenbezirk. Diese Regionalstruktur Nordrhein-Westfalens ist gleichzeitig seine Verwaltungsstruktur, die in preußischer Tradition möglichst einheitlich gestaltet werden soll. Ein »Querelement« war von Beginn der Landesgeschichte an der Siedlungsverband Ruhrkohlenbezirk, der aber der Tatsache Rechnung trägt, dass es sich bei der gemeinhin als Ruhrgebiet bezeichneten Agglomeration mit heute 5,5 Millionen Einwohnern siedlungsgeografisch, kaum zu bezweifeln, um eine Mehrmillionenstadt handelt.

Anfang der 1970er Jahre änderte Nordrhein-Westfalen seine Regionalstruktur rigoros durch Gebietsreform. Die durchschnittlichen Einwohnerzahlen der kommunalen und regionalen Teilräume übertreffen die in allen anderen Ländern deutlich. Es gibt bei 18,1 Millionen Einwohnern nur noch 396 Gemeinden. Bayern hat zum Vergleich noch 2.056 Gemeinden bei 12,5 Millionen Einwohnern. Von den 23 kreisfreien Städten hat die kleinste 116.000 Einwohner. Die 31 Kreise haben territorial wie einwohnerbezogen durchaus regionale Dimensionen, die größte Fläche hat der Hochsauerlandkreis mit 1.959 qkm, also nur gering weniger als das Saarland mit 2.569 qkm. Die höchste Einwohnerzahl hat der Kreis Recklinghausen mit 647.000 Menschen, nur 26.000 weniger als das Land Bremen. Die Zahl der Regierungsbezirke wurde um einen verkleinert, ihnen wurden kommunalverbandliche Strukturen mit regionalen Selbstverwaltungselementen hinzugefügt. Kompetenzen verlor der Siedlungsverband Ruhrkohlenbezirk, insbesondere die Zuständigkeit für die Regionalplanung, und er bekam einen neuen Namen: Kommunalverband Ruhr. Seit 2000 finden neue politische Diskussionen um regionale und verwaltungsstrukturelle Veränderungen statt. Einschneidend wäre eine Zusammenlegung der drei Regionalverbände mit Regierungsbezirken, was zu einer Stärkung der Agglomeration zwischen Ruhr, Rhein und Emscher, führen würde.

10. Metropole Ruhr

Seit etwa 2000 bündeln sich hier fast alle Tendenzen der konzeptionellen Diskussionen und politischen Auseinandersetzungen um Regionalpolitik – von den Global Cities und Metropolen zur supranationalstaatlichen EU-Regionalpolitik, über die raumordnungs- und stadtentwicklungspolitischen Kompetenzansprüche des Bundes und die Kompetenzfurcht des Landes Nordrhein-Westfalen, zu den Bestrebungen der Selbstständigkeit regionaler oder metropolitane Akteure und der autistischen Handlungsunfähigkeit konkurrierender Städte.

Die Abfolge von greifbarem Handeln begann 2002 mit einem neuen Namen – Regionalverband Ruhr – und vermehrten Kompetenzen für den Agglomerationsverband. Inzwischen haben Diskussionen um eine stärkere kommunale Integration, die der metropolitanen Siedlungsstruktur entsprechen würde, zu einem gebräuchlichen Namen, »Ruhr« oder »Metropole Ruhr« geführt, »Ruhr« ist europäische Kulturhauptstadt 2010.

Entscheidend ist die Frage, ob es für diese Metropole eine gemeinsame räumliche Planung, einen regionalen Flächennutzungsplan, gibt, auf der integrierte Stadtentwicklungsplanung aufbauen könnte. Das Land Nordrhein-Westfalen fördert eine handlungsfähige Metropole Ruhr kaum.

Im Zusammenhang mit dem Konzept der Metropolregionen wird vom Bund gemeinsam mit dem Land eine Metropolregion Rhein-Ruhr beschrieben, die etwa vier Fünftel der Einwohner umfasst, also mehr Einwohner als ganz Bayern hat. Dies ist der eleganteste Weg, die Bildung von Ruhr als größter Stadt Deutschlands zu verhindern. Sie liegt weder im Interesse des Bundes noch der Landesbürokratie. Und die betroffenen Städte selber schaffen auch nicht den nötigen Quantensprung an interner Kooperation.

11. Städtische Regionen in NRW außerhalb von Ruhr

Die Regionalpolitik von EU und Bund sowie die Regional- und Verwaltungsstruktur Nordrhein-Westfalens werden aber auch dem Selbstverständnis und den Handlungswünschen anderer Regionen nicht gerecht. Das artikuliert sich in zu dieser Struktur quer liegender regionaler Identität. Allerdings gibt es auch schon regionalpolitische Projekte der Landesregierung, die am Regional Governance Konzept orientiert sind und derartige nicht verbindlich legitimierte Regionalisierungen stützen. Dazu gehören die Regionalen, die 2000 begründet wurden.

Eine auch mit der Metropolregionenkonzeption verbundene Neustrukturierung ist die Metropolregion Köln-Bonn, die durch eine für 2010 vorgesehene Regionale befördert wird. Ruhr als Metropole ohne Region und Köln als Metropolregion sind raumordnungspolitische Vorstellungen, die nordrhein-westfälische Realität widerspiegeln. Erwähnenswert ist als konkrete politisch verbindliche Neuerung der Regionalkreis Aachen, der 2007 durch Gesetz geschaffen wurde. Und es gibt die Aspekte der Regionalen 2006, die im Bergischen Städte Dreieck Wuppertal, Solingen, Remscheid stattfand, mit Wirkung auf ihr Umland von Oberbergischem Kreis, Kreis Mettmann und Rheinisch-Bergischem Kreis.

Die Formierung einer Region Bergisches Städte Dreieck beginnt, wie die Formierung von Regionen generell, mit auf Außenwirkung bedachter Identitätsbildung. Ohne die Artikulation einer Identität ist Regionalmarketing nicht möglich. Identität, die auf Regionalmarketing zielt, ist das Gegenteil von ausgrenzender Identität, sie ist eine Identität, die bei anderen wirbt, also andere kulturell bereichern will, wenn auch zum wohlverstandenen eigenen Vorteil. Hier ist die Bildung von Regionalbewusstsein in Europa im Einklang mit der kulturellen Verschiedenheit, die Europas Identität mitprägt.

Die Identität des Bergischen Städte-Dreiecks geht von der besondern Topographie und Geschichte seiner Kulturlandschaft aus. Sie definiert eine Stadtlandschaft im Mittelgebirge mit Stiegen und Treppen. Sie ist geprägt von der Geschichte einer frühen Industriekultur, die vor der Entdeckung der Dampfmaschine entstand, gestützt auf Wasserkraft. Sie verfügt über ein einzigartiges Verkehrssystem, die Wuppertaler Schwebebahn. Mit dieser Identität lassen sich entwicklungsbezogenen Projekte konzipieren und umsetzen, die auf bessere Siedlungsbedingungen für den Lebensraum zielen, lässt sich Infrastruktur gestalten für Standorte und Lebensräume in funktionaler Zusammenarbeit der drei Städte unter Einbeziehung des Umlands.

12. Ziele und Strategien räumlicher Entwicklungspolitik

Räumliche Entwicklung findet global abgestuft statt. Die jeweiligen Ziele und Strategien müssen der politischen regionalen Handlungsfähigkeit entsprechen, die auch für die Abgrenzung von Regionen ausschlaggebend sein muss:
– Weltraumordnungspolitik und Raumentwicklungspolitik für die Welt
– Europäische Raumentwicklungspolitik
– Raumordnung und Regionalpolitik in Deutschland
– Raumentwicklungspolitik in den Regionen und Metropolen Deutschlands: Identität und Image – Regionale Leitbilder
– kontinuierliche innovative Verbesserung des Wirtschaftsstandorts und des Lebensraumes
– Raumentwicklung in Projekten
– Abstimmung ziviler und öffentlicher Maßnahmen
– Regionalmanagement und Regionalmarketing.

Voraussetzung für eine solche Strategie ist politische Handlungsfähigkeit mit ausreichender Zuständigkeit für die räumliche Planung zur Legitimierung gemeinsamen regionalen Handelns für das Bergische Städte Dreieck. Das erfordert zumindest einen Planungsverbund als Basis für eine politisch handlungsfähige Region.

Literaturverzeichnis

Beierlorzer, Henry(2006): Regionale 2006 – Strukturimpuls für das Bergische Städtedreieck, Manuskript.
Grote, Jürgen R. (1996): Regionalpolitik, in: Band 5 des Lexikons der Politik Kohler-Koch, B./Woyke, W. (Hg): Die Europäische Union, S. 232–237, München 1996.
Haarmann 2001.
Menge/Güthling(1955): Enzyklopädisches Wörterbuch der lateinischen Sprache, Berlin 1955.

Sinz, Manfred (2005): Region, in: Akademie für Raumforschung und Landesplanung: Handwörterbuch der Raumordnung, Hannover, S. 919–923.
Statistisches Bundesamt (2006): Statistisches Jahrbuch für das Ausland, Wiesbaden 2006.
Zöpel, Christoph (2008): Politik mit neun Milliarden Menschen in Einer Weltgesellschaft, Berlin 2008.

* Grundlage dieses Beitrags ist ein Referat am 21.9.2006 in Solingen auf der Jahrestagung der Vereinigung für Stadt-, Regional- und Landesplanung unter dem Motto »Regionale Entwicklungsstrategien – Zukunftsgestaltende Städtekooperationen. Beispiele aus dem In- und Ausland«. Sie fand während der nordrhein-westfälischen »Regionale 2006« statt. Raum dieser »Regionale« waren die drei Städte Remscheid, Solingen und Wuppertal. Als Beispiele substaatlicher Regionen werden daher Regionen in Nordrhein-Westfalen analysiert, darunter konkret die Region, als die sich diese drei Städte im Bergischen Land verstehen (vgl. dazu die beiden Beiträge von H. Beierlorzer in diesem Band).

Christian Muschwitz und Heiner Monheim

Dorf – Stadt – Großstadt – Verdichtungsraum. Die Entwicklung von Siedlungen und Raumstrukturen in Deutschland im historischen Wandel

Geschichtliche Hintergründe der Siedlungsentwicklung

Die meisten Dörfer und Städte in Deutschland sind über viele Jahrhunderte historisch gewachsen. Nur wenige Siedlungen sind »Retortenstädte«, die ohne Vorläufer »aus dem Boden gestampft wurden«. In den meisten Siedlungen haben viele Epochen ihre Spuren hinterlassen. Dabei kamen im Bauen jeweils zeittypische Aspekte zum Tragen: welche Bau- und Verkehrstechniken wurden beherrscht? Welche ökonomischen Mittel standen zur Verfügung? Welche Ideen wollte man beim Bauen symbolisieren? Welche Funktionen sollten die Gebäude erfüllen? Welche Prinzipien des Zusammenlebens sollten in den Siedlungen Ausdruck finden?

Am Anfang jeder Siedlungstätigkeit standen jeweils »gute« Gründe für die Anlage einer ersten Siedlung. Dies waren meist strategische Aspekte des jeweiligen Standorts: die Lage an einem Fluss mit einer Furt (»...furt«) oder Brücke (»...bruck«), die Lage auf einem Hügel oder Berg (»...burg«

Trier, älteste Stadt Deutschlands eine römische Stadtgründung am Fluss

Die barocken Bastionen wurden später gern in Grüngürtel umgewandelt, die später dann bevorzugt vom Straßenbau für seine typischen City-Ringe okkupiert wurden.

Im Luftkrieg die letzte Chance für Stadtbewohner, der Bunker als neuzeitliches Monument, hier in Trier durch historisierende Elemente »getarnt«

oder »...berg«) oder ein bestimmter Abstand zu Nachbarsiedlungen (System der Gründungsstädte der karolingischen und ottonischen Kaiser).

Im Laufe der Zeit kamen dann weitere Aspekte hinzu, die die Dauerhaftigkeit und Dynamik der Siedlungen bestimmten: besondere Bodenschätze, besondere Lagevorteile an einer Flussmündung oder Meeresbucht, besondere historische und territoriale Entwicklungen, besondere Beziehungen zum Umland. Ablesbar sind die wichtigsten Funktionen der Siedlungen oft an besonderen Gebäuden: Dome, Schlösser und Regierungsgebäude stehen für wichtige administrative Funktionen; Häfen, Speichergebäude, Markt- und Stapelplätze, Messegelände und wichtige Straßenkreuzungen stehen für wichtige Handelsfunktionen; Burgen, Kasernen und Befestigungen stehen für wichtige militärische Funktionen und Fabriken und Schornsteine stehen für wichtige Produktionsfunktionen. Eine große Vielfalt der Formen gibt es bei der Wohnfunktion: zwischen bürgerlichem oder adeligem Stadtpalais, einfacher Tagelöhnerhütte oder Proletarier-Mietskaserne.

Starken Einfluss auf die Entwicklung der Siedlungen, insbesondere der Städte, hatten die jeweilige Militärtechnik und die Verkehrstechnik. Zum Schutz vor Feinden wurden Mauern oder Wälle, Tore und Forts errichtet, die zu einer sehr kompakten, platzsparenden Bebauung zwangen.

Die mittelalterlichen Mauern wurden oft im Laufe der Jahrhunderte mit dem Stadtwachstum um weitere Mauerringe ergänzt. Im Barock lösten neuartige Befestigungen mit breiten Wallanlagen und vorgelagertem Glacis die alten Mauern ab. In der Neuzeit wurden dann immer weiter ausgreifende, vorgelagerte Forts errichtet. Die moderne Militärtechnik mit weittragenden Kanonen und Flugzeugen machte die traditionellen Befestigungen obsolet. Nur noch Bunker versprachen im modernen Luftkrieg Schutz.

Parallel zur Militärtechnik bestimmt auch die sich schnell weiterentwickelnde Verkehrstechnik die Veränderung der Siedlungen. Die Fußgängerstadt musste eine Stadt der kurzen Wege sein, mit engen Gassen und kompakter Bauweise. Die Stadt der Pferdebahn konnte sich schon weiter ausdehnen. Die Stadt der Eisenbahn und Straßenbahn konnte sich längs der wichtigen Schienenachsen radial weit ins Umland ausdehnen und immer mehr »Vorstädte« angliedern.

Die Autostadt schließlich konnte flächenhaft ins Umland ausufern, in ihrem Gefolge entstand der sprichwörtliche »Siedlungsbrei« des modernen »Suburbia« mit geringer Dichte, riesigem Flächenbedarf und fehlender Begrenzung nach außen. Parallel zu dieser immer größeren Ausdehnung der Siedlungen wurden in mehreren Wellen die Vororte und Vorstädte immer weiter eingemeindet. All dies verringerte die Notwendigkeit, kompakte Siedlungen zu bauen und Platz zu sparen.

Neben den Funktionen und technischen Fähigkeiten der jeweiligen Baumeister haben auch die zeitspezifischen Formensprachen und Ausdruckswünsche jeder Epoche das Bild der Siedlungen geprägt: Wichtige Stilepochen waren: Romanik, Gotik, Renaissance, Barock, Klassizismus, Historismus, Gründerzeit und Jugendstil, Funktionalismus der Moderne und Postmoderne. Im Wechsel der Stile kamen einerseits technische Fortschritte, aber auch religiöse, philosophische, soziale und künstlerische Strömungen zum Ausdruck.

Die autogerechte Stadt fordert viel Fläche ein, das suburbane Chaos ufert aus

Wichtig für die Entwicklung der Siedlungen war immer auch, ob es sich politisch und wirtschaftlich um ruhige oder kriegerische, um reiche oder arme Zeiten handelte. Gewachsen sind die Siedlungen vor allem in Zeiten mit stabilen Machtverhältnissen und dynamischen wirtschaftlichen Bedingungen. Geschrumpft sind sie in Zeiten unstabiler politischer Verhältnisse und langdauernder kriegerischer Auseinandersetzungen, großer Natur- und Hungerkatastrophen und schlechter ökonomischer Entwicklungen. Typische Schrumpfungsphasen waren das Ende des römischen Weltreiches, die Hungerkatastrophen der Kaltzeiten und der Pestwellen im Mittelalter, die Zeiten im und nach dem Dreißigjährigen Krieg und die Zeiten der wirtschaftlichen Depression im 18. und 20. Jahrhundert. Viele Siedlungen verloren damals jeweils große Teile ihrer Einwohner und teilweise auch ihrer Bebauung, es gab umfassende Auswanderungswellen.

Unsere heutige Siedlungsstruktur ist also das Ergebnis eines zwei Jahrtausende alten Prozesses mit unterschiedlichen Motiven und treibenden Kräften. Der Prozess ist geprägt von wechselnden Funktionszuweisung und Funktionsverlusten und Wachstums- und Schrumpfungsprozessen.

Heute kann man Siedlungen dementsprechend nach ihrer physischen Struktur (Stadtgrundriss, Straßennetz, Bebauungsdichte), nach ihrer historischen Differenzierung (Bauepochen und -stile), ihrer funktionalen Differenzierung (Quartierstypen nach Funktionen und Lage, z. B. Zentrum, Peripherie bzw. Handel oder Industrie) morphologisch und funktional untergliedern (vgl. Fassmann 2004; Bähr/Jürgens 2005; Benevolo 1991).

Dezentrale Raum und Siedlungsstruktur – das System der zentralen Orte in Deutschland

Das deutsche System der Raumordnung und die darin verankerte Raum- und Siedlungsstruktur ist im europäischen Vergleich besonders kleinteilig. Es gibt viele Regionen und Städte ähnlich großer Bedeutung. Diese regional ausgewogene, polyzentrische Struktur hat historische Gründe. Seit dem Mittelalter gab es in Deutschland viele kleine Territorien. Noch im deutschen Kaiserreich von 1871 gab es vier Königreiche, sechs Großherzogtümer, fünf Herzogtümer, sieben Fürstentümer, drei freie Reichsstädte, das Reichsland Elsass-Lothringen und 14 Provinzen. Und seit 1949 ist die Bundesrepublik föderal organisiert, mit einer starken Stellung der Länder. Durch diese Struktur ist in Deutschland ein Nebeneinander vieler ähnlich großer Städte entstanden, ohne eine dominante Metropole oder Region, die alle anderen »monopolisiert«. Frankreich dagegen ist ein Beispiel für monozentrale Strukturen, mit der »Isle de France« und Paris als das ganze Land dominierende Zentrale. Ähnlich monozentrisch ist Österreich strukturiert. Die Schweiz dagegen ist wieder sehr viel dezentraler organisiert.

In der heutigen wissenschaftlichen Rezeption wird die Polyzentralität, also die Existenz vieler Zentren im Raum als ideal angesehen. Allerdings ist sie ja weniger nach einer systematischen, theoretisch fundierten Rationalität sondern nach einer aus ganz anderen politischen Ursachen resultierenden Entwicklungsdynamik entstanden. Trotzdem hat heute, »ex post« eine vergleichende Analyse unterschiedlicher Siedlungssysteme ihren besonderen Reiz. Eine erste theoretische Fundierung veröffentlichte 1933 Walter Christaller als »System der zentralen Orte« als Grundlage für eine wirtschaftliche Versorgung der Bevölkerung (vgl. Christaller 1933).

Güter und Dienste, die täglich gebraucht werden, sollen besonders dezentral in Unter- oder Grundzentren bereitgehalten werden. Güter und Dienstleistungen, die nur sporadisch nachgefragt werden, sollen in Mittelzentren mittlerer Größe angeboten werden. Und hoch spezialisierte Güter und Dienstleistung sollen in Oberzentren angeboten werden. Demnach teilte er die Dörfer und Städte

Dorf – Stadt – Großstadt – Verdichtungsraum.

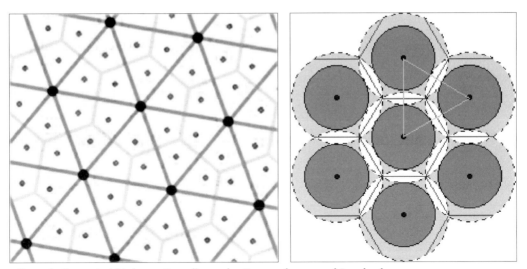

»Zentrale Orte« sind bis heute Grundlagen der Raumordnung und Landesplanung

nach Größe und Funktion ein. Christaller entwickelte zehn Hierarchiestufen unterschiedlicher Orte, sie reichten von »hilfszentraler Ort« bis »Reichshauptort«. Seine Theorie wurde zur Grundlage der Raumplanung in der Bundesrepublik Deutschland. Seither unterscheidet die deutsche Raumordung nach drei Kategorien von Zentren: Unter- bzw. Grund-, Mittel und Oberzentren.

Dieses System bildete das Ordnungsschema für die Verteilung öffentlicher Infrastruktur. Parallel zu solchen Festlegungen variiert der Einzugsbereich der entsprechenden Versorgungseinrichtungen. Der Grundbedarf hat kleine Einzugsbereiche, entsprechend gibt es dafür viele Standorte. Das gilt z. B. für administrative Basisdienstleistungen in Gemeindeverwaltungen, für Läden zur Grundversorgung des alltäglichen (Lebensmittel-)Bedarfs, für Haltestellen des Busverkehrs, für Allgemeinärzte und Apotheken, für Filialen der Post und Sparkassen, für Kindergärten und Grundschulen und für Kirchen.

Der Spezialbedarf hat große Einzugsbereiche, entsprechend gibt es solche Einrichtungen nur an weniger Standorten. Allerdings können sich im Laufe der Zeit die Klassifizierungen verändern. Noch bis in die 70er Jahre waren beispielsweise Hochschulen eindeutig oberzentrale Einrichtungen, die es nur in großen Städten gab. Dann wurden viele neue Hochschulen gegründet, vor allem auch viele Fachhochschulen. Inzwischen haben daher auch viele Mittelzentren eine eigene Hochschule. Hier wurde also ein Versorgungssystem stufenweise dezentralisiert.

Anders verlief die Entwicklung bei Schulen und Krankenhäusern und im Handel. Hier wurden viele kleine Schulen oder kleine Krankenhäuser oder kleine Läden geschlossen, zur Verbesserung der einzelbetrieblichen Wirtschaftlichkeit. Ähnlich hat sich auch die Bahn aus der Fläche zurückgezogen, mit der Stilllegung vieler Strecken und Bahnhöfe bzw. Umschlagstellen im Personen- und Güterverkehr und zuletzt mit der Einstellung des IR-Netzes und damit dem Abhängen vieler Mittelzentren vom Fernverkehr. Das Netz der Autobahnen, Bundes- und Landesstraßen dagegen wurde immer weiter ausgebaut.

Den Rahmen für die verschiedenen Zentralitätsstufen haben Bund und Länder gemeinsam definiert. Die Details und vor allem, welche Orte zu welcher Hierarchiestufe gehören, werden von den Ländern in ihren Landesentwicklungsprogrammen bestimmt.

»Oberzentren sollen als Schwerpunkte von überregionaler Bedeutung die Bevölkerung mit Gütern und Dienstleistungen des spezialisierten, höheren Bedarfs versorgen. [...] Oberzentren sollen als attraktive Wohn- und Wirtschaftsstandorte weiterentwickelt werden, die im zunehmenden internationalen Wettbewerb bestehen können. Hierzu zählt auch eine weitere Verbesserung der Umweltqualität. Im sozialen und kulturellen Bereich sollen spezialisierte Angebote entwickelt werden, die die Standortattraktivität und den Bekanntheitsgrad des jeweiligen Oberzentrums erhöhen. [...] In Oberzentren sollen die Voraussetzungen für ein innovationsfreundliches Klima besonders weiterentwickelt werden. Hierzu soll ein Netzwerk zwischen Forschungs- und Bildungseinrichtungen, der Wirtschaft, der Politik und der Verwaltung angestrebt werden, das die Kompetenz der regionalen Entscheidungsträger bündelt und rasche Reaktionen auf neue gesellschaftliche und wirtschaftliche Trends ermöglicht.«
(Lep Bayern vom 12.3.2003)

Unterschiede gibt es bei der Größe der Zentren und der Einzugsbereiche in Abhängigkeit von der Größe und inneren Differenzierung der Bundesländer. So ist in Nordrhein-Westfalen eine Stadt mit 100.000 Einwohnern nicht zwangsläufig ein Oberzentrum. Hamm in Westfalen z. B. ist mit 184.000 Einwohnern nur ein Mittelzentrum, wenn auch mit einigen ergänzenden oberzentralen Funktionen. In Rheinland-Pfalz können dagegen auch Städte mit unter 100.000 Einwohnern Oberzentren sein. In Bayern gibt es 23 Oberzentren, in Rheinland-Pfalz nur sechs: Kaiserslautern, Koblenz, Ludwigshafen (Doppelzentrum mit Mannheim in Baden-Württemberg), Mainz (Doppelzentrum mit Wiesbaden in Hessen) und Trier und im Saarland gilt gar nur Saarbrücken als Oberzentrum.

Durch die hierarchische Aufteilung von Funktionen und Zentren werden Fehler bei der Versorgung der Bevölkerung und Zuteilung von Infrastrukturinvestitionen vermieden. Einerseits wird einer Unterversorgung vorgebeugt, indem sichergestellt wird, dass die Bürger in allen Gebieten Zugang zur Grundversorgung besitzen. Andererseits wird vermieden, dass sich überall alles ansiedeln kann und sich somit eine teure Überversorgung einstellt.

Verdichtungs- oder Agglomerationsräume, Metropolregionen

Im deutschen Raumsystem sind in manchen Regionen durch das Zusammenwachsen benachbarter Städte so genannte Agglomerations- oder Verdichtungsräume entstanden. Bekannte Beispiele sind das Ruhrgebiet oder das Rhein-Main- und Rhein-Neckargebiet. Manchmal sind es mehrere benachbarte Oberzentren, die immer mehr zusammengewachsen sind wie Mannheim, Heidelberg und Ludwigshafen zum Rhein-Neckar-Verdichtungsraum oder Frankfurt, Mainz, Wiesbaden und Darmstadt zum Rhein-Main-Verdichtungsraum. Der mit Abstand größte Verdichtungsraum ist das Ruhrgebiet, das viele Ober- und Mittelzentren zu einer zusammenhängenden Industrielandschaft zwischen Duisburg im Westen und Hamm im Osten vereinigt. Manchmal ist aber auch nur ein dominantes Oberzentrum mit einem Kranz umgebender Mittelzentren verschmolzen, wie in der Region Hannover, der Region München oder der Region Hamburg. In den Verdichtungs- oder Agglomerationsräumen gehen die internen Verflechtungen in der Region über das übliche Maß von Kernstadt-Umlandbeziehungen hinaus. Trotzdem bilden die Verdichtungsräume keine eigene Verwaltungseinheit als »Großgemeinde«, sondern es besteht ein Verbundsystem mehrerer unabhängiger Gemeinden. Allerdings besitzen sie in der Regel im funktional eng verflochtenen Siedlungsraum für die übergreifenden Planungs- und Verwaltungsaufgaben besondere Kooperationsstrukturen wie gemeinsame Kommunalverbände (Ruhrgebiet), Planungs-Zweckverbände (z. B. Hannover, Saarbrücken und München), Regionalplanungsbehörden (Rhein-Main und Rhein-Neckar) oder Regionalparlamente (Stuttgart). Von diesen regionalen Instanzen werden die notwendigen übergemeindlichen Aufgaben (z. B. Verkehr, Ver- und Entsorgung, Flächennutzungsplanung, Grünzugplanung, Standortwerbung, Wirtschaftsförderung) in Form einer institutionalisierten Kooperation oder einer regionalen Kompetenzverlagerung sichergestellt.

Besondere Herausforderungen ergeben sich, wenn solche Agglomerationsräume sich über Ländergrenzen erstrecken wie im Rhein-Main-Gebiet zwischen Hessen und Rheinland-Pfalz oder im Rhein-Neckar-Gebiet zwischen Rheinland-Pfalz und Baden-Württemberg oder in Hamburg zwischen Hamburg, Niedersachsen und Schleswig-Holstein. Hier wird die Ländergrenzen überschreitende Kooperation zusätzlich auch in Staatsverträgen geregelt.

In den Agglomerationsräumen gibt es nicht mehr die klassische Abfolge von Zentrum, Peripherie und angrenzendem Freiraum, sondern die ehemals unabhängig voneinander entstandenen Städte sind aufgrund ihres Siedlungswachstums immer mehr zusammengewachsen, zu einem Bündel oder Cluster von Städten. In diesen Verdichtungs- oder Agglomerationsräumen gibt es eine besonders hohe Bevölkerungs-, Arbeitsplatz-, Siedlungs- und Verkehrsdichte. Hier sind in den letzten Jahrzehnten attraktive regionale Schienensysteme (S-Bahnen) entwickelt worden, die die intensive Mobilitätsverflechtung sicherstellen. Das Infrastrukturangebot solcher Verdichtungsräume ist besonders vielfältig, mit mehreren Theatern, Hochschulen, Stadien, Krankenhäusern, Forschungszentren etc.

Trotz des Vorteiles seiner dezentralen, polyzentrischen Siedlungsstrukturen gibt es im Zeitalter globalisierter Wirtschaft und verschärfter internationaler Städtekonkurrenz in Deutschland Bestrebungen, durch eine neue – international gedachte – Zentrenkategorie der Metropolregion besser mit international bedeutsamen Metropolen oder gar den so genannten Weltstädten oder global Cities wie Paris, London, New York oder Tokyo konkurrieren zu können. Diese Metropolregionen sollen durch engere Kooperation der benachbarten Großstädte und umliegenden Klein- und Mittelstädte und Addition ihrer Potenziale international und global besser wahrgenommen werden. Dies soll eine verstärkte interne Kooperation im Bereich der Wirtschaftsförderung, Standortwerbung, Wissenschaft, Kultur und Verkehrssysteme ermöglichen, mit besseren Synergieeffekten und einer erhöhten Leistungsfähigkeit. Was diese neue, mehr international ausgerichtete Zentrenkategorie wirklich bewirken kann, bleibt abzuwarten.

Städtenetze und Euregios

Eine Besonderheit bilden seit den 1980er Jahren im deutschen Städtesystem die so genannten Städtenetze, bei denen benachbarte Städte, die keinen Agglomerationsraum bilden, untereinander generell oder in besonderen Aufgabenbereichen enger als gewöhnlich miteinander kooperieren. Begonnen hat die Entwicklung von Städtenetzen mit dem Versuch benachbarter Mittelzentren, durch Addition ihrer Potenziale gemeinsam die Funktion eines Oberzentrums zu übernehmen oder mehrerer Unterzentren, durch Addition ihrer Potenziale die Funktion eines Mittelzentrums zu übernehmen. Seither haben immer mehr Städte entsprechende Kooperationsverbünde gebildet. In Rheinland Pfalz bringt das Städtenetz »Quadriga« die Mittelzentren Wittlich, Hermeskeil, Bitburg mit dem Oberzentrum Trier in eine Kooperation in Fragen der kulturellen und gesundheitlichen Infrastruktur. Und das grenzüberschreitende Städtenetz Quattropole bringt die Oberzentren Metz, Saarbrücken, Trier und Luxemburg in eine Kooperation in Fragen der Verwaltungsmodernisierung, der modernen Kommunikationsnetze sowie des kulturellen Austauschs.

Durch das immer engere Zusammenwachsen der europäischen Nachbarländer in der EU sind vor allem in den ehemaligen Grenzregionen neue Formen der regionalen Verbundsysteme mit so genannten Euregios entstanden, in denen ebenfalls viele beteiligte Kommunen und andere öffentliche und private Träger gemeinsam Fragen der überörtlichen Kooperation, der Entwicklung gemeinsamer Verkehrsnetze, der gemeinsamen Standortwerbung und Wirtschaftsförderung sowie des kulturellen und wissenschaftlichen Austauschs organisieren. Im Südwesten ist ein gutes Beispiel hierfür die Region Saar-Lor-Lux-plus, die das westliche Rheinland-Pfalz, das Saarland, Luxemburg und Lothringen in eine enge Kooperation zusammenführt.

Während bei diesen Netzwerksystemen in der Regel die unmittelbare Nachbarschaft den Anstoß für die Kooperation gibt, haben sich zwischenzeitlich auch noch andere Städtenetze entwickelt, die anstelle der räumlichen Nachbarschaft mehr auf einer ideellen Interessenparallelität basieren. Die längste Tradition haben in diesem Zusammenhang die europäischen Gemeindepartnerschaften, die parallel zur »großen« Europäischen Einigungspolitik auf der nationalen Ebene den Einigungsprozess auch konkret für die Bürger erlebbar machen wollen, durch engen Austausch mit Partnergemeinden in anderen europäischen Ländern. Zunächst waren dies vor allem Gemeinden aus westeuropäischen Nachbarländern, inzwischen sind im Zuge der EU-Osterweiterung auch immer mehr Gemeinden aus den neuen Beitrittsländern hinzugekommen. Die Gemeinden schließen Partnerschaftsverträge und pflegen auf dieser Basis einen regen Besuchs- und Erfahrungsaustausch in der vollen thematischen Bandbreite kommunaler Aktivitäten.

Inzwischen sind neben diese Partnerschaften auch spezielle, themenzentrierte Städtepartnerschaften getreten, die europaweit oder auch weltweit Kommunen mit gemeinsamen Problemen und Interessen zusammenführen wie z.B. Städte mit besonderem Engagement in der Umweltpolitik (ICLEI) oder der Agenda-Politik (Agenda Transfer), Städte mit verwandten historischen Wurzeln (Hansebündnis) oder Städte mit besonderem Branchenprofil wie Messestädte oder Chemiestädte.

Die Gemeinde als unterste administrativ-politische Ebene

Gemeinden bilden die unterste administrative und politische Einheit in Deutschland. Ihre kommunale Selbstverwaltung leitet sich unmittelbar aus dem Art. 28 Grundgesetz ab, nach dem die Kommunen auf ihrem Gebiet Planungshoheit besitzen. In deutschen Gemeinden gibt es eine politische Führung, die demokratisch legitimiert und im Gemeinderat organisiert ist. Der Gemeinderat wird vom gewählten Bürgermeister geleitet. Die Gemeinde besitzt eine Gemeindeverwaltung für die administrativen Aufgaben. Es gibt kleinste Landgemeinden wie z.B. Wiedenborstel in Schleswig-Holstein mit wenigen Einwohnern. Aber auch Deutschlands größten Städte wie z.B. Köln mit einer Million Einwohnern oder Berlin mit etwa 3,4 Mio. Einwohnern sind Gemeinden. Alle Bewohner einer Gemeinde sind Mitglieder dieser sogenannte »Gebietskörperschaft« und die Gemeinde ist für alles auf ihrem Gemeindegebiet zuständig.

Wichtigste Unterscheidung unter den Gemeinden ist ihre Eigenschaft als »kreisfrei« oder »kreisangehörig«. Für kreisangehörige Gemeinden übernimmt der Landkreis je nach ihrer Größe oder Leistungsfähigkeit verschiedene Aufgaben, z.B. im Schulwesen oder die Bauverwaltung. Kreisangehörige Gemeinde unterstehen in ihren Selbstverwaltungsangelegenheiten der Rechtsaufsicht des Landkreises. Kreisfreie Gemeinden sind dagegen so groß, dass sie eine eigene vollständige Verwaltung brauchen und tragen können. Sie erledigen alle Aufgaben einer Gemeinde selbst. Die Mehrzahl der Gemeinden in Deutschland sind kreisangehörige Gemeinden.

Kreisangehörige Gemeinden können sich zu Verwaltungsgemeinschaften, in Rheinland-Pfalz den so genannten Verbandsgemeinden, in Niedersachsen zu so genannten Samtgemeinden, zusammen schließen. Eine solcher Zusammenschluss besteht dann aus verschiedenen Ortsgemeinden. So verfügt z. B. die Verbandsgemeinde Bitburg-Land über 51 Ortsgemeinden. Die Ortsgemeinden haben einen eigenen (ehrenamtlichen) Ortsbürgermeister und einen Rat, aber keine eigene Verwaltung. Die Verwaltungsaufgaben werden von der Verbandsgemeinde erledigt, die quasi als Dienstleister für ihre Ortsgemeinden arbeitet. Verbandsgemeinden sind kreisangehörig. Es gibt darüber hinaus auch verbandsfreie Gemeinden, dabei handelt es sich um kreisangehörige Gemeinden, die keiner Verbandsgemeinde angehören (z. B. die Gemeinde Mutterstadt, sie gehört als verbandsfreie Gemeinde zum Rhein-Pfalz-Kreis). Die verbandsfreien Gemeinden erledigen ihre Aufgaben in eigener Zuständigkeit.

Die Landkreise müssen in Rheinland-Pfalz wenigstens 60.000 Einwohner haben. In Nordrhein-Westfalen liegt diese Untergrenze dagegen bei ca. 0,2 Millionen Einwohnern. Das zeigt die pluralistische föderale Struktur Deutschlands. Rheinland-Pfalz zum Beispiel besitzt 23 Landkreise, zwölf kreisfreie Städte, acht große kreisangehörige Städte, zwölf verbandsfreie Gemeinden und 163 Verbandsgemeinden (vgl. www.verwaltung-rlp.de). Ähnlich kleinteilig strukturiert sind Bayern, Baden-Württemberg und Schleswig-Holstein.

Gebiets- und Funktionalreform

In den letzten Jahrzehnten sind die räumlichen und funktionalen Verwaltungsstrukturen mehrfach, durch so genannte Funktional- und Gebietsreformen, verändert worden. Im Umland großer Städte gab es solche punktuellen Veränderungen schon seit 1870, durch Eingemeindung von so genannten Vororten. Aber erst in den 1970er und 1990er Jahren gab es auch landesweite und grundlegende Gebietsreformen, in den 1970er Jahren in Westdeutschland, in den 1990er Jahren in den neuen Bundesländern. Ziel war es, zwischen der notwendigen Leistungsfähigkeit und Dezentralität einen angemessenen Ausgleich zu finden und Verwaltungskosten zu sparen. Denn ein immer größerer Teil der Haushalte der Gebietskörperschaften wird von den Personalkosten aufgebraucht, die bei einer zunehmend professionalisierten Verwaltung anfallen Der fortschreitenden »Fusionitis« in der Wirtschaft entsprach die Zusammenlegung von Gemeinden und Kreisen. Auch die fortschreitende Digitalisierung vieler Verwaltungsprozesse bei Routineaufgaben mit Möglichkeiten für online-Kontakte zwischen Bürgern und Verwaltungen verstärkt den Druck zur Kosten senkenden Reorganisation der Verwaltungen. Beide Prozesse begünstigten den Trend zu größeren Verwaltungseinheiten, denn nur diese können sich eine differenzierte Verwaltung leisten. Aus all diesen Gründen kam es in allen Bundesländern zur Zusammenlegung von Gemeinden, Landkreisen und Regierungsbezirken. Dabei wurde allerdings unterschiedlich vorgegangen. Das Land Nordrhein-Westfalen änderte seine Verwaltungsstrukturen radikal mit einer drastischen Reduzierung der Zahl seiner Gemeinden und Kreise. In Rheinland-Pfalz verfuhr man moderater: Insgesamt haben Länder mit eher kleinteiligen, stark ländlich geprägten Siedlungsstrukturen und wenigen Großstädten sich für eher kleinteilige, dezentrale Verwaltungsstrukturen entschieden, Länder mit großen Agglomerationsräumen und vielen großen Städten eher für gröbere Strukturen mit hohen Mindestgrößen.

Das Problem der kleinteiligen Strukturen lässt sich gut an der Stadt Trier verdeutlichen. Dort befindet sich einmal die Verwaltung der kreisfreien Stadt Trier im Rathaus. Daneben residiert aber auch die Verwaltung des Kreises Trier-Saarburg in Trier. Weiter haben auch die Verwaltungen der Verbandsgemeinden Trier-Land und Ruwer ihre Sitze in Trier. Für die Bürgerinnen und Bürger ist nicht immer klar, wer wofür zuständig ist. Es kann der Eindruck entstehen, dass sehr viele Funktionen mehrfach besetzt sind und es somit Rationalisierungspotenziale gibt. Auch werden gelegentlich von Seiten der Wirtschaft diese Strukturen als zu kompliziert und damit letztendlich als investitionshinderlich gescholten. Gefordert wird, die verbandsfreien, kreisangehörigen Städte in die Landkreise zu integrieren. Diese Lösung würde den Kreisen deutlich mehr Gewicht verleihen, die ehemals verbandsfreien, kreisangehörigen Städte rutschten ab auf den Rang einer Verbandsgemeinde. Eine Verwaltungsvereinfachung wäre allerdings damit kaum verbunden, denn auch die Verbandsgemeinden haben ja eigene Verwaltungsstrukturen und – Zuständigkeiten, so dass hier lediglich ein Statuswechsel stattfinden würde. Darüber hinaus sind die teilweise im Verhältnis zu den betroffenen Landkreisen relativ großen Städte dann eingereiht in die Verbandsgemeinden, dies entspricht weder ihrer Größe, noch ihrer Funktion.

Eine Auflösung der Samt- oder Verbandsgemeinden hätte zur Folge, das ihre administrativen Aufgaben verlagert werden müssten. Dabei käme in Frage eine Rückverlagerung auf die Ebene der Ortsgemeinden. Dies würde allerdings das Ziel einer Rationalisierung kaum erreichen, denn die bestehenden Verwaltungskapazitäten würden sicher erhöht werden müssen. Dies wäre zwar bürgernah und komfortabel, wohl aber nicht finanzierbar.

Eine weitere Alternative wäre die Zusammenfassung der Ortsgemeinden zu Großgemeinden. Dies verspricht dann eine Rationalisierung, wenn die vielen kleinen Ortsparlamente in ein größeres Parlament aufgehen. Damit ginge allerdings auch ein Stück direkte Demokratie verloren. Denn natürlich fällt die Identifikation und Kontaktaufnahme zum Ortsbürgermeister leichter als zu einem Verbands- oder Großgemeindebürgermeister. Es wird weiterhin befürchtet, dass in solch einem Fall die Rivalitäten zwischen Ortsgemeinden wachsen. Außerdem werden Schwierigkeiten bei der Abgrenzung der Zuständigkeiten zwischen Großgemeinde und den Verbandsgemeinden und Landkreisen gesehen, die unter Umständen bei der Erfüllung bestimmter Aufgaben konkurrieren.

Eine dritte diskutierte Variante wäre das Verlagern von Kompetenzen der Verbandsgemeinden auf die Landkreise. Auch hier gilt, dass der direkte Draht zwischen Bürger und Politik bzw. Verwaltung verloren ginge und dass gegebenenfalls die Entscheidungen die getroffen werden, zu weit weg vom Bürger und damit intransparent sein könnten.

Derzeit nicht diskutiert wird die erneute Zusammenlegung von Ortsgemeinden innerhalb des bestehenden Systems der Verbandsgemeinden. Vermutlich sind die nicht uneingeschränkt positiven Erfahrungen, die mit Zusammenlegungen von Kommunen in den 1970er Jahren gemacht wurden, so abschreckend, dass dies derzeit nicht erneut aufgegriffen wird. Ob also in Kürze eine weitere Kommunalreform ansteht, bleibt abzuwarten.

Ebenfalls noch völlig offen ist, ob es auch auf der Ebene der Bundesländer zu einer Reorganisation kommt, durch Zusammenlegung kleiner Bundesländer, beispielsweise Berlin und Brandenburg (einmal in einer Volksabstimmung gescheitert) oder Hamburg, Bremen und Niedersachsen, evtl. auch Schleswig-Holstein zu einem großen Nordstaat oder Rheinland-Pfalz und Saarland zu einem Südweststaat.

Dorf – Stadt – Großstadt – Megastadt

Unabhängig vom Verwaltungsstatus kann man Siedlungen nach Größe und Bedeutung in die Kategorien Dorf, Stadt und Großstadt untergliedern. Allerdings gibt es dafür keine stringenten funktionalen Kriterien der Raumordnung und keine absoluten Grenzwerte. Im allgemeinen Sprachgebrauch wird mit Dorf eine kleine, meist ländliche Siedlung und mit Stadt eine wesentlich größere,

Dorf – Stadt – Großstadt – Verdichtungsraum.

urbane Siedlung assoziert. Aber die Größe allein ist nicht entscheidend, denn Städte sind morphologisch und funktional weit mehr als eine Ansammlung bzw. Addition von mehreren Dörfern. Bei Dorf wird im allgemeinen Sprachgebrauch an eine geringe Wachstumsdynamik gedacht, bei Stadt dagegen eher an eine hohe Dynamik. Zu Städten gehört außerdem im allgemeinen Sprachgebrauch eine deutlich höhere bauliche Dichte als im Dorf, also eine besondere Kompaktheit und eine viel stärkere funktionale Differenzierung. Grund dafür sind eben vor allem die oben genannten zentralen Funktionen: der Bedeutungsüberschuss, die Versorgungsfunktion für das Umland, die Knotenfunktion im Netzwerk ökonomischer und verkehrlicher, logistischer und administrativer Aufgaben.

Zwar hat es Städte in diesem Sinne auch schon im Altertum gegeben, etwa bei den Ägyptern, Griechen und Römern. Aber die damaligen Dimensionen waren verglichen mit den heutigen ganz andere, Städte über 50.000 Einwohner waren damals Weltstädte. Heute haben die großen Metropolen in Europa oft mehrere Millionen Einwohner, in den übrigen Erdteilen sogar noch eine Zehnerpotenz mehr und die Megastädte wachsen teilweise rasend schnell um viele Hunderttausend Einwohner pro Jahr.

Im mitteleuropäischen Siedlungssystem begann das große Städtewachstum mit der industriellen Revolution. Der rasch wachsende Arbeitskräftebedarf industrieller Fertigung löste riesige Migrationsströme aus. In Verbindung mit der gleichzeitig ablaufenden technischen Revolution und dem Ausbau der Eisenbahnen kam es zu einer rasanten Siedlungsentwicklung und einem riesigen Städtewachstum aller industriellen Standorte. Dieser »Quantensprung« hat unsere Städte seither am nachhaltigsten geprägt. Aus kleinen, ehemals »verschlafenen« Örtchen wurden plötzlich Klein- und Mittelstädte, aus Kleinstädten wurden Großstädte und aus Großstädten wurden Metropolen. Zunächst erfolgte das Stadtwachstum in sehr kompakten Formen und längs der Korridore, die durch Eisenbahn und Straßenbahn erschlossen wurden. Im Zeitalter der Massenmotorisierung und des schnell fortschreitenden Straßenbaus breiteten sich die Städte dann immer schneller und flächenhafter aus, der Prozess der Zersiedlung begann, weil anstelle von kompakten, dichten Bauformen in den letzten 60 Jahren immer mehr die aufgelockerten, entdichteten Bauformen den Wohnungs- und Gewerbebau bestimmten.

Neben der ökonomischen Anziehungskraft lockten in der Industrialisierung die Städte auch mit der Entwicklung eines besonderen städtischen Kultur- und Lebensgefühls, mit neuen Freiheiten und Freizeitangeboten. Es entwickelte sich ein eigener, städtischer Lebensstil. Das schnelle Städtewachstum führte allerdings bald auch zu großen Problemen. Am offensichtlichsten waren die Probleme im Umwelt- und Gesundheitsbereich. Die Fabriken kannten noch keine modernen Umwelttechniken, alle Umweltgifte wurden einfach über die Luft und das Wasser in die Umgebung abgegeben. Die Menschen lebten in direkter Nachbarschaft zu den Fabriken und waren daher nicht nur am Arbeitsplatz, sondern auch den Rest der Zeit allen Umweltgiften unmittelbar ausgesetzt. Und die Stadthygiene war noch nicht sehr entwickelt, es gab noch keine geordnete Wasserversorgung und Abwasserentsorgung. Die Massen von Zuwanderern hausten vor allem in den Großstädten vielfach unter erbärmlichen, extrem ungesunden Bedingungen. Es gab schlimme Epidemien und die Lebenserwartung der Arbeiter war sehr gering. Die Betroffenen wehrten sich gegen unerträgliche Arbeits- und Lebensbedingungen mit politischem Protest, die großen Städte wurden so zur Keimzelle politischer Unruhen und Revolutionen. Aus solchen Problemen entstand seinerzeit eine Gegenbewegung gegen das schnelle Stadtwachstum, die antiurbane Großstadtkritik, die in Städten ein einziges Sündenbabel, den Hort von Alkoholismus, Atheismus und Kommunismus sah. Es entstand die Idee eines gezügelten Stadtwachstums. So genannte Gartenstädte sollen das Stadtleben und Landleben miteinander vereinen. Hohe bauliche Dichte und enge Nachbarschaft von Industrie und Wohnen gerieten immer mehr in die Kritik. Parallel dazu erlaubte die neue Verkehrstechnik der Eisenbahnen und später des Automobils, die Städte viel mehr auseinander wachsen zu lassen. Das

Ergebnis war der Beginn der Zersiedlung, die auch heute noch eine unliebsame Begleiterscheinung des Städtewachstums ist.

Allerdings haben nicht alle Siedlungen an dieser stürmischen Siedlungsentwicklung teilgenommen. Auch heute gibt es noch Dörfer, d. h. kleine und wenig kompakt bebaute Siedlungen mit geringer Funktionskonzentration. In ihnen dominiert allerdings im Gegensatz zu früher nicht mehr die landwirtschaftliche Nutzung mit Bauernhöfen. Der Anteil landwirtschaftlicher Bevölkerung und Arbeitsplätze ist in den Dörfern seit 1950 stark zurückgegangen. Viele Dörfer haben inzwischen eine Bevölkerung, die sich in ihren Lebensgewohnheiten kaum noch von den Städtern unterscheidet. Viele Bewohner pendeln in die nächste Stadt, kaufen in der Stadt ein und verbringen auch einen Teil ihrer Freizeit in der Stadt. Ein Neubaugebiet am Dorfrand ist heute kaum noch von einem Neubaugebiet am Stadtrand zu unterscheiden. Zu dieser Angleichung der Lebens- und Konsumstile haben auch die Entwicklung moderner Kommunikationsmedien (Radio und Fernsehen), die fortschreitende Mobilität mit der Erweiterung der Aktionsradien und der insgesamt stark gestiegene Bildungsstand und Wohlstand der Bevölkerung beigetragen. Niemand bleibt mehr auf den dörflichen Horizont beschränkt, den sprichwörtlichen »Hinterwäldler« gibt es nicht mehr. Auch in den Moralvorstellungen gibt es nicht mehr die starken Unterschiede zwischen Stadt und Dorf wie früher.

Auch manche Kleinstädte haben zunächst kaum am oben beschriebenen Städtewachstum teilgenommen, weil dafür die ökonomische Basis fehlte. Bei ihnen sind daher oft die überkommenen historischen Strukturen noch gut erhalten, was ihnen heute besondere Chancen für den (Städte-)Tourismus gibt.

Die Einwohnerzahlen eignen sich heute nur bedingt für die Kategorisierung als Dorf, Kleinstadt, Mittelstadt oder Großstadt, weil die administrative Regionalbasis für Einwohnerzahlen je nach Bundesland sehr verschieden sein kann. Nach mehreren Gebietsreformen gibt es Bundesländer, die viele Gemeinden zu Großgemeinden zusammengelegt haben, so dass sich daraus viel höhere stadtrelevante Einwohnerzahlen ergeben. Dazu gehört vor allem Nordrhein-Westfalen, wo als Untergrenze einer leistungsfähigen Gemeinde 20.000 Einwohner definiert wurde. Andere Länder wie Bayern oder Rheinland-Pfalz haben sehr kleinteilige Gemeindestrukturen erhalten, allerdings durch die Schaffung so genannten Verbandsgemeinden (in Schleswig-Holstein oder Niedersachsen auch Samtgemeinden) trotzdem effiziente Verwaltungsstrukturen oberhalb der Ortsgemeindeebene geschaffen.

Wenn man trotzdem eine grobe Abstufung nach der Einwohnerzahl versucht, wird man Siedlungseinheiten mit weniger als 2.000 Einwohnern dem dörflichen Bereich zurechnen. Dazu rechnen die Kategorien großes oder kleines Dorf, Weiler, Siedlung oder Einzelsiedlung. Man kann die Dörfer nach Größe noch weiter untergliedern in große Dörfer mit 500 bis 2.000 Einwohnern, (Großdorf oder Stadtdorf) und kleine Dörfer mit 100 bis 500 Einwohnern sowie unter 100 Einwohnern liegende Einheiten wie Weiler, Siedlungen oder Einzel(-hof-)siedlungen. (vgl. Lienau 2000).

Auch die Städte kann man nach Größe unterteilen in Landstädte mit 2.000 bis 5.000 Einwohnern, Kleinstädte mit 5.000 bis 20.000 Einwohnern, Mittelstädte mit 20.000 bis 100.000 Einwohnern und Großstädte mit mehr als 100.000 Einwohnern (vgl. Bähr/Jürgens 2005). Aber nicht alle Großstädte sind auch Oberzentren und nicht alle Oberzentren haben zwangsläufig mehr als 100.000 Einwohner. Ähnlich bunt sieht es bei den Mittelzentren aus. Die Rheinland-Pfälzischen Städte Hillesheim, Daun oder Gerolstein beispielsweise sind rein einwohnermäßig so klein, dass sie in Nordrhein-Westfalen in einer übergeordneten Einheit »untergegangen« wären, obwohl Daun und Gerolstein in der rheinland-pfälzischen Logik sogar Mittelzentren sind. Erst als Verbandsgemeinden mit den umliegenden Ortsgemeinden zusammen erreichen sie deutlich größere Einwohnerzahlen, die aber immer noch unter dem nordrhein-westfälischen Limit für die kleinsten Gemeinden bleiben. Diese Unterschiede sind dem deutschen Föderalismus geschuldet, der sich notwendigerweise bemüht, die relevanten Unterschiede in den Raum- und Siedlungsstrukturen bei der Verwaltungsgliederung zu beachten, anstatt mit einheitlichen Limits solche Unterschiede »glattzubügeln«.

In den meisten Bundesländern dominieren die Dörfer und die kleineren bis mittleren Städte das Siedlungsbild. So gibt es in Rheinland-Pfalz mit Mainz nur eine Stadt, die deutlich über 100.000 Einwohnern liegt. Koblenz, Trier und Kaiserslautern liegen knapp über bzw. unter der »magischen« Großstadtgrenze. Die deutsche Siedlungsstruktur kann daher nach der absoluten Zahl der Einheiten als überwiegend ländlich und kleinstädtisch geprägt gelten, nach dem Anteil an der Gesamtbevölkerung ist Deutschland trotzdem ein stark urbanisiertes Land, zumal der urbanen Raum die größte Wachstumsdynamik hat und die große Zahl historisch, wirtschaftlich und politisch bedeutender Städte (heutige und frühere Haupt- bzw. Residenzstädte) stark die Wahrnehmung Deutschlands als Land einer bedeutenden Stadtkultur prägen.

Natürliche und kulturelle Determinanten für das Siedlungsbild

Die Gestalt der Dörfer und Städte hängt maßgeblich von ihren naturräumlichen und kulturräumlichen Zusammenhängen und ihre Entwicklungsgeschichte ab (vgl. Benevolo 1991 und Heineberg 2001). Dörfer in Norddeutschland haben eine ganz andere Charakteristik als Dörfer im Allgäu, der Eifel oder dem Hunsrück. Da spielt das Relief mit seinen besonderen Erfordernissen für das Bauen und die Aufteilung der Parzellen eine entscheidende Rolle. Siedlungen in der Ebene sehen daher anders aus als solche im Mittelgebirge oder im Hochgebirge. Ursprünglich hatte auch die Fruchtbarkeit der Böden großen Einfluss auf die Form ländlicher Siedlungen. So sind etwa die Böden in Eifel und Hunsrück nicht besonders ertragreich. Das kann noch heute an den Häusern in den Dörfern abgelesen werden: Eifler Bauernhäuser sind traditionell relativ kleine Einhäuser, d.h. hier wohnten Mensch und Vieh unter einem Dach, um die Wärme der Tiere auch für die Menschen nutzen zu können. Die Eifler Häuser sind ohne üppigen Fassadenschmuck wie Erker und Risalite. Ganz anders dagegen die großzügigen Hofanlagen in der Soester Boerde. Hier befinden sich die hoch ertragreichen Löß- und Schwarzerdeböden. Dementsprechend sind die Höfe oftmals sehr groß. Sie haben getrennte Stallungen. Und die Gebäude sind schon fast herrschaftlich anzusehen, mit sehr reicher Architektur.

Auch soziale, religiöse und damit letztlich kulturräumliche Unterschiede gehen in das Siedlungsbild ein, das betrifft vor allem die ländlichen Siedlungen. Die Religionszugehörigkeit bestimmte lange Zeit das Erbrecht. Kleinteilige Parzellen- und Siedlungsstrukturen waren typisch für den traditionell katholisch geprägten Süden mit seiner Realerbteilung. D.h. die Erbmasse wurde zwischen den Erben aufgeteilt. Im protestantischen Norden war meistens im Anerbenrecht der älteste Sohn Alleinerbe. Daher sind die landwirtschaftlichen Parzellen und die Höfe dort oftmals größer. Und die Dörfer sind weniger kleinteilig.

Auch die Entwicklung der Städte kennt solche Unterschiede. Bergstädte oder Städte in engen Tallagen konnten sich weniger gut ausbreiten als Städte im Flachland oder in breiten Senken. Reiche Städte und Städte mit großem kirchlichem Besitz oder Residenz- oder Hauptstädte hatten einen viel großzügigeren Stadtgrundriss, größere Parzellen und viel mehr Park- und Grünanlagen als arme Städte mit geringem Funktionsüberschuss. Gründungsstädte (»New Towns« wie Karlsruhe, Wolfsburg oder Rüsselsheim) wurden viel regelmäßiger geplant als historisch gewachsene Städte.

Industriestädte hatten aufgrund der großen Werksareale eine ganz andere funktionale Differenzierung als Dienstleistungs- und Verwaltungsstädte. Hafenstädte und Städte an großen Flüssen entwickelten besondere Strukturen, weil die Hafenbecken, Brücken und Brückenköpfe eine besondere

Bedeutung für die Stadtentwicklung und Lage der Zentren hatten. Bei Hafen- und Messestädten kam oft auch der besondere Impuls des Austauschs, der Offenheit, der kulturellen und religiösen Vielfalt zum Tragen, mit besonderer Liberalität und Modernität. In der Stadtgeographischen Theorie wird deshalb z. B. zwischen Festungsstädten, Residenzstädten, Exulanten- und Bergstädten unterschieden (vgl. Bähr/Jürgens 2005).

Die Stadtbefestigungen als Stadtbildfaktor

Lange Zeit hatte allerdings den größten Einfluss auf die Entwicklung und Struktur der Städte der militärische Faktor. Infolge der kleinteiligen Untergliederung Europas und der Konkurrenz der vielen Königs- und Fürstenhäuser kam es in kurzen Abständen immer wieder zu Kriegen. Städte spielten in den Kriegen eine große Rolle, ihre Eroberung sicherte den Siegern einen großen strategischen Vorteil, ihre Verteidigung war den Landesherren und den Stadtregierungen daher besonders wichtig. Die Entwicklung der Angriffs- und Verteidigungstechnik bestimmt die Dicke und Höhe der Mauern, die Breite und Tiefe der Gräben und den notwendigen Abstand zwischen Mauern und vorgelagertem Glacis. Traditionell umwehrten schon die Römer ihre wichtigen Städte, hinzu kamen bei ihnen die regionalen Wehranlagen in Form des Limes. Im Mittelalter wurden nahezu alle Städte ummauert, oftmals zunächst zwischen 800 und 1.100 mit einer ersten, inneren Mauer, dann zwischen 1.200 und 1.400 mit einer zweiten, äußeren Mauer und später in der Barockzeit ausgewählte Festungsstädte mit einem weiteren, äußeren System von Wällen, Mauern und Forts. Später machten weittragende Kanonen und Flugzeuge diese Befestigungen obsolet. Mauern und Wälle wurden danach vielfach abgerissen, um Platz für Stadterweiterungen zu machen oder um als neue städtische

Die Stadtbefestigung als Stadtbildfaktor, hier Porta Nigra in Trier

Dorf – Stadt – Großstadt – Verdichtungsraum. **71**

Grüngürtel gestaltet zu werden. Seit den 1960er Jahren haben dann vielfach die Verkehrsplaner auf diese Flächen ihre so genannten City-Ringe platziert.

Außerhalb der Städte erfolgte die Befestigung der Siedlungen nur sehr selektiv an strategisch wichtigen Punkten in Form von Burgen (Bergburgen oder Wasserburgen), in denen die Adeligen Schutz fanden, außerdem mit entsprechendem Glück vor unverhofften Überfällen auch die ungeschützt lebende sonstige Bevölkerung. In den Städten gab es für reiche Bürger außerdem noch die Möglichkeit privater Wehranlagen, die so genannten »Wohntürme« oder »Geschlechtertürme«. In Trier sind heute noch der Turm Jerusalem, der Frankenturm oder das Dreikönigenhaus als Beispiele erhalten, noch zahlreicher und stadtbildprägender sind diese Wohntürme in Regensburg.

Zu Zeiten des Bombenkrieges blieb als Schutz nur noch der Bau von Bunkern, mit denen im Zweiten Weltkrieg wenigstens das Leben der Bewohner geschützt werden sollte. Sie mussten dezentral in den Wohngebieten und den Zentren verteilt werden. Ihre massive Bauweise hat dazu geführt, dass solche Bunkeranlagen heute noch vielerorts erhalten blieben, auch wenn sie im Zeichen der Entspannungspolitik keine militärische Funktion mehr haben.

Die Kirchen als Stadtbildfaktor

Noch stärker als die Befestigungen prägen bis heute die Kirchen das Erscheinungsbild unserer Städte. Kirchen wurden dezentral, dem System der Kirchspiele (= Gemeinden) folgend, errichtet. Daher gab es in mittelalterlichen Städten viele Kirchen, die als die höchsten und oft auch vom Volumen größten

Das heilige Jerusalem als mittelalterliches Leitbild (hier für Trier): möglichst viele Kirchen im Stadtbild, oft eng benachbart

Gebäude die Stadtsilhouette prägen. An den Kirchen wurde auch der Wandel der Baustile besonders deutlich, etwa von den mehr gedrungenen romanischen Bauten mit eher kleinen Fenstern und kompakten Mauern zu den mehr aufstrebenden, filigranen Bauten der Gotik mit ihren hohen Fenstern oder den prunkvollen, bunten Kirchenbauten des Barock. Die Adels- und Bischofskirchen standen oft in einem architektonischen Wettstreit mit den Bürgerkirchen. Zu den Kirchenbauten kamen im Mittealter in den Städten noch die vielen Klöster, die später meist die Keimzellen für die kirchlichen Kranken- und Sozialeinrichtungen wie Spitäler, Beginenhöfe, Armenhäuser etc. wurden. Manchmal bildeten die Domkirchen mit den dazugehörigen Wohnbauten des Klerus ein eigenes, besonders ummauertes Viertel. In Trier ist diese Dom-Immunität bis heute als ehemaliger Tempelbezirk und spätere Kirchenstadt, mit völlig eigenständigem Charakter, sehr gut ablesbar.

Der Adel als Stadtbildfaktor

Ähnlich bedeutsam waren für alle Haupt- und Residenzstädte die Schlösser der Landesherren und die dazugehörigen Bauten des Adels, der Verwaltungen und der herrschaftlichen Ökonomie. Oft gab es mehrere Schlösser, z. B. als Stadtschloss und Sommer- oder Jagdschloss und als Sinnbild der feudalen Machtdemonstration, oft in Verbindung mit großzügigen Gärten oder Parks. Meist prägten die Residenzen und Schlösser nur den entsprechenden Stadtteil, manchmal aber auch die ganze Stadt wie in Karlsruhe, Potsdam oder Versailles. Besonders gut ablesbar wird die große Geste des Absolutismus im Grundriss der Stadt Karlsruhe mit seinem strahlenförmigen Straßennetz, als Zeichen des gottgleichen Herrschers, von dessen Sitz aus die Sonnenstrahlen in alle Richtungen in die Welt strahlen. Dieses Grundmuster ist bis heute erhalten geblieben.

Stadterweiterungen der Gründerzeit

Besonders großen bleibenden Einfluss auf das Stadtbild fast aller Städte hatten die Stadterweiterungen nach der industriellen Revolution in der so genannten Gründerzeit zwischen 1850 und 1914. Nach einer langen Stagnationsphase setzte jetzt überall ein stürmisches Stadtwachstum ein, das auch viele Klein- und Mittelstädte erfasste und in den industriellen Großstädten riesige Ausmaße annahm. Die Stadterweiterungen folgten zwei Entwicklungssträngen:

Industrie- und Arbeiterviertel
Der eine Entwicklungsstrang resultierte aus der industriellen Revolution und führte zu großen neuen Fabrikarealen. Kleine Fabriken konnten in die vorhandene Bebauung integriert werden. Große Fabriken mit eigenen Fabrikationsstraßen erzwangen dagegen ganz neue Industrieviertel. Hier wurde oft ein ganzes System von eng miteinander verflochtenen Fabrikgebäuden errichtet. Die Fabrikarchitektur folgte dem Zeitgeschmack mit Stilelementen des Historismus. Fabriken und Bahnhöfe wurden wie Kathedralen oder Schlösser des Fortschritts gestaltet, mit Türmen und Zinnen, Fachwerk und vielen Symbolen.

Heute stehen viele der noch erhaltenen Fabrikgebäude dieser Zeit unter Denkmalschutz und werden für Kunst und Kultur oder auch als Lofts oder Büros für Kreative genutzt. Technisch vollzog sich eine Revolution, weil Eisen, Stahl, Nieten, Glas und Beton als neue Baustoffe ganz neue Konstruktionen ermöglichten, mit großen Hallen, hohen Schornsteinen und freitragenden Brücken. Es entstanden zum Teil riesige Industrieareale. Die Verbindungen dazwischen wurden mit Hilfe eigener

Werksbahnen hergestellt. Außerdem hatten alle Fabriken natürlich für den Transport der Rohstoffe und Abtransport der Produkte eigene Anschlüsse an das schnell wachsende Schienennetz. Und viele Fabriken hatten für den Transport der Arbeiter auch Anschluss an die lokale und regionale Pferdebahn- und später Straßenbahn und die neuen S-Bahnsysteme.

Die vielfach aus ländlichen Regionen und teilweise auch dem Ausland angeworbenen Arbeiter lebten oft direkt neben den Fabriken in so genannten Arbeiterkolonien, die die Fabrikanten dort errichten ließen, um die Belegschaft an das eigene Werk zu binden. Es entstand eine eigene Architektur der Arbeitersiedlungen, die sich an englischen Vorbildern orientierte und später auch Anleihen am Vorbild der Gartenstadt nahm. Die Arbeiter sollten mit einem kleinen Nutzgärtchen ihren Lebensunterhalt verbessern und dort sollte auch Platz für Freizeitaktivitäten mit Kaninchenstall, Brieftaubenzucht und Gartenarbeit sein. Vor allem im Ruhrgebiet entstanden so Hunderte von Arbeiterkolonien mit einer ganz eigenen Charakteristik. Nachdem zunächst in den 1960er Jahren viele dieser Siedlungen der Stadtsanierung und Spekulation der Wohnungsbaugesellschaften zum Opfer fielen, wurden die übrigen später liebevoll restauriert und gelten heute als ein Kleinod der Architektur- und Sozialgeschichte.

Oberhausen Eisenheim, Deutschlands älteste Industriearbeitersiedlung

In den Metropolen wurden dagegen die Arbeiter eher in den so genannten Mietskasernen untergebracht, mit sehr kompakter, vielgeschossiger Bauweise, wenig Freiflächen und kleinsten Innenhöfen. Diese hochverdichteten Mietskasernen mit ihrer starken Überbelegung und ihren besonderen Hygiene- und Gesundheitsproblemen haben später stark zur pauschalen Diskreditierung des Geschosswohnungsbaus und hoher Baudichten beigetragen. Was davon den Bombenkrieg überdauerte, wurde in den 1960er bis 1970er Jahren vielfach im Zuge der so genannte Stadtsanierung abgerissen. Erst danach merkte man, das man durch behutsame Modernisierung auch in diesen alten Beständen neue Lebens- und Wohnumfeldqualität schaffen kann.

Bürgerliche Gründerzeitviertel
Der andere Entwicklungsstrang resultierte aus der Ausdifferenzierung des Mittelstandes. Im Militär und in den Verwaltungen gab es viele neue Beamtenstellen. Im Handwerk gab es eine enorme Wachstumsdynamik. Und in der Wirtschaft gab es große Chancen für Spekulanten. Außerdem mussten die Franzosen nach dem verlorenen deutsch-französischen Krieg dem deutschen Reich hohe Reparationen zahlen. All das brachte sehr viel Geld in den Umlauf und Wohlstand in das aufstrebende Bürgertum. Der neue Reichtum manifestierte sich in einem stark spekulativen Wohnungsbau, der

Typischer Straßenzug aus der bürgerlichen Gründerzeit, hier Bonn.

Wohnraum für die vielen Zuzügler und für die schnell anwachsende Mittelschicht schaffen sollte. Gebaut wurde vor allem im Stil des Historismus, einem Verschnitt vieler Stilelemente aller vorheriger Bauepochen. Man zeigte den neuen Reichtum mit besonderem Dekor von Balkonen, Erkern, Dachgauben, Vorgärten, Kandelabern und Grundstückseinfriedungen. Gebaut wurden meist in einer kompakten, geschlossenen Bauweise. In den Großstädten hatten Gründerzeitquartiere oft vier bis sechs Geschosse, manchmal noch mit zwei Mansarddachgeschossen. In den Mittel- und Kleinstädten waren die Gründerzeitbauten meist zwei- bzw. drei-geschossig. Gebaut wurden in wenigen Jahren zumeist ganze neue Stadtteile mit einheitlichem Straßennetz, zunächst meist mit Pferdebahn, später dann oft durch Straßenbahnen auf den Hauptstraßen erschlossen. Erstmals wurden für diese Stadterweiterungen umfassende Bebauungspläne erstellt, mit sehr ambitionierter Gestaltung von Alleen, Plätzen und Rondellen, mit breiten Gehwegen und neuer Stadttechnik. Denn zur gleichen Zeit hielten Elektrizität, Gasversorgung, Wasserversorgung und Abwasserentsorgung Einzug in das Baugeschehen. Typisch für viele Gründerzeitviertel war die Mischnutzung aus Handwerksbetrieben, kleinen Gewerbebetrieben, Handel in Form vieler kleiner Läden und der Wohnfunktion. Zur kleinräumigen sozialen Differenzierung trugen Unterschiede in den Wohnungsgrößen, den Straßenbreiten, dem Bauaufwand der Häuser und der Grüngestaltung der Straßen bei. Eine drastische räumliche soziale Entmischung gab es noch nicht. Mit den neuen Gründerzeitvierteln entstanden auch neue Versorgungseinrichtungen wie Schulen, Kirchen, Krankenhäuser und Badeanstalten.

Insoweit sind sowohl die Arbeiterkolonien als auch die bürgerlichen Stadtviertel der Gründerzeit erste Beispiele für umfassende, systematische Stadtplanung. Dazu trug auch bei, dass inzwischen Architektur und Bauingenieurwesen eigene akademische Berufe an den neu geschaffenen Hochschulen geworden waren.

Die Gründerzeitviertel gehören heute, soweit sie der Krieg oder die Stadtsanierung der 1960er Jahre nicht zerstört haben, zu den beliebtesten Wohnvierteln in deutschen Städten. Sie kommen dem Ideal der Stadt der kurzen Wege sehr nahe und sind auch familienfreundlich, soweit es in den Blockinnenbereichen und auf Plätzen Freiraum für Grün und Kinder gibt.

Bombenkrieg und Wiederaufbau

Die größte Zäsur für das deutsche Siedlungssystem bildet der Zweite Weltkrieg mit seinen unfassbaren Zerstörungen. Betroffen waren im Laufe der sechs Kriegsjahre fast alle deutschen Städte durch Bombenkrieg und in umkämpften Städten auch Artilleriebeschuss und Stellungskrieg Haus für Haus. Am stärksten zerstört waren meist die Innenstädte, die Fabrikareale, die Brückenköpfe und Bahnhofsviertel und die Gründerzeitviertel wegen ihrer hohen Bebauungsdichte und ihrer strategischen Bedeutung: hier konnte man auf wenig Fläche ein Maximum an Zerstörung erreichen. Viele Städte verloren mehr als die Hälfte ihrer Bausubstanz, oft mehr als 80 % der Wohnungen. Neben den Zerstörungen der Explosionskraft von Bomben wüteten vor allem die Brandbomben, weil Dachstühle und Zimmerdecken meist aus Holz konstruiert waren. Nur wenige Städte blieben nahezu unzerstört wie z. B. Heidelberg (vgl. Durth/Gutschow 1993). Erstaunlich war, dass viele Kirchenbauten den Bombenkrieg ohne Totalschäden überdauerten, was weniger der Rücksichtnahme angreifender Flieger oder Kanoniere als vielmehr der zeitlos genialen, stabilen Bauweise der typischen Hallenbauten zu verdanken war. Dagegen wurden fast alle Synagogen mit ihrer oft besonders eigenwilligen Architektur schon vor dem Bombenkrieg durch die unvorstellbare Barbarei der Nazis zerstört.

Die Folgen des totalen (Luft-)Kriegs: Viele deutsche Städte sind völlig verwüstet.

Der Wiederaufbau im Spannungsfeld von Tradition und Moderne

Nach dem Bombenkrieg folgte zunächst der provisorische Wiederaufbau mit Hilfe der Trümmerfrauen. Die meisten Männer waren noch in Gefangenschaft, viele durch Verwundung und Invalidität bauunfähig. Alles Verwertbare wurde aus den Trümmern geborgen und notdürftig wieder eingebaut. Millionen von Flüchtlingen mussten auch noch untergebracht werden. Es wurde eine Wohnungszwangswirtschaft eingeführt. Wer eine nutzbare Wohnung hatte, musste zusätzliche Flüchtlinge oder Bombenopfer aufnehmen. Da das nicht reichte, wurden Schnellbauprogramme für Schlichtbauten, Nissenhütten etc. aufgelegt. Erst Ende der 1940er Jahre begann der systematische Wiederaufbau.

Die Bundesrepublik wurde konstituiert. Die westlichen Siegermächte kurbelten eine großzügige Aufbauhilfe an, die mit Geld, Fachleuten und Material den Wiederaufbau unterstützte. In Ostdeutschland schädigte dagegen die Demontage durch die Russen das Land noch weiter und verzögerte den Wiederaufbau. Die Wiederaufbaupläne folgten zwei konkurrierenden Prinzipien (vgl. Durth/Gutschow 1993 und Durth/Gutschow 1987):

– Moderner Wiederaufbau nach neuen, stark amerikanisch geprägten Vorbildern mit möglichst breiten Straßen, neuen Hochhäusern, aber nicht zu hoher Dichte und modernen, funktionalistischen Bauformen (Beton- und Glas-Stahl-Konstruktionen). Das alte, durch den Krieg ohnehin entstellte Stadtbild sollte weitgehend beseitigt werden, der alte Stadtgrundriss sollte moderner Funktionalität weichen. Der als zwingend erforderlich angesehene, für ein schnelles Anwachsen geplante, moderne Autoverkehr sollte möglichst viel Platz und freie Fahrt auf modernen Stadtschnellstraßen erhalten. Die Straßenbahnen sollten wie auch in den USA beseitigt werden und

durch Busse bzw. U-Bahnen ersetzt werden. Vor der Stadt sollte ein neues Suburbia entstehen, mit viel Platz, Grün und großzügigem Straßennetz. Vertreter dieser Linie sind z. B. die Ruhrgebietsgroßstädte und teilweise auch Hannover.
– Traditionsorientierter Wiederaufbau nach dem alten Stadtgrundriss mit möglichst geringen Korrekturen nur da, wo es unausweichlich schien. Geschichtsgetreuer Aufbau vieler Straßen mindestens in den Grundproportionen, oft auch im Detail. Reservierter Umgang mit dem Autoverkehr und der autoorientierten Planung der amerikanischen Städte. Statt dessen Orientierung an der europäischen Stadt als Vorbild. Starke Berücksichtigung des Fußgänger- und Fahrradverkehrs und der Straßenbahnen in der Verkehrsplanung. Möglichst kompakte Bebauung der Innenstädte. Möglichst wenig Stadterweiterung nach Suburbia. Vertreter dieser Linie waren z. B. Münster, Nürnberg und Freiburg.

Wirtschaftswunder, Autostadt und der Trend zu Suburbia

Nach diesem Streit um den Stadtgrundriss folgte die plötzlich einsetzende Zeit des Wirtschaftswachstums. Jetzt kam wieder viel Geld in Umlauf, die Alliierten halfen mit ihrem Marshall-Fund großzügig bei der Finanzierung. Der Wirtschaftsmotor sprang an. Und besonders der Automobilbau entwickelte sich zum Symbol des Wirtschaftswunders. Damit musste dem Autoverkehr auch politisch und planerisch viel Platz und Geld gewidmet werden. Das passte gut zu den Sehnsüchten der Deutschen (vgl. Durth/Nerdinger 1994). Denn sie hatten in der Nazizeit jahrelang auf ihren KdF-Wagen, den Vorläufer des Volkswagens, gespart. Durch den Krieg waren sie auch um ihre Hoffnungen auf ein eigenes Auto betrogen worden: Statt der erhofften VWs für die Freizeitmobilität mussten plötzlich Kübelwagen und Panzer die kriegerische Mobilität sichern. Und jetzt gab es trotz Niederlage plötzlich die Aussicht auf private Motorisierung. Und passend dazu lieferten die Planer das Leitbild der autogerechten Stadt, mit einem dichten Netz von Stadtschnellstraßen und neuen, großen Parkplätzen und Parkhäusern. Diese Verheißung machte vielen Planern die Abkehr von den alten Prinzipien der europäischen Stadt leicht. Statt historischer Kleinteiligkeit moderne Großzügigkeit. Statt antiquierter Tante Emma der autogerechte Einkauf auf der grünen Wiese. Statt der antiquierten Dezentralität und Kompaktheit der kurzen Wege eine neue Weite und dazwischen lauter Hochleistungsstraßen mit vielen Fahrspuren. Der technisch motivierte Funktionalismus dominierte. Seine konzeptionellen Grundlagen waren schon vor dem Krieg durch exponierte Architekten wie le Corbusier oder Mies van der Rohe entwickelt worden und in der Charta von Athen als »Manifest der Architektur-Moderne« festgelegt worden.

Jetzt, nach dem Krieg, konnte man durch die Zerstörungen diese »Utopien« endlich umsetzen. In dieses Bild passten die engen, kompakten, nutzungsgemischten Gründerzeitquartiere und Arbeiterkolonien nicht mehr. Sie wurden daher nur selten wieder vollständig hergestellt, das hatte vor allem drei Gründe:
1. Ein Umdenken in der Architektursprache, das Hinwenden zum Funktionalismus, bewirkt bei vielen Akteuren eine Ablehnung des, aus ihrer Sicht, Pseudo-Baustils »Historismus«.
2. Ein Begreifen des Wiederaufbaus als »tabula rasa«, als Neuanfang. So wird vielerorts der Konflikt Rekonstruktion vs. neuer Entwurf, zu Gunsten neuer städtebaulicher Leitbilder entschieden, z. B. der gegliederten und aufgelockerten Stadt. Auch das Trauma des Bombenkriegs mit den durch die Städte rasenden Brandwalzen prägt die Skepsis gegen dicht bebaute Quartiere und enge Gassen. Die breiten autogerechten Straßenschneisen wurden zunächst immer auch als »Brandschneisen« gedacht.

Die autogerechte Stadt erforderte radikale Umgestaltungsmaßnahmen und monströse Bauwerke

Die »Urbanität durch Dichte« – Philosophie der 1960er Jahre erzeugt gigantische Bausünden

3. In einer Zeit des wirtschaftlichen Neuanfangs sind viele Eigentümer finanziell gar nicht in der Lage, die Gebäude wieder mit dem ursprünglichen Fassadenschmuck und in der ursprünglichen Schönheit wiederherzustellen. Die herrschende Grundstimmung, zu Gunsten der neuen Sachlichkeit und Funktionalität (s. o.) verstehen sie daher nur zu gern als Anlass, die noch verbliebenen Schmückungen der Fassaden herunterzumeißeln und nichtssagende, pseudo-moderne Loch- und Rasterfassaden zu realisieren.

Die neuen städtebaulichen Leitbilder zielen auf eine durch große Straßen strukturierte, aufgelockerte, großflächige autogerechte Stadt. Der Autoverkehr erhielt eine immer größere Dominanz in der Planung. Seinen Erfordernissen wurde die Planung ganz untergeordnet. Auch die Formensprache der Architektur. Es dominieren lineare Rasterelemente, weil ja der Fußgänger als Maßstab des Bauens ausgedient hat und der Automensch für Details einer Fassade wegen der hohen Geschwindigkeit gar keinen Blick mehr hat. Die Architektursprache ist vom »Reduktionismus«, also von der sparsamen Beschränkung auf das Wesentliche, d. h. das Konstruktive, geprägt. Dekor ist tabu. Die neuen autogerechten Radialen, Tangenten und Ringe bestimmen den Stadtgrundriss. Sie durchziehen die Städte von der Peripherie bis in das Herz. Hinzu kommen die unförmigen Parkhauskuben, die in den Zentren und an ihrem Rand brutal in die Bebauung »operiert« werden.

Dazu passt das in der Charta von Athen verfestigte Leitbild der Funktionstrennung, von der Stadt als Aneinanderreihung von Gettos: hier die Wohngettos, dort die Arbeitsgettos, hier die Reichen-Ghettos, dort die Armengettos, hier die Einkaufsgettos, dort die Freizeitgettos, hier die Hochhau-Ghettos des sozialen Wohnungsbaus oder der Appartementsilos nach dem Modell »Urbanität durch Dichte«, dort die Suburbia-Ghettos der Reihenhäuser und Einfamilienhäuser.

Bilanz der Nachkriegsplanung ernüchternd

Trotz scheinbaren breiten Konsenses in den 1960er bis 1980er Jahren müssen diese Entwicklungen aus heutiger Kenntnis allesamt als krasse Fehlentwicklungen angesehen werden. Sie haben geradewegs in die Energie- und Mobilitätskrise geführt. Massenmotorisierung und Massenstau sind eine äußerst unproduktive Symbiose eingegangen. Wir müssen heute einen extrem hohen Preis an Investitions- und Folgekosten dafür zahlen. Den Höhepunkt der urbanen Fehler lieferten aber insbesondere die Suburbanisierungswellen der 1970er, 80er und 90er Jahre. Neue Wohn- und Schlafviertel wucherten im Umland der Städte ebenso wie neue suburbane Verbrauchermärkte, Shopping Center und Freizeitlandschaften. All das brachte die Innenstädte in eine große Krise. Diese Fehlentwicklung ist mit vielen Arbeitsplatzverlusten und hohen Folgekosten im Bereich von Umwelt und Verkehr verbunden, für die die Gesellschaft mit hohen Investitionen und versteckten Subventionen aufkommen muss.

Trotz solcher Erkenntnisse setzen zahlreiche Städte auch heute noch ähnliche Strategien fort, obgleich konzeptionell seit nunmehr 20 Jahren eigentlich der Vorrang für die Innenentwicklung und damit eine Renaissance der Urbanität und deutliche Reduzierung des Flächenverbrauchs sowie ein Vorrang des Umweltverbundes in der Verkehrsplanung zum neuen Leitbild erhoben wurden. Zwischen wohltönenden Leitbildern und den Niederungen des Planungsalltags klaffen immer noch riesige Lücken, die Mehrzahl der Städte bleibt beim für die Nachhaltigkeit verheerenden »Business as usual«, weil es Bund und Ländern nicht gelungen ist, die maßgeblichen Regelungsmechanismen in Recht, Finanzierung und Wirtschaftlichkeit angemessen zu verändern. Zwar gibt es für einzelne Handlungsfelder der Innenentwicklung und nachhaltigen Verkehrsentwicklung durchaus glänzende Vorbilder (z. B. Freiburg für eine verkehrsberuhigte, vitale Innenstadt mit hohem Anteil des Umweltverbundes am Zielverkehr oder für neue, verdichtete Wohn- und Mischgebiete wie Vauban mit hohem Wohnwert und minimalem Autoverkehr sowie für viele Energiespar- und Solarprojekte; Münster für eine attraktive Fahrradstadt und erfolgreiche Regionalbahnprojekte, Lemgo als Beispiel für eine behutsame Altstadtsanierung und einen erfolgreichen Stadtbus), aber es gibt wenig überzeugende Beispiele für umfassende, integrierte Gesamtprogramme mit überzeugenden Gesamteffekten innovativer Stadt- und Verkehrsentwicklung. Und schlimmer noch, fast jede der oft zitierten Modellstädte hat auch schlimme Sündenfälle und Störeffekte. Die durchschnittliche kommunale Praxis bleibt sowieso weit hinter den Maßstäben der Modellstädte zurück.

Suburbanisierung auch im Dorf

Auch die Dörfer sind von schlimmen Fehlentwicklungen betroffen. Auch an ihren Ortsrändern addierten sich Neubaugebiete mit geringer Gestaltqualität, starker Autoorientierung und einem im Vergleich zu den alten Ortskernen völlig neuen Maßstab. Besonders die kleinen Dörfer haben einen vielfachen Funktionsverlust erlitten: Ihre politisch-administrative Selbstständigkeit wurde der Gebietsreform geopfert. Ihre dezentrale Versorgung ging durch die Zentralisierung im Handel verloren. Ihre Kleinteiligkeit im Ortskern ging beim autogerechten Straßenausbau verloren. Ein Teil der Wohnbevölkerung folgte den Verheißungen der Suburbanisierung und landete in den peripheren Neubaugebieten. Viele Dorfkerne haben ihre alte Kraft verloren. Am Ortsrand führt das architektonische Chaos zu absurden Erscheinungsformen. Da steht plötzlich mitten im Moseltal das reetgedeckte Friesenhaus neben einem Schwarzwaldhaus und zwei Gebäude weiter steht das große Plantagenherrschaftshaus im Südstaatenhabitus mit Portal und Säulen unter großem Vorbau. Regionale

Viel Fläche wird verbaut: Suburbanisierung am Dorfrand.

Dorf – Stadt – Großstadt – Verdichtungsraum.

Identität und an die Ortsgeschichte angelehnte Eigenart sucht man dort vergebens. Übrigens nicht nur in der Architektur, sondern auch bei der Bepflanzung der Gärten.

Für Dörfer ist dieser Missstand besonders gravierend, denn ihre »kritische« Masse an eignem historischem Potenzial ist natürlich klein. Wenn den Dorfkernen keine Priorität mehr gewidmet wird, verlieren die Orte insgesamt ihr Gesicht. Die Folgen sind ein fortschreitender Verlust von wertvollem Altbaubestand in den Dorfkernen, Leerstände und ein schleichender Identitätsverlust. Zwar hat die Dorferneuerung parallel zur Stadterneuerung versucht, diesen Prozess aufzuhalten, doch ist der Rückhalt für eine neue, behutsame Baupolitik im Dorf oft geringer. Dabei bieten Dörfer eigentlich besondere Chancen einer behutsamen Erneuerung. Dörfer sind kleine Einheiten, getragen von hoher Identifikation und großem Engagement der Bewohner. In Dörfern dominieren kleine und mittlere Betriebe, oft auch Familienbetriebe. Trotzdem unterliegen die Dörfer einem starken Strukturwandel. Viele Dörfer haben die letzten kleinen Familienbetriebe in der lokalen Versorgung verloren, ihre Bäckereien, Metzger und Einzelhändler, ihre Gasthäuser. Auch Post und Sparkasse sind oft verschwunden. Die erhöhte Mobilität der Bevölkerung und das Schicksal als Berufspendler exportiert die Kaufkraft an andere, größere Standorte. Die auch im ländlichen Raum immer dominanteren autofixierten Supermärkte monopolisieren die Kaufkraft. Deren größeres Sortiment und aggressivere Preispolitik sticht die lokalen Angebote aus. Hierunter leiden vor allem die Ortskerne, die bevorzugte Standorte der alten Familienbetriebe waren. Der Verlust lokaler Angebote verringert auch die Attraktivität solcher Dörfer für Touristen. Auch der soziale Zusammenhalt und die Identifikation mit dem Dorf leiden unter diesen Funktionsverlusten. Noch gibt es nur zaghafte Gegenwehr gegen solche Fehlentwicklungen, die vor allem angesichts des demographischen Wandels fatale Konsequenzen haben werden. Immerhin, in Baden Württemberg, Schleswig-Holstein

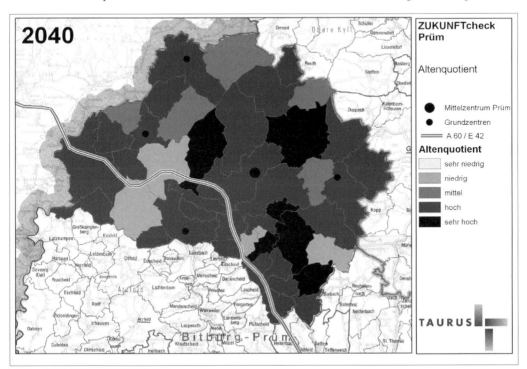

Die Alterung ist in Deutschland nicht mehr aufzuhalten, es gilt mit ihr umzugehen

und im Saarland laufen erfolgreiche Landesprogramme für dezentrale Versorgungsstrukturen mittels Nachbarschaftsläden, in Nordrhein-Westfalen erfolgreiche Programme für dezentrale Bürgerbusse. Anderswo beschränken sich solche innovative Projekte auf Einzelbeispiele, es fehlt noch an systematischer Unterstützung durch Politik, Banken und Wirtschaft.

Verschärfung durch problematische Bevölkerungsentwicklung

Verschärft werden die beschriebenen Erosionsprozesse durch die absehbare Bevölkerungsentwicklung in der Bundesrepublik Deutschland. Zwei Phänomene dominieren den demographischen Wandel: die deutsche Bevölkerung altert und geht zahlenmäßig zurück, weil mehr Menschen sterben, als im gleichen Zeitraum geboren werden. Hinzu kommt eine fortschreitende Abwanderung aus Orten und Regionen mit starken Versorgungsdefiziten. Amtliche Bevölkerungsberechnungen des Statistischen Bundesamtes gehen von einem Bevölkerungsrückgang um bis zu 17 Millionen Bürger in der Bundesrepublik bis zum Jahr 2050 aus. Für Rheinland-Pfalz hat das Statistische Landesamt einen Rückgang um eine Million Einwohner in diesem Zeitraum prognostiziert. Die Alterung und der Bevölkerungsrückgang werden regional nicht gleichmäßig verlaufen. Schon heute haben Teilgebiete in den neuen Bundesländern seit 1990 20 % Bevölkerungsrückgang zu verzeichnen, während andere ihr Niveau halten konnten (vgl. Muschwitz/Schuler/Monheim 2002).

In Räumen mit Bevölkerungsverlusten wird die vorhandene Infrastruktur von immer weniger Menschen genutzt. Die damit verbundene Minderauslastung führt zu Finanzierungsproblemen, weil die nahezu gleich bleibenden Kosten (Kostenremanenz) der Angebote (z. B. Büchereien oder Wasserleitungen) von einer sinkenden Anzahl an Nutzern zu tragen sein werden. Die dann notwendigen Preissteigerungen können ihrerseits wieder einen Rückgang der Nachfrage bewirken (Lang/Tenz 2003: 116).

In vielen Bereichen wird der bisherige Betrieb der Infrastruktur ganz in Frage gestellt. Solche Entscheidungen stehen z. T. jetzt schon bei Sportanlagen und Freibädern an. In Zeiten knapper Kassen werden die (Infrastruktur-) Angebote dann weiter zurückgefahren. Geschieht dies, so ist der betroffene Raum demographisch und infrastrukturell benachteiligt, seine gesamte Attraktivität steht in Frage. Damit wird ein Teufelskreis aus sich gegenseitig verstärkenden Einflüssen in Gang gesetzt: Mehr Menschen werden zur Abwanderung bewegt, Anreize für Zuzug von Haushalten oder die Neuansiedlung von Unternehmen gehen immer mehr verloren. Die sinkende Attraktivität und ein sinkendes Arbeitsplatzangebot führen zu weiterer Abwanderung usw. In einer solchen Situation ist die starre Anwendung überkommener Versorgungsstrategien nach vorgegebenen Kennziffern immer fragwürdiger. Sie macht die betroffenen Räume immer unattraktiver. Es bedarf daher neuer Strategien, die nicht nur der ökonomischen und quantitativen Komponente gerecht werden, sondern auch der sozialen und qualitativen (vgl. Muschwitz/Schuler/Monheim 2002). Der demographische Wandel spitzt diesen Kausalzusammenhang insoweit zu, als die Nachfrage nach Infrastrukturangeboten sehr differenziert verändert wird. Während Angebote für die jungen Bevölkerungsgruppen sehr viel weniger nachgefragt werden, ergibt sich ein deutlicher Mehrbedarf bei den Angeboten für die Älteren.

Für die Städte und Dörfer in Deutschland bedeutet dies, dass es zu sehr unterschiedlichen Entwicklungen kommen kann, je nachdem, in welchen Regionen sie liegen. Allgemein wird gegenwärtig davon ausgegangen, dass der demographische Wandel die Konzentration auf die Zentren verstärkt. Metropolregionen wie z. B. Rhein-Ruhr, Rhein-Main, Stuttgart oder München können weiterhin eine Sogwirkung für junge gut ausgebildete Menschen entfalten. Dort wird ein Facharbeitskräftemangel relativ früh auftreten, denn in den Metropolen ist traditionell die Geburtenrate niedriger als in den ländlichen Regionen und andererseits sind hier viele Großunternehmen beheimatet, deren Arbeitskräfteersatzbedarf ungleich höher ist, als in den traditionell von kleinen und mittleren Unternehmen geprägten ländlichen Regionen (s. o.).

Die ländlichen Regionen stehen also vor größeren neuen Herausforderungen. Innerhalb der ländlich geprägten Regionen wird es zu weiteren Kontraktionsbewegungen kommen. Mittel- und Oberzentren werden sich zu Lasten der dünn besiedelten Regionen durchsetzen. Allerdings geht diese Stärkung der Zentren auch dort mit einer Umkehr in der Altersstruktur der Bevölkerung einher. Somit stehen die Zentren vor einer doppelten Herausforderung: ihre relative Bedeutung steigt an, Menschen werden gerade hier Güter, Infrastrukturen und Leistungen nachfragen, die sich in der Fläche nicht mehr realisieren lassen. Andererseits werden sie als Kompensation dafür kaum etwas erwarten dürfen. Denn höhere Zuweisungen an die Kommunen sind derzeit nur über höhere Steuern vorstellbar. Es kann angenommen werden, dass höhere Steuern die Gesellschaft von morgen überlasten. Obendrein ist ein Rückgang der Einnahmen der Kommunen weitgehend parallel zum Bevölkerungsrückgang sehr wahrscheinlich, weil die Finanzausstattung der Gemeinden überwiegend einwohnerbezogen erfolgt. Demgegenüber sinken die Ausgaben nur wenig oder gar nicht aufgrund des hohen Fixkostenanteils im Infrastrukturbereich und aufgrund von gesetzlichen Pflichtaufgaben, die in den Mittel- und Oberzentren nicht disponierbar sind (vgl. Seitz 2004). Außerdem muss mit einer hohen Belastung durch Sozialausgaben gerechnet werden, weil die Sozialversicherungssysteme kaum in der Lage sein werden, Armutsrisiken im Alter abzudecken. Dementsprechend ist mit einer zunehmenden Einschränkung des finanziellen und politischen Handlungsspielraums sowohl der kleinen als auch der großen Kommunen zu rechnen. Vermutlich werden die größeren Kommunen hiermit besser fertig werden als die kleinen und die zentrennah gelegenen Kommunen besser als die peripheren. Übrigens sind nicht nur die Kommunen bzw. die öffentlich organisierten Versorgungssysteme von diesen Prozessen betroffen, auch die die Kirchen, die Jugend- und Sportverbände, die kulturellen Organisationen müssen sich mit einer Reorganisation befassen. Ihnen allen stehen dabei ähnliche Lösungsoptionen offen, die zwar seit Jahren schon in diversen Modellvorhaben erfolgreich erprobt wurden, aber noch lange nicht in das konventionelle Lösungsrepertoire (auf Bundes-, Landes-, Regional und Kommunalebene) aufgenommen wurden, weswegen ihnen noch viele Hemmnisse (z. B. Haushaltsrecht, Versicherungsrecht, Tarifrecht, Berufsordnung, Ausbildungsordnung) entgegenstehen. Immer geht es um mehr Flexibilität (beim Personaleinsatz, bei der Gebäudenutzung, bei der Mobilitätsorganisation), mehr Kooperation (zwischen den Gemeinden, zwischen den Kirchen und anderen Trägern), einen höheren Anteil mobiler Versorgungssysteme (z. B. rollender Laden), neuartige Nutzungskombinationen (z. B. im Nachbarschaftsladen mit Bankdienstleistungen, konventionellem Verkauf von Lebensmitteln, administrativen Dienstleistungen, Cafe etc.) und einen systematischen Einsatz von Selbsthilfe und Ehrenamt ergänzend zum hauptamtlichen Personaleinsatz (z. B. beim Bürgerbus oder Nachbarschaftsladen).

Literatur

Christaller, W.: Die zentralen Orte in Süddeutschland: Eine ökonomisch-geographische Untersuchungen über die Gesetzmäßigkeit der Verbreitung und Entwicklung der Siedlungen mit städtischen Funktionen. Wissenschaftliche Buchgesellschaft, Darmstadt 1968 (Reprografischer Nachdruck der 1. Aufl. Jena 1933).
Durth, W.; Gutschow, N.: Architektur und Städtebau der 1950er Jahre. Bonn 1987.
Durth, W.; Gutschow, N.: Träume in Trümmern. München 1993.
Durth, W.; Nerdinger, W.: Architektur und Städtebau der 1930er und 1940 Jahre. Ergebnisse der Fachtagung in München 1993. Bonn 1994.
Benevolo, L.: Die Geschichte der Stadt. Frankfurt a. M. 1991.
Lang, T.; Tenz, E.: Von der schrumpfenden Stadt zur Lean City. Prozesse und Auswirkungen der Stadtschrumpfungen in Ostdeutschland und ihre Bewältigung, Stadt u, Bd. 1. Dortmund 2003.
Bähr, J.; Jürgens, U.: Stadtgeographie II: Regionale Stadtgeographie. Braunschweig 2005.
Lienau, C.: Die Siedlungen des ländlichen Raumes. Braunschweig 1995.
Fassmann, H.: Stadtgeographie I: Allgemeine Stadtgeographie. Braunschweig 2004.
Muschwitz, Ch.; Schuler, D.; Monheim, H.: Forschungsexpertise zum ExWoSt – Themenfeld Stadtentwicklung und Stadtverkehr »Infrastrukturanpassung bei Bevölkerungsrückgängen«. Abschlussbericht an das Bundesamt für Bauwesen und Raumordnung. Trier, Juli 2002.
LEP Bayern. Verordnung über das Landesentwicklungsprogramm Bayern (LEP) vom 12. März 2003
Heineberg, H.: Stadtgeographie. Stuttgart 2001.

Internet

http://www.verwaltung.rlp.de
Seitz, H.: Kommunalfinanzen bei schnell schrumpfender Bevölkerung in Ostdeutschland: Eine politikorientierte deskriptive Analyse. Im Internet: http://www.makro.euv-frankfurt-o.de, Stand: 21.1.2004.

Hans-Peter Gatzweiler

Raumordnungs- und Städtebaupolitik des Bundes im Wandel der Zeiten

Prolog: Chancengleichheit und Nachhaltigkeit als dominante Ziele

Das Thema »Raumordnungs- und Städtebaupolitik des Bundes im Wandel der Zeiten« ist außerordentlich anspruchsvoll. Tausende von Veröffentlichungen dazu lagern in Bibliotheken, die meisten ohne Aussicht, jemals außerhalb von begrenzten Fachzirkeln gelesen zu werden. Sie um eine weitere zu vermehren, macht deshalb eigentlich nicht viel Sinn. Gleichwohl gibt es zwei Gründe für mich, mit einem Beitrag zum Thema »Raumordnungs- und Städtebaupolitik« an »Raum für Zukunft« mitzuwirken: zum einen eine anhaltende fachliche und persönliche Verbundenheit zu Karl Ganser, entstanden als Mitarbeiter in den von ihm geprägten Aufbruchjahren der BfLR 1972 bis 1981; zum anderen finde ich das Thema für mich selbst spannend, gibt es mir doch Gelegenheit, 25 Jahre wissenschaftliche Politikberatung für das Bundesministerium für Raumordnung, Bauwesen und Städtebau (BMBau) zu reflektieren, sozusagen aus der Kulisse heraus das Schauspiel Raumordnung und Städtebau auf Bundesebene zu betrachten – frei von wissenschaftlichen Zwängen. D. h., ich verzichte weitgehend auf Quellen- und Literaturangaben. Gleichwohl stützt sich der Beitrag neben meinem Erfahrungswissen vor allem auf amtliche Quellen (Raumordnungsberichte, Städtebauberichte, programmatische Dokumente des BMBau) und die Zeitschrift »Informationen zur Raumentwicklung«, die von Karl Ganser 1973 erstmals herausgebracht, seit nun fast 25 Jahren ein wichtiges Forum für den Austausch zwischen Wissenschaft und Praxis auf dem Feld der Raumordnung und des Städtebaus ist.

Um was geht es? Raumordnung und Städtebau sind Aufgaben, die sich aus dem Grundgesetz ergeben. »Jeder hat das Recht auf freie Entfaltung seiner Persönlichkeit«, sagt Artikel 2 des Grundgesetzes. Entfaltungsfreiheit aber setzt Chancengleichheit und Chancengleichheit setzt gleichwertige Lebensbedingungen in allen Räumen des Bundesgebietes voraus. Dieses Prinzip der Chancengleichheit ist nichts anderes als die Übertragung der Idee des »sozialen Netzes« auf Raumordnung und Städtebau: Niemand soll längere Zeit arbeitslos sein, nur weil in seinem Lebensraum nicht genügend Ausbildungs- und Arbeitsplätze vorhanden sind. Niemand soll auf eine angemessene Wohnung verzichten müssen, nur weil als Folge der Bau- und Bodenkosten Wohnen in vielen Städten und Gemeinden zu teuer ist. Niemand soll auf Dauer hohen Umweltbelastungen ausgesetzt sein, nur weil sich in seinem Lebensraum wirtschaftliche Produktion und Verkehr konzentrieren.

Das Prinzip der Chancengleichheit ist heute aktueller denn je. Der Ende der 80er Jahre in die politische Diskussion eingeführte Begriff »sustainable development« bzw. in der deutschen Übersetzung »nachhaltige Entwicklung« interpretiert dieses Prinzip der Chancengleichheit als eine internationale und intergenerative Gerechtigkeitsnorm. Sie gebietet, die Bedürfnisse der heutigen Generation weltweit so zu befriedigen, daß die Möglichkeiten zukünftiger Generationen ihre Bedürfnisse zu befriedigen, nicht beeinträchtigt werden. Nachhaltige Entwicklung ist eine Vision, ein Konzept, das dynamisch ist und Entwicklung zuläßt, gleichzeitig aber die ökologischen Grenzen respektiert und die natürlichen Lebensgrundlagen nicht gefährdet. Das nach der deutsch-deutschen Vereinigung reformierte Grundgesetz nimmt diesen Gedanken auf, indem es mit dem neuen Artikel 20a den

Staat verpflichtet, »auch in Verantwortung für die künftigen Generationen die natürlichen Lebensgrundlagen« zu schützen.

In der auf der Konferenz »Umwelt und Entwicklung« der Vereinten Nationen (VN) im Juni 1992 in Rio de Janeiro verabschiedeten Agenda 21 wird das Leitbild nachhaltige Entwicklung ausdifferenziert in die ausgewogene Verfolgung sozialer, wirtschaftlicher und ökologischer Ziele im Rahmen globaler Partnerschaft. Die Weltsiedlungskonferenz Habitat II der VN im Juni 1996 in Istanbul hat mit dem Beschluß der Habitat-Agenda die Notwendigkeit unterstrichen, auch in der Raumordnungs- und Städtebaupolitik weltweit das Ziel der nachhaltigen Entwicklung zu verfolgen. Das Konzept nachhaltige Entwicklung befindet sich heute voll in der Phase der Politikformulierung. Viele Städte und Gemeinden sind dabei, es zum Leitbild ihrer Stadtentwicklung zu machen. Neue, fortgeschriebene Landesentwicklungsprogramme und Regionalpläne orientieren sich ebenfalls schon an diesem Konzept. Schließlich erklärt der vorliegende Entwurf eines Gesetzes zur Änderung des Baugesetzbuches und zur Neuregelung des Rechts der Raumordnung (Bau- und Raumordnungsgesetz 1998 – BauROG) nachhaltige Entwicklung zur Leitvorstellung für die Erfüllung der künftigen Aufgaben von Raumordnung und Städtebau in Deutschland.

Die Verwirklichung des Prinzips der Chancengleichheit bzw. die Umsetzung des Konzepts nachhaltige Entwicklung ist eine gesamtgesellschaftliche Aufgabe. Im föderalistischen System der Bundesrepublik Deutschland sind dafür verschiedene Ebenen zuständig, vom Bund über die Länder bis zu den Kommunen. Raumordnung und Städtebau als wichtige Politikbereiche zur Verwirklichung des Prinzips der Chancengleichheit sind in dieses föderalistische System integriert. Beide haben auf den verschiedenen Ebenen unterschiedliche Kompetenzen.

In diesem Beitrag geht es um die Bundesebene, also die Rolle der Raumordnungs- und Städtebaupolitik des Bundes, konkret des als Ressort zuständigen Bundesministeriums für Raumordnung, Bauwesen und Städtebau (BMBau). Im Mittelpunkt steht dabei der Versuch einer Skizzierung des Wandels in der Auslegung des Prinzips der Chancengleichheit sowie des Wandels raumordnerischer und städtebaulicher Konzepte und Strategien zur Verwirklichung dieses Prinzips von den 60er Jahren bis heute mit einem Ausblick ins nächste, erste Jahrzehnt des 21. Jahrhunderts.

Die 60er Jahre –
Die gesetzlichen Grundlagen werden auf den Weg gebracht

Bundesweite Chancengleichheit erfordert bundeseinheitliche Rechtsnormen. Die heutigen substantiellen gesetzlichen, in erster Linie ordnungsrechtlichen Grundlagen für die Erfüllung der Aufgaben von Raumordnung und Städtebau werden im wesentlichen in den 60er Jahren geschaffen. Sie stützen sich einmal auf erste, mit dem Wiederaufbau der Städte in den 50er Jahren gesammelte praktische Erfahrungen. Zudem prägen die räumlichen Auswirkungen der in diesen Jahren rasch stärker werdenden marktwirtschaftlichen Entwicklungskräfte die gesetzlichen Normen, an denen sich raumordnerisches und städtebauliches Handeln ausrichten soll.

Allerdings zeigt sich schon recht bald, daß die Schaffung einer bundeseinheitlichen raumordnerischen und städtebaulichen Rechtsordnung eine Daueraufgabe ist. Denn die jeweils geltende Rechtsordnung wird oft den Anforderungen, die sich aus der realen räumlichen und städtebaulichen Entwicklung ergeben, nicht gerecht. Salopp formuliert: Die Realität der Raum- und Stadtentwicklung kümmert sich relativ wenig um in Paragraphen gegossene raumordnerische und städtebauliche Ordnungsvorstellungen. Die Novellierung dieser Rechtsordnung hat sich deshalb seitdem bis heute als politische Daueraufgabe etabliert (die ihre Juristen ernährt).

Raumordnungs- und Städtebaupolitik des Bundes im Wandel der Zeiten

Eine frühe Erkenntnis ist, daß bundesweite Chancengleichheit übergeordnete Planung erfordert. Schon 1954 stellt das Bundesverfassungsgericht in einem Gutachten fest, daß der Bund dafür zuständig ist, die Raumplanung für das Bundesgebiet insgesamt zu regeln, um das Prinzip der Chancengleichheit zu gewährleisten. Dieses Gutachten führt dazu, daß die Bundesregierung 1955 u. a. einen Sachverständigenausschuß für Raumordnung (SARO) einsetzt. Er veröffentlicht 1961 ein grundlegendes Gutachten zur Raumordnung in der Bundesrepublik Deutschland, das neben einer umfassenden Bestandsaufnahme der damaligen räumlichen Situation und Entwicklung auch ein Leitbild für die Raumordnung des Bundesgebietes enthält. Ein Jahr später, 1962, legt die Bundesregierung räumliche Entwicklungsziele für das Bundesgebiet in Form von Grundsätzen fest. Nach ihnen sollen sich die raumwirksamen Maßnahmen des Bundes ausrichten. Wieder ein Jahr später, am 1. Oktober 1963 verabschiedet der Deutsche Bundestag den ersten offiziellen Bericht der Bundesregierung über die Raumordnung (Raumordnungsbericht).

Der Bericht stellt drei räumliche Fehlentwicklungen heraus: Hinter der allgemeinen Entwicklung zurückgebliebene Gebiete, überlastete Verdichtungsgebiete und Gebiete, in denen die natürlichen Ressourcen in bedrohlichem Ausmaß gefährdet sind. Er kommt insgesamt zu dem Ergebnis, daß die räumliche Ordnung und Entwicklung des Bundesgebietes nicht den verfassungsrechtlichen Wertvorstellungen und den Grundsätzen der sozialen Marktwirtschaft entspricht. Deshalb fordert er, die raumwirksamen öffentlichen Maßnahmen zu koordinieren und auf ein klares Ziel auszurichten. Im Rahmen der dem Bund obliegenden Aufgaben empfiehlt der Bericht die Festlegung dieser Vorstellungen in Form von auf längere Zeit fixierten normativen Grundsätzen. Mit dem Raumordnungsgesetz (ROG) vom 21. April 1965 legt der Gesetzgeber diese Grundsätze fest.

Die Grundsätze orientieren sich im wesentlichen an der damaligen Bewertung der räumlichen Situation und Entwicklung. Im Zuge des Gesetzgebungsverfahrens haben aber die ökologischen Probleme, die im Raumordnungsbericht noch differenziert und gesondert angesprochen werden, an Gewicht verloren. Offensichtlich war die Zeit noch nicht reif, die politische Einsicht noch nicht da, ökologischen Zielen den ihnen gebührenden gesellschaftlichen Stellenwert einzuräumen. Vielmehr setzt sich eine Problemsicht durch, die geprägt ist vom räumlichen Konzentrationsprozeß der Wirtschaft, der Infrastruktur und der Bevölkerung, als dem Grundprinzip der industriellen Gesellschaft. Die polaren und widerstreitenden räumlichen Auswirkungen dieses Prozesses sind die Verdichtung und die Entleerung bzw. Stagnation. Entsprechend dieser vorherrschenden Problemsicht enthält das Raumordnungsgesetz materielle Grundsätze, die insgesamt ausgewogene Raumstrukturen zum Ziel haben und diese vor allem durch Umverteilung von Infrastrukturinvestitionen und Wachstumsimpulsen in benachteiligte Gebiete erreichen wollen.

Noch im Vorlauf zum ROG schafft der Bund 1960 als Ergebnis einer Harmonisierung der Aufbaugesetze der Länder mit dem Bundesbaugesetz (BBauG) eine erste bundeseinheitliche Rechtsgrundlage für die räumliche Planung, konkret die städtebauliche Planung. Dieses Gesetz regelt in erster Linie die Bauleitplanung, die für die Siedlungsentwicklung wichtigste gemeindliche Planung. Allerdings erweist sich die Erstfassung des BBauG in seinem Wesenscharakter als »Ordnungsgesetz«, mit dessen Hilfe die Gemeinden eine planvolle und zukunftsorientierte Gestaltung ihres Gemeindegebiets einleiten sollten, vielfach als unzureichend. Schnell wird klar, daß neben der Planung städtebaulicher Maßnahmen auch deren Durchführung gesichert werden muß. Es setzt sich die Erkenntnis durch, daß eine Konzeption und ein Instrumentarium notwendig sind, die die zeitliche Realisierung der städtebaulichen Entwicklungsziele mit einbeziehen, die entstehenden Kosten und ihre Aufbringung berücksichtigen, eine sinnvolle Koordinierung der von den einzelnen öffentlichen Trägern bereitgestellten Finanzierungsmittel sicherstellen und die notwendigen Einflußnahmen auf die bestehenden baulichen Zustände ermöglichen. Im Prinzip sind dies frühe Überlegungen zur späteren integrierten Entwicklungsplanung.

Das in den 60er Jahren vorbereitete und schließlich 1971 verabschiedete Städtebauförderungsgesetz (StBauFG) ist ein erster Schritt, die Mängel des BBauG, die besonders bei der Durchführung von Sanierungs- und Entwicklungsmaßnahmen auftraten, zu beseitigen. Dieses Gesetz soll gewährleisten, daß Sanierungs- und Entwicklungsmaßnahmen von der öffentlichen Hand veranlaßt, von ihr geleitet und durch den Einsatz erheblicher öffentlicher Mittel ermöglicht werden. Es handelt sich um Vorgänge, die wirtschaftlich und rechtlich von ihrer Vorbereitung bis zu ihrem Abschluß eine Einheit bilden und die im Hinblick auf die Bedürfnisse der Allgemeinheit wie auch der Betroffenen mit der größtmöglichen Beschleunigung durchgeführt werden müssen. Durch ein besonderes bau- und bodenrechtliches Instrumentarium trägt das Gesetz diesen Notwendigkeiten Rechnung. Zudem bietet es dem Bund die Handhabe, sich auf der Grundlage des Artikels 104 a, Absatz 4 Grundgesetz an den Aufgaben des Städtebaus finanziell zu beteiligen entsprechend den strukturpolitischen Erfordernissen und Zielvorstellungen des Gesamtstaates. Bis heute ist die Städtebauförderung das einzige bedeutsame investive Finanzierungsinstrument von Raumordnung und Städtebau auf Bundesebene geblieben.

Die 70er Jahre –
Hehre Ziele, gescheiterte Programme, aufgegebene Strategien

Die 70er Jahre beginnen in den 60er Jahren. 1966/67 erlebt die junge Republik nach einer Periode stetigen wirtschaftlichen Wachstums und steigender Realeinkommen ihre erste größere wirtschaftliche Rezession. Sie löst den Regierungswechsel zur großen Koalition aus, der 1969 die sozialliberale Regierung mit inneren Reformen, mit einem generellen Schwenk von der Vergangenheitsorientierung zur Zukunftsorientierung folgt. Integrierte Planung war das Zauberwort dieser Jahre, ein bis heute unverwirklicht gebliebenes Planungsverständnis. Idealtypisch steht dahinter die Vorstellung, die gesamte Staatstätigkeit fachlich zu koordinieren, einem räumlichen Leitbild zu unterwerfen, in eine mittelfristige verbindliche Finanzplanung zu übersetzen und im Rahmen der jährlichen Haushaltsplanung auch zu realisieren.

Ein ambitionierter Versuch in dieser Richtung ist das 1975 verabschiedete Bundesraumordnungsprogramms I (BROP). Es legt Ziele fest zur Verbesserung der Infrastruktur, der Umweltqualität und der regionalen Wirtschaftsstruktur. Es sieht gleichwertige Lebensbedingungen dann erreicht, wenn für die Bürger aller Teilräume bestimmte Mindesterfordernisse für eine vertretbare Lebensqualität vorhanden sind. Es betont auch noch einmal das Ziel einer ausgewogenen Raum- und Siedlungsstruktur. Die Gegenüberstellung der im Programm formulierten Ziele für die gesamträumliche Entwicklung einerseits und der Ergebnisse von Analyse und status pro-Prognose andererseits führt zur Darstellung von Problemräumen der großräumigen Bevölkerungsentwicklung (tendenzielle Abwanderungen größeren Umfangs mit unerwünschten Folgen für die Raum- und Siedlungsstruktur), Schwerpunkträumen mit besonderen Strukturschwächen in der Erwerbs- und Infrastruktur (Notwendigkeit verstärkter Mittelzuweisung) und der Forderung nach schwerpunktmäßigem Einsatz von raumwirksamen, investiven Mitteln in Entwicklungszentren und -achsen.

Weitgehende Akzeptanz in Politik und Fachöffentlichkeit findet das dem BROP zugrunde liegende Konzept der »ausgeglichenen Funktionsräume«. Es bildet sozusagen die sozialstaatsorientierte Kompromißstrategie zwischen dem versorgungsorientierten Zentrale-Orte-Konzept und dem wachstumsorientierten, der Raumwirtschaftstheorie entlehnten Konzept der Entwicklungsschwerpunkte

(Wachstumspole). Mit ihm soll die Versorgung der Bevölkerung mit Arbeitsplätzen, Gütern und Dienstleistungen in allen Teilräumen in zumutbarer Entfernung gewährleistet werden, um interregionale Mobilitätszwänge zu reduzieren. Dieses Konzept widersteht auch dem in der zweiten Hälfte der 70er Jahre in die politische Diskussion gebrachten Konzept der großräumigen funktionsräumlichen Arbeitsteilung, das erstmals wirtschaftlichen Entwicklungszielen explizit mehr Gewicht einräumt als den am Kriterium Lebensqualität orientierten räumlichen Ausgleichszielen. Im Raumordnungsbericht 1978 stellt die Bundesregierung unmißverständlich fest, daß sie Überlegungen ablehnt, die auf eine großflächige raumfunktionale Aufgabenteilung zwischen den Regionen im Bundesgebiet hinauslaufen. Dies würde einerseits unausweichlich im Laufe der Zeit für größere Teilräume eine »passive« Sanierung bedeuten und andererseits in den bereits verdichteten Regionen zu weiteren Belastungen der Wohn- und Umweltverhältnisse führen.

Trotz aller Bemühungen in regierungsamtlichen Berichten, vor allem im Raumordnungsbericht 1978, die Umsetzung des Programms durch den Bund positiv darzustellen, entfaltete das Programm faktisch und fachlich aber so gut wie keine Wirkung. Einziger raumwirksamer Maßnahmebereich, in dem das BROP – wirksam – »vollzogen« wurde, ist die Bundesverkehrswegeplanung. Dies geschah durch Berücksichtigung von Kriterien wie »Erschließung und Anbindung strukturschwacher Gebiete des BROP« und »Lage es Projektes auf einer großräumig bedeutsamen Achse des BROP bei der Prioritätenreihung der Fernstraßenbauprojekte. Im Ergebnis wurden so knapp ein Viertel der dafür bis 1985 zur Verfügung gestellten Finanzmittel in strukturschwache Räume nach dem BROP umgelenkt – ein aus heutiger Sicht durchaus zweifelhafter »Erfolg« der Bundesraumordnung auf die räumliche Verteilung von raumwirksamen Bundesmitteln Einfluß zu nehmen. Denn er führte zum vorgezogenen Bau von Autobahnen in peripheren ländlichen Räumen, für die ein ausreichender Verkehrsbedarf nicht absehbar war und in denen gleichzeitig, ohne nennenswerten Protest der Bundesraumordnung, erhebliche Teile des Schienennetzes stillgelegt wurden. Bei den Mischfinanzierungstatbeständen der Gemeinschaftsaufgaben nach Art. 91a GG und der Finanzhilfen nach Art. 104, Abs. 4 GG, also den neben der Bundesverkehrswegeplanung und Forschungs- und Technologiepolitik bedeutendsten raumwirksamen Investitionsinstrumenten des Bundes, nahmen die Länder dagegen immer stärker die Programmkompetenz für sich in Anspruch. Das BROP als regionaler Verteilungsmaßstab für den Einsatz von raumwirksamen investiven Bundesmitteln mußte damit notwendigerweise an Bedeutung verlieren. Im politischen Raum bietet es mit seiner klaren Zielsetzung zwar eine zitierfähige Grundlage für vielfältige regionale Ansprüche. Die geringe Handlungsorientierung verstärkt aber auch die Distanz zwischen den auf schnellen Vollzug der Fachprogramme fixierten Fachressorts und der mehr auf konzeptionelle Konsistenz und regionale Stimmigkeit fixierten Raumordnung.

Alles in allem ist das Bundesraumordnungsprogramm Ende der 70er Jahre politisch out, von der Zeit und der Realität überholt. Denn schon in der zweiten Hälfte der 70er Jahre verläuft die räumliche Entwicklung weit abseits der Erwartungen, die dem Bundesraumordnungsprogramm zugrunde lagen. Größere Umweltschäden und der Ölpreisschock machen Mitte der 70er Jahre die Begrenzung der wirtschaftlichen Entwicklung durch Umwelt- und Energiekrise deutlich. Gesellschaftliche Wertvorstellungen wandeln sich. Aspekte der immateriellen Lebensqualität gewinnen an Bedeutung. Das Bewußtsein für ökologische Zusammenhänge und die Einsicht in die Gefährdungen und Grenzen der natürlichen Ressourcen wachsen. Diese Prozesse führen generell auch zu einer zunehmenden Skepsis gegenüber der Planbarkeit von Raum und Gesellschaft, einschließlich der Quantifizierbarkeit von Zielen auf der Grundlage gesellschaftlicher Indikatoren. Der politische Stellenwert der Raumordnung als Regierungsaufgabe erleidet einen gravierenden Bedeutungsverlust.

Auch für die Städtebaupolitik des Bundes sind in den 70er Jahren programmatische Reformüberlegungen leitend. 1975 erfolgt die gleichzeitige Vorlage von Städtebaubericht und Raumordnungsbericht als Versuch, Zusammenhänge und entsprechende Koordinierungserfordernisse zwischen Raumordnung und Städtebau stärker in das Bewußtsein der Öffentlichkeit zu tragen. Dies war ein auch aus heutiger Sicht noch bemerkenswerter Akt. In den Mittelpunkt als gemeinsam erkanntes Problem rücken dabei die seit den frühen 60er Jahren anhaltenden Wanderungsverluste der Kernstädte gegenüber dem Umland. Sie sind ein Indikator dafür, daß zunehmend auch innerstädtische Quartiere zu den benachteiligten Gebieten gehören. Gemeinsames Ziel von Raumordnung und Städtebau ist es, einerseits soziale und betriebliche Erosionsprozesse in den Abwanderungsgebieten und andererseits eine ungeordnete Neubautätigkeit im Umland (Zersiedlung) zu verhindern. Allerdings ist es dem Bund und den Ländern bis heute nicht gelungen, durch ein entsprechend zugespitztes und abgestimmtes umwelt-, finanz-, verkehrs- und planungsrechtliches Instrumentarium die Siedlungsentwicklung direkt zu steuern oder durch eine konzeptionelle Beeinflussung der Investitions- und Bautätigkeit der Wirtschaft und privaten Haushalte über Leitbilder, Öffentlichkeitsarbeit, Motivation usw. die zersiedelnde Suburbanisierung indirekt zu verhindern.

Reformbedarf hat sich schon seit längerem für das BBauG angestaut. Es wird den Anforderungen, die sich aus der realen städtebaulichen Entwicklung ergeben, immer weniger gerecht. Als schwerwiegender Mangel des BBauG wird der Verzicht auf den leichten und allgemeinen kommunalen Zugang zur Abschöpfung von Bodenwertsteigerungen angesehen, die über Erschließungsmaßnahmen hinaus durch städtebauliche Maßnahmen eingetreten sind. Novellierungen des BBauG Mitte der 70er Jahre versuchen deshalb unter Übernahme der Grundgedanken des StBauFG die vordringlichen städtebaulichen Probleme, die Verbesserung der bodenpolitischen Situation der Gemeinden und die Fortentwicklung des gemeindlichen Planungsrechts – mit den Zielen »Unterstützung der Planverwirklichung« und »stärkere Mitwirkung der Bürger an der städtebaulichen Planung (Bürgerbeteiligung)« – zu lösen.

Mit der intensiven und breiten Anwendung des StBauFG in den 70er Jahren ist eine wichtige, bis heute wirksame Trendwende in der städtebaulichen Praxis verbunden; und zwar die Abkehr von großräumigen Flächensanierungen und städtebaulich nicht integrierten, großmaßstäblichen Funktions- und Strukturveränderungen. Die städtebauliche Praxis in den 50er und 60er Jahren führte zu einem Verlust an erhaltenswerter städtebaulicher Substanz, zu einer Verödung der Innenstädte allgemein, zu einem Verlust an Urbanität. Diese Folgen rücken nun die Aufgabe der Erhaltung im Städtebau in das Bewußtsein einer breiteren Öffentlichkeit und in den Vordergrund des öffentlichen Interesses.

Objektive Veränderungen wie Bevölkerungsrückgang, nachlassendes wirtschaftliches Wachstum und damit auch enger werdende finanzielle Spielräume, die zunehmende Verknappung wichtiger natürlicher Ressourcen sprechen in der zweiten Hälfte der 1970er Jahre zusätzlich für eine Politik der Erhaltung, eine Konsolidierung wenn nicht gar für eine Umkehr in der städtebaulichen Entwicklung. Als unmittelbare Folge der praktischen Anwendung des StBauFG kann eine Reorientierung städtebaulicher Vorstellungen auf eine mittlere Linie festgestellt werden, die Erhaltung, Umgestaltung und Fortentwicklung zu verknüpfen sucht, aber wo notwendig, auch grundsätzliche Veränderungen einschließt. Die Wurzeln für einen bestandsorientierten, ressourcensparsamen und umweltverträglichen Städtebau, d. h. für eine nachhaltige Stadtentwicklung, sind also in den 70er Jahren zu finden.

Ende der 1970er Jahre gerät Europa mehr und mehr ins Blickfeld der räumlich orientierten Politik. Mit der 1979 erfolgten ersten Direktwahl des Europäischen Parlaments erhält der europäische Integrationsprozeß wichtige Impulse. Die großen Entwicklungsunterschiede in Europa zwischen peripheren und zentralen Regionen verdeutlichen die Herausforderungen für die Raumordnungspolitik. Sie relativieren die bis dahin im nationalen Maßstab festgestellten regionalen Entwicklungs- und

Ausstattungsdisparitäten erheblich. Die Notwendigkeit einer gemeinsamen europäischen Raumentwicklungspolitik wird zunehmend erkannt. Mit der 1983 von der Europäischen Raumordnungsministerkonferenz beschlossenen Europäischen Raumordnungs-Charta werden dafür erste gemeinsame Grundlagen gelegt. Der Weg zum Vollzug einer konsistenten europäischen Raumordnungspolitik ist allerdings noch weit. Im Jahr 2000 wird in Deutschland die 12. Europäische Raumordnungsministerkonferenz stattfinden. Auf ihr soll die Europäische Raumordnungs-Charta von 1983 zu einer gesamteuropäischen Raumordnungsstrategie weiterentwickelt und handlungsorientiert ausgerichtet werden.

Die 1980er Jahre –
Anläufe zu einer Konsolidierung und Neubesinnung

Anfang der 1980er Jahre ist wohl endgültig klar, daß die Zeiten eines weitgehend problemlosen wirtschaftlichen Wachstums offenbar einem Zeitraum wachsender wirtschaftlicher, ökologischer und sozialer Probleme gewichen sind. Auf allen Ebenen der räumlich-gesellschaftlichen Planung, nicht zuletzt auch auf der Bundesebene macht sich Unsicherheit breit. Sie resultiert vor allem aus Veränderungen der gesamtwirtschaftlichen und ökologischen Rahmenbedingungen. Mittlerweile steht fest, daß staatliches Handeln sich mehr und mehr an knappen staatlichen Ressourcen orientierten muß. Die krisenhafte Wirtschaftsentwicklung Anfang der 80er Jahre rückt das Nord-Süd-Gefälle, die Unterschiede zwischen dem Norden und Süden des alten Bundesgebiets ins Zentrum der Politik. Umweltprobleme, die Gefährdung der natürlichen Ressourcen geraten zunehmend und verstärkt auch ins Blickfeld der Raumordnungspolitik, zumal sich mit der Umweltplanung ein mit der Raumordnung konkurrierender Politikbereich etabliert und rasch an politischem Stellenwert gewinnt.

Die Bundesraumordnung nimmt endgültig Abschied von der Vorstellung einer Raumordnungspolitik als integrierte staatliche Entwicklungsplanung. Stattdessen sucht man nach Wegen für eine moderne, realistische, pragmatische Raumordnungspolitik des Bundes. Die von der Bundesregierung 1986 vorgelegten Programmatischen Schwerpunkten der Raumordnung sind so ein Versuch, die Raumordnung als Regierungsaufgabe zu konsolidieren. Sie stellen einen neuen räumlichen Orientierungsrahmen dar, an dem künftig alle Bundesressorts ihre raumbedeutsamen Planungen und Maßnahmen ausrichten sollen. Strategisches Ziel ist eine bessere Koordination der Raumordnung mit der Struktur- und vor allem der Umweltpolitik. Als Räume, in denen in besonderem Maße Bemühungen um gleichwertige Lebensbedingungen notwendig sind, werden Berlin (West) und das Zonenrandgebiet, ländlich periphere Regionen, bestimmte überwiegend altindustrialisierte Verdichtungsräume sowie Räume mit einer besonderen Umweltsituation, entweder durch hohe Belastungen oder durch hohen Schutzwert herausgestellt.

Die Programmatischen Schwerpunkte der Raumordnung sind noch einmal der Versuch, an die unmittelbare Verantwortung der Fachressorts zu appellieren, bei ihren raumbedeutsamen Planungen und Maßnahmen den Zielen und Grundsätzen der Raumordnung Rechnung zu tragen. Allerdings schafft es die Raumordnung auch diesmal nicht, über mehr unverbindliche, programmatische Zielaussagen für die raumwirksamen Fachplanungen hinauszukommen. Statt mit langem Atem den Maßnahmenvollzug der Fachpolitiken durch konkrete, mit dem jeweiligen fachlichen Zielsystem kompatible Innovationen zu beeinflussen, dominieren die rituellen Regionalisierungsklauseln und Verteilungsanalysen, die von den Fachressorts lediglich zur Kenntnis genommen werden. In den Bereichen regionale Verkehrspolitik, regionale Energiepolitik und regionale Hochschul- und Forschungsplanung schafft es die Raumordnung immerhin ansatzweise, mittels informatorischer

Instrumente (angewandte Forschung), deren Standort- und Investitionsprinzipien raumordnungsfreundlicher mitzugestalten. Ansonsten gelingt es der Raumordnung aber auch in den 80er Jahren nicht, die übrigen raumwirksamen Politikbereiche nennenswert zu beeinflussen, trotz guter, durch anwendungsorientierte Forschung abgestützter Ansätze. Somit bleibt die Strategie »durch die Fachplanungen hindurch Raumordnung zu betreiben« auf Bundesebene weitgehend erfolglos.

Die Dominanz der Fachplanungen durch das Ressortprinzip ist zu stark, bis heute. Der Raumordnung mangelt es bis heute an politischem Stellenwert, der für das Durchstehen der Konflikte zwischen den Zielen der Fachplanungen und der räumlichen Planung notwendig ist. Sie muß erkennen, daß sie mit ihrem Anspruch auf eine umfassende Koordinierung der raumwirksamen Planungen und Maßnahmen auf Systemgrenzen der politischen und administrativen Verhaltensmuster stößt. Indiz dafür ist auch die relativ große Enthaltsamkeit, sich in die Kompetenzen der Länder einzumischen. Die MKRO konkretisiert die Programmatischen Schwerpunkte vornehmlich durch die Erarbeitung von einigen Entschließungen, also ein sehr behutsamer Versuch die vertikale Koordination zu stärken.

Mehr und mehr setzt sich in den 80er Jahren die Erkenntnis durch, daß der Koordinierungsanspruch der Raumordnung noch am besten auf der Grundlage ausreichender und vergleichbarer Informationen über fachplanerisch wie raumplanerisch relevante regionale Disparitäten als Voraussetzung gemeinsamen Handelns erfüllt werden kann. Solche Informationen erleichtern das Entstehen einer gemeinsamen Problemsicht und Problembewertung auf deren Grundlage dann Verhandlungs- und Konsensmöglichkeiten gefunden werden können. Koordination durch Information ist daher eine raumordnungspolitische Strategie zur Orientierung, zur Konfliktregelung und zur Konsensbildung. Soviel Anerkennung diese Strategie und ihr wichtigstes Instrument, die Laufende Raumbeobachtung der BfLR auch in der Fachöffentlichkeit findet, so wenig bewirkt sie letztendlich aber einen Durchbruch für die Raumordnung von der Programmatik zum Programmvollzug. Wo es gut paßt, wird gern auf die Datengrundlagen der Raumordnung zurückgegriffen. Wo es nicht paßt, wird auf die fachpolitisch maßgeblichen Sachzwänge verwiesen, die es nicht erlauben, die raumordnungspolitische »Kulisse« zu beachten.

Die raumordnungspolitisch engagierte und anwendungsorientierte Forschung entwickelt unter dem Diktat »knapper staatlicher Ressourcen« zu gleicher Zeit neue Konzepte aktiver Regionalentwicklung. Sie entstehen im Zusammenhang mit der in Westeuropa um sich greifenden Regionalismus-Diskussion und werden in Deutschland unter dem plakativen Stichwort »endogene Entwicklungsstrategien« zusammengefaßt. Diese Strategien richten sich in erster Linie gegen die Vorstellung, vorrangig durch »mobile« Manövriermassen von Infrastrukturprojekten, Fördergeldern und Ansiedlungsprojekten erfolgreich Regionalentwicklung zu betreiben, zumal solche regionalen Umverteilungspotentiale praktisch nicht mehr vorhanden sind. Statt dessen dominieren Ansätze, die auf die Stärken der Region setzen, d. h. darauf, daß die einzelnen Regionen lernen, ihre internen »Entwicklungspotentiale« besser zu nutzen. Diese Konzepte sind in jedem Fall auf politische und/oder administrative Dezentralisierung abgestellt, sozusagen auf »Regionalisierung« staatlicher Raumordnungs- und Regionalpolitik. Der Bund wirkt dabei verstärkt als Moderator, Initiator und Prozeßorganisator gemeinsam mit den Ländern. So wichtig diese Funktion auch ist, gleichwohl ist es ein weiterer Rückzug vom direkten Programmvollzug und damit ein weiterer Bedeutungsverlust der Bundesraumordnung als Regierungsaufgabe.

Die Städtebaupolitik des Bundes orientiert sich in den 1980er Jahren endgültig programmatisch um. In der überschaubaren Zukunft werden die Aufgaben des Städtebaus vor allem in der Innenentwicklung gesehen, d. h. in einer bestandsorientierten Stadtentwicklung. Die Baulandberichte von 1983 und 1986 heben die Notwendigkeit verstärkter Innenentwicklung hervor. Denn die langfristigen Folgen der Suburbanisierung, der immer weitergehenden Ausweisung neuer Bauflächen im Außenbereich, treten inzwischen schärfer hervor: Große Grundstücke, geringe Siedlungsdichte und großzügige Erschließung haben eine anhaltend hohe Freiflächeninanspruchnahme zur Folge. Infolge einseitiger Ausrichtung auf die Außenentwicklung werden Innenbereiche, insbesondere Ortskerne vernachlässigt. Dadurch verschlechtern sich die dortige Bausubstanz und Wohnumfeldsituation. Durch das immer weitere Auseinanderrücken von Wohn-, Arbeits- und Versorgungsbereichen steigt das Verkehrsaufkommen. Durch eine Vernachlässigung des Freiraum- und Ressourcenschutzes wird das Naturraumpotential zunehmend eingeschränkt.

Diese Konsequenzen treten zunehmend in das Bewußtsein der Öffentlichkeit und begründen die Umorientierung in den städtebaulichen Zielsetzungen. Es setzt sich die Einsicht durch, daß vor allem die Ressource Boden begrenzt ist und in Zukunft sparsamer und schonender mit ihr umgegangen werden muß. Die programmatische Forderung nach verstärkter Innenentwicklung bedeutet als städtebauliche Strategie formuliert: Erhaltende Stadt- und Dorferneuerung, Schließung von Baulücken, Aktivierung und Um- und Wiedernutzung von Brachflächen, Lösung von Nutzungskonflikten im Innenbereich, flächensparendes und bodenschonendes Bauen, insgesamt eine bestandsorientierte Stadtentwicklung. Immer stärker treten dabei auch die ökologischen Ziele der Innenentwicklung in den Vordergrund, also Aufgaben wie Freiräume für Natur- und Landschaftsschutz sowie für die Naherholung sichern und entwickeln, ökologisch wertvolle Biotope schützen und aufbauen und unnötig versiegelte Brachflächen öffnen.

Die Strategie der Innenentwicklung wird vom Bund in der zweiten Hälfte der 80er Jahre planungsrechtlich und finanziell entscheidend gefördert. Mit dem am 1. Juli 1987 in Kraft getretenen Baugesetzbuch wird das Städtebauförderungsgesetz mit dem Bundesbaugesetz im Baugesetzbuch zusammengeführt, übersichtlicher geordnet und vereinfacht. Das Baugesetzbuch ist die erste Gesamtkodifikation des deutschen Städtebaurechts. Die Instrumente sind auf die Gegenwarts- und Zukunftsaufgaben des Städtebaus ausgerichtet: auf Innenentwicklung, vorsorgenden Umweltschutz, Stadterhaltung und Denkmalschutz. Finanziell unterstützt die Bundesregierung die Innenentwicklung durch eine Verdreifachung der Städtebauförderungsmittel im Vergleich zur ersten Hälfte der 80er Jahre. Sie macht damit den hohen politischen Stellenwert einer bestandsorientierten, ressourcenschonenden und umweltverträglichen Städtebaupolitik deutlich. Einige Länder verstärken diesen Impuls durch beträchtliche Mittelaufstockungen ihrer eigenen städtebaulichen Programme.

Einen zusätzlichen kräftigen Schub erfährt die Innenentwicklung durch das am 1.1.1989 in Kraft getretene Strukturhilfegesetz, das einen Beitrag zum Abbau des Nord-Süd-Gefälles leisten soll. Für einen Zeitraum von zehn Jahren stellt der Bund den Ländern jährlich 2,45 Mrd. DM für strukturverbessernde Investitionen zur Verfügung. Der Förderkatalog ist zu einem bedeutenden Teil auf Maßnahmen der Innenentwicklung ausgerichtet. Interessant für den Vollzug der Ziele von Raumordnung und Städtebau ist die Ausgestaltung des Länderschlüssels für die Verteilung der Finanzhilfen nach dem Strukturhilfegesetz. Im Gegensatz zu bisher praktizierten Schlüsseln, die sich an der Einwohnerverteilung orientieren, versucht der Schlüssel zur Bestimmung der Länderquoten des Strukturhilfegesetzes tatsächlich der regional unterschiedlichen Problemsituation gerecht zu werden. Gleichwohl hat dies nicht innovativ auf andere Finanzhilfen/Programme für eine problemgerechtere, raumordnungs- und städtebaupolitisch zieladäquate Aufteilung der Mittel des Bundes auf die Länder gewirkt.

In der zweiten Hälfte der 80er Jahre entdeckt schließlich auch die Städtebaupolitik des Bundes die Bedeutung persuasiver, informatorischer Mittel für die Verwirklichung von aus Bundessicht wichtigen städtebaulichen Konzepten und Strategien. Vor allem der Experimentelle Wohnungs- und Städtebau (ExWoSt) entwickelt sich zu einem wichtigen praxisorientierten Forschungsprogramm

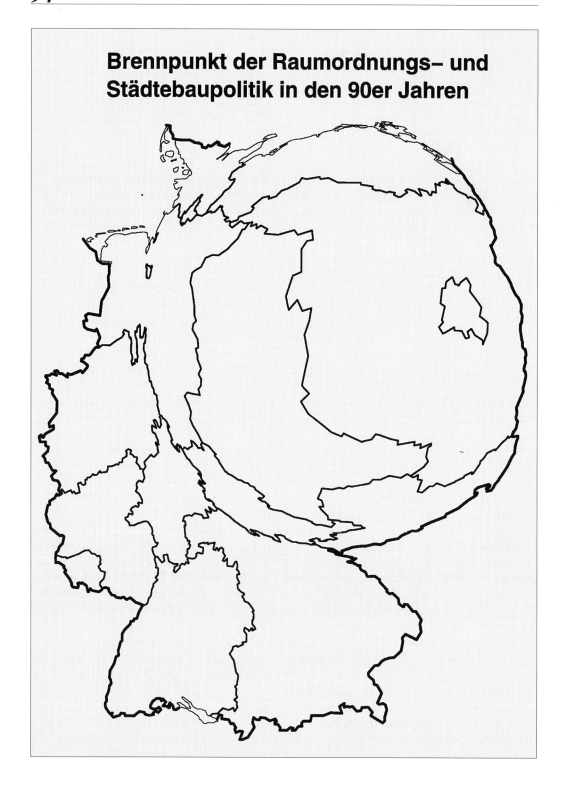

des BMBau. In den letzten zehn Jahren sind im ExWoSt über 330 Modellvorhaben in 20 Forschungsfeldern gefördert worden. Diese meist vorbildlichen, »guten Beispiele« tragen dazu bei, durch neue Ideen, unkonventionelle Konzepte und innovative Umsetzungsstrategien die Lebensbedingungen im Bundesgebiet zu verbessern, das Prinzip Chancengleichheit zu verwirklichen.

Die 1990er Jahre – Alte Antworten auf neue Herausforderungen

Das alles beherrschende Thema der 90er Jahre sind die Probleme und Aufgaben, die sich für Raumordnung und Städtebau aus der Herstellung der deutschen Einheit ergeben. Die enormen Unterschiede in den Erwerbsmöglichkeiten, der Infrastrukturversorgung, den Wohnungs- und Wohnumfeldbedingungen sowie der Umweltqualität zwischen den alten und neuen Ländern treten überdeutlich zutage. Die Folge ist eine anhaltend hohe Abwanderung von vor allem jungen Menschen mit der Gefahr einer großräumig passiven Sanierung. Aus Sicht der Raumordnung besteht vordringlicher und gleichrangiger Handlungsbedarf auf drei Feldern: Es ist notwendig Erwerbsmöglichkeiten zu sichern und neu zu schaffen, die wirtschaftsnahe Infrastrukturausstattung rasch zu verbessern und zugleich die hohe Umweltbelastung abzubauen. Auch die städtebaulichen Herausforderungen sind umfassend: Neben den Aufgaben einer allseitigen Stadterneuerung stellen sich angesichts der dynamischen Entwicklung in vielen Städten der neuen Länder zunehmend auch Aufgaben einer geordneten umwelt- und sozialverträglichen Stadterweiterung und einer Koordinierung von Stadt-Umland-Entwicklungen. Besonders dramatisch entwickelt sich die Konkurrenz der »grünen Wiese«, weil in den Innenstädten Fragen der ungelösten Bodenordnung die notwendigen Investitionen erschweren, während im Umland der Wettbewerb der Kommunen um Investoren zu einer Art »Wild-West-Entwicklung« bei großflächigen Gewerbeausweisungen und der Ansiedlung von Handelseinrichtungen führt.

Raumordnung und Städtebau in Deutschland stehen im Osten vor einer neuen Ausgangslage. In der DDR waren beides keine eigenständigen Politikbereiche mit entsprechender rechtlicher und finanzieller Ausgestaltung. Raumordnerisches und städtebauliches Handeln waren vielmehr weitgehend vorgegeben durch die zentrale Planung und Leitung der Volkswirtschaft sowie alle anderen gesellschaftlichen Bereiche. Dem gegenüber gilt jetzt auch in den neuen Ländern eine Rechtsordnung, bei der Raumordnung und Städtebau versuchen müssen, auf der Grundlage der Zuständigkeitsteilung zwischen den einzelnen Maßnahmeträgern (Fachressorts, Länder, Kreise, Gemeinden) ihre Ziele zu erreichen. Vorrangig hat dabei das Ziel der regionalen Chancengleichheit. Raumordnung und Städtebau müssen Prioritäten setzen für den Abbau der Disparitäten zwischen den alten und neuen Ländern. Dabei sind angesichts einer schwierigen ökonomischen und fiskalischen Gesamtlage die nötigen Handlungsspielräume eingeschränkt, während die Aufgaben größer als je in den letzten 30 Jahren westdeutscher Raumordnungs- und Städtebaupolitik sind.

Die neuen raumordnungs- und städtebaupolitischen Prioritäten zu Beginn der 90er Jahre verdeutlicht symbolhaft die nebenstehende Karte, eine sogenannte Fischauge-Projektion. Die Fischauge-Projektion wird hier als kartographische Lupe für die neuen Länder, in denen sich der raumordnungs- und städtebaupolitische Handlungsbedarf in den 90er Jahren konzentriert, verwandt. Angesichts der neuen räumlichen Ausgangslage in Deutschland erfährt die schon aus den 1960er und 1970er Jahren bekannte raumordnungspolitische Leitbild- und Strategiediskussion eine Renaissance. Schnell werden auch für die neuen Länder Zentren-Achsenkonzepte und das Konzept der dezentralen Konzentration als Ansätze vorgeschlagen, um über eine differenzierte Förderung vor allem die motorischen Funktionen von Zentren zu stärken und damit auch die Entwicklung ihres jeweiligen Umlandes und gleichzeitig eine fortschreitende Zersiedlung der Umlandbereiche zu verhindern. Angesichts des starken Drucks von Investoren auf suburbane Standorte werden gleichzeitig aber auch Freiraumsicherungskonzepte gefordert, um schutzbedürftige natürliche Ressourcen zu sichern.

Der BMBau legt zur raumordnungspolitischen Flankierung des Aufschwungs im Osten ein raumordnerisches Konzept für den Aufbau in den neuen Ländern vor. Die Bundesraumordnung befürwortet darin recht eindeutig eine wachstumsorientierte Entwicklungspolitik. In zwölf Regionen mit relativ günstigen Entwicklungsvoraussetzungen müssen die Wirtschafts- und Siedlungsstrukturen vordringlich so verbessert werden, daß diese Räume im Wettbewerb europäischer Städte und Regionen um Investoren eine gute Ausgangsposition erlangen (Entwicklungsregionen). Das Konzept geht davon aus, daß nur von wirtschaftsstarken Regionen die notwendige flächendeckende Modernisierung der zentralen Orte und ländlicher Teilräume getragen werden kann. Das Kümmern um räumliche Ausgleichspolitik im Osten überläßt die Raumordnung weitgehend der regionalen Strukturpolitik.

Die Städtebaupolitik des Bundes stützt sich im wesentlichen auf drei Instrumente, um rahmensetzend eine geordnete städtebauliche Entwicklung in den neuen Ländern zu befördern: Gesetzliche Vorschriften des Bau- und Bodenrechts, Finanzhilfen an die Länder und persuasive Mittel. Um den Neuaufbau der städtebaulichen Ordnung zu erleichtern, werden ins Baugesetzbuch eine Reihe von Besonderheiten eingeführt (Maßnahmengesetz), die bis zum 31.12.1997 gelten. Damit sollen die Voraussetzungen für eine rasche Verwirklichung der marktwirtschaftlichen Ordnung und zur Verbesserung von Investitionsbedingungen geschaffen werden. Durch entsprechende Maßnahmen wird z. B. sichergestellt, daß Bauleitpläne aufgestellt werden können, auch wenn konkret formulierte Ziele der Raumordnung und Landesplanung noch nicht vorhanden sind. Zugleich werden neue Instrumente wie z. B. der Vorhaben- und Erschließungsplan eingeführt. Er gibt den Gemeinden die Möglichkeit, auch ohne Flächennutzungsplan und Bebauungsplan mit Hilfe privater Träger dringliche Investitionen im Gemeindegebiet schnell durchzuführen.

Aufgrund des immensen Erneuerungs- und Entwicklungsbedarfs in den neuen Bundesländern wird die Städtebauförderung des Bundes schwerpunktmäßig auf die Städte und Gemeinden im Osten verlagert. Maßnahmen der Stadterneuerung werden in den neuen Ländern unter der Zielvorstellung gefördert, einen Beitrag zur Anpassung von Wohn- und Lebensbedingungen an westdeutsche Standards zu leisten. Sie konzentrieren sich vor allem auf die Förderung von städtebaulichen Sanierungs- und Entwicklungsmaßnahmen, den Erhalt der historischen Stadtkerne und die städtebauliche Fortentwicklung der »Plattenbausiedlungen«. Im Rahmen des Experimentellen Wohnungs- und Städtebaus des BMBau wird das »Modellstadtprogramm« eingerichtet als Instrument zum Erfahrungsaustausch und Wissenstransfer in Sachen Stadterneuerung. In insgesamt elf Städten verteilt über das Gesamtgebiet der neuen Länder werden städtebauliche Modellmaßnahmen als Pilotprojekte durchgeführt.

Nach den ersten raumordnungs- und städtebaupolitischen »Sofortmaßnahmen« in den neuen Ländern setzt sich jedoch schon bald die Erkenntnis durch, daß vor allem eine Neuorientierung der Raumordnung in ganz Deutschland erforderlich ist. Eingeleitet wird sie mit dem 1992 verabschiedeten Raumordnungspolitischen Orientierungsrahmen (ORA) und dem 1995 beschlossenen Raumordnungspolitischen Handlungsrahmen (HARA). Nach dem ORA soll sich die Raum- und Siedlungsentwicklung in Deutschland am Leitbild der dezentralen Konzentration orientieren. Dieses Leitbild kann als ein zentrales (ökologisches) Prinzip künftiger Raumentwicklung angesehen werden. Raumstrukturell soll es die Voraussetzungen dafür schaffen, die Funktionen Arbeiten, Wohnen, Versorgung und Erholung räumlich wieder stärker zusammenzuführen, d. h. die »Region und

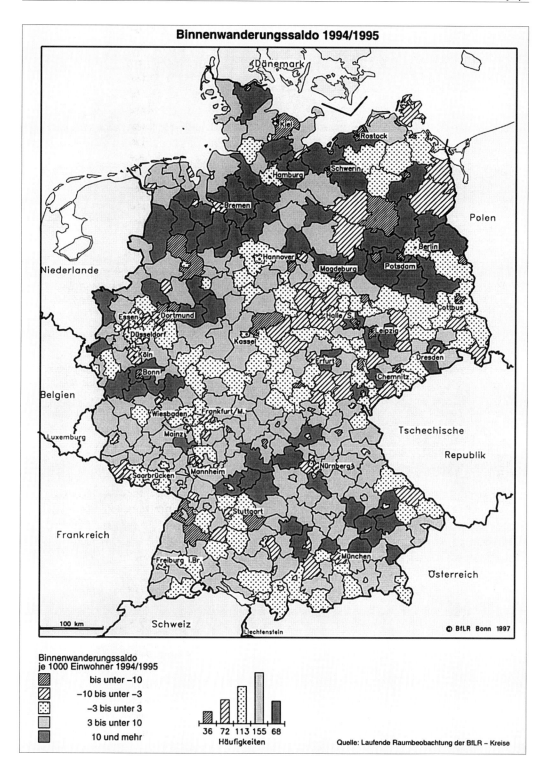

Stadt der kurzen Wege« zu verwirklichen. Der HARA soll diese Vorstellungen konkretisieren, neue Instrumente zum Beispiel Regionalkonferenzen, Städtenetze zu seiner Umsetzung erproben sowie einen Erfahrungsaustausch zwischen den unterschiedlichen räumlichen Akteuren und der Öffentlichkeit einleiten.

Mit dem HARA und dem Raumordnungspolitischen Aktionsprogramm »Modellvorhaben der Raumordnung«, das vom BMBau 1996 als Instrument für eine erfolgreiche Umsetzung des Handlungsrahmens eingerichtet wird, verbindet sich ein stärker umsetzungs- und projektorientiertes Planungsverständnis. Seine Wurzeln hat dieses neue Planungsverständnis im Scheitern der integrierten Planung in den 70er Jahren und den begrenzten Erfolgen der 80er Jahre »durch die Fachplanungen hindurch« raumordnungspolitische Leitvorstellungen umzusetzen. Im Vordergrund steht jetzt die Prozeß- und Umsetzungsorientierung von Planung, die Mitarbeit durch Beteiligung erlaubt, die aber auch Motivation und eine aktive Rolle der mit der Umsetzung von Projekten betrauten Akteure verlangt. Die nächsten Jahre werden zeigen, ob dieser Weg – der im übrigen seit Mitte der 80er Jahre vom BMBau im Bereich der Städtebaupolitik mit Unterstützung durch das Forschungsprogramm »Experimenteller Wohnungs- und Städtebau« erfolgreich beschritten wird – sich zu einer neuen Variante von Raumordnungspolitik entwickelt oder nur Politikersatz ist.

Planungsrechtlich sind die alten und neuen Länder 1998 vereint. Mit dem 1997 vorgelegten Entwurf eines Gesetzes zur Änderung des Baugesetzbuchs und zur Neuregelung des Rechts der Raumordnung (Bau- und Raumordnungsgesetz 1998 – BauROG) endet die Periode des planungsrechtlichen »Experimentierens« in den neuen Ländern. Der Gesetzentwurf führt nach Auslaufen des Maßnahmengesetzes zum Baugesetzbuch und der Überleitungsvorschriften für die neuen Länder das Städtebaurecht wieder einheitlich im Baugesetzbuch zusammen. Gleichzeitig wird das Raumordnungsgesetz an die heutigen und künftigen Anforderungen angepaßt. Wichtige Ziele sind, das Recht der Bauleitplanung und Raumordnung durch Vereinheitlichung der Verfahren und Instrumente übersichtlicher und einfacher zu gestalten und eine ganzheitliche, die nachhaltige Entwicklung in Deutschland fördernde Planung zu ermöglichen.

Wie schaut das aktuelle regionale Disparitätenmuster heute, sieben Jahre nach der deutsch-deutschen Vereinigung aus? Gemessen am regionalen Grundmuster der aktuellen Binnenwanderungen, einem Kernindikator für regionale Disparitäten in den Lebensbedingungen, hat die regional unterschiedliche Dynamik des wirtschaftlichen und sozialen Wandels im Osten zur Herausbildung neuer regionaler Disparitäten geführt bzw. einem Binnenwanderungsmuster, das sich in nichts von dem im Westen unterscheidet (siehe nebenstehende Karte). Großräumig bewirkt das aktuelle Binnenwanderungsmuster eine Bevölkerungsumverteilung zugunsten von Agglomerationsräumen und verstädterten Räumen. Kleinräumig sind fast alle Kernstädte Verlierer, während im Umland der Kernstädte die Wanderungsgewinnen kumulieren. D. h., insgesamt setzt sich – ungerührt von zielgerichteten Ordnungs- und Entwicklungsbemühungen der Raumordnungs- und Städtebaupolitik – der Verstädterungsprozeß wie schon seit Jahrzehnten im Westen nun in ganz Deutschland weiter fort. Die Binnenwanderung, die Abstimmung mit den Füßen, taugt jedenfalls weder im Westen noch im Osten als Beleg für erfolgreiche Raumordnungs- und Städtebaupolitik.

Die räumlichen Folgen des westeuropäischen Integrationsprozesses, die Konsequenzen der Vollendung des EG-Binnenmarktes, geraten Anfang der 1990er Jahre durch die deutsche Vereinigung und die Umwälzungen in Osteuropa nur für kurze Zeit etwas aus dem Blickfeld. Mittlerweile hat eine breit angelegte, intensive Diskussion über die Perspektiven einer räumlichen Entwicklungspolitik für Europa eingesetzt. Leitend aus bundesdeutscher Sicht ist dabei die Vorstellung, durch Vorgabe gemeinsamer rahmensetzender inhaltlicher Ziele sowie durch eine verbesserte Koordination raumbedeutsamer Planungen und Maßnahmen auf Ebene der EU und der Mitgliedsstaaten, aber auch auf Ebene der Regionen und Städte, eine Politik der europäischen Raumentwicklung zu betreiben – konzeptionell also im Vergleich zum Aufgabenverständnis von Raumordnungs- und Städtebaupolitik auf Bundesebene nichts Neues. Inwieweit sie aus der europäischen Perspektive nun neue Kraft schöpfen, an politischem Stellenwert gewinnen, bleibt deshalb abzuwarten. Die Erfahrungen mit der Umsetzung dieses Politikverständnisses auf der nationalen Ebene legen es jedenfalls nahe, von nicht allzu hohen Erwartungen auszugehen.

Spätestens mit der auf der Konferenz zu Umwelt und Entwicklung der Vereinten Nationen im Juni 1992 in Rio de Janeiro verabschiedeten Agenda 21 und der auf der Weltsiedlungskonferenz Habitat II der Vereinten Nationen im Juni 1996 in Istanbul beschlossenen Habitat-Agenda ist klar, daß Raumordnungs- und Städtebaupolitik nicht nur eine europäische Perspektive haben, sondern auch vor globalen Herausforderungen stehen. Wichtige Schritte zu einer nachhaltigen Stadt- und Regionalentwicklung weltweit müssen vor allem in den westlichen Industriestaaten selbst getan werden. Denn sowohl die dortigen Produktions- und Konsummuster als auch die dortigen Siedlungs- und Stadtstrukturen sind mehr oder weniger nicht nachhaltig. In den nächsten Jahren müssen deshalb auch in Deutschland wichtige Weichen gestellt werden, eine Raumordnungs- und Städtebaupolitik betrieben werden, die sich zugleich der globalen Zukunftsverantwortung bewußt ist.

Nach 2000 –
Neue Antworten auf alte Herausforderungen?

Ausgehend von einer nüchternen Bestandsaufnahme des Stands der Siedlungsentwicklung, der Verwirklichung des Prinzips der Chancengleichheit in Deutschland, sind die künftigen Probleme absehbar. Der Verstädterungsprozeß wird weiter anhalten, das Siedlungswachstum wird sich weiter – nach Art einer Wanderdüne – in immer weiter von der Kernstadt entfernte Städte und Gemeinden im Umland verlagern. Der Preis ist eine weitere flächenzehrende räumliche Ausdehnung der Agglomerationsräume ins kleinstädtische und ländliche Umland mit der Folge einer weiteren Zunahme des Autoverkehrs, eines weiteren Verlust siedlungsnaher Freiräume und einer weiteren Minderung ökologischer Ausgleichsfunktionen.

Der ungebremste, disperse Verstädterungsprozeß bringt nicht nur ökologische, sondern auch soziale Probleme, vor allem in den Kernstädten. Während die einkommensstarken Bevölkerungsgruppen ins Stadt-Umland ziehen, bleiben die einkommensschwachen in den Städten zurück. Konzentration von Einkommensschwächeren und Entmischungsprozesse finden vor allem im drei städtischen Teilräumen statt: In den Innenstädten, Siedlungen des sozialen Wohnungsbaus der 60er, 70er Jahre und ehemaligen Arbeiterquartieren. Mit der seit Ende der 1980er Jahre anhaltenden Zuwanderung von Bevölkerungsgruppen anderer Kulturen verschärfen sich die sozialen Konfliktlagen noch zusätzlich. Private Investoren ziehen sich aus solchen Stadtquartieren zurück. Es fehlen städtische Mittel um die Desinvestitionserscheinungen zu beseitigen und somit weiteren Desinvestitionsprozessen entgegenzuwirken. Denn die wirtschaftlichen Entwicklungsperspektiven der Städte in Deutschland und ihre Finanzen sind höchst unterschiedlich. Polare Entwicklungsmuster zeichnen sich ab: Für die westdeutschen Stadtregionen liegt die Spannbreite der zukünftigen Entwicklung zwischen Stabilität und starkem Wachstum. Von den ostdeutschen werden sich einige – Leipzig und Dresden, vor allem aber Berlin – langfristig an die bisher nur im Westen bekannten Entwicklungsmuster angleichen. Den meisten Stadtregionen im Osten Deutschlands drohen dagegen anhaltende Beschäftigungs- und Arbeitsmarktprobleme sowie eine weitere Bevölkerungsabnahme, also Schrumpfungsprozesse. An diesen ungleichen wirtschaftlichen Perspektiven der Städte und Gemeinden wird sich mittelfristig nicht viel ändern lassen. Die generelle ökonomische Kluft zwischen West- und Ostdeutschland wird zwar kleiner werden, zugleich aber werden die kleinräumigen Unterschiede (regionale Disparitäten) dennoch größer.

Nimmt man das jüngste Gesetzesvorhaben des BMBau, das Bau- und Raumordnungsgesetz 1998 ernst, dann fordert dies dazu auf, in den Städten und Regionen einen Strukturwandel anzustoßen, der die Gesellschaft in Richtung »Nachhaltigkeit« bewegen soll. Die Umsetzung des Konzepts Nachhaltige Entwicklung bzw. die Verwirklichung des Prinzips der Chancengleichheit wird als langfristige Querschnittsaufgabe von Raumordnung und Städtebau gesehen. Dieses Gesetz zieht einen Kreis um die in den 60er Jahren geschaffenen gesetzlichen Grundlagen. Mit dieser Weiterentwicklung des Planungsrechts verbindet sich die Hoffnung, verbesserte Instrumente, bessere Voraussetzungen geschaffen zu haben, um Nachhaltigkeit in der Raum- und Siedlungsstruktur und in der Entwicklung unserer Städte und Regionen besser erreichen zu können. Aber reicht diese x-te Novellierung des Planungsrechts auch aus, um folgende Vision Wirklichkeit werden zu lassen?

Anläßlich ihrer 10. Sitzung in Kassel stellte die Ministerkonferenz für nachhaltige Siedlungspolitik (MKSP) mit Genugtuung fest, daß der disperse Verstädterungsprozeß im vergangenen Jahrzehnt in Deutschland abebbte. Heute – im Jahr 2010 – konzentriert sich die Entwicklung wieder auf die Zentren und Mittelstädte in den Agglomerationen und verstädterten Räumen. Flächenrecycling, bauliche Verdichtung, kleinräumige Funktionsmischung, Reduzierung der Automobilität, Stärkung des Umweltverbundes, Abbau von Umweltbelastungen und so weiter haben die Stadtflucht, die flächenzehrende disperse Suburbanisierung von Haushalten und Betrieben nachhaltig gestoppt. Städte der kurzen Wege, der vielfältigen Mischung in polyzentrischen Regionen, haben sich als durchgängiges Siedlungsstrukturkonzept für eine nachhaltige stadtregionale Entwicklung durchgesetzt. Die neuen regionalplanerischen Steuerungs- und Eingriffsmöglichkeiten zur Umsetzung dieses Leitbildes werden zunehmend akzeptiert. Die stadtregionale interkommunale Kooperation funktioniert. Insbesondere die Ausweisung neuer Siedlungsflächen erfolgt nur noch an gemeinsam festgelegten Siedlungsschwerpunkten und in begrenztem Maße, weil durch Flächenrecycling und dichtere Nutzung bereits erschlossener Flächen der Flächenbedarf reduziert werden konnte. Grundlegend für den interkommunalen Finanzausgleich sind die ungleich verteilten Chancen und Belastungen der einzelnen Gemeinden in der Stadtregion. Die Ausgestaltung der Fördermittel und der steuerrechtlichen Regelungen des Bundes zugunsten einer nachhaltigen Stadt- und Regionalentwicklung haben die kommunalen Handlungsspielräume wesentlich verbessert. Maßnahmen wie die Einführung einer Flächennutzungssteuer, die Umschichtung der Verkehrshaushalte von Bund, Ländern und Gemeinden zugunsten des Umweltverbundes, die Auflage eines Investitionsprogramms zur Schaffung attraktiver kommunaler und regionaler Schienen- und Bussysteme, die Umstellung der ÖPNV-Finanzierung aus der bisherigen Abhängigkeit von der Mineralölsteuer auf Nahverkehrs- und Nahverkehrserschließungsabgaben sowie die verkehrsmittelneutrale Begünstigung der Arbeitswege (Kilometerpauschale) anstelle der jahrzehntelangen Bevorzugung der Pkw-Nutzung entfalten zunehmend spürbare Wirkungen. Intensive Bemühungen um Mitwirkung der Bürger haben die gesellschaftliche Einsicht in die Notwendigkeit einer nachhaltigen Stadtentwicklung gestärkt und den politischen Konsens zum Handeln gefördert. (Quelle: Städtebaulicher Bericht »Nachhaltige Stadtentwicklung« der BfLR, Bonn 1996)

40 Jahre Erfahrung mit der Anwendung des Planungsrechts zeigen, daß gesetzliche Normen allein nicht ausreichen, um in der Raumordnungs- und Städtebaupolitik den Sprung von der Programmatik zum Vollzug zu schaffen. Deshalb kann in der immer weiteren Weiterentwicklung des Planungsrechts nicht die Zukunft von Raumordnung und Städtebau liegen. Auch eine auf einzelne Projekte und Aktionen konzentrierte Raumordnungs- und Städtebaupolitik allein kann nicht die

Zukunft sein. Das damit angestrebte, gelegentliche Finden öffentlicher Aufmerksamkeit kann nicht der Maßstab sein für Politikrelevanz, für die Begründung von Raumordnung und Städtebau als Regierungsaufgabe. Für die Verwirklichung einer nachhaltigen Stadt- und Regionalentwicklung sind gerade unter instrumentellen Gesichtspunkten weitere Anstrengungen notwendig. Im Mittelpunkt müssen dabei die finanziellen Anreize stehen, wobei die Städtebauförderung als erfolgreiches Fallbeispiel für eine geglückte Kombination der beiden Maßnahmetypen »gesetzliche Normen« und »finanzielle Anreize« stehen kann.

Raumordnung und Städtebau müssen sich z. B. »einmischen« in die seit langem geführte Diskussion über eine »ökologische Steuerreform«. Hier liegen praxistaugliche Entwürfe – etwa zur Energiebesteuerung oder zur Flächenbesteuerung – auf dem Tisch. Durch derartige Steuern könnte das Standort- und Verkehrsverhalten von Haushalten und Betrieben entsprechend den Zielen einer nachhaltigen Stadt- und Regionalentwicklung verändert werden, indem ökologisch schädliches Verhalten mit Preisen – in Anlehnung an die verursachten externen Kosten – belegt wird. Eng verbunden mit der Diskussion über eine ökologische Steuerreform ist die Überlegung, ob eine nachhaltige Entwicklung nicht auch dadurch unterstützt werden kann, daß ökologisch kontraproduktive Subventionen abgebaut werden. Ein weiterer möglicher Ansatzpunkt mit dessen Hilfe regionale externe Effekte ihren Verursachern kostenmäßig zugeordnet werden können, ist der kommunale Finanzausgleich. Durch ihn könnte vor allem der ökologische Leistungsaustausch zwischen Stadt und Umland neu bewertet werden.

Einer »Rundumerneuerung« zu unterziehen sind auch die finanziellen Anreize, die der Bund im Rahmen der Finanzhilfen und der Gemeinschaftsaufgaben gewährt. Aus Sicht von Raumordnung und Städtebau sind hier insbesondere die Förderung des Städtebaus, der soziale Wohnungsbau, die Förderung des kommunalen Verkehrs (Gemeindeverkehrsfinanzierungsgesetz) und die Gemeinschaftsaufgabe »Verbesserung der regionalen Wirtschaftsstruktur« zu nennen. Diese vier für eine nachhaltige Stadt- und Regionalentwicklung bedeutsamen Investitionsbereiche entwickelten sich in den vergangenen Jahrzehnten zu einem wichtigen Finanzierungsinstrument mit einem jährlichen Mittelvolumen von rund 10 Mrd. DM. Als erster Schritt könnten in die Förderrichtlinien der einzelnen Fördermaßnahmen verstärkt Anforderungen einer nachhaltigen Stadt- und Regionalentwicklung aufgenommen werden. Mittelfristig bieten sie sich als Ansatzpunkte für eine ökomische Interventionspolitik an, die auf die Ziele einer nachhaltigen Entwicklung ausgerichtet ist und die einzelnen Fördermaßnahmen zu einem Programm zusammenführt.

Unstrittig ist, daß neben dem Planungsrecht und finanziellen Anreizinstrumenten Informationen eine dritte wichtige Ressource sind, Konzepte von Raumordnung und Städtebau umzusetzen. Das Spektrum reicht dabei von informativen Kooperationsstrategien über indikatorengestützte formalisierte Umsetzungsstrategien bis hin zur Verbreitung positiver anschaulicher Beispiele für eine nachhaltige Stadt- und Regionalentwicklung. Hier liegt ein reichhaltiges, eigenständiges Betätigungsfeld für die BfLR bzw. ab 1998 für das neue Bundesamt für Bauwesen und Raumordnung. Die Entwicklung von Strategien, welche die Sensibilität bei allen Akteuren für die Notwendigkeit einer nachhaltigen Stadt- und Regionalentwicklung stärken und neue Handlungspotentiale für die Verwirklichung dieses Ziels schaffen, sollte mit zu den wichtigsten Aufgaben dieser Behörde als staatliche Politikberatungsinstitution gehören.

Fazit: Raumordnung und Städtebau auf Bundesebene sind so wie gestern und heute auch morgen wichtige Politikbereiche zur Verwirklichung des Prinzips der Chancengleichheit bzw. Umsetzung des Konzepts Nachhaltige Entwicklung. Dies gilt um so mehr, da die Städte und Regionen in Deutschland noch ein gutes Stück davon entfernt sind, nachhaltig zu sein. Als Teil der hochtechnologischen Industriegesellschaft und globalen Marktwirtschaft trägt Deutschland eine besondere Mitverantwortung für die Menschheitszukunft. Denn viele Ursachen der weltweiten ökologischen Probleme liegen in den Industrieländern, nicht zuletzt in deren nicht nachhaltigen Raum- und Stadtstrukturen, Produktions- und Konsummustern. Raumordnung und Städtebau müssen deshalb politische Problemlösungen entwickeln, die zugleich Strategien der Zukunftsverantwortung sind, d.h., die sich am Konzept nachhaltige Entwicklung orientieren. Um solche Strategien umzusetzen ist es aber notwendig, aus tradierten Ressortbahnen/-zuständigkeiten auszubrechen, sich auf eine Politik einzulassen, die zunehmend in kooperativen und sich zwischen Akteuren selbstorganisierenden Prozessen stattfindet, auf informative Kooperations- und Koordinierungsstrategien zu setzen, trotz oder gerade wegen der Finanzkrise der öffentlichen Hände eine größere Zielkonformität raumwirksamer Mittel einzufordern, und auch mitzuwirken an der Ausformung gesamtstaatlicher marktsteuernder Instrumente. Sie zielen langfristig darauf ab, durch »sustainable ecological prices« Haushalte und Betriebe zu einem sparsameren und schonenderen Umgang mit den natürlichen Ressourcen anzuhalten. Alles in allem also müssen Raumordnung und Städtebau auf Bundesebene versuchen, neue Antworten auf alte Herausforderungen zu finden, wenn sie sich längerfristig zumindest auf Bundesebene nicht politisch überflüssig machen wollen. Bleibt nur zu hoffen, daß sich auch der politische Wille dazu einstellt, neue Antworten zu geben.

Epilog: Zur Rolle der angewandten Forschung

Die Hauptrolle im Schaupiel »Raumordnungs- und Städtebaupolitik des Bundes im Wandel der Zeiten« spielt der BMBau, eine tragende Rolle im Hintergrund die Ressortforschung, ausgefüllt vor allem von der BfLR. Die Ressortforschung ist bislang nur verdeckt, nur andeutungsweise aufgetreten. Deshalb sei ihr der Epilog gewidmet.

Selbstbewusst festzuhalten ist, daß ohne sie, ohne Information und Beratung durch wissenschaftliche Forschung viele Aufgaben von Raumordnung und Städtebau in den vergangenen Zeiten weniger gut gelöst worden wären. Wegen der sich kontinuierlich wandelnden Aufgaben, der engen Bezüge zu anderen Fachpolitiken, der besonderen Abhängigkeit von allgemeinen gesellschaftlichen und wirtschaftlichen Entwicklungen, vor allem aber wegen der unmittelbaren Bedeutung von Raumordnung und Städtebau für die Lebensverhältnisse der Bevölkerung, die Umwelt und die Entwicklungsmöglichkeiten von Städten und Regionen, ist eine qualifizierte wissenschaftliche Politikberatung für diesen Politikbereich besonders wichtig. Diese, vor allem in den 70er Jahren, zu Hochzeiten integrierter zukunftsorientierter Entwicklungsplanung gereifte Erkenntnis gilt bis heute.

Anfang der 70er Jahre leitet Karl Ganser den Aufbau der BfLR zu einer wissenschaftlichen Politikberatungsinstitution ein. Mit Erlaß vom 6. April 1973 werden die beiden ehemals selbständigen Institute für Landeskunde und für Raumordnung zu einer organisatorischen Einheit zusammengeführt und stärker mit Aufgaben der anwendungsorientierten Forschung für Raumordnung und Städtebau auf Bundesebene beauftragt. Bei dieser Aufgabenstellung ergeben sich für die BfLR bis heute vier Kernaufgaben, die eine Einheit im Prozeß angewandter Forschung darstellen: Eigenständige Bearbeitung von Forschungsaufgaben; Planung, Begleitung und Auswertung von Forschungsprojekten innerhalb des Forschungsprogramms des BMBau; Aufbereitung und Anwendung von Forschungsergebnissen für die Praxis; Dokumentation von und Information über Forschungsergebnisse.

Inhaltliche Schwerpunkte der an mittelfristigen politischen Aufgaben/Prioritäten ausgerichteten und systematisch geplanten Ressortforschung in den 70er und 80er Jahren sind Instrument- und Maßnahmenanalysen. Es geht darum, die Wirkungsweise einschließlich möglicher Verbesserungen staatlicher Instrumente und Maßnahmen zu untersuchen, die dazu beitragen können, das Prinzip der Chancengleichheit im Bundesgebiet zu verwirklichen. Neben planungsrechtlichen und Koordinierungsinstrumenten in Raumordnung und Städtebau stehen im Mittelpunkt vor allem die direkten und indirekten Finanzhilfen des Bundes (raumwirksame Mittel), aber auch die Bedeutung des Finanzsystems für eine ausgewogene Raum- und Stadtstruktur. Zudem entsteht in dieser Zeit die Laufende Raumbeobachtung als ein räumliches Informationssystem mit dem Anspruch, durch bessere Kenntnisse über Raum- und Stadtentwicklung informative Grundlagen zur Lösung der Aufgaben von Raumordnung und Städtebau auf Bundesebene zu schaffen.

Seit Mitte der 1980er Jahre verliert diese längerfristig orientierte, systematisch geplante Form der Ressortforschung kontinuierlich an politischer Bedeutung und Verfahrensqualität. Sie wird allerdings zunehmend kompensiert durch umsetzungsorientierte, fallstudienorientierte Forschung (seit 1987 das Forschungsprogramm »Experimenteller Wohnungs- und Städtebau«, seit Mitte der 90er Jahre zusätzlich »Modellvorhaben der Raumordnung«. Vorläufer waren interministerielle Programme zur flächenhaften Verkehrsberuhigung und zu örtlichen und regionalen Energieversorgungskonzepten).

Insgesamt und auf den Punkt gebracht ist heute im Vergleich zu den 70er und 80er Jahren eine wachsende Diskrepanz zwischen längerfristiger politischer Aufgabenplanung und Prioritätensetzung sowie Forschungsplanung festzustellen. Ressortforschung braucht aber Klarheit über die anstehenden politischen Aufgaben und zu lösenden Fragen. Als angewandte Forschung braucht sie eine mittelfristige Perspektive, wenn sie systematische und solide Entscheidungsgrundlagen erarbeiten soll, die über den Tag hinaus Wert behalten. Angesichts der bestehenden Herausforderungen für Raumordnung und Städtebau ist es an der Zeit, sich mal wieder über eine solche Perspektive zu verständigen.

Die BfLR wurde 1998 mit der Bundesbaudirektion fusioniert, als neues Bundesamt für Bauwesen und Raumordnung (BBR). Die BfLR ging weitgehend im wissenschaftlichen Bereich des neuen Bundesamtes, konkret in der Abteilung I »Raumordnung und Städtebau«, auf.

Diese Abteilung berät den Bundesminister für Verkehr, Bau und Stadtentwicklung (BMVBS) fachlich bei der Wahrnehmung seiner Aufgaben auf den Gebieten der Raumordnung, des Städtebaus und des Wohnungswesens sowie die Bundesregierung bei weiteren damit in Zusammenhang stehenden Aufgaben des Bundes und erledigt auf diesen Gebieten gesetzlich oder organisatorisch zugewiesene Verwaltungsaufgaben. Nach dem Bau- und Raumordnungsgesetz 1998 gehört dazu der Betrieb eines Informationssystems zur räumlichen Entwicklung im Bundesgebiet sowie die regelmäßige Erarbeitung von Raumordnungsberichten für den BMVBS zur Vorlage an den Deutschen Bundestag. Zur Erfüllung dieser Aufgaben führt der wissenschaftliche Bereich anwendungsorientierte Forschungsarbeiten durch und pflegt einen engen kontinuierlichen Erfahrungsaustausch mit dem wissenschaftlichen Umfeld und der Praxis im nationalen und internationalen Raum.

Kontinuität im Wandel war und ist das Überlebensprinzip für das BBR. In diesem Bundesamt versteht sich die Abteilung »Raumordnung und Städtebau« als Dienstleistungszentrum für wissenschaftliche Politikberatung. Damit verbindet sich eine bewußtere Konzentration auf Produkte und Orientierung an Kunden. Auch künftig ist gefordert, sich laufend auf neue Politikberatungsinhalte, -situationen und -anforderungen einzustellen. Von der Raumordnungs- und Städtebaupolitik werden Antworten auf die Zukunft erwartet, zum Beispiel Konzepte, Maßnahmen, Instrumente zur Umsetzung einer nachhaltigen Stadt- und Regionalentwicklung. Es gilt, dazu neue politische Handlungsfelder und -formen zu erschließen, neue Antworten auf alte Herausforderungen zu finden.

Michael Bräuer

Stadtentwicklungspolitik in der DDR und den neuen Ländern

Wunsch und Wirklichkeit. Zwei Szenarien zur Lage nach der Wende

Die Ereignisse der Jahre 1989 und 1990 forderten den Dialog der Deutschen beider ehemaliger Teilstaaten. Im Verlauf eines solchen Dialog-Versuches bei einer der vom Präsidenten der Akademie der Künste zu Berlin, Walter Jens angeregten »Focus«-Veranstaltungen gab der Autor am 20. Januar 1991 ein Statement ab. Daraus stammt der folgende Auszug:

»40 Jahre getrennt verlaufende Planung komplexer menschlicher Lebensumstände mit durchaus ähnlichen Planungsabläufen und Plandokumenten, aber sehr differierenden Planungsinhalten und Planungsformen sind im Ergebnis der Einigung nicht automatisch einheitlich geworden – auch wenn uns das manche Politiker glauben machen wollen.
Zwei Szenarien sind denkbar im Ergebnis des Vollzugs der deutschen Einheit:
erstens:
– Die Planer und Architekten der neuen deutschen Länder genießen das Gefühl der Befreiung von unerträglichen Zwängen, auch hinsichtlich der freien Persönlichkeitsentfaltung und einer von jeglicher Bevormundung befreiten Berufsausübung. Endlich hat es wieder einen Sinn, über die in der Vergangenheit ständig geforderte und durch das Handeln des dirigistischen Apparates verhinderte höhere Qualität von Städtebau und Architektur nachzudenken.
– Die Hinwendung zur Marktwirtschaft wird begleitet von wohlmeinender kollegialer Hilfestellung von KollegInnen aus den alten Bundesländern. Der vielfach geäußerte Wunsch, in den alten Bundesländern gemachte Fehler nicht zu wiederholen, findet seine Entsprechung in konkreter politikbeeinflussender Unterstützung. Weiterbildung, Symposien, Kolloquien und Verbandsgründungen befördern Gemeinsamkeit in der Verantwortung und eine objektive Medienberichterstattung mit Differenzierungsfähigkeit und Abkehr von Pauschalisierungen begleitet die Entwicklung.
– Die Anwendung des Grundgesetzes und aller darauf aufbauenden Rahmengesetze mit ihren kommerzzügelnden und auf das Gemeinwohl orientierten Mechanismen werden genutzt als Instrumente auf dem Weg zu ›demokratischer Baukultur‹.
– Länder und Kommunen machen es zur Maxime ihres Handelns, ›Planen‹ nicht im Sinne von dirigistischer Planwirtschaft, sondern als unverzichtbares Element sozial, ökologisch und wirtschaftlich effektiven Handelns als ihre vornehmste Aufgabe zu definieren.
– Eingeschlagene Wege gemeinsamer Grundlagenarbeit, wie sie sich zwischen Mai und August 1990 zu entwickeln begannen, werden konsequent weiter begangen. Raumordnungsberichte werden zur Kenntnis genommen. Die Richtlinie zum Raumordnungsverfahren wird angewendet. Die Entwürfe der Landesplanungsgesetze werden verabschiedet. Bauleitplanung wird gefordert und gefördert. Flächennutzungsplanungen werden bestätigt. Mit Eigeninitiative der Mitarbeiter in der jüngsten Vergangenheit umgebildete Büros und Ämter arbeiten weiter, weil keine Zeit zu verlieren ist.

- Die wenigen und proportional unvertretbar geringen ortsansässigen und ortskundigen Planer und Architekten bringen sich mit all ihrem Wissen und Können ein, um die allenthalben schwierige Lage meistern zu helfen. Senioren und weitere Kundige aus den alten Bundesländern helfen beratend.
- Fachlich unkundige Kommunal- und Landespolitiker lassen sich kompetent beraten und versuchen, Parteipolitik dem Ziel der gemeinsamen Verantwortung für Land und Leute, der Wirtschaftsentwicklung und der Entscheidungsfähigkeit auch im Interesse ihrer Glaubwürdigkeit unterzuordnen. Sie setzen sich ein für das schnelle Wirksamwerden der Organe der Landesplanung, für eine sinnvolle Raumordnungspolitik, für die Ausarbeitung von Wirtschaftskonzepten auf regionalwissenschaftlicher Grundlage. Sie tun alles, um ›Wildwuchs‹ zu verhindern und eine geordnete räumliche Entwicklung unter Anwendung rechtsstaatlicher Mittel zu sichern.

oder zweitens:

- Planer und Architekten in den neuen Bundesländern sind wie viele andere Menschen dort verunsichert und bewältigen die Konfrontation mit den vielen ›Neuerungen‹, der gesteigerten Bürokratie, dem Eigentum als wesentlicher Kategorie in allen Schattierungen, der Arbeitslosigkeit trotz ersichtlicher Aufgaben usw. nur unter großen Schwierigkeiten.
- Die Marktwirtschaft überfällt die Kommunen mit hemmungslosem Kommerz. Den ›Windhunden‹ sind alle Mittel recht, die Bürger und Verwaltungen in den neuen Bundesländern sind ohne entwickeltes Immunsystem und völlig überfordert.
- Das ab 3. Oktober 1990 geltende Rechtsinstrumentarium wird, von ›Ossis‹ aus Unkenntnis, von ›Wessis‹ bewußt negiert. Jetzt, in einer Zeit ohne ausgeprägte Rechtskontrolle werden Fixpunkte gesetzt und auch Fachkollegen aus den alten Bundesländern trotz vielfach ›hehrer Ziele‹ ihrer Berufs- und Fachverbände beteiligen sich am spekulativen Immobiliengeschäft und beweisen ihre ›Ein-Schnäppchen-machen‹-Mentalität.
- Planung wird als Relikt des SED-Staates von den Verantwortlichen auf Kommunal- und Landesebene apostrophiert und dementsprechend negiert, frei nach dem Motto: ›Jetzt haben wir das Sagen und entscheiden, wie wir es für richtig halten!‹ – und das weitgehend in Anlehnung an den Stil der alten Herrscher und geprägt durch undemokratisches Handeln.
- Vermeintlich ›alte Apparate‹, längst umgebildet und auf neues Denken und Handeln orientiert, werden zerschlagen. Inzwischen handlungsfähige Ämter werden aufgelöst und ihre Arbeitsergebnisse werden negiert.
- Planer und Architekten der früheren DDR werden undifferenziert und pauschal als unfähig, vom alten Staat geprägt und nicht weiter einsetzbar verurteilt und von den Medien diffamiert. Demgegenüber werden auf der Basis einer entwickelten »Wessi-Gläubigkeit« mit erheblichem Aufwand Kräfte aus den alten Bundesländern eingesetzt, deren dort geschulter Arbeitsstil in den neuen Bundesländern weitgehend unwirksam ist, da der entsprechende Verwaltungsapparat fehlt.
- Fachlich inkompetente Politiker, die ihre Profession in der Regel nicht gelernt haben, werden beraten durch delegierte und nicht durch Ausschreibung als kompetent nachgewiesene Leitungskräfte im Verwaltungs- und Regierungsapparat. Die Inakzeptanz der tatsächlichen Verhältnisse führt zu weiteren, die Länder und Kommunen zurückwerfenden Verlusten.«[1]

Mehr als sieben Jahre nach diesen Äußerungen ist jedem Beteiligten deutlich, in welcher Ambivalenz zwischen der Realität des zweitens Szenarios und der die Regel bestätigenden Ausnahme die weitere Entwicklung im wesentlichen verlaufen ist. Die Gegenüberstellung sollte deutlich machen, welches Ideal die Planer und Architekten aus der DDR in das einheitliche Deutschland gern eingebracht hätten und welcher Anspruch an berufliches und fachliches Ethos ihnen aus der eigenen Erfahrung wichtig erschien. Beides basierte wesentlich auf den in 40 Jahren zentralstaatlich diktierten Planens und Bauen getätigten Erfahrungen und der Unvollkommenheit ihres Wissens über die Realität des Planungsgefüges in der Bundesrepublik. Viel zu wenig waren in den östlichen Bundesländern die Instrumentendiskussionen und Auseinandersetzungen der vergangenen Jahrzehnte bekannt, die zu einem rechtlich gesicherten und einigermaßen funktionierenden System geführt hatten. Viel zu wenig war bekannt, welche Rolle dabei demokratische und rechtsstaatlich Verhältnisse, mündiges Bürgerverhalten und der subjektive Faktor gespielt haben, um daraus mit der erforderlichen Schnelligkeit Schlüsse für eigenes Verhalten bei der künftigen Entwicklung zu ziehen. Dieses Defizit im Wissen und Handeln, von dem letztlich alle Menschen in den östlichen Bundesländern betroffen waren, war das Ergebnis der über vier Jahrzehnte durchlebten Politik im »vormundschaftlichen Staat«. Der notwendige, nach 1990 einsetzende Lernprozeß verlief und verläuft leider gebremst, weil er für viele Menschen mit schmerzlichen Erfahrungen einhergeht. Das gilt in nicht geringem Umfang auch für Planer und Architekten.

Politik und Stadtentwicklung in der DDR
Druck der Norm und Spielräume für Abweichungen

Die Entwicklung von Städtebau und Architektur wurde diktiert durch Schwerpunktsetzungen, die einerseits als Reaktionen auf erkannte Probleme in der Gesellschaft zu werten sind, aber auch gern einer subjektiven Betrachtung des jeweils ersten Mannes im Staate und dem Diktat der zentralen Planung in Form der dem SED-Parteitagsrhythmus folgenden Fünfjahrplänen und den jährlichen Volkswirtschaftsplänen folgten. Die letztlich durchgängig verfolgte Linie des »Bauens für die große Zahl« – ihren Niederschlag im Errichten von gleichwertigen Wohnungen, Einrichtungen der Kinderbetreuung, der Allgemeinbildung und der Versorgung mit den alltäglichen Erfordernissen findend – wurde in ihrer Einschränkung immer wieder, auch kampagnehaft, durchbrochen. Es ist hier nicht der Platz, die Vielfalt der Versuche von Ausbrüchen aus dem Diktat auf gemeindlicher oder bezirklicher Ebene, aber auch zentralstaatlicher Ebene, untersuchen. Es hat sie gegeben und ihre Auswirkungen haben Berufsleben verändert, haben Stadtentwicklungen beeinflußt und geben Grund zu der Behauptung, daß neben dem Monolith der offiziellen Bau- und Stadtentwicklungspolitik auch ein breites Spektrum von differenziertem Vorgehen existiert, welches für jeden Beteiligten Individualität, List und persönliches Risiko einschloß.

Phasen und Schwerpunkte des Bauens in der DDR

Die Entwicklung von Städtebau und Architektur in der DDR lassen sich in größere Zeiträume einordnen und in Zusammenhänge der gesellschaftlichen und politischen Entwicklung stellen. Das wird im Folgenden kurz und grob gefaßt – in Anlehnung an Dr. K. Andrä[2] – versucht.

Erster Wiederaufbau 1945–1950
Der Zerstörungsgrad der Städte im Ergebnis des Krieges stand dem im Westen nicht nach. Die Situation wurde durch bis in die Mitte der 50er Jahre von der Sowjetunion geforderte Reparationsleistungen verschärft. Es gab nichts Analoges zum Marshall-Plan. Wesentliche Teile eines für einen effektiven Wiederaufbau erforderlichen Wirtschaftsgefüges (Grundstoff- und Schwerindustrie) lagen traditionell im Westen. So ergab sich nicht nur ideologisch und strategisch von vornherein ein klares

Abhängigkeitsverhältnis von der Sowjetunion. Beide, SU und DDR glaubten aber auch bis weit in die 50er Jahre hinein an die Möglichkeit eines einheitlichen Deutschland im Ergebnis »freier Wahlen«.

Die Phase von *1945 bis 1950* war geprägt durch *Schadensbeseitigung und Suche nach städtebaulichen Leitbildern für den Wiederaufbau zerstörter Innenstädte*. Es gab viele Ost-West Gemeinsamkeiten, gesamtdeutsche Wettbewerbe (Marktplatzwettbewerb Halle 1947/48) und Denkmalpflegetage (Weimar 1946, München 1948), erste Denkmalinstandsetzungen (Zwinger in Dresden), Stadtkernuntersuchungen in Magdeburg, Rostock u. a.

Vom Zuckerbäckerstil zu den Anfängen des typisierten Serienbaus. Um 1955
Nach der Gründung der DDR, die immer als Reaktion auf die Gründung der Bundesrepublik benannt ist, setzten sich unter dem Einfluß stalinistischer Indoktrination und dem Einsatz angepaßter politisch-fachlicher Entscheidungsträger verstärkt sowjetische Planungs- und Baumethoden durch. Das gilt sowohl für die Zeit bis Stalins Tod als auch für die nachfolgende Zeit, in der beginnend mit der Allunionskonferenz 1954 und dem IV. Parteitag der SED im gleichen Jahr ein totaler Schwenk von der »Zuckerbäckerei« zu einem »Programm der umfassenden Industrialisierung und Typisierung des Bauwesens« einschließlich der »Richtlinien für eine einheitliche Typenprojektierung« (1. Baukonferenz der SED 1955) vollzogen wurde. Die letztgenannte Entwicklung verstärkte sich nach dem 20. Parteitag der KPdSU 1956 und der dort erfolgten Abrechnung mit dem Stalinismus. Eine der Ursachen hierfür war auch die mit den bis dahin praktizierten Methoden und hohe Aufwendungen erfordernden Wohnbauten nicht annähernd abbaubare Wohnungsnot. Die Veränderungen, vor allem der Aufbau einer technischen und materiellen Basis für neue Produktionsmethoden erforderten aber Zeit.

Erste Stadtsanierungen und forcierter Industriebau. Ende der 50er
So war die Zeit von *1950 bis 1959* geprägt durch *Großversuche sozialistischen Städtebaus und die Vorbereitung von ersten Stadtsanierungen*. Basis dafür bildeten die »16 Grundsätze des Städtebaus« (beschlossen am 27. Juli 1950) und das »Aufbaugesetz« (beschlossen am 06. September 1950) als wesentliche Ausgangspositionen praktischen Handelns und planerischen Vorgehens in den Innenstädten. Beispiele hierfür sind die Planung und Realisierung der Stalinallee und der Wiederaufbau des Roten Rathauses, des Brandenburger Tores und der Staatsoper in Berlin (bei Aufrechterhaltung informeller Kontakte in der Stadtplanung/Ost-West-getrennte City-Wettbewerbe), die Planung und erste Etappen der Altstadtbebauung in Neubrandenburg (ab 1952) bei Erhaltung der Typik des Stadtgrundrisses und der Silhouette, Untersuchungen zum Baubestand und zur städtebaulichen Denkmalpflege in Stralsund mit dem Ergebnis, die Stadtanlage als insgesamt schützenswert zu erachten (Erfurter Konferenz 1956) und die Vorbereitung praktischer Sanierungsmaßnahmen in der Petersstraße und die Neubebauung am Obermarkt in Görlitz. Nicht unerwähnt bleiben darf, daß gerade in dieser Phase erhebliche Bauleistungen für die wirtschaftliche Basis des Landes (Energiewirtschaft, Schwerindustrie, Hochschulwesen) getätigt wurden.

Ende der 50er, Anfang der 60er Jahre strebte der Kalte Krieg seinen Höhepunkten zu und es war klar geworden, daß die Vision eines einheitlichen Deutschland kein kurzer Weg sein würde. Unter den sich dadurch ständig verschärfenden wirtschaftlichen Bedingungen akzeptierte der größte Teil der in der DDR gebliebenen Bürger den Mauerbau 1961. Danach war eine Konsolidierung der Wirtschaft und des Staates unverkennbar und ließ aufkommende Zweifel verstummen. Alle hofften aber auch auf das Vorübergehen dieses Zustandes.

Standardisierung durch die Platte und
Neubau sozialistischer Stadtzentren in den 60ern

Unter dieser Rahmenbedingung waren die Jahre von *1960 bis 1969* geprägt durch die *radikale Standardisierung im Bauwesen und politisch-künstlerische Ansprüche an die Gestaltung sozialistischer Stadtzentren im Konflikt*. Es war die erste Phase des extensiven Städtebaus unter Anwendung wenig entwickelter industrieller Bauweisen. Deren Einsatz war innerstädtisch auf Grund sperriger Projekte und Technologien kaum möglich. Für die Innenstädte profilierten sich sozialutopisch-technizistische Leitbilder (Entscheidung über Reproduktionseffizienz nach Restnutzungsdauer). Den Höhepunkt bildeten die Konzeptionen zum 20. Jahrestag der DDR 1969 (in Fachkreisen »Stadtzentrums-Euphorie«). Beispiele hierfür sind Wettbewerb und Realisierung der Prager Straße in Dresden unter Aufgabe des Stadtgrundrisses, das neue Universitätsensemble in Leipzig unter Abbruch der Universitätskirche und die Realisierung des Nord-Ost-Abschnittes der Ernst-Thälmann-Straße in Dresden unter Abriß der Sophienkirche. In Mühlhausen waren durch Übertragung eines neuen Leitbildes auf intakte Altstadtstrukturen großflächige Abbrüche disponiert, um ein »sozialistisches Stadtzentrum« zu ermöglichen.

Wachsendes Interesse für Stadterhaltung in speziellen Fällen …

Zeitgleich kam es aber auch zum Heranreifen neuer Strategien der normalen Stadterhaltung. Die in der Stadt Torgau praktizierte Aktivierung der Bürger und Hauseigentümer zu Instandsetzungs- und Modernisierungsvorhaben, als »Torgauer Initiative« bezeichnet, begründete den in der weiteren Entwicklung wichtigen und partiell gerade im Sinne des Umgangs mit Geschichte erfolgreichen »Mach-mit-Wettbewerb«. Darüber hinaus lieferten die ersten Fußgängerbereiche in historischen Straßen eine emotionale Hinwendung der Stadtöffentlichkeit zu verstärktem Geschichtsbewußtsein. Rostock, Weimar und Gotha waren erste Beispiele.

… im Konflikt mit der »neuen Moderne«

Die weit überzogenen Konzepte für die Neugestaltung der Stadtzentren, insbesondere auch der von Inhalt-Form-Konflikten beherrschte, geplante Bau von semantischen Architekturzeichen führten 1970 zu einer unerläßlichen Korrektur der Zielsetzung der Baupolitik, gekoppelt an einen Personenwechsel in der Führungsspitze des Staates. Die vom VIII. Parteitag der SED verkündete Einheit von Wirtschafts- und Sozialpolitik orientierte verstärkt auf die Befriedigung der normalen Grundbedürfnisse der Bürger als Anreiz für die Akzeptanz des Staates und erhöhte Leistungsbereitschaft. Kurzzeitige reformerische Ansätze u. a. auch in der Kulturpolitik führten anfangs zu einer hohen Akzeptanz des neuen Kurses.

Das Wohnungsbauprogramm in den 70ern

Unter diesen Bedingungen wurde von *1970 bis 1979* das *Wohnungsbauprogramm zum bestimmenden Faktor für Städtebau und Architektur*. Seine ursprüngliche Lesart in der »Einheit von Neubau und Modernisierung« war im Ansatz eine Chance für den Umgang mit der Geschichte in Form historischer Bausubstanz. Anfangserfolge im Bereich Arnimplatz und Arkonaplatz in Berlin, die Umgestaltung des Quartiers am Fleischmarkt in Bautzen u. a. fanden hohe Anerkennung, ließen sich aber auf Grund von Geld- und Personalmangel nicht lange durchhalten. Die Notwendigkeit, das doktrinär gehandhabte Wohnungsbauprogramm quantitativ zu erfüllen, führte unweigerlich zu einer 2. Phase des extensiven Städtebaus. Es entstanden auf der Basis neuer Wohnungsbautypen (WBS 70) große Wohngebiete höherer städtebaulicher und architektonischer Qualität an den Stadträndern. Konsequent erfolgte die Zurückstellung geplanter gesamtstädtischer Großbauten (Kulturhäuser, Kaufhäuser, Hotels usw.)

Entwicklung von Fußgängerzonen
Dafür kam es zu einer starken Entwicklung von Fußgängerbereichen in historischen Stadtzentren, auch verstärkt durch das 1975 erlassene Denkmalschutzgesetz der DDR. Beispiele für einen Leitbildwandel und eine qualitätsvolle Straßenraumgestaltung sind die Fußgängerzonen Leipziger Straße in Halle (ohne Gebäudesanierung) und Brandenburgische Straße in Potsdam (mit weitgehender Gebäudesanierung und Modernisierung) sowie ein Netz von Fußgängerstraßen und -plätzen in Naumburg

Abwertung der Altbausubstanz
Die Realisierung des Wohnungsbauprogramms vorwiegend auf randstädtischen Großstandorten führte unweigerlich zur Abwertung der Bausubstanz in den alten Innenstädten. Die sich zuspitzende wirtschaftliche Situation ließ in den 80er Jahren kaum noch Kapazitäten für Erhaltungsmaßnahmen gegenüber der »Erfüllung der Hauptaufgabe« zu. Die Bündelung der Kapazitäten aus dem ganzen Land für die 750-Jahrfeier Berlins im Jahre 1987 verschärfte die Lage zusätzlich. Die Quote nicht mehr bewohnbarer Bausubstanz in den Innenstädten wuchs schneller als der Zuwachs durch Neubau. Die Innenstädte wurden total entwertet und verloren den wichtigsten Garanten ihrer Erhaltung, ihre Bewohner.

Plattenbau auch in Bestandsgebieten
Im Bemühen, dieser Situation etwas entgegenzuhalten, wurden von *1980 bis 1989* in sich ständig vergrößerndem Umfang in den *Innenstädten und Stadtkernen Plattenbauten als Lückenschließungen und Ersatzneubauten* errichtet. Mit allen Mitteln, die dem zentralgeleiteten Staat zur Verfügung standen, wurde die Städtebau- und Baupolitik des »Innerstädtischen Bauens« durchgesetzt. Dabei gingen abgerungene Modifikationen der Plattenbauweise zu Lasten von Sanierungs- und Denkmalpflegemaßnahmen. Besondere Bauten und Qualitätsansprüche waren nur noch in Berlin möglich. Es kam allgemein zu einem katastrophalen Niedergang mit zunehmenden Verlusten von Altbausubstanz von kulturhistorischem Wert.

Rare Beispiele für behutsame Stadterneuerung
Wenige Ausnahmen sind nur durch außerordentliches Engagement und listenreiches Nutzen enger Handlungsspielräume einzelner Engagierter zu erklären. Beispiele für diese Zeit sind in Gotha als negatives Beispiel die Blumenbachstraße mit der Abkehr vom historischen Stadtgrundriß, im Bewußtsein der Verantwortlichen seinerzeit »kompensiert« durch die mustergültige Gestaltung des nahen Marktplatzes, die Entwicklung in den Innenstädten von Freiberg und Wismar, wo hohes Engagement und enge Kooperation aller Akteure gute Resultate bei der Instandsetzung und Bewahrung der historischen Stadt- und Struktur hervorbrachten, zu nennen. Anerkannte Ergebnisse einer ausgewogenen Innenstadtentwicklung mit Neubauten, die historische Ensembles aufwerten, gab es in einigen Städten (Rostock, Halle, Gera).

Konflikte der Stadterneuerung als Nährboden für die Wende
Prinzipiell war der entstandene Konflikt zwischen Bürgerbewußtsein, Identitätsbewahrung und Niedergang der Innenstädte nicht mehr zu lösen. Mit unterschiedlicher Intensität, aber bei gleicher Grundhaltung, wurde er zu einem wesentlichen Ausgangspunkt für die Wende im Jahre 1989.

Instrumente, Leitsätze und Konzeptbausteine der Stadt- und Baupolitik

In der nach sowjetischem Vorbild strukturierten DDR wirkten zentralstaatlich erlassene und einheitlich für das gesamte Territorium anzuwendende Gesetze, Richtlinien und Verordnungen.

Grundsätze des Städtebaus von 1950
Unter Bezugnahme auf die »Auswertung der Erfahrungen im fortschrittlichen Städtebau, besonders der Sowjetunion« wurden in den ersten Jahren nach der Gründung der DDR die grundlegenden Instrumente – offensichtlich ohne ausgeprägte öffentliche oder fachliche Diskussion – geschaffen. Von elementarer Bedeutung waren die von der Regierung am 27. Juli 1950 beschlossenen »Grundsätze des Städtebaus«,[3] in denen es u. a. heißt:
»5. Der Stadtplanung zugrunde gelegt werden müssen das Prinzip des Organischen und die Berücksichtigung der historisch entstandenen Struktur der Stadt bei Beseitigung ihrer Mängel.«
Das vermittelt den Eindruck eines auf Akzeptanz und Aneignung gerichteten Anspruchs, der allerdings mit dem letzten Satz des dritten Grundsatzes: »Die Bestimmung und Bestätigung der städtebildenden Faktoren ist ausschließlich Angelegenheit der Regierung.« deutlich relativiert wird. Damit bestimmt letztendlich keine Kommune in eigener Hoheit über ihre Entwicklung. Die ab 1952 bestehenden 14 Bezirke an Stelle der fünf Länder waren im Prinzip nur Kontrolleure zwischen zentralistischer Staatspolitik und auf bürgernahe Entwicklung angewiesener Kommunalpolitik.

Aufbaugesetz von 1950
Als weiteres Instrument zentralistischer Entscheidungspolitik schuf sich der Staat mit dem kurz darauf am 6. September 1950 verabschiedeten »Aufbaugesetz« das Verfügungsrecht über Grund und Boden, womit er im Bedarfsfall eine von Privatansprüchen unbelastete Stadtplanung durchführen konnte. Mit dem gleichen Gesetz wurden insgesamt 53 Aufbaustädte und Aufbaugebiete festgelegt, in denen der Wiederaufbau im ersten Fünfjahrplan 1951–1955 beginnen sollte.

Organisationsrahmen für Architekten. Sinkende Chancen für Freiberufler
Mit der Gründung der Bauakademie und des auch zunächst Bund Deutscher Architekten benannten Verbandes im Jahre 1953 entstanden die Organe, die die nötigen »wissenschaftlichen« Begründungen für die vorgegebenen Zielstellungen lieferten und die »Ausrichtung« der Architekten sicherten. Diese wurden zunehmend in zentralgeleiteten Projektierungsbüro bzw. in den Büros für Gebiets-, Stadt- und Dorfplanung konzentriert, während der Anteil der freiberuflich tätigen Architekten kontinuierlich zurückgedrängt wurde. Deren Existenz schuf über einen Zeitraum bis Ende der 60er Jahre – spätestens endend mit der Zwangsverstaatlichung der klein- und mittelständischen Baubetriebe 1972 – noch ein gewisses Potential für den Umgang mit überkommener Stadt. Ihr Wirken war insbesondere in den nicht so im Zentrum machtpolitischer Interessen stehenden Klein- und Mittelstädten und deren Bestandssicherung von großer Bedeutung. Sich nach damaligem Verständnis einfügende Neubauten und, wenn auch inzwischen marode, aber noch existierende und rettbare historische Stadtstruktur sind auch das Verdienst gerade dieser Architekten.

Spielräume für Denkmalpflege
Ein wichtiges Moment eines verantwortungsvollen Umgangs mit Geschichte war die Existenz des Instituts für Denkmalpflege mit seinen fünf Außenstellen in den ehemaligen Ländern. Diese waren eigentümlicherweise nicht bezirksweise aufgesplittert worden und betreuten von ihren traditionellen Standorten mehrere Bezirke. Auch wenn ihnen eine gesetzliche Grundlage für durchsetzungsfähi-

ges Handeln erst mit dem Denkmalschutzgesetz 1975 geliefert wurde, so war ihre Präsenz, ihr Einspruch und ihre Überzeugungskraft in vielen Situationen außerordentlich hilfreich. Ihre Legitimation beruhte auf Verordnungen zum Denkmalschutz von 1952 und 1961. Die Tatsache, daß nach der Wende zur Überraschung der Fachwelt im Westen so viele, weitgehend ungestörte historische Stadtanlagen als ein Reichtum der Gesellschaft empfunden werden können, ist zurückzuführen auf:
1. die Konzentration der Umgestaltungsansprüche der DDR-Oberen auf die Bezirksstädte, Berlin und nur einige wenige andere,
2. den insgesamt geringen Investitionsdruck auf Grund der permanenten Mangelwirtschaft (»Armut ist der beste Denkmalpfleger!«) und
3. zumindest in der Zeit bis 1972 wirkender, sich allerdings ständig verringernder und in den staatlich geforderten Konzentrationen der zentral geleiteten Bauwirtschaft aufgehender klein- und mittelständiger Planungs- und Baukapazitäten.

Kahlschlag, sozialistische Neuordnung und »Restnutzung« als staatliche Therapie
Die staatliche Zielstellung war prinzipiell eine andere. Auf der Ersten Theoretischen Konferenz der Deutschen Bauakademie im Oktober 1960 wurde verkündet:
»a. Der Hauptweg der sozialistischen Umgestaltung alter Stadtgebiete wird in der Etappe der Umgestaltung nach 1965 in der Hauptsache durch einen flächigen, komplexen Abriß alter Gebäude, vor allem alten Wohngebäudebestandes und seines Ersatzes durch neue Gebäude gekennzeichnet.
b. Die Etappe der sozialistischen Umgestaltung nach 1965 erstreckt sich zum großen Teil auf die Zentren und innerstädtischen Gebiete der Klein- und Mittelstädte.
c. Die von der Etappe der sozialistischen Umgestaltung nach 1965 erfaßten Stadtgebiete und der Hauptweg ihrer Umgestaltung in diesem Zeitraum erfordern eine annähernde Neuanlage der zentralen Ensembles des größten Teils der Klein- und Mittelstädte der DDR.«
Das so definierte »sozialistische« Städtebauleitbild ist nicht weit entfernt von den Vorstellungen der modernen räumlich aufgelockerten, funktionell gegliederten und verkehrsgerechten Stadt, die damals auch die Städtebaudiskussion in der Bundesrepublik beeinflußten und vielerorts in Realität umgesetzt wurden.

In der DDR führte man unter Bezugnahme auf eine ca. 80- bis 100-jährige Bestandsdauer eines Gebäudes den technizistischen Terminus »Restnutzungsdauer« ein und schuf sich damit eine Begründung für reduzierte oder unterlassene Bestandserhaltung im Hinblick auf programmierten Abgang. Dazu ist es im umfassenden Sinne nicht gekommen, da ein Erneuerungsdruck nur wenige ausgewählte Städte wirklich erreichte. Der Masse der Mittel- und Kleinstädte blieb nur die »Vernutzung« ihrer überlieferten Bausubstanz.

Neue, großmaßstäbliche Zentrenplanungen
Das sozialistische Städtebauleitbild führte in ausgewählten Städten zu Planungen, die mit Ehrgeiz und durchaus auch großer Anteilnahme der Bevölkerung vorangetrieben wurden. Eine ausgeprägte Protestbewegung ist außer bei einigen wirklich erfolgten Abrissen von Kirchen und Schlössern nicht bekannt geworden. Letztere waren in der Regel ideologisch verbrämte Aktionen und demgemäß schwer zu bekämpfen.

Einem gewissen Kulminationspunkt strebte die Entwicklung in der DDR Ende der 60er Jahre zu, als »Städtebau und Architektur als wichtiger Faktor bei der Gestaltung des entwickelten gesellschaftlichen Systems des Sozialismus« bezeichnet wurden. Neben der versuchten Einführung neuer ökonomischer, marktwirtschaftsnäherer Wirkungsmechanismen (»Neues ökonomisches System der Planung und Leitung der Volkswirtschaft«) erfolgte die erste Welle der Erarbeitung von Generalbebauungsplänen. In diese bettete sich die Bestimmung und gestalterische Ausformung der Zentren der Städte ein. Es entstanden für eine Reihe von politisch wichtigen Städten völlig überzogene und weit über den volkswirtschaftlichen Möglichkeiten liegende Konzepte mit semantischen Architekturzeichen. Leipzig und Jena konnten ihrer Realisierung nicht mehr entgehen. Das Beenden dieser kampagnehaften Entwicklung mit der 24. Staatsratstagung im September 1970 war ein notwendiger Einschnitt, der für den Restzeitraum der Existenz der DDR die Thematik der Stadtzentren nie wieder in den Mittelpunkt des politischen und öffentlichen Interesses gelangen ließ.

Das Wohnungsbauprogramm 1971–1990

Wer sich als früherer Bürger der DDR die zunehmende Zahl der Obdachlosen in den Städten nicht nur der östlichen Bundesländer vergegenwärtigt, der kann sich dem Anliegen und den Wirkungen des zu Beginn der Ära Honeckers verkündeten Wohnungsbauprogramms immer schwerer entziehen.

Eine Aufholjagd gegen den Wohnungsmangel
Es reagierte auf eine von den Bürgern deutlich artikulierte Kritik an der ungenügenden Wohnraumversorgung nach mehr als zwei Jahrzehnten Existenz der DDR. Es verfolgte das Ziel, das in der Verfassung der DDR verankerte Recht auf Wohnung zu sichern und damit eines der menschlichen Grundbedürfnisse, das »Behaust-Sein« und ein Dach über dem Kopf zu haben, zu befriedigen. So war es einfach, das Programm als Ausdruck der angestrebten »Einheit von Wirtschafts- und Sozialpolitik« der großen Masse der DDR-Bürger zu vermitteln. Eingängige Sprüche wie »Bis 1980 jedem *eine* Wohnung – bis 1990 jedem *seine* Wohnung!« konnten von allen mitgetragen werden.

Wohnungsmassenproduktion und ihre Grenzen
Zweifler, die es von Anfang an gab, hatten in der doktrinären Konsequenz, mit der das Programm angegangen wurde, keine Chance, gehört zu werden. Die Zweifel, die sich vor allem auf einer realen Sicht der DDR-Wirtschaft im Weltmarktgefüge, auf der wettbewerbsfeindlichen und damit leistungsmindernden staatlichen Obhuts- und Versorgungsmentalität »von der Wiege bis zur Bahre« und auf der Tatsache gründeten, eine ganze Generation für mindestens zwei Jahrzehnte auf ein einziges der vielen Probleme zu orientieren, die eine notwendigerweise dynamische Gesellschaft zu lösen hat, erwiesen ihre Berechtigung in der Abfolge des Programms. Die Versuche, den Anfangsslogan, der 1980 jedem eine Wohnung versprach, auf Grund der Realität zu modifizieren, aber statistisch zu belegen, gipfelten in obskuren Abrechnungsmethoden, wie z. B. in der, ein geschaffenes Bett in einem Alters- oder Pflegeheim als eine Wohnung abzurechnen. Kein Wunder, daß es um 1980 herum zu einem Boom in der Errichtung solcher Heime kam. In den 80er Jahren sank, auch ausgelöst mit dem zunehmenden Grad einer akzeptablen Wohnungsversorgung, die die vorwiegend an extensiven Neubaustandorten errichtete Komfortwohnung bot, die Akzeptanz des Programms im öffentlichen Bewußtsein. Die DDR-Oberen verstanden die Zeichen der Zeit nicht, wollten geradezu sektiererisch das verkündete Programm durchhalten und haben damit letztendlich wesentliche Ursachen für die Wende auch auf diesem Sektor geschaffen.

Soziale Mischung als praktizierte Realität

Neben der Anfechtbarkeit des Programmes in seiner Stringenz und Methodik gibt es aber auch andere Wirkungen zu beobachten, die nicht gänzlich dem seit 1990 allgemein verfolgten Abwertungstrend der DDR-Vergangenheit geopfert werden sollten. Das betrifft z. B. in besonderem Maße die sozio-kulturell sehr erwünschte Durchmischung der Wohnbevölkerung, die den Universitätsprofessor neben dem Werftarbeiter und die Lehrerin neben der Postbotin wohnen ließ. Die seit der Wende in Ost und West übereinstimmend beschworene Absicht, diesen Zustand möglichst weitgehend zu erhalten und Tendenzen der Segregation aktiv entgegenzuwirken, unterstreicht diesen bedeutenden und allseits anerkannten Wert.

Wirksamkeit der Planungsverfahren

Zum anderen führte das Programm, auch auf Grund seiner prioritären Wertsetzung in der Gesellschaft zu einem deutlichen Aufschwung im Planungswesen. Die Einbindung der Städtebauwissenschaft in den Gesamtprozeß führte bei aller Anfechtbarkeit vieler wissenschaftlich verbrämter, politisch so gewollter Aussagen doch zu einem verstärkten Bewußtsein der Notwendigkeit, räumliche Entwicklung zu planen und Flächeninanspruchnahme abgewogen vorzunehmen. Das führte im Ergebnis nicht zu einem ausgeregelten Planungsinstrumentarium analog dem Baugesetzbuch der Bundesrepublik, aber es kam zu geordneten Planungsverfahren der Generalbebauungspläne in den Schwerpunktstädten, zu Bebauungskonzeptionen für Neubaugebiete, die da und dort auch unter zumindest formaler Beteiligung der Öffentlichkeit zur Reife geführt wurden und es gab eine in Komplexrichtlinien analog den Fünfjahrplänen geordnete Vorgabe zu inhaltlichen und Kapazitätskriterien, die fachöffentlich diskutiert wurden. Die eingeforderten Qualitätskriterien sicherten eine vernünftige Grundversorgung einschließlich der Anbindung an den Öffentlichen Personennahverkehr, eine Einbindung in das Stadtgefüge und z. B. auch die Erlebbarkeit der »Stadtkante«. Bei aller extensiven Entwicklung blieb die Grenze von Stadt und Landschaft deutlich.

Problematisierung der Trabantenstadtteile

Die wissenschaftliche Begleitung des Prozesses ließ auch gegen die offizielle Politik kampagnehaft Ansätze zum Wandel aufkommen. So wurde Anfang der 80er Jahre argumentiert, daß mit den bis dahin geschaffenen Neubaugebieten am Stadtrand eine Fläche von der Größe des damals kleinsten DDR-Bezirkes Suhl verbraucht worden sei. Das war anfangs ein Achtungssignal gegen den weiteren Verbrauch von landwirtschaftlicher Nutzfläche, mit dem die Ernährung des Volkes gefährdet würde, in der weiteren Folge könnte es aber auch als die geistige Grundlage für das danach einsetzende Eindringen mit der »Platte« in die Innenstädte gewertet werden.

Geringer Gestaltungsraum der Kommunen

Alle Entwicklung war dabei nicht vordergründig eine Angelegenheit der betroffenen Kommune, sondern Ergebnis zentralstaatlicher Entwicklungsvorgaben, die den Menschen als durch die Obhut des Staates versorgte Produktivkraft sahen. Im vor der jeweiligen Standortentscheidung ablaufenden Klärungsprozeß waren die Kommunen zwar informativ eingebunden und konnten versuchen, ihre Bedenken und Anregungen zu verdeutlichen – im Ergebnis hatten sie aber die Entscheidung zu tragen und kein Recht auf Einwendung.

Neubewertung nach der Wende
Das Wohnungsbauprogramm ist eine Phase der Planungs- und Bauentwicklung der DDR, welche das Gebiet der östlichen Bundesländer in einem Maße geprägt hat, wie es keine andere Epoche getan hat. Es kann nicht ausbleiben, daß seine Ziele und Ergebnisse, auch und gerade für das Problem der Obdachlosigkeit und für Nutzung und Bild von Stadt und Land, zu Vergleichen führen, die den Prozeß des Zusammenwachsens von Ost und West begleiten. Viele Menschen im Osten werden von Zweifeln an der nach 1990 eingetretenen Entwicklung geplagt.

Zum Paradigmenwandel nach der Wende

Der friedlich erzwungenen Wende folgte eine großartige Zeit der Befreiung von Zwängen, der sich kaum ein DDR-Bürger und auch kein Planer und Architekt entziehen konnte. Es war eine Zeit des Aufbruchs, der Euphorie und des Glaubens an die heilsamen Kräfte einer demokratisch verfaßten Gesellschaft mit rechtsstaatlichen Prinzipien.

Neue Freiheiten und neue Zwänge
Basis für diese Annahmen waren die vom Westfernsehen als einzigem nicht total abriegelbaren Kommunikationsmedium vermittelten Abbilder der Gesellschaft der Bundesrepublik. Da und dort auch erkannte Probleme wurden vom Konsumrausch, von der Reisefreiheit und vom »Alles sagen dürfen« übertüncht. Daß letzteres im Kontrast zu DDR-Zeiten z. B. gegenüber dem eigenen Chef nicht mehr galt, haben viele bald überrascht, aber deutlich zu spüren bekommen.

Radikaler Wandel des Ordnungsrahmens
Bei Planern und Architekten war die Hoffnung auf eine hohe Planungs- und Baukultur, wie sie von den Fachmedien verbreitet und von den vielen Kolleginnen und Kollegen aus der Bundesrepublik als eines ihrer hehren Ziele verkündet wurde, das ausgeprägteste Motiv für die Annahme der neuen Gesellschaft. Die Schnelligkeit, mit der der Übergang im Jahre 1990 erfolgte, ließ keine Zeit für ein Probieren, für ein Aneinander-Gewöhnen oder gar für ein bewußtes Akzeptieren. Alle Versuche, einen allmählichen Übergang zu organisieren, wie sie in der De-Maiziére-Regierung durch das zuständige Ministerium z. B. durch die Erarbeitung des »Bauplanungs- und Zulassungsverordnung (BauZVO)« noch versucht wurden, waren vergeblich. Die im Juli 1990 von der Volkskammer verabschiedete Regelung galt ganze 64 Tage. Mit dem 3. Oktober 1990 wurde das Baugesetzbuch der Bundesrepublik mit der Ergänzung des 246a, der einige Handlungsvollmachten wie den »Vorhaben- und Erschließungsplan« aus dem DDR-Recht übernahm, in vollem Umfang das Planungsrecht auch der neuen Länder. Keine Verwaltung und kein aktiver Planer, ob angestellt oder freiberuflich tätig, war darauf ausreichend vorbereitet.

Investitionsboom mit »Überfliegerplanungen« überfordert viele Kommunen
Die Kommunalverfassung forderte die Kommunen auf, bauleitplanerisch aktiv zu werden. Viele taten das und schufen ein breites und weitgehend unzureichend geregeltes Betätigungsfeld vorwiegend für Planungsbüros aus den westlichen Bundesländern. Unerfahrene und im Aufbau befindliche Planungsverwaltungen in den Kommunen der neuen Länder, von örtlich unter Erfolgszwang stehenden Politikern unter Druck gesetzt, ließen alle Formen vielfach überzogener »Überflieger-Planungen« zu. Die Bestätigungsorgane in den Regierungspräsidien bzw. den Verwaltungs- und Kontrollorganen der Länder waren erst im Ergebnis eines langen Aufbauprozesses handlungsfähig. Eine raumordnerische

bzw. landesplanerische Abwägung der Planungen auf der Grundlage des Paragraphen 1, Absatz 3 des Baugesetzbuches war nicht möglich, da die Ziele der Raumordnung erst im Ergebnis einer längerwährenden Arbeits- und Abstimmungsprozesses zur Verfügung standen. Überreichlich fließende Gelder mit dem Ziel, möglichst schnell zu »blühenden Landschaften« zu kommen, ließen bei vielen örtlich Verantwortlichen das Gefühl aufkommen, im Schlaraffenland angekommen zu sein. Nichts schien mehr unmöglich zu sein. Wenig wurde ausreichend geprüft und zu wenige seriöse und mit der entsprechenden Erfahrung ausgerüstete Fachkollegen waren in den Kommunen der östlichen Bundesländer beratend tätig.

Bundes- und landespolitisch wurde eine Stimmung des »Laßt alle Blumen blühen!« und des möglichst späten Eingreifens mit Mitteln des Planungsrechtes geradezu propagiert. Ein breites Spektrum von Anregungen für ein renditeorientiertes Engagement privater Investitionen z. B. durch umfangreiche Steuervergünstigungen und undifferenzierte und wenig kontrollierte Förderungen wurde organisiert. Die mit »Buschzulagen« in die Kontrollinstanzen der östlichen Länder entsandten Verwaltungs- und Rechtsfachleute waren in zu wenigen Fällen kämpferische Typen. Ihr Engagement in der Sache war auch sehr oft geprägt von schon in den westlichen Bundesländern gemachten Erfahrungen, die zu Ernüchterungen geführt hatten. Diese vermittelten sie auch Ihren Mitarbeitern im Osten. Für viele von diesen, die zu Beginn an den Rechtsstaat geglaubt hatten und in hohem Maße bereit waren, zu lernen, dieses Recht anzunehmen und zu praktizieren, trat eine deutliche Demotivation ein. Das erlebte Handeln der Mitarbeiter der Treuhand-Anstalt verstärkte diese Entwicklung.

Hektik der Investoren führt zu vielen Fehlallokationen
Das sind streiflichtartig nur einige der Randbedingungen, die als Erklärungen für den in den östlichen Bundesländern eingetretenen Zustand herangezogen werden können. Die Brisanz tritt nunmehr, fast sieben Jahre nach der Herstellung der Einheit und nach dem totalen Abbau der Anfangseuphorie, mehr als deutlich zu Tage. Der weitgehend ungeregelte Übergangszeitraum hat zu einem Wettlauf der Investoren, Projektentwickler und sonstigen Developer geführt, dem sich die Bürgermeister, Gemeindeverwaltungen und politischen Körperschaften aus Angst, die Zeit zu verpassen, anschlossen. Letztere waren in den kleinen Orten weniger demokratisch kontrolliert als in den großen Städten, somit schneller handlungsfähig und wurden zur bevorzugten Zielgruppe der Investoren.

Wettbewerbsnachteile für viele große Kommunen
Die verfehlte Eigentumsregelung des Einigungsvertrages und die Blockadepolitik der Treuhandanstalt wurden eindeutig zu Wettbewerbsnachteilen der großen Kommunen und die kleinen Kommunen in ihrem Umland wurden unter Mißachtung jeglicher regionaler Abstimmungsnotwendigkeiten, unter bewußter »Abwesenheit von Planung« zu Zentren der Entwicklung.

Extremer Disurbanisierungsprozeß
Der anfänglich noch zuzustimmenden Ausweisung geförderter Gewerbegebiete mit eingeschränktem Anteil von Sondergebietsflächen für Einzelhandel folgte die Umkehrung dieses Prinzips, folgte das schrittweise Anziehen weiterer innerstadtrelevanter Sortimente, der Dienstleistungen, der Kultur und schließlich in einer zweiten Phase das Wohnen. Der ungehemmten Entwicklung in ihrem Umland hatten die Städte auf Grund wesentlich komplizierterer Planungsvorgänge nichts vergleichbares entgegenzusetzen. Viele verloren zehn Prozent und mehr ihrer Einwohner an ihr Umland, vielfach auch unter Verlust der Steuereinnahmen, ohne daß ihre Funktion als zentraler Ort durch einen sachgerechten Gemeindefinanzausgleich geregelt wäre. Die in den westlichen Bundesländern schon länger bekannte »Speckgürtel-Problematik«, die nach der Wende in der DDR und der Her-

stellung der Einheit als Gefahr und möglichst zu vermeidender Fehler von vielen Fachleuten geradezu beschworen wurde, ist im Zeitraffer-Tempo eingetreten.

Aushöhlung der Zentren
Jeder ehrlich gemeinte Versuch der Vermeidung, von denen es einige wenige gab, wird nunmehr von der betroffenen Kommune nicht als Erfolg angesehen. Die Mittel- und Oberzentren suchen mühsam nach ihrer Funktion, die sich derzeit vor allem in leerstehenden Büro- und Wohnflächen, in einem mühsamen Überlebenskampf der verbliebenen Händler und Dienstleister, in laufendem Rückgang der kulturellen Substanz und damit in deutlicher Gefährdung ihrer komplex empfundenen Lebens- und Erlebnisqualität darstellen. Das Überleben vieler solcher Städte ist echt in Frage zu stellen, da ihre endogenen Standortpotentiale im Schwinden begriffen sind.

Massierung neuer Industriebrachen ohne Entwicklungsperspektive
Derzeit gibt es kaum einen Investitionsdruck, keine ehrlichen Ansiedlungsabsichten, sondern nur gelegentliche Abtastversuche von Developern, die in der umfassenden Arbeitslosenproblematik mit wenigen zu schaffenden Arbeitsplätzen ein Maximum an Standortvergünstigungen ausloten wollen. Keine Stadt hat aber mehr etwas zu verschenken und die immensen Stützungen, die die Länder zur Erhaltung von Produktionskapazitäten ausgeben, um die vielfach verfehlte Privatisierungspolitik der Treuhandanstalt auszugleichen, lassen von dort auch keine Unterstützung für derartige Vorhaben in Ober- und Mittelzentren erwarten. So bilden sich in vielen Fällen mehr und mehr in bester innerstädtischer Lage Brachflächen auf den Abrißflächen ehemaliger Produktionsstandorte aus. Die diesen immer angedichtete Altlastenproblematik stellt sich bis auf wenige Ausnahmen als gegenstandslos dar.

Verpaßte Chancen
Ohne die Tatsache zu schmälern, daß mit dem guten Willen der Politik und vieler Engagierter eine Fülle von positiven Entwicklungen in der Stadterneuerung, im Städtebaulichen Denkmalschutz und in der Infrastrukturentwicklung passiert sind und sich dank eines anfänglich von vielen in der Größenordnung für undenkbar gehaltenen finanziellen Engagements des Bundes und der westlichen Bundesländer im Rahmen des Länderfinanzausgleiches weiter fortsetzen, bleibt doch das ungute Gefühl, viele Chancen verpaßt und finanzielle Mittel verschleudert zu haben. Beginnend bei der Tatsache, daß die anfänglich vielleicht noch verständliche liberalistische Wirtschafts- und Planungspolitik den Zeitpunkt des Eingriffs gründlich verpaßt hat und erst viel zu spät versucht, der eingetretenen Entwicklung mit mehr oder weniger hilflosen Instrumenten zu begegnen, daß die Verknappung in den öffentlichen Kassen in nicht geringem Umfang auf die steuerlichen Vorteile zurückzuführen ist, die durch gefördertes Bauen in den Leerstand in den östlichen Ländern herbeigeführt wurden, wird der immer häufigere Ruf nach Deregulierung, nach Rücknahme staatlicher Verantwortung, nach Verwaltungsreform, die mehr an Einsparungen von Personal und Dienstleistungen als an wünschenswerter Verbesserung des »Services am Bürger« orientiert ist, als hilfloses Aufgeben in einer nicht mehr beherrschbaren Lage erkennbar. Es ist mehr als deutlich, daß Ost und West zumindest in der Bewältigung dieser Probleme in einem Boot sitzen. Diese verlangen aber zuerst nach realer Sicht auf die Lage und eine saubere Analyse der Chancen, die Probleme sinnvoll zu lösen. Hier haben die Menschen in den östlichen Bundesländern ihren Mitbürgern im Westen eine Erfahrung voraus, nämlich die, daß eine Nichtanerkennung von Tatsachen, ein von der Politik immer wieder, gerade in Problemzeiten, verfolgtes »Sich-Schön-Gucken« der Probleme, unerwartet schnell zum völligen Zusammenbruch eines politischen Systems führen können. Dann kann es auch dazu kommen, daß dessen Machtmittel versagen. Keiner wünscht eine solche Situation.

Hinsichtlich der baulichen Entwicklung bleibt sieben Jahre nach der Einheit das Fazit zu ziehen, daß es auf dem Territorium der östlichen Bundesländer in den vierzig Jahren der DDR nie eine solche immense Flächeninanspruchnahme und eine solche und in großen Teilen leider auch sinnwidrige Flächenversiegelung gegeben hat, daß das Bild von Stadt und Landschaft sich in vielen Bereichen nicht nur zum Guten gewandelt hat und die Grenzen und Übergänge sich mehr fließend und räumlich ungeordnet darstellen, als daß sie planerisches Bewußtsein ausdrücken und daß viele Städte nicht nur in ihrer Entwicklung, sondern auch in ihrer Existenz gefährdet sind. Und das alles zur gleichen Zeit, in der in der Theoriediskussion die Agenda 21 mit ihren Postulaten hochgelobt wird und in praktischen Versuchen bewiesen wurde, daß Flächensparen und Innenentwicklung und Verkehrsvermeidung durchaus möglich sind, ohne Schaden für die Wirtschaft.

Amerikanisierung der neuen Länder: »Zwischenstadt« als Boomtown
Der als Menetekel bereits seit längerem verkündete Effekt der »Amerikanisierung der europäischen Stadt« ist in den östlichen Bundesländern durch bewußt ausgesetztes planerisches Gegensteuern und durch eingeführte, investitionsanregende Regeln im Ansatz ablesbar, mancherorts auch bereits weit fortgeschritten. Man gewinnt den Eindruck, daß die Zurücknahme des Staates eine Voraussetzung ist, daß sich dieser Prozeß auch in den westlichen Bundesländern bereits zeigt und daß die abgelaufene Entwicklung im Osten ein Experimentierfeld darstellt für den absehbaren, leider von zu vielen schon akzeptierten und im globalen Sinne für nicht aufhaltbar gehaltenen Übergang von der »Bürgerstadt« zur Stadt als Tummelplatz von Investoren, Developern und Geldwäschern. Denen ist es egal, wo sie bauen. Sie suchen nach der höchsten Rendite, die sie anfangs glaubten, in den Zentren der bedeutenden Städte zu erzielen. Als daß ein Trugschluß wurde, wichen sie auf die »grüne Wiese« aus und haben damit in den östlichen Bundesländern neben einem erzielten Maximalgewinn auch zu einem Umkippen des Verhältnisses von Stadt und Land und einer infarktnahen Zunahme des Individualverkehrs geführt. Vielleicht sind die »Zwischenstädte« in der weiteren Entwicklung Flächen Ihres Interesses. Die geistige Vorbereitung läuft bereits darauf hinaus.

Niedergang der Planungs- und Baukultur
Für die Planer und Architekten in den östlichen Bundesländern, aber auch für viele ihrer Kollegen in den westlichen Bundesländern bleibt als Ergebnis, daß Planungs- und Baukultur nur mehr als Begriffe existieren, aber mit dem tatsächlichen Ablauf der Entwicklung fast keine Bedeutung mehr gegeben ist. Der durch die Baupolitik der DDR geförderte Wunsch nach einem Paradigmenwandel zu mehr Bürgerbeteiligung und abgebildetem Bürgerwillen in der Funktion und Gestalt der Stadt ist grundlegend konterkariert durch die politisch zugelassene, wenn nicht geradezu gewollte und scheinbar schon unwiderrufliche Hinwendung zur Stadt als Objekt des Kommerzes. Dabei ist auch hier die Grenze fließend und der Kommerz nimmt »grüne Wiese«, »Zwischenstadt«, Landschaft, geschützten Naturraum, letztendlich alles an unserer Umwelt als Zielobjekt, wenn es sich marktfähig darstellen läßt. Es ist eine der größten Enttäuschungen für viele engagierte und aufgeklärte Menschen in den östlichen Bundesländern, daß das Denken in solchen Kategorien und das Geld an sich eine solche Bedeutung angenommen haben und daß davon so verheerende Wirkungen ausgehen. Die immer wieder von der Politik beklagten Differenzen der Deutschen Ost und der Deutschen West basieren u.a. auch auf der Tatsache, daß letztere hinsichtlich dieses Problems dank längerer Erfahrung aufgeklärter waren und diesen »Wettbewerbsvorteil« im Umgang miteinander deutlich zu nutzen wußten.

Noch eine Wende?: Vom »Wettlauf« der Umweltzerstörer

Man mag zur DDR stehen wie man will, eines zeichnete sie aus und hat das Bewußtsein ihrer Bürger mehr geprägt, als man es anfänglich nach den Ereignissen der Jahre 1989/90 wahrhaben wollte – sie hatte ein gesellschaftliches Leitbild und vermittelte eine Vision. Daß diese aufbaute auf einer falschen Einschätzung des menschlichen Grundmusters und auf unrealen Rahmenbedingungen hat letztendlich auch zu ihrem Untergang geführt, schmälert aber nicht die Tatsache, daß solche Orientierungen wohl notwendig sind.

Platte, quantitative Wachstumsorientierung
Die derzeitige Gesellschaft der Bundesrepublik macht in dieser Hinsicht kaum Anstrengungen, geschweige denn, daß sich in kritischer Situation, wie sie sich derzeit allgemein darstellt, ein gesellschaftlicher Disput um der Sache entwickeln würde. Parteipolitik und Fraktionszwang sind nach wie vor die Grundlagen angeblich verantwortungsvoller Politik, mehr und mehr fernab der Chance der Akzeptanz durch die Bürger. Grundfragen der Existenz werden mit der Frage nach dem auskömmlichen Einkommen und der Beteiligungschance am Konsum beantwortet – das Ganze begründet mit der Notwendigkeit, sich im Prozeß der globalen Entwicklung zu behaupten.

Exportfixierung und der magische Blick nach SO-Asien
Wie gebannt starrt man nach Ostasien und lebt in der Angst, eventuell den Einstieg in den Markt der 1,2 Milliarden Chinesen bereits verpaßt zu haben. Diesen Markt wird es m. E. noch lange nicht geben und wenn, dann nur im Ergebnis einer gründlichen Veränderung der chinesischen Gesellschaft. Derzeit ist nicht zu erkennen, wie dieser Markt durch den dafür erforderlichen Kreislauf des Geldes und die Beteiligung der Menschen als Konsumenten entstehen soll. Nirgendwo auf der Welt wird gegenwärtig ein solcher Ressourcenverschleiß betrieben wie in China, an Natur, an Rohstoffen und an menschlicher Arbeitskraft. Und das alles nach wie vor auf der Basis des Diktats des Mannes an der Spitze des Staates. China ist fernab jeder Demokratie, ohne Rechtsbewußtsein, aber auch ohne Produktionserfahrungen und ohne Qualitätsanspruch. Der Zugang zum Weltmarkt ist nur auf Massenproduktion und ständige neue Inanspruchnahme von Ressourcen gegründet.

Eine neue Streitkultur für Zukunftsfragen
Wer das als Beispiel heranzieht, leugnet den Grad der Aufklärung der Gesellschaft, zumindest in der Bundesrepublik, leugnet Rio 1992 und die Agenda 21, verzichtet auf den Anspruch auf »sustainability development« und nachhaltige räumliche Entwicklung. Außerordentlich bedeutungsvoll ist in dieser Beziehung die Antwort, die die Vereinigung Deutscher Wissenschaftlicher Anfang Juli 1997 in einem Offenen Brief[4] Bundespräsident Roman Herzog auf seine »Berliner Rede« zur Eröffnung des Hotel Adlon am 26. April 1997[5] gegeben hat. Darin sprechen sie sich gegen ein »atemloses Mitrennen um jeden Preis« aus und begründen das stichhaltig. Es wäre allein mit diesen beiden Dokumenten, des Bundespräsidenten Rede und der Antwort der Wissenschaftlervereinigung ausreichend Stoff gegeben, über die Zukunft der Bundesrepublik Deutschland in Europa und der Welt den Diskurs der Gesellschaft herauszufordern. Davon ist nichts zu spüren. Im politischen Raum dominieren nur Entscheidungen im Kurzzeitzyklus wie Nachtragshaushalt, Steuerreform und »Wer wen?« Das reicht nicht mehr. Auf einer solchen Basis ist die Zukunft eines 80-Millionenvolkes im Zentrum Europas nicht ausreichend zu definieren, geschweige denn zu sichern.

Qualifizierung durch Vergröberung?
Mit der Erfahrung im Hintergrund, daß die hochentwickelte Industriegesellschaft der Bundesrepublik mit ihren großen Erfahrungen des Wiederaufbaus nach dem Kriege und der Entwicklung der Folgejahrzehnte, der Herauskristallisierung einer demokratischen Gesellschaft in einem Rechtsstaat in die in Ostdeutschland nach der Wende eintretende Fehlentwicklung trotz Planungs- und Baukultur und vieler hehrer Ziele »sehenden Auges hineingeschlittert« ist, ihr Regelungsinstrumentarium sträflich vernachlässigt hat und auch Kriterien der Wirtschaftlichkeit und Effizienz nicht ausreichend hinterfragt hat, kann man auf der Basis der derzeitigen geistigen Verfassung der Gesellschaft kaum an eine Besserung glauben. Unzulässig herrscht ein Gefühl der Sattheit, auch noch der Überlegenheit in der saturierten Gesellschaft vor, deren offensichtliche Bewegungsunfähigkeit es den »Absahnern« leicht macht, zu behaupten, das Heil läge in einer hemmungslosen Beteiligung am weltweiten Prozeß der möglichst ungeregelten Kommerzialisierung.

Solidarität als positiver Ansatz
Solange die Bundesrepublik Deutschland auf internationalem Parkett, so z. B. auf den UNO-Konferenzen zur Klimapolitik oder im Vorfeld und Verlauf der »habitat 96« vollmundig Erklärungen abgibt und im Grundsatz positive Beschlüsse mit herbeiführt, aber innenpolitisch nicht in der Lage ist, selbst diese Beschlüsse auch nur annähernd umzusetzen, solange versagt die Wirkung des guten Beispiels und sie bleibt für die Weltöffentlichkeit unglaubwürdig.

Unter diesen äußeren Bedingungen und inneren Befindlichkeiten ist es schwer, sich den Zustand dieser Gesellschaft als Teil Europas und z. B. ihr baukulturelles und Planungsverständnis im nächsten Jahrtausend, auch im nächsten Jahrhundert, selbst im nächsten Jahrzehnt vorzustellen. Die notwendige nachhaltige und ressourcenschonende Politik erfordert nicht eine Zurücknahme staatlicher Verantwortung, Deregulierung um jeden Preis und Aufgabe von Planungsnotwendigkeit, sondern eine deutliche Zunahme der Kompetenz und des bewußten Handelns auf allen diesen Gebieten. Aber wie ist das z. B. in einer Gesellschaft vermittelbar, in der das Bruttosozialprodukt als Parameter der wirtschaftlichen Leistungskraft an den Produktions- und Verkaufszahlen von Personenkraftwagen gemessen wird, deren Einflüsse auf das Weltklima bei ihrer Inbetriebsetzung inzwischen allgemein bekannt sind?

In der Natur kann man wohl gelegentlich auf die Selbstheilungskräfte setzen, in der menschlichen Gesellschaft erscheint das mehr als zweifelhaft. Viele Forderungen nach umgehendem Umdenken und Umsteuerung des Wachstumsprozesses sind nicht mehr ganz neu. Diese werden aber von den Entwicklungsländern, wie unlängst wieder bei der »habitat 96« in Istanbul geschehen, im Konflikt mit den hochentwickelten Industrieländern grundsätzlich und aus ihrer Sicht nicht unbegründet abgelehnt. Die Verfassung der hochentwickelten Industrienationen, die vor kurzem auf der Rio-Nachfolgekonferenz in New York deutlich wurde, war alles andere als ein Beispiel für die anderen Länder.

Eine Neuordnung ist überfällig
Unsicherheitsfaktoren gibt es in dieser Welt nach dem Ende des Kalten Krieges und des Zusammenbruches der Sowjetunion mehr als genug. Die Anstrengungen der internationalen Gemeinschaft, diese zu beherrschen, sind außerordentlich gering. Will man neue militärische Auseinandersetzungen vermeiden, bleibt nur das Mittel der Annäherung der Qualität der Lebensbedingungen, also auch des Teilens. Nichts scheint derzeit schwerer zu vermitteln zu sein, als ein solcher Weg – auch in Deutschland. Dabei sind gerade die Lebensbedingungen für die Allgemeinheit in Rußland und den Nachfolgestaaten der ehemaligen Sowjetrepubliken außerordentlich kompliziert. Die Menschen

leben teilweise heute unter Bedingungen, die weit unter dem Standard des Lebens in der Sowjetunion liegen. Es bleibt die bisher unbeantwortete Frage, wie lange sie diesen Zustand aushalten bzw. welche Bewegung wann für Europa von dort ausgehen wird. Die Aufmerksamkeit der Öffentlichkeit der Bundesrepublik nimmt die baltischen Republiken, St. Petersburg und Moskau noch war. Tschetschenien war als Kriegsschauplatz Thema. Nur wenige Eingeweihte wissen, welch verheerende Entwicklung in den Transkaukasischen Republiken Georgien, Armenien und Aserbaidschan im Ergebnis nationalistischer und ethnischer Spannungen eingetreten ist. All das und vieles andere wäre einzukalkulieren, wollte man versuchen, auch einen Ausblick auf die Rolle von Planung, Baukultur, den Rahmen für das Zusammenleben der Menschen in einem Vierteljahrhundert zu werfen. Wer traut sich das zu?

Anmerkungen

1 Akademie der Künste, Reihe Fokus Berlin, Heft 2/1990, s. Statement M. Bräuer im Verlauf der Veranstaltung der Abt. Baukunst am 20. Januar 1990.
2 Dr. Klausi Andrä (gest. 1997), »Städtebauliche Entwicklungen 1945 bis 1989 im Osten Deutschlands« in »Alte Städte – Neue Chancen« Monumente Kommunikation GmbH 1996, S. 135 ff.
3 Autorenkollektiv, »Handbuch für Architekten«, VEB Verlag Technik Berlin 1954 »Grundsätze des Städtebaus« S. 101 ff.
4 »Neues Deutschland« Berlin vom 3. Juli 1997.
5 »Tagesspiegel« (Berlin) vom 27. April 1997.

Dietrich Fürst

Der Wandel raumplanerischer Leitbilder – Wandel raumplanerischen Denkens

Begriff der raumplanerischen Leitbilder (Konzepte) und die Besonderheit der Raumplanung als Politikfeld

Raumplaner/innen arbeiten konzeptionell, um ihre Aufgabe der räumlichen Koordination und Entwicklung »zukunftsfähiger räumlicher Ordnungsstrukturen« bewältigen zu können. Aber unter raumplanerischen Konzepten verstehen sie sehr Unterschiedliches. Während die einen alles das mit Konzepten gleichsetzen, was raumplanerische Praxis ist, verstehen andere darunter: auf räumliche Interaktionsgeflechte bezogene theoriegeleitete Ordnungs- und Entwicklungsvorstellungen. Folglich bedarf es zunächst einer Klärung, was Konzepte sind und wie sie sich gegen »Leitbilder« abgrenzen.

Konzepte haben handlungsordnende und -leitende Funktion und sind strategisch angelegt: zur Erreichung bestimmter Ziele. Sie sind raumspezifisch konkretisierte Ziel-Mittel-Systeme (vgl. Dietrichs 1995, 547). Sie unterscheiden sich von räumlichen Leitbildern dadurch, daß letztere ideale Visionen von Ordnungen und Entwicklungen darstellen.

Bei Konzepten sind zwei Kategorien zu unterscheiden: die generalisierten (meist theoriegeleiteten) Konzepte und die regionalisierten (operationalisierten) pragmatischen Konzepte. Die generalisierten Konzepte werden überwiegend deduktiv entwickelt – sie basieren auf theoretischen Überlegungen oder werden zumindest mit diesen begründet. Sie sind von Leitbildern kaum zu unterscheiden, wenngleich die Planungsdiskussion sie unter »Konzepten« führt (s. Dietrichs 1995). Daß die Begriffe Konzepte und Leitbilder auf dieser abstrakten Ebene häufig synonym gebraucht werden, hängt wohl u. a. damit zusammen, daß die in den 50er und 60er Jahren intensiv geführte Leitbild-Diskussion in der Raumplanung (s. SARO-Gutachten 1961, Ernst 1970, Storbeck 1982) Ende der 60er Jahre jäh abbrach, weil Leitbilder als statisch, konservativ und ideologisch geprägt empfunden wurden.

Die regionalisierten Konzepte sind primär induktiv entstanden – abgeleitet aus den konkreten Handlungsbedarfen und Handlungsmöglichkeiten vor Ort, aber integriert in eine übergreifende widerspruchsfreie Gesamtsicht. Die erste Kategorie hat heute erheblich an Bedeutung verloren. Die zweite Kategorie erlebt umgekehrt einen »boomartigen« Aufschwung, wobei solche Konzepte aber eher den Charakter von Leitbildern annehmen: »die Beschreibung des anzustrebenden Zustandes, der anvisierten räumlichen Ordnung« (Lendi 1995, 626): Es gibt kaum noch Pläne zur Stadtentwicklung oder Raumplanung, die sich nicht auf solche »Leitbilder« berufen, die sie begründen sollen.

Im folgenden befasse ich mich nur mit der ersten Kategorie, weil diese mit der Entwicklung der deutschen Raumordnungsdebatte so eng verbunden ist, daß an ihr der paradigmatische Wandel der Raumordnung deutlich gemacht werden kann. Dabei geht es weniger um die Inhalte solcher »Leitbilder« (Konzepte), sondern primär um die dahinter stehenden Denkmuster. Mich interessiert dabei, welche Funktionen solche Leitbilder in der Praxis haben und welchen Wandlungen sie ausgesetzt sind, zumal Raumplanung in besonderem Maße politischen und »zeitgeistbedingten« Einflüssen unterliegt, die sich in den Leitbildern niederschlagen müssen, weil Leitbilder nur dann akzeptanzfähig sind, wenn sie den Änderungen im politischen, ökonomischen, technologischen und sozio-

kulturellen Umfeld Rechnung tragen. Ich beziehen mich dabei auf die vier von Dietrichs als für die Raumplanung prägend herausgestellten Konzepte, die zeitlich nacheinander entwickelt wurden:
- Gebietskategorien (Verdichtungsräume und ländliche Räume)
- zentrale Orte und Achsen (heute meist erweitert zum Leitbild der »dezentralen Konzentration«)
- Regionen (und ausgeglichene Funktionsräume) sowie
- Vorranggebiete (auf Basis der funktionsräumlichen Arbeitsteilung)

Raumplanung hat sich längst von ihren technokratischen Ausgängen weg zu einem Politikfeld entwickelt, in dem es um Interessenaustragung über die Verteilung der knappen Ressource »Raum« geht. Aber dieses Politikfeld paßt schlecht in die politischen Arenen sektoraler Interessenaustragung, weil es »quer« zu den Strukturen der Politikgestaltung liegt. Es nimmt eine Zwitterstellung ein
1. zwischen ideellem Kollektivgutdenken und sektoraler Interessenpolitik
2. zwischen Wissenschaft und Praxis
3. zwischen Anwaltsplanung für strukturschwache Räume und gesamträumlicher »Regierungserklärung«

Dazu kurz einige Erläuterungen:
- *Raumplanung ohne Lobby*

Raumplanung ist das einzige Politikfeld, das weder eine Lobby hat noch über eigene Machtressourcen verfügt noch einen in Geld ausdrückbaren materiellen Nutzen für die Gesellschaft erzeugt. Der Nutzen der Raumplanung ist lediglich über plausible Vermutungen darzustellen, was geschehen wäre, wenn die Raumplanung nicht existierte. Historisch ist Raumplanung zwar aus dem Bedarf heraus entstanden, die Freiraumfunktionen in Verdichtungsräumen nicht durch disperse Zersiedelung so zerstören zu lassen, daß lebenswichtige Grundlagen vernichtet werden (Prager 1930; Rapaport 1930, Schmidt 1930). Der Siedlungsverband Ruhrkohlenbezirk, als der »Ahnherr« der neueren deutschen Raumplanung, entstand u. a. auch deshalb, weil die rasante Zerstörung von Wäldern und Freiflächen die Erholungsfunktion für Arbeiter drastisch reduzierte,[1] so daß der Regierungspräsident von Düsseldorf 1910 eine »Grünflächenkommission« einberief, die Lösungen gegen die Vernichtung der Freiraumfunktionen entwickeln sollte (Fürst/Ritter 1993, 6).

Aber da dieses Problem inzwischen über Raumplanung und Umweltschutzpolitik politisch-institutionell eingefangen wurde, unterstützt es nicht mehr die Raumplanung: Wenn alles geordnet ist – wozu braucht man noch Raumplanung? Raumplanung muß deshalb in das Bewußtsein der Politiker vermittelt werden, und das bedeutet im medialen Zeitalter: ihre Nützlichkeit muß inszeniert werden. Dafür bieten sich aber wenige Gelegenheiten, und zudem nimmt die Raumplanung die Gelegenheiten der Inszenierung noch viel zu wenig wahr. Eine der wenigen »Sternstunden« raumplanerischer Inszenierung war die einprägsame Darstellung der zunehmenden Freiraumverluste in NRW sowie auf Bundesebene (MLS NRW 1985; BMBau 1986).

- *Raumplanung ohne Erfolgskontrolle*

Raumplanung ist ein Politikfeld, das weniger durch reflexive Prozesse des eigenen Tuns lernen kann: indem sie feststellt, ob ihre Problemlösungen die wahrgenommenen Probleme wirksam lösen oder neue Probleme schaffen, auf die wiederum reagiert werden muß. Denn solche Evaluierungen lassen sich nur schwer durchführen (vgl. Hellstern/Hübler/Wollmann 1984; ARL 1995, 188 f.): Die Ursache-Wirkungs-Relation ist nicht zu präzisieren (Zurechnungsproblem), Erfolge stellen sich erst nach Jahren ein (Zeitaspekt), die qualitative Wirkung der Raumplanung läßt sich mit den quantifizierbaren Indikatoren nur dürftig erfassen (Indikatorenproblem) u. ä. Konzeptionelle Diskussionen in der Raumplanung werden folglich weniger an ihren praktischen Erfolgen reflektiert, sondern eher an wissenschaftlichen Idealvorstellungen. Konzeptionelle Vorgehensweisen, Leitbilder und Zieldiskussionen der Raumplanung wurden deshalb i. d. R. stärker von der Wissenschaft beeinflußt als es für andere Politikfelder typisch ist (vgl. den Überblick bei Curdes et al. 1985, 51 ff.).

– *Raumplanung mit dominanter Fixierung auf ländlichen Raum*
Raumplanung hat zwar den Anspruch, den Raum für alle raumrelevanten Aktivitäten zu beplanen und folglich auch die raumbezogene Koordination aller raumrelevanten Maßnahmen vorzunehmen. Insofern ist sie Teil einer »Regierungserklärung«, die Aussagen über die Verwendung knapper gesellschaftlicher Ressourcen macht. Aber in der Praxis argumentierte die Raumplanung lange Zeit aus der Perspektive der ländlichen und strukturschwachen Räume und verstand sich implizit als deren Anwalt. Das hatte historische Gründe: Die Raumplanung der unmittelbaren Nachkriegszeit war in ihrem paradigmatischen Denken wesentlich geprägt worden von der Raumplanung der Vorkriegszeit. Dort dominierten die Großstadtfeindlichkeit und eine besondere Aufmerksamkeit für ländliche Räume. Hinzu kam nach dem Krieg als Aufgabe, die interne Integration des künstlichen Gebildes Bundesrepublik zu sichern, was im dominanten Ost-West-Konflikt vor allem auch hieß: zurückgebliebene Räume zu fördern und das grundgesetzliche Kriterium für Bundesaufgaben, nämlich die »Wahrung der Rechts- oder Wirtschaftseinheit, insbesondere die Einheitlichkeit der Lebensverhältnisse über das Gebiet des Landes hinaus« (Art. 72 (2) GG),[2] zu einem raumplanerischen Ziel zu machen.[3] Die Berücksichtigung der Verdichtungsräume in Paragraph 2 Bundesraumordnungsgesetz ging wesentlich auf Initiativen des Deutschen Städtetages zurück, und die Abgrenzung von Verdichtungsräumen durch die Ministerkonferenz für Raumordnung (MKRO-Beschluß vom 21.11.1968) diente primär dem Zweck, Räume zu definieren, die einer geringeren raumplanerische Fürsorge bedurften.

Raumplanerische Leitbilder sind in erheblichem Maße wissenschaftsinduziert

Diese Besonderheit des Politikfeldes Raumplanung hätte dazu angetan sein können, Leitbild- und Konzeptions-Diskussionen besonders intensiv zu betreiben. Denn damit hätte
– ein differenzierter Grundkonsens unter den Planern geschaffen werden,
– eine prononciertere politische Formierung gegenüber Fachressorts und der kommunalen Bauleitplanung erreicht werden,
– eine politische Profilierung anvisiert werden können, die Außenstehenden deutlicher machen könnte, was Raumplanung will (und gegebenenfalls leisten kann).

Aber die raumplanerische Praxis artikulierte lange Zeit auf unterschiedlichen Ebenen unterschiedliche Bedarfe an übergeordneten Raumnutzungskonzepten. Während die obere Landesplanung einer solchen Diskussion immer offen gegenüberstand und in der Auseinandersetzung mit dem Bund verstärkt auch Fragen des raumplanerischen Leitbildes aufgriff, suchte die regionalplanerische Praxis eher konkrete und das praktische Handeln unterstützende Ordnungsmodelle – ihr Theoriebedarf lag auf analytischer und legitimatorischer Ebene.

Die in den 50er und 60er Jahren geführte »Leitbild-Diskussion« vollzog sich primär auf der eher abgehobenen Ebene des Bundes, und zwar im Zusammenhang der Vorbereitung der Raumordnungsgesetze auf Bundes- und Landesebene, wozu 1955 der Sachverständigenausschuß für Raumordnung (SARO) eingesetzt worden war. In unserem Verbundföderalismus, der die raumplanerische Verflechtung zwischen Bund und Ländern impliziert, suchte man nach einer gemeinsamen normativen Grundlage für die Raumplanungsgesetze (SARO 1961). Die Leitbild-Diskussion hatte zum großen Teil legitimatorische und integrative Funktion, gab es doch zur damaligen Zeit noch erhebliche ordnungspolitische Bedenken gegen eine staatliche Raumplanung (Storbeck 1959) und mußten doch die unterschiedlichen gesellschaftlichen Gruppen zur Zustimmung gewonnen werden (vgl. Ernst 1970). Aber die Leitbild-Diskussion entsprach wenig der Logik politischer Entscheidungsfindung bei konkretem Handlungsbedarf, die problemorientiert, auf raum-zeit-gebundene Kompromisse und mit zunehmender Pluralisierung der Interessenstruktur opportunistisch agiert. So machte auch die Behandlung des SARO-Gutachtens letztlich nur deutlich, in welchem strukturellen Widerspruch sich Raumplanung befindet, die wissenschaftsbezogen agiert, an langfristigen Leitbildern ausgerichtet sein soll und fachübergreifend integrativ arbeiten will, gegenüber der Vorliebe politischer Entscheidungsarenen für ad-hoc-Entscheidungen mit an Legislaturperioden gebundenen Zeithorizonten und dominantem Bestreben, Probleme »vom Tisch« zu bekommen statt Lösungen wissenschaftlich zu optimieren.

Raumplanerische Leitbilder haben zwar Orientierungsfunktion, können aber in der Praxis auch noch andere Funktionen einnehmen: Sie dienen häufig der wissenschaftlichen Unterstützung planerischen Handelns, was in den 50er und 60er Jahren angesichts der noch starken Wissenschaftsgläubigkeit durchaus auch politisch bedeutend war. Infolgedessen müssen raumplanerische Konzepte immer auf zwei Ebenen diskutiert werden: der Ebene der Idee und der Ebene der praktischen Anwendung.

Für das Folgende ist die erste Ebene von Interesse: Sie gibt Einblicke in Paradigmata, die von Raumplanern (oder wenigstens einigen relevanten Persönlichkeiten der »professional community«) für gewisse Zeiträume als Leitlinie verstanden wurden und offenbar – weil sie dem Zeitgeist der »Zunft« entsprachen – auch bei Praktikern hohe Resonanz fanden. Mit »professional community« soll die Gruppe professioneller Akteure eines Handlungsfeldes bezeichnet werden, die durch gemeinsame Orientierungen und gemeinsame Arbeitsobjekte ein hohes Maß an Interaktion unterhalten. Zeitgeist meint kognitive Einflüsse, die das Denken (und Handeln) bestimmen, aus gesellschaftshistorischen Bedingungen begründet werden können, jedoch nicht dem spezifischen professionellen Denken entspringen.

Paradigmatisches Denken einer Zunft wandelt sich als Folge
– neuer Probleme, die mit den bisherigen Deutungsansätzen schlecht oder gar nicht bearbeitet werden können,
– neuer Ideen/Leitbilder, die als besser geeignet gelten, bestehende Aufgaben zu bearbeiten,
– neuer Akteure, die mit einem neuen paradigmatischen Ansatz »Felder besetzen« wollen.

In der Raumplanung wird – wegen der geringeren Bedeutung von »Wirklichkeitstests« – der paradigmatische Wandel – ähnlich wie in der Stadtplanung (vgl. Albers 1975). stärker von kognitiven Strömungen der Wissenschaft geprägt. Diese besondere Affinität der Raumplanung zur Wissenschaft wurde in Deutschland noch dadurch geprägt, daß
– von Anfang an (hier: seit Organisation in der nationalsozialistischen Zeit, vgl. Venhoff 1997) Raumplanung eine wichtige Machtressource aus der Wissenschaft bezog. Da die Raumplanung immer schon ressourcenschwach ausgestattet wurde, mußte sie auf die Wissensressource Hochschule zugreifen, was vor dem Krieg durch Hochschularbeitsgemeinschaften der »Reichsarbeitsgemeinschaft für Raumforschung« organisiert wurde, nach dem Krieg über die Akademie für Raumforschung und Landesplanung (ARL) lief;
– Raumplanung ursprünglich mit einem technokratischen Planerverständnis antrat: Planung wurde als technische Disziplin verstanden (deshalb an den Hochschulen den Ingenieurwissenschaften zugeordnet), und Raumplaner der nationalsozialistischen Zeit hatten keine Schwierigkeiten, vor

dem Krieg der nationalsozialistischen Ideologie und nach dem Krieg der demokratischen sozialen Marktwirtschaft zu dienen (vgl. Meyer 1969). Raumplaner waren der Wissenschaft besonders zugetan, weil sie sich davon die objektiven Grundlagen ihrer Arbeit versprachen, gleichzeitig Unterstützung und Legitimation für ihre Aussagen gegenüber Fachressorts.
- Raumplaner/innen ein relativ dichtes Interaktionsnetz zwischen Wissenschaft und Praxis unterhalten, verstärkt durch die ARL und die Bundesforschungsanstalt für Landeskunde und Raumordnung (BfLR, in den 70er Jahren in besonderem Maße intensiviert unter Leitung von Karl Ganser). Diese Interaktionsdichte fördert einerseits das »Zunftdenken«, bringt aber andererseits auch spezifische raumplanerische Paradigmata hervor, denen eine gewisse Tendenz zur Produktion »virtueller Realität« nicht abzusprechen ist (Fürst 1996).

Praxis ist durch erhebliche Kosten der Veränderung[4] behindert, sich schnell zu wandeln. Deshalb braucht sie den »Zwang zum Lernen« (K. W. Deutsch), um sich zu verändern. Raumplanung konnte diesen Zwang zum Lernen lange Zeit ignorieren – weder der Druck der Wissenschaft noch der Druck der Politik waren bis in die 60er Jahre hinein so groß, daß Änderungen notwendig wurden.

Bis dahin setzten sich neue wissenschaftliche Ideen überwiegend über einen Generationenwechsel in praktische Arbeit um: Jüngere Planer brachten die Paradigmata der Universitäten in die Praxis und bemühten sich, »besser« als die Alten zu sein. Für die deutsche Raumplanung hatte der Generationenwechsel bis etwa mit Mitte der 60er Jahre aber keine größeren Auswirkungen, weil die »Neuen« viel zu wenige waren, während die »Alten« weitgehend die Planungspraxis bestimmten. Folglich gab es über Jahrzehnte eine beträchtliche Kontinuität in den Leitbildern:
- das Gebietskonzept und das für die Raumplanung leitende Zentrale-Orte-Konzept stammten aus der Vorkriegszeit;
- das Regionenkonzept war ebenfalls schon vor dem Kriege bekannt;
- das in den Grundsätzen der Raumordnung (§ 2 ROG) enthaltene »Leitbild« war eine Ansammlung normativer Vorstellungen unterschiedlicher gesellschaftlicher Gruppen, bewegte sich aber weitgehend ebenfalls in den traditionellen Bahnen (von stärkerer Ausrichtung am Konzept der »Sozialen Marktwirtschaft« und der Aufwertung der Verdichtungsräume abgesehen).

Die geringe Veränderung des paradigmatischen Denkens der Raumplanung hing auch damit zusammen, daß bis Ende der 60er Jahre deutsche Hochschulen praktisch keine Raumplanerausbildung anboten und auch kaum wissenschaftliche Arbeit in normativen Fragen leisteten: Sofern raumplanerische Belange an Hochschulen bearbeitet wurden, waren es empirische Analysen und Prognosen (»Raumforschung«) oder Untersuchungen zu Methoden, Instrumenten und Einzelzielen (Curdes et al. 1985, 4 ff.). Insofern gab es auch nur eine geringe Professionalisierung der Planer – man lernte Planung »on the job«. Potentielle Raumplaner rekrutierten sich bis dahin aus den Disziplinen Agrarwissenschaft, Geographie, Wirtschaftswissenschaften, Bauingenieurwesen oder (innerbehördlich) aus Verwaltungsjuristen – denn dort, wo die Raumplanung in der Innenverwaltung ressortierte (Innenministerium oder Staatskanzlei), wurde sie meist von einem Juristen geleitet.

Eine nennenswerte Beschäftigung mit Konzepten der Raumplanung begann erst Mitte der 60er Jahre, und zwar in zwei Feldern
- im Bereich der Regionalpolitik, wo vor allem die Wirtschaftswissenschaften sich stärker der Praxisberatung zuwandten und insofern vom alten Weberschen Ideal der »wertfreien Wissenschaft« abzurücken begannen, d. h. sich normativen Ansätzen öffneten. Hier wurden über eine große Zahl von Beiträgen Vorschläge zur Effektivierung der Regionalpolitik unterbreitet, basierend auf unterschiedlichen regionalen Entwicklungskonzepten (Curdes et al. 1985, 135 f.);
- im Bereich der raumplanerischen Zieldiskussion, wo mit dem Aufkommen der »integrierten Entwicklungspläne« und der Diskussion zum »Bundesraumordnungsprogramm« (seit 1969) inte-

grierende Zielsysteme und Planungsmethoden benötigt wurden. Auch hier waren es vor allem Wirtschaftswissenschaftler, die sich an dieser Diskussion beteiligten. Von den Wirtschaftswissenschaftlern kamen über die regionale Wirtschaftspolitik Anregungen z. B. zu »Wohnwert-, Arbeitswert-, Freizeitwertorientierung« (Jürgensen. 1966) oder zur »produktivitätsorientierten Regionalpolitik« (Produktivitätsorientierte Regionalpolitik, 1965).

Lebhafte Diskussionen kreisen um das Zentrale-Orte-Konzept, später (vor allem angeregt durch die BfLR) über Forschungsfragen zum Bundesraumordnungsprogramm) um Ansätze zu Entwicklungszentren, Wachstumspolen und Entwicklungsachsen. Dabei waren wesentliche Koordinatoren dieser Diskussionen die BfLR (unter der Leitung von Karl Ganser) und die ARL:

– Über das BMBau und seine nachgeordnete Behörde BfLR wurde der Wissenschaft-Praxis-Dialog in einer Weise intensiviert, daß die verwissenschaftlichte Praxis zeitweise mehr Anregungen in die Wissenschaft einspeiste als umgekehrt (vgl. Curdes et al. 1985, 17): Die Forschungssteuerung durch die unter Ganser neu konzipierte Organisation der Auftragsforschung der BfLR (Entwicklung leitliniensetzender Fragestellungen, Ausschreibung der Aufträge und Wettbewerb der wissenschaftlichen Anbieter, Kontrolle der Ergebnisse über die Organisation des Wissenschaft-Praxis-Dialogs) wurde zeitweise der Motor der wissenschaftlichen Entwicklung in der Raumplanung;
– die ARL intensivierte über praxisbezogene Arbeitskreise und Tagungen die Weiterentwicklung von Inhalten, Methoden und Grundlagen raumplanerischer Arbeit;
– der praktische Beratungsbedarf wurde von wissenschaftlich arbeitenden Beratungsbüros bedient.

In der ARL entwickelte sich zudem eine lebhafte Diskussion zwischen einer Gruppe von Wissenschaftlern (und Praktikern), die den Auftrag der Einheitlichkeit der Lebensverhältnisse konsequent zu einem Raumordnungskonzept der »ausgeglichenen Funktionsräume« ausbauten (Marx 1972; 1975), während etwas später eine andere Gruppe im Zuge der Globalisierung und wirtschaftlichen Strukturwandlungsprozesse, aber auch demographischer Strukturveränderungen und der zunehmenden Bedeutung von Umweltschutz und der so genannten Naturraumpotenziale in der Raumordnung auf wachsende regionale Differenzierung nach dem Konzept der »funktionsräumlichen Arbeitsteilung« setzten (Affeld 1972; Kummerer/Schwartz/Weyl 1975). Beide Gruppen repräsentierten unterschiedliche »Zeitgeistströmungen«: während die Gruppe um Marx die grundgesetzliche Sozialstaats- und Ausgleichsmaxime in Raumplanung umzusetzen versuchte, die in den 60er Jahren als Folge der zunehmenden Disparitäten im Raum und in der Sozialstruktur immer intensiver zum Thema gemacht wurde (etwa im Bildungs- und Hochschulwesen, in der regionalen Wirtschaftspolitik, in der Verkehrspolitik), war die Gruppe um Weyl eher an den neuen Strukturveränderungen orientiert, die durch die intensivere Integration der deutschen Wirtschaft in die internationale Arbeitsteilung, die Umweltschutzbewegung und die demographischen Veränderungen (sinkende Geburtenraten) ausgelöst wurden.

Es ist nicht zu bestreiten, daß die Praxis für die wissenschaftliche Diskussion Resonanz zeigte. Aber blickt man genauer hin, so erkennt man eher ernüchternde Beziehungen:
– Die Resonanz fand sich fast ausschließlich auf staatlicher Ebene – dort, wo übergeordnete Konzepte benötigt wurden, relativ abgehobene raumplanerische Zielvorgaben aufgelegt wurden und die Beziehung zur Wissenschaft auch als Machtressource empfunden wurde (viele Länder unterhielten ihre eigenen raumplanerischen Forschungseinrichtungen);
– aber obwohl die Landesplanung die ideologische Grundlage der Planungs-Leitbilder hätte nutzen können, um die Regionalplanung auf gemeinsame Linien auszurichten und gegenüber Fachressorts eine überzeugendere Position vertreten zu können, hat die Landesplanung von wissenschaftlichen Konzepten wenig Gebrauch gemacht – selbst in der Hochphase der Planung (1967–1974),

Wandel raumplanerischer Leitbilder – Wandel raumplanerischen Denkens

als integrierte Entwicklungspläne diskutiert und vorgelegt wurden, spielten theoriegeleitete Konzeptionsüberlegungen eine untergeordnete Rolle (Schäfer 1975);
- demgegenüber war auf regionaler Ebene, wo die Ziele zu konkretisieren, problemspezifische sowie kleinteilige Konfliktlagen auszutragen waren und politische Arrangements gefordert wurden, eine Resonanz kaum zu spüren;
- selbst dort, wo Resonanz bestand, wurden die Konzepte nur auf der begrifflichen Ebene aufgegriffen[5] – sichtbar an den Raumordnungsberichten von Bund und Ländern, den Entschließungen und Beschlüssen der MKRO sowie an den Empfehlungen des Wissenschaftlichen Beirats beim Bundesraumordnungsminister.[6] Aber in der methodischen und inhaltlichen Umsetzung bestanden erhebliche Unterschiede, weil die Begriffe sehr unterschiedlich (nämlich pragmatisch) genutzt wurden (vgl. Curdes et al. 1985, 19) Eher handelte es sich um einen Prozeß praktischer Aneignung wissenschaftlicher Begriffe, ohne daß die Inhalte mittransportiert wurden.

Wegen der Nähe zur Wissenschaft sind raumplanerische Leitbilder auch stark zeitgeistabhängig

Die Diskussionen zu generalisierten Konzepten (Leitbildern) endeten etwa Mitte der 80er Jahre. Es wurde zunehmend deutlich, daß der Nutzen für die praktische Raumplanung gering blieb. Inzwischen hatten sich zudem Rahmenbedingungen erheblich gewandelt, und Themen wie
- die neue Aufgabe Umweltpolitik, die sich als Folge des gewachsenen Umweltbewußtseins in den Vordergrund der politischen Aufmerksamkeit drängte,
- der Rückbau des »Wohlfahrtsstaates« – mit deutlicher Hinwendung zu mehr Selbsthilfe und eigenständiger Regionalentwicklung,[7]
- die »Modernisierung« der Verwaltung mit neuen staatlichen Steuerungskonzepten und stärkerer Nutzung der »public-private-partnership« (Ganser 1995), insbesondere auf der regionalen Ebene (»regionalisierte Strukturpolitik« in NRW und anderen Ländern)

lösten die »grand design«-Diskussion ab.
Dieser Wandel macht auf die besondere »Zeitgeistabhängigkeit« der Raumplanung aufmerksam. Zwar ist Politik immer zeitgeistgebunden, da sie auf Akzeptanz angewiesen ist, die wiederum vom Management der Themenwellen und vom Wandel kognitiver Muster beeinflußt wird. Aber Raumplanung ist in besonderer Weise abhängig vom Zeitgeist, weil
- die politische Relevanz der Raumplanung weniger von ihren materiellen Leistungen, sondern primär von politisch-administrativen Deutungsprozessen beeinflußt wird,
- Raumplanung eine politisch-administrative Querschnittaufgabe ist, welche die sektoralisierten Politikstrukturen übergreift. Raumplaner sind folglich offen für aktuelle Diskussionen in verschiedenen Politikfeldern; die wiederum vom Zeitgeist beeinflußt werden;
- Raumplaner wegen ihrer Querschnittfunktion latent einen gesellschaftlichen Auftrag empfinden, ordnend und koordinierend politische Prozesse zu begleiten. Deshalb wurden die gesellschaftspolitischen Diskussionen der 60er und 70er Jahre mit am intensivsten in den planerischen Disziplinen reflektiert und aktiv begleitet.

Was Zeitgeist ist, hängt von Deutungsprozessen ab, wobei für unterschiedliche Gruppen andere Deutungsprozesse und Zeitgeistvorstellungen relevant sein können. Wie solche Deutungsprozesse die Planung beeinflussen, war am ausgeprägtesten beim Zusammenbruch der Planungseuphorie Mitte der 70er Jahre zu beobachten: relativ abrupt brach die bisherige Planungs-Diskussion ab, weil sie sich als realitätsfremd erwies (vgl. die materielle Kritik am damaligen Planungsideal bei

Sieverts/Ganser 1994, 250 f.). Sie wurde von der wissenschaftlichen Diskussion der Vollzugsprobleme abgelöst (Mayntz 1980). Die akademische Konzeptions-Diskussion in der Raumplanung zeigte sich davon jedoch unberührt. Sie ging bis in die 80er Jahre weiter, auch wenn die theoretische Auseinandersetzung um »ausgeglichene Funktionsräume« und »funktionsräumliche Arbeitsteilung« in der Praxis immer weniger Widerhall fand. Dort zog inzwischen eine Variante der funktionsräumlichen Arbeitsteilung ein, die Vorranggebiets-Konzeption. Die Führungsrolle der Innovation im Denken und Experimentieren ging sogar teilweise auf die Planungspraxis über, in der der Generationswechsel in vollem Gange war und die Wissenschaft-Praxis-Koppelung pragmatisch intensivierte. Die daraus resultierenden Impulse zielten aber nicht auf den Bedarf nach neuen inhaltlichen Konzepten, sondern nach Überdenken der Planungsphilosophie, um die Distanz zwischen wissenschaftlicher Diskussion und praktischer Umsetzung abzubauen. Denn

— im Vordergrund stand immer mehr die Beschäftigung mit neuen raumplanerisch relevanten Einzelthemen. Raumplanung wurde zunehmend als »Aktionsplanung« verstanden (vgl. Scholl 1995);
— die von der Wissenschaft vorgeschlagenen neuen Konzepte waren in der vorgetragenen Allgemeinheit für die jetzt in den Vordergrund tretende Regionalplanung (die der eigentliche Umsetzer der Raumplanung ist) kaum umsetzbar;
— die neue Planergeneration wollte »etwas bewegen« und die Planung umsetzungsorientierter machen; nicht die Verfeinerung von Planungsverfahren und Bewertungstechniken war die Lösung für Umsetzungsschwächen der Planung, sondern die zunehmend schwieriger werdenden Konsensfindungsprozesse über Planinhalte und die Selbstbindung der Adressaten an Planziele;
— zudem verlagerten sich die Probleme der Planungspraxis auf die Auseinandersetzung mit konkurrierenden Planungsansätzen in der Landschaftsplanung und regionalen Wirtschaftspolitik, die mehr politische Aufmerksamkeit auf sich zogen als die herkömmliche Raumplanung.

Die Praxis arbeitete keineswegs konzeptionslos. Aber die treibenden Kräfte befanden sich auf der Ebene der Regionalplanung, und die von ihnen verwendeten Konzepte entstanden induktiv: aus den regionalen Gegebenheiten, unter Vernetzung von Vorranggebieten mit dem Ziel, damit die Wirksamkeit der Einzelgebiete zu erhöhen (Freiraumentwicklungskonzepte; räumliche Konzepte einer standortgerechten Landwirtschaft, regionale Abfallwirtschaftskonzepte etc.).

Der neue Pragmatismus in der Planung kann mehr bewegen

Der damit verbundene neue Pragmatismus scheint für Raumplanung strukturbedingt zu sein. Denn Raumplanung widersetzt sich mit zunehmender Pluralisierung der Gesellschaft und zunehmender Dynamik in der Veränderung der Rahmenbedingungen einer theoriegeleiteten Konzeptionalisierung:

— Je mehr sich die Gesellschaft ausdifferenziert, um so mehr institutionalisierte Interessen und Werthaltungen wirken auf die Raumplanung ein. Damit wächst die Zahl der Konfliktfronten der Raumplanung (mit Landwirtschaft, Straßenbau, Rohstoffabbau, Kommunen, Naturschutz etc.), und die Zahl der Akteure nimmt zu (man vergleiche die Listen Träger öffentlicher Belange der 60er mit denen der 90er Jahre!), so daß sich auch die Landesebene tendenziell aus der Raumplanung zurückzieht und die kleinerräumige Ebene als Handlungsebene verstärkt, konkret: die Regionalebene aufwertet.[8]

- Je schneller sich die Rahmenbedingungen wandeln, wobei vor allem der im Zuge der Globalisierung und Telematik stattfindende wirtschaftliche Strukturwandel die räumlichen Funktionszuweisungen verändert, Städtehierarchien in Frage stellt (Städtenetze treten zunehmend an deren Stelle (Ritter 1995)), und auch die herkömmlichen raumplanerischen Ordnungsmodelle wie zentrale Orte ihren Sinn verlieren läßt (Koschitz 1993), um so weniger sinnvoll sind differenzierte Ordnungskonzepte, sondern um so mehr muß zwischen langfristigen Struktur- und mittelfristigen Handlungszielen unterschieden werden (vgl. ARL 1995, 275).

Pragmatismus in der Planung führt allerdings nicht zur Auflösung der Professionellen-Kohäsion. Im Gegenteil formieren sich um so mehr Planernetzwerke, je verunsichernder die veränderten Bedingungen auf Planer wirken. Unsicherheit wird durch intensivere formale Professionalisierung abgebaut, wozu beispielsweise gehören

- die »Konstruktion von Wirklichkeit« über professionelle Denkmuster (z. B. verwendete Planinhalte, gemeinsame Meinungsbildung zu neuen Themen, Selbstbestätigung der Bedeutung von Raumplanung in der heutigen Zeit),
- die konsensuale Absicherung von Grundsätzen der Raumplanung in gesetzlichen und planerischen Regelwerken,
- der kollektive Wandel des Selbstverständnisses der Raumplaner (vom Planer zum Moderator),
- die kollektive Thematisierung von Handlungsbedarfen (z. B. Handlungspolitischer Orientierungsrahmen 995).

Pragmatismus ist mehr auf Lösung von Problemen ausgerichtet. Mit wachsender Komplexität kommt es auf den Planungsprozeß an, und der muß in dem Maße pragmatischer und theoriefemer werden, wie sich die planerische Priorität auf die Konsensfindung und nicht die »ideale Planung« verschiebt. Dabei mag auch ein Generationenwechsel eine Rolle gespielt haben: War Planung bis in die 70er Jahre hinein das Produkt von Planerpersönlichkeiten, die sich mit »ihrem« Plan identifizierten und darin sich auch ausdrückten, so verschwanden diese mit der neuen Planer-Generation, die im Plan mehr das Vehikel politischer Konsensfindung sah.

Dieser sich wandelnde Bedarf der Praxis wurde offenbar von der Wissenschaft erst sehr spät erkannt. Vielmehr blieb sie zu lange in ingenieurwissenschaftlichen Vorstellungen vom »final plan« und von der technischen Verbesserung der Planungsprozesse durch verbesserte Modelle der Informationsverarbeitung über operationalisierte Zielsysteme und mathematische Optimierungsmodelle resp. Simulationsverfahren (Thoss et al. 1974; Thoss et al. 1981) befangen. Erst in den 80er Jahren vollzog sich ein breiter Bewußtseinswandel, daß (vgl. Sieverts/Ganser 1994)

- Planung vom starren Pläne-Denken abrücken und ordnungspolitisches Denken im Zeichen der Deregulierungs-Debatte einem strategischen Denken weichen müsse: vom »geschlossenen Modell der Planung« (final plan-Denken) zum »offenen Modell der Planung« (Planung als Prozeß);
- die Adressaten der Planung nicht durch mehr und bessere Verfahren der Planbeteiligung zur Mitwirkung gewonnen werden könnten, sondern durch mehr Mobilisierung der Betroffenheit: Problemorientierte Ansätze haben höhere Mitwirkungs-Motivation als generelle Raumordnungspläne;
- problembezogene Planungsprozesse weitergehen als projektbezogene Planungsprozesse, weil sie nicht fallspezifische Pläne produzieren sollen, sondern Lösungen, die in übergeordnete Zielkorridore eingebunden werden. D. h. wenn Projekte geplant werden, so sollten diese im Kontext übergeordneter Rahmenpläne stehen;
- Planungsprozesse kollektive Lernprozesse sind, in denen Probleme in neuem Zusammenhang wahrgenommen und Lösungen kreativ und sachlich, aber im kooperativen Prozeß, gesucht werden müssen;

– Planung und Vollzug enger verkoppelt werden müssen, was die Rolle der Planer in Richtung Moderation und Mediation erweitert (Vatter 1994).

Der paradigmatische Wandel im Planungsverständnis bietet keinen Platz mehr für die großen raumplanerischen Konzepte, sondern verlangt eher Regelsysteme, die raumplanerische Orientierung bieten, gleichzeitig aber raum- und zeitgebunden flexibel, nämlich abhängig vom konkreten Problem, anzuwenden sind, etwa

– Ordnungs- und Zuordnungsregeln (z. B. dezentrale Konzentration, zentrale Orte-Konzepte, Zuordnung von Freiraum zu besiedeltem Raum)
– Kollisionsnormen (z. B. Vorrangregelungen im Konfliktfalle zwischen ökonomischen und ökologischen Raumansprüchen)
– Raumnutzungsregeln (z. B. flächensparendes Bauen, Nutzung regenerativer Energie)
– Sicherungs- und Entwicklungsregeln (z. B. für Vorranggebiete für Natur und Landschaft, für hinter der gesamtwirtschaftlichen Entwicklung zurückgebliebene Gebiete)
– Raum- und Umweltqualitätsziele.

Solche Regeln, welche die Funktion von Beurteilungs- und Abwägungskriterien übernehmen, werden um so wichtiger, je mehr sich Raumplanung der Leitvorstellung einer »nachhaltigen Raumentwicklung« verschreibt,[9] wo die Sicherung und Entwicklung der Naturraumpotentiale wichtiger werden, zunehmend selbstreflexive Verfahren der Umwelt- und Raumverträglichkeit (Raumordnungsverfahren, Umweltverträglichkeitsprüfung) den Investitionen in den Raum vorangehen müssen und planerische Abwägungsaufgaben im Vollzug häufiger werden.

Konsequent wurde dieses *methodische* Umdenken in der Planung im Ansatz der Internationalen Bauausstellung Emscher Park (IBA Emscher Park) praktiziert. Von der IBA Emscher Park gehen inzwischen für die Praxis der deutschen Raumplanung ähnliche Impulswirkungen aus wie vom Ruhrsiedlungsverband bis in die 60er Jahre hinein: Das methodische Vorgehen läßt sich kurz wie folgt skizzieren (Häußermann/Siebel 1994; Sieverts/Ganser 1994): Der Ansatz

– verzichtet auf ein Leitbild für die Region, nicht aber auf visionäre Ideen, welche die problemorientierten Lösungsansätze leiten und insbesondere die »Organisation von Innovationen in nichtinnovativen Milieus« fördern sollen;
– er setzt auf ausgewählte Projekte mit innovatorischem Gehalt, wobei sowohl ein flächendeckender Ansatz als auch eine Integration der Einzelprojekte in übergeordnete Programme vermieden werden;
– und nicht einzelne Groß-Ereignisse gefördert werden, sondern viele modellhafte Lösungen, die aus der Region kommen müssen und eine Vielzahl innovatorischer Prozesse auslösen,
– diese aber nicht zufällig zustandekommen, sondern in einem System übergreifender »Leitthemen« stehen,
– dabei nicht Singularitäten sein sollen, sondern als Modelle übertragbar sein müssen,
– nicht technokratisch erstellt werden, sondern in einem Kooperations- und Beteiligungs-Prozeß, auch wenn dieser im wesentlichen von Experten getragen wird,
– nicht sektoral verengt Projekte erstellt, sondern diese im Prozeß des »mixed scanning« (Etzioni 1971, 282 ff.) oder des »perspektivischen Inkrementalismus« (Sieverts/Ganser 1994, 253 f.) entwickelt: Eine projektorientierte Planung muß eingebettet werden in übergeordnete Entwicklungslinien, um die Wechselwirkungen des Projektes mit seinem Umfeld auffangen und synergetisch nutzen zu können.
– Der Ansatz operiert mit einem starken Promotor (IBA-Gesellschaft) und von diesem organisierten projektbezogenen Netzwerken (Experten- und Betroffenen-Netzwerke),

- nutzt die motivierende Kraft einerseits des Leidensdrucks (»in dem Sinne, daß die Mängel spürbar nach Innovation rufen«: Sieverts/Ganser 1994, 257) und andererseits der Vision und der »überschaubaren Etappen« (mittelfristige Realisations-Perspektive) und meidet »bösartige« (wicked) Probleme (z. B. in einer »Politisch besonders hartnäckig verfilzten Personalkonstellation«: Sieverts/Ganser 1994, 257), weil letztere andere Formen der Problembearbeitung brauchen.
- Der Ansatz bemüht sich um De-Politisierung von Verteilungskonflikten, indem er Verteilungsfragen auf technische Regelungen reduziert: Qualitätsnormen und Wettbewerb – Projekte werden nur gefördert, wenn sie bestimmten Qualitätsnormen genügen und im Wettbewerb siegten,
- er operiert »im Schatten der Hierarchie« (Scharpf 1992, 106) insoweit, als hinter dem Ansatz die breite politische und finanzielle Unterstützung der Landesregierung steht: die Etikettierung als IBA-Projekt öffnet Türen, auch wenn die IBA-Gesellschaft formal nicht über eigene Fonds verfügt, um die von ihr ausgewählten Projekte fördern zu können.

Diese »projektkonzentrierte Planung« operiert damit auf drei Ebenen und nutzt gezielt das Mittel der Inszenierung: auf der Sachebene (materielle Vorteile des Projektes), der Symbolebene (die mit den Projekten verbundenen Visionen und Botschaften, die über Medien vermittelt werden müssen: Sieverts/Ganser 1994, 256) und auf der Akteursebene (kooperative Netzwerke, die Lern- und Erfahrungsprozesse durchlaufen).

In Varianten hat dieses Modell inzwischen Nachfolger gefunden. Die in neuerer Zeit vermehrt aufgebauten »Regionalen Entwicklungsgesellschaften« arbeiten danach (vgl. Fürst 1995, 257 f.). Wiederum ist es der Zeitgeist, der diesen Ansatz unterstützt: Denn es entspricht dem Zeitgeist
- regionale Selbsthilfe unter Nutzung endogener Entwicklungspotentiale zu fördern,
- dafür public-private partnerships zu organisieren,
- öffentliche Handlungsträger immer mehr als »enabling organization« und nicht als paternalistische Akteure der Problembewältigung zu verstehen.

Und es entspricht dem Zeitgeist, etwas bewegen zu wollen, von bloßen Versprechungen und papierenen Konzepten weg zu einer neu gestalteten Welt zu kommen. Karl Gansers IBA Emscher Park-Projekt hat dafür Pflöcke eingeschlagen.

Literatur

Affeld, Detlef: Raum- und siedlungsstrukturelle Arbeitsteilung als Grundprinzip zur Verteilung des raumwirksamen Entwicklungspotentials. In: structur 1972, H. 9, S. 197–204.

Albers, Gerd: Entwicklungslinien im Städtebau. Ideen, Thesen, Aussagen. Texte und Interpretationen. Düsseldorf: Bertelsmann Fachverlag 1975.

ARL (1995): Akademie f. Raumforschung und Landesplanung, Hg.: Zukunftaufgabe Regionalplanung. Anforderungen, Analysen, Empfehlungen. Hannover 1995 (FuS Bd. 200).

Dies.(1986): Regionalplanung in der Diskussion. Arbeitsbericht der LAG Bayern. Hannover 1986 (Arbeitsmaterialien Nr. 105).

Dies.(1984): Hg.: Wirkungsanalysen und Erfolgskontrolle in der Raumordnung. Hannover 1984 (FuS Bd. 154).

BMBau: Bundesministerium für Raumordnung, Bauwesen und Städtebau: Baulandbericht 1986, Bonn 1986 (Schriftenreihe BMBau 03.116).

Curdes, Gerhard, Lossau, Hermann, Schütz, Ulrich: Raumordnungskonzepte in der Bundesrepublik Deutschland: Diskussionsbeiträge von 1950 bis 1980. Bonn 1985 (Referateblatt zur Raumentwicklung der BfLR, Sonderheft 4: Thematische Literaturanalysen).

Dietrichs, Bruno: Konzepte der Raumordnung. In: Handwörterbuch der Raumordnung, Hannover: ARL 1995, S. 547–555.

Ders.: Konzeptionen und Instrumente der Raumplanung – eine Systematisierung. Hannover 1986 (ARL-Abhandlungen Bd. 89).

Ernst, Werner: Die Rolle des Leitbildes in der Raumordnung. Mainz: Kohlhammer 1970 (Bundesminister des Innern: Informationsbriefe für Raumordnung, R.1.3.2).

Ders.: Leitbild der Raumordnung. In: ARL, Hg., Handwörterbuch der Raumforschung und Raumordnung, 2.Aufl., Hannover 1970, 1907–1912.

Etzioni, Amita:, The active society. A theory of societal and political processes. London u. New York: Collier-Macmillan/Free Press 1968 (1971).

Fürst, Dietrich: Ökologisch orientierte Umsteuerung in Landkreisen durch Regionalmanagement. In: Raumforschung und Raumordnung 53 (1995), S. 253–260.

Ders.: Komplexitätsverarbeitung in der Planung (Stadt-, Regional- und Landesplanung) – am Beispiel der Regionalplanung. In: Archiv für Kommunalwissenschaften 35 (1996), S. 20–37.

Ders., Ernst-Hasso Ritter: Landesentwicklungsplanung und Regionalplanung. Ein verwaltungswissenschaftlicher Grundriß. 2. Aufl., Düsseldorf: Werner 1993.

Ganser, Karl: Public-Private Partnership. In: ARL:, Hg., Handwörterbuch der Raumordnung, Hannover 1995, S. 731–732.

Häußermann, Hartmut, Siebel, Walter: Wie organisiert man Innovation in nichtinnovativen Mileus? In: R. Kreibich u.a., Hg., Bauplatz Zukunft. Dispute über die Entwicklung von Industrieregionen, Essen: Klartext 1994, S. 52–64.

Dies.: Wandel von Planungsaufgaben und Wandel der Planungsstrategie – das Beispiel der IBA Emscher Park. In: Jahrbuch Stadterneuerung 1993, S. 141–154.

Jürgensen, Harald: Lohnwert-Wohnwert-Freizeitwert. Optimierungsparameter einer produktivitätsorientierten Regionalpolitik. Hamburg 1966.

Koschitz, Peter: Die Theorie der Zentralen Orte: Dummheit oder Methode. In: DISP 113 (1993).

Kummerer, Klaus, Schwartz, Norbert, Weyl, Heinz: Strukturräumliche Ordnungsvorstellungen des Bundes. Göttingen: Schwartz 1975 (Schriften der Kommission f. wirtschaftl. u. sozial. Wandel, Bd. 102).

Marx, Detlef: Zur regionalpolitischen Konzeption ausgeglichener Funktionsräume. In: Berichte zur Raumforschung und Raumplanung, Wien, 16 (1972), S. 34–38.

Ders.: Zur Konzeption ausgeglichener Funktionsräume als Grundlage einer Regionalpolitik des mittleren Weges. In: ARL (Hg.), Ausgeglichene Funktionsräume, Hannover 1975 (ARL FuS Bd. 94), S. 1–18.

Mayer, Konrad: Drei Jahrzehnte Raumforschung – eine Bilanz (Abschiedsvorlesung, gehalten am 21.11.1969, Manuskript).

Mayntz, Renate, Hg.: Implementation politischer Programme. Empirische Forschungsberichte. Königstein/Ts.: Athenäum et al. 1980.

MLS: Minister für Landes- und Stadtentrwicklung NRW: Freiraumbericht. Düsseldorf 1984 (MLS informiert 1/84).

Prager, Stephan: Landesplanung. In: Handwörterbuch des Wohnungswesens, Jena: Gustav Fischer 1930, S. 486–492.

Produktivitätsorientierte Regionalpolitik. Wissenschaftliche Tagung der Adolf-Weber-Stiftung vom 16. Dezember 1964. Berlin 1965.

Rapaport, Philipp A:, Freiflächen. In: Handwörterbuch des Wohnungswesens, Jena: Gustav Fischer 1930, S. 255–262

Ritter, Ernst-Hasso: Raumpolitik mit »Städtenetzen« oder: Regionale Politik der vrschiedenen Ebenen. In: Die öffentliche Verwaltung 48 (1995), S. 292–403.

SARO: Sachverständigenausschuß für Raumordnung: Gutachten über »Die Raumordnung in der Bundesrepublik Deutschland. Stuttgart: Kohlhammer 1961.

Scharpf. Fritz W., Schnabel, Fritz: Steuerungsprobleme der Raumplanung. Hannover 1979 (ARL-Beiträge Bd. 27).

Schäfer, Kurt: Die Leitbild-Konzeption der Raumordnung und ihre Konkretisierung in Plänen der Länder. Speyer 1975 (= wirtschaftswiss. Diss.).

Schäfers, Bernhard: Stadt- und Regionalsoziologie: Ausgewählte neuere Ansätze. In: J. J. Hesse, Hg., Kommunalwissenschaften in der Bundesrepublik Deutschland, Baden-Baden: Nomos 1989, S. 387–407.

Scharpf, Fritz W.: Die Handlungsfähigkeit des Staates am Ende des zwanzigsten Jahrhunderts. In:Beate Kohler-Koch, Hg., Staat und Demokratie in Europa, Opladen: Leske & Budrich 1992, S. 93–115.

Schmidt, Robert: Dezentralisation des Städtebaus. In: Handwörterbuch des Wohnungswesens, Jena: Gustav Fischer 1930, S. 187–188.

Ders., Denkschrift betreffend Grundsätze zur Aufstellung eines General-Siedlungsplanes für den Regierungsbezirk Düsseldorf (rechtsrheinisch), Essen 1912.

Scholl, Bernd: Aktionsplanung. Zur Behandlung komplexer Schwerpunkte in der Raumplanung. Zürich: Hochschulverlag (ORL-Bericht 98/1995), 1995.

Sieverts, Thomas, Ganser, Karl: Vom Aufstab Speer bis zur Internationalen Bauausstellung Emscher Park und darüber hinaus. In: R. Kreibich u. a., Hg., Bauplatz Zukunft. Dispute über die Entwicklung von Industrieregionen, Essen: Klartext 1994, S. 247–258.

Storbeck, Dietrich: Die wirtschaftliche Problematik der Raumordnung. Eine Untersuchung über Notwendigkeit, Ziele und Mittel der Raumordnung im System der Marktwirtschaft. Berlin: Duncker & Humblot 1989 (Volkswirtschaftliche Schriften Bd. 47).

Ders.: Das Leitbild der Raumordnung. In: ARL, Hg., Grundriß der Raumordnung, Hannover 1982, S. 211–216.

Thoss, Rainer u. a.: Das Hessenmodell. Bewertung raumordnungspolitischer Ziele mit Hilfe eines multiregionalen Entscheidungsmodells. Münster 1981 (Beiträge zum Siedlungs- und Wohnungswesen und zur Raumplanung, Bd. 70).

Thoss, Rainer u. a.: Gesellschaftliche Indikatoren als Orientierungshilfe für die Regionalpolitik. Münster 1974 (Materialien zum Siedlungs- und Wohnungswesen und zur Raumplanung, Bd. 10).

Vatter, Adrian: Vollzugskonflikte und Lösungsansätze in der Raumplanung. In: Schweizerische Zeitschrift für Soziologie 20 (1994), S. 329–354.

Venhoff, Michael: Die Reichsarbeitsgemeinschaft für Raumforschung (RAG) und die reichsdeutsche Raumplanung seit ihrer Entstehung bis zum Ende des Zweiten Weltkrieges 1945, Hannover 1997 (ARL-Forschungsauftrag 12/84).

Anmerkungen

1 So der Essener Beigeordnete und spätere erste Direktor des Ruhrsiedlungsverbandes, Robert Schmidt, in seiner »Denkschrift betreffend Grundsätze zur Aufstellung eines General-Siedelungsplanes für den Regierungsbezirk Düsseldorf (rechtsrheinisch)« (1912).
2 Der Artikel wurde inzwischen abgeändert in »Herstellung gleichwertiger Lebensverhältnisse im Bundesgebiet« (Art. 72 (2) GG).
3 Auch hier überwog noch die Großstadtfeindlichkeit, teilweise paradigmatisch begründet (bis in die späten 50er Jahre hinein wurden noch vehement über »Entballungsstrategien« gestritten, Curdes et al. 1985, 12), teilweise politisch bedingt (Verdichtungsräume waren die politische Hochburgen der SPD).
4 Dazu gehören: politische Interessen der status quo-Erhaltung, institutionelle und rechtliche Rigiditäten, mentale status-quo-Orientierungen und die erheblichen politischen Kosten, um die Vielzahl der Interessen auf eine gemeinsame Neuorientierung zu verpflichten.
5 Die Ministerkonferenz für Raumordnung griff 1973 (Beschluß vom 30.03.1973) das Vorrangkonzept der funktionsräumlichen Arbeitsteilung auf und diskutierte Vorteils-/Lastenausgleiche zwischen den Gebieten; der Beirat für Raumordnung diskutierte 1976 die notwendige Ergänzung der Ausgleichsziele der Raumplanung durch Vorranggebietsziele (Beirats-Empfehlungen vom 16.6.1976); die Landesplanungen übernahmen sukzessive Zentrale-Orte-, Entwicklungszentren- und Entwicklungsachsen-Konzepte (Curdes et al. 1985, 74 mit Zeit-Tableaus), einzelne Länder wie Nordrhein-Westfalen (ab 1976), Saarland (ab 1981) und Niedersachsen (ab 1982) auch das Vorrangkonzept (Curdes et al. 1985, 60 f.).
6 So faßte die MKRO Entschließungen zur Bürgerbeteiligung in der Raumordnung und Landesplanung (1.1.1983) und zu Regionalen Energieversorgungskonzepten (16.6.1983). Der Beirat für Raumordnung gab 1983 Empfehlungen zur »selbstverantworteten regionalen Entwicklung« heraus, die Bundesraumordnungsberichte reflektierten zunehmend die wissenschaftliche Diskussion zu veränderten Rahmenbedingungen und sich wandelnden Planungsprozessen.
7 Diese Diskussion setzte sich auf breiter Front durch und traf vor allem die Entwicklungshilfe, wo vermehrt auf die lähmende Wirkung der Übersubventionierung verwiesen wurde. Zwischen der Diskussion in der Entwicklungspolitik und der Raumplanung gab es ohnehin seit den 70er Jahren sehr enge Beziehungen, weil viele Raumplaner in der Entwicklungshilfe tätig waren und diesen »Paradigma-Wandel«, der z. T. von der Weltbank und dem Internationalen Währungsfonds beeinflußt wurde, in die deutsche Raumplanungsdiskussion transferierten.
8 Was u. a. darin zum Ausdruck kommt, daß ab Mitte der 80er Jahre gehäuft Veröffentlichungen erscheinen, die sich mit der neuen Rolle der Regionalplanung auseinandersetzen (vgl. »Regionalplanung in der Diskussion« (ARL 1986) und »Zukunftsaufgabe Regionalplanung« (ARL 1995)).
9 So die Novellierung des Bundesraumordnungsgesetzes in § 1 Abs. 2, BRats-DS 635/96.

Karl Ganser

Vom Wachstumsdiktat zur Schrumpfungsrealität. Grundgedanken für eine alternative Stadt- und Regionalentwicklungspolitik

»Mit dem immerwährenden Wachstum ist es so wie mit dem ewigen Leben; ein frommer Wunsch, der nicht in Erfüllung geht«

Einführung: die Begrifflichkeiten vom Mythos Wachstum und Stigma Schrumpfung und ihre Hintergründe

»Wachstum« ist in unserer Gesellschaft ein rundum positiv besetzter Begriff, so wie »Mobilität« oder »Innovation«. Wachstum gilt als Schlüssel zur Lösung kostenrelevanter gesellschaftlicher Probleme, wegen der Optionen zur sozialen und regionalen Umverteilung. Wachstum und Wohlstand sind in diesem Sinne »zwei Seiten der gleichen Medaille«. »Schrumpfen« dagegen hat einen negativen Beigeschmack. Schrumpfen ist Niedergang, Abstieg, »schrumplige« Äpfel sind nicht verkäuflich, »schrumplige« Haut ist das Stigma des Alters. Daher kämpfen alle dagegen an, gegen das Unvermeidliche. Wir haben als Gegenstück zum »Wachstum« keinen ähnlich sympathischen Begriff für das »Schrumpfen«! Am ehesten passte noch »Gesundschrumpfen«, das assoziiert »Abspecken« als Abbau überflüssiger und störender Pfunde. Man denkt also an Diät, Abnehmen, Gesundheit und Mode. Aber Diät ist leider keine politische Kategorie. »Small is beautiful« ist leider nie zum ernst genommenen Postulat politischer Gestaltung geworden, in der Politik kommt »Schrumpfen« einer Katastrophe gleich. Schon die Stabilität wird mit dem Begriff der Stagnation negativ besetzt oder mit dem Begriff des »Null-Wachstums« beschönigt. Obwohl »Grenzen des Wachstums« ein Klassiker der frühen Umweltdiskussion war, werden auch noch heute Wachstumskritiker eher attackiert als geehrt. Sie gelten als Schwarzmaler, Katastrophenverkünder, Pessimisten, Abweichler oder Außenseiter. Das einzige Zugeständnis an den kritischen Wachstumsdiskurs war bei den rituellen Wachstumsbeschwörungen der Zusatz vom »qualitativen« Wachstum, der immerhin den Beginn einer kleinen Differenzierung signalisierte.

Die Natur kennt kein ewiges Wachstum. In der Biologie ist die längste Phase im Zyklus von Wachsen, Reifen und Vergehen die Stabilität im entwickelten Stadium. Ihr folgt unweigerlich das Vergehen, das aber immer auch Basis für einen Neuanfang ist. Auch der Blick in die Geschichte lehrt, dass Wachstumsphasen in der Entwicklung menschlicher Kulturen sehr kurze Perioden darstellen, die von meist längeren Phasen der Stabilität gefolgt sind, ehe dann Phasen des Niedergangs und der Neuorganisation folgen.

Im Wettkampf der politischen Parteien dagegen dominiert die Wachstumsfixierung. Alle Parteien wollen mehr Wachstum, wenn auch mit verschiedenen Mitteln und »Beigaben«. Die Wachstumskonzepte sind sich im Prinzip ähnlich. Der Streit geht eher ums Detail. Ob man die Wirtschaft »entfesseln«, »beflügeln« oder »subventionieren« müsse, ob mehr Bildung oder mehr harte Infrastruktur das Wachstum sichere. Wachstum jedenfalls wollen alle.

Die Bevölkerungsentwicklung als zentrale Größe für Wachstums- oder Schrumpfungsprozesse

Dass der demographische Wandel, seit langem schon absehbar, die Basiszahlen künftiger Bevölkerungsbestände und damit Konsumenten, Arbeitskräfte, Infrastrukturnutzer, Steuer- und Beitragszahler gravierend verändert, wird abstrakt zwar registriert, konkret aber nicht zum Gegenstand politischer Gestaltung im hier und jetzt gemacht. Seit 30 Jahren schon sind die Vorboten der Schrumpfung im alten Bundesgebiet (»der Westen«) wahrnehmbar, seit fast 20 Jahren ist Schrumpfen in vielen Regionen bereits Realität, und zwar in gravierenden Größenordnungen. Trotzdem sind Konzepte für die aktive Gestaltung des Schrumpfens Rarität, wird immer noch die Hoffnung genährt, man könne solche »negativen Trends« wieder umbiegen, es handle sich nur um vorübergehende »Abweichungen vom Wachstumspfad«.

Der Wechsel vom Wachstum zur Schrumpfung in der Bevölkerungsentwicklung erfordert einen Rückblick in einer langen Zeitreihe bis in die Nachkriegszeit. Die junge Bundesrepublik startete in die Nachkriegszeit 1950 mit knapp 48 Millionen Einwohnern. 20 Jahre später zählte die BRD 60,6 Mio. Dieser Zuwachs hat die politische Wahrnehmung lange geprägt. Er speiste sich aus der »Produktivität« der Babyboomer«, dem Flüchtlingsstrom aus dem Osten und der Zuwanderung ins »gelobte Wirtschaftswunderland«. Die weiteren 20 Jahre von 1970 bis 1990 verharrten stabil auf rund 61 Mio. Die Jahre nach der Öffnung der Ostgrenzen führten dann zur neuerlichen Zuwanderung von 5 Mio. Menschen in den Westen: Ausländer, Aussiedler und Zuwanderung aus der ehemaligen DDR. In den nächsten 50 Jahren soll sich nach Aussagen der Prognostiker im Westen an dem jetzt erreichten Stand von ca. 65 Mio. im alten Bundesgebiet kaum etwas ändern. Also: Zwei kurze Phasen des Wachstums, zwei lange Phasen der Stabilität.

Die Geburtenhäufigkeit, gemessen an den Geburten je Frau im gebärfähigen Alter, lag 1950 bei 2,1, 1960 bei 2,4, 1970 bei 2,0, 1980 bei 1,4 und blieb ab da bis in die Gegenwart hinein stabil bei 1,4. Die Prognostiker halten diese Geburtenziffer bis 2050 konstant.

Bei den Außenwanderungen über die Grenzen der BRD alt gibt es deutlich mehr Schwankungen, Migration reagiert sehr viel direkter auf das sozio-ökonomische Umfeld als das generative Verhalten. Der Saldo von Zu- und Abwanderung zeigt ein häufiges auf und ab:
- 1950   72.000 Gewinn
- 1965 320.000 Gewinn
- 1967 194.000 Verlust
- 1970 555.000 Gewinn
- 1975 218.000 Verlust
- 1980 300.000 Gewinn
- 1984 200.000 Verlust
- 1992 780.000 Gewinn.

Seit der kurzen Wendedynamik folgt ein stabiler jährlicher Gewinn von 200.000. Die Außenwanderungsgewinne und -verluste verlaufen ziemlich parallel zur wirtschaftlichen Entwicklung und deren Konjunkturzyklen. Die Prognostiker behalten diese Zahl bis 2050 bei, kompensieren damit die Verluste aus der Bilanz von Geburt und Tod und erreichen so eine annähernd stabile Bevölkerung.

Wie geht es weiter? Die Schrumpfung wird spürbar

Nach der 4. Koordinierten Bevölkerungsvorausschätzung der amtlichen Statistik geht die Bevölkerungszahl in Deutschland von heute 82,5 Mio. auf 75 Mio. zurück. Für eine stabile Bevölkerung ohne Zuwanderung würden bei gegenwärtiger Altersstruktur 2,1 und mehr Kinder pro Frau im gebärfähigen Alter benötigt. Tatsächlich liegt diese Zahl unter 1,4. Würden die Prognostiker für den Zeitraum bis 2050 die Außenwanderung von derzeit 200.000 per anno auf Null setzen, dann würde die Gesamtbevölkerung auf 62 Mio. gegenüber 82 Mio. heute zurückgehen. Oder anders ausgedrückt: Für eine stabile Bevölkerung würden in Zukunft weit mehr Ausländer zuwandern müssen. Heute gibt es noch mehr Menschen im Alter zwischen 20 und 60 Jahren als im Alter von über 60 Jahren. Nach 2030 wird es deutlich mehr über 60-Jährige geben als Personen im erwerbsfähigen Alter.

Immer mehr Regionen verlieren Bevölkerung. Problematisch wird das vor allem für dünn besiedelte Regionen, die im Bereich ihrer Infrastrukturen unter die »kritische Dichte herkömmlicher Wirtschaftlichkeit« fallen. Einige Zentren dagegen werden weiter expandieren. Hinter der noch die Wahrnehmung beherrschenden numerischen Stabilität der Gesamtbevölkerung verbergen sich also schon jetzt auffällige strukturelle und regionale Unterschiede von »weniger« und »mehr«, die in den nächsten Jahrzehnten stark anwachsen werden. Es wird im Folgenden darüber zu reden sein, wie Staat und Gesellschaft diese Disparitäten akzeptieren und dazu passende Lösungen gestalten.

Gesellschaftliches Umfeld von Wachstums- und Schrumpfungsprozessen

In der Vergangenheit haben regional differenzierten Entwicklungen von Bevölkerung und Wirtschaft je nach politischer »Großwetterlage« sehr unterschiedliche gesellschaftliche und politische Reaktionen hervorgerufen und waren Anlaß für verschiedene regionalpolitische Programme.

– *Wirtschaftswunder-Zeit 1955–1965: Expansion als Planungsaufgabe*
Ende der fünfziger Jahre begann eine nie mehr wieder erreichte »Wachstumsblüte« mit stark zunehmenden Bevölkerungszahlen als Folge hoher Geburtenüberschüsse und Wanderungsgewinne. Das war die »Wirtschaftswunderzeit«. Dem Wesen nach war dies ein selbst laufender sozialökonomischer Prozess. Der Wachstumsglaube entsprang der sich entfaltenden »sozialen Marktwirtschaft« und war in den Medien, der Öffentlichkeit und im politischen System tief verwurzelt, mit der Annahme, dies werde immer so weiter gehen. Es gab jährliche Zuwanderungsgewinne um 300.000 und jährliche Geburtenüberschüsse um 500.000. Alle planerischen Teilsysteme waren auf Expansionskurs programmiert: man brauchte hoch dotierte Wohnungsprogramme, Infrastrukturprogramme und Stadterweiterungsprogramme. Die planmäßige Erweiterung des Siedlungsraums durch neue Stadtteile, Großwohnsiedlungen, Gewerbegebiete und einen riesigen Infrastrukturausbau wurde betrieben.

– *Trotz des Wirtschaftswunders: nicht alle Regionen partizipieren in gleicher Weise*
Trotz des überschäumenden Wachstums aber blieben einige Regionen in Westdeutschland in ihrer Entwicklung zurück. die extrem dünn besiedelten und peripheren ländlichen Räume wie Emsland oder Mittelfranken, Eifel und Hunsrück, und vor allem der gesamte »Zonenrand« entlang der Grenze zur Tschechoslowakei und zur DDR. Später kamen mit Beginn der Kohlekrise auch das Ruhrgebiet und Saarland in den Kreis der Problemregionen mit fehlender Wachstumsdynamik und überdurchschnittlicher Arbeitslosigkeit. Der Staat reagierte damals mit so genannten »Notstandsprogrammen« auf Abwanderung und hohe Arbeitslosigkeit. Es gibt hohe Subventionen für neue Gewerbegebiet-

sausweisungen und Betriebsansiedlungen und massive Finanzspritzen für den Infrastrukturausbau, insbesondere im Verkehr.

– *Eintrübung 1966/67: die erste Rezession schreckt auf*
Überraschend und unvorbereitet standen Gesellschaft, Wirtschaft und Politik in den Jahren 1966/67 vor einer ersten wirtschaftlichen Rezession, die damals völlig unvorbereitet »hereinbrach«. Aus heutiger Sicht erscheint diese erste »Wachstumsdelle« eher als eine harmlose Konjunkturabschwächung. Immerhin, die Arbeitslosigkeit stieg auf zwei Prozent gesamtstaatlich mit entsprechend höheren Ausprägungen bis zu fünf Prozent in den wirtschaftlich schwächeren Regionen. Begleitet wurde diese Entwicklung durch einen Auswanderungsverlust in der Größenordnung von 200.000 Personen. Ausländische Arbeitskräfte wurden zurückgeschickt oder kehrten freiwillig zurück.

– *Gleichgewichtstheorien als Grundlage aktiver staatlicher (Gegen-)Steuerung:*
   die hohe Zeit der Regionalplanung durch Gemeinschaftsaufgaben
Die politischen Reaktionen auf diese Entwicklung waren heftig. Die in der Nachkriegszeit unangefochten regierenden konservativen Parteien verloren ihre Mehrheit und erstmals übernahmen auch Sozialdemokraten Regierungsverantwortung in einer »Großen Koalition«. Diese bereitete den Weg in eine nachfolgende sozialliberale Regierung aus SPD und FDP vor, mit einem wirtschaftspolitischen Programm, das mit dem Namen Brandt, Ehmke und Schiller verbunden war. Während die Erhard-Zeit die wirtschaftliche Entwicklung allenfalls »moderierte«, wie man heute sagen würde, ging die sozialliberale Zeit von der umfassend angelegten staatlichen Beeinflussbarkeit der allgemeinen wirtschaftlichen Entwicklung und der regionalen Entwicklung aus. Durch eine Grundgesetzänderung wurden für zentrale Bereiche des Wirtschaftsgeschehens »Gemeinschaftsaufgaben« bzw. Gemeinschaftsfinanzierungen zwischen Bund und Ländern vereinbart, z. B. für
– regionale Wirtschaftsförderung,
– Fremdenverkehrsförderung,
– Hochschulbau,
– Agrarstrukturverbesserung,
– Küstenschutz,
– Überregionalen und kommunalen Verkehrswegebau (vornehmlich mit Großprojekten im Straßen- und Schifffahrtswegebau) und
– Städtebauförderung.

Dieses System wurde flankiert durch die
– konzertierte Aktion, einen »runden Tisch« von Wirtschaft, Gewerkschaft und Politik,
– einen Finanzplanungsrat von Bund, Ländern und Gemeinden
– eine frühzeitige Ressortabstimmung im Rahmen einer im Kanzleramt etablierten Frühkoordination raumbedeutsamer Vorhaben.

Hinter dieser tief greifenden Reform des staatlichen Steuerungssystems stand die wirtschaftstheoretisch begründeten Hoffnung auf einen Stabilitätskurs, mit dem konjunkturelle Schwankungen und regionale Disparitäten geglättet werden können, also Rezessionen vermieden werden, aber auch ein zu überschäumendes Wachstum gebremst werden kann. In den Zeiten der Rezession sollten Staatsausgaben vermehrt und in Perioden des Wachstums stark zurückgenommen werden. Die Mehrausgaben zur Rezessionsbekämpfung sollten durch die höheren Steuereinnahmen in der folgenden Periode des wieder hergestellten Wachstums kompensiert werden.

— *Hohe Zeit der systematischen Entwicklungs- und Bedarfsplanung*
Voraussetzung für eine solche differenzierte Steuerung war eine wesentlich verbesserte Datenbasis, eine viel intensivere Abstimmung zwischen Bund und Ländern und eine größere Transparenz auf einer gemeinsam abgestimmten Analyse- und Prognosegrundlage. Dem dienten die so genannten »Rahmenpläne« der Gemeinschaftsaufgaben und die in den einzelnen Politikfeldern entwickelten Ressortberichte und Bedarfspläne. Gemeinsam ist diesen Programmen und Plansystemen der Glaube an die staatliche Beeinflussbarkeit des Wachstums und der in den jeweiligen Sachsystemen relevanten Märkte und an die Notwendigkeit einer gesamtstaatlich und regional zielorientierten Steuerung des sozialökonomischen Geschehens mit regionalen und sektoralen Ausgleichsstrategien, die zu einer bewussten Korrektur der bis dahin üblichen Verteilungsmuster und Entwicklungspfade führen sollte.

Dementsprechend wurden in nahezu allen Politikbereichen umfassende Entwicklungsplanungen mit langfristigen, differenzierten Bedarfsplanungsstrategien und Programmen aufgelegt, in denen Bund und Länder versuchten, in der regionalen Verteilung einen angemessenen Disparitätenausgleich sicherzustellen. Diesem Vorbild folgten die Regionen und Kommunen mit vergleichbaren Instrumenten systematischer mittel- und langfristiger Entwicklungsplanung auf ihren Ebenen.

Man kann die Problematik dieser Strategien an sehr verschiedenen, exemplarischen Politikbereichen verdeutlichen, die jeweils sehr unterschiedlichen Systemlogiken folgten. Die Bereich sind der Verkehrswegebau (Straße und Schiene), der Krankenhaus-Aus- und Abbau, die Hochschulpolitik und die Energiepolitik.

- **Ausbau des Straßennetzes bis in den letzten Winkel:** Im Verkehrsbereich gelang im Straßenbau der Disparitätenausgleich mit beängstigender Perfektion. Optimale Straßenerreichbarkeit ist inzwischen ubiquitär gegeben. Dagegen ist die modale Gestaltungsaufgabe zugunsten der Bahn fast vollständig gescheitert. Es gab eben beim Verkehrswegebau einen klaren Primat der Straße mit einem klaren Expansions- und Dezentralisierungspostulat. »Straßenbaus bis in den letzten Winkel« war die Devise. Schon der so genannten »Leber-Plan« sah die »Vollversorgung« Deutschlands mit Autobahnen und Bundesstraßen vor. Hierfür wurden als »Auftragsverwaltungen« hochleistungsfähige Planungs- und Vollzugsverwaltungen bei den Ländern aufgebaut, die sich mit großem Engagement auch dem Ausbau der Landesstraßennetze widmeten. Diese setzten -angestachelt durch entsprechend große Begehrlichkeiten der Regionen (neue Straßen bzw. in die Bedarfspläne aufgenommene Straßen wurden zum regelmäßigen Erfolgsnachweis der Abgeordneten in ihren Wahlkreisen) — mit einer unbeirrbaren Vehemenz den systematischen Ausbau der überörtlichen Straßennetze durch, mit immer expansiver angelegten Bedarfs- und Ausbauplänen.
- **Gleichzeitiger Rückzug der Bahn aus der Fläche:** Paradox war, dass zur gleichen Zeit im Schienenbereich eine fortschreitende Rückzugs- und Konzentrationspolitik verfolgt wurde. Die Verantwortlichen bei der Bahn selber hatten seit den 1960er Jahren in »vorauseilendem Gehorsam« das Konzept einer kleinen, feinen, betriebswirtschaftlich optimierten Bahn erfunden, die sich vor allem auf die Hauptkorridore und späteren Hochgeschwindigkeitsstrecken konzentrieren sollte. Die Bahn vollzog deshalb massive Stilllegungen von Personen- und Güterbahnstrecken, Anschlussgleisen, Bahnhöfen und Tarif- und Güterannahmepunkten. Sie zog sich immer mehr aus der Fläche zurück und konzentrierte ihre Investitionen auf wenige Großprojekte der Hochgeschwindigkeitsbahn, der Großbahnhöfe und des S-Bahnausbaus in einigen Ballungsräumen. Bei der Bahn wurden die regionalen Ausgleichs- und Entwicklungspostulate mit politischer Billigung massiv ignoriert. Hier dominierte die rein betriebswirtschaftliche Sicht und mit dieser eng verbunden die (Sch)Rumpf- und Korridorphilosophie, mit fatalen Auswirkungen auf die Verkehrsentwicklung und die Umwelt.

- **Krankenhausplanung: Sparzwänge mit starkem Kahlschlag in der Fläche:** Ebenso restriktiv und konzentrationsorientiert verlief die Entwicklung im Krankenhausbereich. Auch hier wurden die historisch gewachsenen Strukturen mit einem sehr dezentralen System kommunaler, kirchlicher und privater Krankenhäuser durch die betriebswirtschaftliche Ausrichtung der Gebietsreformen wegen der permanenten Kostenexplosion im Gesundheitsbereich seit den 1960er Jahren zerschlagen. Mehr als 2.000 Einrichtungen mussten geschlossen werden. Damit war der Krankenhausbereich überhaupt der erste Planungsbereich, in dem auf breiter Basis das Schließen von vorhandenen Einrichtungen zur Planungsaufgabe wurde. Hier konnte man analytisch und planerisch üben, die Infrastruktursysteme »runter zu fahren«, während in den meisten anderen Planungssektoren die Planungsaufgabe immer noch lautete, Wohltaten zu verteilen nach dem Motto: »neue Standorte braucht das Land«.
- **Hochschulbau: Expansion und Dezentralisierung:** Im Hochschulbereich gelang dagegen zur gleichen Zeit ein beachtlicher Systemausbau mit einer starken Dezentralisierung. Es gab einen breiten Konsens über die Notwendigkeit zur Expansion. Bund und Länder revolutionierten gemeinsam mit dem Wissenschaftsrat das Standortsystem durch die Neugründung von über 300 Hochschulen (einschl. Fachhochschulen), wobei praktisch alle früher hochschulfernen Regionen heute angemessen ausgestattet sind. Allerdings rächte sich die fehlende Abstimmung von Hochschulbau (Bereitstellung der materiellen Infrastruktur) als gemeinsame Bund-Länderaufgabe und Hochschulpersonalpolitik (Bereitstellung der personellen Infrastruktur) als Länderaufgabe. Die im internationalen Vergleich nach wie vor miserable Wissenschafts- und Personalfinanzierung durch die Länder konnte auch durch gelegentliche Sonderprogramme des Bundes nicht wesentlich abgemildert werden. Politik präferiert lieber die »Baupolitik« mit ihrer sichtbaren Symbolik und scheut alles, was mittel- und langfristige Haushaltsbindungen über die Personaletats bedingt.
- **Energiebereich: Konzentration und Monopole:** Im Energiebereich vollzog sich zunächst eine dramatische Konzentration. Die historisch gewachsene Dezentralität der vielen kommunalen und regionalen Stadtwerke wurde allmählich abgebaut, durch die Ausbreitung weniger, großer Monopolisten der Energieerzeugung und Verteilung. Dadurch brach bald die hohe Zeit der Großprojekte an, für neue Atom- und Kohlekraftwerke. Das erste Energieprogramm der Bundesregierung sah eine zusätzliche Kraftwerkskapazität zwischen 60.000 bis 80.000 MW vor, davon der Löwenanteil in Kernkraftwerken, was rund 40 neue KKW bedeutet hätte. Die zentralistische Strategie hat die großtechnologischen Lösungswege stark präferiert und zu bedauerlichen Verzögerung beim Ausbau kleinteiliger, dezentraler Strukturen und bei der institutionellen Etablierung von Energiesparstrategien geführt. Im Energiebereich zeigte sich besonders deutlich, wie fatal rein quantitative, lineare Prognose- und Planungsstrategien sind, bei denen systemische Grundfragen zur Bedarfsentstehung und zur Frage möglicher Entkoppelungs- und Einsparstrategien zunächst völlig ausgespart blieben. Bis heute krankt die Energiepolitik an diesem Versäumnis. Die Optionen der Energieeinsparung und der Förderung regenerativer Energieträger wurden viele Jahre systematisch verdrängt und dann erst in eher kleinen »Dosen« ins strategische Kalkül einbezogen, mit fatalen Konsequenzen einer besonderen Betroffenheit der Republik von den mehrfachen Energiekrisen.

Für die administrative Handhabung dieser umfassenden Steuerungssysteme in den verschiedenen Politikfeldern wurden neue Verwaltungen auf allen Ebenen des Staates und der Gemeinden eingerichtet. Entsprechend stieg die Zahl der öffentlich Bediensteten rapide an, was einen durchaus erwünschten begleitenden Beschäftigungseffekt hatte. Was damals als bewusster Fortschritt begriffen wurde, wird heute als übermächtige Bürokratie kritisiert und legitimiert die Diskussion über den »schlanken Staat«.

— *Regional- und Stadtentwicklungspolitik als ernst genommene politische Aufgaben*
Die verstärkte Auseinandersetzung mit den regionalen Differenzierungen relevanter Entwicklungen und mit den offenkundigen regionalen Disparitäten führte zu einer deutlichen Intensivierung regionalpolitischer und stadtentwicklungspolitischer Debatten.

In den großen Städten wurde damit begonnen, die umfassende Stadtentwicklungsplanung einzurichten. Vorreiter dabei war die Stadt München, die beflügelt durch die Vorbereitung der Olympischen Spiele sehr früh ein solches System etablierte. Fast alle Großstädte folgten mit dem Aufbau eigener Stadtentwicklungseinheiten in unterschiedlichen Ressortierungskonstellationen, mal als zentrale politische Stabsaufgabe direkt bei der politischen Leitung angesiedelt, mal mit den statistschen Analyseaufgaben zusammengefasst, mal mit der etablierten Flächennutzungs- und Stadtplanung zusammengefasst.

Die Länder folgten mit Landesentwicklungsprogrammen. Hier ist vor allen Dingen das Land Nordrhein-Westfalen mit seinem Nordrhein-Westfalen-Programm 1975 (NWP 75) in Erinnerung zu rufen. Dem folgten in vielen Ländern hochdotierte Städtebauförderungsprogramme, mit denen in einer etwas anderen Art von Gemeinschaftsaufgabe die Städte und Gemeinden stimuliert werden sollten, ihren Beitrag zur Lösung wirtschaftlicher, verkehrlicher, sozialer und ökologischer Probleme zu leisten. Ganz im Sinne der zunehmenden Programmorientierung wölbte der Bund mit seinem Bundesraumordnungsprogramm (BROP) in den frühen siebziger Jahren einen gesamtstaatlichen Rahmen über die verschiedenen Landesentwicklungsprogramme.

— *Politik mit Pilotprojekten und Modellprogrammen*
Immer öfter wurden solche Programme mit spezifischen Innovations- und Modelloptionen angereichert, um die kommunale Problemlösungs- und Innovationskapazität zu beflügeln und die vielfach mehr abstrakte Formelhaftigkeit von Bundes- und Landesprogrammen inhaltlich zu überwinden. Außerdem sollten so auch Impulse für die Wissenschaft gegeben werden, die über die Vorbereitung und Evaluation von Modellprogrammen stärker in die betr. Politikfelder eingebunden werden sollte. Typische Modellvorhaben und Schwerpunktprogramme im Ressortbereich Bauen, Wohnen, Raumordnung, Verkehr und Umwelt waren
— flächenhafte Verkehrsberuhigung,
— fahrradfreundliche Stadt,
— örtliche und regionale Energieversorgung,
— soziale Stadt,
— experimenteller Wohnungs- und Städtebau (ExWoSt),
— Regionen der Zukunft und
— Stadtumbau Ost und Stadtumbau West.

— *Umweltpolitik als neue Aufgabe mit anfänglichen »end of the pipe-Strategien«*
Anfänglich eher unbemerkt entwickelte sich in dieser Zeit auch die staatliche Umweltvorsorge als Politikbereich. Anfänglich wurde diese Aufgabe noch durch den Innenminister wahrgenommen. Alsbald folgten beim Bund und den Ländern eigenständige Umweltressorts. Denn die Umweltbelastungen eines fortschreitenden Wachstums von Wirtschaft und Bevölkerung waren längst nicht mehr zu übersehen. Leitend für die Umweltpolitik der damaligen Zeit war die Vorstellung, durch gezielte Entsorgungsinvestitionen könnten die Umweltbelastungen wieder aus dem Ökosystem geschafft werden. Kurz gesagt: eine »End of the Pipe-Politik«.

– Die große Verunsicherung 1974/75 – Ölkrise und Rezession
Der Sonnenschein des wieder gewonnenen Wachstums dauerte nur kurz. Die Jahre 1974/75 waren durch eine erneute, nun tiefer gehende Rezession geprägt. Erstmals gab es eine rückläufige Gesamtbevölkerung, verbunden mit Wanderungsverlusten von 200.000 im Jahr. Die »Ölkrise« hinterließ einen Schock und machte die außenwirtschaftliche Abhängigkeit der Bundesrepublik deutlich. Der damalige Bundeskanzler Helmut Schmidt befasste sich mehr und mehr mit der weltwirtschaftlichen Lage und profilierte sich als »Welt-Ökonom«.

Neoliberale Wirtschaftswissenschaftler meldeten sich immer lauter zu Wort und forderten eine Abkehr von der nachfrageorientierten Wirtschaftspolitik nach dem Modell von Keynes. Angebotsorientierung wurde verlangt in Gestalt von staatlicher Deregulierung und Steuerentlastung. Das war der Anfang von der theoretischen und politischen Demontage einer umfassenden staatlichen Entwicklungspolitik. Planung, bis dato als Wegbereiter der Modernisierung und des Wachstums hoch geschätzt, wurde nun als Planungsbürokratie und Entwicklungshemmnis gebrandmarkt.

– Kritik an regionaler Ausgleichspolitik. Wiederholter Prinzipienstreit
Der schwindende Glaube an stetig hohe Wachstumsraten eröffnete zugleich einen regionalen Verteilungskampf. Erstmals forderten die großen Städte das Ende der »Ausgleichspolitik«, indem sie das schwache Wachstumspotential an Bevölkerung, Wirtschaftskraft und staatlichen Investitionsmitteln für sich allein reklamierten. Konzentration auf Entwicklungspole, lautete die Devise. Wortführer in dieser Kampagne war der damalige erste Bürgermeister Klose aus Hamburg. Damit wurde die ausgleichsorientierte regionale Wirtschaftsförderung mit Vergünstigungen für Unternehmen, die sich in schwach strukturierten ländlichen Regionen ansiedeln, in Frage gestellt. Jede Region soll sich von nun an auf die eigenen Kräfte besinnen und sich selbst helfen. Zwanzig Jahre später haben die Ministerpräsidenten Stoiber, Koch und Teufel diese Diskussion über das Beenden regionaler Ausgleichsstrategien erneut angezettelt und sie wurde auch von Bundespräsident Köhler aufgegriffen. Auch im Hochschulbereich gab es starke Stimmen, die gegen die Neugründung von Hochschulen und den Ausbau kleiner Hochschulen in ländlich peripheren Regionen polemisierten. Dreißig Jahre später gewinnt eine vergleichbare Diskussion wieder Anhänger, wenn gegen das Gießkannenprinzip gewettert wird und eine neue Form von »regionaler Eliteförderung« mit Exzellenzprogrammen und Leuchtturmprojekten gefordert wird.

– Mäßiger Erfolg der regionalen Ausgleichsstrategien
Der Ruf der damaligen regionalen Wirtschaftsförderung war ohnehin nicht besonders gut, denn die neu angesiedelten Betriebe erwiesen sich nur zu oft als »verlängerte Werkbänke« und als wenig stabil. Zum Menetekel wurden die »Bettenburgen«, die im Rahmen der Fremdenverkehrsförderung unter anderem an der Ostsee oder im Bayerischen Wald entstanden sind und wenig ausgelastet waren. Und auch auf der mehr abstrakten Analyseebene der Raumordnungsberichte der Bundesregierung und Landesentwicklungsberichte der Landesregierungen blieb immer wieder enttäuscht zu vermerken, dass es einen durchgängigen Disparitätenabbau nicht gegeben hat. Zwar konnten in den benachteiligten Regionen die Bedingungen durchweg signifikant verbessert werden, aber die Abstände gegenüber den sich viel dynamischer entwickelnden Wachstumsregionen blieben weiter bestehen bzw. wurden in manchen Bereichen sogar größer.

– Endogene Entwicklungsstrategien als Alternative zur Umverteilungspolitik
Aus dem Frust über die Hartnäckigkeit regionaler Disparitäten und den begrenzten Nutzen der traditionellen Entwicklungsstrategien für die Problemregionen entstanden auch alternative Modelle

einer »endogenen Regionalpolitik«. Selbstverwaltete Betriebe sollten Produkte im »regionalen Kreislauf« etablieren, so dass die Beschäftigungseffekte von Vor- und Nachlieferungen zum großen Teil der jeweiligen Region zugute kommen. Zur systematischen Praxisreife kamen diese Ideen in Westdeutschland allerdings nicht. In Österreich dagegen experimentierte das dortige Bundeskanzleramt in benachteiligten Regionen wie Waldviertel oder Steiermark mit gezielten »Sonderaktionen« für endogene Strategien erfolgreich.

— *Wachstumskritik und Nachhaltigkeitsdiskurs*
Zunehmende Verunsicherung ergab sich auch aus der generellen Wachstumskritik, die in den frühen siebziger Jahren auf der Grundlage neuer ökologischer Erkenntnisse des Club of Rome oder der Gruppe Ökologie von sich reden machten. Ein »qualitatives Wachstum« anstelle der quantitativen Wachstumsorientierung wurde gefordert. In den neunziger Jahren nach der Rio-Konferenz wurde für solches Gedankengut der Begriff der »Nachhaltigkeit« populär. Damit eng verbunden ist die Hoffnung auf eine stärkere lokale Verankerung aller Entwicklungsstrategien. Zwischenzeitlich kam es ja tatsächlich in vielen europäischen Ländern zu einer schnellen Ausweitung lokaler Agendaprozesse, bei denen allerdings im Gegensatz zu früheren Förderprogrammen eine Unterstützung durch materielle Förderanreize weitgehend fehlt, was die Umsetzbarkeit der vielen kreativen Ideen solcher Agenda – Initiativen leider erheblich hemmt.

— *Zunehmende Bestandsorientierung: eine neue Sicht der Modernisierungsaufgaben*
Bis Mitte der 1970er Jahre bedeutete Modernisierung meist »ex und hopp«, also Abriß und Neubau. Die alten Strukturen galten als unbrauchbar vor dem Hintergrund gestiegener technologischer und wirtschaftlicher Anforderungen. Dann aber meldete sich der »bürgerschaftliche Ungehorsam« immer deutlicher zu Wort. Aus dem eher bürgerlichen Lager kamen Proteste und Forderungen nach mehr Bewahrung des geschichtlichen Erbes. Die damals noch dominanten Großprojekte staatlicher Förderung, etwa mit den Atomkraftwerken in der Energiepolitik, gerieten in die Kritik, spätestens als die ersten größeren Atomunfälle ruchbar wurden. Eine Zäsur bildete das Europäische Denkmalschutzjahr 1975. Die bis dahin vornehmlich auf Abriss und Neubau beruhenden Stadtentwicklungspolitik ging zu Ende, eingeläutet wurde die Zeit der »erhaltenden Stadterneuerung«. Im Verkehr begannen Diskussionen über alternative Stadtverkehrspolitik unter dem Stichwort »Verkehrsberuhigung«. Mit ähnlicher Wirkung betrieben die Hausbesetzer und die Gründer sozialkultureller Zentren Obstruktion gegenüber der etablierten Entwicklungspolitik. Das also war die beginnende große Verunsicherung mit dem Ergebnis, dass dann bis in die beginnenden neunziger Jahre hinein eine vielgestaltige Entwicklungspolitik in Bund, Ländern und Gemeinden betrieben wurde.

In der regionalen Wirtschaftsförderung allerdings überdauerten die »alten« Investitionshilfen zur Förderung kommunaler Gewerbegebiete und Straßen die Phase der Verunsicherung. Wirkliche Erfolge wurden damit allerdings immer weniger erzielt, weil sich das Potential ansiedlungswilliger Firmen im In- und Ausland aufgrund der wirtschaftlichen Großwetterlage deutlich verringerte und weil inzwischen die Standortanforderungen der überregional verlagerungswilligen Betriebe immer differenzierter wurden. Erschlossene Parzellen und finanzielle Ansiedlungsprämien allein reichten kaum mehr aus gegenüber den herausragenden Standortqualitäten typischer Boomregionen.

Neue Strukturkrise 1985: die Probleme verfestigen sich

Was 1975 noch gerne als vorübergehende Rezession im konjunkturellen Zyklus gedeutet wurde, hatte sich Mitte der achtziger Jahre als dauerhafte Strukturkrise herausgestellt. Kein Wachstum mehr weit und breit, gleich bleibende Bevölkerungszahlen, geringfügige Wanderungsgewinne, gleich bleibend niedrige Geburtenziffern, wirtschaftliche Entwicklung mal plus, mal minus, steigende Arbeitslosigkeit. Die zunehmende Verschuldung der Staatsfinanzen ließ in einem solchen Umfeld für die früher so beliebten Konjunktur- und Beschäftigungsprogramme kaum noch finanziellen Spielraum.

Auf kommunaler Ebene folgten Jahr für Jahr schärfere Sparrunden. Das war der Zeitraum, wo in einzelnen Regionen der Bundesrepublik West beträchtliche Leerstände bei Infrastruktur und Wohnungen aufgetreten sind. Plötzlich war von Rückbau die Rede und wurden in einzelnen Fällen auch wirklich Bauwerke gesprengt, manchmal sogar ganze Stadtautobahnen abgerissen. So betrachtet hat das Rückbauthema von heute einen doppelten Vorlauf: den im Krankenhausbereich und bei der Bahn seit nunmehr schon 40 Jahren, den im Städte- und Wohnungsbau seit zwanzig Jahren. Doch dann kam die »Wende«, die zunächst wieder alle Strukturen »umgekrempelt« und viele Trends »umgebogen« hat.

Die Wende: Aufbau Ost als gigantisches Wachstumsprogramm

Die Wende war mit einem schlagartigen Zustrom von Aussiedlern, Ausländern und Menschen aus der ehemaligen DDR nach Deutschland West verbunden. Alle rechneten auf viele Jahre hinaus mit hohen Wachstumsraten in allen Bereichen. Um die Lebensverhältnisse im Osten Deutschlands möglichst schnell an die des Westens anzugleichen, wurde das größte Konjunktur- und Beschäftigungsprogramm aller Zeiten aufgelegt. Plötzlich galten die fiskalischen Engpässe nicht mehr als relevant. Von »blühenden Landschaften im Osten« und einer »neuen Wohnungsnot im Westen« war die Rede. An den strahlenden Gesichtern in Politik und Wirtschaft war abzulesen, wie groß die Sehnsucht zurück zu den goldenen Wachstumsjahren in den Sechzigern verwurzelt war. Die wesentlichen Maßnahmebereiche staatlicher Aufbauförderung Ost waren:

- **Arbeitsförderung und Arbeitslosenunterstützung,** um die ungeheuren Freisetzungen aufgrund der radikalen Rationalisierungsprogramme im Bereich von Industrie, Landwirtschaft und öffentlicher Hand abzufedern;
- **Regionale Wirtschaftsförderung,** um die Umwandlung der ehemals staatswirtschaftlichen Ökonomie in marktwirtschaftliche Strukturen zu begleiten und den vielen expansiven Westfirmen den Marktzugang zu erleichtern; besondere Anstrengungen waren auch im Bereich der Tourismuswirtschaft nötig, um die ehemals staatswirtschaftlich betriebenen Tourismusbetriebe in den klassischen Tourismusregionen wenigstens teilweise in einem völlig veränderten Markt konkurrenzfähig zu machen;
- **Verkehrsinfrastrukturausbau** auf allen Ebenen, zunächst mit dem größten Mitteleinsatz bei den Verkehrsprojekten Deutsche Einheit und dort vorrangig bei der Straße, aber teilweise auch bei der Modernisierung der Ost-West-Schienenverbindungen, später dann auch mit riesigen Investitionssummen auf Landes-, Regional- und Lokalebene, um die teilweise maroden Infrastrukturen den westlichen Standards anzupassen und der schnell einsetzenden nachholenden Massenmotorisierung hinterher zu bauen;
- **Kulturförderung,** um das traditionell breite Angebot lokaler Spielstätten wenigstens teilweise erhalten und in den neuen Strukturen konkurrenzfähig gestalten zu können;

- **Bildungsförderung**, um mit vielfachen Qualifizierungsprogrammen und Ausbauprogrammen die notwendige Anpassungsflexibilität im Bereich des öffentlichen Dienstes und der Wirtschaft zu unterstützen und die organisatorische Umstellung der Bildungssysteme abzusichern. Später wurde es nötig, mit speziellen Maßnahmen in den dünn besiedelten Regionen ein ausreichendes Bildungsangebot auch bei rückläufiger Schülerzahl sicherstellen zu können;
- Die **Treuhandanstalt** hatte die Aufgabe, für eine Übergangszeit die Transformation der staatswirtschaftlich organisierten Betriebe in die neuen Strukturen zu flankieren, einen schnellen Zusammenbruch der wirtschaftlichen Basis zu verhindern und möglichst tragfähige neue Strukturen zu etablieren.

Ernüchternde Bilanz: Die Wachstumshoffnungen wurden nicht erfüllt, blühende Landschaften sehen anders aus und die Solidarität der Regionen schwindet

Während anfangs in großer Solidarität und Euphorie wegen der Wiedervereinigung und ihren wirtschaftlichen Chancen ein breiter Konsens in Ost und West über die Grundrichtung dieser Aufgaben und ihre finanziellen Erfordernisse bestand, ist dieser Konsens inzwischen in mehrfacher Hinsicht zerbrochen:
- Im **Infrastrukturbereich** wird vielfach unterstellt, der **Nachholbedarf** sei **abgearbeitet**, nunmehr könne zur Normalität zurückgekehrt werden. Dafür gibt es sicher treffende Beispiele, auch solche, wo – z. B. im Straßenbau – schon längst zu viel des »Guten« getan wird und kaum noch zu rechtfertigende Großprojekte forciert werden (Beispiel Rügenautobahn oder Usedombrücke Wolgast); aber daneben gibt es eben auch noch jede Menge maroder Netze (z. B. im Schienenverkehr), an denen das Füllhorn der letzten Jahre vorüber gegangen ist. Um so mehr stellt sich allerdings die Frage, ob bei einer solchen Problemlage weitere Großprojekte (z. B. die so genannte »Thüringer-Wald-U-Bahn« für die Hochgeschwindigkeitsstrecke Nürnberg-Erfurt) helfen oder ob nicht um so mehr angepasste Strategien mit hoher Netzwirksamkeit nötig sind.
- Inzwischen gibt es **auch in Deutschland West** in den alt industrialisierten und ländlich peripheren Regionen **hartnäckig hohe Dauerarbeitslosigkeit** und demographische Schrumpfungsprobleme, mit denen die betroffenen Regionen selber nicht mehr klar kommen. Sie fordern mehr Beachtung im regionalen Finanzausgleich und bei der Strukturierung der Programme. Ein Ergebnis hieraus ist das Programm »**Stadtumbau West**«.
- Immer mehr westliche Ministerpräsidenten, Abgeordnete und Bürgermeister fordern eine **Neujustierung staatlicher Ausgaben- und Förderpolitik** sowie Steuerpolitik. Die reichen Länder stellen die föderalen Ausgleichsmechanismen zwischen reichen und armen Ländern prinzipiell in Frage und kritisieren das Postulat vom Disparitätenausgleich für mehr »Gleichwertigkeit der Lebensbedingungen«. Der Solidarzuschlag wird kritisiert und ein »westlicher« Nachholbedarf an staatlichen Investitionen angemahnt. Viele haben da schnell ein paar populistische Paradebeispiele parat und kümmern sich wenig um gesicherte regionalstatistische Analysen, die natürlich hartnäckige Disparitäten zu Lasten großer Teile des Ostens ergeben.
- Inzwischen hat sich in Ostdeutschland aufgrund des demographischen Wandels und der damit verbundenen, starken, selektiven Abwanderung eine **verschärfte Problemlage für viele dünn besiedelte Regionen** ergeben, die neue Antworten mit anderen Programmschwerpunkten erfordert. Immer weniger geht es nun um Investitionen in das infrastrukturelle Sachsystem, viel wichtiger werden Planungs- und Förderansätze, die im Bereich der institutionellen Organisation und

der personellen Infrastrukturen ansetzen. Diese Erfordernisse beißen sich allerdings noch mit den gängigen Vorstellungen vom schlanken Staat, der seine Probleme mit kleinstmöglichem Personal lösen solle.

Die Wendeeuphorie ist also lange verflogen. Die Arbeitslosigkeit bleibt hoch. Das Wirtschaftswachstum kommt in vielen Regionen nicht in Gang, trotz der über viele Jahre hohen Kreditaufnahme des Staates für die Förderprogramme (die auch von der EU moniert wurde). Die demographischen Kennziffern bewegen sich wieder da, wo sie sich in den achtziger Jahren bewegten. Der Abstand des Ostens zum Westen hat sich in den meisten Regionen nicht verringert, bezogen auf Wirtschaftskraft, Einkommen und Arbeitslosigkeit. Und dies trotz inzwischen nahezu perfekter Infrastruktur. Die Abwanderung in Richtung Westen hält an. Nun gibt es im Osten in einigen Regionen dramatische Überkapazitäten bei Wohnungen und Infrastruktur.

– *Rückbau als neues Politikfeld*
Die Politik reagierte im Rahmen des Programms Stadtumbau Ost mit einem milliardenschweren Förderprogramm als »Abschlachtprogramm«. Damit wird in erster Linie die Verkleinerung des Wohnungsangebotes finanziert. Seither ist viel von »Rückbau« die Rede. Allerdings bleibt die Rückbaudiskussion zunächst ausschließlich auf den Wohn- und Wohnfolgebereich beschränkt. Hier ist die Logik der so genannten »Kostenremanenz« zu erdrücken, um sich langfristig riesige Leerstände leisten zu können. Planung steht also erstmals vor der Aufgabe, auf »breiter Front« (und nicht nur sektoral und punktuell wie bislang) einen »geordneten Rückzug zu organisieren, d. h. die Abrissprozesse räumlich und zeitlich so zu organisieren, dass sich daraus ökonomisch, sozial und ökologisch sinnvolle Abläufe ergeben.

– *Renaissance der Dezentralität*
Immer öfter erweisen sich dabei die herkömmlichen, stark auf Zentralisierung ausgerichteten Planungsprinzipien der Infrastrukturbereitstellung als obsolet: hoch zentralisierte Wasser- und Abwassersysteme, Energiesysteme und Verkehrssysteme mit ihren langen Trassenwegen werden zunehmend ineffizient. Gefragt sind dezentrale, flexible, modulare und vor allem kommunal gesteuerte Systeme mit guter Anpassungsfähigkeit an wechselnde Bedarfslagen.

Allerdings haben sich viele Infrastruktursysteme zunächst noch gegen die Rückbaudiskussion immunisiert. Das gilt vor allem für den Straßenbau, der sich noch immer an den Wachstumsraten seiner Bedarfspläne berauscht, ohne demographische Schrumpfungsoptionen überhaupt zu diskutieren. Ähnlich wachstumsfixiert bleibt das Energiesystem.

– *Immer komplexere Raummuster erfordern mehr Politikdifferenzierung*
In der aktuellen Diskussion über Wachsen und Schrumpfen wird leicht übersehen, dass es auch im Osten neben Regionen mit Schrumpfungsproblemen wachsende Regionen gibt. Und dass auch innerhalb der Regionen oft Schrumpfung und Wachstum kleinräumig variieren können. Neben einem schrumpfenden Quartier kann es sehr wohl ein wachsendes geben. Daraus folgt zunächst als Postulat an Politik und Planung, sehr viel genauer hinzusehen und sich den differenzierten Blick nicht von zu viel Pauschalierung verstellen zu lassen. Hoch aggregierte Daten taugen weniger denn je zur Beurteilung der regionalen Strukturen. Zuverlässige statistische Streuungsmaße und kleinteilige Analysen werden immer bedeutsamer.

– *Schrumpfung nun auch im Westen*
Erkennbar wird mittlerweile auch, dass Bevölkerungsverluste und Rückbau nicht mehr ausschließlich ein Thema in Ostdeutschland sein werden, sondern dass inzwischen auch immer mehr Regionen in Westdeutschland eine solche Entwicklung nehmen. Dies betrifft zunächst vor allem »die üblichen Verdächtigen«, d. h. die strukturschwachen Verdichtungsräume und viele der dünn besiedelten, peripheren Regionen abseits der großen Zentren und touristisch attraktiven Gebiete. Später werden sich auch viele andere Regionen an das Schrumpfen gewöhnen müssen.

Bislang allerdings besteht noch eine tiefe Ratlosigkeit, ob und wie eine solche Entwicklung hin zu weniger Bevölkerung und Infrastruktur konstruktiv gestaltet werden kann.

Megatrends dämpfen Hoffnung auf neuerliche Wachstumsphase

Eine Rückkehr in die Wachstumsjahre des vergangenen Jahrhunderts ist in Deutschland ausgeschlossen. Längst hat sich die Wachstumsdynamik in andere Regionen der Welt verlagert. Gegen Wachstumshoffnungen für alle Regionen in Deutschland sprechen alle Megatrends und der Blick auf die Entwicklung der Vergangenheit. Selbst in den Wachstumsperioden ist es nicht gelungen, die großräumigen Unterschiede in der regionalökonomischen Entwicklung von Regionen in Deutschland abzubauen. Die prosperierenden Regionen von damals sind auch die von heute. Die zurückgebliebenen Regionen heute sind auch die von damals. Das zeigt der Blick auf die regionale Verteilung von Wanderungen und Arbeitslosigkeit. Verstärkt hat sich im Laufe der achtziger Jahre das sozialökonomische Gefälle von Nord nach Süd sowie nach der Wende das sozialökonomische Defizit in fast allen ostdeutschen Regionen. In den regionalisierten Prognosen der sozialökonomischen Entwicklung bis 2050 bleibt dieses Bild im Prinzip erhalten mit der Tendenz, dass sich das – wenn überhaupt noch erwartbare – wirtschaftliche Wachstum nur auf wenige Kernregionen konzentriert.

Die stagnierende Geburtenhäufigkeit von 1,4 je Frau im gebärfähigen Alter wird sich kaum mehr nach oben bewegen. Selbst eine engagierte pro-natale Förderung würde sich nur langfristig auswirken. Denn es dauert eine Generation, bis die Jahrgänge im gebärfähigen Alter wieder stärker besetzt sind. Und die dominanten gesellschaftlichen und kulturellen Werte von Individualismus und Hedonismus in Verbindung mit Konsumfreude und geforderter beruflicher Mobilität machen Änderungen im Geburtenverhalten eher unwahrscheinlich. In modernen, reichen Gesellschaften sind niedrige Geburtenziffern fast zwangsläufig.

Ebenso wird es kaum gelingen, deutlich höhere Außenwanderungen zu initiieren. Zuwanderungen sind ein ziemlich genaues Abbild der wirtschaftlichen Lage. Und in der wirtschaftlichen Entwicklung zeichnet sich real trotz aller politischen Bekenntnisse und Bemühungen um mehr Wachstum keine signifikante Zunahme von Arbeitsplätzen ab. Denn die Steigerung der Produktivität durch fortschreitende Rationalisierung wird deutlich über dem Wachstum der Produktion liegen. Daraus folgt eine anhaltende Reduzierung des gesamtwirtschaftlichen Arbeitsvolumens. In den Arbeits- und Sozialwissenschaften mehren sich daher die theoretischen Begründungen, weshalb hoch entwickelte Industriegesellschaften sich gegenwärtig und in Zukunft auf eine dauerhaft hohe Arbeitslosigkeit einrichten müssen.

Anpassungszwänge für den Staat

Diese Megatrends lassen es aussichtslos erscheinen, die gegenwärtigen Systeme bei Steuern, Sozialabgaben, Gesundheit und Regionalpolitik beibehalten zu können und dies durch ein höheres Wachstum zu finanzieren. Realistisch ist nur eine Umstellung der Systeme auf die durch die Megatrends vorgezeichneten Rahmenbedingungen. Bislang hat sich die Politik dem hartnäckig verweigert. Zwei Bundeskanzler haben je zwei Legislaturperioden lang versprochen, sie würden jetzt endlich die Arbeitslosigkeit halbieren. In Wirklichkeit ist sie stetig angestiegen. Ganz allmählich beginnt aber die gesamtstaatliche Politik in den nahe liegendsten Bereichen, erste Reformen in Gang zu bringen, bei der Pflege- und Rentenversicherung und den Arbeitsmarktreformen.

»Weiter so« bei Regionen und Kommunen. Projekte für illusionäre Wachstumshoffnungen

In der Regional- und Kommunalpolitik dagegen ist einstweilen noch ein weit verbreitetes »weiter so« zu beobachten. Die meisten Regionen betreiben immer noch Wachstumspolitik. Das lehrt der Blick auf die Stadtränder mit ihren immer noch neuen Gewerbegebietsausweisungen. Das lehrt der Blick auf die Bautafeln an den vielen Baustellen des unersättlichen Straßenbaus. Das lehrt der Blick in die Innenstädte mit den immer neuen Projekten für Shopping Center, Sport Arenen und Verwaltungsbauten. Dabei ist erstaunlich, dass es im Hinblick auf die immerwährende Bauwut keinen prinzipiellen Unterschied zwischen boomenden und schrumpfenden Regionen gibt. In beide Regionstypen scheinen die professionellen Akteure zu glauben, Zukunftsgestaltung setze jedenfalls eine möglichst intensive Bautätigkeit voraus: Motto: »Ich baue, also sichere ich Zukunft«!

Statt dieser pauschalen Bauwut müssen sich prosperierende wie schrumpfende Regionen ein paar prinzipielle Fragen stellen:

— **Wachsen Boomregionen ewig weiter?** Kann es in den derzeit – und nach den Prognosen auch in Zukunft – wachsenden Zentren ein »ewiges Wachstum« geben? Was treibt dieses an und wie hoch ist der Preis?
— **Kann man Schrumpfungsprozesse anhalten?** Lässt sich der Prozess des immer Weniger in den Regionen mit derzeitigen und künftigen Bevölkerungsverlusten unterbinden? Was kann dort zu einer neuen Stabilität führen und wie lässt sich dies erreichen? Und wenn nicht, wie kann man den Schrumpfungsprozess am besten bewältigen?

Metropolen-Wachstum: ein »perpetuum mobile«?

Sie nennen sich gerne »Metropolen«, die Verdichtungsräume, die auch in Zukunft weiter wachsen sollen (nach Aussage der Prognosen) und wachsen wollen (nach den Bekenntnissen und Handlungen der professionellen Akteure). Den »Rang« als Wachstumsmetropolen reklamieren Hamburg, die Rheinschiene, Rhein-Main, Stuttgart und München sowie die Hauptstadt Berlin. In der »zweiten Reihe« wollen auch zu dieser »Liga« gehören Dresden, Leipzig, Rhein Neckar, Nürnberg und Bremen-Osnabrück. Die Zunahme der Bevölkerung in diesen Regionen beruht auf andauernden Zuwanderungen aus dem Binnenland und aus dem Ausland. Motor für die Zuwanderung sind Karriereerwartungen mittels hoch qualifizierter Ausbildungsangebote und hoch bezahlter Arbeitsplätze. Diese »Kerngruppe« zieht weniger qualifizierte Beschäftigungsmöglichkeiten nach sich, vor allem im Baugewerbe und im Servicebereich. Diese werden zum großen Teil mit Ausländern besetzt. Das Investment besorgen internationale Finanzinvestoren, die Unternehmen aufkaufen und transformieren, vor allem aber in den Immobilienmarkt investieren. Aus der Vogelperspektive global agierender Vorstandsetagen kommen dafür nur wenige »Glanz-Standorte« ins Kalkül. Diese Konzentration des Interesses auf wenige Standorte treibt die Immobilienpreise in die Höhe und je höher diese sind, umso interessanter ist das Investment, verspricht es doch schon nach kurzer Zeit hohe Gewinne.

Der Treibstoff, mit dem dieser Wachstumsmotor fährt, sind stets neue und mehr Attraktivität. Dabei rücken der Kultur- und Eventsektor und die spektakuläre Architektur mit ihren symbolträchtigen Bauten und Inszenierungen und ihrer besonderen Ausstrahlung auf die »Global Player« immer mehr in den Vordergrund. Im Zeitablauf ist dieser Wachstumsmotor gezwungen, auf immer höhere Drehzahlen zu schalten, um im Wettbewerb mit immer neuen und noch größeren Sensationen aufwarten zu können.

Boomtown München als typisches Beispiel: Ein typisches Beispiel ist Boom-Town Nr. 1 in Deutschland, München.
– **Transrapid-S-Bahn:** Die bayerische Staatsregierung betrieb den Bau der Magnetschwebebahn vom Flughafen in die Innenstadt mit Nachdruck, obwohl dies »teure Spielzeug« genau genommen kein kommunales Verkehrsproblem löst. Es geht vielmehr um ein Symbol der Technikgläubigkeit und die Hoffnung um ein medienwirksames Spektakel bei der Eröffnung. Zum Wohle der Hersteller, die sich zwar kaum an der Investition beteiligen, mittels der Referenzstrecke aber auf einen Exportboom hoffen. Mittlerweile ist das Projekt an seiner offensichtlichen Nichtfinanzierbarkeit »gestorben«.
– **Dritte Start/Landebahn:** Da wird soeben angekündigt, dass der Münchener Flughafen eine dritte Startbahn benötigt mit dem unverhohlen ausgesprochenen Kalkül: München will Frankfurt den ersten Rang als HUB in Mitteleuropa streitig machen.
– **Allianz-Arena:** Da wird eine glanzvolle Arena gebaut als Highlight für die Fußballweltmeisterschaft 2006. Im Gefolge werden dabei zwei noch sehr gut taugliche, geschichtsträchtige Stadien »arbeitslos«.
– **Hochhausboom:** Da schießen innerhalb kürzester Zeit Bürohochhäuser in die Höhe als bewusste Symbole einer »neuen Zeit«, die Stadteingänge markierend, und dies, obwohl nun schon seit Jahren 1,65 Mio. qm Bürofläche leer stehen.
– **Pinakothek der Moderne:** Großbürger und Freistaat schenken der Stadt München ein neues Kunstmuseum, die Pinakothek der Moderne. Diese Einrichtung setzt der Kunststadt München eine neue Spitze auf. Das Museum ist eine Publikumsattraktion wegen seiner Architektur und seiner Ausstellungen.
– **BMW-Autowelt-Park:** BMW erbaut gerade eine »Autowelt« als Vergnügungspark, der dem Motto »Aus Freude am Fahren« aufregende Bilder und sinnliche Erlebnisse nachreicht. Die zugehörige Architektur muss auffallen um jeden Preis. Daher wurden die Architekten von COOP Himmelblau gerufen.
– **Zweite S-Bahnröhre und Straßentunnel mittlerer Ring:** Es wird eine zweite Röhre für die S-Bahn notwendig, um den wachstumsbedingt vermehrten Verkehr bewältigen zu können. Und der Mittlere Ring, höchstbelastete Stadtstraße in Bayern, soll nun endlich rundum untertunnelt werden, um die dramatischen Störwirkungen des Münchener Autoverkehrs »mittels Straßenausbau zu dämpfen«.

Der hohe Preis der Großprojekte

Der Preis für diese Art der Standortprofilierung ist hoch. Die hier für München beispielhaft vorgetragenen Projekte übersteigen einen Betrag von vier Milliarden Euro. Sie fallen in eine Zeit, in der der Oberbürgermeister der Stadt und Präsident des Deutschen Städtetags nicht müde wird, den drohenden »Bankrott« der Städte anzuklagen.

Allein für die Erschließung der neuen Arena rechtzeitig zur Fußball-WM schichtete die Stadt im Investitionshaushalt »mal eben« rund 500 Millionen Euro um, unter Hintanstellung der Maßnahmen, die bislang mit hoher und höchster Priorität ausgezeichnet waren. Dazu gibt es dann ein Bürgerbegehren und die Bürger stimmen mehrheitlich für das Großereignis und gegen die Investitionen für die Verbesserung der alltäglichen Stadtqualität und der Notwendigkeiten im sozialen Bereich. Das ist ein Zeichen für die »Event-Anfälligkeit« breiter Bevölkerungsschichten.

Die Begründung für dieses Haushaltsgebaren ist ähnlich wie im Modell einer gesamtstaatlichen Konjunkturpolitik: Investitionen in die kommunalen Wachstumsmotoren führen zu Steuereinnahmen und mit diesen Einnahmen lassen sich die Folgeprobleme des Wachstums im ökologischen und sozialen Bereich lösen. Was aber ist, wenn die Steuereinnahmen nicht steigen, dann bleiben die Schulden. Auch in München ist im Laufe der Jahre die Verschuldung gewachsen, und das in einer Stadt, die stets auf der »Sonnenseite« der Entwicklung gestanden hat.

Reichtum und Armut: die Diskrepanz wächst

Die gesamtgesellschaftliche Tendenz, als Reicher immer reicher und als Armer immer ärmer zu werden, hat eine besondere Relevanz in den großen Städten. Dort ist die Spreizung zwischen Arm und Reich besonders groß. Wer einmal zugewandert ist, kann nicht ohne weiteres wieder wegziehen, wenn sein Arbeitsplatz wegrationalisiert oder von einem Leistungsfähigeren eingenommen wird. Wenn seine Betriebsstätte mit einem Federstrich in ein anderes Land verlagert wird oder wenn seine Qualifikation für die neuen Anforderungen als nicht ausreichend taxiert wird, dann bleiben ihm die überdurchschnittlich hohen Lebenshaltungskosten, nicht zuletzt verursacht durch das andauernde Hoch auf dem Immobilienmarkt. So wächst mit jeder neuen Wachstumsrunde auch der »Bodensatz« von Menschen, die nicht mehr mithalten können.

Überkapazitäten: eine Spirale ohne Ende?

Der beschriebene Wachstumsmodus führt zwangsläufig zu lokalen und regionalen »Überkapazitäten« bei Infrastruktur und privaten Immobilien. Bislang – so wird gerne argumentiert – habe sich ein Überangebot auf dem Immobilienmarkt durch einen später zuwachsenden Bedarf immer wieder aufgelöst. Was aber ist, wenn das regionale Wachstum im langen Trend dauerhaft schwächelt? Dann wird erst einmal weiter investiert, trotz vorhandener Leerstände. Es wird unter Kosten vermietet mit dem Effekt, dass kostengünstigere Immobilien unter Druck geraden. Das Leerstandsproblem wird also nur weitergereicht. Am Ende entstehen strukturelle Leerstände, die sich nicht mehr auflösen. Und es entstehen große finanzwirtschaftliche Risiken auf »platzende Blasen«, weil Immobilien und Hypotheken in weiten Teilen der Wirtschaft und der privaten Zukunftssicherung die Basis der fiskalischen Absicherung bilden.

Bei Büroimmobilien und Einkaufszentren gibt es untrügliche Anzeichen für einen solchen Gang der Dinge. Gerade hat Bremen die Pleite mit dem hochgejubelten »Space Park« erfahren und dabei 180 Mio. Euro Landesmittel in den Sand gesetzt. Nun soll eine noch »größere Nummer« folgen. Kanadische Spekulanten wollen an die Stelle »Europas größte Spielhölle« setzen. Und das Land scheint gewillt zu sein, dafür als erstes Bundesland das Spielbank-Monopol an Privat zu verkaufen. Und was ist, wenn das »neue Ding« erst recht nicht funktioniert?

Einen ähnlichen Verlauf könnte es bei der Infrastruktur geben, bei Flughäfen oder bei Messen und Kongresszentren. Da gerät eine Einrichtung in die roten Zahlen, weil die Kosten durch die Einkünfte aus zahlungskräftiger Nachfrage nicht mehr gedeckt sind. Also wird in einem Kraftakt eine noch größere Kapazität geschaffen, die sich theoretisch rein rechnerisch durch die kalkulierte Mehrnachfrage als rentabel erweist, Aber häufig sind diese Rechnungen stark geschönt. Denn der Kuchen wird zwischen vielen Konkurrenten aufgeteilt. Und die Nachfragetrends sind extrem schwankend.

Die großen Zentren: zum Wachstum verdammt

Die beschriebenen Mechanismen zeigen, dass die großen Zentren aufgrund ihrer Großprojekte »zum Wachsen verdammt sind«, weil nur so die Folgekosten des Wachstums in den Bereichen Infrastruktur, Sozialhaushalt, Umweltbelastung und Finanzwirtschaft aufgefangen werden können. Wenn die Rechnung allerdings nicht aufgeht, dann müssen noch größere Anstrengungen in die Förderung des Wachstums gesteckt werden. Die Spirale scheint endlos zu sein. Bislang hat sie leidlich funktioniert, obwohl gerade den großen Zentren die Suburbanisierung mit den Abflüssen von zahlungskräftiger Bevölkerung und steuerrelevanten Betrieben ins Umland in doppelter Hinsicht zu schaffen macht: wegen der fiskalischen Folgen und wegen der besonderen Infrastrukturlasten der Suburbanisierung. Diese Schuldenpolitik der großen Metropolen findet dann ein Ende, wenn das letzte »Tafelsilber« verkauft ist und die Folgelasten des Wachstums nicht mehr finanzierbar sind. Dann gerät die Finanzwirtschaft in den großen Metropolen immer mehr in die Schieflage. Auch die Metropolen werden dann zunehmend von Hilfen des Gesamtstaates abhängig. Aus dieser Erkenntnis resultiert deren wachsende Opposition gegen die herkömmlichen Mechanismen des Finanzausgleichs, bei denen die »Habenichtse« und »Arbeitslosigkeitshochburgen« besonders bedacht werden.

Heute schrumpfende Altindustrie-Regionen: sie waren mal Wachstumsmotoren

Die »alten Industrieregionen« in Europa und Übersee zeigen, dass ursprünglich stürmisches regionales Wachstum irgendwann abbrechen kann, wenn die ökonomische Basis verloren geht. Sie sind in ihrer Boomphase schneller gewachsen als die meisten der heute wachstumsstarken Regionen. Aber ihre lange Zeit »monostrukturierte« ökonomische Basis hat sich aufgrund des technologischen und strukturellen Wandels »überlebt«. Trotz hoher staatlicher Subventionen ist es nicht gelungen, hier die Arbeitsplatzverluste zu kompensieren und das neues Wachstum anzuschieben oder mindestens eine Stabilisierung zu erreichen. Eine starke Schrumpfung ist unausweichlich. Die ökologischen Schäden des starken Wachstums früherer Epochen sind groß. Die Altlasten hemmen die nötigen Anpassungen für eine nachhaltige Entwicklung. Der behutsame Umgang mit dem industriekulturellen Erbe und dessen Umnutzung für touristische und kulturelle Zwecke hat zwar neue Zeichen gesetzt, aber war nicht in der Lage, neue Wachstumszyklen einzuleiten. Selbst massive Hilfestellungen im

Bereich der Subventionen für Kohle und Stahl und für Neuansiedlungen von Betrieben, massive Investitionen in neue Verkehrsinfrastruktur, in den Hochschulbau, in die Forschungsförderung, die Städtebauförderung und die Kulturförderung konnten den Trend nicht umkehren. Das sollte nachdenklich stimmen.

Heute schrumpfende ländlich-periphere Regionen: Probleme mit der »kritischen Masse«

Regionen mit dramatischer Abnahme der Bevölkerung sind vor allem die dünn besiedelten, traditionellen peripheren Agrarräume ohne nennenswerte Industrialisierung und die speziellen, mehr klein- und mittelstädtisch geprägten altindustrialisierte Regionen, vor allem des Ostens, deren Industriebranchen aufgrund technologischen Wandels oder wegen der Globalisierung mit Weltmarktpreiskonkurrenz »aus dem Markt« katapultiert worden sind (Textil, Porzellan, Foto, teilweise Chemie, teilweise spezielle Bergbaustandorte, Schiffsbau, Verarbeitung landwirtschaftlicher Produkte). In den dünn besiedelten ländlichen Regionen verringert sich die Bevölkerungsdichte von einem bereits tiefen Niveau auf Werte unter 50 Einwohner/qkm, wenn man die auch dort vorhandenen Klein- und Mittelstädte ausklammert, sogar noch deutlich tiefere Werte. In den mehr städtisch geprägten Regionen sind mehr die Verlustraten dramatisch, beispielsweise, wenn in manchen Klein- und Mittelstädten des Ostens die Einwohnerzahlen innerhalb weniger Jahre halbiert wurden.

Für beide Regionstypen bedingen die Bevölkerungsverluste erhebliche Probleme, die inzwischen zunehmend zum Gegenstand wissenschaftlicher Analysen und politischer Debatten werden:

– **Forcierte Leerstandsproblematik am Wohnungsmarkt:** Am Wohnungs- und Immobilienmarkt bedingen die zunehmenden Wohnungsleerstände und stark fallenden Immobilienpreise die Gefahr, dass die Wohnungsmärkte zusammenbrechen und die Wohnungsunternehmen insolvent werden. Den privaten Hausbesitzern wird so eine wichtige Grundlage ihrer ökonomischen Absicherung genommen. Die im Zuge des Stadtumbau Ost vor allem in den Städten geförderten Abrissprogramme können den Prozess zwar abmildern, aber nicht generell stoppen. In »der Fläche« kommen diese Programme ohnehin kaum zum Einsatz.

– **Auslastungsprobleme der sozialen Infrastruktur:** Die vorhandenen Einrichtungen der sozialen Infrastruktur werden immer schlechter ausgelastet. Damit stellt sich für die Träger die Frage, einen Teil der Einrichtungen zu schließen und die verbleibenden Einrichtungen zu größeren Einheiten zusammen zu legen. Damit sind natürlich sehr viel längere Wege für die Nutzer verbunden, was bei wahlfreien Nutzern zu einem Rückgang der Nachfrage führt und damit eine noch mal sinkende Auslastung zur Folge hat. Das Stigma der schlechten Versorgung mindert außerdem die Standortattraktivität und provoziert damit eine erhöhte Abwanderungsbereitschaft.

– **Auslastungsprobleme der technischen Infrastruktur:** Die in den Wachstums- und Wirtschaftswunderzeiten errichteten, stark zentralisierten Netze der technischen Infrastruktur mit ihren extrem langen Leitungswegen für Straßen, Wasserversorgung, Entwässerung und Kommunikation verteuern sich erheblich, weil die Fixkosten für Betrieb und Unterhalt konstant bleiben (»Kostenremanenz«), die Zahl der Nutzer aber deutlich sinkt. Das verminderte Nutzeraufkommen gefährdet die technische und ökonomische Funktionsfähigkeit, Wasserleitungen drohen mangels ausreichendem »Durchsatz« zu verschmutzen, dem ÖPNV droht mangels Nachfrage die Stilllegung. Bei manchen Systemen ist ein kapazitätsmindernder Umbau oder eine Reduzierung der Standards oder eine mehr dezentrale Organisation möglich, bei anderen eher nicht.

- **Sinkende Finanzkraft:** Die fiskalische Problemlösungskapazität der betroffenen Gebietskörperschaften und ihrer technischen Betriebe und sozialen Einrichtungen nimmt dramatisch ab, weil das Steueraufkommen der Kommunen und die Einnahmen der kommunalen und privaten Versorgungsunternehmen aufgrund der sinkenden Einwohnerzahlen und Beitragszahlerzahlen dramatisch zurück gehen. Auch die jeweiligen Finanzzuweisungen durch die Länder sinken mit dem Rückgang der Bestandszahlen.
- **Sinkende Standortattraktivität:** Insgesamt mindert die fortschreitende Angebotsverschlechterung und die höhere Abgabenlast die Attraktivität der Kommunen und Regionen für Bewohner und Betriebe stets aufs Neue. Immer mehr Menschen und Betriebe mit Wahlfreiheit hinsichtlich der Standortwahl werden die Region verlassen. Damit beschleunigt sich der Teufelskreis sich aufschaukelnder Negativtrends.

Solche Entwicklungen zwingen zu einer grundlegenden Überprüfung der herkömmlichen Strategien für die Organisation von öffentlichen und privaten Versorgungsangeboten. Um trotz der Einbrüche bei den Bestands- und Nachfragezahlen eine angemessene Grundversorgung aufrecht zu erhalten, sind neue, kreative Angebotsstrategien erforderlich.

Selektive »Absiedlung« als Planungsstrategie

Im klein- und mittelstädtischen Kontext stellt sich ähnlich wie in den Großstädten Ostdeutschlands immer öfter die Frage partieller Absiedlung durch Abriss ganzer Siedlungseinheiten. Ausgehend von Leipzig ist dafür der Begriff der perforierten Stadt geprägt worden. Das Problem ist, eine räumlich sinnvolle Organisation der Leerstände dergestalt zu erreichen, dass möglichst zusammenhängende Einheiten an dafür besonders geeigneten Stellen »stillgelegt« werden können. Meist bleibt wegen der Selektivität solcher Eingriffe im nächsten oder übernächsten Gebiet noch genug Substanz, um die prinzipielle Überlebensfähigkeit der betroffenen Städte zu sichern.

In extrem dünn besiedelten Regionen dagegen stellt sich außerhalb der auch dort ja auch immer wieder vorhandenen Kleinstädte sehr viel dramatischer die Frage des möglichen oder unmöglichen Fortbestandes ganzer Orte, weil die kritische Masse so klein ist, dass ein partielles Wegbrechen von Teilen die gesamte Struktur gefährdet.

Überlebensstrategien für schrumpfende Gebiete

Um mit solchen Problemen klar zu kommen, müssen die konventionellen Richt- und Grenzwerte sowie Standards grundlegend verändert werden und viel mehr Spielräume für lokale und regionale Sonderwege eröffnet werden.
- **Regionale und sektorale Kooperation:** Die betroffenen Kommunen und Träger müssen viel stärker als bisher zu regionalen und sektoralen Kooperationsmodellen kommen und ihre Angebotsstrategien im Bereich der Bauten und Raumnutzungen, aber auch des Personaleinsatzes und der spezifischen Leistungsprogramme flexibilisieren.
- **Flexibilisierung durch Mehrfach- und Mehrzwecknutzung:** In vielen Bereichen bieten die Strategien der Mehrfach- und Mehrzwecknutzung von Gebäuden, Geräten und Personal eine Option. Typische Beispiele sind die Postagenturen und Nachbarschaftsläden, Gemeinschaftspraxen und Ärztehäuser sowie kombinierten Liefer- und Personentransportdienste. Der Flexibilisie-

rung im Personal steht die jahrzehntelange Tendenz zur immer weitergehenden Spezialisierung der Berufsanforderungen entgegen. Heute sind dagegen für eine solche Kulisse eher ganzheitlich-universelle Qualifikationen gefragt, eine bewusste Entspezialisierung vieler Berufe im Sozial-, Kultur-, Bildungs- und Gesundheitsbereich muß daher angestrebt werden.

– **Mobile und digitale Leistungserbringung:** Ebenso eröffnet die verstärkt mobile Erbringung der betr. Leistungen (rollender Bücherbus, Spielmobil, Schulmobil, rollende Ambulanz, rollender Laden, Wanderbühne, Wanderkino) neue Möglichkeiten. Im weitesten Sinne gehört dazu auch die digitale Leistungserbringung (Fernunterricht, Ferndiagnose, e-Commerce und e-Government).
– **Selbst- und Nachbarschaftshilfe:** Manche Finanzierungsprobleme können durch die Nutzung von Selbsthilfe- und Ehrenamtpotenzialen (typische Beispiele: Nachbarschaftshilfe in der Altenpflege, Bürgerbus und Mitnahmedienste im Verkehr, Nachbarschaftsladen in der Grundversorgung mit Waren und Diensten) umgangen werden.

Bringschuld der Innovationsförderung bei Bund und Ländern

Entscheidend ist bei allen diesen Lösungsansätzen, dass es nicht um ein paar exotische Einzelprojekte geht, sondern dass Bund und Länder systematisch flankierende Randbedingungen gestalten. Die gängigen Finanzierungssysteme und alle rahmenrechtlichen Regelungen, die die gebotene Flexibilität behindern, gehören auf den Prüfstand, Man braucht angepasste Regelungen für die Bereitstellung von Gebäuden oder Räumen, von Fahrzeugen oder Geräten, von Beratungsdienstleistungen; für die Qualifizierung, Versicherung und Bezahlung von Personal, für die Unterstützung der nötigen Investitionen (ggf. Förderprogramme der zuständigen Fachressorts und der Banken und Sparkassen wie KommIn in Baden-Württemberg oder Dorf Markt in Schleswig-Holstein), für die logistisch-konzeptionelle Unterstützung »von oben« und für die örtliche und überörtliche Organisation und Moderation. Bisher tendieren Bund und Länder dazu, sich nach der Förderung ausgewählter Pilotprojekte wieder »zurückzulehnen«, statt danach wirklich systematisch für die flächendeckende Anwendung der betr. Innovationen zu sorgen. Das gilt exemplarisch für die Projekte zu Nachbarschaftsläden oder zum Bürgerbus und Rufbus. Gemessen am Bedarf sind davon jeweils nur minimale Mengen realisiert. Weil es »oben« am politischen Nachdruck fehlt.

In anderen Teilen Europas werden auskömmliche Strukturen der Grundversorgung noch bei viel geringeren Siedlungsdichten aufrecht erhalten (z. B. Nordskandinavien). In einigen anderen Regionen (rund ums Mittelmeer) dagegen ist es schon lange aufgrund ähnlicher Probleme zu echten Geisterdörfern und Wüstungen gekommen. Selbst der Tourismus oder Zweitwohnungsdrang der Städter kann hier nichts mehr zum Erhalt beitragen. Zwischen diesen beiden Extremen hat die Politik die Wahl.

Erst nach Ausschöpfung aller innovativer Möglichkeiten mag sich dann bisweilen auch das Problem stellen, dass die Tragfähigkeit für eine Mindestversorgung mit Infrastruktur wirklich unterschritten ist und eine generelle Absiedlung unvermeidbar wird.

Weiter im alten Wachstumsfördermodus

Statt sich systematisch auf lokaler und regionaler Ebene und Landesebene mit solchen Anpassungsstrategien zur Sicherung einer akzeptablen Grundversorgung trotz schrumpfender Bevölkerung auseinander zu setzen, bevorzugen viele der betroffenen Regionen und Orte noch die konventionellen Problemlösungsstrategien, mit denen sie einfach versuchen, den aus ihrer Sicht negativen Trend wieder umzudrehen. Sie halten also am »alten Modus« wachstumsorientierter Entwicklungsförderung fest und versuchen, durch die Ausweisung neuer Gewerbegebiete, weiteren Straßenbau, neue Projekte für den Tourismus und nicht zuletzt durch Events aus dem Kultur- und Unterhaltungsbereich attraktiv für Unternehmensansiedlungen zu werden. Damit kopieren sie die beschriebenen Wachstumsstrategien der Metropolen, indem sie dasselbe machen, nur etwas kleiner. Die Ergebnisse dieser Strategie bleiben bescheiden, müssen es auch bleiben, weil ja praktisch alle betroffenen Kommunen und Regionen das Gleiche versuchen. Die neuen gewerblichen Bauflächen bleiben ohne Nachfrage. Noch mehr Straßen bewirken eben so wenig. Die kulturellen oder sportlichen Events hinterlassen Defizite. Und die hoch subventionierte Industriepolitik erweist sich fast immer als Flop. Ein paar Beispiele aus den neuen Ländern mit gewisser Parallelität zu den oben genannten Metropolenbeispielen können das Prinzip erläutern:

- **Rostock** leistet sich eine **Internationale Gartenbauausstellung**. Dabei wird eine naturnahe Fläche eher der Natur entfremdet, obwohl ein ökologischer Gestaltungsanspruch »behauptet« wird. Für die Blumenschau wird eine große Halle gebaut, die später Messehalle sein soll. Dann bleiben die Besucherzahlen weit unter dem für die Rentabilität erforderlichen Limit. Das Ereignis hinterlässt der Stadt ein Defizit jenseits von 10 Millionen Euro. Und ein überregional attraktiver Messestandort in Rostock wird nicht funktionieren. Der Imageertrag mit Blick auf die skandinavischen Nachbarn wird schon am Ende des Ereignisses dadurch zerstört, dass nun die Debatten über das kommunale Defizit die Nachricht von einer Fehlinvestition in die Welt hinaustragen.
- **Rostock** leistet sich ein Großprojekt im Straßenbau, den **Warnow Tunnel**, verbindet dies mit einer finanzierungstechnischen Innovation, der Privat-Finanzierung über ein Mautsystem. Viele Menschen meiden daher die Wegeverkürzung. Der Tunnel »rechnet sich nicht«. Auf die Dauer muß dann wohl die öffentliche Hand die Defizite tragen.
- Der »**Lausitz-Ring**« wird mit weit mehr als 100 Millionen Euro vom Land Brandenburg gefördert in der Absicht, dass Autorennen der ersten Kategorie die Nachricht vom Wirtschaftsstandort Lausitz in die Welt hinaustragen. Aber der Standort bleibt schon im Start sitzen, weil er im globalen Wettbewerb der eingeführten Rennstrecken keine Chancen hat.
- Das »**Tropical Island**«, die vom Land Brandenburg geförderte Umnutzung des pleite gegangenen Zeppelin-Projekts »Cargo Lifter« für touristische Zwecke, bleibt trotz der spektakulären Gestaltung weit unter den erwarteten Besucherzahlen und der erforderlichen Rentabilität und verursacht extrem hohe Betriebskosten für ein Spaßbad.
- Auch die zunächst hoch gelobte **Chip-Fabrik** in Frankfurt an der Oder ist ein typischer, fehlgeschlagener Versuch einer großspurigen Industriepolitik, bei dem selbst üppige Subventionen am Ende nicht ausreichen, den Standort dauerhaft abzusichern.

Statt also mit solchen und ähnlichen Großprojekten den Blütenträumen spektakulärer Problemlösungen nachzuhängen, wäre die systematische Akzeptanz des Schrumpfens und die planvolle Vorbereitung der betroffenen Regionen und Kommunen auf die neuen Strukturen sehr viel sinnvoller. Man sollte auf die klassische Wachstumsförderung mit den eingeübten und teuren Instrumenten der Regionalpolitik verzichten und die ständigen Versprechungen, schnell neue Arbeitsplätze zu schaffen, beenden. Auf der anderen Seite bedeutet es auch nur einen schwachen Trost für die betroffenen Regionen, wenn die dort absehbaren Schrumpfungsprozesse plötzlich einfach nur »beschönigt« werden, indem die bisher nur negativ interpretierten Ängste und Nachteile einfach zu Vorteilen und Chancen »umgedreht« werden. Es mag solche Chancen geben, aber bei ihrer Analyse wird man durchaus genau hinschauen müssen.

Bringt die »Entleerung« Vorteile? Vorsicht mit vorschnellen Beschönigungen

Typisches Beispiel einer eher vereinfachten »Umbewertung« der Dinge ist das Buch »Luxus der Leere« des Berliner Journalisten Wolfgang KIL (2004). Dieses Buch beschreibt Chancen, die mit der Entleerung verbunden sein könnten, denkt allerdings nicht immer die maßgeblichen Zusammenhänge konsequent zu Ende.

- **Sinkende Mieten.** Kil nimmt an, dass die Mietpreise sinken, weil es mehr Wohnungen als Mieter gibt. Die Auswahl steigt also, Paradiesische Zeiten für Mieter in ländlichen Regionen? Jahrzehntelang herrschte in der Bundesrepublik Deutschland ein Markt der Anbieter, der Qualität und Preise diktieren konnte. Jetzt kippt die Situation und die Mieter können ihre Ansprüche formulieren, haben Auswahl. Soweit, so gut. Nur, gerade im ländlichen Raum ist der Anteil der Mieter weit unterdurchschnittlich, hier haben wir hohe Eigentümerquoten. Und damit sind hier eher die Eigentümer vom Preisverfall betroffen als dass die Mieter profitieren. Die immer schlechtere Verkäuflichkeit und nicht mehr gegebene Beleihbarkeit von privaten und gewerblichen Immobilien wird in den betroffenen Regionen zunehmend zum Problem.
- **Sinkende Lebenshaltungspreise:** Kil nimmt an, die Lebenshaltung werde in schrumpfenden Regionen billiger. Aber auch hier sind die Zusammenhänge bei näherem Hinsehen komplexer. Denn aufgrund der großen Distanzen und der steigenden Transportpreise bei überwiegender Autonutzung wird der scheinbare Preisvorteil durch die hohen Zeit- und Transportkosten mehr als »aufgefressen«.
- **Mehr Platz für alle:** Kil erwartet mehr Platz in den Schulen und auf den Straßen und kürzere Wartezeiten im Arztzimmer. Auch hier könnte die tatsächliche Entwicklung eher negativer verlaufen. Denn die typischen Reaktionsweisen öffentlicher Hände und der privaten Wirtschaft führen mutmaßlich nicht zu mehr Platz und besserer Betreuung in »paradiesisch« kleinen Schulen sondern zu einer neuen Welle der Zentralisierungen im ländlichen Raum. Statt kurzer Wartezeiten im Wartezimmer des Landarztes kann dann der Arztbesuch leicht zum Alptraum einer eintägigen Odyssee zum weit entfernten, anonymen medizinischen Zentrum werden. Und statt der jahrgangsübergreifenden »Zwergschule« dürfte eher die lange Odyssee zum fernen Schulzentrum zur Realität der Schüler im ländlichen Raum werden.

Man kann also im Szenario nicht einfach die heutigen Strukturen konstant halten und nur die Einwohnerzahlen runterfahren. Sondern man muß sich auf die typischen Reaktionen der öffentlichen Hände, der privaten Betreiber und der Nutzer einstellen. Die Betreiber werden unter dem allgemeinen Rationalisierungsdruck eher zu einer neuen Welle von Zentralisierungen neigen, womit der Rückzug der Versorgung aus der Fläche noch dramatischere Formen annehmen wird, mit der Konsequenz immer längerer Distanzen und höherer Zeit- und Kostenaufwendungen für den Autoverkehr.

Renaissance der Urbanität. Eine Chance auch für die kleinen Zentren?

Und nicht nur die Planer und Betreiber privater und öffentlicher Versorgungseinrichtungen werden verstärkt zentralitätsbezogen reagieren. Ähnliche Anpassungen wird es im privaten Standortverhalten der Menschen geben, zumal derjenigen im mittleren und höheren Alter. Raumordner und Regionalplaner und die Stadtplaner in den Klein- und Mittelstädten schrumpfender ländlicher Regionen hoffen, dass sich als Reaktion auf die Zentralisierung der Angebote auch in der Nachfrage neue Standortmuster einstellen. Das könnte zu einer Abkehr von den stark mobilitätsfixierten, extrem dispersen Wohnstandortstrukturen der letzten Jahrzehnte führen, die immer längere Distanzen und immer mehr Autoverkehr gebracht haben. Es gibt tatsächlich Anzeichen für eine Renaissance der Urbanität, eine Neubewertung der vielfältigen Angebotschancen im städtischen Raum und eine wachsende Sensibilität der neuen Alten für Vielfalt, Anregung, Kommunikation, Dichte und Versorgungssicherheit.

Dann gäbe es neben dem Wanderungstrend der aufstiegs- und konsumorientierten jungen Generation in die boomenden Metropolen einen parallelen Wanderungstrend der mittleren und älteren Generation, der innerhalb der Wohnsitzregionen zu einer Bevorzugung der nächst gelegenen, besser ausgestatteten Klein- und Mittelstädte, zumeist also der Kreisstädte, führen könnte, in denen ein optimaler Kompromiss zwischen ländlichem Umfeld mit halbwegs intakter »Naturkulisse« und städtischem Umfeld mit einigermaßen attraktiver, urbaner Angebotsvielfalt und Versorgungssicherheit gefunden werden kann.

Endogene Entwicklungsstrategien als Hoffnung schrumpfender Regionen

Die Akzeptanz von Schrumpfungsprozessen bedeutet in erster Linie, Abstand zu nehmen von den typischen wachstumsorientierten Planungs- und Investitionsanstrengungen, die zu immer neuen Einrichtungen und zur Ausweitung bestehender Kapazitäten und damit zu teuren Überkapazitäten führen. Würde man von dieser Regional- und Kommunalpolitik die Hände lassen, dann bleiben genug öffentliche Mittel übrig für eine andere Politik.

Die Milliarden Euro aus den Programmen »Aufbau Ost« und »Stadtumbau Ost«, die fast ausschließlich in die Forcierung traditioneller Strategien (Gewerbegebietsausweisung, Verkehrsinfrastrukturausbau, Subventionierung der Wohnungsbaugesellschaften) fließen und vor allem der Bauwirtschaft eine kurzfristige Beschäftigung verschaffen, bieten keine Perspektive für die künftige Entwicklung in schrumpfenden Regionen.

Wäre es beispielsweise gelungen, lediglich 10 Prozent des Programms »Stadtumbau Ost« für den Anschub nachhaltiger Entwicklungsprozesse zu nutzen, dann wäre daraus ein Programm von rd. 600 Millionen Euro entstanden. Hätte man hierfür einen kreativen Wettbewerbsprozess organisiert, der auch Klein- und Mittelbetriebe und kleine Gemeinden als Adressaten angesprochen hätte, wäre ein sehr viel breiterer und nachhaltigerer Effekt entstanden. Eine »alternative Regionalpolitik« muss sich aus kleinsten Ansätzen aus der Region selbst heraus entwickeln. Das setzt Akteure voraus, die aus eigener Kenntnis und eigenem Antrieb andere Wege gehen wollen. Da muß man auch Partner akzeptieren, die als Außenseiter andere als die konventionellen Wege gehen wollen. Man muß eine große Vielfalt der Ideen zulassen, auch wenn manche davon nicht in die herkömmlichen Denkschemas, nicht zu den herkömmlichen Programmen und somit auch nicht zu den zementierten Förderrichtlinien für die Vergabe staatlicher Mittel passen. Solche Akteure sollen bevorzugt »von unten« kommen, also nicht als »zugereiste« Abstauber und größenwahnsinnge Projektentwickler, sondern als Akteure mit lokaler und regionaler »Erdung«. Das bedeutet, dass keine starren Verwendungszwecke und keine bürokratisierten Vergaberichtlinien vorgegeben sein dürfen. Benötigt wird echtes »Wagniskapital« als eine Art »Spielgeld«. Denn die Zukunft in schrumpfenden Regionen kann nur »spielerisch« gewonnen werden. »Spielerisch« bedeutet, dass auch abseits des Mainstream liegende Ideen eine Chance erhalten. Das ist kein Freibrief für Unfug oder Verschwendung oder gar Betrug. Aber es müssen viele neue Wege ausgelotet werden, von denen eine gewisse Zahl vielleicht nicht gangbar ist, dafür aber einige sich als tragfähige, selbst entwickelte Lösungswege der Kommune und Region erweisen. Gemessen an vielen teuren Fehlschlägen herkömmlicher Regionalförderung mit ihren konventionellen Projekten sind es im Zweifel eher kleine Beträge, die dabei vielleicht in den »Sand der Zukunft« gesetzt werden.

Aber vor der Ungewissheit und offenen Kreativität solcher endogener, vielfältiger Projekte haben Förderbürokratien, Banken und private Investoren Angst. Sie gehen den vermeintlich sicheren Weg des Etablierten auch dann noch, wenn es ein Holzweg ist.

Grundprinzipien alternativer Regionalpolitik:

Einige Grundprinzipien einer alternativen Regionalpolitik in schrumpfenden Regionen kann man aus dem Erfahrungsschatz europäischer Regionalpolitik der letzten Jahrzehnte ableiten.

- **regionale Kreisläufe nutzen:** Regionalökonomisch ist das Ziel, einen großen Teil der nach wie vor existierenden Binnennachfrage nach Gütern und Dienstleistungen in der gesamten Kette der Entstehung, Verwendung und Entsorgung innerhalb der Region zu halten, also regionale Wirtschaftskreisläufe zu stärken. Diese Förderstrategie setzt eben gerade nicht auf Export und Import, negiert den Primat der »Export-Basis-Theorie«, die lange als Begründung für eine primär auf Ansiedlung von außen fixierten Förderpolitik diente. Regionale Erzeugung, regionale Vermarktung und regionale Entsorgung führen zu den besten Ergebnissen! Am ehesten sind solche Denkweisen bislang im Sektor Landwirtschaft und im Nahrungsmittelgewerbe akzeptiert. Der reale Anteil der aus regionalen Kreisläufen gewonnenen Wertschöpfung an der Gesamtheit der wirtschaftlichen Tätigkeiten ist allerdings bislang noch bescheiden und wird auch nicht routinemäßig gemessen und bewertet.
- **Dezentralisierung fördern:** Im gesamten Bereich der sozialen Infrastruktur muß der herkömmliche Weg, immer mehr private und öffentliche Einrichtungen zu zentralisieren, um die geringer werdende Nachfrage an wenigen Standorten kostengünstig zu befriedigen, in Frage gestellt werden. Die Verlängerung der notwendigen Wege für die Kunden findet aus Gründen der Zeit- und Transportkostenbelastung klare Grenzen. Deshalb muß viel mehr Intelligenz und Geld in die Sicherung dezentraler Versorgungsstrukturen gesteckt werden. Die Anbieter brauchen eine neue Philosophie der Kundenorientierung:
  - der Lehrer fährt, nicht die Schüler; mobile Bildungseinrichtungen und Fernunterricht ergänzen die klassischen stationären Angebote;
  - der Altenservice kommt und nicht die Alten wandern in das Altenzentrum; ambulante Versorgungsdienste übernehmen in der Altenhilfe und medizinischen Versorgung viel größere Dienstleistungsanteile als bisher;
  - die Ware oder Dienstleistung kommt ins Haus oder in den Nachbarschaftsladen in fußläufiger Entfernung; der Kunde fährt nicht mehr ins weit entfernte Einkaufszentrum, wenn es Angebote in der Nähe gibt;

- nach dem »Agenturprinzip« erreichen auch kleine Einrichtungen durch die Mehrfach- und Mehrzwecküberlagerung von Waren- und Dienstleistungsprofilen eine ausreichende Leistungsfähigkeit wie bei den Postagenturen;
- immer mehr Menschen helfen sich selbst und gegenseitig; »do it yourself« wird zu einem wichtigen Organisationsprinzip; das betrifft den Bürgerbus, die freiwillige Feuerwehr, den Nachbarschaftsladen, die ambulante Altenhilfe, das Laientheater, die Hausaufgabenbetreuung etc.. Alle diese Lösungen ersparen oder vermindern den Aufwand für Fremdleistungen. Dabei können die Mitwirkenden je nach Bedarf durch ambulante professionelle Hilfe geschult und durch staatliche Hilfe bei der Logistik unterstützt werden;
- in der technischen Infrastruktur werden die klassisch auf große Netze mit weiten Leitungs- oder Linienwegen ausgelegten und nicht mehr ausgelasteten Systeme von den zentralisierten Strukturen abgekoppelt und auf dezentrale Systeme umgestellt: der Ortsbus, Rufbus und Bürgerbus machen unabhängig vom klassischen Regionalbus; die regionalisierte Regionalbahn macht unabhängig von den Großsystemen der DB Regio; der Cargo Sprinter macht unabhängig von den Korridorsystemen der Güterbahn; die Eigenwasserversorgung mit eigenen Brunnen tritt an die Stelle der ferngeleiteten Fremdwasserversorgung; die Abhängigkeit vom großen Entwässerungs- und Kläranlagenverbund wird unterlaufen durch kleine dezentrale Pflanzenkläranlagen.

Gegenmacht der konzentrierten Großsysteme

Die Übergänge aus den konventionellen Großsystemen auf dezentrale Systeme sind allerdings politisch und technisch schwierig und erfordern einen langen Atem. Die Beton- und Asphaltlobby hat immer die besonders aufwändigen Systeme präferiert, weil dort mehr Investitionsvolumina erwartet wurden. Die Normungs- und Sicherheitsfetischisten haben immer auf maximalen Standards bestanden, was den Spielraum für eine bunte Vielfalt von Standards und Verfahren stark beschnitt. Die Rationalisierungsfachleute haben immer die angebliche betriebswirtschaftliche Überlegenheit der Großsysteme behauptet, was früher oder später den kleinen, dezentralen Systemen den politischen Rückhalt nahm. Die Akteure der Großsysteme haben traditionell guten Zugang zu den politischen Schaltstellen und den Medien, sie haben lange die öffentliche Meinung und das politisch-ökonomische Denken bestimmt. Daher ist ihr Einfluss auf Kommunalpolitik und staatliche Politik besonders groß. Er resultiert auch aus dem engen Verbund zwischen den Funktionären in der Politik und den Geschäften der kommunalen, halböffentlichen und privaten Wirtschaft. Ihr Interesse ist nicht der Aufbau einer dezentralen Konkurrenz. Das lässt sich am Beispiel der Energiewirtschaft besonders gut demonstrieren. Hier ist aus zunächst sehr dezentralen, kommunalisierten Strukturen eine immer oligopolistischere Konzentration auf wenige große, international verflochtene Energiekonzerne erfolgt, mit dem Ergebnis einer massierten interessenpolitischen Macht. Heute werden diese konzentrierten Großstrukturen wieder sehr viel kritischer gesehen und es gibt erste gute Beispiele für eine Rückkehr zu stärker entflochtenen, dezentralisierten Energiewirtschaftsstrukturen.

Also muß heute die Priorität lauten: den Aufbau der dezentralen Versorgung zu fördern und nachrangig sich der betrieblichen und finanzwirtschaftlichen Sorgen der Großunternehmen zuwenden. Gegen den als traditionelle Reaktionsweise nahe liegenden Weg einer immer weiteren Konzentration bei abnehmender Bevölkerung und damit nachlassender Nachfrage in schrumpfenden Regionen muß man also konsequent die Potenziale einer fortschreitenden Dezentralisierung setzen. Wo immer Bund und Länder mit ihren bisherigen Rahmensetzungen rechtlicher und fiskalischer Art Dezentralisierung behindern, ist eine Überprüfung dringend nötig. Sobald die Folgekosten im Bereich von Transport und Umwelt stärker in die entsprechenden Kostenrechnungen einbezogen werden und das politische Ziel, Transport immer billiger zu machen, kritisch hinterfragt wird, ändern sich ohnehin die Entscheidungsoptionen.

Schrumpfende Regionen als Innovationsstandorte mit hoher Regionalbindung

Das klassische Klischee zum Kontrast von urbanem und ländlichem Raum ist die fehlende Innovationsfähigkeit ländlicher Regionen. Intellektuelle Potenz wird im urbanen Kontext vermutet. Dort sei die notwendige Dichte von Kommunikation und neuerungssüchtigen Märkten vorhanden. Dort versammelten sich die »Erfinder«, dort seien die hoch qualifizierten Forschungsstätten und Bildungseinrichtungen. Dort lohne der Einsatz von öffentlichem Kapital zur Unterstützung von Innovationsprozessen. Dort sei die höchstwertige Verkehrsinfrastruktur vorhanden, die heute für innovative Unternehmungen benötigt werde.

Der ländliche Raum wird aus der Arroganz der Metropolen dagegen gern als hinterwäldlerisch und innovationsresistent diskreditiert. Dieses Klischee hatte und hat mit der Realität wenig zu tun. Im Bereich der Wirtschaftsentwicklung waren in der Frühphase der Industrialisierung ländliche Regionen sogar oft führend, zumal in den Mittelgebirgslagen, u. a. wegen des reichhaltigen Angebots an Wasserkraft, Bodenschätzen, Holzreichtum und historischen Handwerks- und Gewerbetraditionen und gewachsenen, dezentralen städtischen Strukturen. Und die Innovationskraft ländlicher Regionen ist danach durchgängig hoch geblieben. Dazu hat ihre traditionell klein- und mittelbetriebliche Struktur mit großem Anteil von so genannten Familienbetrieben viel beigetragen, die mit ihren flachen Hierarchien für Tüftler und Erfinder viele Chancen bietet. Und inzwischen ist auch der ländliche Raum Standort vieler neuer (Fach-)Hochschulen und Forschungseinrichtungen geworden. Und längst haben die neuen Medien das Bewusstsein und den Lebensstil der Bevölkerung im ländlichen Raum »modernisiert«.

Der Blick auf die Verteilung namhafter innovativer Unternehmen zeigt, dass viele auch international erfolgreiche Klein- und Mittelbetriebe, bisweilen auch Großunternehmen ihren Sitz in ländlichen Regionen haben, auch wenn diese nicht Standorte mit internationalem Flughafen, renommierter Großuniversität und Weltstadtflair sind und kein aufkommensstarkes »Hinterland« besitzen. Typische Beispiele sind die
- Fa. Würth in Künzelsau, der weltweit größte Schraubenhersteller,
- Fa. Villeroy & Boch in Mettlach an der Saar, einer der größten Sanitärhersteller,
- Fa. Grob in Mindelheim, einer der erfolgreichen Erfinder und Erbauer von Leicht- und Höhenflugzeugen,
- Fa. Liebherr in Ochsenhausen, einer von Europas größten Kranherstellern.

Bemerkenswert ist, dass diese typischen Firmen im Technologiebereich mit besonderem »Tüftlerimage« vielfach Traditionsunternehmen sind, die allen kurzatmigen betriebswirtschaftlichen Ratschlägen, den Unternehmenshauptsitz doch endlich an einen besseren Standort, mindestens in eine Metropolregion oder gar ins günstigere Ausland zu verlegen, widerstanden haben, weil sie eine besondere Regionalbindung besitzen.

Regionale Kreislaufwirtschaft und Bestandspflege als Kernaufgaben alternativer Regionalpolitik

Aufgabe einer alternativen Regionalpolitik ist es also, diese Erfinderpotentiale und besondere Regionalbindung in schrumpfenden Regionen in einem Klima der Wertschätzung zu »hofieren« und alles zu tun, um diese Begabungen an die Region zu binden. Die Voraussetzungen für eine solche Strategie sind angesichts einer nahezu überall vorhandenen Ausstattung mit leistungsfähiger technischer, verkehrlicher, kultureller und sozialer Infrastruktur, qualifizierter Bevölkerung und leistungsfähiger Verwaltung heute besser als vor 40 Jahren, als viele hochwertige Infrastrukturen noch sehr selektiv auf wenige Regionen verteilt waren und insbesondere Wissenschaft und Forschung von den traditionellen Hochschulregionen monopolisiert wurden. »Regional-, Orts- oder Heimatbindung« ist eine sympathische Erklärung, dass manche Traditionsunternehmen mit Welterfolg immer noch ihren Sitz in den gleichen Regionen haben, in denen sie groß geworden sind. Sie sind produktive symbiotische Verbindungen mit diesen Regionen, ihren politischen Repräsentanten, ihrer Bevölkerung und den aus den Regionen rekrutierten Belegschaften eingegangen.

Das krasse Gegenteil sind die »modernen« globalisierten Investoren, die mit einer Art »Ex und Hopp-Mentalität« auf kurzfristige Renditevorteile, Mitnahmeeffekte bei Förderprogrammen und Erpressbarkeiten der regionalen und lokalen Politik abzielen und sich im ökonomischen Sinne »bindungsresistent« geben.

Aus der Kombination von Strategien regionaler Kreislaufwirtschaft und dezentraler Bestandspflege bei den klein- und mittelbetrieblich strukturierten Exportfirmen läßt sich am ehesten eine Stabilisierung für eine nachhaltige Regionalentwicklung erreichen.

Literatur

Bundesforschungsanstalt für Landeskunde und Raumordnung (1995): Laufende Raumbeobachtung 1992/93. (= Materialien zur Raumentwicklung, 67). Bonn.
Bundesamt für Bauwesen und Raumordnung (Hrsg.): Raumordnungsbericht 2000. (= Berichte, 7). Bonn.
Bundesamt für Bauwesen und Raumordnung (Hrsg.): Raumordnungsbericht 2005. (= Berichte, 21). Bonn.
Bundesamt für Bauwesen und Raumordnung (2005): Öffentliche Daseinsvorsorge und demographischer Wandel. Berlin, Bonn.
Khalatbari, P./Otto, J. (Hrsg.) (1999): 200 Jahre Malthus. Bundesinstitut für Bevölkerungsforschung (BIB), 96.
Birg, H. (Hrsg.) (2005): Demographische Alterung und Bevölkerungsschrumpfung. Münster.
Kil, W. (2004): Luxus der Leere. Wuppertal.
Beyers, B. (1999): Die Zukunftsmacher. Frankfurt a. M.
Kreibich, R./Sie Liong Thio (2005): Engagiert und produktiv mit älteren Menschen. Werkstattbericht Institut für Zukunftsstudien und Technologiebewertung, 76.
Opaschowski, H. W. (1994): Zehn Jahre nach Orwell. Herne.
Sommer, B. (2005) Die Bevölkerungsentwicklung in den Bundesländern bis zum Jahr 2050. Münster.

Marion Klemme

Neubau, Umbau, Rückbau, ...bau? Stadtentwicklung ohne Wachstum

Vorbemerkung zu den Zielen und methodischen Grundlagen

Stadtentwicklung ohne Wachstum – in Anbetracht zurückgehender Bevölkerungszahlen und negativer wirtschaftlicher Entwicklungen wird vielerorts von »schrumpfenden Städten« gesprochen. Im Kern geht es dabei meist um den demographischen Wandel (»weniger, älter, bunter«) und seine Folgen. Dieser hat weitgehende Auswirkungen auf nahezu alle Bereiche der Stadt: Betroffen sind Wirtschaftsentwicklung, Wohnungs- und Immobilienmarkt, Auslastung sozialer und technischer Infrastruktur, Ver- und Entsorgung, soziale Netze etc. Folgen der Bevölkerungsverluste sind u. a. Entdichtungs- und Entmischungsprozesse, zunehmende Leerstände von Wohn- und Geschäftsräumen, Brachfallen weiterer Flächen, Verfall der Bausubstanz und zunehmende Verödungen (ARL 2006; Häußermann 2004, 229–231).

In diesem Beitrag soll es nun weniger um die Veränderungen im Raum, die durch ausbleibendes Wachstum herbeigeführt werden, gehen, sondern vielmehr um die Frage, welche Rolle diese Rahmenbedingungen in der *Steuerung* der räumlichen Entwicklung, vor allem der kommunalen Stadtplanung, spielen. Dazu wird die Steuerungspraxis der Siedlungsflächenentwicklung näher betrachtet: Im Mittelpunkt steht die Frage, wie öffentliche Akteure Siedlungsflächenentwicklung in ihrer Kommune steuern, wenn demographisches und wirtschaftliches Wachstum ausbleiben. Auf diesem Weg sollen Hinweise zur Steuerungsrelevanz von Rahmenbedingungen, insbesondere demographischer Aspekte, gewonnen werden. Das Augenmerk wird dabei auf die Breite der Steuerungstätigkeiten, den umfassenden »Planungsalltag« gerichtet.

Der Beitrag basiert auf verschiedenen Forschungsprojekten und empirischen Studien zur Steuerung der räumlichen Entwicklung – mit Untersuchungen in Aachen, Arnsberg, Essen, Halle (Saale), Fürstenwalde (Spree), Hilden, Sankt Augustin und Schwerin. Es wurden Materialien zur kommunalen Planung (B-Pläne, FNP, Stadtentwicklungskonzepte, Stadtteilrahmenpläne, Dokumentationen, Wohnungsmarktstudien etc.) ausgewertet und umfassende Interviews mit Entscheidungsträgern aus Politik, Verwaltung und Wohnungswirtschaft durchgeführt. Zudem wurden Fallbeispiele (Entwicklung neuer Wohngebiete, Rückbaumaßnahmen, Nachverdichtungen etc.) untersucht, um Steuerungsfragen zu den Prozessen, den beteiligten Akteuren sowie den Interaktionen, Arbeitsweisen und Instrumenten in ihren jeweiligen Facetten nachgehen zu können. Auf einzelne Aspekte der kommunalen Beispiele wird im Folgenden eingegangen; in zentralen Punkten auch Bezug nehmend auf ausgewählte Aussagen der Gesprächspartner.

Veränderte Rahmenbedingungen – veränderte Aufgaben?

Die Folgen des demographischen Wandels ziehen sich durch sämtliche Gesellschaftsbereiche, mit ganz verschiedenen lokalspezifischen Ausprägungen. Wechselwirkungen zwischen den Kernproblemen strukturschwacher Städte und Regionen verschärfen die Brisanz und führen zu beschleunigten

Rückkopplungsprozessen: Zu den demographischen Veränderungen kommen oftmals Umbrüche in der lokalen bzw. regionalen Wirtschaft und des Arbeitsmarktes, ausgelöst u. a. durch Globalisierung, Deindustrialisierung oder Privatisierungen (BBR 2005; Läpple 2006, 23). Steht die Aufrechterhaltung städtischer Attraktivität in Frage, können diese Standorte in einen Prozess des »down cycling« geraten: Der Verlust städtischer Funktionen führt oftmals zu einer Abnahme der Attraktivität vieler Lebens- und Wirtschaftsbereiche. Kommt es daraufhin zu weiterer Abwanderung von Betrieben und Menschen, verringert sich das innovative Potenzial für zukünftige Entwicklungen der Stadt (Hannemann 2003, 292–296). Diese Entwicklungen treffen besonders die Städte und Gemeinden schwer, deren Haushalte und sozialen Sicherungssysteme unterfinanziert sind. Sinkende Einnahmen der Kommunen aufgrund konjunktureller Probleme, Kürzungen beim Finanzausgleich, rückläufiger Steueranteile sowie steigende Ausgaben für Sozialleistungen und Schuldenlasten verringern die Steuerungsressourcen und damit auch den Handlungsspielraum vieler Kommunen (Difu 2005, 14 f.). Die hier nur grob skizzierten Probleme verschärfen sich seit den 1990er Jahren in den ostdeutschen Bundesländern (Hannemann 2003) und sind zunehmend auch in Westdeutschland erkennbar bzw. werden hier in den kommenden Jahrzehnten drastisch zunehmen (BMVBW 2003). Zudem zeigen zahlreiche Studien, dass es Wachstums-, Stagnations- und Schrumpfungsprozesse vermehrt in enger räumlicher Nachbarschaft geben wird: zwischen und innerhalb von Regionen sowie innerhalb der Städte und Stadtteile selbst (Müller/Siedentop 2004; Thaler/Winkler 2005). Soweit in aller Kürze zu den Rahmenbedingungen (ausführlicher dazu Ganser in diesem Band).

Neue Aufgabe »theoretisch« klar: Bestandorientierung

Was bedeutet das nun für die Steuerung der räumlichen Entwicklung? Wo werden welche Flächen entwickelt, wenn Wachstum ausbleibt und bestehende Nutzungen wegfallen? Diese Frage hört sich erstmal recht einfach an, wenn davon auszugehen ist, dass es in den besagten Räumen schlechterdings nicht um ein »Mehr« an Nutzungen, Menschen, Wirtschafts- und Finanzkraft etc., sondern um ein »Weniger« dessen geht. Auch scheint die Antwort nahezu eindeutig, werden Fachliteratur und aktuelle Debatten zu dem Thema hinzugezogen. Es zeigt sich ein breiter Konsens: Das in der Stadtplanung vorherrschende »Denken im Neubau« wird insbesondere unter Bedingungen des demographischen Wandels den realen Gegebenheiten nicht mehr gerecht. Es ist umzudenken: Die Aktivitäten sind auf den Bestand zu richten (Schmitt/Selle 2008). Es gilt, Brachflächen und leer stehende Gebäude entsprechend des Mottos »mehr Qualität statt Quantität« nachzunutzen, statt weitere Flächen in Anspruch zu nehmen. Gefragt sind Umbau, Rückbau und Revitalisierung im Innenbereich – bei minimalen Neubauanteilen – sowie die Anpassung der Infrastrukturen an die veränderten Bedarfe (Koziol 2004, 69–83; Schmidt-Eichstaedt 2003, 282; Siedentop 2005).

Diese Anforderungen lassen auch eine zentrale Aufgabe für öffentliche Akteure in der Siedlungsflächenentwicklung erkennen: Die Möglichkeiten zum Umbau oder für die Realisierung von Um- oder Zwischennutzungen sind zu prüfen, bevor an anderer Stelle neues Baurecht geschaffen wird. Dabei wird es – mit Blick auf die Vielzahl der im Bestand involvierten Akteure – zunehmend darum gehen müssen, zu aktivieren und zu initiieren sowie Prozesse zu organisieren und zu moderieren, wie z. B. erste Erfahrungen aus dem Programm »Stadtumbau West« zeigen (BBR 2006). Dieses Aufgabenverständnis impliziert eine Managementrolle öffentlicher Akteure, die darauf ausgerichtet ist, vermehrt strategisch zu steuern. Somit scheint es zumindest in der theoretischen Auseinandersetzung unstrittig, dass ausbleibendes demographisches und wirtschaftliches Wachstum die jeweiligen Aufgaben der Kommunen beeinflussen.

Realität im Stadtteil Silberhöhe, Halle (Saale): Stadtumbau Ost mit baulicher »Entdichtung« durch Teil- und Komplettabriss

Bitterfeld: Leerstand gibt es in sämtlichen Nutzungsbereichen, auf Wohn- und Gewerbeflächen

Neubau, Umbau, Rückbau, ...bau? Stadtentwicklung ohne Wachstum

Halle (Saale): Leerstand auch im Gründerzeitbestand – trotz guter Lagen und teilweise sogar frisch sanierten Beständen. Bleibt auch hier nur der Teilabriss als Strategie, um den »ansteckenden Broken Windows Effekt« zu vermeiden?

Das Nebeneinander von blinden und geputzten Scheiben, von sanierten und verfallenen Altbauten, von beschrifteten und leeren Klingelschildern belegt die schwierige Selektivität der Schrumpfungs- und Leerstandsprobleme in vielen ostdeutschen Städten.

Praxis eher verwirrend und mehr »business as usual«

Beim Blick auf die verschiedenen Räume, die von Wirtschaftskrisen, Strukturwandel und/oder stark zurückgehenden Bevölkerungszahlen betroffen sind, fällt die Antwort weniger eindeutig aus. Neubau, Rückbau, Umbau, Leerstand, Verfall etc. finden gleichzeitig und nebeneinander statt. Und die expansive Baulandentwicklung ist noch lange nicht zu Ende. Die kommunale Praxis im Steuerungsverhalten wird nicht eindeutig von den ökonomischen und demographischen Schrumpfungsprozessen beeinflusst (Lendi 2003; Selle 2000). Zumal sich demographische Veränderungen und deren Folgen nicht immer vom wirtschaftlichen, strukturellem Wandel trennen lassen (Doehler u. a. 2005). Es handelt sich um komplexe, multikausale Entwicklungen mit multiplen Folgen. Ohnehin zeigen akteurs- und aufgabenorientierte Betrachtungen der Siedlungsflächenentwicklung (Klemme/Selle 2008), dass es weniger die Fakten und Trends als vielmehr die Grundeinstellungen der verantwortlichen Akteure in der Kommune sind, die die Strategien beeinflussen.

Partielle Innenentwicklung ...

Viele Beispiele, u. a. aus der Umsetzung der Programme Stadtumbau West und Ost (vgl. BBR 2006; BMVBS/BBR 2007), zeigen, dass Innen- und Bestandsentwicklung an Bedeutung gewinnen. In zahlreichen Städten werden leerstehende Gebäude beseitigt, Baulücken mobilisiert, Brachen recycelt und vereinzelt auch Zwischen- oder Nachnutzungen auf Abrissflächen auf den Weg gebracht. Es stellt sich jedoch die Frage, welche Rolle diese Vorhaben in der Gesamtbilanz der Siedlungsflächenentwicklung einer Kommune spielen, unter Berücksichtigung aller flächenrelevanten Aktivitäten.

... und trotzdem weitere Flächenexpansion

Da gibt es dann neben einzelnen positiven Innenentwicklungs-Fördermaßnahmen doch noch viele flächenexpansive Projekte (vgl. Klemme/Selle 2006). Die Siedlungsflächenentwicklung wird eben nicht konsequent auf Innenentwicklung ausgerichtet, ein klarer Kurswechsel weg von der Neuinanspruchnahme und Außenbereichsentwicklung von Flächen ist nicht ersichtlich. Nur in der »proklamativen Lyrik« der Grundsätze ist eine verstärkte Innen- und Bestandsentwicklung erklärtes Ziel. Kaum ein Rahmenplan (ISEK, STEK, STEP etc.) lässt diesen Anspruch aus. Aber in der Realisierung gibt es viele Einschränkungen. Im Verständnis der Akteure schließt scheinbar Innenentwicklung die weitere Außenentwicklung nicht aus. Auch Regionen und Kommunen, die Bevölkerung und Arbeitsplätze verlieren, verfolgen weiter expansive Flächenpolitiken und weisen neue Wohngebiete und Gewerbegebiete in Stadtrandlage aus, mit dem Ziel, Einwohner und Unternehmen zu halten oder neue hinzu zu gewinnen. Kaum eine Kommune verzichtet auf eine solche Angebotsplanung, in der Hoffnung, auf diesem Weg Schrumpfung abschwächen zu können und mit Angeboten für junge Familien der »Über-«alterung entgegenzuwirken. Somit prägt die Entwicklung von Neubaugebieten weiterhin das Alltagsgeschäft. Die tatsächlichen Nutzeneffekte (oder auch die entstehenden Kosten) dieser Strategie werden in den meisten Fällen nicht systematisch berücksichtigt (Feldmann/Klemme/Selle 2007). Nur selten wird überprüft, ob sich eine expansive Angebotsplanung aus fiskalischer Sicht wirklich lohnt. Motor einer wachstumsorientierten Flächenpolitik ist eine diffuse Hoffnung auf Zugewinne durch ein breites Spektrum unterschiedlicher Lagequalitäten (städtisch, dörflich, ländlich etc.) für differenzierte Wohnwünsche und Standortpräferenzen in der eigenen Gemarkung. Mit möglichst niedrigen Bodenpreisen soll ein attraktives Baulandangebot geschaffen werden. In Folge wächst der Anteil der Siedlungsfläche an der kommunalen Gesamtfläche auch in Kommunen mit Arbeitsplatz- und Bevölkerungsrückgängen. Die aktuelle Baulandentwicklung zeigt also ein Nebeneinander von Innen- und Außenentwicklung. Das wird teilweise ganz bewusst als »Doppelstrategie« deklariert, um maximale Marktanteile zu sichern. Man kaschiert es aber »verschämt« als »Arrondierung des Siedlungsrandes« oder »Vervollständigung von Dorflagen« und faßt die Begriffe ›innen‹ und ›außen‹ sehr großzügig. Wohnungsneubau am Stadtrand wird aber in vielen Fällen weiteren Leerstand im Bestand nach sich ziehen. Deshalb bleibt zu fragen, ob es sich hierbei wirklich um eine zielführende »Doppelstrategie« handelt. Die gleiche Frage stellt sich gegenüber einer Flächenpolitik, die als »Erhaltungspolitik« benannt wird, um durch neue Flächen in peripherer Lage dort vorhandene Stadtteile oder Dörfer und deren Infrastrukturen (Sporthalle, Grundschule) zu stabilisieren. Wenn in absehbarer Zeit nicht mit weiterem Wachstum zu rechnen ist, kommt es allenfalls zu lokalen oder regionalen Umverteilungsprozessen, die anderswo neue Lücken reißen (Gutsche 2005). Offensichtlich wird die Neuinanspruchnahme von Flächen nicht grundsätzlich in Frage gestellt. Allenfalls das Ausmaß der Siedlungsflächenerweiterung scheint sich in einigen Kommunen zu verlangsamen. Es sei, nach Aussagen befragter Akteure, weniger expansiv im Vergleich zu den letzten 10 oder 15 Jahren und es käme seltener zu »überdimensionierten Vorhaben«. Gleichzeitig sei ein steigendes Qualitätsbewusstsein auszumachen. Man versuche z. B. sich »über die Qualität der Baugebiete ein Stück weit abzuheben von der Qualität in den Nachbargemeinden«. Immerhin werden aber in einigen Kommunen auch verstärkt Flächen im Innenbereich recycelt und neuen Nutzungen zugeführt. Hier werden auch öffentliche Akteure aktiv, doch geschieht das nicht automatisch bei jeder brach gefallenen

Beispiel Fürstenwalde: Obwohl die Einwohnerzahlen sinken und die Wohnungsleerstände wachsen, werden weiter periphere, gering verdichtete Neubaugebiete entwickelt – in der Hoffnung, damit junge Familien anlocken zu können.

Fläche. Entscheidend sind die Kosten, die Interessen der Beteiligten (v. a. der Grundeigentümer), die Unwägbarkeiten (beispielsweise Altlasten) und die Möglichkeiten der weiteren Vermarktung. In der Praxis kann das bedeuten, dass durch Rückbau frei werdende Flächen nur in Einzelfällen neu genutzt werden, wenn Lage, Anbindung, Wohnumfeld, Image etc. den Anforderungen potenzieller Nachfrager entsprechen. Nach Ermessen der Entscheidungsträger ist das nur selten der Fall. Deshalb ersetzen Brachflächen in der Praxis zumeist nicht die Ausweisung neuer peripherer Bauflächen.

Empirische Untersuchungen zeigen allerdings, dass Brach- und Konversionsflächen dann verstärkt genutzt werden, wenn in der Kommune Siedlungsflächen insgesamt knapp sind. Das ist ein Indiz, dass den Kommunen primär die jeweiligen Flächenpotenziale wichtig sind, unabhängig von den demographischen und ökonomischen Schrumpfungen.

Beispiel Schwerin: Außenentwicklung neben Innenentwicklung. In der Hoffnung auf suburbane Dynamik wird Investoren- und Nutzerwerbung betrieben ...

Selektive Wahrnehmung:
Öffentliche Akteure zwischen Wunschdenken und Verharmlosung

In den letzten Jahren wurde in vielen Veranstaltungen und Publikationen der demographische Wandel aufgegriffen. Auch Tages- und Wochenzeitungen berichten inzwischen regelmäßig über dieses Thema. In der Öffentlichkeit besteht deshalb inzwischen große Aufmerksamkeit für die Herausforderungen des demographischen Wandels. Die steuernden Akteure gehen auf die Problematik vielfach aber nur allgemein ein, ohne konkretes Herunterbrechen auf *ihren* jeweiligen Raum. Es ist eben leichter, den Wandel und seine Folgen auf einer allgemeinen Ebene zu diskutieren, als die konkreten Herausforderungen vor Ort. Und so wird selbst aus kommunalen Reihen kritisiert: »Viele Schwierigkeiten sind absehbar, aber man weigert sich ja immer das wahrzunehmen, was man nicht wissen will.« In Folge kommt es vielerorts weiterhin zu Tabuisierungen, politischen Fehleinschätzungen und Verharmlosungen. Das trifft vor allem auf westdeutsche Kommunen zu, in denen allzu oft von einem »vorübergehenden Nicht-Wachstum« oder einer »kurzfristigen negativen Dynamik« gesprochen wird. Hinweise dieser Art lassen darauf schließen, dass viele Entscheidungsträger der Hoffnung folgen, es handele sich um ein temporäres Problem, dessen Folgen »man schon in den Griff« bekomme. Einige folgen auch der Annahme, die Probleme könnten nur »die anderen« treffen, z. B. die Nachbarkommunen. Selle (2005, 157 f.) spricht hier von einem »Verdrängungsreflex« und »kollektiver Realitätsverdrängung«, die besonders auf die Politik zuzutreffen scheinen: Wenn lokale Politiker selbst in Kommunen, die von immensen Leerständen betroffen sind und bereits aktiv Stadtumbau betreiben, weiterhin von Wachstum reden, so entsteht der Eindruck, dass sie in ihrer Wahrnehmung letztendlich resistent gegenüber den realen Entwicklungen sind.

Der Hang zur Verharmlosung wird auch aktuell durch den neuerlichen wirtschaftlichen Aufschwung genährt: »Im Moment denken alle, es wird besser: die Konjunktur zieht an, die Arbeitslosigkeit nimmt ab. Jetzt macht man sich wieder etwas vor und in 5–6 Jahren stehen wir dann vor den gleichen Problemen.«

Um die eigene Wachstumshoffnung aufrecht zu halten, zeigen z. B. die öffentliche Akteure ostdeutscher Kommunen gerne auch auf Dresden und Leipzig: »… die haben vorgemacht, dass auch im Osten wieder Wachstum möglich ist« – ohne jedoch genau zu differenzieren, welche Entwicklungen dort wie und mit wem ablaufen. Die Folge können weitere Fehleinschätzungen eigener lokaler Gegebenheiten sein. Die lokalen demographischen und ökonomischen Entwicklungen wahrzunehmen und anzuerkennen und in ihren lokalen Konsequenzen zu erfassen, fällt vielen schwer, mangels geeigneter Daten und mangels der nötigen Offenheit für unbequeme Wahrheiten. In der Fachliteratur werden einige Ursachen für dieses Verhalten genannt, die sich auch in den aktuellen empirischen Untersuchungen zeigen:
– die politische Unpopularität des Themas,
– die Sorge um ein negatives Außenimage,
– die Unterschätzung der Probleme,
– die Überschätzung der eigenen Leistungsfähigkeit,
– die Verweigerung, über einen gewissen Zeitrahmen hinaus zu denken – auch bei eindeutigen Prognosen und
– das fehlende Verständnis für die langfristigen Trends demographischer Entwicklungen, ihrer Reichweite und ihrer Dramatik.

Die Bereitschaft, sich dem Thema zu stellen und dementsprechend zu handeln, muss aber mit dem wachsenden Handlungsdruck und den konkreten Erfahrungen zunehmen. Einstweilen beschränkt sie sich auf Kommunen mit starken Schrumpfungsproblemen. Die Kommunen und Regionen Ostdeutschlands haben diesbezüglich einen Erfahrungs- und Umsetzungsvorsprung. Sie können nicht mehr viel beschönigen und kaschieren. Akteure aus Kommunen, deren Bevölkerungszahlen derzeit noch stagnieren, jedoch in Zukunft abnehmen werden, äußern sich dagegen eher zurückhaltend: die Bevölkerungsabnahme »hält sich in Grenzen«, »ist nicht dramatisch«, ist »unauffällig«. Negative Vorhersagen für die Zukunft werden kaum thematisiert, vielmehr wird von einem »Nullsummen-Spiel«, »dezenter Stagnation« oder von »Grundstabilität« gesprochen.

»Das Thema braucht seine Zeit; es muss erlebbar werden.« Augenscheinlich wird eine differenzierte Problemwahrnehmung, abhängig von der jeweiligen Problemlage und Betroffenheit: Erst bei akutem Problemdruck – wie derzeit in vielen ostdeutschen Kommunen – kommt es zu einer umsetzungsorientierten Auseinandersetzung. Oder anders ausgedrückt: Prognosen oder theoretische Reflektionen allein haben eher wenig Einfluss auf die Akteure. So vergeht zumeist wertvolle Zeit, bis die Erkenntnisse handlungsrelevant werden.

Selektivität der Wahrnehmung und Differenzierung der Prozesse

Eine weitere wesentliche Erkenntnis aus der empirischen Untersuchung ist, dass die Wahrnehmung zudem stark selektiv abläuft. Die Bevölkerungszahlen werden unterschiedlich interpretiert und Entscheidungsträger suchen sich nicht selten die Aspekte des demographischen Wandels heraus, die geeignet sind, etablierte Steuerungsmechanismen aufrechtzuerhalten. Ein Beispiel: das Thema »Alterung der Gesellschaft« wird vielerorts gerne auf die Notwendigkeit des Neubaus seniorengerechter Wohnobjekte reduziert, die sich an den Ansprüchen der gehobenen Mittelschicht orientieren. Nicht gefragt wird, wer sich die entsprechenden Wohnformen, Dienstleistungen und Services leisten kann. In Kürze dazu: Vor allem in ostdeutschen Städten wird für die Zukunft mit einem drastischen Anstieg der Anzahl finanzschwacher Rentner gerechnet, so dass sich eine Vielzahl weiterer Aufgaben abzeichnet. Einmal mehr wird deutlich, dass eine eindimensionale Problemorientierung nicht zielführend sein kann.

Ähnlich selektiv ist die Wahrnehmung hinsichtlich abnehmender Bevölkerungszahlen. Obwohl es immer weniger junge Familien gibt, wird das Augenmerk weiter auf genau diese Gruppe gerichtet. Argumentiert wird in der Regel, dass es trotz rückläufiger Bevölkerungszahlen »immer« neue junge Familien geben werde, die ihren Traum vom Eigenheim verwirklichen wollen. Und: »wenn man den Menschen das Einfamilienhaus im Grünen nicht austreiben kann, so wollen wir sie motivieren, ihr Haus hier und nicht im Umland zu bauen.« Der Option familienfreundlicher, urbaner, kompakter, nutzungsgemischter Wohnformen wird weiterhin massiv misstraut.

Ausgeprägte Neubauorientierung: »Diejenigen die bauen wollen, bauen auch ...«

Diese Sichtweise ist geprägt vom Grundanliegen öffentlicher Akteure, durch Baulandausweisung positiv einzuwirken auf die lokalen Einwohnerzahlen. Bauland gilt als mögliche Stellschraube für das Wanderungsverhalten. Die eher enttäuschenden Studien zum Einfluss von Bauland auf das Wanderungsverhalten (vgl. Blotevogel/Jeschke 2003) werden nicht zur Kenntnis genommen. Man hofft und wünscht, lokale Einwohnerzahlen über attraktive Wohnangebote beeinflussen zu können. Und so sehen viele öffentliche Akteure ihre zentrale Aufgabe in einer expansiven Baulandbereitstellung für einzuwerbende Neubürger. Demgegenüber fallen die Kriterien eines nachhaltigen Umgangs mit Grund und Boden kaum ins Gewicht. Die leitende Prämisse ist oftmals: »Diejenigen die bauen wollen, bauen auch – egal ob die Stadt das Angebot macht oder ein privater Investor.« Und so liegt es häufig »im ureigensten Interesse der Stadt, Leuten, die bauen wollen, ein entsprechendes Angebot zu machen und sie so auch in der Stadt zu halten.« Mit Blick auf die interkommunale und regionale Konkurrenz und den zunehmenden Wettbewerb um Einwohner ist es ein Anliegen, auch »grüne Lagen« anzubieten, um Einwohner zu binden, die ansonsten in das unmittelbare Umland abwandern würden.

Offenkundig ist eine sehr traditionelle Orientierung der öffentlichen Akteure. Für die Flächenbereitstellung wird weiter auf das freistehende Einfamilienhaus als die (vermutete) favorisierte Wohnform und die »einzig machbare Wohnform« gesetzt. Diese Präferenz gilt als nur schwer veränderbar, zumal in den Klein- und Mittelstädten des ländlichen Raums und in ostdeutschen Kommunen, in denen weiterhin von einem historisch bedingten Nachholbedarf an Eigenheimen ausgegangen wird. Als Konsequenz daraus – und teils den Änderungsanträgen der Bauherren folgend – wird manch ein Bebauungsplan vom Geschosswohnungs- zum Einfamilienhausbau geändert.

Diffuse Wachstumshoffnungen: Sicherung von Baugrund für vermeintlich bessere Zeiten

Noch ist also ein grundlegender Richtungswechsel im Aufgabenverständnis trotz veränderter Rahmenbedingungen nicht auszumachen. Vielmehr scheint die Idee »so viel mitnehmen, wie möglich« handlungsleitend zu sein. Ein sparsamer Umgang mit Flächen wird diesem Bestreben oftmals nachgeordnet. Auf den Punkt gebracht: »wenn man (…) Menschen nicht an das Umland verlieren will, muss man auch Flächen versiegeln. Das geht nicht anders. Dann muss man Prioritäten setzen: Entweder oder.«

Blickt man an dieser Stelle noch mal auf die oben geschilderten Handlungserfordernisse aus der Literatur, so gingen diese von der Notwendigkeit aus, Siedlungsfläche in sogenannten schrumpfenden Städten zu begrenzen. Von daher sollten kommunale Akteure sich vielmehr die Frage stellen, ob denn jeder Baugrund noch benötigt werde. Der Blick in die Praxis zeigt, dass diese Frage eher selten aufgeworfen und in nur wenigen Ausnahmen Baurecht tatsächlich zurückgenommen wird. Für die öffentlichen Akteure sprechen eine Reihe von Faktoren gegen diese rechtlichen Schritte:
– finanzielle Hemmnisse wie Planungskosten, Vorleistungen, mögliche Entschädigungsansprüche etc.,
– interkommunale Konkurrenzen und die grundlegende Angst, die Nachbarkommunen könnten auf diesem Wege zu weiteren Einwohnern kommen oder auch
– ein grundlegender politischer Widerstand: die Angst, mit der Rücknahme von Baugrund auch zukünftige Entwicklungsmöglichkeiten aufzugeben.

Hier wird einmal mehr deutlich, dass »Entwicklung« und »Zukunftsperspektiven« vielerorts mit »Wachstum« gleichgesetzt werden. Es gilt, Siedlungsflächenpotenziale für vermeintlich bessere Zeiten zu sichern. Und so wird, in der Hoffnung auf zukünftiges Wachstum, auf lokaler Ebene größtenteils von grundlegenden Mengenbegrenzungen (z. B. zur Umsetzung des 30-ha-Ziels des Bundes) abgesehen.

»Stadtentwicklung ohne Wachstum« scheint für viele nicht vorstellbar zu sein. Wachstum ist mehrheitlich das »Ziel-Nr. 1« unter den befragten Akteuren aus Verwaltung, Politik und Wohnungswirtschaft. Vor allem scheinen die Wachstumshoffnungen der politischen Akteure ungebrochen. Das Steuerungsverhalten orientiert sich weniger an den realen oder prognostizierten demographischen Entwicklungen, sondern mehr an den angestrebten Wachstumszielen: mehr Arbeitsplätze, eine stärkere lokale Wirtschaftskraft, mehr Wohnraum, mehr Wohlstand etc. In Folge wird auch die kommunale Planung vielerorts weiterhin auf Wachstum ausgerichtet. Selbst der Stadtumbau fußt teils auf Wachstumshoffnungen: baulich-räumliche Strukturen werden nicht zwangsläufig in dem Bestreben verändert, sich gemäß der Gegebenheiten angemessen zu verkleinern. Vielfach gilt es eher, entsprechende Voraussetzungen zu schaffen, die zukünftig wieder Wachstum ermöglichen. Von einem Paradigmenwechsel kann hier kaum die Rede sein.

Differenzierungsbedarf:
Akteurs- und Interessenvielfalt im öffentlichen und privaten Sektor

Diese grundlegende Wachstumsorientierung hat weitere Konsequenzen für die Gestaltung der baulich-räumlichen Steuerung. Insbesondere in »schrumpfenden« Städten stehen die Förderung und Unterstützung der lokalen Wirtschaft im Mittelpunkt kommunalpolitischen Handelns. Primäre Ziele sind die Stärkung der lokalen Wirtschaftskraft sowie die Sicherung und Schaffung von Arbeitsplätzen. Es ist die Rede von einem »Primat der Ökonomie«, in dessen Konsequenz baulich-räumliche Ziele oftmals zurückgestellt werden. Andere kommunale Aufgaben und Ziele werden teils höher gewichtet.

Umgang mit kommunalen Liegenschaften

Das kann bspw. auch auf den Umgang mit kommunalen Liegenschaften zutreffen: Wenn »recht schnell Veräußerungszwängen nachgegeben« wird, z. B. aus Gründen einer angestrebten Haushaltssanierung, dann ist dieses Vorgehen nicht immer mit den Zielen räumlicher Entwicklungskonzepte zu vereinen.

Das bleibt nicht ohne Auswirkungen auf das Zusammenspiel von öffentlichen Akteuren verschiedener kommunaler Handlungsbereiche. Der Einfluss öffentlicher Akteure auf die Siedlungsflächenentwicklung speist sich aus verschiedenen Ressorts und eben nicht nur der Stadtplanung: Liegenschaften, Kämmerei, Wirtschaftsförderung oder auch die Akteure der kommunalen Eigenbetriebe treffen flächenwirksame Entscheidungen. Mit zunehmender Auslagerung von Aufgaben, der Gründung kommunaler Betriebe und Gesellschaften oder Privatisierungen steigt die Anzahl an Akteuren. Eine gemeinsame »kommunale« Linie zu finden, sich auf Ziele zu verständigen und diese beständig zu verfolgen, wird immer schwieriger.

Private Akteure

Neben den öffentlichen Akteuren sind zahlreiche private Akteure involviert: Bauherren und -träger, Grundstückseigentümer, Investoren, Dienstleister, Banken, Wohnungsunternehmen sowie Nutzer und Nachfrager etc. Jede Gruppe nimmt die Aufgaben und Probleme unterschiedlich wahr, bewertet sie anders und verfügt auch über verschiedene Mittel zur Einflussnahme. Dabei sind die Akteurskonstellationen in den untersuchten Kommunen durchaus nicht gleich und auch Gewichte und Rollen der einzelnen Beteiligten sind unterschiedlich verteilt.

Es ist es ein bunter Mix aus öffentlichen und privaten Akteuren, die letztendlich über Entwicklung und Gestaltung von Flächen entscheiden. In den untersuchten Kommunen zeigen sich sehr differenzierte Nutzungs- und Verwertungsinteressen, so dass es auch nicht ausreichend scheint, von ›den‹ öffentlichen Akteuren oder ›den‹ Privaten zu sprechen.

Kommune in Doppelrolle: Betriebswirtschaftliche versus baulich-räumliche Interessen

Darüber hinaus ist die Kommune selbst in einer Doppelrolle. Sie ist nicht nur öffentliche Instanz, sondern (direkt oder indirekt durch eigene Unternehmen) auch Marktteilnehmerin. Oftmals sind betriebswirtschaftliche gegen baulich-räumliche Anliegen abzuwägen. Ein Problem, das vor allem in stark schrumpfenden Kommunen offenkundig wird: Hier geht es nicht nur um städtebauliche Neuordnungen und Aufwertungen, sondern gleichzeitig z. B. um das Überleben kommunaler Wohnungsunternehmen – eine wichtige Steuerressource für die Wohnraumentwicklung vor Ort. Dazu gibt es gute Beispiele aus dem Wohnungsrückbau in Plattensiedlungen: Die Prämisse »von außen nach innen« ist im städtebaulichen und infrastrukturellen Sinne unbestritten. Welche Bestände aber in der Praxis wo, wann und in welchem Umfang rückgebaut werden, entscheidet sich in erster Linie nach betriebswirtschaftlichen Aspekten der Unternehmen und weniger nach räumlichen Vorstellungen kommunaler Planer.

Diese eigenen Vorstellungen und Ziele konsequent zu verfolgen und umzusetzen ist aus Sicht öffentlicher Akteure der untersuchten Kommunen nicht immer einfach: Es fehlt an finanziellen und personellen Ressourcen, um vermehrt aktiv zu werden. So fehlen vielen Kommunen schlichtweg die Mittel, um beispielsweise über den (Zwischen-)Erwerb von Flächen steuernd auf die räumliche Entwicklung einzuwirken. Lässt die Haushaltslage es nicht zu, können auch Stadtumbau-Maßnahmen oder andere Projekte im Bestand nicht in dem gewünschten Maße angegangen werden. Die oben beschriebene »Managementrolle« öffentlicher Akteure (aktivieren, initiieren, moderieren) kann – auch bei bestehendem Tatwillen – nicht immer adäquat oder kontinuierlich ausgefüllt werden, da oftmals keine Finanzierungsmöglichkeiten gesehen werden. Besonders drastisch ist die Situation in Kommunen, die kaum mehr den kommunalen Eigenanteil an Mitteln im Programm »Stadtumbau Ost« aufbringen können.

An dieser Stelle sei allerdings auch auf die politischen Prioritäten in der Mittelverwendung hingewiesen: In sämtlichen untersuchten Kommunen werden zwar die unzureichenden Mittel beklagt, doch nur selten wird ein Umdenken erkennbar und werden Fragen aufgeworfen wie z. B.: Wie können vorhandene Gelder effektiver und effizienter oder mit veränderten inhaltlichen Schwerpunkten eingesetzt werden?

In Städten mit Wirtschaftskrisen sind oftmals auch auf privater Seite die Mittel knapp. Hier scheint die in der Literatur vielfach geäußerte Hoffnung, die Steuerungsmöglichkeiten öffentlicher Akteure durch die Kooperation mit Privaten verbessern zu können, teils nur schwer umsetzbar: Die Akteure vor Ort beschreiben die Aussichten auf Kooperationen (z. B. in Form von Public Private Partnership) als gering. Es fehle an den entsprechenden Akteuren wie Investoren, Projektentwicklern, prosperierenden Unternehmen etc., da die Aussicht auf Rendite für die Privaten in den betroffenen Räumen eher schlecht ist. Bei zahlreichen Insolvenzen von Unternehmen und sinkenden Haushalts-Netto-Einkünften scheint es nur wenige Kompensationsmöglichkeiten für die angespannte kommunale Finanzlage zu geben.

Resümee

Soweit ein kurzer Streifzug durch einzelne Facetten der Steuerungspraxis öffentlicher Akteure in sogenannten »schrumpfenden« Kommunen. Die Siedlungsflächenentwicklung wird stark durch die jeweiligen wirtschaftlichen oder demographischen Entwicklungen sowie lokale Faktoren (Flächenverfügbarkeit, Mentalitäten etc.) geprägt. Es lässt sich jedoch kaum ein deterministischer Einfluss von demographischen Rahmenbedingungen auf das Steuerungsverhalten öffentlicher Akteure ausmachen.

Einige zentrale Aspekte seien dazu abschließend zusammengefasst:

1. Der demographische Wandel – mit all seinen Facetten – bietet zwar erste wichtige Erklärungsmomente für räumliche Entwicklungen wie Leerstand und Verfall etc., doch kommt es eben nicht nur auf die Rahmenbedingungen selbst, sondern auch auf den Umgang mit diesen an. Dazu sind die Akteure und ihre Interaktionen stärker in den Blick zu nehmen. Wer nimmt wo welche Flächen in Anspruch und warum? Rücken die Akteure stärker in das Blickfeld, so wird ersichtlich, dass räumliche Entwicklungen von vielen geprägt werden und öffentliche Akteure demnach nur ›*mit*‹-gestalten können. Ihre Steuerungsmöglichkeiten sind begrenzt und sollten demnach auch nicht überschätzt werden (ausführlicher Selle 2005, 108–116 und 2007, 22 f.).

2. Die Entwicklung der Siedlungsflächen ist also nicht nur Ausdruck politisch-planerischer Steuerung, sondern Resultat der Präferenzen vieler Entscheidungsträger (siehe auch PT-Materialien 15, 2008). Geht es darum, die Steuerung der Siedlungsflächenentwicklung zu beschreiben und zu verstehen, bedarf es der Erfassung aller an Flächenentwicklung beteiligten Akteure, der Interdependenzen und Interaktionen sowie einer Differenzierung von Motiven und Interessenlagen.

Hier wurden die öffentlichen Akteure verstärkt in den Blick genommen und gefragt, wie sich das Steuerungsverhalten unter den Bedingungen des demographischen Wandels verhält:

3. Entscheidend scheint die spezifische Wahrnehmung durch die Entscheidungsträger. Im Überblick über die untersuchten Kommunen wird ersichtlich, dass diese stark selektiv ist und die Bevölkerungstrends sehr unterschiedlich interpretiert werden. Dementsprechend kommt es zu verschiedenen Folgerungen für das Steuerungsverhalten je nach Offenheit und Ehrlichkeit der Akteure gegenüber den realen Entwicklungen in ›ihrem‹ Raum. Nicht immer werden die demographischen und wirtschaftlichen Realitäten seitens der öffentlichen Akteure für den eigenen Raum anerkannt, nicht immer entwickeln Voraussagen und Prognosen die erwünsche Handlungsrelevanz.

4. Das Denken in Wachstumskategorien scheint vielerorts ungebrochen. Und so wird – bei zunehmendem interkommunalen Wettbewerb um Einwohner und Gewerbe – im Überblick über die untersuchten Kommunen ein Grundanliegen ersichtlich: Durch eine weiter expansive Baulandpolitik soll versucht werden, die Bevölkerungsverluste zu minimieren. Das Aufgabenverständnis scheint sich mehr an (erwünschten) Bevölkerungszahlen und weniger an baulich-räumlichen Aspekten oder Kriterien eines nachhaltigen Umgangs mit Grund und Boden zu orientieren.

5. Keine der untersuchten Kommunen lässt einen rigorosen Kurswechsel in der Steuerung erkennen. Kommt es tendenziell zu Veränderungen (punktueller Rückbau, Maßnahmen im Bestand etc.), so entsteht der Eindruck, dass diese Handlungen etablierte Verhaltensweisen ergänzen, diese aber nicht ersetzen. Auch wenn kommunale Planung punktuell neue Schritte geht, wird daneben an »klassischen« Zielen der Flächenpolitik und etablierten Steuerungsmechanismen in der Siedlungsflächenentwicklung festgehalten. Somit werden auch in Nicht-Wachstumskommunen Siedlungsflächen erweitert und Boden für bspw. Wohn- und Gewerbenutzungen neu in Anspruch genommen.

Literatur

ARL – Akademie für Raumforschung und Landesplanung (2006): Problemgebiete auf städtischer und regionaler Ebene. Merkmale, Auswirkungen und planerischer Umgang. (Arbeitsmaterial der ARL, Nr. 320). Hannover.

BBR – Bundesamt für Bauwesen und Raumordnung (Hrsg.) (2005): Raumordnungsbericht 2005. In: Berichte, Band 21. Bonn.

BBR – Bundesamt für Bauwesen und Raumordnung (Hrsg.) (2006): Stadtumbau West. 16 Pilotstädte gestalten den Stadtumbau – Zwischenstand im ExWoSt-Forschungsfeld Stadtumbau West. Berlin/Oldenburg.

Blotevogel, Hans Heinrich; Jeschke, Markus (2003): Stadt-Umland-Wanderungen im Ruhrgebiet. Abschlussbericht (gefördert durch den Kommunalverband Ruhrgebiet), Duisburg.

BMVBS/BBR – Bundesministerium für Verkehr, Bau und Stadtentwicklung/Bundesamt für Bauwesen und Raumordnung (Hrsg.) (2007): 5 Jahre Stadtumbau – ein Zwischenbilanz. Zweiter Statusbericht der Bundestransferstelle, Berlin.

BMVBW – Bundesministerium für Verkehr, Bau- und Wohnungswesen (2003): Stadtumbau West – Programm und Pilotstädte. Forschungsfeld im Forschungsprogramm »Experimenteller Wohnungs- und Städtebau« (ExWoSt). Berlin.

Deutsches Institut für Urbanistik (Hrsg.) (2005): Hauptprobleme der Stadtentwicklung und Kommunalpolitik . Ergebnisse der Difu-Umfrage 2004. In: Difu-Berichte 1/2 2005, S. 14–15.

Doehler-Behzadi, Marta; Keller, Donald A.; Klemme, Marion; Koch, Michael; Lütke-Daldrup, Engelbert; Reuther, Iris; Selle, Klaus (2005): Planloses Schrumpfen? Steuerungskonzepte für widersprüchliche Stadtentwicklungen. Verständigungsversuche zum Wandel der Planung. In: DISP 161, 2/2005, S. 71–78.

Feldmann, Lothar; Klemme, Marion; Selle, Klaus (2007): Kommunale Planungs- und Entscheidungsprozesse in der Siedlungsflächenentwicklung. Ein Teilprojekt. Ergebnisse im Überblick über sechs Modellkommunen (LEAN²-Arbeitspapier Nr. 1), Dortmund.

Gutsche, Jens-Martin (2005): Die ständige Ausweitung der Siedlungsfläche – ein Kostenproblem. In: Besecke, Anja; Hänsch, Robert; Pinetzki, Michael (Hrsg.): Das Flächensparbuch. Diskussionen zu Flächenverbrauch und lokalem Bodenbewusstsein. (ISR Diskussionsbeiträge, Heft 56), Berlin, S. 29–34.

Hannemann, Christine (2003): »Schrumpfende Städte«: Überlegungen zur Konjunktur einer vernachlässigten Entwicklungsoption für Städte. Schrumpfen als neues Phänomen? In: vhw FW 6, Dez. 2002–Jan. 2003, S. 292–296.

Häußermann, Hartmut (2004): Der Stadtumbauprozess – Möglichkeiten und Grenzen für eine Stadtentwicklung »von unten« . In: vhw FW 5/Okt. – Nov. 2004, S. 229–232.

Klemme, Marion; Selle, Klaus (2006): Zwei Jahre Stadtplanung. Versuch, den Alltag kommunaler Mitwirkung an der räumlichen Entwicklung zu beschreiben. In: Selle, Klaus (Hg.): Praxis der Stadt- und Regionalentwicklung. Analysen. Erfahrungen. Folgerungen. (Planung neu denken, Bd. 2), Dortmund, S. 262–281.

Klemme, Marion; Selle, Klaus (2008): Alltag der Stadtplanung. Der kommunale Beitrag zur Entwicklung der Siedlungsflächen. Ein aufgaben- und akteursbezogener Forschungsansatz. (PT_Materialien 15), Aachen.

Koziol, Matthias (2004): Folgen des demographischen Wandels für die kommunale Infrastruktur. In: Deutsche Zeitschrift für Kommunalwissenschaften, 43, 1/2004, S. 69–83.

Läpple, Dieter (2006): Städtische Arbeitswelten im Umbruch – Zwischen Wissensökonomie und Bildungsarmut. In: Heinrich Böll Stiftung (Hrsg.): Das neue Gesicht der Stadt. Strategien für die urbane Zukunft im 21. Jahrhundert. Berlin, S. 19–36.

Lendi, Martin (2003): Steuerung der Siedlungsentwicklung – Übersicht zu Intentionen und Modalitäten der Lenkung. (ETH E-Collection (http://e-collection.ethbib.ethz.ch/cgi-bin/show.pl?type=bericht&nr=317)).

Müller, Bernhard; Siedentop, Stefan (2004): Wachstum und Schrumpfung in Deutschland – Trends, Perspektiven und Herausforderungen für die räumliche Planung und Entwicklung. In: Deutsche Zeitschrift für Kommunalwissenschaften, 2004/I, 14–31. Berlin.

Schmidt-Eichstaedt, Gerd (2003): Stadtumbau Ost/Stadtumbau West im Vergleich. Ergebnisse der Expertenarbeitsgruppe des vhw. In: vhw FW 6, Dez. 2003, S. 282–287.

Schmitt, Gisela; Selle, Klaus (Hrsg.) (2008): Bestand? Perspektiven für das Wohnen in der Stadt. (edition stadt | entwicklung) Dortmund.

Selle, Klaus (Hg.) (2000): Arbeits- und Organisationsformen für eine nachhaltige Entwicklung. Ergebnisberichte zum Forschungsprojekt »Kooperativer Umgang mit einem knappen Gut«. Bd. 1–4, Dortmund.

Selle, Klaus (2005): Steuern. Planen. Entwickeln. Der Beitrag öffentlicher Akteure zur Entwicklung von Stadt und Land. Dortmund.

Selle, Klaus (2007): Neustart. Vom Wandel der shared mental models in der Diskussion über räumliche Planung, Steuerung und Entwicklung. In: DISP 169, S. 17–30.

Siedentop, Stefan (2005): Problemdimensionen der Flächeninanspruchnahme. In: Besecke, Anja; Hänsch, Robert; Pinetzki, Michael (Hrsg.): Das Flächensparbuch. Diskussionen zu Flächenverbrauch und lokalem Bodenbewusstsein. (IRS Diskussionsbeiträge. Heft 56), Berlin, S. 19–28.

Thaler, Andreas; Winkler, Matthias (2005): Die fragmentierte Region. Eine kritische Kommentierung des planerischen Wachstumsparadigma am Beispiel Hamburgs. In: RaumPlanung, 120/121, S. 117–121.

Ulrich Schramm

30 Jahre Stadtentwicklungsplanung in München

Stadtentwicklung als Motor von Innovation

»Die Orthodoxie des industriegesellschaftlichen Weiter-so trifft auf Zweifler und Umdenker in allen Bereichen und auf allen Etagen, die nach Wegen in eine andere Moderne suchen.«[1] Diese Ausführungen des Soziologen Ulrich Beck lassen sich auch anwenden auf die Vorgänge, die in den letzten Jahrzehnten im Bereich der kommunalen Entwicklung in München zu beobachten sind: die scheinbar unaufhaltsame Entwicklung des Ballungsraumes, die Diffusion der Menschen und der Gebäude in die Fläche, das damit verbundene Anwachsen des Verkehrs, der Verbrauch von Boden und anderen Ressourcen. Diesen durch viele politische, planerische und investive Einzelentscheidungen induzierten Fehlentwicklungen stehen mühselige Versuche Weniger entgegen, eine wie man heute sagt nachhaltige soziale, ökologische und ökonomische Entwicklung der Stadt zu erzielen.

Das erste Mal wurde in München diese Suche aufgenommen am Ende der 60er Jahre, als dem damaligen Oberbürgermeister Dr. Hans-Jochen Vogel das herkömmliche Konzept der Stadtentwicklung fragwürdig erschien. Die gesellschaftliche Komponente der Kommunalpolitik, der Gesamtzusammenhang und die Verflechtung aller Lebensbereiche und vor allem die zunehmende Beschleunigung der Entwicklung wurden für ihn wichtig.[2] »Wir wußten einfach zu wenig über die Stadt, über die Menschen in ihr und über die längerfristigen Wirkungen dessen, was wir taten.«[3] Er betrieb daher die Anstellung eines interdisziplinären Teams von jungen Wissenschaftlern, die mit soliden Problemanalysen, Szenarien und Konzeptvorschlägen Planungs- und Investitionsentscheidungen besser absichern sollten.

Interdisziplinäre Stadtentwicklungsforschung
»Schon in allernächster Zeit müssen jedoch noch die Voraussetzungen dafür geschaffen werden, daß zusätzlich zu den bereits vorhandenen Kräften ein Politologe und ein Stadtgeograph oder ein Nationalökonom ihre Tätigkeit aufnehmen können« (In der Folge wechselte Karl Ganser vom Geographischen Institut der Technischen Universität München zum Olympia- und Investitionsplanungsamt der Stadt München im Jahre 1968). Er wirkte aber auch weiterhin in Forschung und Lehre am geographischen Institut der TU München und verstand es insbesondere, zahlreiche Diplomarbeiten und Dissertationen auf die neuen Themenschwerpunkte der Münchener Stadtentwicklung anzusetzen, mit großem Nutzen für alle Seiten. Die Stadt erhielt kostengünstige Recherchen und Konzeptvorschläge, die Studierenden erhielten Zugang zur aktuellen Diskussions- und Planungspraxis und damit wichtige Pluspunkte für ihre späteren Arbeitsmarktchancen. Das geographische Institut erhielt die Chance zur breiten planungspraktischen Profilierung.

Das besondere an dieser Situation war, daß hier nicht Ingenieure oder Juristen, die Protagonisten der »ersten Moderne« der kommunalen Verwaltung genannt wurden, sondern sozialwissenschaftliche Disziplinen und nicht von Planern, sondern von Wissenschaftlern die Rede ist. Es war der bewußte Versuch, frische Hefezellen in den Sauerteig des kommunalpolitischen Alltags einzubringen, mit dem Ziel neue Gedanken und neues Denken in die Stadtverwaltung einzuführen und so eine bessere Qualität des kommunalen Entwicklungsprozesses zu erreichen.

Es bedeutete die Abkehr von den bis dahin vorherrschenden Vorstellungen, daß die im Ballungsraum ablaufenden Entwicklungen unausweichlich, prinzipiell positiv und mit genügend großer Genauigkeit sicher abschätzbar wären sowie ihre Bewältigung im Rahmen der gesetzlichen Vorschriften und durch baulich-technische Maßnahmen möglich sei. Stadt wird nun als ein Prozeß verstanden, der steuerbar und in zunehmendem Maße steuerungsbedürftig ist. Die Basis für die Steuerung sollte die Stadtforschung erbringen.

»Die Stadtforschung bemüht sich also, das derzeit noch geringe Wissen über die Stadt und ihre Bewohner in allen Funktionen und Lebensbereichen systematisch zu erweitern, das in Erfahrung zu bringen und zu aktualisieren, was anderswo zur Lösung stadtbedeutsamer Entwicklungen schon erforscht ist oder erforscht wird und präzise Entwicklungsprognosen zu erarbeiten.«

Die Tätigkeit der Stadtforscher war wissenschaftliche Grundlagenarbeit in Sachen Stadt: Ihr Arbeitsfeld war die Analyse, Diagnose und Prognose der sozialen, wirtschaftlichen, kulturellen und technologischen Prozesse in Verdichtungsräumen und der für den Raum München besonders wichtigen Entwicklungsfaktoren und -trends, die Darstellung alternativer längerfristiger Entwicklungsvorstellungen sowie die Findung und Fortentwicklung von Instrumenten für den Planungsprozeß und die Schaffung eines Dokumentations- und Informationssystems.[4] Aufgabe des Arbeitsbereiches Stadtforschung war die Erarbeitung der umfassenden, langfristig in sich stimmigen Zielbündel, mit denen dann die Kollegen des Arbeitsbereiches Entwicklungsplanung arbeiten sollten.

Das Vorgehen orientierte sich, abweichend vom an den Hochschulen damals vorherrschenden Denken, nicht an der Suche nach neuen fachwissenschaftlichen Gesetzen, sondern man versuchte, die vielgestaltige Wirklichkeit in der Entwicklung einer Stadt in ihren wesentlichen Punkten zu erkennen und damit beeinflußbar zu machen.[5] Die Faktoren zu beeinflussen, die z. B. das überbordende Wachstum und seine negativen Folgen für die Bewohner der Stadt und ihre Umwelt bewirkten, war das Ziel der Forschung.

Der Anspruch war umfassend, fachübergreifend und setzte voraus, daß die im Stadtentwicklungsreferat versammelten Stadtforscher ein Grundwissen über die wesentlichen Punkte der städtischen Wirklichkeit verkörperten. Ihre Sicht des Gegenstandes läßt sich aus dem Spektrum des Untersuchungsprogrammes ableiten. Es wurden, übrigens ohne wesentliche Einwände des Stadtrates, folgende Einzeluntersuchungen für wichtig gehalten:

a) eine Bevölkerungsuntersuchung,
b) eine Untersuchung der Arbeitsstätten,
c) eine Untersuchung über die bestmögliche Standortverteilung zentraler Funktionen,
d) eine Untersuchung über den Wohnungsmarkt,
e) eine Verkehrsuntersuchung,
f) eine Untersuchung über die derzeitige Flächennutzung und ihre Entwicklungstendenzen,
g) eine ökologische Studie,
h) eine Untersuchung über die bi- und multilateralen Verflechtungen in Stadt und Region,
i) eine Untersuchung über das Freizeitverhalten,
k) eine Untersuchung der Faktoren, die für das Erscheinungsbild, das Selbstverständnis und die Individualität der Stadt maßgebend sind.[6]

Die gefundenen Einzelaussagen sollten später zu einem Gesamtbild zusammengefügt werden. Vision war die Erstellung eines Simulationsmodells, das es erlaubte, die Auswirkungen der Veränderungen einzelner Faktoren auf die Gesamtentwicklung und ihre einzelnen Bestandteile nachzuvollziehen.[7]

Untersuchungsgrundlagen bildeten die geläufigen sozialwissenschaftlichen Methoden und Techniken. Das Zusammenführen der Ergebnisse baute in starkem Maße auf neue Techniken (z. B. der elektronischen Datenverarbeitung): das damals beginnende neue Denken in Systemen und den dazu gehörenden technischen Modellen, die es ermöglichen sollten, die vielfältigen Abhängigkeiten zu durchschauen und schließlich auch als Hilfsmittel für die Steuerung nutzbar zu machen.

Wissenschaftliches Arbeiten war der Verwaltung natürlich nicht unbekannt, aber daß hier Verwaltungsangehörige wissenschaftliche Untersuchungen durchführten, die nicht sofort in einen Plan mündeten bzw. Maßnahmen erbrachten, die sofort umsetzbar waren, das war neu. Daß hier eine ganze Verwaltungseinheit sich mit den Ursachen von städtischen Entwicklungen beschäftigte und mit ihren Ergebnissen bis dahin allgemein anerkanntes Planen und Verwalten in Frage stellte, das war ungewohnt. Der Erfolg dieser Arbeiten bei Politikern und in der Öffentlichkeit führte im Laufe der Zeit zu einer Verwissenschaftlichung des Verwaltungshandelns auch in anderen Fachplanungsbereichen wie z. B. der Sozialverwaltung. Allerdings hatte die Umsetzung langfristiger, wissenschaftlich abgeleiteter Ziele z. B. im Bereich der Bauleitplanung nur geringes Gewicht in der täglichen Praxis der Abwägung.

Neue Themenschwerpunkte: Umweltprobleme, Ausländerintegration und polyzentrische Stadtentwicklung

Die Themen, mit denen sich die Stadtforscher beschäftigten, erlangten besondere Wirkung in der Stadt und der öffentlichen Diskussion. Von überregionaler Bedeutung waren dabei insbesondere die Arbeitsberichte zum Umweltschutz[8] und zur ausländischen Bevölkerung.[9]

Umweltschutzstudie: Breite Basis für ein neues Arbeitsfeld
Die Umweltschutzstudie war die erste, die diesen Problembereich in all seinen Aspekten aus kommunalpolitischer Sicht darstellte, einen Problembereich, der bereits damals die öffentliche Debatte unter den Aspekten Lärm und Abgasbelastung deutlich bewegte.

Der Bericht, an dem Karl Ganser federführend mitgewirkt hat, stellt zunächst die öffentliche und politische Diskussion des Themas dar und definiert das zu untersuchende Problem, führt eine Begriffsklärung der wichtigsten Variablen durch, referiert den Stand der Forschung und versucht eine Einschätzung des Istzustandes in München sowie Prognosen für die künftige Entwicklung zu erarbeiten. Die Gesamtbetrachtung mündet in einen Katalog von mehr als 80 Einzelmaßnahmen, die vom konsequenten Vollzug geltender Bestimmungen über Maßnahmen verstärkter Öffentlichkeit und Verboten bestimmter Müllarten, Restriktionen im Individualverkehr bis hin zu Überlegungen zur Verminderung des Wachstums der Stadt reichten. Der Katalog bewegte sich dabei nicht auf einer einheitlichen Handlungsebene, sondern war bemüht, für jeden Teilbereich die möglichen Schritte aufzuzeigen.

Er nannte die jeweils für die Maßnahme federführende Dienststelle und den Zeithorizont für das Wirksamwerden des Vorschlages. Damit wurden erste Ansätze für ein systematisches Controlling entwickelt.

Die Bedeutung dieser Studie bestand darin, daß
— Probleme, über die ein allgemeines öffentliches Unbehagen bestand, nunmehr auch von Seiten der Verwaltung in sehr qualifizierter Weise angesprochen wurden,
— Problemdiskussionen, die sich bis dahin in Details erschöpften und selten konsequent fortgeführt wurden, ein Rahmen gegeben wurde, der umfassend war und eine Basis für weitere Diskussionen abgab,

– der Maßnahmenkatalog die Unzulänglichkeit der gegebenen Handlungsmöglichkeiten aufzeigte und die Richtung und die Adressaten der weiter notwendigen Schritte darstellte.

Viele dieser Maßnahmen sind uns heute selbstverständlich, wie z. B. die Forderungen nach abgasarmer Wärmeversorgung, nach Beschleunigung des Öffentlichen Verkehrsmittels, nach Berücksichtigung von Frischluftschneisen und Beachtung von Lärmschutz in der Bauleitplanung, nach Umweltbildung im Schulunterricht. Die Arbeiten an der Umsetzung dieser Maßnahmen führten schließlich zur Errichtung eines eigenen Umweltschutzreferates.

Ausländerstudie: Basis der Integrationspolitik
Die Untersuchung zur ausländischen Bevölkerung war ebenfalls die erste Studie, die sich mit der Zuwanderung der 1. Generation, den »Gastarbeitern« und ihren Wirkungen auf die Stadt beschäftigte. Sie lenkte die Aufmerksamkeit der kommunalen und der bundesweiten Öffentlichkeit auf diesen bis dahin nicht sehr beachteten Vorgang und die damit verbundenen Gefahren für die städtische Gesellschaft. Ihre Maßnahmenvorschläge, z. B. zur Förderung des Verständnisses für Ausländer, zur Einrichtung eines Ausländerbeirates, zur Integration ausländischer Kinder in die Kindergärten und in die Regelschulen, bildeten die Basis für die kontinuierliche Integrationspolitik der Stadt.

Zentrenstudie als Grundlage der Erhaltung alter, citynaher Stadtteile
und peripherer Dorfkerne sowie der Entwicklung neuer Stadtteile mit Mischnutzung
Große Bedeutung erlangten darüber hinaus die konzeptionellen Über-legungen zur polyzentrischen Struktur und zur Vergrößerung des Anteils des öffentlichen Verkehrs. Sie wurden ausgelöst durch eine intensive Diskussion über die Möglichkeiten zur Beschränkung des Wachstums der Innenstadt und den Schutz von innenstadtnahen Wohngebieten vor der Umwandlung in Kerngebiete. Die Erhaltung und Wiederbelebung dieser Wohngebiete bis heute gelang schließlich durch den Erlaß eines hart umkämpften »Rosa-Zonen-Planes«, der festlegte, wo Wohngebäude nicht mehr in Bürogebäude oder gewerblich genutzte Gebäude umgewandelt werden durften.

Die Stadtforscher beschäftigten sich auch mit den neuen Siedlungen am Stadtrand, wo man versuchte, nach mehr oder weniger mißlungenen reinen Wohnstädten (im Fachvokabular »Schlafstädte« genannt – aber wer schlief dort nur?) wirkliche neue Städte mit Arbeitsstätten, vielfältigen Infrastrukturen und einem als Gebietsmitte wirkenden Einkaufsbereich zu schaffen. Die Beschäftigung mit den daneben liegenden alten Dorfkernen führte zu einem behutsameren Umgang mit diesen Bereichen und beeinflußte dann später auch die Debatten um die Einführung des Ensembleschutzes. Durch Beobachtung der Wirksamkeit von Instrumenten der Sozialverwaltung wurden neue Strategien im Umgang mit sozialen Problemen erarbeitet und der Übergang von der kommunalen Fürsorge zur modernen Sozialplanung vorbereitet.

Neue, interdisziplinäre Arbeitsweisen
Die Erfordernisse der wissenschaftlichen Arbeiten prägten auch die Arbeitsweise der neuen Arbeitsbereiche. »Ein Fach allein wird in der Stadtforschung … bald an Grenzen stoßen. Nur das Zusammenwirken insbesondere des Soziologen und des Volkswirtes, des Raum- und Verkehrsplaners sowie des Systemanalytikers, des Geographen und des Politologen kann dem vielschichtigen Phänomen der modernen städtischen Verdichtungsräume gerecht werden.«[10] Als Muster stand das im Industrie-, Hochschul- und Forschungsbereich anerkannte Prinzip der projektbezogenen Forschungs- und Entwicklungsarbeit Pate.[11]

Für die Organisation der Zusammenarbeit der verschiedenen Disziplinen bot sich die damals modern werdende Form der »Team-Arbeit« an. Es wurden in den Arbeitsbereichen verschiedene

Teams gebildet, die durch unterschiedliche Schwerpunkte der dort vertretenen Fachdisziplinen gekennzeichnet waren. Sie sollten mit jeweils unterschiedlichen, fachdisziplinbezogenen Methoden arbeiten.[12] So wurde die Studie »Kommunalpolitische Aspekte des Umweltschutzes in München« von einem Team erarbeitet, das aus verschiedenen Mitarbeitern des Stadtentwicklungsreferates, Mitarbeitern des Kreisverwaltungsreferates, der Gesundheitsbehörde, des Bayerischen Staatlichen Prüfamtes für Technische Physik und der Studiengruppe für Biologie und Umwelt bestand.

Die Teamleiter waren fest bestimmt. Die Mitarbeiter wurden von Fall zu Fall einem Team bzw. einem Untersuchungsprojekt zugeordnet. Projektleiter und Teamleiter mußten nicht identisch sein. Sie hatten die in Gruppenarbeit gefundenen Lösungen zu vertreten, unbeschadet des Rechts, abweichende persönliche Auffassungen zu äußern.[13]

Diese hierarchiefreie, problemorientierte, fachübergreifende Arbeitsweise in der weitgehend die fachliche Kompetenz und der Beitrag zur Problemlösungsfähigkeit des Teams die Stellung des Einzelnen begründeten, unterschied sich deutlich von der normalen Verwaltung, die nach starren Zuständigkeitsbereichen und Laufbahnhierarchien geordnet war. Die neue Organisationsform war mit den herkömmlichen Regeln nicht faßbar, war stark wissenschaftsorientiert. Sie wurde Ende der 70er Jahre im Zuge der wieder deutlich verringerten verwaltungsinternen Bedeutung der Stadtforschung wieder aufgehoben. Die verschiedenen Themenfelder wurden auf die klassischen Ressortfelder aufgeteilt. Der Mitarbeitertyp »kreativer Stadtforscher« war wieder weit weniger gefragt als der traditionelle, pragmatische Verwaltungsbeamte. Angesichts knapp gewordener Ressourcen und der allgemeinen Kritik zu stark segmentierter und zu wenig integrierter Verwaltungsarbeit setzt sich aber heute wieder die projektbezogene Arbeitsorganisation stärker durch. Die seinerzeit gemachten Erfahrungen sind heute hilfreich, da die Konflikte, die mit dieser Arbeitsweise verbunden sind, nun bekannt sind.

Innovativer Einfluß auf das Verwaltungsgeschehen

Hohe Wirksamkeit der Stadtforschung durch Einmischung in den Verwaltungsalltag
Neben den Projektstudien und den damit verbundenen grundsätzlichen Arbeiten war die Umsetzung der gewonnenen Erkenntnisse besonders wichtig: »Denn die Entwicklung der Stadt kann nicht so lange aufgehalten werden, bis ein jeweils überarbeiteter und über längere Zeiträume geltender Stadtentwicklungsplan vorliegt.«[14]

Es wurde daher für nötig gehalten, in bedeutsamen Planungsphasen die Erkenntnisse zur Stadtentwicklung einzubringen bzw. den Planungsprozeß wenigstens durch hypothetische Vorwegnahmen von Entwicklungen und Zielen zu beeinflussen. Ein Beispiel hierfür ist der Beschluß zum »Originalitätsverlust der Landshauptstadt München«,[15] in dem Erkenntnisse aus wirtschaftlichen, demographischen, verkehrlichen Analysen mit solchen aus der Imageuntersuchung und aus der Bauleitplanung zusammengeführt werden und eine Konzeption für den Schutz wichtiger Strukturen in der Innenstadt entwickelt wird.

Wissenschaftliche Methoden wurden jedoch auch in anderen Fällen angewandt, wie das Beispiel einer Befragung der Bewohner des Lehels[16] im Rahmen einer Öffentlichen Planung zeigt. Der schriftliche Fragebogen, dessen Auswertung in einen Beschluß einfloß, war eingebettet in eine Broschüre, die eine umfassende Analyse der Problemsituation im Stadtbezirk in einfacher, verständlicher Form bot sowie eine Darstellung der planerischen Alternativen in ihren positiven und negativen Aspekten für die einzelnen Betroffenengruppen.

Mit diesen Aktivitäten verließen die »Stadtforscher« den Elfenbeinturm der strategischen Denkspiele und begaben sich mitten hinein in die mitunter nur verdeckt geführten Kämpfe der verschiedenen allgemeinpolitischen und fachpolitischen Interessenvertretungen um bevorzugte Berücksichtigung. Die Stadtforscher stellten rasch die Grenzen ihrer Durchsetzungsfähigkeit fest. Dies führte schließlich zu verstärkten Bemühungen, Stadtentwicklungsplanung im Baurecht und im Städtebaurecht zu verankern.

Dialog zwischen Betroffenen und Planung
»Eine der wesentlichen Erkenntnisse bei der Befassung mit Fragen der Stadtforschung und Stadtentwicklung in den zurückliegenden Jahren war der unübersehbare Vertrauensschwund der Öffentlichkeit bezüglich der Wirksamkeit und der demokratischen Legitimation der Verwaltung, soweit sie im planenden Bereich tätig wird.«[17]
Diesem Vertrauensschwund wollte man mit folgenden Ansätzen begegnen:
a) Aufbauend auf den Erfahrungen bei der Öffentlichen Planung zum Altstadtring Nordost und zum Lehel wurde ein Prozeß der Zusammenarbeit mit der Öffentlichkeit in großer Breite vorgeschlagen. Diese Zusammenarbeit sollte auf Kommunikation, d. h. auf gegenseitiger Information und Mitteilung beruhen.[18] Das Münchner Entwicklungsforum (ein von der Stadt institutionell unterstützter Zusammenschluß engagierter Laien und Fachleute, das sich regelmäßig zu Planungsfragen kritisch äußerten, eigene Broschüren herausgab, eigene Veranstaltungen durchführte und regelmäßig in Anhörungsverfahren mitwirkte) war der Versuch, dies in die Tat umzusetzen.
b) Mit Hilfe der Gemeinwesenarbeit wollte man die bisher mehr oder minder passiv Betroffenen zur aktiven Beteiligung an einer Verbesserung ihrer Umwelt und ihrer Lebensverhältnisse befähigen.[19] Dieser Ansatz baute auf Erfahrungen mit Obdachlosen in Milbertshofen und im Hasenbergl auf und wurde in Neuperlach fortgeführt.

Vor allem der erste Ansatz wurde in München weiterverfolgt. Er wurde erfolgreich in den Sanierungsgebieten, zuletzt bei den Planungen zur Verdichtung des Hasenbergls angewandt. Allgemeine, projektunspezifische Planungsöffentlichkeitsarbeit wurde nur vereinzelt betrieben. Die Darstellung der Ziele und Absichten der Stadtverwaltung, teilweise auch die offensive Vermarktung ihrer Angebote für Bürger und Betriebe, gewinnt jedoch heute, z. B. im Rahmen der Bürgerbegehren, der Siedlungsvorhaben, neue Dimensionen. Hier müssen auch neue Wege beschritten werden.

Das Stadtentwicklung als zentrale Steuerungsinstanz

Die Installation der Stadtentwicklung berührte das bis dahin gültige Organisationsschema der Stadtverwaltung. Die Rolle der Stadtentwicklung war daher Gegenstand intensiver Überlegungen. Die älteste Definition findet sich in der »Denkschrift über die Organisation der Stadtforschung und der zu ihrer Förderung sonst zu treffenden Maßnahmen innerhalb der Landeshauptstadt München«.

Steuerung der Investitionsplanung. Ein umstrittener Kompetenzanspruch
In der Denkschrift heißt es: »Die Aufgabe der Stadtentwicklung wird gesehen
– in der Erarbeitung von (alternativen) Ordnungsvorstellungen für die Entwicklung der Stadt auf der ganzen Breite des kommunalen Tätigkeitsbereiches zu Absicherung und Überprüfung kommunalpolitischer Grundsatzentscheidungen sowie
– in der ständigen Überprüfung von Ordnungsvorstellungen im Hinblick auf die fortlaufende Entwicklung von Stadt und Gesellschaft«.[20]
Im Hintergrund dieser Definition stand die Notwendigkeit der Erarbeitung eines Mehrjahresinvestitionsprogrammes und die Erkenntnis, daß dafür »sichere Ordnungsvorstellungen« erforderlich sind.

»Ordnungs- und Leitvorstellungen stellen die handfesten Unterlagen für die kommunalpolitischen Entscheidungen auf dem Gebiet des Planens in der vollen Breite des kommunalen Tätigkeitsbereiches dar.«[21]

Zwei Jahre später definiert der damalige Leiter des Stadtentwicklungsreferates Stadtentwicklung als die »Summe aller Tätigkeiten, die den anzustrebenden Zustand einer Stadt festlegen und ihren gegenwärtigen Zustand auf dieses Ziel hin verändern«.[22] Statt Ordnungsvorstellungen heißt es nun Zielvorstellungen. Ziele der Stadtentwicklung geben an, mit welchen Bedürfnissen innerhalb einer bestimmten Zeitspanne zu rechnen ist und in welcher Rangfolge sie befriedigt werden sollen.[23] Im Mittelpunkt der Stadtentwicklung stehen die Bedürfnisse der Bewohner und der Betriebe. Stadtentwicklung erfaßt diese Bedürfnisse, prognostiziert sie und erarbeitet Bewertungsmaßstäbe. Stadtentwicklungsplanung erhält damit Verbindlichkeit: vorher konnte man ihren Vorschlägen folgen oder nicht, sie waren lediglich ein Teil der bei politischen Entscheidungen zu beachtenden Faktoren. Wenn aber Zielhierarchien aufgestellt werden, begründet abgeleitet aus den Bedürfnissen der Wähler oder wichtiger Institutionen der Stadt, dann sind das Vorgaben für die Entscheidungsgremien, die nicht mehr ohne weiteres unbeachtet bleiben können.

Die Stadtentwicklungsplaner gehen schließlich noch einen Schritt weiter und geben die passive Rolle der Stadtentwicklung als Entscheidungshilfe auf: Stadtentwicklungsplanung wird zur Koordination der Einzelplanungen mit kurzer bis mittelfristiger Laufzeit vor dem Hintergrund langfristiger, alle technischen und sozialen Dimensionen umgreifenden Zielvorstellungen.[24] Damit erheben sie Anspruch auf eine Rolle als Führungsgehilfe, der die Umsetzung der von den Entscheidungsgremien beschlossenen Ziele beobachtet und die Durchführung der Maßnahmen finanziell und zeitlich abstimmt. Die vorher formell machtlosen wissenschaftlichen Berater erheben Anspruch auf eine mächtige Schlüsselrolle in der Stadtverwaltung. Noch weiter gehen Blum, Heil, Hoffmann, die unter Entwicklungsplanung eine Planung verstehen, »die eine zu erwartende Entwicklung nach Maßgabe von Entwicklungszielen aktiv steuernd in eine gewünschte Richtung zu lenken versucht. Dies verlangt die Berücksichtigung des Zusammenhangs der für die Entwicklung als entscheidend angesehenen Faktoren sowie die Koordination aller kommunaler Steuerungsmöglichkeiten.«[25] Stadtentwicklungsplanung definiert sich als zentrale Führungsinstitution der Stadtverwaltung.

Bei einer solchen Sicht ihrer Rolle in der Stadtverwaltung ist es kein Wunder, daß das einzige Instrument mit direkten Vollzugswirkungen, bei dem die Federführung bei den Entwicklungsplanern lag, die Mehrjahresinvestitionsplanung, die die baulichen Aktivitäten der Stadt koordinierte und budgetierte, ihnen bald wieder entzogen wurde. Allzu nahe lag da doch das Mißverständnis einer »Obersten Planbehörde«. Allerdings wird dieses Instrument auch leicht überschätzt, da zumindest die großen Investitionsmaßnahmen meist einen mehrjährigen Diskussions- und Planungsvorlauf haben. Ihre Einstellung ins Mehrjahresinvestitionsprogramm ist dann nur noch zu verzögern, kaum noch zu verhindern.

Aufstellung des Stadtentwicklungsplans: eine zunächst vernachlässigte Aufgabe
Das eigentliche Instrument, den Stadtentwicklungsplan, behandelten die Gründungsväter der Stadtentwicklung etwas stiefmütterlich. Es wird lediglich lapidar festgestellt, daß er der laufenden Fortschreibung bedarf und eigentlich »im Zeitpunkt seiner Festlegung schon überholt«[26] ist. Dies mag daran liegen, daß das Untersuchungsprogramm zuerst alle Aufmerksamkeit verlangte, so daß sich niemand nähere Gedanken über die Aufgabe, die Struktur und die Verfahrensschritte bis zur Beschlußfassung des Planes machte. Erst mit dem Entwurf zum Stadtentwicklungsplan 1974 wird festgestellt, daß er eine dreifache Funktion haben kann:

- Instrument der Steuerung und Koordination öffentlicher und privater Investitionen
- Orientierungsrahmen für die Fachplanungen
- Orientierungsrahmen für politische Initiativen

Einschränkend wird aber darauf hingewiesen, daß
- die Ziele »im Rahmen der gesetzlichen und finanziellen Möglichkeiten der Kommunen ... nur beschränkt einlösbar«[27] sind;
- es nicht möglich ist, ein »geschlossenes Konzept eines harmonischen Endzustandes der Stadtentwicklung«[28] zu entwickeln. Vielmehr muß das erarbeitete Konzept ständig weiterentwickelt werden;
- »die Planung nur problemorientiert erfolgen kann«. Ein abgeschlossener Katalog von Zielvorstellungen für alle städtischen Funktionen kann nicht erarbeitet werden.[29]

Grundsätzlich kann man sagen, die Stadtentwicklungsplaner standen dem Instrument Stadtentwicklungsplan skeptisch gegenüber und setzten eher auf die Strategie der stetigen Beeinflussung der laufenden Politik. Auf diese Weise konnte die fortschreitend sich vertiefende Einsicht in die Zusammenhänge der Stadtentwicklung stetig in das Verwaltungshandeln einfließen. Es konnte die Gefahr, die ein abgeschlossenes und für längere Zeit geltendes Planwerk immer beinhaltet, vermieden werden, daß vor Entscheidungen die Rahmenbedingungen nicht mehr in ausreichendem Maße aktualisiert werden.

Andererseits ist eine Institution, die sich selbst als zentrale Steuerungsinstanz sieht, wenig daran interessiert, sich durch ein längerfristig gültiges Regelwerk selbst zu entmachten. Ihr ist daran gelegen, daß die Fachreferate möglichst oft Handlungshinweise bei ihr abrufen und nicht eigenmächtig, das Regelwerk frei interpretierend, zu handeln beginnen.

Stadtentwicklungsplanung zwischen Politisierung und Verwaltungsroutine

Parallel zu dieser Entwicklung des Selbstverständnisses rückt zunächst offenkundig große politische Dimension von Stadtentwicklungsplanung stärker ins Bewußtsein. War zunächst nur von »objektiven« wissenschaftlichen Hilfen die Rede, so werden sich die Planer bewußt, im Rahmen der Prioritätensetzung bereits durch das bloße Benennen von Defiziten politische Entscheidungen zu beeinflussen. Sie erkennen, daß »die planende Verwaltung sich durch den Zwang zur Zielfindung von den beiden anderen Arten öffentlicher Verwaltung (= Eingriffs- und Dienstleistungsverwaltung, Anmerkung der Verfasser) grundlegend unterscheidet, zumal sie damit nicht mehr unpolitisch, sondern im politischen Raum tätig wird«.[30]

Schließlich wird Stadtentwicklungspolitik als Gesellschaftspolitik definiert:[31] Hauptziel der Stadtentwicklungsplanung ist die Verbesserung der Lebensbedingungen, insbesondere hat sie den Anspruch, die ungleiche Betroffenheit der Stadtbewohner durch Veränderungsprozesse zu beseitigen.[32] Motor dieser Veränderungsprozesse ist der gesellschaftliche Wandel, der fortlaufend neue Problemlagen entstehen läßt, »die Anlaß zur Entwicklung neuer Zielvorstellungen und Instrumente sein müssen«.[33]

»Aufgabe permanenter Stadtentwicklungsplanung ist es, die sich abzeichnenden Problemlagen frühzeitig zu erkennen, um das Aufbrechen von Konflikten zu vermeiden, wo möglich aber, die Herausbildung von Problemlagen selbst vorbeugend zu unterbinden.«[34] Allerdings, Bedürfnisse sind mit »Methoden der Wissenschaft nicht zuverlässig ermittelbar«. Wissenschaft kommt daher »die Funktion zu, mit exakten Informationen über die Ursachen städtischer Entwicklungsprobleme den politischen Diskussionsprozeß auf eine qualifiziertere Ebene zu heben«.[35] »Hierzu ist die Offenlegung der Beschränkungen kommunaler Planung, der hinter diesen stehenden Interessen und der aus der gegebenen Situation fließenden Folgewirkungen unentbehrlich.«[36] »Stadtentwicklungsplanung steht nach diesem Verständnis inmitten der politischen Diskussion um die möglichen Voraussetzungen besserer Lebensverhältnisse.«[37] Solange die Vorschläge der an der politischen Diskussion teilnehmenden Stadtentwickler als Vorschläge verstanden wurden und der Stadtrat sich dadurch nicht in seiner Entscheidungsfreiheit eingeengt fühlte, wurde diese Rolle von den Politikern akzeptiert. Kritisch wurde es, als ihre Vorschläge durch die intensive Diskussion und massive Unterstützung aus der Öffentlichkeit die Durchsetzung anderer bestehender Interessen beeinträchtigten und die im Stadtrat erfolgende Abwägung und politische Mehrheitsfindung stark erschwerten.

Der Übergang zur Normalität typischer Verwaltungsstrukturen
Stadtentwicklung als Motor der Innovation, als zentrale Instanz der städtischen Entwicklung und als moralische Instanz für die Politik, dieser Anspruch, den die Entwicklungsplaner ihrer Disziplin aufbürdeten, war zu hoch, auf Dauer nicht aufrecht zu halten. Zu groß war auch die Abhängigkeit vom geistigen Mentor Oberbürgermeister Dr. Vogel, denn mit seinem Weggang als Bundesbauminister nach Bonn (zusammen mit einigen engen Mitarbeitern aus dem damaligen Umfeld wie Dr. Abreß, Dr. Ganser, Dr. Pflaumer, Ulrich Pfeiffer, Dr. Krautzberger) wurde der direkte Draht zur neuen politischen Führung immer dünner und riß schließlich ganz. Die Rolle als Bündelungs- und Koordinierungsstelle war damit nicht mehr haltbar. Die Stadtentwicklungsplanung wurde verwaltungstechnisch »atomisiert« und politisch »egalisiert«. Sie verblieb schließlich als eine von vielen planenden Arbeitseinheiten ohne die hervorgehobene Position der Vorjahre. Sie wurde zu einer ganz normalen Institution der Verwaltung umgewandelt.[38]

Andere Aufgabenfelder wie vor allem der Schutz der Umwelt wurden durch Institutionalisierung etabliert und damit auch verselbständigt. Sie wirken aber wieder zurück mit Forderungen an eine stärkere Integration der Strategien verschiedener Fachbereiche, um die Nachhaltigkeit der städtischen Politik zu gewährleisten.

Das seinerzeit stark diskutierte, plakative Ziel einer Angleichung der Lebensverhältnisse der Stadtbewohner wird heute differenzierter im Rahmen einer Sozialen Kommunalpolitik behandelt. Hier geht es darum, »Solidarität und Toleranz im Mit- und Nebeneinander zu fördern, Chancengleichheit und Lebensräume für unterschiedliche Lebensinteressen, auch für die Schwächeren und weniger Mobilen zu sichern und zu schaffen.«[39] Der durch immer neue finanzwirksame Aufgaben und immer gravierendere soziale Fehlentwicklungen (Strapazierung knapper kommunaler Finanzen durch Arbeitslosigkeit, Sozialhilfe, Unterbringung von Asylanten und Aus- und Übersiedlern) potenzierte soziale Zündstoff übersteigt die kommunalen Steuerungsmöglichkeiten erheblich und beschränkt mit den finanziellen Folgen den aktiv nutzbaren kommunalen Gestaltungsspielraum stark.

Ungelöste Fragen der Münchener Stadtentwicklung für die Zukunft

Noch immer beschäftigen einige der »alten« Themen die Stadtpolitik, die offenbar trotz jahrzehntelangen Bemühens nicht wirklich lösbar waren.

Verkehrswende und polyzentrische Stadtentwicklung: zwei »Dauerbrenner«
Die nötige und seit Jahrzehnten als Planungsziel beschworene Verringerung des Autoverkehrs ist nicht gelungen, trotz großer Anstrengungen zur Verlagerung auf den öffentlichen Verkehr mit dem ÖPNV-Ausbau durch U- und S-Bahn. Später kamen hinzu Konzepte zur Verkehrsverminderung und Verkehrsberuhigung. In diesen Bereichen ist der Durchbruch nicht gelungen, sind die Pro-

bleme eher größer, die Fronten eher »verminter« und die Umsetzungsdefizite eher größer als damals. Die einmalige Chance, die systematische ÖPNV-Investitionen rund und die Olympiade für eine durchgreifende Verkehrswende zu nutzen, Straßenraum auch außerhalb der Fußgängerzone wieder verstärkt für den Umweltverbund zurückzugewinnen und dem verbesserten ÖPNV-Netz ein zusammenhängendes gesamtstädtisches Fuß- und Radwegenetz zur Seite zu stellen, wurde wenig genutzt.

Die Idee des polyzentrischen Konzeptes konnte nur z. T. verwirklicht werden, weil einerseits die City selbst nach wie vor als dominanter Magnet für kommerzielle Investoren wirkt und andererseits der Boom vitaler Klein- und Mittelstädte im Umland einen Teil des für die städtischen Nebenzentren und wohnungsnahe Versorgung erwünschten Investitionspotentials abgefangen hat.

Stadtentwicklung in einem neuen sozio-ökonomischen Rahmen
In der jüngsten Zeit haben sich die gesamten Rahmenbedingungen des Planens deutlich verändert. Die Industriegesellschaft befindet sich in einer massiven Strukturkrise. Die Umbruchzeit wird gekennzeichnet von den vier Herausforderungen der »Zweiten Moderne« – die Globalisierung der Wirtschaft, die Individualisierung der Gesellschaft, den Abbau von Arbeitsplätzen und die ökologische Krise.[40] Das gleichzeitige Zusammentreffen dieser vier Vorgänge berührt die Bundesrepublik als Gesamtheit, es betrifft aber auch und vor allem die Kommunen, in denen sich die Probleme potenzieren und durch die direkte Betroffenheit »vor Ort« manifestieren. Die »Weiter-so-Strategien« werden immer obsoleter. Das zwingt, sich nach neuen Lösungen umzuschauen. Die wirtschaftlichen und sozialen Strukturveränderungen und ihre Folgen für die Erwerbsfähigen und die Kommunalfinanzen bestimmen die kommunalen Aktivitäten. Die Massierung von sozialen Folgen, verbunden mit Veränderungen sozialer Strukturen führt den kommunalen Haushalt an die Grenzen seiner Leistungsfähigkeit. Ohne die Probleme lokal lösen zu können, müssen die in ihrer Handlungsfähigkeit allein schon finanziell stark begrenzten Kommunen dennoch im Zuge der entstehenden weltweiten Standortkonkurrenzen die aktive Vermarktung ihrer Potentiale von städtischer Gemeinschaft, infrastruktureller Qualität und ökologischen Ressourcen leisten.

Die Individualisierung hat aber die alten politischen Blöcke zersplittert, Politik kann heute nicht mehr wie in den 60er Jahren die Ziele vorschreiben. Die kommunale Gemeinschaft ist unübersichtlich geworden, die Interessenkoalitionen wechseln rasch. Es sind nicht mehr nur wie in den 60er Jahren einige Politiker und Wissenschaftler die etwas bewegen wollen. Es ist nun die gesamte Gesellschaft, die in Bewegung gerät.

Von starren Planwerken zur flexiblen Prozessmoderation
In dieser Umbruchsituation ist es noch weniger als früher möglich, ein verhältnismäßig starres Instrument wie den Stadtentwicklungsplan mit seinen Ziel- und Maßnahmenfestlegungen anzuwenden. Die Unübersichtlichkeit und die wechselnden Interessenkoalitionen lassen auch keine längerfristige Koordination bzw. Steuerung aller Aktivitäten mehr zu. So wie Kommunalpolitik zur Moderation eines politischen Diskussionsprozesses geworden ist, an dessen Ende eine Mehrheit für eine Entscheidung gewonnen sein sollte, wird auch Stadtentwicklung mehr und mehr Tätigkeit mit dem Ziel, die wesentlichen Akteure der Stadt bzw. der jeweiligen Problemsituationen zur gemeinsamen Diskussion anzuregen, den Prozeß zu unterstützen und zu begleiten und die Ergebnisse dem Stadtrat als Entscheidungsgremium zu vermitteln. Der Planer verliert seine Planungshoheit, gewinnt aber die Rollen als Moderator einer Diskussion, als Manager eines Prozesses. Der Stadtentwicklungsplaner kann zusätzlich seine Kenntnisse im Zusammenführen von Erkenntnissen aus verschiedenen Fachbereichen, zur Prognose problematischer Entwicklungen und zum Entwerfen strategischer Vorschläge in diese Diskussion einbringen.

Mit der »Perspektive München«, die zur Zeit dem Stadtrat zur Beratung vorliegt, wurde dieser Weg bereits beschritten: in einem ersten Diskussionsschritt, der innerhalb der Verwaltung ablief, wurden Unterlagen für die öffentliche Diskussion erarbeitet. Diese wurden dann in zahlreichen Veranstaltungen mit Bürgern, Verbänden und Institutionen erörtert, Stellungnahmen eingeholt. Auf der Basis dieser Äußerungen wurden dann die Unterlagen für die Stadtratsdiskussion ausgearbeitet.

Ergebnis dieses Prozesses war es,
- daß es Ziel der Perspektive sein sollte, die Chancen und Risiken die für die Stadt bestehen, aufzuzeigen und anzugeben, mit welchen Zielen und Strategien man den bestehenden und zu erwartenden Zielkonflikten begegnen kann;
- daß die Perspektive Teil einer kommunalen Marketingstrategie ist, die durch klare Positionsbeschreibungen für die Bereiche »Wirtschaft, Soziales, Ökologie« einen verläßlichen Orientierungsrahmen für die Akteure der Politik, der Wirtschaft und der Bürger darstellt.[41]

Die Umsetzung dieser Vorschläge soll in Form von Leitprojekten erfolgen, die referatsübergreifend in fachlich integrierter und integrierender Form erarbeitet werden sollen. Die Beteiligten an diesen Projekten sollen die im weitesten Sinne vom jeweiligen Problem betroffenen Partner sein, sie beschränken sich nicht auf die Verwaltung. Die Fachreferate und Fachdienststellen sind aufgefordert, eigene Leitprojekte zu entwickeln und in die integrierte Fortschreibung der Stadtentwicklungskonzeption einzubringen.[42] Eine projektbegleitende und kontinuierliche Öffentlichkeitsarbeit und die Reform der Stadtverwaltung sollen diese Arbeiten unterstützen.

Stadtentwicklung ist also nicht mehr das Ergebnis der Tätigkeit einzelner Entwicklungsplaner, sondern das Ergebnis einer projektbezogenen Diskussionsarbeit interessierter und betroffener städtischer Bürger, Institutionen, Planer und Politiker. Letztlich ist nicht so entscheidend, ob wir nun vor einer neuerlichen Modernisierungsstufe der Industriegesellschaft oder tatsächlich vor einer neuen Moderne stehen wie Ulrich Beck meint. Vielmehr sollte man der Frage nachgehen, wie demokratische Entwicklung künftig zu gestalten ist. »Kurz: Was auf den ersten Blick nach Ende und Verfall aussieht, das sollte man als neues Modell dafür begreifen, wie Staat, Wirtschaft und Gesellschaft den Erfordernissen des 21. Jahrhunderts geöffnet werden können.«[43]

Anmerkungen

1 Beck, Ulrich: Kein Standort, Nirgendwo. In: Süddeutsche Zeitung, 12.5.1997, S. 13.
2 Vgl. Vogel, Hans-Jochen: Die Amtskette, München, 1972, S. 133.
3 Vogel, S. 135.
4 Vgl. Geschäftsordnung des Referates für Stadtforschung und Stadtentwicklung vom 10.7.1970, S. 1.
5 Dr. Abreß, S. 13.
6 Beschluß des Stadtplanungsausschusses vom 26.3.1969, Direktorium der Landeshauptstadt München, S. 7 und 8.
7 Dr. Abreß, S. 13.
8 Kommunalpolitische Aspekte des Umweltschutzes in München, Problemstudie, Arbeitsbericht zur Fortschreibung des Stadtentwicklungsplanes Nr. 3, München 1971.
9 Kommunalpolitische Aspekte des wachsenden ausländischen Bevölkerungsanteils in München, Arbeitsberichte zur Fortschreibung des Stadtentwicklungsplanes Nr. 4, München, 1972.
10 Denkschrift über die Organisation der Stadtforschung und der zu ihrer Förderung sonst zu treffenden Maßnahmen innerhalb der Landeshauptstadt München, Anlage 2 des Beschlusses des Stadtplanungs- und Hauptausschusses vom 9.7.1968, S. 7.

11 Vgl. Anlage 2 des Beschlusses des Stadtentwicklungs- und Stadtplanungsausschusses vom 27.01.1971, Landeshauptstadt München, Stadtentwicklungsreferat, S. 1.
12 Anlage 2, ebd.
13 Vgl. Geschäftsordnung vom 10.7.1970, S. 4.
14 Beschluß der Vollversammlung des Stadtrates vom 3.2.1971, Arbeitsgruppe Altstadtring Nordost, Stadtentwicklungsreferat, S. 3.
15 Beschluß des Stadtentwicklungs- und Stadtplanungsausschusses vom 27.1.1971, Stadtentwicklungsreferat.
16 Name eines Stadtteils von München.
17 Beschluß des Stadtentwicklungs- und Stadtplanungsausschusses vom 12.5.1971 zur Beteiligung der Bürger an der Planung und an der Gestaltung der städtischen Umwelt, Stadtentwicklungsreferat, S. 2.
18 Vgl. Beschluß vom 12.5.1971, S. 6.
19 Vgl. Beschluß vom 12.5.1971, S. 9.
20 Anlage 2 des Beschlusses vom 9.7.1968, S. 5.
21 Anlage 2, S. 4.
22 Dr. Abreß, S. 3.
23 Vgl. Dr. Abreß, S. 5.
24 Vgl. Ganser, Karl: Die Rolle der Stadtforschung in der Stadtentwicklungsplanung, in: Stadtbauwelt 29 (1971), S. 12.
25 Blum, Helmut; Heil, Karolus; Hoffmann, Lutz: Stadtentwicklung – Anspruch und Wirklichkeit, Göttingen 1976, S. 4.
26 Dr. Abreß, S. 8.
27 Stadtentwicklungsplan 1974, Diskussionsgrundlage für die Klausurtagung in Achatswies, S. A-13.
28 Ebd., S. A-13.
29 Vgl. ebd. S. A-14.
30 Beschluß vom 12.5.1971, S. 5.
31 Stadtentwicklungsplan 1974, S. A-11.
32 Vgl. ebd., S. A-12.
33 Vgl. ebd., S. A-13.
34 Ebd., S. A-13/14.
35 Ebd., S. A-15.
36 Ebd., S. A-13.
37 Ebd., S. A-13.
38 Dazu vgl. Gross, Gerd: Bürgernahe Stadtentwicklungsplanung gescheitert?, Berlin, 1978.
39 Vgl. Leitlinienbeschluß zur Perspektive München, Vorlage zum Ausschuß für Stadtplanung und Bauordnung, Stand April 1997, S. 25.
40 Vgl. Beck, Ulrich.
41 Vgl. Leitlinienbeschluß, S. 9.
42 Vgl. Leitlinienbeschluß, S. 83 ff.
43 Beck, Ulrich, ebd.

Heinrich von Lersner

Global denken, lokal handeln: Stadtpolitik als Umweltpolitik

Migration in die Zentren und Suburbanisierung als Verursacher großer Umweltprobleme

Die ökologischen Probleme großer Städte sind nicht nur hierzulande für die Lebensqualität der dort lebenden und arbeitenden Menschen eine der dringlichsten politischen Aufgaben, sondern weltweit eine der wichtigsten Herausforderungen nationaler und globaler Politik. Gerade in den weniger entwickelten Staaten dieser Erde mit immer noch rapide ansteigender Bevölkerung drängen die auf dem Lande nicht mehr ihren Lebensunterhalt findenden Menschen in die städtischen Zusammenballungen, wo sie zu ökonomischen und auch ökologischen Katastrophen führen, wie wir sie uns in den reichen Industriestaaten kaum vorstellen können.

Während in den weniger entwickelten Staaten die auf dem Lande keinen Unterhalt findenden Menschen in die Städte drängen, ist dieser Trend in den Industriestaaten zwar auch noch vorhanden, wenn auch im Abklingen. Hier führen die Motorisierung des Verkehrs und die steigenden Mieten in den Städten zu umgekehrten Strömen. Viele Menschen leben im Umland der Städte und fahren zur Arbeit, zum Einkauf und auch zur Unterhaltung in die Stadt.

Beide Tendenzen führen zu Umweltbelastungen. Die Verdichtung der Städte mutet den dort lebenden Menschen mehr Abgase und Lärm und auch Mangel an Grünflächen zu, die Zersiedelung des Umlandes führt zu Landschaftsverbrauch, Bodenversiegelung und verkehrsbedingten Emissionen. Solche Vor- und Nachteile auf beiden Seiten sind typisch für die innerökologischen Konflikte, bei denen pauschale Ja-Nein-Entscheidungen zu »schrecklichen Vereinfachungen« führen. Hier abwägende Lösungen zu finden, ist die Herausforderung der Stadtentwicklungs- und Umweltpolitik in den Metropolen dieser Erde.

Mobilität als Freiheitsrecht

Bei den stadtplanerischen Abwägungen sind hier in Deutschland die drei Oberziele unseres Grundgesetzes zu beachten, Ziele unter denen es keine generellen Prioritäten gibt, sondern nur im Einzelfall nach Abwägung entschieden werden kann: Freiheit, soziale Gerechtigkeit und Schutz der natürlichen Lebensgrundlagen. Zu den Freiheitsrechten gehört das Recht der Freizügigkeit, das schon zu Beginn der Neuzeit wichtigstes Anliegen liberaler Reformen war. Seine Verweigerung war ja auch der Hauptgrund für den Zusammenbruch des kommunistischen Regimes der DDR.

Auf die Stadtentwicklung bezogen bedeutet Freizügigkeit, daß die Menschen nicht daran gehindert werden, sich in der Stadt, in sie hinein und aus ihr heraus zu bewegen. Obwohl jede motorisierte Mobilität zu Umweltschäden führt, kann es deshalb nicht Ziel der Umweltpolitik sein, die Mobilität als solche zu beschränken, sondern lediglich umweltgerechte Alternativen für umweltbelastende Verkehrsmittel anzubieten.

Erzwungene Mobilität durch Nutzungsentmischung

Entsprechendes gilt auch für die Lebensqualität der Wohnungen und ihrer Umgebung. Im Jahre 1933 entstand auf einem Schiff im Mittelmeer die berühmte Charta von Athen. Ihr Anliegen war, die verschiedenen Lebensfunktionen Wohnen, Arbeiten, Einkaufen, Sport und Kultur städtebaulich zu trennen. Dies hatte schon damals nicht nur soziale Gründe, sondern auch solche des Umweltschutzes, obwohl dieses Wort damals noch in keinem Wörterbuch stand. Die Arbeiter und ihre Familien sollten vor dem Dreck und Lärm der Fabriken geschützt werden. Noch in unserer Zeit hält man oft »Abstandserlasse« für wichtiger als die Reduktion von Lärm und Gestank.

Erst etwa vierzig Jahre nach der Charta von Athen merkten wir, daß man damals das Pferd vom Schwanze her aufgezäumt hatte. Man schuf zwar lebenswerte Wohnsiedlungen wie die bekannte Berliner Hufeisensiedlung von Bruno Taut und Martin Wagner. Die Folge war jedoch die Zunahme erzwungenen Verkehrs zur Arbeit und zum Einkauf und damit die Zunahme von Lärm und Abgasen. Heute wissen wir, daß es besser ist, die Fabriken so sauber und leise zu betreiben, daß die dort Beschäftigten in ihrer Umgebung wohnen können. Ein sogenanntes »reines Wohngebiet« darf nicht größer sein als alte Menschen zu Fuß zum täglichen Einkauf oder in die Gaststätte gehen können.

Verdichtung auch zu Lasten innenstadtnaher Freiflächen?

Einen ähnlichen innerökologischen Konflikt gibt es um die Schrebergärten in der Stadt. Soll man sie trotz verständlicher Proteste der »Laubenpieper« durch Wohnblocks ersetzen oder soll man sie auch im Interesse ihrer Nachbarn als grüne Lungen erhalten und die Wohnblöcke statt dessen im Umland erbauen? Ist es ökologisch und auch sozial verträglicher, der Schrebergärtner fährt am Wochenende in seinen Garten im städtischen Umland oder die dort wohnenden Menschen müssen täglich zur Arbeit in die Stadt fahren? Entsprechendes gilt auch für Sportplätze und Friedhöfe, wobei uns bei letzteren die Ruhe der Toten vor nachträglicher Umbettung abhalten sollte. Die Gräber unserer Eltern kann man in der Stadt lassen, unser Grab aber sollte am Stadtrand liegen, damit die innerstädtischen Friedhöfe allmählich verkleinert werden können.

Verdichtung und Begrünung: ungenutzte Chancen

Ökologisch gesehen spricht viel für eine Verdichtung der Metropolen, auch wenn diese zu höheren Häusern und geringeren Freiflächen führt. Aber auch bei zunehmender Verdichtung kann und soll man mehr (pflanzliches) Grün in die Städte bringen. Beispiele zeigen wie man Innenhöfe und Straßenränder mit Bäumen, Fassaden und Mauern mit Kletterpflanzen und Dächer mit Mager- und Trockengräsern bewachsen lassen kann. Selbst am Berliner Kurfürstendamm heißen einige Hinterhäuser noch Gartenhäuser, vorausgesetzt mindestens ein Baum steht im Innenhof. Auch Wände lassen sich mit Pflanzen umranken und Dächer lassen sich begrünen. Leider läßt sich der Grünflächenbedarf nicht so einfach messen wie der Bedarf an Wohn- und Gewerbeflächen, obwohl es auch bei letzteren zu Fehlprognosen kommen soll. Wir sollten uns bald auf eine diesbezügliche Meßmethode einigen, sei es die Zürcher Freiflächenziffer oder den Wiesbadener KÖH-Wert (klimatisch-ökologisch-hygienische Analyse), damit wir zur nächsten Bundesgartenschau vielleicht einen diesbezüglichen Wettbewerb der Städte veranstalten können, wobei natürlich auch die Verlagerung aus der Stadt in das Umland berücksichtigt werden muß. Die Städte brauchen einen Grünflächenplan so nötig wie einen Bauleitplan.

Ökologische Verkehrsentwicklung.
Ein breites, viel zu wenig genutztes Feld

Damit zusammen hängt die immer heiß diskutierte Frage der Reduzierung des motorisierten Individualverkehrs in den Städten, vor allem in den Innenstädten. Wieviele Parkplätze ließen sich in Parks verwandeln, würde man von der alten Reichsgaragenordnung, jetzt meist Stellplatzverordnung genannt, Abstand nehmen und Stellplätze nur für Lieferwagen, Taxis und Fahrzeuge für Alte und Behinderte reservieren? Städtische Wohnungen, die nur Mieter oder Käufer erhalten, die sich verpflichten, auf das Auto zu verzichten, sind bei allen Problemen der formalen Regelung nachahmenswerte Beispiele. Der Bau von Parkhäusern in den Innenstädten hat sich, wie das Beispiel Tokio zeigt, als Weg in die falsche Richtung erwiesen. Parkhäuser gehören, wenn man überhaupt noch mehr Platz für Autos schaffen will, allenfalls an den Stadtrand, dorthin wo die Stadt-Umland-Bahnen beginnen. Der Verfasser dieser Zeilen benutzt das öffentliche Verkehrsmittel bei Wegen in die Berliner Innenstadt. Aber er tut dies nicht primär, weil er mal im Umweltschutz tätig war, sondern weil die Chance, dort einen Parkplatz zu finden, gering ist.

Viele Geschäftsstraßen ließen sich noch in Fußgängerzonen verwandeln, ohne daß dies dem Handel nennenswerte Einbußen brächte, vorausgesetzt die öffentlichen Verkehrsmittel sind leicht erreichbar und auch attraktiv und bequem. Auch Sicherheit und Sauberkeit des öffentlichen Verkehrs prägen stark seine soziale Akzeptanz. Diesen Zusammenhang hat man am Beispiel der Berliner S-Bahn erlebt. Sie wurde, solange sie der DDR gehörte, von vielen Westberlinern aus politischen Gründen boykottiert, was wiederum zu häufigeren Diebstählen und Belästigungen führte. Das wiederum veranlaßte viele ältere Menschen und auch Frauen, die S-Bahn zu meiden, ohne entsprechende politische Motive. Würde der Direktor der New Yorker Chase Manhattan Bank mit der U-Bahn zur Arbeit fahren, so gäbe dies ein soziales Beispiel, das dieser Bahn mehr nützen würde als zusätzliche Polizisten. Also gilt es, den sozialen Wert des öffentlichen Verkehrs wieder zu steigern, seine Prestigedefizit abzubauen.

Generell sollte für die städtische Verkehrsplanung das Prinzip gelten, daß der schwächere Verkehrsteilnehmer Vorrang bzw. Vorfahrt vor dem Stärkeren hat. In den Metropolen der sogenannten Entwicklungsländer sieht man, wie wenig dieses Prinzip beachtet wird, wohl auch weil das Prestige des Autos seine Bevorzugung nahelegt. Gerade diese Staaten sollten von den Fehlern der reichen, noch autofixierten westlichen Länder lernen, die mit ihrer jahrzehntelangen Vernachlässigung des Fußgängerverkehrs diese Verkehrsart – trotz mancher schönen Fußgängerzone – nahezu marginalisiert haben. Auch in unseren Städten zwingen viele fußgängerfeindliche Ampelschaltungen die Fußgänger zu unnötigen Wartezeiten, Umwegen und Zwischenaufenthalten auf Straßeninseln, was nicht nur für alte Menschen eine Zumutung ist. Für Fahrräder brauchen wir mehr markierte Wege, auch im Interesse der Fußgänger, die oft von Radfahrern belästigt werden.

Hinsichtlich der innerstädtischen Geschwindigkeitsregelungen konnte sich leider der Städtetag mit seinem Vorschlag noch nicht durchsetzen, wonach auf allen nicht bevorrechtigten Straßen generell Tempo 30 gilt. Eine solche Regelung hätte nicht nur viele Milliarden Mark für übertriebene bauliche Maßnahmen in inselhaften Tempo 30 Zonen eingespart, sondern brächte auch Vorteile für die Umwelt, weil bei stetiger langsamer Fahrt weniger Abgase und Lärm entstehen und weniger Kraftstoff verbraucht wird.

Unsere Städte werden nicht völlig autofrei werden. Aber eine Reduzierung auf den nicht verlagerbaren und einzusparenden notwendigen Pkw-Verkehr ist dringend erforderlich. Ein wichtiger Hebel für eine entsprechende Mengenpolitik ist die Parkraumbewirtschaftung und Stellplatzregelung der Landesbauordnungen. Die Novelle der Stellplatzverordnung Anfang der 90er Jahre und die Parkscheinregelung, die Berlin 1995 für die Innenstadt eingeführt hat, waren erste Schritte in die richtige Richtung.

Die Städte als Multiplikatoren der Energiewende

Vom städtischen Verkehr zum Energiehaushalt führt kein weiter Weg. Seit der Erkennung der Klimagefährdung durch Kohlendioxid und andere Stoffe ist die Energiepolitik weltweit an die Spitze der Umweltpolitik gerückt. Wie immer die weiteren Verhandlungen über das 1995 in Berlin entworfene Klimaübereinkommen ausgehen werden, fossile Energie wird künftig über Kohlendioxid- und/oder Energieabgaben sicher überproportional teurer werden. Dies gebietet uns schon die Verantwortung gegenüber künftigen Generationen, denn jeder Liter Öl und jedes Kilo Kohle, die wir heute verfeuern, fehlen einmal einer Generation.

Ob wir das auf der Berliner Konferenz eingegangene Versprechen, unsere Klimagase bis 2005 um 25 % der Menge von 1990 zu senken, zunächst rechtzeitig einhalten können, ist sehr fraglich. Wenn wir dafür überhaupt eine Chance haben, dann müssen wir vor allem in unseren Städten neue Wege gehen. Nicht im Verkehr wird heute die meiste Energie verschwendet, sondern in den privaten Haushalten. Vor allem der Bedarf an Heizungsenergie kann durch bessere Wärmedämmung der Häuser und effektivere Heizungen erheblich reduziert werden. Die geltende Wärmeschutzverordnung wird verschärft werden müssen. Die skandinavischen Staaten geben uns auch hier Vorbilder. Die aus Kraftwerken und Industrieanlagen gespeisten Fernwärmenetze sind weiter zu verdichten. Dazu bedarf es der immer wieder zurückgestellten Wärmenutzungsverordnung, denn noch nimmer geht zu viel Energie als Dampf in die Luft statt in ein Fernwärmerohr.

Ohne eine sehr viel aktivere Nutzung regenerativer Energien und eine Ausschöpfung der Potentiale der Sonnenenergie wird eine Energiewende nicht möglich. Japan hat mit seinen Dächerprogrammen vorgemacht, wie man schnell einen interessanten Markt für Sonnenkollektoren und Photovoltaik öffnet und dadurch die Wirtschaftlichkeit neuer Energietechnologien stärkt. Die Städte mit ihren riesigen künstlichen Dachlandschaften im Wohn- und Gewerbebau, ihren immer größeren Glasfassadenflächen im Büro- und Verwaltungsbau und ihrem riesigen Energiebedarf für Licht, Wärme, Kühlung, Haushalt und Maschinen bieten besondere Potentiale einer ökologischeren Energiepolitik. Gerade weil viele Entwicklungsländer keine zumutbaren Alternativen haben, wollen sie nicht ihre letzten Primärwälder roden, müssen wir in den höher entwickelten Staaten zeigen, wie man Sonnenenergie als die erste und größte natürliche Energiequelle des Menschen besser nutzen kann. Es ist ein gutes Zeichen, daß dies gerade an Neubauten in der Berliner Innenstadt demonstriert wird. Gerade die Energieversorgung der Metropolen ist eine Aufgabe, bei der reiche Städte denen der ärmeren Staaten Beispiele geben und auch wirtschaftlich helfen können.

Auch Abfälle können besser zur Energieerzeugung genutzt werden. Die Aversion vieler für die Erhaltung unserer Umwelt engagierter Mitmenschen gegen die Müllverbrennung hat verschiedene Motive. Verständlich ist das Motiv Müllvermeidung durch effizientere Produktion und Verbrauch und rationellere Verpackungen sowie mehr Wiederverwendung und Recycling. Für den dann immer noch anfallenden Müll ist auch die thermische Verwertung sinnvoll. Schon aus Verantwortung gegenüber künftigen Generationen dürfen wir Abfälle der Erde erst dann aufbürden, wenn sie erdkrustenähnlich und frei von Schadstoffen sind, und dazu müssen verbrennbare häusliche und ähnliche Abfälle, so sie einmal angefallen sind, zuvor durch eine thermische Behandlung. Da auch in der Landespolitik eine Gebietskörperschaft nie den Dreck des Nachbarn im eigenen Garten haben will, bietet sich gerade zwischen großen Städten und Umland auch in der Abfallbeseitigungsplanung eine Lastenverteilung an. Die Abfälle auch des ländlichen Umlands werden in der Stadt bei optimaler Energieausnutzung verbrannt und der Rest der Asche und Schlacke kommt dann auf die im Umland liegende Deponie.

Regionale Vernetzung in Produktion, Distribution und Verwaltung

Die immer engeren Verflechtungen zwischen Städten und ihrem Umland im Bereich der Stoffkreisläufe, des Verkehrs, aber auch der Kultur, Bildung und Freizeit, zwingen zu einer immer engeren Kooperation. Absprachen mit dem Umland müssen vor allem Großstädte noch in vielen anderen Bereichen treffen, nicht nur bei Abfallentsorgung und Energiegewinnung. Bei letzterer wird die schon lange fällige Liberalisierung der Märkte und der freie Zugang zu den Leitungsnetzen auch für andere Anbieter die Rolle der Städte energiepolitisch stärken. Auch der Gewässerschutz und die Wasserversorgung verlangen regionale Absprachen, was am Beispiel Berlins und auch rheinischer Städte gezeigt werden kann, deren Wasserversorgung durch Kohlegruben und deren Rekultivierung beeinträchtigt wird. Diese zunehmend regionalen Planungs-, Organisations- und Verwaltungsaufgaben erfordern eine administrative und politische Stärkung der Regionalstadt.

Regionale Vernetzung als Wettbewerbsvorteil

Die Versorgung der Städte mit Lebensmitteln, Getränken und Blumen scheint hierzulande kein politisches Problem zu sein. Doch auch hier wird die auch aus den genannten Gründen zu erwartende Verteuerung der Transportkosten sich auswirken, insbesondere wenn die leere Milch- oder Weinflasche wieder zum Abfüller zurück soll. Hinzukommt, daß viele Menschen auch aus ökologischen und agrarpolitischen Gründen die Produkte aus der Nähe bevorzugen werden. Viele Produkte kann unsere Landwirtschaft nicht mehr so preiswert anbieten,. wie ausländische Konkurrenten in einem immer liberaler werdenden Weltmarkt. Das Produkt aus der Nähe muß deshalb besser und auch umweltfreundlicher hergestellt sein als die konkurrierenden Produkte aus der Ferne. Dies wird künftig sicher mit noch zu vereinbarenden Regionallabels gekennzeichnet werden, die Produkte tragen dürfen, die z. B. in einer 100-km-Zone hergestellt wurden.

Polyzentrisch und multikulturell: Die Chance der Städte

Eine Eigenschaft unterscheidet Metropolen von kleineren Städten und ländlichen Regionen, nämlich ihre dezentrale wirtschaftliche und auch kulturelle Struktur. In dem Berliner Stadtteil, in dem ich lebe, geht man zum täglichen Einkauf ins »Dorf«, zum wöchentlichen in die »Stadt«, das ist Steglitz, wo die Kaufhäuser und Spezialgeschäfte sind, und nur bei speziellen Anliegen fährt man in die City, nämlich zum Kurfürstendamm oder in die Friedrichstraße. Eine New Yorkerin nannte Berlin einmal die einzige Großstadt Deutschlands und begründete dies u. a. mit seinen vielen unterschiedlichen Zentren. Eine weitere Eigenschaft von Metropolen ist deren multikulturelle Gesellschaft, das heißt deren Offenheit gegenüber Immigranten. Noch einmal sei Berlin als Beispiel genannt, von deren Einwohnern einmal ein Drittel französisch sprach und das heute als viertgrößte türkische Stadt gilt. Auch Polen, Russen und Vietnamesen werden die Kultur dieser Stadt prägen, so wie die Chinesen New York und die Afrikaner London. Die auch ökologisch bedingte Realität, daß Deutschland ein Einwanderungsland ist und auf absehbare Zeit bleiben wird, wird sich vor allem in den Metropolen auswirken. Auch aus umweltpolitischen Gründen müssen solche Städte deshalb die Verbindung zu den Herkunftsländern der Immigranten pflegen, schon um zu helfen, das Leben dort erträglicher zu machen und Einwanderern auch die Rückkehr zu ermöglichen.

Aus dieser multikulturellen, polyzentrischen Struktur großer Städte resultiert auch die Vielfalt ihrer Kommunikationskreise. Als ganzes sind große Städte und ihre Kommunikationsstrukturen nicht überschaubar, wohl aber bieten sie Raum für ein differenziertes Kommunikationsgeflecht unterschiedlichster Reichweite, von der kleinräumigen Nachbarschaft bis zur hochspezialisierten Spartenkommunikation. Auch die atemberaubende Entwicklung der elektronischen Kommunikation wird an der besonderen Vielfalt städtischer Kommunikation wenig ändern. Odo Marquard sagte einmal, je mehr Informationen aus dem Computer quellen, desto mehr findet die tatsächliche Kommunikation in der Kantine statt. Gerade eine große Stadt muß auch stadtplanerisch darauf achten, daß Einrichtungen, deren Angehörige täglich miteinander sprechen müssen, seien es Ministerien oder Universitätsinstitute, so nahe beieinander sind, daß das Gespräch beim Mittagessen stattfinden kann oder am vielzitierten abendlichen Kamin, der meist keiner ist. Auch das hat ökologische Vorteile.

Die Großstadt als Ökosystem ist ein vielfältiges und noch wenig untersuchtes Thema. Es mag sein, daß die Artenvielfalt in Manhattan größer ist als auf den Feldern in Mittleren Westen und die in Charlottenburg größer als im Naturschutzgebiet der Dübener Heide. Sie zu erhalten und das Leben in unseren Städten nicht nur wirtschaftlich sondern auch kulturell und ökologisch zu pflegen, ist eine Aufgabe, die wir zu Hause und in der Welt noch meistern müssen.

Thomas Sieverts

Nutzungsmischung im historischen und kulturellen Zusammenhang. Chancen für die Zukunft der Stadtplanung

Nutzungsmischung als schöne, aber weithin wirkungslose Forderung

Die Forderung nach Nutzungsmischung im Städtebau ist inzwischen im konzeptionellen Überbau der planungstheoretischen Diskussion unumstritten. In der alltäglichen Bau- und Planungsrealität wird dagegen weiter überwiegend nach den Grundsätzen der Nutzungstrennung verfahren. Dieser Widerspruch zwingt zu einer kritischen Auseinandersetzung. Sind die Konzepte zur Nutzungsmischung vom Ansatz her falsch? Oder sind sie den Investoren nur nicht vermittelbar? Oder fehlt es nur an Instrumenten, sie umzusetzen? Jedenfalls muß man gegen die oberflächlichen Bekenntnisse zur Nutzungsmischung etwas mißtrauisch werden angesichts einer weiter auf Entmischung angelegten Realität. Ich möchte im folgenden die These vertreten, daß seit der Moderne der letzten 70 Jahre viele ökonomische, soziale und kulturellen Entwicklungen gegen die Nutzungsmischung laufen und daß hier auch keine Trendwende zu erkennen ist. Wenn die Forderung nach Nutzungsmischung mehr sein soll als eine gutgemeinte, aber wirkungslose Formel, müssen die Widerstände aufgedeckt werden, die einer stärkeren Nutzungsmischung entgegenstehen, um die Durchsetzbarkeit abschätzen zu können. Und es müssen die Defizite an die Nutzungsmischung fördernden übergeordneten Rahmensetzungen im Bau- und Planungsrecht, Steuerrecht, Wirtschaftsrecht sowie den einschlägigen Finanzierungsinstrumenten für Bauen und Erschließung erkannt und beseitigt werden.

Nutzungsmischung in der Dogmengeschichte des Städtebaus

Die Nutzungsmischung hat ihren legitimen Platz in der »Dogmengeschichte« des Städtebaus, die mit diesem Thema in verschiedenen Zeiten unterschiedlich umgegangen ist: Die Frühsozialisten, aber auch Ebenezar Howard, forderte z. B. die Einheit von Wohnen und Arbeiten, die Charta von Athen postulierte die Trennung und gegenwärtig ist Nutzungsmischung wieder zunehmendes Ziel der offiziellen Städtebauprogrammatik, wenn auch ziemlich schwach instrumentiert.

Heute wird die Sehnsucht nach Nutzungsmischung mit drei Gründen belegt, die freilich nicht immer so eindeutig offengelegt werden:
– mit dem Wunsch nach mehr Lebendigkeit und Urbanität in den Städten,
– mit dem Postulat der »Stadt der kurzen Wege« und der damit verbundenen ökonomischen, ökologischen und kulturellen Vorteile und
– mit der Sehnsucht nach einer wieder örtlich verankerten Gesellschaft.

Diese drei Gründe hängen zwar miteinander zusammen, haben aber doch einen je unterschiedlichen Akzent: Einen atmosphärischen, einen funktionalen bzw. einen gesellschaftsutopischen Akzent, oder – planerisch ausgedrückt – einen gestalterisch-ästhetischen, einen funktionellen, auf bauliche Dichte zielenden, bzw. einen auf räumliche Nähe und wirksame Nachbarschaft abhebenden sozialen Aspekt.

Die traditionelle europäische Stadt als (romantisiertes?) Vorbild

Alle drei Aspekte orientieren sich an der traditionellen europäischen Stadt und sind in der Ideengeschichte tief verankert. Ich möchte zu den drei Aspekten jeweils ein Beispiel nennen, das den Aspekt veranschaulicht und zugleich kritisch beleuchtet, aber auch zu weiterführenden Fragen anstiftet.

— *Kehrseiten von extremer Dichte und Nutzungsmischung*
Der Wunsch nach Lebendigkeit und Urbanität findet seine Anschauung heute häufig im Erlebnis von Städten der Dritten Welt bzw. in der Vorstellung vom Leben in der Alten Stadt. Beides ist mit Romantisierung verbunden. Wie es in der Alten Stadt wirklich zuging, veranschaulichen zeitgenössische Schilderungen. Einen vergnüglich zu lesenden Eindruck der Härte des Lebens unter den Bedingungen von urbaner Dichte und Nutzungsmischung in meiner Heimatstadt Hamburg im 17. Jahrhundert – und viel anders hat es zweihundert Jahre später auch noch nicht ausgesehen – vermittelt eine Beschreibung im »Elbschwanenbüchlein« des lokalen Barockdichters und »kaiserlichen Pfalzgrafen« zu Wedel, Johann Rist (1606–1667):

»Als ich mich während dieses letzten Kriegswesens eine Zeit lang in der weltberühmten Stadt Hamburg aufhalten mußte, da erfuhr ich rechtschaffen den großen Unterschied des Stadt-, und Landlebens. Ich wohnte in einer der fürnehmsten Gassen, welche auch wohl die rechte und gemeinste Heerstraße in der ganzen Stadt heißen mag. Da war ein ewiges Reiten und Fahren mit Karren und Wagen, frühe und späte, und dieweil dieselben einander oft begegneten und wegen der Enge der Gassen nebeneinander nicht alsobald fortkommen konnten, so fluchten die Fuhrleute so lästerlich, daß ich, der ich mein Wesen so recht an der Gasse hatte, oft gedachte, es würden die Giebel der Häuser herunterstürzen und solche Gotteslästerer daniederschlagen und zermalmen. In dem Hause, da ich wohnete, welches gar groß und weitläufig war, ward dazumal Zucker gekocht, welches viel Wesens gab, sonderlich, wenn die Knechte, sowohl Nachts als Tags, den Zucker die Stiegen bald hinauf, bald hinunter schleppten, welches ein unaufhörliches Gepolter machte. Mein nächster Nachbar zur rechten Hand war ein Goldschmied, zur linken Hand aber ein Kupferschmied, und ließ jener dazumal in seinem Hause eben bauen. Was nun die Zimmerleute den ganzen Tag über für ein Gerase hatten, ist leicht zu erachten, aber das Hämmern und Klopfen, welches bald die Goldschmiede, bald die Kupferschmiede von dem frühen Morgen an bis auf den späten Abend trieben, sollte einen schier töricht gemacht haben. Gleich mir gegenüber wohnte ein Sporenmacher, der kritzelte und kratzelte mir den Kopf bisweilen so krank, daß ich ihm oft wünschte, er möge mit allen seinen Feilen zu Augsburg auf dem Markte sitzen, und, was für mich das Allerärgste war, so mußte ich wegen eines schweren Schadens am Schenkel, den ich durch einen unversehenen Fall bekommen hatte, mehrenteils, und zwar mit unglaublichen Schmerzen, sowohl Tags als Nachts, das Bett hüten, daß ich also in vielen Wochen kein einziges Mal aus dem Hause kommen konnte. Dahero, als ich mich endlich aus der Stadt wiederum nach meinem Flecken begab, da dauchte mich, daß ich, obgleich ich daselbst alles verwüstet, zerrissen und ausgeplündert fand, aus der Hölle in den Himmel gekommen sei, gar so verdrießlich war mir das unruhige Stadtleben gewesen.«[1]

Hier ist schon alles beisammen: Die extreme Nutzungsmischung, die hohe Dichte, die Belästigungen und die Verkehrsprobleme. Und so viel anders hat es in der heute idealisierten Stadt des 19. Jahrhunderts auch nicht ausgesehen. Die Reaktion der städtebaulichen Reformer, die mit diesen Zuständen noch konkret konfrontiert waren, wird verständlich, wenn sie diese Art von »Lebendigkeit und Urbanität« eher als Zeichen von Rückständigkeit interpretiert haben.

Diese Interpretation gilt auch heute: Auch z. B. das Erlebnis der Lebendigkeit indischer Städte ist für uns nur noch mit dem sicheren Rückzugsort eines »westlichen« Hotels schön aufregend.

So extreme Mischungen und Dichten werden von den Verfechtern der Nutzungsmischung heute sicherlich nicht mehr angestrebt, aber was bleibt dann für die Urbanitätssehnsucht übrig, wenn wir die seither eingetretenen »Nutzungs- und Aktivitätsverdünnungen« auf ca. ein Viertel der zur vergleichenden Anschauung herangezogenen Dichten von Alten Städten bzw. von Dichten in Städten der Dritten Welt in Betracht ziehen?

– *Das Berliner Mietshaus als Vorbild?*
Das Postulat der »Stadt der kurzen Wege« orientiert sich an der baulich dichtgedrängten, nutzungsgemischten Stadt des 19. Jahrhunderts, wie sie in den Forschungen zum Städtebau in Berlin von Jonas Geist und Dieter Hoffmann-Axthelm besonders anschaulich herausgearbeitet worden ist. Im Mittelpunkt dieser Forschungen steht das Berliner Mietshaus. Es war ein auf mehrere Ziele ausgerichteter maßgeschneiderter Gebäudetyp für eine ganz bestimmte Zeit und Gesellschaft: Die Nutzungsmischung auf einer Parzelle mit der Schichtung von sozial unterschiedlich klassifizierten Wohnungen nach Lagen unterschiedlichen Wohn- und Mietwerts und mit der Anordnung von verschiedenen gewerblichen Nutzungen nach Erschließungsqualität und Immissionsempfindlichkeit erlaubte im 19. Jahrhundert eine extreme bauliche Dichte. Gleichzeitig war dieser Gebäudetyp ein maßgeschneidertes Anlageobjekt als Altersvorsorge z. B. für den mittelständischen Handwerker mit einer günstigen Risikoverteilung innerhalb eines Gebäudes. Nicht zuletzt sollte dieser Gebäudetyp – nach dem berühmten Zitat von James Hobrecht über die Hilfeleistungen der reicheren Familien im Vorderhaus an die Armen im Hinterhaus – auch der räumlich vermittelten Solidarität unterschiedlicher Gesellschaftsschichten dienen.[2]

Diese komplexen Qualitäten machen das Berliner Mietshaus zu einem in der Tat faszinierenden Gebäudetypus und Stadtbaustein. Doch die Voraussetzungen für diesen Gebäudetyp sind heute kaum noch gegeben: Die funktionalen Anforderungen an das Wohnen sind heute so »hoch« normiert, daß viele Wohnungen innerhalb eines historischen Berliner Mietshauses zu Recht nicht mehr genehmigungsfähig wären, und auch die heutigen funktionalen Anforderungen an gewerblich genutzte Räume sind in diesem Gebäudetypus nur noch ausnahmsweise zu gewährleisten. Anstelle der individuellen Immobilie als Alterssicherung sind heute vielfältige, mehr oder weniger »abstrakte« Kapitalanlageformen getreten, die im allgemeinen eine bessere Rendite und Risikoabsicherung gewährleisten. Gesellschaftliche Solidarität wird heute kaum noch durch räumliche Nachbarschaft, sondern durch gesamtgesellschaftliche Institutionen gewährleistet. Wie die kritische Betrachtung des vielfach zumindest im Hintergrund als Beleg für hohe gemischte Nutzungsdichten herangezogenen Berliner Mietshauses veranschaulicht, sind wesentliche Voraussetzungen und Notwendigkeiten für die in dieser Form auf kleinteiligen Parzellen nutzungsgemischte Stadt heute kaum noch vorhanden. Wenn man dann noch die heutigen Verkehrs- und Transportmittel mitbedenkt, bedarf es schon ganz anderer, zeitgemäßer Formen, die hochverdichtete, gemischt genutzte Parzelle als Baustein einer »Stadt der kurzen Wege« zu entwickeln.

– *Lokale Bindung und überschaubare Nachbarschaft. Wunsch und Wirklichkeit*
Diese Schwierigkeit gilt in verstärktem Maße für die Realisierung der Sehnsucht nach einer räumlich gebundenen Gesellschaft. Denn die Sehnsucht nach der wieder an einem Ort verankerten Gesellschaft und nach der durch räumliche Nachbarschaft vermittelten Solidarität, die in der ersten Hälfte des 19. Jahrhunderts in Berlin noch durchaus lebendig war, hat heute einen ambivalenten Charakter. Ist es doch als politischer Fortschritt zu werten, daß mit Auflösung der feudalen Bindungen und der Entstehung gesamtgesellschaftlicher sozialer Sicherungseinrichtungen der Einzelne befreit wurde von der Bindung an den Ort, als eine wesentliche Voraussetzung sowohl für die kapitalisti-

sche Entfaltung der Produktionskräfte, wie auch für die Entfaltung der individuellen Persönlichkeit. Andererseits ist nicht zu verkennen, daß die weitgehende Lockerung der Ortsbindung auch zu einem Zerfall der Städte beiträgt und wieder mit einem neuen Verantwortungsbewußtsein für die Gemeinschaft ausbalanciert werden muß.

— *Nutzungstrennung als Resultat wirtschaftlicher Arbeitsteilung und standörtlicher Differenzierung*
Mit Auflösung der feudalen Bindungen als Folge der Großen Revolutionen zu Ende des 18. Jahrhunderts und der Entstehung der bürgerlichen Gesellschaft wurde der bis heute unvermindert wirksame Prozeß in Gang gesetzt, der die Nutzungstrennung immer weiter getrieben hat: Die »Wirtschaft des ganzen Hauses«, der »Großoikos« löst sich allmählich auf, auch wenn es in Handwerks- und Handelsbetrieben bis in die fünfziger Jahre dieses Jahrhunderts noch vielfach Formen davon gab. Die Liberalisierung des Bodens führte nach dem Gesetz von Angebot und Nachfrage zur Ausdifferenzierung der Bodenpreise im Zuge der Entfaltung der industriellen Produktionskräfte sowie des Handels und trug damit zur raumfunktionalen Arbeitsteilung und damit zur Nutzungsverteilung in der Stadt nach funktionalen Anforderungen und ökonomischer Potenz bei. Die Entfaltung der industriellen Produktivkräfte führte zu Produktionsanlagen mit unterschiedlichen Transportanforderungen und Emissionen, diese wurden dem Stand der Technik entsprechend und zwecks Produktionskosteneinsparung jeweils in Zonen unterschiedlicher, spezifischer Emissionszulassungen und – spiegelbildlich – unterschiedlicher Immissionstoleranzen, räumlich immer weniger zusammenhängend angeordnet.

Umgekehrt hat die Ausweisung von Industriezonen mit hohen Emissionszulassungen auf der anderen Seite dazu geführt, daß die in Wohngebieten zugelassenen Emissionen mit immer geringeren Werten festgesetzt wurden, mit der Folge einer sehr ausgeprägten nutzungsspezifischen Spreizung der Immissionstoleranzen. Hieraus entstand eine der wesentlichsten Schwierigkeit, Wohnen und Gewerbe zu mischen.

— *Soziale und räumliche Mobilität als Motor der Entmischung*
Aber nicht nur Technik und Wirtschaft, auch die bürgerliche Gesellschaft produzierte aus sich heraus »Nutzungstrennungen«. Denn die Ausdifferenzierung von Klassen und Schichten führte zu sowohl ökonomisch wie auch sozio-kulturell bedingten sozio-kulturellen Ausdifferenzierung der Stadtteile. Dies führte zu einer immer stärkeren Instrumentalisierung von räumlicher und sozialer Distanz im Siedlungsgefüge, weil die Entwicklung der Transporttechniken – Kanäle, Eisenbahn, Auto – die extreme räumliche Ausdifferenzierung von Nutzungen und sozialen Schichten und damit die Nutzungstrennung gleichzeitig ermöglicht und vorangetrieben hat. Dieser Prozeß ist heute noch lange nicht abgeschlossen, im Gegenteil – ich bin mit Antony Giddins der Auffassung, daß wir vor einer radikalisierten Moderne mit verschärften Konsequenzen stehen. Es handelt sich um eine Moderne, die ihre historischen Eierschalen endgültig abwirft, ihre historischen »Verunreinigungen« ausschwitzt und mit der Globalisierung im Zusammenhang mit den raumüberspringenden interaktiven Medien erst zur vollen Wirkung kommt. Merkmale hierfür sind:
— Wachsende Betriebsgrößen in vielen Bereichen von Produktion, Distribution und Verwaltung zur Ausnutzung interner betriebswirtschaftlicher Vorteile und zur Steigerung der Spezialisierungsangebote und der Wahlmöglichkeiten der »Kunden«. Neue Megastrukturen entstehen im Bereich der Produktion, des Handels, der Ausbildung, der Verwaltungen, des Gesundheitswesens oder der Freizeit.
— Globale Nutzungstrennungen zwischen Disposition, Produktion und Distribution.
— Zwang zur extremen Mobilität im Arbeitsleben und damit Beschleunigung der Tendenzen zur Auflösung tradierter Ortsbindungen.

Städtebau subsidiär zu ökonomischen und sozialen Prozessen

Die Analyse der Nutzungs-(Ent-)Mischung im historischen und kulturellen Zusammenhang verweist darauf, daß wesentliche gesellschaftliche und wirtschaftliche Entwicklungskräfte auf eine weitere, noch radikalere Entmischung unserer Städte zuzulaufen scheinen, eine Entmischung, die die Stadt- und Landesgrenzen überschreitet. Die berühmte »Charta von Athen«, der in diesem Zusammenhang häufig die »Schuld« an der Entmischung der Städte gegeben wird, war nicht mehr, aber auch nicht weniger als eine ideologisch-normative Begründung und Legitimierung ohnehin beginnender Prozesse. Damit hat sie zwar nicht ursächlich die Nutzungstrennung bewirkt, aber doch zu ihrer normativen Verfestigung beigetragen. Ebensowenig ändert die aktuelle, fast schon rituelle Beschwörung der Vorteile von Nutzungsmischung etwas an der weiter fortschreitenden Entmischung, obwohl die wachsenden Anteile von Dienstleistungen im Spektrum der Wirtschaftssektoren – technisch gesehen – wieder viele Chancen für eine stärkere Mischung von Arbeitsstandorten mit anderen Nutzungen, insbesondere auch dem Wohnen, böten. Die technischen Faktoren sind in dem Prozeß der Nutzungstrennung offensichtlich längst nicht mehr allein ausschlaggebend, andere Faktoren – Erreichbarkeit, Bodenpreis, Prestige, Führungsvorteile etc. – haben an Gewicht gewonnen.

Die Aufzählung von einigen für die Nutzungsentmischung relevanten gesellschaftlichen und wirtschaftlichen Entwicklungen zeigt, wie schwierig es ist, mit städtebaulichen Mitteln eine Nutzungsmischung wirksam zu fördern:
– Für eine einigermaßen kleinteilige Nutzungsmischung wäre eine Begrenzung der Betriebsgrößen erforderlich – ließe diese sich durchsetzen?
– Parallel dazu wäre eine Begrenzung der Parzellengröße und des Immobilienbesitzes »in einer Hand« nötig, um bauliche Megastrukturen zu verhindern. Dies würde eine wirksame Bodenreform und planerische Instrumentierung derselben erfordern, die nirgendwo so recht in Sicht ist.
– Nur an der »Quelle« der Produktion, bzw. an den baulichen Gehäusen bzw. am Transportmittel ansetzende Emissionsminderungen würden es erlauben, Nutzungen sehr unterschiedlicher Art zu mischen – wer würde die zusätzlichen Kosten hierfür aufbringen?
– Eine über weite Stadtgebiete gleichwertige Standortqualität würde die Nutzungsmischung sehr befördern, weil sie dämpfend auf eine extreme Bodenwertdifferenzierung wirken würde. Hierin liegt die Qualität der älteren, aus dem 19. Jahrhundert stammenden Teile von Städten wie Berlin, Budapest, Wien oder Barcelona. Ließe sich eine solche Stadtstruktur heute noch einmal schaffen?
– Die obengenannten Beispiele feinkörnig durchmischter Stadtteile aus dem 19. Jahrhundert zeichnen sich dazu noch durch eine relative große Immissionstoleranz aus. Gegenwärtig haben wir eine stark abnehmende Toleranz gegenüber Störungen jeglicher Art zu beobachten (außer im Verkehr, dessen übermäßige Lärm- und Luftschadstoffemissionen und optischen Störungen allenthalben als unvermeidlich gelten). Ließe sich dieser Trend umkehren?
– Neben der Gleichwertigkeit der Standortbedingungen und einer im Vergleich zu heute hohen, gegenüber sozial unterschiedlichen, wie gegenüber materiellen Störungen beobachtbaren Toleranz zeichnen sich diese Stadtteile durch einen hohen Anteil von umnutzungsfreundlichen, »redundanten« Gebäuden aus, die z. B. von Gewerbe zu Wohnen und wieder zurück verwandelt werden können. Wer würde heute eine regelmäßig mit Mehrkosten verbundene redundante Stadtstruktur finanzieren, eine Stadtstruktur, die sowohl die Umnutzung von Gebäuden wie das Anbauen und leichtes bauliches Verändern erlauben würde?

Die skizzierte, offenbar kaum aufzuhaltende Entwicklung zur Nutzungsentmischung im historischen und kulturellen Zusammenhang und die Hindernisse, wieder städtebauliche Voraussetzungen für Nutzungsmischung zu schaffen, dürfen nicht zur Resignation führen, sie sollen aber ernüchtern – immerhin muß man doch fragen, wer oder was überhaupt noch gemischt werden will. Die Reflektion der historischen und kulturellen Zusammenhänge soll dazu beitragen, die engen Grenzen zu erkennen, die dem Städtebau bei der Förderung von Nutzungsmischung gesetzt sind: Ich glaube – um es zu wiederholen – nicht an eine Zeitenwende, in der Ort und Raum wieder dominant werden gegenüber Zeit und ortloser Information. Wir werden uns einer radikalisierten Moderne mit ihren verschärften Konsequenzen auch im Städtebau stellen müssen.

Ausnahmen vom Megatrend der Nutzungsentmischung

Aber gerade in sehr mächtigen, die Epoche beherrschenden »Mega-Strömungen« bilden sich Wirbel mit Gegenströmungen und Bereiche im Strömungsschatten, in denen auch ganz andere, gegenläufige Entwicklungen Platz finden: z. B. Nischen für freiwillige Formen eines ganzheitlichen, ökologisch orientierten Lebens unter Ausnutzung der Möglichkeiten der interaktiven Medien und in der Verbindung unterschiedlicher Berufe mit verschiedenen Formen des Wohnens unter Einschluß aller Generationen und mit einer neuen nachbarschaftlichen Hilfe in der Aufsicht von Kindern, und der Pflege von Alten und Behinderten.

Und es bilden sich auch Stadtteile mit einem großen Anteil von langfristig Arbeitslosen und auf Dauer aus dem Konkurrenzkampf herausgefallenen Gruppen, die sich als »Zwangseßhafte« in ihrem Wohngebiet und Stadtteil Flächen und Gehäuse für eine informelle Ökonomie und praktische Tätigkeiten aufbauen müssen und damit eine neue, wenn auch nicht ganz freiwillige Ortsbezogenheit in neuartigen Mischgebieten schaffen. Für diese Lebensformen müssen wir auch neuartige Mischgebiete schaffen oder zumindest ermöglichen.

Beide Formen der Gegenströmung bedürfen der besonderen Unterstützung durch die Stadtplanung, weil sie eine soziale und kulturelle Korrektur der dominanten Marktkräfte darstellen. Besonders dort, wo wir es heute noch mit kleinteilig nutzungsgemischten Stadtteilen zu tun haben, müssen wir sie gegen Entmischung so gut es geht schützen, indem wir zumindest die Trends zur Entmischung zu verlangsamen versuchen, weil erwiesen ist, daß diese Stadtteile sozial schwächeren Bevölkerungsgruppen die besten Arbeits- und Lebenschancen bieten.[3]

Ansätze einer denkbaren Gegenentwicklung zu mehr Nutzungsmischung

Aber abgesehen von solchen Nischenprozessen stellt sich mehr Nutzungsmischung sicher nicht von alleine ein. Nur wenn ökonomische, kulturelle, soziale und planerische Prämissen entsprechend gestaltet werden, läßt sich der Trend zur weiteren Nutzungsentmischung korrigieren.

– *Chancen des Strukturwandels*
Zunächst muß es hierfür gelingen, den wirtschaftlichen Strukturwandel selbst räumlich in Richtung Nutzungsmischung zu lenken.
   Dafür gibt es Ansatzpunkte:
– Flexibilisierte Produktionsmethoden für differenzierte Produkt- und Marktstrategien anstelle der alten fordistischen »economy of scale«;
– deregulierte Arbeitsverhältnisse, die weder zeitlich noch örtlich im alten Sinne fixiert sind;
– die Verwandlung von statischen Firmenhierarchien in örtlich beweglichere Firmennetzwerke, die auch zu wechselnden, sich mit den Aufgaben wandelnder Kooperationsformen führen können.

– Renaissance der Klein- und Mittelbetriebe (KMUs)
In diesen Kontext gehört auch die Renaissance der modernen, kreativen Klein- und Mittelbetriebe im Handwerk sowie im Bereich von Forschung und Entwicklung, von Design, Marketing, Consulting, Werbung, Kommunikation, Elektronik und Anlagevermittlung, bei denen sich eine besondere Arbeitsplatzdynamik vollzieht und die vielfach in ihren Standortanforderungen flexibel und damit auch für die Qualitäten nutzungsgemischter Gebiete offen sind, so lange dort zu erschwinglichen Bedingungen Platz zu beschaffen ist.

Alle diese Entwicklungen, die Klaus Brake in einem lesenswerten Aufsatz »zu den empirischen Gehalten neuer Leitbilder der Raumentwicklung« anführt,[4] wären ihrer Natur nach geeignet, in einem nutzungsgemischten Gebiet Platz zu finden. Von sich aus freilich »brauchen« diese Trends keine Nutzungsmischung. Aber sie könnten mit einer geeigneten Städtebaupolitik, unterstützt durch Förderungsanreize, vielleicht in nutzungsgemischte Gebiete gelenkt werden.

Chancen einer realistischen Nutzungsmischung

Angesichts der skizzierten »Megaströmungen« der Nutzungsentmischung mit ihren meist problematischen, negativen Folgen für die Stadtentwicklung und für viele Nutzergruppen und angesichts der teilweise relevanten Gegenströmungen sehe ich drei erfolgversprechende Ansätze, doch eine Nutzungsmischung mit städtebaulichen Mitteln zu fördern:

– Stadtbrachen für Nutzungsmischung nutzen
Die Förderung von nicht allzu »großkörnigen« Mischungen im Stadtteil unter Ausnutzung unterschiedlicher Lagequalitäten der Lärmbelastung und Erreichbarkeit wird erleichtert durch das Brachfallen von Flächen der Infrastruktur (Gleisharfen alter zentraler Güterbahnhöfe, Parkplatzflächen, entbehrliche Hauptverkehrsstraßen) bzw. durch das Entstehen von Gewerbebrachen im Rahmen des wirtschaftlichen Strukturwandels. Die planvolle Reaktivierung solcher Flächen für Projekte der Nutzungsmischung erlaubt es, das Stadtgefüge großflächig nutzungsmäßig ausgeglichener zu gestalten, wenn hierfür anstelle einer großmaßstäblichen Folgenutzung Spielraum für das Nebeneinander vieler, kleinteiliger Nutzungen in den Bereichen Wohnen, Gewerbe, Freizeit- und Sozialinfrastruktur geschaffen wird.

– Gewerbe- und Industriegebiete für komplementäre Nutzungsmischung öffnen
Die Ausweisung und Förderung »echter«, feinkörniger Mischgebiete anstelle der konventionellen Ausweisung reiner Industrie- und Gewerbegebiete. Manche Gewerbegebiete bei uns haben bereits mehr oder weniger illegal Ansätze zur Mischnutzung entwickelt, durch einen wachsenden Anteil nicht betriebsgebundener Wohnungen, weil die Grundstücke vergleichsweise preiswert sind und sich die Wohnbedürfnisse ungehindert von kritischen Nachbarn entfalten können. Hier ist auch der Gesetzgeber gefragt bei der Überprüfung der Nutzungskategorien der Baunutzungsverordnung, besonders aber bei der Überprüfung der Abstandserlasse und der normierten Immissionstoleranzen. Denn Förderung »echter« Mischgebiete setzt auch die Förderung von mehr Toleranz voraus: In der Schweiz wird die Fortsetzung der Tradition kleinteiliger Vielfalt auch dadurch ermöglicht, daß z. B. in der Stadt Basel im überwiegenden Teil des bebauten Stadtgebiets eine Belastungstoleranz gilt, die bei uns schon zu Protesten geführt hätte. Die Schweiz beweist auch, daß das konsequente Festlegen von Wohnanteilen durchaus zu interessanten gemischten Gebäudetypologien führt.

— Offenhaltung für flexible Gebietsentwicklungen statt monofunktionaler Festlegungen
Für die künftige Bauleitplanung ist ein wichtiges Instrument, bei neuen Nutzungszuweisungen mehr Spielraum für flexible, »redundante« Stadt- und Gebäudestrukturen zu schaffen, in denen von vorn herein trotz der Festsetzung von z. B. Geschoßhöhen und Belastbarkeiten das Offenhalten von Anbau- und Umbaupotentialen möglich bleibt und die Grundriß- und Erschließungsstrukturen, – die Stadt- und Gebäudestrukturen offen bleiben für eine ständige Regeneration durch zukünftige Umnutzungen, Nutzungsmischungen und Veränderungen, ohne zerstörerisch in die Stadt- und Gebäudestruktur eingreifen zu müssen. Allerdings setzt dieses Offenhalten für spätere Umnutzungen ein hohes Maß an Solidität und baulicher Qualität wie auch an städtebaulicher Integration voraus. Im modernen Gewerbe- und Industriebau dominiert dagegen die kurzlebige »Wegwerfarchitektur« mit extrem monofunktionalen »Ex- und Hopp-Gehäusen« auf städtebaulich absolut desintegrierten Standorten »j. w. d.«. Das ist der große Unterschied zu den gelungenen Umnutzungsbeispielen auf älteren Industrie- und Gewerbebrachen der Gründerzeit, deren hohe bauliche und gestalterische Qualität bei maßvoller baulicher Ergänzung viele Optionen sinnvoller Weiternutzung bietet, wie die gelungenen Beispiele im Rahmen der IBA zeigen. Einer solchen Option steht vor allem die weit verbreitete Eingeschossigkeit moderner, suburbaner Industrie- und Gewerbearchitektur mit ihrem statischen und gestalterischen Minimalismus und das Fehlen jedweder ergänzender – spätere Nachfrage für Umnutzungspotentiale anbietender Urbanität – im weiteren Umfeld im Wege.

Nutzungsmischung und Dichte: Themen auch und gerade für den suburbanen Raum

Die Zukunft von Nutzungsmischung und kurzen Wegen entscheidet sich deshalb eben nicht nur in der langfristigen Vitalität der klassisch nutzungsgemischten, verdichteten und zentrennahen Quartiere und der alten, städtebaulich integrierten Gewerbe- und Industriegebiete der Gründerzeit. Mindestens so wichtig ist, wie massiv die Zersiedlung der Stadt- und Ballungsränder fortschreitet, bei der sich immer geringere Wohn- und Arbeitsplatzdichten auf immer großflächiger monostrukturierten Arealen ausbreiten. Die Diskussion um Dichte und Nutzungsmischung ist – auch wegen der Anlehnung an die bekannten historischen Vorbilder – bisher zu sehr auf Innenstädte und angrenzende Gründerzeitviertel fixiert, statt vor allem die Bereiche jüngster und größter Siedlungsdynamik als die eigentlichen Arbeitsfelder für Nutzungsmischung, Verdichtung und Verkehrsberuhigung zu reklamieren. Stadt- und Verkehrsentwicklungsplanung werden es allerdings nicht schaffen, die ausufernde Dynamik von autofixierter Verkehrserschließung in Verbindung mit extensivem, rein monostrukturiertem Wohn- und Gewerbebau allein durch eine restriktive Flächenpolitik zu bremsen. Mindestens so wichtig ist es, eine Reurbanisierung des suburbanen Bauens mit flächensparender, autoarmer Erschließung, kompakter, aber qualitätsvoll differenzierter Architektur und verträglich bewältigter Nutzungsmischung als attraktive, marktgängige Alternative zu entwickeln.

Offenhalten von Zukunftsoptionen für mehr Nutzungsmischung

Die Offenhaltung für veränderte Zukunftsoptionen ist vielleicht das Wesentlichste, was der Städtebau zur Förderung einer lebendigen Nutzungsmischung leisten könnte. Es ist ja nicht unwahrscheinlich, daß auch eine radikalisierte Moderne noch in unserem zeitlichen Planungshorizont an ihre Grenzen stoßen wird; auch ist noch lange nicht ausgemacht, daß die globale Arbeitsteilung auf

Dauer einigermaßen friedlich funktionieren wird oder daß eine neue Energiekrise das empfindliche weltwirtschaftliche System nicht ins Wanken bringen wird. Dann muß sich beweisen, ob unser Stadtsystem noch so robust und flexibel ist, daß es sich auch unter den Verhältnissen einer zusammengebrochenen Weltwirtschaft, verknappter, teurer Energie und bei zwangsweise drastisch reduziertem Autoverkehr als demokratisch selbstverwaltete und ökologisch intakte Gemeinschaft erhalten kann. Es ist eine heilsame Übung, die wir mit unseren Studenten ab und an durchführen, in Gedankenexperimenten und Szenarien unsere Städte derartigen, nicht unwahrscheinlichen katastrophalen Belastungen auszusetzen, um ihre demokratische, ökonomische und ökologische Überlebensfähigkeit zu überprüfen. In beiden Zusammenhängen würde eine gewisse Dichte und Nutzungsmischung zur Ermöglichung kurzer Wege, zur Substitution eines großen Teils des motorisierten Verkehrs, zur Ausnutzung von Synergieeffekten und zum Aufbau solidarisch-nachbarschaftlicher Beziehungen wieder zu einer Existenzbedingung der Städte werden. Es würde sich vielleicht lohnen, im Fachgespräch unter Stadtplanern, aber auch im politischen Raum über die Vorsorge nachzudenken, die notwendig wäre, unsere Städte auch über die Förderung von Nutzungsmischung krisenfester zu machen.

Anmerkungen

Der Beitrag vertieft einige Gedanken aus dem Buch »Zwischenstadt. Zwischen Ort und Welt, Raum und Zeit, Stadt und Land« (Bauwelt-Fundamente 118, Vieweg Verlag, Wiesbaden 1997).

1   Das Elbschwanenbüchlein, zum Andenken an Johann Rist, kaiserl. Pfalzgrafen zu Wedel, geb. 8. März 1607, gest. 31. August 1667. Mit Auszügen aus seinen Schriften, von Albert Rode, Hamburg 1907.
2   Vgl, Ludovica Scarpa: Gemeinwohl und lokale Macht, Honoratioren und Armenwesen in der Berliner Luisenvorstadt im 19. Jahrhundert. Zit. von Hobrecht zur sozialen Mischung S. 233 ff. (München, New Providence, London, Paris 1995).
3   Vergl. Frank Herterich: Planung für eine multikulturelle Stadt? in: »Risiko Stadt? – Perspektiven der Urbanität«, Hrsg. Ullrich Schwarz, unter Mitwirkung von Dirk Meyhöfer, S. 193 (Hamburg 1994)
4   Vergl. Klaus Brake: Zu den empirischen Gehalten neuer Leitbilder der Raumentwicklung (Unveröffentlichtes Manuskript, Oldenburg, Januar 1997).

Heiner Monheim und Rolf Monheim

Innenstädte zwischen Autoorientierung, Verkehrsberuhigung, Shopping Centern und neuen Steuerungsmodellen

Der folgende Beitrag geht zurück auf Diskussionen und den Austausch von Texten zwischen Walter Ackers, Heiner Monheim und Rolf Monheim anlässlich einer Tagung über »Chancen und Risiken innenstadt-integrierter Einkaufszentren in Städten mittlerer Größe«, die am 20./21.6.2007 in Bayreuth gemeinsam von DVAG, SRL, IHK für Oberfranken und der Universität Bayreuth veranstaltet wurde. Prof. Ackers (Technische Universität Braunschweig) hat dabei insbesondere die Lehren aus der Ansiedlung der weit über Braunschweig hinaus bekannt gewordenen Schlossarkaden eingebracht, deren städtebauliche Integration er planerisch begleitet hat.[1] Prof. Heiner Monheim (Universität Trier) hat sich auf die Fragen der Verkehrsentwicklung, Straßenraumgestaltung und flächenhaften Verkehrsberuhigung konzentriert. Die Beiträge von Prof. Rolf Monheim (Universität Bayreuth) resultieren aus 36 Jahren Forschung und Beratung zur Entwicklung von Fußgängerbereichen und allgemein von Innenstädten.[2] Das Anliegen der Autoren ist eine differenzierte Beurteilung der komplexen und im Zeitablauf wechselnden Zusammenhänge von Raum, Wirtschaft, Gesellschaft und Politik. Diese zeigen sich besonders deutlich an der Entwicklung der Verkehrserschließung und Nutzung von Innenstädten und der Konzeption von Einkaufszentren.

Stadtentwicklung als »Außenentwicklung« zur »Zwischenstadt«

Seit den 1960er Jahren bedeutete Stadtentwicklung in Deutschland überwiegend Außenentwicklung. Die Suburbanisierung folgte dem großzügigen Ausbau des Straßennetzes ins Umland. Dort entstanden neue Wohngebiete, Gewerbegebiete und Einkaufsangebote, weil viel freie Fläche bereit stand und die Grundstückspreise günstig waren. Im Gewerbebau dominierten anspruchslose Flachbauten zwischen Großparkplätzen und überdimensionierten Straßen. Idealtypisch kann man das an den suburbanen Möbelhausstandorten festmachen. Ökonomischer Umgang mit der Fläche und Rücksichtnahme auf städtebauliche Integration galten als entbehrlich. Das stürmische Wachstum des Wirtschaftswunders forcierte immer neue Flächenausweisungen. Die Freiheit des schnellen und billigen Bauens ging zu Lasten der Qualität. Der suburbane Raum wurde durch Verkehrsschneisen und eine Ansammlung beziehungsloser Nutzungselemente verunstaltet. Dazwischen Bausparers Lebensträume, tausendfach kopiert, im Reihen- oder Einzelhaus, und einzelne Areale des sozialen Wohnungsbaus im Geschosswohnungsbau mit eingestreuten Hochhäusern, allerdings wegen der Abstands-, Parkierungs- und Straßenflächen nur mit mäßiger Dichte. Sieverts hat mit seiner Forderung nach einem Leitbild für die von der Planung vernachlässigte »Zwischenstadt« eine intensive Debatte ausgelöst, hinter der im Grunde die Frage nach der Akzeptanz dieses Raumtyps und nach eigenständigen Gestaltungsmöglichkeiten steht.[3]

Die »Suburbaniten« müssen ihre Alltagsmobilität mühsam durch tägliches Pendeln mit chronischem Stau sichern. Mit ihrem Zweit- und Drittauto sind sie zu einem extrem entfernungsaufwendigen Mobilitätsstil gezwungen, der ihnen angesichts galoppierender Spritpreise zunehmend Kopfzerbrechen macht und das Ziel einer Verringerung des Energieverbrauchs konterkariert.

Urbanität durch Dichte als Gegengewicht gegen die »grüne Wiese«

Die Städte haben seit den 1970er Jahren versucht, unter dem Leitbild »Urbanität durch Dichte« in Zentrennähe Platz für neue Funktionen zu bieten. Hochhäuser sollten die Stärke der Ökonomie symbolisieren und zur Citybildung beitragen. So wurden am Innenstadtrand Großprojekte realisiert, nach der gut gemeinten Idee kompakter, nutzungsgemischter Baustrukturen mit Einzelhandel, Büros und Wohn-Appartements. Städtebaulich und verkehrlich sind viele Projekte wegen unzureichender Integration missglückt. Typische Beispiele sind die City in Leverkusen, der Columbuskai in Bremerhaven, das Ihmezentrum in Hannover oder die Cassius-Bastei in Bonn. In Nordrhein-Westfalen war diese Strategie Anlass für ein eigenes Zentrenprogramm. Heute gibt es vielfach große Leerstände und massive Baumängel. Die groben Betonstrukturen wirken monoton und abweisend. Ihre innere Erschließung ist zu schematisch. Die Erdgeschosszone und ihr Umfeld sind oft von überdimensionierten Straßen und Parketagen deformiert. In diesen groben Baustrukturen bestehen kaum Chancen für Kleinteiligkeit und Differenzierung.

Diese Beispiele lehren, dass es gefährlich ist, »Megastrukturen« rücksichtslos in den überkommenen Stadtkörper zu implantieren. Selbst mit engagierten Bemühungen der Stadterneuerung lassen sie sich nachträglich schwer sanieren. Neue Baustrukturen sollten deshalb die Umgebung respektieren und ergänzen, statt sie zu zerstören. Es kommt auf die Einpassung in den Mikrostandort an. Das kleinteilige Gefüge öffentlicher Straßen und Plätze und deren Atmosphäre prägen das städtische Leben. Dieses »städtische Gewebe« darf nicht gefährdet oder aufgerissen werden.

Neue Akzente für die Innenstädte durch Fußgängerbereiche

Das von Teilen der Planerzunft als antiquiert belächelte Modell der »Europäischen Stadt« erhielt wichtige Impulse durch die Aufwertung der Stadtmitte mit Hilfe von Fußgängerbereichen. Allerdings waren zunächst viele Fußgängerbereiche Teil eines autogerechten Umbaus der Innenstadt entsprechend dem funktionalistischen Modell einer suburbanen Shopping Mall: möglichst beschränkt auf die »Kaufhausrennbahn« und autogerecht mit neuen Cityringen, Tangenten, Andienungsstraßen und Parkhäusern erschlossen. Dies entsprach dem damaligen Wirtschafts- und Gesellschaftssystem des Fordismus bzw. der Moderne. Hierfür wurde teilweise massiv in Baustrukturen und Straßennetze eingegriffen. Der Fußgängerbereich Essen mit seinem überdimensionierten City-Ring und vielen Parkhäusern ist ein frühes Beispiel. Negativbeispiele sind auch die Fußgängerzonen von Paderborn, Siegen, Bergisch-Gladbach und vielen Ruhrgebietsstädten. Selbst diese autoorientierten Fußgängerbereiche wurden vielfach von der Autolobby und Teilen des Einzelhandels als Angriff auf die seinerzeit noch propagierte autogerechte Stadt angesehen. Infolge dessen beschränkten sich von den bis 1973 eingerichteten Fußgängerbereichen 30 % auf Straßenabschnitte bis 300 m und weitere 23 % bis 500 m Gesamtlänge.

Die Fußgängerbereiche führten meist zu einer einseitigen Privilegierung weniger 1a-Geschäftslagen. Die angrenzenden Bereiche wurden als Andienungs- und Erschließungsstraßen zur Grauzone degradiert. Überbreite Straßendurchbrüche und Parkhausklötze mit ihren Zufahrtsrampen verhinderten jede Erweiterung der Fußgängerbereiche. Nicht wenige Städte verharren noch heute in diesem Stadium.

Die Bedenken gegen Fußgängerbereiche schwanden mit dem enthusiastischen Echo auf den Münchner Fußgängerbereich, der zu den Olympischen Spielen 1972 eröffnet wurde. Jetzt begann ein Boom bei der Ausweisung neuer und Erweiterung vorhandener Fußgängerbereiche. Gab es 1971 erst in 134 Stadtzentren Fußgängerstraßen (in der öffentlichen Wahrnehmung sogar noch weit weniger), so stieg die Gesamtzahl bis Ende 1976 auf 340. Die Dynamik erreichte nun auch immer mehr Mittel- und Kleinstädte (nicht zuletzt auch Kurorte), allerdings beschränkten sich viele weiterhin auf kurze Straßenabschnitte. Bis 1985 stieg die Zahl der Fußgängerbereiche gegenüber 1976 in Bayern um 138 %; dabei hatten alle Städte ab 50.000, gut jede zweite Stadt ab 20.000 und gut jede fünfte ab 10.000 Einwohnern Fußgängerstraßen eingeführt.

Empirische Analysen belegen den kommerziellen Erfolg vieler Fußgängerbereiche, mit starker Zunahme der Passantenzahlen und erheblichen Umsatzzuwächsen. Allerdings war dieser Erfolg zweischneidig, denn er führte nicht selten zu einer Überhitzung des Immobilienmarktes und damit zu einem forcierten Verdrängungswettbewerb. Als Folge wuchs die Filialisierung und wurde das Erscheinungsbild immer einheitlicher.[4] In Sorge um solche Wirkungen veröffentlichte das damalige Bundesbauministerium 1978 auf der Grundlage eines breit angelegten Forschungsprojektes städtebauliche und verkehrliche Empfehlungen für Fußgängerbereiche als Instrument einer Wiederbelebung der Europäischen Stadt mit urbaner Vielfalt und Kleinteiligkeit, ganz im Sinne des Europäischen Denkmalschutzjahres 1975.[5] In ihrem Grundansatz entsprachen sie dem in dieser Zeit sich anbahnenden Übergang zum Postfordismus bzw. zur Postmoderne.

Fußgängerbereiche sollten nach diesen Empfehlungen …
- keinesfalls durch neue Cityringe, Andienungsstraßen und Parkbauten autogerecht konzipiert werden, im Gegenteil sollte die Barrierenwirkung überdimensionierter Hauptverkehrsstraßen durch Verkehrsberuhigungs- und Rückbaumaßnahmen abgeschwächt werden;
- möglichst groß sein, mit differenziertem Wegenetz und kontrastreichem Wechsel breiter und schmaler Straßen und Gassen, großer und kleiner Plätze, unterschiedlicher Bebauung und Nutzung: dieses vielfältige Angebot interessanter öffentlicher Räume sollte die Besucher zu mehr und längeren Fußwegen, längerem Aufenthalt und differenzierteren Aktivitäten animieren;
- wegen der Gefahr von massiven Boden- und Mietpreissteigerungen und Verdrängungseffekten eine Konzentration der Attraktivität auf wenige Straßen (die so genannten Kaufhausrennbahnen) vermeiden und statt dessen durch die Einbeziehung von Nebengeschäftslagen attraktive Standortalternativen anbieten;
- die nichtkommerziellen Altstadtbereiche und vor allem die innerstädtischen Wohnbereiche einbeziehen, bei systematischer Wohnumfeldverbesserung durch eine flächenhafte Verkehrsberuhigung; für eine Stärkung des innerstädtischen Wohnens sollten die Instrumente der Stadterneuerung (Baulückenschließung, Dachgeschossausbau, Umwandlung von Gewerbebauten in Wohnen, Wohnnutzung leer stehender Obergeschosse von Geschäftshäusern) eingesetzt werden;
- mit den angrenzenden Gründerzeitvierteln durch attraktive Hauptfußweg- und Radwegverbindungen verknüpft werden;
- den öffentlichen Verkehr (Bus oder Straßenbahn) so integrieren, dass eine Durchfahrbarkeit für den Umweltverbund gewährleistet bleibt;[6]
- eine wesentliche Steigerung des Fuß- und Fahrradverkehrs und des öffentlichen Verkehrs in der Stadt ermöglichen, indem diese Nutzervorteile gegenüber dem Autoverkehr erhalten, der mit seinen Gefährdungen, Emissionen und Flächenansprüchen maßgeblich zur Krise der Innenstädte beitrug.

Damals erreichten die 13 größten Fußgängerbereiche Netze von über 2.000 m, gingen die Planungen allerdings vielfach darüber hinaus.[7] Nach einer 1985 in Bayern durchgeführten Erhebung waren alleine dort inzwischen 7 von 83 Fußgängerbereichen über 2.000 m groß; andererseits umfasste ein

Viertel höchstens 150 m, ein weiteres Viertel höchstens 500 m (Monheim, R. 1996, a. a. O.). Seit den 1990er Jahren erreichen die größeren Fußgängerbereiche Netzlängen von 8 bis 10 km Fußgängerstraßen, die teilweise durch verkehrsberuhigte Bereiche ergänzt werden.

Inzwischen sind gut 30 Jahre Innenstadtentwicklung vergangen und die Bilanz fällt im Hinblick auf die Berücksichtigung solcher Lehren zwiespältig aus. Es gibt offenkundige Erfolgsbeispiele ebenso wie zahlreiche Problemfälle. In den Feuilletons werden vielfach die Banalisierung, Filialisierung und Uniformität von Fußgängerbereichen kritisiert. International gelten dagegen deutsche Fußgängerbereiche und Innenstädte eher als vorbildlich. Man bewundert die Vitalität der öffentlichen Räume, die Vielfalt des Handels, die Inszenierung der Plätze, die Festivalisierung und den Mut zur flächenhaften Erweiterung. Empirische Analysen ergeben ein differenziertes Bild, je nachdem, welche Kriterien (z. B. Besucheraufkommen, Umsätze, Immobilienwerte, Gestaltqualität, Nutzerbewertung und Image) man anlegt und auf welche Fußgängerbereiche man sich bezieht. In der Tendenz schneiden kleine, auf die Kaufhausrennbahn beschränkte Fußgängerbereiche schlechter ab als großflächige mit differenzierten Netz- und Nutzungsstrukturen.

Ganz allgemein haben Fußgängerbereiche wesentlich dazu beigetragen, dass die meisten Städte eine akzeptierte »Mitte« haben, mit der sich die Bürger identifizieren. Dies gelang nicht durch museale Konservierung, sondern durch kontinuierlichen Wandel, durch eine Anpassung an neue ökonomische und vor allem gesellschaftliche Rahmenbedingungen. Dabei kommt der Innenstadt zu gute, dass in Einzelhandel wie Freizeit Attraktivität nicht nur durch die Angebote selber entsteht, sondern über die Aufenthalts-, Kommunikations- und Erlebnisqualität des Umfeldes.[8]

Shopping Center im Spannungsfeld zwischen Isolation und Integration

Darüber hinaus ist für die Entwicklung der Attraktivität der Innenstädte in der Konkurrenz zur Peripherie entscheidend, wie sich die Investitionen im Raum verteilen. Die Suburbanisierung des Handels nahm seit den 1970er Jahren zu. Immer mehr Verbrauchermärkte, Fachmärkte und SB-Warenhäuser entstanden an der Peripherie, z. T. als neue Standortgemeinschaften. Eine neue Dimension brachten die suburbanen Shopping Center nach amerikanischem Vorbild, vielfach von bundesweit, z. T. auch europaweit agierenden Großinvestoren entwickelt und gemanagt. Dieser Prozess war das Ergebnis sich überlagernder unternehmerischer und politischer Interessenlagen und gesellschaftlicher Lebensstile (Abb. 1).[9]

Shopping Center vereinen mit einheitlichem Betreiberkonzept eine große Zahl von Filialisten, Fachgeschäften und einige »Ankerbetriebe«. Die erste Generation startete 1964 mit dem Main-Taunus-Center bei Frankfurt und dem Ruhrpark zwischen Bochum und Dortmund. Diese Standorte waren autobahnfixiert. Die Gestaltung war noch recht anspruchslos. Mit der Zeit wurden die Center spektakulärer und imitierten am peripheren Standort städtisches Ambiente. Sie machten den Innenstädten schmerzliche Konkurrenz mit ihrer autogerechten Anbindung, ihren kostenlosen Parkmöglichkeiten, ihren beträchtlichen Verkaufsflächen und ihrer massiven Werbung.

Schon bald regte sich allerdings Widerstand – unter anderem durch die im Bundesverband der Mittel- und Großbetriebe des Einzelhandels BAG organisierten Waren- und Kaufhäuser. Dies führte zum Erlass von Gesetzen, die eine Überprüfung der Verträglichkeit und ggf. eine Reduzierung der Dimensionen ermöglichten. Von diesen Restriktionen wurde nicht zuletzt im polyzentrischen Ruhrgebiet Gebrauch gemacht, mit dem Ergebnis, dass dort große, nicht integrierte Einkaufszentren nach amerikanischem Vorbild die Ausnahme blieben und stattdessen Stadt- und Stadtteilzentren als Standorte bescheidener dimensionierter Zentren überwiegen (Abb. 2). Die meisten älteren Zentren

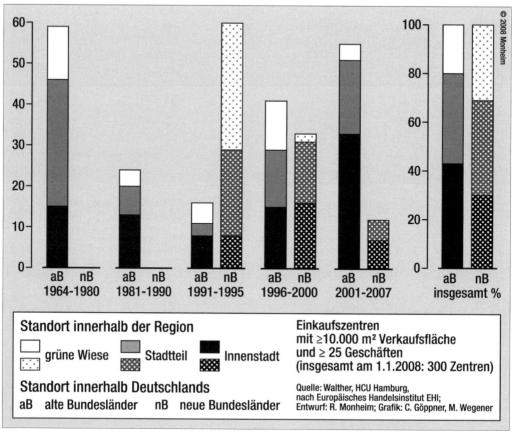

Abb. 1: Eröffnung von Einkaufszentren nach Standort in den alten und neuen Bundesländern, 1964–2007

mussten zwischenzeitlich aufgrund ihrer mäßigen baulichen Qualität sowie gestiegener Erwartungen der Konsumenten renoviert werden, teilweise verbunden mit Erweiterungen.[10]

Nach der Wiedervereinigung führte das Zusammenwirken verschiedener Faktoren in den neuen Bundesländern zu einem Ansiedlungsboom von Shopping Center auf der grünen Wiese. Die westlichen Konzerne befanden sich durch die restriktive Genehmigungspraxis in den alten Bundesländern in einem Investitionsstau. Außerdem wollten sie sich möglichst große Marktanteile in den angeblich demnächst »blühenden Landschaften« des Ostens sichern. Die dortigen Innenstädte schienen den Investoren wegen ihrer baulichen Degradation, ungeklärten Eigentumsverhältnisse, eines sehr schwach entwickelten Einzelhandels und einer noch stark verunsicherten Stadtplanung als Standorte für die Expansion wenig geeignet. Die Bevölkerung drängte auf eine rasche Anpassung an westliche Versorgungsstandards, waren doch die hier empfundenen Versorgungsmängel eine wesentliche Ursache für die allgemeine Unzufriedenheit. Die Anpassung an die westlichen Planungsgesetze erfolgte mit zeitlicher Verzögerung, und die für ihre Anwendung erforderliche Erfahrung fehlte den Genehmigungsbehörden. In dieser Situation war es für die Investoren leicht, in den kleinen Umlandkommunen Bürgermeister zu finden, die Ansiedlungswünsche begeistert begrüßten. Als Folge dieser unkontrollierten Expansion wurden bis 1995 fast so viele Center errichtet wie im Westen in den

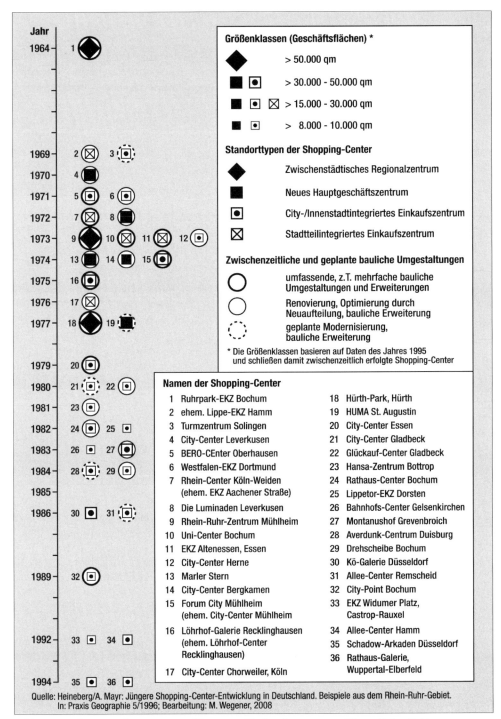

Abb. 2: Eröffnung und Weiterentwicklung von Einkaufszentren im Rhein-Ruhr-Gebiet nach Standort und Verkaufsfläche 1964–1994

vorhergehenden 25 Jahren – und dies bei knapp einem Fünftel der Einwohner und wesentlich geringerer Kaufkraft (s. o. Abb. 1). An nicht integrierten Standorten entstanden sogar fast doppelt so viele Center! Die Folge ist ein »Overstoring«, das die westdeutschen Verhältnisse bei weitem übertrifft.

Inzwischen haben auch im Osten die Innenstädte mit der fortschreitenden Sanierung wieder an Attraktivität gewonnen und ihrerseits mit erweiterten Fußgängerzonen und neuen Einkaufszentren nachgerüstet. Das zunächst durch den Saalepark in Bedrängnis gebrachte Leipzig tat dies besonders konsequent mit Centern in der Innenstadt und in mehreren Stadtteilen. Dagegen verlieren viele suburbane Zentren ihre Anziehungskraft. Die Investitionen erfolgen wieder vorrangig an integrierten Standorten.

Neben der »Eroberung des Wilden Ostens« durch Shopping Center beschleunigte sich auch in den alten Bundesländern deren Expansion ab Mitte der 90er Jahre erheblich. Dabei wurden zunächst auch wieder vermehrt nicht integrierte Standorte gewählt (das »CentrO« in Oberhausen ist das spektakulärste Beispiel), während es in den neuen Bundesländern nur noch zwei Neuansiedlungen auf der grünen Wiese gab. Ab 2001 dominieren klar die Innenstadt-Standorte, mit entsprechend heftigen Reaktionen der nun unmittelbar einer hoch professionellen Konkurrenz ausgesetzten Händler, führte doch die Flächenexpansion bei sinkenden Einzelhandelsausgaben zu verschärftem Wettbewerb. Insofern herrschen in der heutigen Zeit des Schrumpfens ganz andere Rahmenbedingungen als in den wachstumsorientierten Wirtschaftswunderjahren der ersten Expansionsphase.

Weiterentwicklung zum Urban Entertainment Center

Das Nutzungsprogramm der Shopping Center wurde in der dritten Generation um Freizeitangebote (Multiplex-Kinos, Fitness-Studios, Spaßbäder) erweitert und als »Urban Entertainment Center« etikettiert. Aber wo »urban« drauf steht, ist noch lange nicht »urban« drin und wo »Center« drauf steht, ist noch lange keine urbane Mitte. Trotzdem machten die billigen Glitzerkulissen mit obligatorischer Glaskuppel dank perfektionierter, durchorganisierter Konsumwelt und massivem Werbe- und Marketingaufwand den Innenstädten heftige Konkurrenz. Die »CentrO« getaufte »Neue Mitte Oberhausen« ist das spektakulärste Beispiel für den Import dieses nordamerikanischen Mall-Modells, mit dem einer Krisenregion neue Impulse gegeben werden sollten. Der Ansiedlung gingen lange Kontroversen voraus. Das darauf hin bereits »abgespeckte« Center wurde 1996 eröffnet. Es umfasst 200 Geschäfte mit 70.000 qm Verkaufsfläche, eine Gastro-Promenade, ein Multiplex-Kino, eine Arena und 10.500 Gratisstellplätze (obwohl man der Stadt zugesichert hatte, Parkgebühren zu erheben). Das »CentrO« hatte als neuer »Knaller« im Ruhrgebiet gravierende Auswirkungen auf die Einzelhandelsstrukturen in Oberhausen und den Nachbarstädten und löste massive Abwehrreaktionen mit neuen Projekten für integrierte Shopping Center in den Nachbarstädten aus, insbesondere in Duisburg und Essen, s. auch Anm. 16).

Solche Entwicklungen fordern aber auch die nicht integrierten Standorte zu neuen Investitionen heraus. Der nach vorübergehender Krise und Betreiberwechsel vollkommen umgebaute und erheblich erweiterte Saalepark firmiert jetzt unter dem bezeichnenden Namen »Nova Eventis« und repräsentiert das suburbane Entertainment Center in der allmählich wieder anziehenden Boomregion Leipzig.

Reurbanisierung der Shopping Center – Angriff auf die City?

In dieser Umbruchsituation zwischen Peripherie und Zentrum bekam die Konkurrenz eine völlig neue Qualität durch einen weiteren Wandel im Investitionsverhalten der großen Investoren für Shopping Center. Diese standen unter dem Druck eines erheblichen Anlage suchenden Kapitalaufkommens und einer Marktsättigung in den neuen Bundesländern. Sie spürten die Attraktionsgrenzen und Risiken suburbaner, zersiedelter Strukturen. Seit Mitte der 1990er Jahre wuchs deshalb ihr Interesse an den Innenstädten, die einerseits durch Stadterneuerung und Verkehrsausbau, andererseits durch den Bedeutungsgewinn postmoderner, urbaner Lebensstile an Attraktion gewonnen hatten.

Neue Chancen für attraktive Standorte mit ausreichend großer Fläche boten die frei werdenden Brachflächen des Strukturwandels, die aufgelassenen Schlachthöfe, Gas- und Elektrizitätswerke, Brauereien, Güterbahnhöfe oder Straßenbahndepots, aber auch in die Jahre gekommene Geschäftshäuser der Wirtschaftswunderzeit.

Die Stadtpolitik wurde heftig zerrissen durch dieses Näherrücken der Shopping Center. War das eine »feindliche Übernahme« oder eine Rückbesinnung auf die zentrale Aufgabe der Rettung der Innenstadt? Auf den Hochglanzprospekten der Investoren war viel von der Renaissance der Urbanität die Rede. Der Branchenführer ECE organisierte urbanistische Kongresse und publizierte Hochglanzbroschüren für die »Rettung der Innenstädte«. Die Kritiker sahen dagegen einen »Angriff auf die City«.[11]

Hier erscheint eine differenziertere Beurteilung erforderlich, da sich am Standort Innenstadt ganz unterschiedliche Entwicklungen vollziehen:
– teilweise entstehen kleine Einkaufszentren als Übergangsformen zu den traditionellen Ladenpassagen, aber mit professionellerem Management – ein spektakuläres Beispiel sind die »Fünf Höfe« in München,[12]
– teilweise entstehen spezialisierte Fachcenter (z. B. in mehreren Städten das »Stilwerk« mit Schwerpunkt Möbel und Inneneinrichtung),
– teilweise entstehen Mega-Center einer Größe, wie sie bisher nur im suburbanen Raum möglich schienen; herausragendes Beispiel ist Essen, wo an der Stelle eines Textilkaufhauses und eines Warenhauses in Kooperation mit ECE 2008/09 ein 70.000 m² großes Center eröffnet wird, mit dem man die Position Essens als Einkaufsstadt des Reviers gegen das nahe gelegene »CentrO« verteidigen möchte.

Viele Faktoren machen inzwischen den Standort Innenstadt für Großinvestoren des Einzelhandels und der Immobilienwirtschaft interessant.
– **Innenstädte als Verkehrsknoten:** Innenstädte spielen eine hervorgehobene Rolle als Knoten der öffentlichen Verkehrsmittel, je nach Stadtgröße mit Bus, Straßenbahn oder U- und S-Bahn und in der Großstadt oft auch mit einem am Rand der Innenstadt gelegenen Hauptbahnhof für Fern-, Regional- und Nahverkehr. Sie sind also optimal erreichbar. In Zeiten steigender Ölpreise und wachsender Handlungszwänge der Klima- und Umweltpolitik sind innerstädtische Lagen wesentlich zukunftsträchtiger als die autoabhängige Grüne Wiese. Den Autofahrern bieten viele Innenstädte umfangreiche Parkkapazitäten in Tiefgaragen und Parkhäusern. Diese sind zwar überwiegend gebührenpflichtig, dafür aber städtebaulich besser integriert als die suburbanen Parkplatzwüsten. Auch für den Fuß- und Fahrradverkehr sind die Innenstädte Verkehrsknoten: hier treffen die Hauptfußweg- und Radverkehrsachsen aufeinander, hier liegt die Fußgängerzone

mit angenehm gestalteten öffentlichen Räumen. Das alles macht inzwischen Innenstädte auch für Shopping Center attraktiv.

- **Innenstädte als Nutznießer der Revitalisierung angrenzender Gründerzeitviertel:** Innenstädte bieten beachtliche Käuferpotenziale im näheren Umfeld der angrenzenden Gründerzeitviertel mit ihrer dichten und mittlerweile wieder attraktiven Bebauung, die hohe Einwohner- und Arbeitsplatzdichten ermöglicht und damit sich ergänzende Käuferströme (Bewohner, Besucher und Beschäftigte) »liefert«.
- **Innenstädte durch Nutzungsmischung gleichmäßig frequentiert:** sowohl die vielseitige Nutzungsmischung (einschließlich der Arbeits- und Ausbildungsplätze), als auch die dichte Wohn- und Gewerbenutzung in den umgebenden Stadtteilen führen dazu, dass die Innenstädte über die Woche relativ gleichmäßig frequentiert sind, während die suburbanen Center stark vom Samstag abhängen.
- **Innenstädte als städtetouristische Magneten:** Die historischen Bauten der Altstädte bilden Attraktionspunkte für den wachsenden Markt der Städtetouristen, die nicht nur Käufer für Souvenirs, sondern auch für Bekleidung, Accessoires und Lifestyle-Produkte sind. Die Touristen sind auch wichtig für die innerstädtische Gastronomie.
- **Innenstädte als Magneten des »Einkaufsausflugsverkehrs«:** Im Zusammenhang mit der abnehmenden Entfernungsempfindlichkeit im Mobilitätsverhalten nimmt die Bedeutung des Einkaufsausflugsverkehrs zu.[13] Er führt in den Metropolen vor allem samstags zu immer größeren Einzugsbereichen und zu immer höherem Passantenaufkommen. Teilweise wird bereits das »Fassungsvermögen« der Fußgängerbereiche überschritten, was dann zum Hauptkritikpunkt der Innenstadtbesucher werden kann – die Fußgängerzone droht an ihrem Erfolg zu ersticken. Insbesondere samstags, an Brückentagen und vor Weihnachten sind die Verhältnisse z. T. beängstigend, weshalb die »Jubelmeldungen« über Spitzenpositionen bei der jährlichen Präsentation der von Maklerunternehmen durchgeführten Passantenzählungen zweischneidig zu bewerten sind.[14]
- **Innenstädte als »historisch gewachsene« Orte der Inszenierung:** Die Veränderung der Bedeutung des Einkaufens von der Bedarfsdeckung zum freizeitbetonten *Shopping*, bei dem man die zur sozialen Selbststilisierung erforderlichen Dinge erwirbt, wird dadurch unterstützt, dass über eine Festivalisierung die emotionale Bindung an die Innenstadt gefördert wird. Im Unterschied zu den Shopping Centern soll dabei Wert auf die Herausstellung einer spezifischen Identität gelegt werden – also ortstypisches statt Einheitsunterhaltung. Dies ist auch das Anliegen der 1999 in Nordrhein-Westfalen als *public-private-partnership* gestarteten »City-Offensive Ab in die Mitte«. Inzwischen haben weitere Bundesländer die City-Initiative übernommen.[15]

Gerade im Bereich der Freizeitorientierung liegt allerdings ein strategischer Vorteil von Shopping Centern, da sie durch ihre Mietumlagen über entsprechende Etats verfügen. Daraus kann sich als Dilemma ergeben, dass durch die Privatisierung von Konsumräumen der öffentliche Raum gefährdet wird. Popp stellt deshalb die Frage, ob unter diesem Gesichtspunkt die Anreicherung des Einzelhandels in den Centern durch sonstige Dienstleistungen, d. h. das generell sinnvolle Gebot der Nutzungsmischung vielleicht »kontraproduktiv« sein könnte. Damit verkennt sie allerdings, dass viele Center sich gezielt als »Shopping-Destinationen« mit Freizeit- und Verweilcharakter positionieren. Wichtiger wäre hier, einen Qualitätsabfall der Innenstadt zu verhindern, um diese als Ort für einen angenehmen Aufenthalt zu erhalten oder wieder zu gewinnen. Generell muß man davon ausgehen, dass im Rahmen der »Ökonomie der Faszination« einer zunehmend an Bedeutung gewinnenden unternehmensorientierten Stadtpolitik (Schmid) der Trend (oder die Notwendigkeit?) zur Inszenierung weiter zunimmt und die Grenzen zwischen öffentlich und privat unscharf werden.[16]

- **Neue Brachflächen:** Viele Innenstädte bieten im Zeitalter des wirtschaftlichen Strukturwandels ein attraktives Angebot relativ preiswerter Brachflächen, beispielsweise ehemaliger Bahn- und Güterbahnanlagen, Großmarkt- oder Schlachthofareale, Bus- oder Bahndepots, Brauereien, Druckereien oder anderer nicht mehr benötigter Industrieareale.

Gesichtspunkte für die Beurteilung der Innenstadtentwicklung

Dem Ansiedlungsdruck der Investoren, ihrer hohen fiskalischen und personellen Potenz für politisches Marketing, ihren exzellenten Möglichkeiten für schnelle planerische Konkretisierung in glänzenden Animationen und bunten Bildern und ihrer eloquenten Verkaufsrhetorik haben die Städte wenig entgegen zu setzen. Nach Jahren personellen Sparens sind ihre Planungsämter eher schwach besetzt und die öffentlichen Haushalte dezimiert. Deshalb lechzen die Politiker in der interkommunalen Konkurrenz nach Symbolen des Aufbruchs. Die Handlungskraft reicht nicht mehr für selbst entwickelte Projekte in der Innenstadt. Da kommt ein Shopping Center gerade recht. Der »rote Teppich« für die Investoren ist garantiert, man möchte ihnen ihre Entscheidung nicht mit »querulantischen« Forderungen schwer machen. Hohe Renditen sind für alle Beteiligten eine erfreuliche Aussicht. Scheinbar lockt auch politischer Erfolg.

Es kann allerdings auch das Gegenteil eintreten, denn natürlich gibt es Gegner und Bedenkenträger. Der innerstädtische Handel zittert vor der schieren Masse der neuen Konkurrenz, die nach ihrer Verkaufsfläche und Zahl der Geschäfte die Gewichte stark verschiebt. Die Denkmalschützer und Architekturkritiker beklagen, dass zu große Baumassen die traditionelle Kleinteiligkeit der Innenstädte sprengen und in Verbindung mit der meist genormten Architektur zum Fremdkörper werden. Die verkehrsbezogenen Bürgerinitiativen attackieren den übermäßigen Autoverkehr, der das innerstädtische Straßennetz überfordert und jede weitergehende Verkehrsberuhigung erschwert.

Angesichts solcher Kontroversen ist es wichtig, sich noch einmal die typischen Entwicklungsschritte deutscher Innenstädte bewusst zu machen, um daraus Kriterien für die Beurteilung der künftigen Perspektiven abzuleiten.

- **Kleinteilige Innenstadt als Maßstab:** Die Innenstadt ist traditionell ein offener Ort, engmaschig, kleinteilig, vernetzt, vielfältig. Sie beherbergt eine Vielzahl verschiedener Angebote, klein- und großbetriebliche, teure und billige, spezialisierte und generalisierte, kommerzielle und nicht kommerzielle. In diesen Strukturen konnten immer wieder ökonomische und städtebauliche Innovationen des Handels geschickt integriert werden: die Markthallen, die Passagen und schließlich die Kauf- und Warenhäuser.
- **Kaufhäuser als erste maßstabssprengende Innovation:** Die Kaufhäuser führten aufgrund ihrer im Vergleich zum klassischen Laden viel größeren Masse oft schon zu schmerzhaften Eingriffen in die historische Substanz und die Verkehrsstruktur – vor allem aber in die Struktur des Einzelhandels.[17] Die frühen Formen waren noch offen, hatten viele Eingänge und Fenster. Die gut gegliederte Architektur von Jugendstil und Art Deco kaschierte die den Maßstab sprengende Größe. Die Kaufhausklötze der Moderne (1960er bis 1970er Jahre) gerieten dagegen zunehmend »autistisch«, mit ungegliederten, fensterlosen Fassaden, mit wenigen Portalen, mit einem demonstrativen stadträumlichen Dominanzgehabe. Oft wurden sie verbunden mit klobigen Parkhäusern, vor deren Zufahrtsrampen sich besonders samstags die Autos stauten. Heute stehen diese Kauf- und Parkhäuser vielfach einer städtebaulich und verkehrlich sinnvollen Vergrößerung der Fußgängerzonen im Wege. Und die Kaufhauskuben sind in ihrer Massivität und Monotonie oft ein städtebaulicher »Klotz am Bein«. Viele Parkhäuser sind defizitär, was gerne verschwiegen wird

(bei den kommunalen zahlen alle Bürger, bei den unternehmenseigenen alle Kunden zu). Die Kaufhauskonzerne sind inzwischen bemüht, ihren aus mangelnder städtebaulicher Qualität und nicht zeitgemäßer innerer Organisation resultierenden Niedergang durch Umorganisation der Konzernstrukturen, Verkleinerung des Filialnetzes, Modernisierung und Umbau der verbleibenden Häuser aufzuhalten.

- **Shopping Center mit neuen Dimensionen:** Obwohl sich Shopping Center bereits seit gut vier Jahrzehnten in Deutschland ausbreiten, scheinen die gerade bei Innenstadt-Standorten ausgelösten Kontroversen heftiger zu werden. Dies mag an dem angesichts stagnierender Kaufkraft zunehmenden Verdrängungswettbewerb liegen. Hauptkritikpunkte sind meist die mangelnde städtebauliche und funktionale Integration sowie die Verwerfungen in der Einzelhandelslandschaft. Allerdings sind die Formen der Center so vielfältig, dass eine pauschale Beurteilung nicht möglich ist. Entscheidend ist das Verhältnis zur übrigen Innenstadt hinsichtlich Verkaufsfläche, Bauvolumen und Gliederung, Raumbezügen und Verkehrsanbindung. Dabei gibt es allerdings oft gegensätzliche Auffassungen hinsichtlich der Integrationsfähigkeit, die sich z. T. im Streit der Gutachter niederschlagen. Die Bedenken des Einzelhandels entzünden sich meist an der Verkaufsfläche, die bei den größeren Centern die der ortsansässigen Warenhäuser übertrifft und deren Verträglichkeit besonders umstritten ist. Damit zusammen hängt das Sortiment: wenn es das Spektrum der Innenstadt weitgehend abdeckt, besteht die Gefahr, dass es für die Center-Besucher keinen Anlass mehr gibt, das Center zu verlassen. Bei der Bewertung der Marktmacht muss darüber hinaus berücksichtigt werden, dass durch den professionelleren gemeinsamen Marktauftritt (einschließlich einheitlicher und meist längerer Ladenöffnungszeiten) die flächenbezogenen Umsätze um ein Fünftel bis ein Viertel höher sind als im ansässigen Handel. Ähnlich wie früher die Kaufhäuser tendieren auch die Center dazu, sich mit ihrem baulichen Erscheinungsbild nicht einzuordnen, sondern aufzutrumpfen. Es gibt allerdings auch Beispiele, dass es möglich ist, sie als integrierenden Bestandteil zu konzipieren, bis hin zur neuesten Entwicklung um offene Straßenräume angeordneter Geschäftsflächen. Ziel sollte letztlich sein, neben den betriebsformenspezifischen Synergien innerhalb des Centers auch die Synergien mit dem umgebenden Standort zu optimieren. Dies schließt die Nutzungsmischung mit weniger rentablen Nutzungen wie Wohnen, Kultur oder Büros wenigstens im Umfeld durch ergänzende Projekte ein. Nur dann können die Center mit ihren hochtrabenden Namen ein Teil des Zentrums im Sinne der europäischen Stadt werden, der mehr ist, als die demonstrative Ballung von kommerzieller Macht. (Zu den Chancen der Nutzungsmischung vgl. auch den Beitrag von Sieverts in diesem Band).

- **Rationalisierungszwänge der Moderne:** Die Logik der Center folgt den Rationalisierungszwängen der Moderne. Die relevanten Teilfunktionen werden zu einer Art monofunktionaler Maschinen optimiert: Wohnen in der Wohnmaschine, Verkehren auf der Autotransportmaschine, Arbeiten in der Büro- oder Produktionsmaschine, Freizeit in der Freizeitmaschine, Einkaufen in der Einkaufsmaschine. Die ursprüngliche Integration mit den Vorteilen der Synergien, Vielfalt, Nähe, Dichte, Mischung und Flexibilität in der Reaktion auf neue Anforderungen wird aufgegeben zugunsten zunehmender Isolierung. Der Zusammenhang der Stadt löst sich damit auf.

- **Straßen als Barrieren statt Verbindungen:** Vorgemacht haben die perfektionistische Spezialisierung und Desintegration die Verkehrsingenieure. An die Stelle vielfältiger Stadtstraßen und integrierter öffentlicher Räume traten »autistische« Verkehrsmaschinen. Normiert nach maximalen Standards üppiger Straßenbaufinanzierung okkupieren sie ihren Platz ohne Rücksicht auf das städtebauliche und soziale Umfeld und die Ökologie. Meist hätte ein Bruchteil der Fläche ausgereicht, den Verkehr zu bewältigen. Stattdessen wurde unter dem Druck der Autolobby und oft auch des innerstädtischen Handels rücksichtslos »optimiert«. Man merkte, wenn überhaupt, erst zu spät, dass damit die wichtigsten Standortvorteile der Innenstadt, ihre unverwechselbare städtebauliche Qualität und hohe städtebauliche Integration, beschädigt wurden. Stadtgestaltung galt den Straßenbauern als überflüssiger Zierrat. Ihnen ging es um die Inszenierung totaler Automobilität. Das Resultat war die Isolierung aller Teile, jeweils von Verkehrsbarrieren getrennt statt durch öffentliche Räume verbunden. Ein sozial unbrauchbarer Stadtraum entstand. Und verkehrstechnisch funktioniert haben diese autooptimierten Verkehrssysteme auch nicht, sie endeten vielmehr im Stau.

Integrationspotential entscheidend

Vor dem Hintergrund dieser Entwicklungslinien hängen die Chancen und Risiken neuer innerstädtischer Shopping Center für die Stadtentwicklung nicht nur vom Standort und der Größe sondern auch von den konzeptionellen Details ab. Zentrale Frage ist, wie weit die neuen Shopping Center städtebaulich und verkehrlich dem gewachsenen, kleinteiligen Umfeld angepasst werden: durch weniger Autoorientierung und stärkere Ausrichtung auf den Umweltverbund und eine verträgliche Dimensionierung des Autoverkehrs;[18] durch gut gegliederte, nach außen geöffnete Baukörper mit zurückhaltenden, fensterreichen Fassaden und mehreren Eingängen; durch einen urbanen Branchenmix, der nicht nur die üblichen Filialisten berücksichtigt, sondern Platz für kleinteilige Nutzungsmischung lässt; durch ein konzertiertes Eintreten für den Standort Innenstadt, an dem sich das Center, die übrigen Unternehmen und die Kommune gemeinsam beteiligen.

Die Diskussion über die Integration leidet allerdings unter einer gewissen Einseitigkeit, da sie von Interessengruppen (Händler, Immobilieneigentümer) und »Experten« im weiteren Sinne (Gutachter, Wissenschaftler, Journalisten) beherrscht wird. Die Nutzer der Einkaufszentren haben dagegen selten eine Stimme – außer wenn die Ansiedlung Gegenstand eines Bürgerentscheids oder Kommunalwahlkampfes wird. In ersterem Fall gibt es oft knappe Mehrheiten – sowohl für die Ansiedlung (z. B. Passau, Schweinfurt), als auch dagegen (z. B. Würzburg). Im zweiten Fall kann die Opposition gegen eine von der politischen Führung betriebene Ansiedlung diese bei der nächsten Wahl ihr Amt kosten.[19]

Wiederholte Passantenbefragungen in der Bayreuther Innenstadt ergaben mit Näherrücken des Eröffnungstermins eine starke Zunahme der Befürchtungen hinsichtlich negativer Auswirkungen auf den örtlichen Handel, während inzwischen die ganz überwiegende Mehrheit der Innenstadtbesucher die Ansiedlung des Zentrums für richtig hält, selbst wenn ein Teil Probleme für den örtlichen Handel sieht (die höchste Zustimmung kommt von den Umlandbewohnern); nur 10 % hätten lieber auf die Ansiedlung verzichtet! Dies ist dem professionellen Auftreten des Centers und nicht zuletzt seiner geschickten Öffentlichkeitsarbeit geschuldet.

Zur Integration aus der Perspektive der Innenstadtnutzung hat Popp (2002, a. a. O.) in einer von Heinritz betreuten Dissertation am Beispiel von Innenstadt-Einkaufszentren in fünf Bayerischen Mittelstädten zwei wichtige Gesichtspunkte herausgestellt, die später in anderen Untersuchungen aufgegriffen wurden: wie stark ist der Austausch der Besucher zwischen Innenstadt und Einkaufszentrum und welchen Stellenwert haben die beiden im Verhaltensrepertoire der Bürger?

Die bisher zugänglichen empirischen Befunde widerlegen den häufigen Vorwurf einer starken Isolation der Center (Abb. 3).[20] Wo diese innerhalb der Innenstadt oder unmittelbar an ihrem Rand liegen, sucht in der Regel gut jeder zweite Besucher des einen auch den anderen Standort auf. Insbesondere samstags, wenn viele Besucher umfangreichere Erledigungsprogramme haben (»Shopping«), können die Anteile in beide Richtungen bis zu 80 % erreichen. Besonders ausgeglichen ist die Bilanz

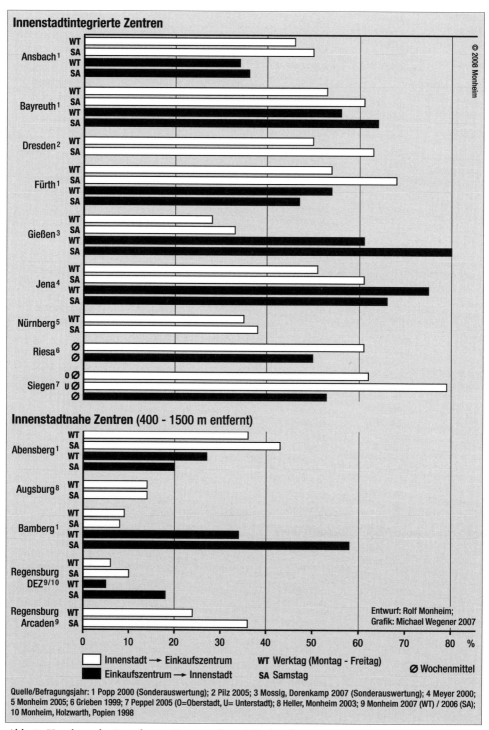

Abb. 3: Kopplung des Besuchs von Innenstadt und Einkaufszentrum

in Bayreuth, wo die ECE gezielt auf möglichst intensive Austauschbeziehungen setzt, da sie erst im Verbund mit der Innenstadt das Einzugsgebiet ihres eigenen Centers maximieren kann – also eine Win-Win-Situation, allerdings bei gleichzeitig scharfer Konkurrenz. Bei stärkerem Attraktivitätsgefälle kann es zu deutlichen Asymmetrien kommen. Aufschlussreich ist in dieser Hinsicht Gießen, wo es dem etablierten Handel mit der Einrichtung von Business Improvement Districts gelungen ist, sich durch Gemeinschaftsinitiativen gut gegenüber dem Center zu behaupten (näher s. u.). Bei größerer Entfernung nehmen die Anteile der Koppler stark ab, auch hier teilweise mit deutlicher Asymmetrie, wenn z. B. in Bamberg ein großes Attraktivitätsgefälle zwischen Innenstadt und Center besteht.

Einen differenzierten Einblick in die alltagsweltliche Integration des Shopping Centers gibt eine Serie von Fragen zur Präferenz bei verschiedenen Tätigkeiten, die Popp entwickelt hat und die in Bayreuth erneut eingesetzt wurde.[21] Die Antworten stammen von 2000 Innenstadt- und Centerbesuchern, 2006 nur von Innenstadtbesuchern (Abb. 4). Soweit 2006 die Anteile der die Innenstadt Bevorzugenden höher ausfallen, dürfte dies vor allem dadurch zu erklären sein, dass nur dort befragt wurde. Zunahmen des Centers lassen dagegen auf dessen steigende Akzeptanz schließen.

Für Verabredungen mit Bayreuther Verwandten und Bekannten bevorzugen die meisten die Innenstadt, deutlich weniger Innenstadt und Rotmain-Center gleichermaßen, nur wenige das Center und relativ viele keinen der beiden Orte. Um sich eine Weile hinzusetzen und das Geschehen sowie die Leute ringsum zu beobachten, bevorzugen etwas weniger die Innenstadt; der Anteil der das Rotmain-Center Vorziehenden steigt zwar, bleibt aber noch relativ gering, etwas mehr nutzen beide Bereiche gleichermaßen und ähnlich viele beide nicht. Bei der Aussage »die Umgebung dort ist mir vertraut, dort fühle ich mich wohl« ergibt sich ein deutliches Übergewicht derjenigen, die sich mit beiden Standorten gleichermaßen identifizieren, gegenüber den primär Innenstadtorientierten – ein Hinweis darauf, wie gut sich das Rotmain-Center als selbstverständlicher Bestandteil der Innenstadt etabliert hat. Bei einem Einkaufsbummel mit auswärtigen Besuchern ist der Anteil derer am höchsten, die beide Standorte aufsuchen würden (2000: 75 %, 2006: 49 %), doch gewinnt das Center an Interesse. Wenn es darum geht, wo es immer etwas zu sehen gibt, immer etwas los ist, sinkt der

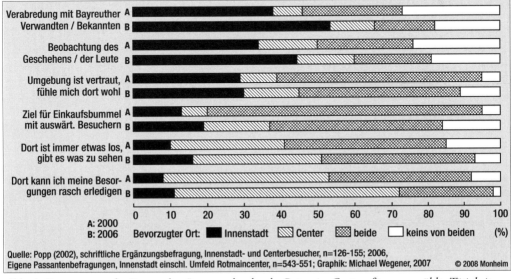

Abb. 4: Bevorzugung der Bayreuther Innenstadt oder des Rotmain-Centers für ausgewählte Tätigkeiten

Anteil derjenigen, die dies ausschließlich der Innenstadt zuschreiben, auf nur noch 10 % bzw. 16 %; hauptsächlich im Rotmain-Center trifft dies dagegen für jeden Dritten zu, 44 % bzw. 42 % empfinden dies an beiden Standorten. Der deutliche Vorsprung des Rotmain-Centers bei der Einschätzung, wo man seine Besorgungen rasch erledigen kann (45 % bzw. 61 %), ist wenig überraschend, nimmt aber noch deutlich zu; kaum jemand schreibt dies hauptsächlich der Innenstadt zu.

Insgesamt verdeutlichen diese Antworten, dass sich das Rotmain-Center auch bei »weichen«, emotionalen Einschätzungen sehr erfolgreich positioniert hat. Bedenklich erscheint insbesondere der Eindruck, in der Innenstadt sei vergleichsweise wenig los, weil dies eigentlich eine spezifische Stärke der Innenstadt mit ihrer vielfältigen Funktionsmischung sein sollte. Teilweise mag dies auf die beträchtliche Breite des Bayreuther Marktplatzes zurückzuführen sein, durch welche die Besucher sich zu verlieren scheinen. Darin liegt auch eine Herausforderung für dessen im Herbst 2008 beginnende Neugestaltung. Insgesamt wirken jedoch die fehlende Selbstorganisation des Handels (der Stadtmarketingverein »Bayreuth Aktiv« musste mangels Beteiligung aufgelöst werden!) und seine Neigung, den eigenen Standort, insbesondere dessen Erreichbarkeit, schlecht zu reden, sehr zum Nachteil der Innenstadt aus, was leider keine Besonderheit von Bayreuth ist.

Qualität als wichtiger Faktor

Ein mentales Grundproblem bei den Erwartungen an die Innenstadtentwicklung ist die noch aus der fordistischen Moderne der Wirtschaftswunderzeit weiterwirkende Fixierung auf Quantität statt Qualität. Dies gilt für Städtebau und Verkehr, aber auch für den Einzelhandel. Bei einer qualitätsorientierten städtebaulichen und verkehrlichen Integration von Fußgängerzonen und von Shopping Centern geht es um die Frage, ob sie die urbane Stadtkultur mit ihrer Kleinteiligkeit und Nutzungsmischung, ihrer Vielfalt von Lebenswirklichkeiten, ihrem intensiven Austausch unterstützen. Von strategischer Bedeutung für eine positive Innenstadtentwicklung ist das multiple Funktionieren des öffentlichen Raums für die Vielfalt der Nutzungsansprüche. So lange dieses durch die Masse fahrender und abgestellter Autos sowie durch die autoorientierte Gestaltung blockiert ist, kann die gewünschte Urbanität nicht entstehen. Insofern hat sich der Einzelhandel mit seinen autofixierten Forderungen an Stadtrat und Verwaltung selbst geschädigt, zumal diese noch die Suburbanisierung des Handels beschleunigt haben.

Aus der Autoorientierung des Handels und der Planung entsprang das Modell der kleinen Fußgängerzone als Konsumgetto mit optimierter Autoerreichbarkeit nach dem Muster der amerikanischen Mall an Stelle der europäischen Stadt: Ihre Gestaltung folgte mehr der normierten modernistischen »Waschbetonlyrik mit Kugelleuchten« als einer aus der jeweiligen Stadtgeschichte und dem Stadtgrundriss abgeleiteten Ästhetik von Straßen, Gassen und Plätzen. Der Mangel an urbaner Qualität macht die innerstädtischen Handelszentren angreifbar.

Die auf die 1a-Lagen konzentrierten Besuchermassen führten zur Erwartung maximaler Umsätze und dementsprechend überhöhten Bodenwerten und Ladenmieten. Auf den damit einhergehenden Verdrängungsdruck reagierten die Anbieter mit einer Orientierung ihres Angebotes an der Nachfrage der breiten Masse. In schmerzlichem Kontrast dazu standen die aus den Fußgängerzonen und jeglicher Verkehrsberuhigung ausgesparten, »degradierten« Nebenlagen in den autoverkehrsbelasteten »Hinterhöfen«, voll geparkten Liefer- und Nebenstraßen sowie Plätzen der Innenstadtränder (»vorne hui, hinten pfui«).

Qualitativ orientierte Einzelhandels-Entwicklungskonzepte müssten darauf angelegt sein, den Innenstadt-Einzelhandel nicht über die Masse der angezogenen Besucher, sondern über seine Qualitäten zu positionieren. Wenn z. B. in Regensburg der relative Anteil der Innenstadt am Einzelhandelsumsatz sinkt, muss dies nicht unbedingt alarmieren, falls gleichzeitig die Qualität des Angebotes steigt – »besondere« Geschäfte haben nun einmal weniger Besucher und Umsatz, können aber trotzdem für das Profil der Innenstadt wichtig sein. Ein derartiger Standpunkt widerspricht allerdings den herkömmlichen Kriterien von »Erfolg«.

Innerstädtische Shopping Center können Attraktivitäten umpolen

Die städtebaulich meist desolaten Randbereiche der Innenstädte nahe zu den Ring- und Tangentenstraßen bieten in manchen Städten willkommene Ansatzpunkte für die Ansiedlung eines Shopping Centers. Man nutzt die Lagequalität als gut erschlossener Standort, die im Vergleich zur 1a-Lage niedrigen Bodenpreise, die oft abrissreife alte Bausubstanz, den städtebaulichen Ordnungsbedarf und macht daraus politische Argumente. Je ausgeprägter diese Diskrepanz und je desolater der Innenstadtrand sich präsentieren, desto mehr können die Investoren die Entscheidungsträger überzeugen. Wenn eine solche Standortkonzeption städtebaulich fundiert und in eine übergeordnete Rahmenplanung eingebettet ist, also sich nicht auf den »Solitär« Shopping Center beschränkt, kann daraus eine positive Dynamik resultieren.

Die Trümpfe der Shopping Center sind perfekte Organisation und kundenorientierter Service, moderne Ästhetik und Atmosphäre, Sicherheit und Sauberkeit. Solche Qualitäten sind in vielen Innenstädten »auf den Hund gekommen«, zumal abseits der Kaufhausrennbahnen. Natürlich reicht die normierte Qualität ihres kommerziellen Flanier- und Aufenthaltsraums mit Convenience-Angeboten nicht an den potenziellen Reiz historischer Stadtplätze. Nur kommt dieser urbane Reiz vieler Innenstädte durch die autogerechten Planungen und die zu kleinen Fußgängerbereiche oft unzureichend zur Geltung. Viele Plätze sind vom Parken entstellt, von Fahrbahnen durchschnitten, darüber kann ein einzelner Schmuckplatz in der Fußgängerzone auch nicht hinwegtrösten.

Center als Verursacher oder Auflöser von Blockaden?

Die Auswirkungen der Ansiedlung neuer Center in einer für den örtlichen Handel spürbaren Größe auf die Investitionsbereitschaft der bereits vorhandenen Unternehmen und Immobilienbesitzer können sehr ambivalent sein.

Einerseits kann der Druck zur Überwindung eines Modernisierungsstaus führen, der häufig anzutreffen ist, zumal viele Hauseigentümer (insbesondere Erbengemeinschaften) zu Investitionen nicht bereit oder in der Lage sind. Dies wird z. B. für Braunschweig berichtet: im Zusammenhang mit der Eröffnung des Centers im rekonstruierten Schloss wurde der davor gelegene öffentliche Raum von einer Hauptverkehrsstraße in einen urbanen Aufenthaltsbereich umgewandelt und entwickelte sich insgesamt eine Aufbruchstimmung, ein neues Lebensgefühl, während vorher Stagnation herrschte (Ackers, a. a. O.). In Essen steht die durch das Center ausgelöste Modernisierungswelle auch im Zusammenhang mit der Wahl zur Europäischen Kulturhauptstadt 2010. In Passau hat die bevorstehende Center-Eröffnung die Akzeptanz des Citymanagements gefördert. In Bayreuth entstand zumindest vorübergehend eine zusätzliche Nachfrage nach Geschäftslokalen durch Unternehmen, die im Center nicht unterkommen konnten oder wollten; der Versuch, den örtlichen Handel durch eine Stadtmarketingorganisation fit zu machen, scheiterte allerdings an dessen Desinteresse.

Andererseits können (befürchtete) Umsatzeinbußen aber auch die Bereitschaft oder Befähigung zu Investitionen beeinträchtigen, zumal wenn die Risiken noch nicht abzusehen sind. So wird aus Rosenheim berichtet, dass erst die endgültige Entscheidung gegen ein Einkaufszentrum dazu führte, dass einige große Filialisten bis dahin aufgeschobene Investitionen durchführten (möglicherweise hätten sie sich sonst um einen Standort im Center bemüht).

Vielfach wird über rückläufige Ladenmieten nach Ansiedlung eines Shopping Centers geklagt, wodurch die Fähigkeit der Hauseigentümer zur Substanzerhaltung ihrer Immobilien gefährdet sein soll.[22] Allerdings sind die Bedenken angesichts der von Ackers (a. a. O.) kritisierten, jahrzehntelang ohne wesentliche Rücklagenbildung bzw. Erneuerungsinvestitionen genossenen Monopolprofite sowie der dadurch ausgelösten Verdrängungseffekte mit Vorsicht zu bewerten, zumal niemandem ein Recht auf derartige Monopole zusteht. Eine Absenkung des Mietniveaus eröffnet auch neue Ansiedlungsoptionen für weniger ertragskräftige Unternehmen.

Roll back beim traditionellen Innenstadthandel: zurück zur autogerechten Innenstadt?

Wenn die Eröffnung eines Einkaufscenters zu abnehmenden Kundenfrequenzen führt, glauben viele Händler, dagegen könnten nur noch großzügige, möglichst kostenlose Parkmöglichkeiten vor ihrer Ladentüre helfen – insbesondere in kleineren Städten. Teilweise wollen sie sogar die Fußgängerzone wieder für den Autoverkehr öffnen. Dem liegen mehrere Missverständnisse zu Grunde.

– **Äußere und innere Erreichbarkeit unterscheiden:** Zunächst muss zwischen »äußerer« und »innerer« Erreichbarkeit unterschieden werden. Erstere bezieht sich auf den Weg zum Stadtzentrum, wobei die Autofahrer in Abhängigkeit von Stadtstruktur und Verkehrspolitik unterschiedliche Anteile erreichen, in den großen Städten aber nie die absolute Mehrheit. Wichtig für die Autofahrer ist die Kapazität der Parkhäuser; hier besteht inzwischen für viele Betreiber das Problem einer zu geringen Auslastung; voll sind sie nur selten! In ihrer – auch strategischen – Bedeutung vielfach unterschätzt wird die »innere Erreichbarkeit«, d. h. der Weg ab Erreichen der Innenstadt zu den dortigen Erledigungszielen. Die gute Umfeldqualität dieses Weges ist überaus wichtig, lebt doch die Innenstadt von der Vielfalt ihres Angebotes, von der Möglichkeit, ja, dem Reiz, bei einem Besuch möglichst viel »mitzunehmen«. Davon hängt gerade auch der Erfolg des Einzelhandels ab: je länger ein Besucher bleibt, je weitere Wege er dabei zurücklegt, je entspannter er sich fühlt, desto mehr Geld gibt er dort auch aus.

– **Fakten statt Vorurteile:** Die Forderung nach der Zulassung von Autos in Fußgängerzonen verkennt, dass davon nur wenige Prozent der Besucher profitieren würden (setzt man die Zahl möglicher Parkvorgänge zum Passantenaufkommen in Bezug), dass sich aber fast alle gestört fühlen würden, zumal auf jeden erfolgreichen Parkvorgang zahlreiche vergebliche (und damit frustrierende) Parksuchfahrten kämen. So ergaben Passantenbefragungen in Bayreuth, dessen Einzelhändler Unterschriften für die Wiederzulassung des Parkens in der Fußgängerzone sammelten (mit mäßigem Erfolg), dass nur 9 % davon eine Erhöhung, aber 65 % eine Verringerung der Attraktivität der Innenstadt erwarten.[23]

Renaissance des urbanen Wohnens als besondere Chance

Die Zukunft der Innenstädte hängt nicht nur von der Einzelhandelsentwicklung und den Erschließungskonzepten ab. Eng damit verbunden ist das innerstädtische Wohnen. Am Anfang der Suburbanisierung stand die planerische Abkehr von der innerstädtischen Wohnfunktion, die als nicht mehr marktfähig galt und dementsprechend zurückging. In den Fußgängerzonen liegen die Geschäftsmieten um mehr als das Zehnfache über typischen Wohnungsmieten. Damit lohnt es sich z. B. 200 qm Wohnfläche in den Obergeschossen stillzulegen, wenn dafür 20 qm Fläche des Treppenhauses in Ladenflächen umgewandelt werden können. Günstig gelegene Wohnflächen werden dann als Lagerflächen zweckentfremdet. Dies führt zur immer weiteren Aushöhlung der Wohnfunktion in den zentralen Lagen.

Damit reduziert sich das innerstädtische Wohnen auf wenige »Inseln« an den Rändern, an denen die Wohnqualität aber oft durch die Verkehrsbelastungen und unzureichende Gestaltung der öffentlichen Räume beeinträchtigt ist. Deshalb konzentrieren sich hier einkommensschwächere Gruppen und können aus dem Wohnen keine attraktiven Erträge erzielt werden. Damit rächen sich die verfehlten Verkehrsberuhigungskonzepte der 1960er und 70er Jahre. Es fehlt eine flächenhafte Verkehrsberuhigung und eine städtebauliche Integration der Ringstraßen. Das planerische Engagement gegen die Verfallsprozesse am Innenstadtrand wurde gebremst von der Angst vor den Konflikten mit dem Autoverkehr.

Damit wurde die Grundsubstanz der Stadt, das Wohnen, immer mehr ausgehöhlt. Eine ausreichende innerstädtische Wohnbevölkerung garantiert aber die Belebtheit öffentlicher Räume, die bunte Quartiersmischung und die lokale Bindung im sozialen Geflecht. Wenn diese verloren geht, müssen Sherrifs und Videokameras die Innenstadt überwachen.

Inzwischen hat die zunehmend differenzierte Stadterneuerungsdebatte die Förderung des innerstädtischen Wohnens wieder zum Thema gemacht, als wichtiger Beitrag zur Innenentwicklung und Verkehrsvermeidung. Heute besteht Einigkeit: Wohnen muss wieder eine Basisfunktion der Innenstädte werden. Hierfür werden vielfältige Konzepte der Nachverdichtung durch Dachgeschossausbau, Baulückenschließung, Wohnnutzung leer stehender Obergeschosse über Läden und Umwandlung von Gewerbebrachen in Wohnprojekte zunehmend erfolgreich genutzt.

Flächenhafte Verkehrsberuhigung zentrale Voraussetzung vitaler Innenstädte

Wieder erweist sich die flächenhafte Verkehrsberuhigung mit durchgängigen Fuß- und Radverkehrsnetzen, attraktiver ÖPNV-Erschließung und konsequentem Parkraummanagement als zentraler Faktor für den Erfolg. Nur wo die Konflikte mit dem Autoverkehr gelöst sind, wo das Wohnumfeld und die öffentlichen Räume eine gute Qualität bieten, lässt sich innerstädtisches Wohnen stabilisieren. Gute Beispiele hierfür sind Bamberg, Freiburg, Göttingen, Münster, Nürnberg und Regensburg.

Die Herausforderung an die Städte lautet also, ihre Mitte nicht einseitig dem Einzelhandel auszuliefern, sondern die Vielfalt aus Wohnen, Kultur, Arbeit, Einkauf, Unterhaltung zu einer besonderen Qualität auszubauen. Eine vielfältige Lebenswelt ist letztlich die Voraussetzung für unverwechselbares Erleben und aktive Teilnahme. Bedingung für solche differenzierte Entwicklungen sind moderate Bodenwerte und Mieten. Sie erreicht man nur, wenn die Attraktivität breit gestreut und nicht in einer kleinen Zone monopolisiert wird. Deshalb sind flächenhafte Verkehrsberuhigungskonzepte wichtig. Hierzu kann ein neues Shopping Center durchaus Anstöße geben, wenn es dazu genutzt wird, den Innenstadtrand stärker in die Planungsüberlegungen einzubeziehen, möglicherweise bei einem Standort jenseits des City-Rings sogar mit den Planungen die Barriere des City-Rings zu überspringen. Solche räumlich umfassenden Planungen einer Fußgängerstadt wurden bisher selten umgesetzt.[24] Hannover hat früh mehrere attraktive Hauptfuß- und Radwegachsen zwischen der Innenstadt und den angrenzenden Quartieren verwirklicht (z. B. Achse FGZ, HBF/Passarelle, Lister Meile, Achse FGZ – Lange Laube). Ähnliche Verknüpfungen entstanden in Freiburg und Göttingen.

Dies bedeutet, nicht länger punktuelle Attraktivitätssteigerungen anzustreben, sondern mit den räumlichen Mustern der Planung gezielt dämpfend auf Marktmechanismen einzuwirken. Nicht nur das Wohnen erhält damit eine neue Chance, sondern auch der Fachhandel, der bei den hohen Mieten in Nebenlagen ausweichen oder ganz aufgeben musste. Die Rückkehr des Fachhandels ist möglich, wenn die Mietsteigerungen gebremst und attraktive Standortalternativen angeboten werden können. Regensburg ist ein gutes Beispiel für das Potenzial der Nebenlagen im Hinblick auf die Lebensstilorientierung der Innenstadt – dort dadurch begünstigt, dass wesentliche Teile der 1a-Lage in zwei außerhalb der Altstadt gelegene Einkaufszentren verlagert wurden.[25] Eine moderne Betriebsform, die auf Nebenlagen angewiesen ist, sind die »Guerilla-Shops«, improvisierte »Geheimläden« in denen es für kurze Zeit ausgefallene Dinge gibt.[26] Heute dominiert die Resignation hinsichtlich der Zukunft der Nebengeschäftslagen – man spricht von »überdehnten Geschäftslagen«. Damit verkennt man jedoch deren Bedeutung für die Positionierung der gesamten Innenstadt, aber auch für die Zufriedenheit postmodern orientierter Lifestyle-Gruppen, die wesentlich ist für das kreative Potenzial einer Stadt.[27]

Destinationsmanagement für die Innenstadt in »Kooperenz«

Die entscheidende strategische Schwäche der innerstädtischen Akteure ist ihre heillose Zersplitterung. Einzelhändler handeln in der Regel einzeln und nicht vernetzt. Das Maximum an Kooperation sind Aktionen zur Standortwerbung und zum City-Marketing, die aber meist mit minimalem Budget und Personal auskommen müssen. Die Filialbetriebe und Kaufhäuser werden vielfach aus den Zentralen »ferngesteuert« und zeigen wenig Interesse an den lokalen Problemen – gelegentlich können die Kauf- und Warenhäuser allerdings auch zu einflussreichen örtlichen Akteuren werden (z. B. in Bayreuth und Bamberg). Die Hauseigentümer spielen für die Überlebenschancen im Handel und für die Investitionen eine zentrale Rolle, sind aber selten in die Verantwortung für den Standort Innenstadt eingebunden.

Statt sich in Diskussionen über die Autoerreichbarkeit zu verzetteln, die von den eigentlich anstehenden Herausforderungen ablenken, und ansonsten ihren Horizont an der Ladentüre enden zu lassen, müssten sich die Händler gemeinsam mit Gastronomie, Kultur und sonstigen Dienstleistungsunternehmen sowie den Immobilieneigentümern als Standortgemeinschaft begreifen. Sie müssten das entscheidende Erfolgsrezept der Einkaufscenter begreifen, die sich gemeinsam strategisch positionieren, indem sie dem Kunden das Gefühl geben, im Mittelpunkt zu stehen, und indem sie sich mit der »*local community*« aus Politik, Vereinen, Kultur, Medien usw. vernetzen, der die klassischen Einzelhändler meist unorganisiert, z. T. auch in Gegnerschaft (besonders bei rot-grünen Mehrheiten) gegenübertreten. Dieses koordinierte Agieren aller an einer Dienstleistung Beteiligten wird im Tourismus schon länger als »Destinationsmanagement« betrieben, bei dem es darum geht, in einer Dienstleistungskette sicher zu stellen, dass diese Kette nirgends »reißt« – ein schwaches Glied kann leicht deren Gesamterfolg gefährden.[28]

Eine entscheidende Voraussetzung dafür wäre die Bereitschaft der Hauseigentümer, ihrer Verantwortung gerecht zu werden. In der Regel beschränkt sich ihr Interesse und Engagement auf das eigene Objekt. Sie begreifen nicht, dass ein Standort nur gemeinsam erfolgreich positioniert werden kann. Dabei gibt es ein weltweit erprobtes Modell für die gemeinsame Selbstverpflichtung einer Standortgemeinschaft zur Aufwertung ihrer Lage: den »Business Improvement District«, kurz BID, in deutscher Abwandlung als »Bündnis für Investition und Dienstleistung« bezeichnet. Hamburg hat auf Initiative seiner IHK als erstes Bundesland die gesetzliche Voraussetzung geschaffen, Bremen, Hessen, Nordrhein-Westfalen (dort als »Immobilien- und Standortgemeinschaften – ISG«), Saarland und Schleswig-Holstein sind gefolgt; weitere Bundesländer experimentieren im Vorfeld oder als Alternative mit subventionierten Modellvorhaben auf freiwilliger Grundlage, die allerdings nach Auslaufen der öffentlichen Förderung meist nicht mehr fortgeführt werden; so z. B. in drei von vier vom Deutschen Seminar für Städtebau und Wirtschaft (DSSW) betreuten ostdeutschen Städten.[29] Am Beispiel Gießen konnte gezeigt werden, dass die als Reaktion auf ein neues Einkaufszentrum, das zu verhindern dem Handel nicht gelungen war, erfolgte Gründung von miteinander kooperierenden, straßenweisen BIDs der Innenstadt wesentlich dabei geholfen hat, die Herausforderung zu bewältigen und beachtliche Kooperationskräfte der *Local Community* freizusetzen.[30]

Von Erfolgsmodellen lernen

Die Erfolgsfaktoren für Innenstädte und damit auch ihre Fußgängerbereiche sind also außerordentlich komplex. Als wichtigste Einsicht sollte man festhalten: Stadt bedeutet Wandel – und Fußgängerbereiche sind in einem engen Rückkopplungsprozess Folge wie Antriebskraft dieses Wandels. Dabei ergeben sich Entwicklungspfade, bei denen einmal getroffene Weichenstellungen lange nachwirken können und u. U. in neuen Konstellationen auch eine vorher überhaupt nicht intendierte Bedeutung erlangen.[31]

Innenstädte, die vom fordistischen Funktionalismus geprägt sind und über deren praktische Progressivität der 50er und 60er Jahre der Zeitgeist längst hinweggegangen ist, sind in der Spezialisierung ihres Konzeptes zu starr. Ihre Fußgängerstraßen leiden an unzeitgemäßem Design und Umfeld; sie fallen gegenüber ihren Wettbewerbern zurück und verkümmern.

Gute Innenstädte bilden dagegen lernende Systeme, die neue Leitbilder und Lebensstile aufgreifen. Dabei sind große, komplexe Fußgängerbereiche entstanden, die das städtische Ambiente betonen, in das sie eingebettet sind. Dazu gehören als Spitzenreiter Freiburg und Nürnberg, deren Innenstädte im Krieg zu über 80 % zerstört worden waren; bei ihrem Wiederaufbau hatte man sich nach kontroversen Diskussionen für eine Anknüpfung an den »genius loci« weitgehend ohne Rekonstruktion verlorener Gebäude entschieden (von einzelnen Monumenten abgesehen). Daraus folgte der Verzicht auf eine den Maßstab sprengende Modernität, auf die autogerechte Stadt, auch wenn es einige »Sündenfälle« gab und beide hervorragend mit dem Auto erreichbar sind. Dazu gehört Regensburg, dessen von Bomben verschonte Altstadt zunächst durch die Modernitätspostulate der Verkehrsplaner und Funktionalisten bedroht war, ehe man sie als »mittelalterliches Wunder« entdeckte und als Weltkulturerbe schützte. Sie alle haben 8 bis 10 km (!) Fußgängerstraßen – in Regensburg z. T. in der Sonderform von »Wohnverkehrsstraßen«, bei denen Anwohnern die Zufahrt erlaubt ist. Sie alle haben die öffentlichen Freiräume flächenhaft hochwertig gestaltet und damit wieder voll erlebbar gemacht. Der Umbau der öffentlichen Räume erfolgte in Regensburg in einer langfristig angelegten Strategie, abgestimmt auf die Sanierung der historischen Bauten – eine Kombination, die wesentlich zur Anerkennung als Weltkulturerbe beigetragen hat (Abb. 5).[32] Sie alle beschränken

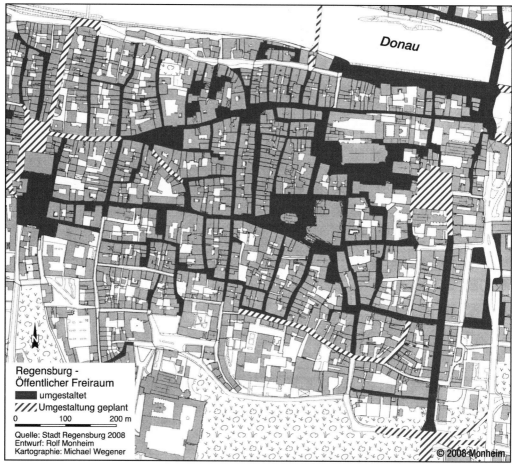

Abb. 5: Umgestaltung öffentlicher Freiräume in der Regensburger Altstadt

ihre Fußgängerbereiche nicht auf eine Rennstrecke von Kauf- und Warenhäusern sowie Kettenläden, sondern beziehen ausgedehnte Nebengeschäftslagen mit ein, deren strategische Bedeutung für die Unverwechselbarkeit einer Stadt bis heute stark unterschätzt wird. Der von vielen Seiten beklagte Niedergang der Nebenlagen sollte und kann vermieden werden, da er langfristig die Attraktivität der gesamten Innenstadt gefährden würde. Das Beispiel der ebenfalls als Weltkulturerbe anerkannten Lübecker Altstadt, deren Fußgängerbereich jahrzehntelang nicht über bescheidene Anfänge (ca. 1,5 km) hinaus gekommen ist, zeigt die nachteiligen Wirkungen derartiger Entwicklungsblockaden. Der Lübecker Einzelhandel steckt in einer anhaltenden Krise und Passantenbefragungen zeigen im Vergleich zu Regensburg eine erhebliche Unzufriedenheit der Innenstadtbesucher. Diese führt zu kürzeren Fußwegen und Aufenthaltsdauern sowie zu weniger Aktivitäten und Einkaufsausgaben.[33] Hat sich erst einmal ein Negativimage gebildet, fällt es schwer, davon los zu kommen.

An dieser Stelle lohnt sich ein Blick zu unseren italienischen Nachbarn. Diese haben weitgehend darauf verzichtet, ihre Innenstädte nach fordistischem Modell umzubauen, in erster Linie auf Grund einer tiefer verwurzelten Stadtkultur einschließlich des stärkeren rechtlichen Schutzes des Baubestandes der *centri storici*, außerdem weil die Modernisierung des Einzelhandels bis vor wenigen Jahren

Innenstädte zwischen Autoorientierung, Verkehrsberuhigung, Shopping Centern ... **225**

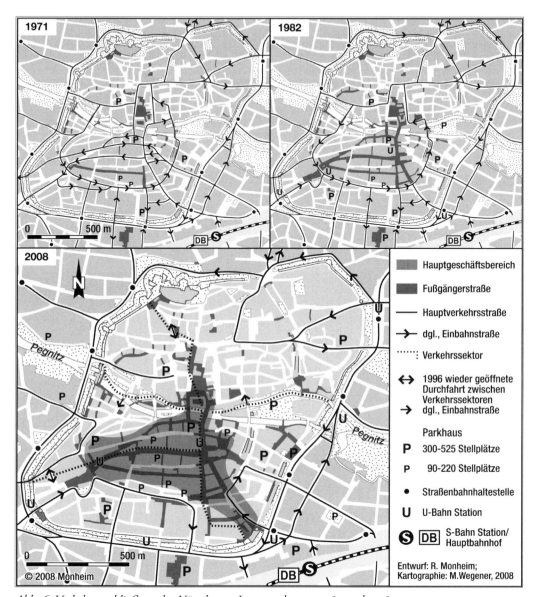

Abb. 6: *Verkehrserschließung der Nürnberger Innenstadt 1971, 1982 und 2008*

durch die staatliche Gesetzgebung gebremst wurde und damit Filial- und Großbetriebe eine geringe Rolle spielen. Im Ergebnis weisen die meisten Innenstädte eine kleinteilig strukturierte, interessante Einzelhandelslandschaft auf, deren Charakteristik von Schröder sehr treffend in einem Vergleich von Mailand, München und Birmingham herausgearbeitet wurde.[34] Dabei weist er auch darauf hin, dass die Attraktivität des Mailänder Einzelhandels im Zusammenhang mit der Beibehaltung der Innenstadt als Wohnort gehobener Schichten zu sehen ist, was in krassem Gegensatz zu Birmingham steht. Inzwischen breiten sich in Italien die amerikanischen Konsummuster explosionsartig im suburbanen Raum aus, während es keine in die Innenstadt integrierten Einkaufszentren gibt. Durch ihre Spezialisierung stehen die Innenstädte weniger in unmittelbarer Konkurrenz mit den modernen suburbanen Angeboten. Allerdings haben insbesondere süditalienische Städte (z. B. Neapel, Palermo, Catania) noch erhebliche Rückstände bei der Anpassung ihrer historischen Mitte an postmoderne Qualitäten, während dies im Norden eher gelungen ist, weshalb z. B. Bullado Verona als *città bonboniera* bezeichnet.[35]

Die Entwicklung von Fußgängerbereichen als langjähriger Lernprozess mit offenem Ende soll abschließend am Beispiel von Nürnbergs Weg zum »Urban Entertainment Center« veranschaulicht werden. Dieser ist zugleich ein Beispiel für die Bedeutung der politischen Rahmenbedingungen.[36]

Abb. 6a: Nürnbergs Innenstadt ist ein typisches Beispiel für die verschiedenen Etappen der Stadtentwicklung und Verkehrsentwicklung deutscher Innenstädte: erst behutsamer Wiederaufbau, dann zunehmend autogerechter Umbau, dann schrittweise und immer mutigere Verkehrsberuhigung, heute ein Positivbeispiel integrierter Stadt- und Verkehrsentwicklung.

Die nach gründlicher Vorbereitung erfolgte Ausweisung der ersten Fußgängerstraße Breite Gasse entsprach als isolierte Maßnahme noch ganz dem damals üblichen Muster. Sie fand spontan breite Zustimmung, die auch von einer Bürgerbefragung bestätigt wurde. Darauf hin beschloss 1972 ein erheblich verjüngter Stadtrat ein umfassendes Stufenkonzept für eine schrittweise Verkehrsberuhigung (Abb. 6). Trotz starker Bedenken der Verkehrsplaner wurden dabei mit über 20.000 Kfz am Tag belastete Erschließungsstraßen unterbrochen. Eine wichtige Erfahrung war, dass anschließend 70 bis 80 % des ursprünglichen Verkehrs nicht im verbliebenen Straßennetz auftauchten. Dennoch stießen die Unterbrechung der die nördliche Altstadt querenden Achse 1988 und die Untergliederung der Altstadt in fünf weitgehend voneinander getrennte Sektoren, bei denen die Autoerreichbarkeit nahezu vollständig erhalten, die interne Zirkulation aber weitgehend unterbunden wurde, nochmals

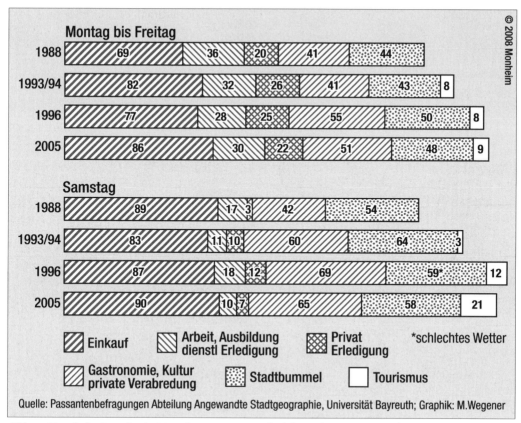

Abb. 7: *Zweck des Besuchs des Nürnberger Hauptgeschäftsbereichs 1988–2005*

auf heftigen Widerstand des Einzelhandels, der IHK und der in Opposition stehenden CSU. Nach deren Meinung war die Innenstadt für Autofahrer nicht mehr erreichbar, was man durch Plakate zum Ausdruck brachte (sinnvoller wäre es gewesen, die weiterhin gute Erreichbarkeit zu kommunizieren). Der damalige Bayerische Innenminister und Nürnberger CSU-Kreisvorsitzende Beckstein hielt 1993 unter Bezugnahme auf den Bayerischen Einzelhandelsverband die Schleifenlösung für nicht länger tragbar und forderte einen »Pakt der Vernunft« gegen die rot-grüne Rathausmehrheit, bei der sich »der gesunde Menschenverstand längst verabschiedet« habe und an seine Stelle blinde Ideologie getreten sei (Nürnberger Zeitung, 16.11.1993). Von den Innenstadtbesuchern fanden dagegen 1994 63 % die Schleifenregelung gut und nur 13 % schlecht; selbst mit dem Auto Gekommene fanden sie mit großer Mehrheit gut (44 % zu 27 %). 1998 meinten nur 5 %, die Fußgängerzone habe der Entwicklung des Stadtzentrums geschadet, da diese für Pkw schlecht erreichbar wurde und bezeichneten 16 % das Gedränge und die Vereinheitlichung der Geschäfte als nachteilige Wirkung, während 75 % sie als Aufwertung empfanden.

Die 1996 überraschend ins Amt gekommene konservative Stadtregierung startete mit der populistischen Devise »Autos zurück in die Innenstadt«. Dazu reduzierte sie die Parkgebühr von 5 auf 3 DM, hob die ursprünglich ganztägige Reservierung der Anwohnerparkplätze zwischen 22 und 14 Uhr auf, verzichtete sogar während dieser Zeit auf jegliche Bewirtschaftung, und öffnete einige Verbindungen zwischen den Verkehrszellen. Diese Wende wurde auch nach dem erneuten Wechsel der Mehrhei-

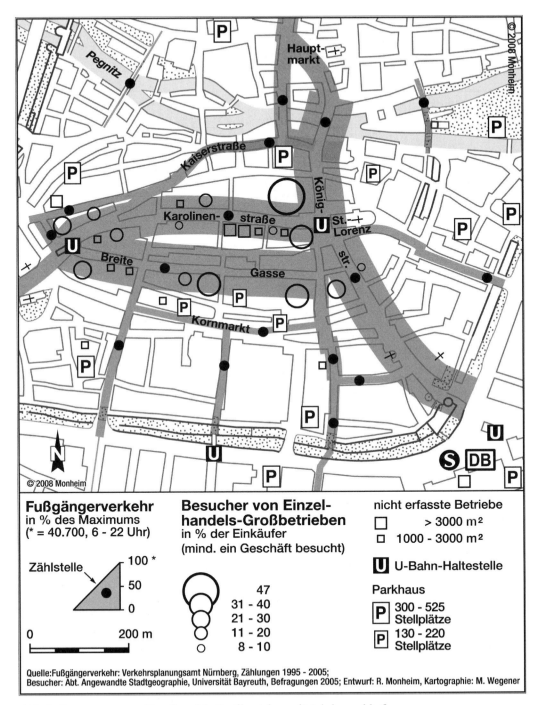

Abb. 8: Passantenströme, Einzelhandels-Großbetriebe und Verkehrserschließung in der Nürnberger Innenstadt

ten nicht mehr korrigiert. Nach längeren Debatten wurde 1999 zur Verbesserung der (gefühlten) Autoerreichbarkeit ein dynamisches Parkleitsystem eingeführt, das aber durch die Begünstigung des Straßenrandparkens bei den Gebühren keine Zunahme der Parkhausnutzung bewirkte. Trotz guter Autoerreichbarkeit kommen von den Besuchern des Hauptgeschäftsbereiches nur 33 % mit dem Auto, aber 40 % mit öffentlichen Verkehrsmitteln.

Zum Lernprozess dürfte in Nürnberg ein mehrfach in intensiven Diskussionen fortgeschriebenes Entwicklungsleitbild für die Altstadt beigetragen haben. Oberziel ist dabei »die altstadttypische **Einheit von Tradition und Moderne**«, wobei »von besonderer Bedeutung für das altstadttypische Standortprofil die **Qualität des öffentlichen Raumes**« ist.[37] Im Ergebnis wurde in Nürnberg ein Konzept verwirklicht, das eine hervorragende äußere Erreichbarkeit für alle Verkehrsarten verbindet mit einer ausgezeichneten inneren Erreichbarkeit durch angenehme Bedingungen für das zu Fuß Gehen ab dem Eintreffen in der Innenstadt dank etwa 10 km Fußgängerstraßen und flächenhafter Verkehrsberuhigung (Tempo 30, Fernhalten von Durchgangs- und Berufsverkehr).

Den Erfolg belegen steigende Besucherzahlen, zu denen der Ausbau der U-Bahn wesentlich beitrug, die Neueröffnung bzw. Erweiterung leistungsstarker Einzelhandelsgroßbetriebe (z. B. Karstadt, Breuninger, Wöhrl, Saturn) und die Ausbreitung der Freiluft-Gastronomie. Neuen Trends entsprechend wurde gleichzeitig die kulturelle Funktion der Altstadt ausgebaut. Unter anderem siedelte sich ein Multiplexkino mit 5.000 Sitzplätzen und Raum für 2.000 Restaurantbesucher an. Groß-Events wie die »Blaue Nacht« mit zuletzt 20 Aktionsorten und etwa 130.000 Besuchern stärken die Bindung der Bürger an ihre Stadt. Der Fußgängerbereich wird zu einer Bühne, die zu vielfältigem Spiel von sehen und gesehen werden einlädt.

Das Wirtschaftsreferat fördert diese Entwicklung, indem es Veranstaltern 19 Plätze in der Altstadt anbietet, auf denen diese mit eigenen Initiativen zum Flair der Altstadt beitragen können. Mit einer speziellen Broschüre möchte der Wirtschaftsreferent »für künftige, qualitativ hochwertige Veranstaltungen in unserer historisch gewachsenen aber modernen und jung gebliebenen Altstadt die räumlichen Möglichkeiten aufzeigen.«[38]

Der Nürnberger Weg wird bestätigt durch Befragungen der Innenstadtbesucher. Ihr Verhalten entspricht der Angebotsvielfalt – insbesondere samstags, wenn die Innenstädte unserer Metropolen zunehmend zum Ziel von Einkaufsausflugsverkehr werden (Abb. 7): dann kaufen 90 % ein oder gehen zumindest in Geschäfte (durchschnittlich 6,9 aufgesuchte Betriebe), üben 79 % mindestens eine, 44 % sogar mehrere Freizeitaktivitäten aus, darunter 58 % Stadtbummel und 47 % Gastronomiebesuch (Befragungen 2005). Dieses Tätigkeitsspektrum hat sich in den vergangenen beiden Jahrzehnten deutlich gewandelt. Einkaufen nimmt als Hauptbesuchszweck ab, insbesondere am Samstag (von 72 % 1988 auf 49 % 2005), wobei sein Anteil an allen Besuchszwecken werktags leicht steigt und samstags konstant hoch bleibt. Dienstliche Besuche und Arbeit nehmen leicht ab, Gastronomie, Kultur und private Verabredungen sowie Stadtbummel nehmen zu – vor allem samstags; dann ist inzwischen gut jeder Fünfte als Tourist unterwegs. Die Zunahme der insgesamt genannten Tätigkeitsarten weist auf die steigende Nutzungsvielfalt hin. Der Wandel des Einkaufens von der Bedarfsdeckung zum Shopping hat dazu geführt, dass der Anteil der in mindestens sieben Geschäfte gehenden Innenstadtbesucher 1988–2005 werktags von 16 % auf 29 % und samstags von 35 % auf 44 % zugenommen hat.

Eine Befragung der Nutzer von fünf Parkhäusern zeigt, dass die gute Qualität der öffentlichen Räume auch dazu animiert, jeweils durch möglichst große Teile des Zentrums zu laufen – mit entsprechendem Nutzen für die Frequentierung der Geschäfte. Im Gegensatz zu der weit verbreiteten Annahme, Autofahrer würden am liebsten direkt vor die Ladentüre fahren, beträgt der Mittelwert der zu Fuß gegangenen Wege bei einer besonders zentral unter dem Einkaufszentrum CityPoint gelegenen Tiefgarage 1.075 m, bei allen übrigen 1.515–1.645 m. Kurze Wege (bis 500 m) spielen nur eine geringe Rolle – selbst im zentral gelegenen CityPoint erreichen sie nur ein Viertel (übrige: 7–14 %); die Anteile mittellanger und langer Wege (bis 1.000/1.500 m) liegen jeweils zwischen 13 und 27 %, wobei auch hier im CityPoint der höchste Wert erreicht wird (zusammen 52 %); bemerkenswert sind die hohen Anteile sehr langer Wege (über 2.000 m) mit 22–29 % (Ausnahme: CityPoint); am Hauptmarkt bilden sie sogar die stärkste Entfernungsklasse. So hohe Werte wurden bei einer Analyse von 23 Verkehrsquellpunkten in Bonn, Düsseldorf und München in keinem Fall erreicht.[39]

Bei funktionalistischer Betrachtung könnten diese langen Wege als Ausdruck von Erschließungsmängeln angesehen werden (d. h. ungünstige Lage der Parkhäuser). Dagegen sprechen jedoch mehrere Gründe. Als Grund für die Wahl des gerade genutzten Parkhauses nennen die meisten dessen günstige Lage. Ganz allgemein finden von allen mit dem Auto gekommenen Innenstadtbesuchern 37 % ihren Fußweg sehr angenehm und 50 % angenehm (Auswärtige: 41 % bzw. 50 %). Zu denken geben sollte aber auch das Erfolgsrezept geplanter Einkaufszentren, in denen die Nutzungen so angeordnet werden, dass die Besucher möglichst weit gehen und damit ein Maximum an spontanen Kontaktchancen zustande kommt. In Nürnberg führt dies dazu, dass sich die Passantenströme nicht, wie in vielen Innenstädten, auf eine kurze »Kaufhausrennbahn« konzentrieren, sondern auf mehrere untereinander vernetzte Hauptgeschäftsstraßen verteilt sind (Abb. 8). Dadurch ist zwar das Maximum geringer, damit aber auch der Stress für die Besucher; in der Summe aller Geschäftsstraßen ergibt sich dennoch ein hohes Besucheraufkommen.

Fragen zur Zufriedenheit mit der Erreichbarkeit der Innenstadt und ganz allgemein zu deren Stärken und Schwächen ergeben in Nürnberg ausgesprochen positive Werte. Diese bestätigen den eingeschlagenen Weg, was nicht bedeutet, dass man sich auf dem Erreichten ausruhen dürfte. Leider hat gegenwärtig der Schwung nachgelassen; als Gründe sind zu vermuten die politischen Rahmenbedingungen (informelle »große Koalition«), das Fehlen engagierter Akteure, knappe öffentliche Mittel sowie Probleme außerhalb der Innenstadt (u. a. wirtschaftlicher Strukturwandel).

Kulturlandschaft als Handlungsraum – ein Konzept auch für Innenstädte!

Qualitätsvolle öffentliche Räume sind ein entscheidender Beitrag zur Zukunftssicherung der Innenstädte – allerdings nur, wenn sie mehr sind als Kosmetik, wenn Wirtschaft und Gesellschaft einer Stadt lernen, gemeinsam zu handeln, Ziele zu setzen und Verantwortung zu übernehmen. Fußgängerbereiche können dabei von strategischer Bedeutung sein. Wichtig bleibt, sich auf die stadtspezifische Individualität zu besinnen und nicht »Standardware« zu produzieren.

An den *Best-Practice* Beispielen kann man lernen, dass es bei der In-Wert-Setzung von Innenstädten um erheblich mehr geht als um deren verkehrstechnische, ökonomische und architektonische Optimierung. Für die Nachhaltigkeit der Konzepte ist wesentlich die Bewahrung ihrer Identität durch eine adäquate Weiterentwicklung des diese konstituierenden »genetischen Codes«. Dabei bildet das die Stadt prägende soziale Gefüge eine in den bisherigen Diskussionen nur unzureichend berücksichtigte Dimension, die wirksam wird im Wechselspiel mit der Persistenz der physischen Struktur, also dem baulichen Erbe, das entweder zur Grundlage der Leitbilder künftiger Entwicklungen wird oder aus modernistischer Sicht als zu überwindendes Hindernis künftiger Entwicklungsoptionen gilt. Diese gegensätzlichen Sichtweisen kennzeichnen auch die nach den Kriegszerstörungen verfolgten Leitbilder für den Wiederaufbau deutscher Innenstädte bis hin zu den Konzepten für die dortigen Fußgängerbereiche.

Diese identitätsstiftende Funktion wird wirksam im *Place-making*. Es geht weit über das aus der Warenwirtschaft entlehnte *place branding* als Ausbildung eines Markenimages für einen Ort (z. B. ein Einkaufsquartier) hinaus. Grundlage ist das Verständnis »der Kulturlandschaft als sozial konstruierter Raum (*place*) und der *power of place* als Bindungskraft, die von den sozioemotionalen Bezügen an einen Raum ausgelöst werden können«; damit kommt es zur »Neubewertung der **Kulturlandschaft als Faktor der Lebensqualität**«, die sich stützt auf »einen gesellschaftlichen Wertewandel, der Gesundheits- und Umweltwerten sowie dem Gedanken der kulturellen Nachhaltigkeit (vgl. Heintel 2007) ein höheres Gewicht zukommen lässt«.[40] Ein wesentlicher Grund hierfür ist die regionalökonomische Bedeutung dieser Faktoren: »Natural, recreational and lifestyle amenities are essential in attracting creative workers who support and create high technology firms.«[41] Dies ist eigentlich keine neue Erkenntnis – bildeten derartige Lebensqualitäts-Merkmale doch z. B. eine entscheidende Grundlage für den auf diesbezügliche Image-Qualitäten als weiche Standortfaktoren gestützten Aufschwung Münchens zu einer führenden Metropole in Deutschland – und hatten sich die Münchner Geographen unter Führung von Wolfgang Hartke und Karl Ganser in mehreren Studien intensiv mit diesem Image befasst.[42]

Die Komponenten von *Place-making* als kollektiver sozialer Prozess der Raumgestaltung »sind:
– die sozioemotionale Bindung an ein Gebiet/einen Raum (»Heimat«, Nachbarschaft),
– die sozial-integrative Kraft eines Gebietes (Sozialkapitalbildung …) und
– eine Form der *Governance*, der selbstverantworteten Gestaltung der Prozesse«.[43]

Dabei gilt für Innenstädte in besonderem Maße das von Fürst et al. (2008: 74) für Kulturlandschaften Gesagte: »›Raumbindungen‹ bilden sich primär dort, wo die landschaftlichen Reize hoch, der Bezug der Gebietsangehörigen zur Kulturlandschaft historisch geprägt ist und wo Kulturlandschaft nicht nur ästhetische Funktion hat, sondern als ›Ressource‹ wirkt«. Unter bestimmten Bedingungen kann daraus eine Motivationskraft für *Governance*-Prozesse entstehen, »die kollektives Handeln unterschiedlicher Akteure ermöglichen und dadurch unterschiedliche Handlungslogiken verbinden können«. Dabei kommt es zu kollektiven Lernprozessen und einer kollektiven Identitätsbildung, die u. a. für Strategien des *smart growth* eingesetzt werden können.[44]

Eine wichtige Parallele der Innenstadtentwicklung zum zentralen Dilemma der »Kulturlandschaft als Handlungsraum« besteht in deren Charakter als Gemeinschaftsgut.[45] Die unauflösliche Verflechtung von öffentlichen und privaten Gütern führt zu komplexen Interessenlagen und Entscheidungsstrukturen. Innerhalb der öffentlichen Güter ist zudem nach Röhring (2008: 39) zu unterscheiden zwischen den *Common-Pool-Resources* bzw. Allmendegütern (im Falle der Innenstadt z. B. die öffentlichen Räume) und den rein öffentlichen Gütern (»z. B. identitätsstiftende Funktion der Kulturlandschaft durch die Wirkung des Landschaftsbildes« – auf die Innenstadt übertragen etwa das Stadtbild als Imageträger). »Aufgrund der Vielfalt ihrer Elemente, Bestandteile und Funktionen kann die Kulturlandschaft insgesamt als ganzheitlich wirkendes **heterogenes und multifunktionales Gemeinschaftsgut** bezeichnet werden, von dem jeder unabhängig davon, ob er zur Erhaltung und Verbesserung der kulturlandschaftlichen Qualitäten Beiträge leistet, profitieren kann« (Röhring 2008:40, Hervorhebung im Original). Einerseits »kann **Kulturlandschaft als ein eher unbewusst entstehendes Nebenprodukt** höchst unterschiedlicher menschlicher Aktivitäten verstanden werden, die oftmals an divergierenden Zielstellungen ausgerichtet sind und durch die Wirkung sektoraler Politiken, ökonomischer Anreize und individueller Wertvorstellungen geleitet werden« (Röhring 2008: 41). Dies trifft nicht zuletzt für die »Zwischenstadt« zu. Andererseits wurde für verschiedene Innenstädte versucht, im Zuge von Leitbild-Erarbeitungen zielgerichtete Gestaltungskonzepte zu entwickeln – Nürnberg ist hierfür ein gutes Beispiel.

Das Konzept des *Place-making* wird bereits seit längerem in unterschiedlichen Einsatzfeldern angewandt. Healey bezeichnet als *Place-making* »die Qualifizierung von Räumen im komplexen Zusammenspiel materieller Gegebenheiten, symbolischer Konstruktionen und sozialräumlicher Milieus«. Bei *places* handelt es sich um »particular imagined spaces consisting of everyday actions, institutions, policies and political arrangements linked by discursive and non-discursive elements, practices and processes«.[46]

Place-making erfolgt im Zusammenwirken öffentlicher Institutionen (Verwaltung, Politik) und raumbezogener Akteure aus Wirtschaft und Zivilgesellschaft, wobei sich »*Government*« und »*Governance*« komplementär ergänzen (Cools et al. 2004, a. a. O.: 78). Dies erfordert »nicht nur korrespondierende institutionelle Rahmenbedingungen und Verfahren, sondern sozio-emotionale Bindungen zwischen den Akteuren« (Cools et al. 2004, a. a. O.: 81). Ein ausreichend entwickeltes Sozialkapital bildet demnach eine wesentliche Grundlage für die kollektive Raumprägung. Ein Einsatzbereich des *Place-making* sind stadtteilbezogene Entwicklungsvorhaben wie z. B. das Bund-Länder-Programm Soziale Stadt.[47] Daneben bildete diese Perspektive auch die Grundlage eines von Fürst in Zusammenarbeit mit dem Leibnitz-Institut für Regionalentwicklung und Strukturplanung (IRS) durchgeführten Forschungsprojektes über »Kulturlandschaft – Institutionelle Dimensionen und Pfadabhängigkeit eines regionalen Gemeinschaftsgutes«.[48] Dieses bezieht sich zwar ausschließlich auf ländlich geprägte Kulturlandschaften, doch lassen sich die dortigen Analyseschritte und planungspolitischen Schlussfolgerungen durchweg auch auf Städte und hier insbesondere die Innenstädte als deren Identität stiftende Mittelpunkte übertragen.

Speziell auf die Aufwertung urbaner öffentlicher (Frei-)Räume bezogen wird das Konzept des *Place-making* bereits seit 1976 durch die New Yorker Non-Profit-Organisation »Project for Public Spaces« (PPS) mit zahlreichen Projekten, vor allem in Nordamerika. Auch dort geht es ganz wesentlich um die Gestaltung sozialer Zusammenhänge als Grundlage für *liveability*. Damit wurden die klassischen Ansätze von Jane Jacobs für die Praxis weiterentwickelt.[49]

Es liegt nahe, gerade die Positionierung von Innenstädten, die in besonders ausgeprägter Weise ein öffentliches Gut darstellen, unter diesem Blickwinkel zu sehen. Dabei treten allerdings auch dort die von Cools, Fürst und Zimmermann festgestellten Schwierigkeiten auf, eine selbstorganisatorische gesellschaftliche Dynamik zu etablieren. Dies scheitert leicht »an Interessengegensätzen (…), an ungleichen Kommunikationsvoraussetzungen, an ungleicher Relevanz für das Vorhaben (wer hat Veto- oder Störmacht? Wer ist politisch wichtig?); Raumbindung hat als community of place oftmals geringere Bedeutung als die community of interests« (Cools et al. 2004, a. a. O.: 88). So werden die Bemühungen um ein gemeinschaftliches Agieren, das über die Organisation der Weihnachtsbeleuchtung hinausgeht, häufig durch im Hintergrund agierende Verhinderungsallianzen alteingesessener Einzelhändler untergraben. Diese verstärken die Abstinenz bzw., noch schlimmer, die negative Stimmung des Handels, wie sie sich in dessen veröffentlichten Äußerungen, aber auch in Umfragen zeigt, und greifen bevorzugt die Verwaltung und politische Führung der Stadt an.

Gemeinwohlorientierte Promotoren und Multiplikatoren können zwar als »*social enterpreneurs*« wichtige Impulse geben. Im Vergleich zum angelsächsischen Raum erscheint aber »der deutsche institutionelle Kontext für die Verbindung von *Place-making* und *Governance* eher ungünstig: Stadtteilbewohner sind es gewohnt, dass Institutionen dafür da sind, kollektive Probleme auf lokaler Ebene zu bearbeiten« (Cools et al. 2004, a. a. O.: 90). Diese auch viele Gewerbetreibende der Innenstadt kennzeichnende Grundhaltung bildet ein entscheidendes Hindernis für die Entwicklung eines gesellschaftlichen Grundkonsenses, ohne den ein gemeinschaftliches Eintreten für die Innenstadt nicht dauerhaft zu erreichen ist. Die Einrichtung von Business Improvement Districts soll nun ermöglichen, dass Wirtschaft, Zivilgesellschaft und öffentliche Hand zusammenarbeiten. Dabei sollten möglichst nicht nur unmittelbar anstehende Aufgaben gelöst werden, sondern sich daraus Strukturen einer partnerschaftlichen *Governance* entwickeln.

Das Verfahren des Business Improvement Districts könnte allerdings zu Problemen führen, da in ihm nur die unmittelbar Betroffenen Grundstückseigentümer bzw. Geschäftsinhaber entscheiden, in Innenstädten aber weitaus mehr Interessen berührt sind. Zur Einbindung dieses umfassenden Spektrums Betroffener erscheinen moderierte Verfahren angebracht, zumal der Erfolg von Innenstädten wesentlich davon abhängt, wie die Bürger zu ihr stehen. Das Herausarbeiten eines auch emotional verankerten standortspezifischen Profils ist für den Einzelhandel zunehmend wichtig, weil sich »in jüngerer Zeit ein weniger auf das Kaufverhalten, als auf die Kaufumgebung bezogenes Bild« entwickelt (Moczala, Kopperschmidt 2004, a. a. O.: 236). Der Kunde sucht je nach Einkaufsmotiven spezifische »Einkaufsreviere« auf, »deren unterschiedliche Atmosphären für ihn Teil des Einkaufserlebnisses sind« (ebenda).

Für den Handel muss deshalb insbesondere in den »urbanen Bummelzonen für den kultivierten Freizeiteinkauf« neben dem *Storedesign* auch das Umfeld zu einem stimmigen Gesamtmilieu entwickelt werden. »Stadtraum wird zum ökonomischen Faktor für den Erfolg von Einzelhandelseinrichtungen« (Moczala, Kopperschmidt 2004, a. a. O.: 237). Dabei kann die Gestaltung der »Einkaufsreviere« angesichts leerer öffentlicher Kassen nicht ausschließlich Aufgabe der Städte sein, sondern erfordert die Übernahme von Verantwortung durch die am Standort tätigen Unternehmen. Sie müssen ihren Standort als »*servicescape*«, als »Dienstleistungslandschaft« profilieren, so wie dies für ein Shopping Center selbstverständlich ist. Die von »Kulturträgern« immer wieder vorgebrachte Kritik an einer »Inszenierung der Stadt« greift insofern zu kurz, als Stadt seit ihren Anfängen immer Inszenierung bedeutet hat und im Zweifelsfall eher deren Fehlen (z. B. in der »Zwischenstadt«) zum Problem wird.

Das Nebeneinander von gewachsenen Hauptgeschäftslagen und integrierten Einkaufszentren sollte im Sinne einer »Kultivierung der vielfältigen Angebote des Einkaufens wie auch der unterschiedlichen städtischen Atmosphären« (Moczala, Kopperschmidt 2004, a. a. O.: 238) als Stärke vermittelt werden. In der Wahrnehmung der Anmutungsqualitäten von Innenstadt und Einkaufszentrum ergänzen sich die beiden Standorttypen.

Ausblick: ökologische, ökonomische und gesellschaftliche Herausforderungen

Die Innenstadt- und Einzelhandelsentwicklung wird von einer Vielzahl sich überlagernder Herausforderungen geprägt: der eng miteinander verflochtenen Klima-, Umwelt-, Flächen- und Energiepolitik, der Wirtschaftspolitik im Spannungsfeld zwischen Konzentration/Globalisierung und der Rückbesinnung auf lokale Potenziale sowie der Gesellschaftspolitik zwischen Spaltungstendenzen und neuen Formen der *Public-Private-Partnership*. Dabei gibt es einerseits starke Beharrungstendenzen, zumal angesichts der Tatsache, dass die angelegten Strukturen persistente Rahmenbedingungen bilden; es mehren sich aber die Anzeichen für einen tief greifenden Wechsel der Entwicklungsrichtung. Die Autoren dieses Beitrags halten einen solchen Wechsel für wahrscheinlich und wünschenswert im Interesse einer ökologischen, ökonomischen, sozialen und kulturellen Nachhaltigkeit, und sie meinen, dass es dringend notwendig ist, sich für diesen Wechsel einzusetzen, da jedes »weiter so« in eine falsche Richtung die spätere Umkehr aus der Sackgasse schwieriger macht und vor allem wesentlich höhere Kosten verursacht. Dem entsprechen im Prinzip auch die Ziele des 2008 aufgelegten Städtebauförderprogramms »Aktive Stadt- und Ortsteilzentren«. Es soll »die sich andeutende Rückbesinnung auf die Innenstadt unterstützen«, da diese von herausragender Bedeutung für die Zukunft der Städte und Gemeinden insgesamt sind. Als wichtig gilt dabei »die Orientierung auf Gestalt- und Prozessqualitäten, auf funktionale, kulturelle, bauliche und soziale Vielfalt. Es gilt, das Wohnen in der Innenstadt für alle gesellschaftliche Gruppen zu ermöglichen.«[50]

Der folgende Ausblick soll in einem Szenario aufzeigen, wie die Herausforderungen des Strukturwandels bewältigt werden können.[51]

Mobilität und speziell Automobilität verteuert sich dramatisch. Das Zeitalter des *American Way of Life* geht zu Ende. Dazu trägt bei, dass die Spritpreise aufgrund der weltweit zunehmenden Nachfrage bei sich erschöpfenden Angeboten rasch steigen (»Peak Oil-Problematik«). Auch die Erfordernisse globaler Klimapolitik zwingen zu massiveren Verteuerungen des Autofahrens. Früher oder später werden in allen europäischen Ländern emissionsabhängige Klimaabgaben eingeführt, mit der Folge einer deutlichen Reduzierung der PKW-Fahrleistungen. Die stürmische Kapazitätsexpansion von Straßennetzen und Parkraum geht zu Ende. Stattdessen werden stärker intelligente und marktwirtschaftliche Instrumente zur Beeinflussung des Verkehrsgeschehens eingesetzt. Zur Bekämpfung von Staus werden nach den südostasiatischen, englischen und skandinavischen Vorbildern *Congestion Charges* erhoben. Zur Deckung der steigenden Infrastrukturkosten des Straßenverkehrs (vor allem des Unterhalts) werden für den Kfz-Verkehr im gesamten Straßennetz fahrleistungsabhängige Mautregelungen eingeführt. Die Flächenpolitik geht energischer als bisher das Versiegelungsproblem an, mit entsprechenden Versiegelungs- und Parkplatzabgaben. Durch solche Innovationen gehen mittelfristig die Zeiten der billigen Auto-Mobilität zu Ende.

Die mittel- und langfristigen Konsequenzen des demographischen Wandels beeinflussen das Verkehrs- und Einkaufsverhalten und das Standortverhalten. Alles spricht für eine Aufwertung integrierter Standorte mit einer hohen Angebotsdichte und Vielfalt und für einen Attraktivitätsverlust disperser, entdichteter, schlecht versorgter und autoabhängiger Strukturen.

Beide Prozesse haben gravierende Konsequenzen für alle Bereiche der Stadt-, Verkehrs- und Einzelhandelsentwicklung. Die Nahmobilität erfährt eine Renaissance. Aus Gründen der Flächen- und Energieeffizienz gewinnen der besonders flächenleistungsfähige und emissionsarme nicht motorisierte Verkehr und der öffentliche Verkehr sowie verdichtete Bauformen mit gemischten Nutzungsstrukturen und guter städtebaulicher Integration der Versorgungsstandorte an Bedeutung. Die Kosten der Zersiedlung steigen erheblich an. Das Leitbild der Innenentwicklung wird endlich in die Praxis umgesetzt.

In diesem Kontext wird die städtebauliche und verkehrliche Integration des Einzelhandels zu einer zentralen Zukunftsfrage. Isolierte Großprojekte lassen sich kaum noch realisieren. Demgegenüber nehmen die Investitionen in Einzelhandelsangebote des kleinen und mittleren Maßstabs und an integrierten Standorten zu. Vor diesem Hintergrund gewinnt die Innenstadt als dominanter Standort der lokalen und regionalen Einzelhandelsversorgung wieder zentrale Bedeutung. Dabei nimmt die Monopolisierung attraktiver Einzelhandelslagen auf die Kaufhausrennbahn ab. Die Nebengeschäftslagen werden wichtiger. Auch die städtischen Nebenzentren erhalten eine wachsende Bedeutung.

Im suburbanen Bereich kommt es zu einer Differenzierung zwischen Standorten guter ÖPNV-Erreichbarkeit mit Potenzialen für eine schrittweise Nachverdichtung (»*Edge Cities*«) und eher dispersen Standorten mit Tendenzen zum Rückbau und zur Absiedlung. Diese »Reurbanisierung« von Teilen des suburbanen Raumes führt dort zu einer Qualifizierung eines Teils der Baustrukturen durch Nachverdichtung und ihrer öffentlichen Räume – entsprechend den Forderungen von Sieverts für die »Zwischenstadt«. All dies führt zu stärker polyzentrischen Einzelhandelsstrukturen. Der aktuelle Prozess eines Bedeutungsgewinns der Innenstädte von Metropolen dürfte sich abschwächen oder sogar umkehren, falls die großräumige Nachfragebindung wegen der steigenden Transportpreise nachlässt. Es gibt also einen neuen Strukturwandel im Handel, mit ganz anderen Trends als in der Vergangenheit.

In der politischen Steuerung der Stadtentwicklung gewinnen partnerschaftliche Organisationsformen an Bedeutung. Dies gilt sowohl für eine Wiederbelebung der Agenda-Prozesse, als auch für das Management der Innenstadtentwicklung. Um sich im Wettbewerb der Standorte behaupten zu können, besinnt man sich auf die eigene Identität als Stärke und wird sich dabei der Notwendigkeit bewusst, Formen der Zusammenarbeit zwischen den *stakeholders* zu entwickeln. Im Geschäftsleben erfolgt dies teilweise in eher unverbindlichen Organisationsformen, zu denen auch die meisten Stadtmarketing- und Citymanagementorganisationen gehören, zunehmend aber auch in den verbindlicheren Formen der Business Improvement Districts, in Wohngebieten auch in Housing Improvement Districts. Auf diese Weise entwickeln sich Strukturen einer stärkeren sozialen Kohärenz, die eine wesentliche Grundlage dafür bilden, dass sich lokale ökonomische und soziale Systeme behaupten können. Dabei hilft die Rückbesinnung auf das spezifische kulturelle Erbe, zu dem sowohl die gestaltete Kulturlandschaft, als auch die gesellschaftlichen Traditionen gehören. Ihre im Prinzip schon lange anerkannte Bedeutung als »weiche Standortfaktoren« wird endlich auch systematisch in Wert gesetzt. Dies bedeutet auch eine Umschichtung der Zukunftsinvestitionen, die in der Vergangenheit vorrangig für die »Hardware« technischer und baulicher Infrastrukturen eingesetzt wurden – häufig mit relativ geringem Nutzen für die Zukunftsfähigkeit, wie gerade die hohen Investitionen für den Autoverkehr zeigen, zu Gunsten der Unterstützung sozialer Initiativen.

Anmerkungen

1 Ackers, Walter: Vielfalt als Qualität – Wege zur integrierten Entwicklung der Innenstadt, des Handels und des öffentlichen Raumes, in: Niedersächsischer Städtetag – Nachrichten 6/2007, S. 137–139 und 7–8/2007, S. 169–172.; ders.: Klimawandel in Braunschweig und Region? Hoffentlich! In: IHK Braunschweig – Wirtschaft, Mai 2007, S. 3, 26–29.

2 Monheim, Rolf: Fußgängerbereiche. Bestand und Entwicklung, Köln 1975 (= Reihe E DST-Beiträge zur Stadtentwicklung H. 4). Diese Dokumentation gibt einen Gesamtüberblick über den damaligen Entwicklungsstand, die Entwicklungsperspektiven, die Erwartungen und Konflikte sowie die Art und Weise der Nutzung von Fußgängerbereichen: Zur weiteren Entwicklung siehe: ders.: Von der Fußgängerstraße zur Fußgängerstadt. Grundlagen, Ziele und Konzeptionen einer dynamischen Stadtentwicklung, in: Peters, Paul-Hans (Hg.): Fußgängerstadt. München, 1977, S. 11–34; ders. : Fußgängerbereiche und Fußgängerverkehr in Stadtzentren in der Bundesrepublik Deutschland. Bonn 1980 (= Bonner Geographische Abhandlungen, H. 64); ders. : Entwicklungstendenzen von Fußgängerbereichen und verkehrsberuhigten Einkaufsstraßen, Bayreuth 1987, erweiterte Neuauflage 1996 (= Arbeitsmaterialien zur Raumordnung und Raumplanung H. 41); ders. (Hg.): »Autofreie« Innenstädte – Gefahr oder Chance für den Handel? Bayreuth 1997 (= Arbeitsmaterialien zur Raumordnung und Raumplanung H. 134); ders.: Einflüsse von Leitbildern und Lebensstilen auf die Entwicklung der Innenstadt als Einkaufs- und Erlebnisraum, in: Jahrbuch der Geographischen Gesellschaft Bern, Bd. 60, 1997, S. 171–197, ders.: Methodische Gesichtspunkte der Zählung und Befragung von Innenstadtbesuchern, in: Heinritz, G. (Hg.): Geographische Handelsforschung, 2, Passau 1999, S. 65–131; ders.: Fußgängerbereiche in deutschen Innenstädten. Entwicklungsdynamik und Konzepte zwischen Interessen, Leitbildern und Lebensstilen, in: Geographische Rundschau 52, 2000, H. 7–8, S. 40–46; ders.: Die Innenstadt als Urban Entertainment Center? in: bcsd (Bundesvereinigung City- und Stadtmarketing Deutschland e. V.)(Hg.): Stadtmarketing: Stand und Perspektiven eines kooperativen Stadtmanagements. Aachen 2002, S. 65–88 (= bcsd-Schriftenreihe Nr. 1); ders.: Nutzung und Verkehrserschließung von Innenstädten, in: Insti-

tut für Länderkunde, Leipzig (Hg.), Dörfer und Städte, Nationalatlas Bundesrepublik Deutschland, Band 5, Heidelberg, Berlin 2002, S. 132–135; ders.: Fußgängerbereiche – in die Jahre gekommen? in: Stadt und Raum 2005, H. 2, S. 86–89. – Zur Entwicklung der Bayreuther Innenstadt unter dem Einfluss eines integrierten Einkaufszentrums s. ders.: Das Rotmain-Center in Bayreuth: Chancen und Risiken eines innenstadt-integrierten Einkaufszentrums, in: Brune, W., Junker, R., Pump-Uhlmann, H. (Hg): Angriff auf die City. Kritische Texte zur Konzeption, Planung und Wirkung von integrierten und nicht integrierten Shopping-Centern in zentralen Lagen. Düsseldorf 2006, S. 224–253; ders.: Der Einzelhandel in der Bayreuther Innenstadt unter dem Einfluss eines integrierten Shopping Centers, in: Maier, J. (Hg.): Wirtschaftsgeographie von Bayreuth. Bayreuth 2007, S. 107–131 (= Arbeitsmaterialien zur Raumordnung und Raumplanung H. 255).

3 Sieverts, Thomas: Zwischenstadt. Zwischen Ort und Welt, Raum und Zeit, Stadt und Land. Wiesbaden 1997 (= Bauwelt-Fundamente 118).

4 Zur Kritik am Erscheinungsbild von Fußgängerbereichen s. Garbrecht, Dietrich: Fußgängerbereiche – ein Alptraum? in: Baumeister 1977, S. 1052–1053, sowie Monheim, Rolf: Müssen Fußgängerbereiche ein Alptraum sein? – Eine Antwort an Dietrich Garbrecht, in: Baumeister 1978, S. 162–163.

5 Monheim, Heiner: Siedlungsstrukturelle Folgen der Einrichtung verkehrsberuhigter Zonen in Kernbereichen. in: Peters, Paul-Hans (Hg.): Fußgängerstadt, München 1977, S. 125–129; Heinz, Werner, Hübner, Herbert, Meinecke, Bernd, Pfotenhauer, Erhard: Sozioökonomische Aspekte der Einrichtung von Fußgängerbereichen, in: ebenda, S. 130–145, Pfotenhauer, Erich et al.: Verkehrsberuhigte Zonen in Kernbereichen, Bonn 1978 (= Städtebauliche Forschung, 03.065).

6 Beispiele für diese Strategie sind Erfurt, Freiburg, Göttingen, Halle, Karlsruhe, Mannheim, Kassel und Würzburg.

7 Die 1975 von Rolf Monheim (a.a.O.) erstellte Dokumentation enthält in einer umfassenden Kartenserie Ausbaustand und Planungen für knapp 150 Innenstädte, ergänzt durch Karten zur Nutzung und Verkehrserschließung.

8 Zur neueren Diskussion siehe Moczala, Christian und Kopperschmidt, Juliane: Mall, Markt und Discounter – Mit dem Handel urbane Räume schaffen, in: Stadt und Raum 25, August 2004, S. 236–241, sowie umfassend zur Rolle der Gestaltung öffentlicher Räume Selle, Klaus (Hg.): Was ist los mit den öffentlichen Räumen? Analysen, Positionen, Konzepte, Dortmund 2002 (= Werkbericht der ABG Nr. 49).

9 Zur raschen Übersicht siehe Gerhard, Ulrike, Jürgens, Ulrich: Einkaufszentren – Konkurrenz für die Innenstädte, in: Institut für Länderkunde, Leipzig (Hg.): Dörfer und Städte. Nationalatlas Bundesrepublik Deutschland, Band 5, Heidelberg, Berlin 2002, S. 144–147 sowie Heinritz, Günter: Shopping Center. Ein erfolgreicher Import aus den USA, in: Leibnitz-Institut für Länderkunde (Hg.): Unternehmen und Märkte. Bundesrepublik Deutschland, Band 8. München 2004. Zur Konkurrenzsituation in den neuen Bundesländern s. Jürgens, Ulrich: Einzelhandel in den neuen Bundesländern – die Konkurrenzsituation zwischen Innenstadt und »Grüner Wiese«, dargestellt anhand der Entwicklungen in Leipzig, Rostock und Cottbus. Kiel 1998 (= Kieler Geographische Schriften Bd. 98). Unter den zahlreichen Fallstudien sind hier von besonderem Interesse Popp, Monika: Innenstadtnahe Einkaufszentren. Besucherverhalten zwischen neuen und traditionellen Einzelhandelsstandorten. Passau 2002 (= Geographische Handelsforschung 6), Pilz, Gordon: Die Dresdner Innenstadt aus der Sicht ihrer Besucher unter besonderer Berücksichtigung der Altmarktgalerie. Bayreuth 2007 (= Arbeitsmaterialien zur Raumordnung und Raumplanung, H. 262), Peppel, Andreas: Innerstädtische Einzelhandelsentwicklung durch Großprojekte – Auswirkungen auf traditionelle Einzelhandelsbereiche am Beispiel des Shopping-Centers »City-Galerie« in Siegen. Diss. Bochum 2006.
Ein Problem bei Statistiken über Shopping Center stellen Unterschiede bei deren Definition dar, insbesondere hinsichtlich ihrer Mindest-Verkaufsfläche (meist 8.000 oder 10.000 m²) und der Zahl der Geschäfte. Am 1.1.2007 gab es nach EHI 384 Shopping Center mit mindestens 10.000 m² Verkaufsfläche und 25 Geschäften (Gesamt-Vkf. 9,7 Mio. m²) (EHI Retail Institute e.V. (Hg.): Shopping Center 2007, Köln). Setzt man die Grenze bei 8.000 m², so gab es zu diesem Zeitpunkt nach Falk 563 Center mit insgesamt 13,7 Mio. m² Verkaufsfläche (Falk, Bernd: Aktuelle Center-Entwicklung. German Council of Shopping Centers e.V. (Hg.): German Council Magazin 11, 2007, S. 78–81).

10 Heineberg, Heinz, Mayr, Alois: Jüngere Shopping-Center-Entwicklung in Deutschland. Beispiele aus dem Rhein-Ruhr-Gebiet, in: Praxis Geographie 5/1996, S. 12–17.

11 Brune, Walter, Junker, Rolf, Pump-Uhlmann, Holger (Hg.): Angriff auf die City. Kritische Texte zur Konzeption, Planung und Wirkung von integrierten und nicht integrierten Shopping Centern in zentralen Lagen. Düsseldorf 2006. Dieser umstrittene Band bündelt die Kritikpunkte und enthält einige Fallstudien zu den Kontroversen, aber auch eine Wirkungsanalyse aus Sicht der Innenstadtbesucher von Rolf Monheim. Beispiele für konstruktiv-kritische Stellungnahmen sind: Badewitz, Eva, Jenne, Arnd, Junker, Rolf, Koerver, T., Kühn, Gerd, Monheim, Rolf, Schulte, Astrid: Positionspapier Innerstädtische Einkaufszentren (www.difu.de/presse/06.04.08) und Peppel, Andreas, Pangels, Rolf: Voraussetzungen für eine erfolgreiche Integration von Shopping-Centern in Innenstädten. Positionspapier. BAG-Arbeitskreis Shopping-Center und Innenstadt, Berlin 2007.

12 Brune propagiert heute diese besser integrierbaren Formen (a. a. O. S. 54–71), nachdem er früher selber nicht integrierte Center entwickelt hatte. Für weitere Beispiele s. Monheim, Rolf, Popp, Monika: Passagen – wieder entdeckte Wege für Flaneure, in. Heinritz, Günther, Wiegandt, Claus-Christian, Wiktorin, Dorothea (Hg.): Der München-Atlas, Köln, S. 106–107, sowie Gerhard, Ulrike, Jürgens, Ulrich, 2002, a. a. O.

13 Als Fallstudie siehe am Beispiel von Nürnberg Jochims, Christiane, Monheim, Rolf: Einkaufsausflugsverkehr in Stadtzentren – ein zukunftträchtiges Marktsegment, in: Der Städtetag 49, 1996, H. 11, S. 729–737.

14 Das Passantenaufkommen in Hauptgeschäftsstraßen wird regelmäßig von auf City-Lagen spezialisierten Immobilienmaklern wie Engel&Völkers und Kemper's erhoben. Für Übersichten s. Monheim, Rolf 1999, a. a. O., sowie ders. 2002, a. a. O.: 133.
Bei Zählungen durch Engel&Völkers im Juni 2008 waren die 6 Städte mit dem höchsten Passantenaufkommen dienstags 17–18 Uhr Stuttgart, Dortmund, München, Hannover, Frankfurt, Köln (absteigend 9.638–7.769 Passanten/h), samstags 12–13 Uhr Hannover, Stuttgart, München, Frankfurt, Leipzig, Hamburg (15.519–8.028 P./h); das polyzentrische Berlin liegt mit 4.777 bzw. 5.927 P./h deutlich darunter. Die langjährigen Spitzenreiter Frankfurt und München verzeichneten teilweise deutliche Rückgänge.

15 2004 stand das Programm unter dem Motto »Spiel-Platz-Stadt«. Es wurde in 24 Städten durchgeführt und von sieben Organisationen in public-private-partnership gesponsert. Die Wettbewerbsbeiträge sind hervorragend dokumentiert durch: Die Initiatoren des Projektes »Ab in die Mitte! Die City-Offensive NRW« (Hg.): Spiel-Platz-Stadt 2004, Düsseldorf 2004. Für eine umfassende Übersicht siehe Hatzfeld, Ulrich, Imorde, Jens, Schnell, Frauke (Hg.): 100+1 Idee für die Innenstadt. Eppstein 2006.
Eingehend zu Innenstädten als Freizeitstandorten, zur innenstadtbezogenen Freizeitmobilität und zur Freizeit als Revitalisierungschance für die Innenstadt siehe Frehn, Michael: Freizeit findet InnenStadt. Mobilitätsanalysen, Handlungsansätze, Fallbeispiele. Dortmund 2004 (= Dortmunder Beiträge zur Raumplanung, Verkehr 3).

16 Popp, Monika: Die Privatisierung von Konsumräumen und die Gefährdung des öffentlichen Raums. Ein Vergleich von Einkaufszentren und Fußgängerzonen, in: Wiegandt, Claus-C. (Hg.): Öffentliche Räume – öffentliche Träume. Zur Kontroverse über die Stadt und die Gesellschaft. Berlin 2006, S. 105–120 (= Stadtzukünfte 2). Für das geplante UEC siehe Quach, Hans Dieter, Wachowiak, Helmut: Die Neue Mitte Oberhausen/CentrO. Auswirkungen eines Urban Entertainment Centers auf städtische Versorgungs- und Freizeitstrukturen. Trier 1999 (= Materialien zur Freizeitgeographie H. 53), Quack, Hans Dieter: Freizeit und Konsum im inszenierten Raum. Eine Untersuchung räumlicher Implikationen neuer Orte des Konsums, dargestellt am Beispiel des CentrO Oberhausen. Paderborn 2001 (= Paderborner Geographische Studien, 14). Zu generellen Perspektiven s. auch Schmid, Heiko: Ökonomie der Faszination: Aufmerksamkeitsstrategien und unternehmensorientierte Stadtpolitik, in: Berndt, Christian, Pütz, Robert (Hg.): Kulturelle Geographien. Zur Beschäftigung mit Raum und Ort nach dem Cultural Turn. Bielefeld 2007, S. 289–316.

17 Die kulturell-ökonomischen Auswirkungen der Warenhäuser und der ihnen folgenden Shopping Center schildert anschaulich Krüger, Thomas: Das Paradies der Kunden, in: Die alte Stadt 4/2007, S. 283–298.

18 Ein zukunftsweisender Ansatz für eine standortverträgliche Dimensionierung des durch ein Einkaufszentrum (oder vergleichbare Großstrukturen, wie eine Sportarena) erzeugten Autoverkehrs wurde in der Schweiz mit dem »Fahrtenmodell« eingeführt. Dabei wird dem Entwickler nicht die Zahl der Pkw-Stellplätze, sondern die Zahl der im Jahr unter Berücksichtigung der Umfeld- und Erschließungssituation maximal zulässigen Fahrten vorgegeben; bei Nichteinhaltung sind Sanktionen vorgesehen. Ein Beispiel ist das Urban Entertainment Center SiehlCity in der Nähe der Züricher Innenstadt. Näher hierzu s. Fellmann,

Andy: Fahrtenmodelle in der Schweiz, in: Handbuch der kommunalen Verkehrsplanung, Kap. 3.4.12.5, 51. Ergänzungslieferung, Heidelberg 2008.

19 Besonders dramatisch, weil überlagert durch den kulturellen Konflikt zwischen alten und neuen Bundesländern, war die Entwicklung in Cottbus; siehe hierzu Lorenz, Werner: Von der großen Belagerung der Stadt Cottbus, in: Brune, Walter et al. (Hg): a. a. O., S. 177–199.

20 Näher zu den Besucherbefragungen siehe Monheim, Rolf: Isolation oder Kopplung? Empirische Befunde zur Versachlichung anhaltender Kontroversen um innerstädtische Shopping Center, in: Geographische Handelsforschung Nr. 22, 2007, S. 24–29.

21 Popp, Monika: Innenstadtnahe Einkaufszentren. Besucher zwischen gewachsenen und künstlichen Strukturen. Passau 2002 (= Geographische Handelsforschung. Band 6). Für Dresden wurden diese Fragen ebenfalls gestellt – s. Pilz, Gordon: Die Dresdner Innenstadt aus der Sicht ihrer Besucher unter besonderer Berücksichtigung der Altmarktgalerie. Bayreuth 2007 (= Arbeitsmaterialien zur Raumordnung und Raumplanung, H. 262).

22 Die Auswirkungen auf die Immobilienpreise bzw. Mieten werden seit 2006 in einem groß angelegten Forschungsprojekt untersucht: Krüger, Thomas, Walther, Monika: Auswirkungen innerstädtischer Shopping Center. In: Wehrheim, Jan (Hg.): Shopping Malls – Interdisziplinäre Betrachtungen eines neuen Raumtyps. Wiesbaden 2007, S. 191–208.

23 Näher sind die Einstellungen der Bayreuther Händler und Innenstadtbesucher dokumentiert in Monheim 2006, 2007 (a. a. O.).

24 Für die Verkehrserschließung wurde ein solches System konzipiert in Monheim, Rolf: Koexistenz als Verkehrssystem: Modell einer Fußgängerstadt, dargestellt am Beispiel der Stadt Bonn, in: Peters, Paulhans (Hg.): Fußgängerstadt, München 1977, S. 112–123.

25 Deß, Th.: Einzelhandel in Nebengeschäftslagen historischer Innenstädte – Das Beispiel der Regensburger Altstadt. Bayreuth 2005 (= Arbeitsmaterialien zur Raumordnung und Raumplanung H. 239).

26 Oberhuber, Nadine: Pssst… – bitte nicht weitersagen! in: Frankfurter Allgemeine Sonntagszeitung Nr. 27, 6.7.2008.

27 In einer von Rolf Monheim betreuten Diplomarbeit konnte am Beispiel von Ingolstadt gezeigt werden, dass die »postmodern« Orientierten (35 % der Besucher, weit überdurchschnittlicher Akademikeranteil) im Vergleich zu den dezidiert »Modernen« (14 %) häufiger Nebenstraßen nutzen und häufiger sagen, diese seien ihnen wichtig; von den zumindest gelegentlich in Nebenstraßen Einkaufenden können 54 % der »Postmodernen«, aber nur 19 % der »Modernen« bestimmte ihnen wichtige Seitenstraßen nennen. Erstere sind folgerichtig häufiger für eine Verkehrsreduzierung bzw. Erweiterung der Fußgängerzone in den Nebenstraßen. (Wolfrum, Julia: Innenstadt im Spannungsfeld von Funktionalismus und Postmoderne: Das Beispiel Ingolstadt. Bayreuth 2008; unveröffentlicht).

28 Monheim, Rolf: Gemeinsam für die Innenstadt als Dienstleistungs-Destination. Die Bedeutung von Koperenz bei Place-Making und Destinationsmanagement für die Integration innerstädtischer Einkaufszentren, in: Frauns, E., Imorde, J., Junker, R. (Hg.), Standort Innenstadt – Raum für Ideen. Ladenleerstand. Ein Fachbuch. Eppstein 2007, S. 110–115.

29 In der Regel sind die Industrie- und Handelskammern die treibende Kraft bei der Diskussion über die Einführung von BID-Gesetzen. Dem entsprechend kommt von dort auch eine umfassende Übersicht des Realisierungsablaufs: http://www.dihk.de/inhalt/download/bid_liste.pdf.
Die Einführung der gesetzlichen Grundlagen von BID wird auch nachdrücklich durch die Bundesvereinigung City- und Stadtmarketing Deutschland e. V. (bcsd) gefordert, so z. B.: BCSD (Hg.): Business Improvement Districts in Deutschland. Stand 2006: Vom »Ob?« zum »Wie?«. Dokumentation des 2. bundesweiten BID-Hearings am 6. November 2006 in Hamburg. Aachen 2007 (= BCSD-Schriftenreihe Bd. 3).
Zu Konzept und Ablauf der BID-Gründung siehe Heinze, Frank: BIDs in der Quartiersentwicklung. Einsatzmöglichkeiten und -bedingungen aus Sicht der Neuen Politischen Ökonomie, in: RaumPlanung 130, S. 73–78. Die Einflüsse der Randbedingungen auf die Chancen von BIDs in ostdeutschen Städten werden in einem von B. Hahn geleiteten Forschungsprojekt untersucht (s. Wermke, Peter: BID – ein Modell zur Revitalisierung ostdeutscher Innenstädte? Eine Analyse aus wirtschafts-, handels- und bevölkerungsgeographischer Perspektive, in: Geographische Handelsforschung, Nr. 23, 2008, S. 23–27).

Zur Übertragung des amerikanischen BID-Konzeptes auf Deutschland siehe Wiezorek, Elena: Business Improvement Districts. Revitalisierung von Geschäftszentren durch Anwendung des nordamerikanischen Modells auf Deutschland? Berlin 2004 (= Arbeitshefte des Instituts für Stadt- und Regionalplanung, TU Berlin, H. 65).

30 Für Gießen wurde 2006 und 2007 in Passantenbefragungen untersucht, wie sich die Einführung von BIDs auf das Verhältnis zwischen gewachsenen Lagen und einem neuen Einkaufszentrum ausgewirkt haben: Mossig, Ivo, Dorenkamp, Ansgar: Die Entwicklung des Einzelhandels in der Giessener Innenstadt nach Ansiedlung der Shopping-Mall ›Galerie Neustädter Tor‹ und Gründung der Business Improvement Districts. Projektbericht, Gießen 2007.

31 Zu den Einflüssen von Leitbildern und Lebensstilen siehe: Monheim, Rolf 1997, a. a. O.; die Rolle des historischen Erbes beleuchten Beiträge zu den Fußgängerbereichen von München, Nürnberg und Regensburg in einem von Rolf Monheim moderierten Themenheft der Zeitschrift »Die alte Stadt« 1/1998 zu »Einzelhandel und Verkehrsberuhigung in Altstädten – Chance oder Gefährdung«. Dort erläutert auch der Gewinner des Gestaltungswettbewerbs für die Münchner Fußgängerzone Prof. Winkler in einem Interview von Rolf Monheim seine Konzeption.

32 Regensburg erhielt 2001 für die Gestaltung seiner Straßen und Plätze drei Anerkennungen: Landeswettbewerb des Freistaates Bayern »Zukunft der Innenstädte« (als Landessieger); Planerbiennale Rotterdam »Cultures of Cities«; Public-Design-Preis der Fachmesse »Public Design« der Berliner Senatsverwaltung.
Das neue Erscheinungsbild der Altstadt ist dokumentiert in Stadt Regensburg, Planungs- und Baureferat (Hg.): Straßen und Plätze. Gestaltung von öffentlichen Räumen, Regensburg 2001 (= Regensburg plant & baut 4). Zur Regensburger Altstadt siehe auch zahlreiche erläuterte Karten in Sedlmeier, Anton, Vossen, Joachim (Hg.): Stadtatlas Regensburg. Regensburg 2006.
Die Nutzung und Bewertung der Regensburger Innenstadt durch die Besucher sind ausführlich dargestellt in Heller, Jochen, Monheim, Rolf: Die Regensburger Altstadt im Spiegel ihrer Besucher und Betriebe, Bayreuth 1998 (= Arbeitsmaterialien zur Raumordnung und Raumplanung H. 176).

33 Dies wird deutlich bei der Gegenüberstellung vergleichbarer Besucherbefragungen in unterschiedlichen Städten (Benchmarking), z. B. in Monheim, Rolf 2002, a. a. O. Für die ausführlichen Daten s. Heller, Jochen, Monheim, Rolf: Nutzerbefragung zur neuen Verkehrsführung in der Lübecker Altstadt, Leipzig, Bayreuth 2001 (unveröffentlicht). Zu Lübeck siehe außerdem mehrere Beiträge in der Tagungsdokumentation über »Autofreie« Innenstädte (Monheim, Rolf 1997, a. a. O.).

34 Schröder, Frank: Einzelhandelslandschaften in Zeiten der Internationalisierung. Birmingham, Mailand, München. Passau 1999 (= Geographische Handelsforschung 3).

35 Zum Einzelhandel in italienischen Innenstädten und zu Vergleichen mit Deutschland siehe außerdem Holzwarth, Martin:1998, Einzelhandel in italienischen und deutschen Stadtzentren, untersucht an den Beispielen Florenz und Nürnberg. Bayreuth 1998 (= Arbeitsmaterialien zur Raumordnung und Raumplanung, H. 169), Holzwarth, Martin, Meini, Monica, Monheim, Rolf: Florenz und Nürnberg – unterschiedliche Entwicklungsmodelle für Altstädte, in: Die alte Stadt 25, 1998, H. 1, S. 55–79, Monheim, Rolf: Einkaufen in Italien. Das Spannungsfeld zwischen historischen Stadtzentren und peripheren Einkaufszentren, in: Geographische Rundschau 53, 2001, H. 4, S. 16–21, ders.: Centri naturali e centri commerciali in Germania: contrapposizione o integrazione? in: Geotema (in Vorbereitung). Zur aktuellen Einzelhandelsforschung in Italien siehe: Cirelli, Caterina (Hg.): Gli spazi del commercio nei processi di trasformazione urbana, Geografia e organizzazione dello sviluppo territoriale, Bologna 2007 (= Studi regionali e monografici 41).

36 Die Entscheidungsprozesse wurden für Nürnberg ausführlich untersucht durch Mayer, Alexander: Die Sperrung des Rathausplatzes in Nürnberg. München 1989 (= Beiträge zur Kommunalwissenschaft 31) (diese gründlich recherchierte Arbeit gibt ungewöhnlich detaillierte Hintergrundinformationen und liest sich wie ein Krimi!) sowie im Städtevergleich Seewer, Ulrich: Fußgängerbereiche im Trend? Strategien zur Einführung großflächiger Fußgängerbereiche in der Schweiz und in Deutschland im Vergleich in den Innenstädten von Zürich, Bern, Aachen und Nürnberg. Bern 2000 (= Geographica Bernensia G65).

37 Stadt Nürnberg, Wirtschaftsreferat/Stab Stadtentwicklung (Hg.): Nürnberg. Zukunft der Altstadt. Entwicklungskonzept, Strukturplanung, Programmschwerpunkte. Nürnberg 2000. Hervorhebung im Original.

38 Stadt Nürnberg, Wirtschaftsreferat/Stab Stadtentwicklung (Hg.): Nürnberg. Altstadt-Plätze. 19×Raum für Veranstaltungen, Feste und Events. Nürnberg 2004.

39 Die Parkhausbefragung erfolgte im Rahmen einer von Rolf Monheim betreuten Diplomarbeit von Raab, Svenja: Parken in der Nürnberger Innenstadt – Erreichbarkeit, Parkstrategien, Bewertung und Aktionsraum aus Sicht der Parkhausnutzer. Bayreuth 2007 (unveröffentlicht). Zur Länge der in deutschen Innenstädten zu Fuß zurückgelegten Wege s. Monheim, Rolf 1980, a. a. O.

40 Fürst, Dietrich, Gailing, Ludger, Pollermann, Kim, Röhring, Andreas: Einführung, in: Fürst, Dietrich, Gailing, Ludger, Pollermann, Kim, Röhring, Andreas (Hg.): Kulturlandschaft als Handlungsraum. Institutionen und Governance im Umgang mit dem regionalen Gemeinschaftsgut Kulturlandschaft. Dortmund 2008, S. 11–18, (hier S. 12, Hervorhebung im Original), unter Bezugnahme auf Hayden, D.: The power of place, Boulder 1995.

41 Stolarick, K.: The »Soft« Factors of Regional Growth: Technology, Talent and Tolerance, in: Thießen, F. et al.: (Hg.): Weiche Standortfaktoren. Erfolgsfaktoren regionaler Wirtschaftsentwicklung. Interdisziplinäre Beiträge zur regionalen Wirtschaftsforschung. Berlin 2005, S. 73–102 (= Volkswirtschaftliche Schriften, H. 541).

42 Siehe unter anderem Monheim, Heiner: Zur Attraktivität deutscher Städte. Einflüsse von Ortspräferenzen auf die Standortwahl von Bürobetrieben. München 1972 (= ›WGI‹-Berichte zur Regionalforschung, H. 8).

43 Fürst, Dietrich, Lahner, Marion, Pollermann, Kim: *Regional Governance* und *Place-making* in Kulturlandschaften, in: Fürst, Dietrich, Gailing, Ludger, Pollermann, Kim, Röhring, Andreas (Hg.): Kulturlandschaft als Handlungsraum. Institutionen und Governance im Umgang mit dem regionalen Gemeinschaftsgut Kulturlandschaft. Dortmund 2008, S. 71–88.

44 Fürst, Lahner, Pollermann a. a. O. An dieser Stelle kann nicht näher auf die Übertragbarkeit des Konzeptes eingegangen werden, doch stellt die stärkere Berücksichtigung der sozialen und politischen Dimensionen ein von der Planung bisher zu sehr vernachlässigtes Feld dar.

45 Röhring, Andreas: Gemeinschaftsgut Kulturlandschaft – Dilemma und Chancen der Kulturlandschaftsentwicklung, in: Fürst, Dietrich, Gailing, Ludger, Pollermann, Kim, Röhring, Andreas (Hg.): Kulturlandschaft als Handlungsraum. Institutionen und Governance im Umgang mit dem regionalen Gemeinschaftsgut Kulturlandschaft. Dortmund 2008, S. 35–48.

46 Healey, Patsy 2001 sowie Shields, Rob 1991, zit. nach Cools, Marion, Fürst, Dietmar, Zimmermann, Karsten: Place-making und Local Governance. Kollektive Raumgestaltung im Spannungsfeld alltäglicher Konstruktionen, administrativer Steuerung und politischer Machtspiele, in: Scholich, D. (Hrsg.): Integrative und sektorale Aspekte der Stadtregion als System. Frankfurt 2004, S. 73–95 (= Stadt und Region als Handlungsfeld. Bd. 3).

47 Fürst, Dietrich, Lahner, Marion, Zimmermann, Karsten: Neue Ansätze integrierter Stadtentwicklung: Placemaking und Local Governance. Erkner 2005 (= REGIO transfer 4).

48 Fürst, Dietrich, Gailing, Ludger, Pollermann, Kim, Röhring, Andreas (Hg.): Kulturlandschaft als Handlungsraum. Institutionen und Governance im Umgang mit dem regionalen Gemeinschaftsgut Kulturlandschaft. Dortmund 2008.

49 Jacobs, Jane: Tod und Leben großer amerikanischer Städte. Braunschweig 1976 (= Bauwelt Fundamente 4). – PPS erarbeitet kontinuierlich Projekte für die Wiedergewinnung der Funktionsfähigkeit öffentlicher Räume. Außerdem veröffentlicht es dazu Handbücher und führt Fortbildungs- und Trainingsseminare für Planer, Politiker und Bürger durch (ausführlicher s. www.pps.org).

50 Bundesamt für Bauwesen und Raumordnung (Hg.): Attraktive Städte und Orte brauchen aktive Zentren. Auftakt für das Städtebauförderprogramm »Aktive Stadt- und Ortsteilzentren«, in: Informationen aus der Forschung des BBR, Juli 2008, S. 1–2. S. auch www.nationale-stadtentwicklungspolitik.de sowie zum Eröffnungskongress am 28.5.2008 die Reportagen der Innovationsagentur Stadtumbau NRW 01, Mai 2008.

51 In einer gemeinsamen Tagung der beiden Arbeitskreise »Geographische Handelsforschung« und »Verkehr« des Verbandes der Geographen an deutschen Hochschulen, die im Juni 2006 in Erfurt stattfand, wurden verschiedene Gesichtspunkte der Wechselbeziehungen zwischen diesen beiden Bereichen angesprochen. Siehe dazu Achen, Matthias, Böhmer, Juliane, Gather, Matthias, Pez, Peter (Hg.): Handel und Verkehr,

Mobilität und Konsum. Mannheim 2008 (= Studien zur Mobilitäts- und Verkehrsforschung Band 19). Matthias Achen zieht am Ende seines Einführungsbeitrags (Zur Interdependenz von Handel und Verkehr – im Spannungsfeld zwischen ökonomischen Rationalitäten, sozialen Präferenzen und planungspolitischen Leitbildern, ebenda, S. 9–21) ebenfalls ein »Fazit: Ausblick«, in dem er stärker als der hier vorgelegte Ausblick von einer Ambivalenz möglicher Entwicklungen ausgeht. Zu den Visionen künftiger Entwicklungen siehe auch einen anlässlich des Deutschen Geographentags in Leipzig 2001 herausgegeben Band: Heinritz, Günter, Schröder, Frank: Geographische Visionen vom Einzelhandel in der Zukunft, in: Berichte zur deutschen Landeskunde, Band 75, Heft 2/3, 2001, S. 178–187, und Monheim, Rolf: Visionen für Stadtverkehr und Mobilität, ebenda S. 242–256.

Rolf Kreibich

Planen für das Jahr 2025

Können die Zukunftsforschung und die Agenda 21 Orientierungshilfe leisten?

Einleitung: Der Konsens konventionellen Planens wird brüchig

Die Raum- und Städteplaner sind zunehmend verunsichert über die Folgen ihres Tuns. Das war nicht immer so. Aber die letzten Jahrzehnte haben die Halbwertzeit des Verfalls von Orientierungsmustern drastisch herabgesetzt. Angesichts der technologisch-industriegesellschaftlichen Strukturbrüche und eines hemmungslosen, quantitativen Wachstumsdenkens zerflossen Raum- und Städtestrukturen zu gestalt- und übergangslosen Stadtrandbereichen mit gelegentlichen städtischen Verdichtungen zu breiartigen Stadtregionen. Die Planer haben anfangs kräftig mitgewirkt. Erst spät, häufig zu spät, stellten sie fest, daß das Konzept der immer mehr auseinanderdriftenden Lebensfunktionen Arbeit, Wohnen, Freizeit, Kultur und Einkauf und die Auszehrung urbaner Lebensräume angesichts katastrophaler ökologischer, sozialer, städtebaulicher und verkehrlicher Folgen keine Zukunft hat.

Noch wenig von (Selbst-)Zweifeln geplagt sind die Erbauer der Gebäude und städtischen Infrastrukturen. Sie bauten ja nur einzelne Wohnblöcke, Bürotürme, Supermärkte, Straßen, Schallschutzwände und Versorgungstrassen, aber keine Stadt oder Stadtregion. Es kommt bis heute nicht gerade häufig vor, daß sie danach fragen, ob ihre Produkte sozial und ökologisch verträglich sind oder gar den Bedürfnissen nachfolgender Generationen gerecht werden, obwohl sie ja durchweg feste Bestandteile der Städte und Regionen von mindestens 50 Jahren, meist länger, schaffen. Gerade durch sie wird langfristig Zukunft projektiert und zementiert, und zwar ganz massiv durch Stahl, Beton, unzählige synthetische Werkstoffe und einen gigantischen Energieverbrauch. Dabei gehen die meisten Architekten und Bauleute noch immer von der schlichten Vorstellung aus, daß ihre Produkte die Anforderungen der Gegenwart und Zukunft und sogar der nachfolgenden Generationen gut erfüllen. Weit verbreitet ist die ebenso schlichte Ansicht, daß die postmoderne Formensprache, die Funktionalität der Gebäude und Infrastrukturen und die Materialauswahl dauerhafte Werte schaffen.

So bezieht sich zwar das Raum- und Städteplanen schon lange nicht mehr auf einen langfristigen Zukunftshorizont. Um so mehr aber hat das konkrete Gestalten indirekt, durch die Massivität seiner Eingriffe, Langfristwirkung, freilich ohne das dem konzeptionelles Langfristdenken vorausginge. Anders ausgedrückt, Planen in Zusammenhängen und mit Langfristperspektive findet nicht mehr statt, während kurzfristiges Gestalten durch Materialisierung des ökonomischem Zeitgeistes langfristig die Zukunft prägt.

Zum Charakter der Zukunftsforschung

Diese Situation wäre nicht zu beklagen, wenn man die Poppersche Erkenntnis unserer prinzipiellen Unfähigkeit, die Zukunft vorherzusagen (»Bei jeder Prognose muß auch das Gegenteil möglich sein.«) so interpretiert, daß wir auch unfähig seien, Zukunft bewußt zu planen und zu gestalten.

Das steht aber weder bei Popper noch entspricht das dem Credo der modernen Zukunftsforschung. Diese geht zwar davon aus, daß die Zukunft prinzipiell nicht vollständig bestimmbar ist, aber verschiedene Zukunftsentwicklungen (Zukünfte) möglich und in Grenzen planbar und gestaltbar sind. Vor allen den Grundlagen der Evolutionstheorie und der Theorie selbstorganisierender Systeme läßt sich entnehmen, daß zwar ganz verschiedene, aber keinesfalls beliebige Zukünfte möglich sind, und an spezifischen Verzweigungspunkten der Entwicklung bestehen sogar weite Gestaltungsräume, um auf Zukunftsentwicklungen Einfluß zu nehmen. Im Extremfall können sogar kleinste Inputs zur richtigen Zeit an der richtigen Stelle gigantische Wirkungen erzielen (»Schmetterlings-Effekt«).

Die Zukunftsforschung versucht nun, den bestehenden Handlungs- und Gestaltungsraum durch Einbeziehung möglichst vielfältiger Faktoren, funktionaler Wirkungen und Verknüpfungen (vor allem auch Rückwirkungen höherer Ordnung) systematisch zu untersuchen und für zukünftiges Handeln fruchtbar zu machen. In diesem Sinne ist Zukunftsforschung die wissenschaftliche Befassung mit möglichen, wahrscheinlichen und wünschbaren Zukunftsentwicklungen und Gestaltungsoptionen sowie deren Voraussetzungen in Vergangenheit und Gegenwart. Sie enthält somit neben analytischen und deskriptiven Komponenten immer auch normative, prospektive und in jüngster Zeit immer mehr auch kommunikative, partizipative und gestalterische Elemente im Forschungsprozeß selbst.

Zukünfte entwickeln sich im allgemeinen nicht entlang von Disziplinen und sind deshalb auch nicht von einzelnen Disziplinen in ihrer Komplexität und vernetzten Funktionalität zu erfassen. Somit liegt auch die wissenschaftliche Befassung mit Zukünften quer zu den Disziplinen. Die Zukunftsforschung arbeitet deshalb interdisziplinär und multidisziplinär. Sie nutzt die Erkenntnisleistungen der Fachdisziplinen und deren methodisches Instrumentarium und erbringt vor allem durch neue Kombinationen und komplexe funktionale Verknüpfungen von Fachwissen unterschiedlicher Disziplinen und Praxisbereiche sowie das Erstellen von Zukunftsbildern (häufig als Szenarien) Eigenleistungen in Form von Orientierungs- und Handlungswissen.

Der Gegenstand der Zukunftsforschung bestimmt sich nicht aus einem fest abgegrenzten Forschungsfeld, sondern aus der Thematik, die sich im Hinblick auf langfristige Zukunftsplanung und -gestaltung stellt. Gleichwohl lassen sich aus der modernen Zukunftsforschung eine Reihe von Bestimmungselementen explizieren, die den Forschungsgegenstand eingrenzen. Danach ist Zukunftsforschung befaßt mit: komplexen dynamischen Systemen und Prozessen; großräumigen bzw. globalen Zusammenhängen und Wirkungen; Folgen von Entscheidungen, Maßnahmen und Handlungen aus Vergangenheit und Gegenwart; mittel- und langfristigen Perspektiven und Handlungsorientierungen in der Zukunft (mittelfristig umfaßt einen Zeitraum von ca. 5 bis 20 Jahren, langfristig von ca. 20 bis 50 Jahren und in Ausnahmefällen auch darüber hinaus); sektorübergreifenden Problemen, Themen und Handlungsstrategien; Unsicherheiten, Diskontinuitäten, Trendbrüchen und vernetzten Folgen höherer Ordnung; Vorstellungen über zukünftige Entwicklungen in ihrem Einfluß auf gegenwärtiges und zukünftiges Verhalten.

Das Profil erfolgreicher Zukunftsforschung weist darüber hinaus eine Reihe von Besonderheiten auf, die über den traditionellen Wissenschaftskanon hinausgreifen: Sie arbeitet mit kreativen, phantasievollen Leitbildern und Zukunftsentwürfen. Ihr Vorgehen ist holistisch und innovativ. Alte Leitbilder, Theorien und Daten werden unbekümmerter als in anderen Wissenschaften relativiert oder aufgegeben.

Die Zukunftsforschung hat sich häufig als besonders fruchtbar erwiesen, wenn Zukunftsbilder und Zukunftsstrategien unkonventionell und radikal auf spezifische Chancen und Gefahren zukünftiger Entwicklungen zugespitzt werden. In der neueren Zukunftsforschung spielen vor allem kommunikative und partizipative Elemente im Wissenschaftsprozeß eine immer größere und fruchtbare Rolle. Die direkte und indirekte Einbeziehung von Betroffenen und Beteiligten in die wissenschaftliche Erarbeitung von Zukunftsstudien und Zukunftsprojekten sowie von Entscheidern und Akteuren verschiedener Praxisbereiche, hauptsächlich aus Politik, Wirtschaft und Gesellschaft, wird immer mehr zu einem besonderen Kennzeichen der Zukunftsforschung (z. B. im Rahmen von Zukunftswerkstätten, Kreativ-Workshops oder Szenario-Entwicklungen).

Die Zukunftsforschung unterliegt allerdings in Abgrenzung zu zahlreichen pseudo-wissenschaftlichen Tätigkeiten wie »Trendforschung«, »Prophetie« oder »Science Fiction« grundsätzlich allen Qualitätskriterien, die die Wissenschaft an gute Erkenntnisstrategien und leistungsfähige Modelle stellt: Relevanz, logische Konsistenz, Einfachheit, Überprüfbarkeit, terminologische Klarheit, Angabe der Reichweite, Explikation der Prämissen und der Randbedingungen, Transparenz, praktische Handhabbarkeit u. a.

Zentrale Herausforderungen: Grenzen des Wachstums

Wenn die Zukunftsforschung ihrem wichtigsten Anspruch gerecht werden will, Eigenleistungen in Form von Orientierungs- und Handlungswissen zu erbringen, dann ist die Befassung mit den zentralen Herausforderungen der Gegenwart und Zukunft eine conditio sine qua non. Heute sind das vor allem:
– die gravierenden Störungen des Verhältnisses der technisch-industriellen Zivilisation zu den natürlichen Lebens- und Produktionsgrundlagen,
– die wachsenden Disparitäten von Reichtum und Armut sowie Nutzung und Belastung von Ressourcen zwischen den Industriestaaten und den Ländern der Zweiten und Dritten Welt,
– die steigenden Risiken durch den Einsatz technischer Supersysteme im militärischen und zivilen Bereich,
– die zunehmende Unfähigkeit, Arbeit und Einkommen bei wachsender Produktivität vernünftig zu organisieren.

Im Kern beruhen diese grundlegenden Disparitäten auf dem positiv rückgekoppelten Prozeß zwischen dem Subsystem »Wissenschaft und Technik« und dem Subsystem »Wirtschaft und militärischer Komplex«, der seit der Erfindung der empirisch-analytischen Wissenschaft an der Wende vom 16. zum 17. Jahrhundert die Industriegesellschaft prägt. In unserem auf Marktwirtschaft und Wettbewerb aufgebauten Wirtschaftssystem erhielt der Prozeß zwischen dem wissenschaftlich-technischen Innovieren und dem industriellen Produzieren eine enorme Dynamik. Er hat sich seit der technisch-industriellen Revolution immer mehr beschleunigt und mittlerweile auf alle Lebensbereiche bis hinein in die Haushalte, die Freizeitgestaltung, die private Kommunikation und das werdende Leben ausgedehnt. Ein Prozeß dieser Art hat ja die immanente Eigenschaft, sich immer weiter aufzuschaukeln. Ganz offensichtlich ist es bisher nicht gelungen, ihn so zu steuern, daß seine zerstörerischen Wirkungen auf die Natur und das Sozialsystem in Grenzen zu halten sind.

Natürlich haben die Erfolge dieser gigantischen Produktivitäts- und Produktionsmaschine eine starke Faszination: Wenn wir innerhalb von weniger als 100 Jahren im Fertigungsbereich die Produktivität, also die Wertschöpfung pro Produktionseinheit, um fast 3.000 Prozent und im Büro allein in den letzten 40 Jahren um mehr als 1.500 Prozent steigern konnten, wenn das reale durchschnittliche Pro-Kopf-Einkommen in den Industrieländern in der gleichen Zeitspanne fast ebenso wie die Produktivität im Fertigungsbereich gestiegen ist und die Lebenszeit sich um 38 Jahre verlängert hat, dann klingt das nicht nur nach Erfüllung von lang gehegten Menschheitsträumen, dann ist das zumindest die Erfüllung früherer Visionen.

Die Aussicht, daß ein Wachstum von 3,5 Prozent die Warenströme und den Konsum bis zum Jahr 2014 noch einmal verdoppeln wird, erscheint deshalb noch immer als verlockendste Zukunftsperspektive. So hat die OECD in ihrer 1992 abgeschlossenen Studie »Long-Term Prospects for the World Economy« nicht ohne jubelnden Unterton mittel- bis langfristig ein jährliches Wachstum der Weltwirtschaft von 3 % prognostiziert, für Europa 3–4 % und die Pazifikanrainer sogar 5–6 %. Ganz in diesem Trend präsentierte der amerikanische Präsident auf dem G8-Gipfel in Denver im Juni 1997 die Wirtschaftsdaten der USA als leuchtendes Vorbild den führenden Industrienationen der Welt. Somit ist es nicht verwunderlich, wenn auch die Länder der Zweiten und Dritten Welt auf diesen Entwicklungspfad drängen.

Es ist vor allem die hell leuchtende Erfolgsgeschichte des technisch-industriellen Fortschritts, die uns alle gegenüber den Schattenseiten dieser Entwicklung blind gemacht hat. Die auf der Schattenseite empirisch meßbaren Katastrophenpotentiale lassen aber keinen anderen Schluß zu, als daß wir bei einem Fortschreiten auf dem Pfad der gigantischen Energie-, Rohstoff- und vor allem der Schadstoffströme in weniger als 80 Jahren unsere natürlichen Lebens- und Produktionsgrundlagen zerstört haben werden.

Die Zukunftsforschung muß sich deshalb in erster Linie mit der Erkenntnis auseinandersetzen, daß wir auf diesem Globus ganz nah an Belastungsgrenzen der Natur und der Sozialsysteme herangerückt sind und uns anschicken, sie im Taumel der Wachstumserfolge zu überschreiten. Als prinzipielle Belastungsgrenzen mit unbegrenzten Risikopotentialen lassen sich heute ausmachen:
– die Erschöpflichkeit der Rohstoffe,
– die Überschreitung der Absorptionsfähigkeit globaler und lokaler Ökosysteme als wohl gravierendster Krisenfaktor der Zukunft,
– die irreversiblen Folgen in Natur und Sozialsystem, wozu vor allem die massenhafte Vernichtung von Pflanzen- und Tierarten sowie die Zerstörung von Landschaften, Ökosystemen und Kulturschätzen gehören,
– die quasi irreversiblen Folgen wie z. B. die Zerstörung der Ozonschicht, die mittel- und langfristigen Klimaschädigungen oder die anthropogene Erhöhung von Radioaktivität durch Nutzung der Atomenergie, also Umweltschäden, die in überschaubaren Zeiträumen nicht rückgängig zu machen sind,
– die soziale Sprengkraft der Ungleichverteilung von Reichtum und Armut beziehungsweise von Gewinnen und Verlusten aus dem Naturvermögen,
– der Umschlag eines komplexen Mobilitätssystems in Immobilität.

Die immer wahrscheinlicher werdende Überschreitung von Belastungsgrenzen läßt nur die Einsicht zu, daß unsere heutige Industrie- und Wachstumsgesellschaft und ihre Kopplung an den Durchsatz horrender Stoff-, Energie- und Schadstoffströme und wachsender sozialer Disparitäten – global und regional – nicht zukunftsfähig ist. Nehmen wir noch die Tatsache zur Kenntnis, daß wir uns in den Industrieländern, auch in der Bundesrepublik Deutschland, trotz Wirtschaftswachstum, schon seit 1976 gemäß UN- und Weltbank-Index auf einem Pfad abnehmender Lebensqualität befinden, dann konterkariert das dominierende Wirtschaftsmuster die wichtigsten Leitziele der gesellschaftlichen Entwicklung: »Zukunftsfähigkeit« im Sinne der Erhaltung der Lebens- und Produktionsgrundlagen und »Lebensqualität« für alle heute und in der Zukunft lebenden Menschen.

Zu konstatieren bleibt somit, daß das, was heute allgemein als Fortschritt bezeichnet wird, im Prinzip einer Nonsens-Logik folgt:

- Wir entfernen uns von den wichtigsten Leitzielen der gesellschaftlichen Entwicklung.
- Alle am Wirtschaftsprozeß beteiligten Akteure fügen sich mittel- und langfristig mehr Schaden als Nutzen zu.
- In der gesamten Biosphäre gibt es nicht eine einzige Größe, die immer nur wächst. (Wie sollte das auch gehen – bei endlichen Ressourcen und endlicher Tragekapazität der Erde?)

Um Orientierungs- und Handlungswissen für zukunftsfähige Zukünfte zu produzieren, muß sich die Zukunftsforschung vorrangig mit den Ursachen und Zusammenhängen dieser Entwicklung befassen, um plausible Konzepte und Maßnahmen erarbeiten zu können, wie die katastrophischen Prozesse zu vermeiden sind.

Zukunftsfähigkeit und Lebensqualität

Es entspricht einer einfachen, aber wirksamen Vorgehensweise, die Umkehrung von Trends, die auf Belastungsgrenzen zusteuern, als Leitziele für Entlastung und Zukunftsfähigkeit zu postulieren. Wenn wir das tun, erhalten wir in erster Näherung das folgende Zielbündel für Zukunftsfähigkeit.

Abb. 1: Leitziele für eine nachhaltige Entwicklung

- Niedrige Stoff- und Energieströme und Wertstoffrückführung
- Geringstmögliche Schadstoffströme und Schadstoffrisiken
- Nutzung regenerativer Energien und Rohstoffe
- Vermeidung von irreversiblen und quasi irreversiblen Folgen durch Produktion und Konsumtion
- Vermeidung technischer Großrisiken
- Förderung einer umwelt- und sozialverträglichen Mobilität
- Erhaltung intakter und Wiederherstellung geschädigter Naturräume
- Verminderung ökonomischer und sozialer Disparitäten als Quellen von Gewalt (global, regional, national)

Die wichtigsten Strategien zur Umsetzung sind technisch-ökonomische und soziale Innovationen, die ein verändertes Suffizienzverhalten sowie neue Lebensstile und Konsummuster einschließen. Die folgende Skizze faßt die wichtigsten Bestimmungsgrößen des Nachhaltigkeits-Prinzips zusammen.

Daß diese Ziele weitgehend deckungsgleich mit den Leitzielen für eine nachhaltige Entwicklung sind, wie sie im Rahmen des Aktionsprogramms der Vereinten Nationen für das 21. Jahrhundert (Agenda 21) auf der Rio-Konferenz formuliert wurden, sollte nicht überraschen. Denn auch die Agenda 21 stellt die ökologischen und sozialen Belastungen von Natur und Sozialsystemen in den Mittelpunkt aller weiteren Betrachtungen über Planung und Gestaltung zukünftiger Wirtschafts-, Arbeits- und Beschäftigungsstrukturen, den Umgang mit den wissenschaftlich-technischen und natürlichen Ressourcen und die Beziehungen im globalen und regionalen Sozialverbund.

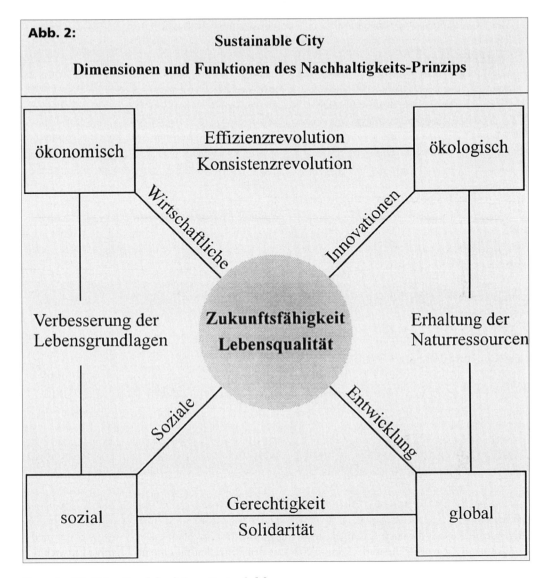

Abb. 2: Sustainable City — Dimensionen und Funktionen des Nachhaltigkeits-Prinzips

Zum Leitbild »Nachhaltige Entwicklung«

Warum ist das auf diese Weise entwickelte Leitbild so attraktiv für langfristiges Zukunftshandeln? *Der Zielfokus* ist Zukunftsfähigkeit und Verbesserung der Lebensqualität für alle Menschen. Er hat sich in hohem Maße als konsensfähig erwiesen, ohne Leerformel zu sein. Weil seine Operationalisierung in den wichtigsten gesellschaftlichen Handlungsfeldern möglich ist, hat sich auch die internationale Staatengemeinschaft im Rahmen der Agenda 21 hierauf verständigt.

Für *das Konzept* »Nachhaltige Entwicklung« ist aus der Sicht der Zukunftsforschung die holistisch-integrative Betrachtung und Behandlung der vier Dimensionen ökonomisch, sozial, ökologisch und global für alle Entwicklungs- und Strukturkonzepte ein riesiger Fortschritt und eine neue Qualität gegenüber traditionellen Wirtschafts-, Sozial- und Umweltkonzepten.

Die Handlungsmaximen korrespondieren mit den Leitzielen und verlangen:
- die wirtschaftliche Sicherung der Lebensgrundlagen und einen akzeptablen Lebensstandard für alle Menschen,
- eine Effizienz- und Konsistenzrevolution aller technischen Systeme, Produkte und Dienstleistungen,
- die dauerhafte Erhaltung der natürlichen Ressourcen und Ökosysteme,
- inter- und intragenerative Gerechtigkeit und Solidarität.

Die *wichtigsten Strategien* zur Umsetzung sind technisch-ökonomische und soziale Innovationen, die ein verändertes Suffizienzverhalten sowie neue Lebensstile und Konsummuster einschließen. Die nachfolgende Skizze faßt die wichtigsten Bestimmungsgrößen des Nachhaltigkeits-Prinzips zusammen:

Für die handelnden Akteure sind die bisher genannten Leitziele, Handlungsmaximen und Umsetzungsstrategien natürlich noch weitgehend theoretische Konstrukte und wenig greifbar für konkretes Handeln. Blieben wir bei dieser Konkretisierungstufe stehen, wäre noch nicht viel erreicht und das Leitbild »Sustainable Development« würde sich wohl schnell als Utopie verflüchtigen. Deshalb ist es erforderlich, das Konzept für die Entwicklung konkreter Projekte und Maßnahmen zu operationalisieren. Grundsätzlich muß sich der Wandel in Richtung »Nachhaltigkeit« auf alle gesellschaftlichen Handlungsfelder beziehen. Die nachfolgenden Stichworte zu den wichtigsten Handlungsfeldern sollen andeuten, welche Konzepte und Maßnahmen den Prozeß fördern können (siehe auch Abb. 3 auf S. 249)

Die Stadtregion als Fokus der Entwicklung

Daß die Stadtregion der Fokus der Entwicklung ist und weiterhin sein wird, steht außer Zweifel. Sie ist der Verdichtungsraum aller entwickelten und sich in Entwicklung befindlichen Gesellschaften – weltweit mit rasant wachsender Bevölkerungstendenz. Hier leben zunehmend viele Menschen auf begrenztem Raum, in wenigen Jahren schon mehr als 50 Prozent der Weltbevölkerung. Hier vor allem entwickeln sich die ökonomischen, sozialen und kulturellen Trends. In den Stadtregionen, namentlich den großen Metropolen, werden die wichtigsten politischen und wirtschaftlichen Entscheidungen geformt und getroffen. Hier werden Wohnen, Arbeiten, Kultur und Freizeit durch ein dichtes Netz von Infrastrukturen zusammengehalten, gleichzeitig aber auch getrennt. Virtuelle Beziehungen ersetzen mehr und mehr persönliche Kontakte. Die Stadtregionen sind aber vor allem auch die Verursacher des horrend zunehmenden stofflichen, energetischen, informationellen und sozialen Mülls. Kurz gesagt, es sind jene Orte, in denen hauptsächlich die Zukünfte der Gesellschaften und der Menschheit gemacht werden und in denen immer mehr die Krisensymptome und Krisen kumulieren.

In den Stadtregionen entwickeln sich zum Glück aber auch zahlreiche kreative und höchst ermutigende Zukunftskonzepte und viele Initiativen und Maßnahmen weisen schon in die richtige Richtung einer nachhaltigen Stadtentwicklung. In letzter Zeit haben vor allem Städte und Gemeinden dem Nach-Rio-Prozeß als Brundtland-, Öko- oder Zukunftsregionen oder durch Konzipierung und Umsetzung einer »Lokalen Agenda 21« eine erhebliche Dynamik verliehen. Auch die internationale Staatengemeinschaft hat erkannt, daß den Städten und Gemeinden eine zentrale Rolle im Nachhaltigkeitsprozeß zukommt und sie deshalb in der Agenda 21 (Kapitel 28) zum provokativen Handeln aufgefordert:

Zur Handlungsgrundlage (28.1.):
- »Da viele der in der Agenda 21 angesprochenen Probleme und Lösungen auf Aktivitäten auf der örtlichen Ebene zurückzuführen sind, ist die Beteiligung und Mitwirkung der Kommunen ein

> **Abb. 3: Nachhaltige Entwicklung/Handlungsfelder**
>
> – Produktions-/Dienstleistungsbereich
>   Ökologische Produkte und Verfahren, Kreislaufwirtschaft, ökologische Dienstleistungen, Entmaterialisierung, Effizienzsteigerung, Einsatz nachwachsender Rohstoffe
> – Konsumtions-Nutzungsbereich
>   Ökologische Produkte, Sparsamkeit und rationelle Nutzung, Nutzung regenerativer und dezentraler Energieen, Einsatz ökologisch konsistenter Stoffe und Materialien, gemeinsame Nutzung, Leasing statt Eigentum, Wiederverwendung
> – Öffentliche und private Strukturen
>   Energiedienstleistungen, Mobilitätsdienstleistungen, öffentlicher Schienenverkehr statt Straßenbau, Flächenrecycling
> – Bauen und Wohnen
>   Ökologisches und solares Bauen, Verwendung biologischer und wiederverwendbare Baustoffe, recyclingfähige Gebäude, dezentrale Energiesysteme, regenerative Energietechnik
> – Stadtentwicklung
>   Funktionsmischungen (Wohnen, Arbeiten, Versorgung, Freizeit), ökologische und sozialverträgliche Stadterneuerung
> – Mobilität/Verkehr
>   Fuß- und Radfahrverkehr, ÖPNV statt motorisierter Individualverkehr, Schienengüterverkehr, Entmaterialisierung des Verkehrs
> – Land- und Forstwirtschaft
>   Biologische Landwirtschaft statt Chemisierung, naturnahe Forstwirtschaft statt Monokulturen, kleinräumige Tierhaltung und Pflanzenzucht
> – Entwicklungsländer
>   Gerechte Preise für Drittwelt-Produkte, Hilfe zur Selbsthilfe, Armutsbekämpfung, Hilfe bei der Nutzung nachwachsender Rohstoffe

entscheidender Faktor bei der Verwirklichung der in der Agenda enthaltenen Ziele. Kommunen errichten, verwalten und unterhalten die wirtschaftliche, soziale und ökologische Infrastruktur, überwachen den Planungsablauf, entscheiden über die kommunale Umweltpolitik und kommunale Umweltvorschriften und wirken außerdem an der Umsetzung der nationalen und regionalen Umweltpolitik mit. Als Politik- und Verwaltungsebene, die den Bürgern am nächsten ist, spielen sie eine entscheidende Rolle bei der Informierung und Mobilisierung der Öffentlichkeit und ihrer Sensibilisierung für eine nachhaltige umweltverträgliche Entwicklung.«

Zum Procedere (28.3.):
– »Jede Kommunalverwaltung soll in einen Dialog mit ihren Bürgern, örtlichen Organisationen und der Privatwirtschaft eintreten und eine ›kommunale Agenda 21‹ beschließen. Durch Konsultation und Herstellung eines Konsenses werden die Kommunen von ihren Bürgern und von örtlichen Organisationen, von Bürger-, Gemeinde-, Wirtschafts- und Gewerbeorganisationen lernen und für die Formulierung der am besten geeigneten Strategien die erforderlichen Informationen erlangen.« Diese procedurale Empfehlung basiert auf einer Reihe von Zukunftsstudien, die übereinstimmend einen Megatrend zunehmender Innovationsunfähigkeit politischer Administrationen und tradierter Wirtschafts- und Sozialstrukturen feststellen. Stattdessen kommen die Impulse für technischen, sozialen und kulturellen Wandel mehr von den vielen innovativen

Gruppen, Netzwerken, Initiativen, Organisationen, Modellprojekten und den nicht in staatliche und kommunale Strukturen eingebundenen Akteuren und Bürgern. Es wird zunehmend zur Überlebensfrage einer Region, ob und wie es gelingt, diese Akteure in einen auf Konsens angelegten Dialog regionaler Innovations- und Entwicklungsprozesse einzubeziehen. Eine nachhaltige Stadtentwicklung muß natürlich an den schon in den letzten Jahren formulierten Zielen einer ökologisch und sozial verträglichen Städteplanung ansetzen. Hierzu gehören vor allem die Reduzierung von Schadstoffen und Lärm, der rationelle und sparsame Umgang mit Energie und stofflichen Ressourcen, die Mobilisierung regenerativer Energien, die Reduzierung von Wasserverbrauch und Abwassereinleitung in städtische Gewässer, die Vermeidung und Verringerung von Abfall, ein schonender Umgang mit Grund und Boden, die Verwendung schadstoffarmer Baustoffe und die – allerdings wenig erfolgreichen – Ansätze zur Eindämmung des motorisierten Individualverkehrs und zur Förderung des umweltfreundlichen Öffentlichen Personennahverkehrs (ÖPNV) sowie des Fahrradverkehrs.

Neben die schon als klassisch zu bezeichnenden Umweltziele, die mit Sicherheit auch noch den Planungs- und Umsetzungshorizont des Jahres 2025 betreffen werden, traten in den letzten Jahren weitere Ziele hinzu, die immer mehr in die Bereiche Ökonomie, Soziales und globale Beziehungen der Städte und Regionen hineinreichen.

Die Abbildung 4 enthält ein Zielbündel bezogen auf eine Reihe von Handlungsfeldern, das für eine zukünftige nachhaltige Stadt- und Regionalentwicklung von Relevanz ist:

Abb. 4: Ziele und Maßnahmen einer nachhaltigen Stadt- und Regionalentwicklung

Nachhaltige Entwicklung
Ziele und Maßnahmen einer umwelt-, wirtschafts- und sozialgerechten
Stadt- und Regionalentwicklung
- Abbau von Anreizen zur Sub- und Disurbanisierung
- Stabilisierung ländlicher Räume und Siedlungen
- Städtebauliche Nutzungsmischungen und soziale Integration
- Städtebauliche Dichte, Innenentwicklung und Freiraumschutz
- Ausgleich von Flächeninanspruchnahme im lokalen und regionalen Verbund
- Förderung städtischer Quartiere mit besonderem Erneuerungsbedarf
- Stärkung von Innenstädten und Stadtteilzentren
- Städtebauliche Weiterentwicklung und Urbanisierung von Großwohnsiedlungen
- Ökologisch und sozial verträgliche Infrastrukturen
- Ökologisches und solares Bauen
- Sichere Stadtquartiere
- Nachhaltige Mobilität
- Stärkung der Rechte von Kindern und Jugendlichen
- Globale Entwicklungszusammenarbeit, insbesondere auch Nord-Süd und Ost-West
- Gesundheitsvorsorge und gesunde Ernährung
- Nachhaltiges Wirtschaften in der Stadtregion
- Nachhaltige Lebensstile und Konsummuster
- Nachhaltige Freizeit- und Tourismusinfrastruktur

Planen und Gestalten für das Jahr 2025 **251**

Die Zukunftforschung bietet heute ein erstaunlich einheitliches Bild hinsichtlich der technisch-ökonomischen Entwicklungsdynamik in marktwirtschaftlich organisierten Industriestaaten. Mit der zunehmenden Durchdringung aller Lebensbereiche durch Informations- und Kommunikationstechnologien erhalten die ohnehin aus ökonomischer Sicht plausiblen Trends zur Tertiarisierung (Dienstleistungsgesellschaft) und Quartärisierung (Informations- und Wissenschaftsgesellschaft) einen zusätzlichen enormen Schub. Diese Megatrends bedeuten allerdings keine Abkehr von der Wachstumsideologie sondern, im Gegenteil, Verlängerung des bisherigen Entwicklungsmusters mit anderen Mitteln, aber weitgehend ähnlichen Folgen.

Für die Städte und Gemeinden wird sich deshalb an dem heute bestehenden gravierenden Defizit, der geringen Einbeziehung von Wirtschaft und wirtschaftlichen Institutionen, vor allem von regional ansässigen Unternehmen, in den Prozeß der nachhaltigen Entwicklung im Grundsatz nichts ändern. Hier fehlt es gerade für einen weiten Planungs- und Gestaltungshorizont an relevanten Konzepten und Projekten für nachhaltiges Wirtschaften oder gar einer regionalen »sustainable economy«.

Angesichts der grundlegenden Bedeutung des wirtschaftlichen Strukturwandels stellt sich damit eine zentrale Aufgabe für die Zukunftsforschung und die regionalen Agenda-Prozesse. Auch wegen der dramatischen Zunahme der Arbeitslosigkeit und der Schwierigkeit bei der Umverteilung von Arbeit und Einkommen sowie des Unvermögens der staatlichen Politik und der Wirtschaftsverbände, der Gesellschaftsspaltung und sozialen Diskriminierung angemessen zu begegnen und des damit verbundenen finanzpolitischen Dilemmas (Steuerausfälle und Finanzierung von Massenarbeitslosigkeit), müssen die Kommunen und Regionen, auch wenn es unter den gegebenen Rahmenbedingungen sehr schwierig ist, dieses Thema selbst mit anpacken. Hier stellt sich natürlich die Frage, ob und wie das gehen kann. Hierfür ist es wichtig zu wissen, daß es in einer Reihe von Kommunen erste Ansätze gibt, technologische und ökonomische Innovationen zur nachhaltigen Stadtentwicklung in Unternehmen zu initiieren und zu fördern. Ich halte dieses Feld für den Agenda-Prozeß strategisch für außerordentlich wichtig, auch zur Überwindung der katastrophalen Finanzlage in den meisten Städten und Gemeinden.

In der nachfolgenden Tabelle (Abb. 5, Seite 2521) sind einige Handlungsfelder beispielhaft angegeben, die im Rahmen eines Agenda 21-Prozesses zur Förderung technologischer und wirtschaftlicher Innovationen gemeinsam mit den Unternehmen der Stadt beziehungsweise der Region abgeprüft und – soweit möglich – umgesetzt werden sollen.

Daß die in der Tabelle enthaltenen Handlungsfelder und Projekte nicht ökologische Wirtschaftskonzepte vom grünen Tisch sind, läßt sich anhand konkreter, erfolgreicher Pionierunternehmen in Ansätzen nachweisen.

Zukunftsvisionen und Megatrends

Als bedeutende Zukunftsvisionen und Leitbilder für gesellschaftliches Handeln stehen sich die »Informationsgesellschaft« und die »Nachhaltige Gesellschaft« bisher weitgehend unabhängig und unvernetzt gegenüber. Beide Zukunftsvisionen haben aus ganz unterschiedlichen Gründen eine besondere Mächtigkeit sowohl als Leitbilder für globale Handlungskonzepte als auch für das praktische Handeln auf nationaler, regionaler und lokaler Ebene. Diese Leitbilder sind auch für die Zukünfte von Städten und Unternehmen prägend, ebenso für zukünftige Lebensstile, Arbeit, Bildung und Ausbildung, Kultur und Sozialverhalten.

Die *»Informations- und Kommunikationsgesellschaft«* begründet sich hauptsächlich aus der wachsenden Bedeutung der Ressource »Information und Wissen« und der zunehmenden ökonomischen

> **Abb. 5: Innovationen für mehr Nachhaltigkeit**
>
> Sustainable City
> Wirtschaftliche, technologische und organisatorische
> Innovationen in Unternehmen
>
> - Verbesserung der betrieblichen Emissionen
>   (Schadstoffe, Abluft, Abwasser, Abfall, Lärm, Abwärme)
> - Umsetzung innerbetrieblicher Umweltschutz
>   (Checklisten: Energie, Abfall, Wasser, Lärm, Einsatzstoffe, Betriebsstoffe, Baustoffe, Fahrzeuge, Kantine etc.)
> - Ökologische Produktentwicklung und Verfahren
> - Kreislaufwirtschaft mit technologischen und organisatorischen Innovationen
> - Ökoeffiziente Produktions-, Distributions- und Rückhollogistiken
> - Ökoeffiziente Dienstleistungen (Sharing, Pooling, Leasing)
> - Ökologischer Industrie-, Gewerbe- und Bürobau
> - Rationelle Energienutzung und Energietechniken
>   (BHKW, Nahwärmekonzepte, energieeffiziente Produktionstechnik etc.)
> - Einsatz regenerativer Energien
>   (Solarthermie, Photovoltaik, Windkraft, Biogas)
> - Einsatz telematischer Technik zur Erhöhung der Ökoeffizienz
>   (Organisationslogistik, Kreislaufführung von Produkten und Wertstoffen, Distributionslogistik, Telearbeit, Videokonferenzen etc.)
> - Einsatz von Mikroelektronik und Nanotechnik
>   (Entmaterialisierung, Energieeinsparung, Gewichtsreduktion)
> - Einsatz nachwachsender Rohstoffe
> - Beteiligung an Öko-Investitionen
>   (z. B. Energiespar-Contracting für Wohnungsbau, öffentliche und private Gebäude, ökologischer Produktentwicklung)
> - Umrüstung Fahrzeugpark auf schadstoff- und lärmarme Nutzfahrzeuge
> - Beteiligung an internationalen Öko-Joint-Ventures
> - Durchführung Öko-Audit/Umweltberichterstattung
> - Ökoeffiziente Flächennutzung und Grünraumgestaltung
> - Schulung und Qualifizierung der Mitarbeiter
> - Sponsoring Lokale Agenda 21

und sozialen Relevanz der technischen Informations- und Kommunikationssysteme in Verbindung mit dem Einsatz von Computern, der Telematik. Ihre Durchsetzung folgt im wesentlichen der mächtigen Eigendynamik des technologischen und wirtschaftlichen Wettbewerbs im Rahmen des internationalen Wachstums- und Produktivitätswettlaufs.

Die »*Nachhaltige Gesellschaft*« begründet sich hauptsächlich aus der Endlichkeit der natürlichen Ressourcen und den Belastungsgrenzen von Öko- und Sozialsystemen sowie der Notwendigkeit, die Lebens- und Produktionsgrundlagen weltweit dauerhaft zu erhalten und den Reichtum der natürlichen und technischen Ressourcen und Produkte gerechter zu verteilen.

Planen und Gestalten für das Jahr 2025　　253

Wir sehen es am Sekretariat für Zukunftsforschung (Gelsenkirchen) und am Institut für Zukunftsstudien und Technologiebewertung (Berlin) als große Herausforderung und grundlegende Forschungs- und Gestaltungsaufgabe an, diese Leitbilder auf ihre Vereinbarkeit und Zukunftsfähigkeit zu untersuchen und hierfür Zielkonflikte, Risiken, Kompatibilitäten und Chancen für mögliche und wünschbare Zukunftsoptionen und geeignete Gestaltungsansätze herauszuarbeiten.

Erste Ergebnisse lassen sich bereits für die Handlungsfelder Wirtschaft, Mobilität und Stadtentwicklung präsentieren. Als besondere Aufgabe steht der Dialog, die Beratung und Umsetzung in Städten und Stadtregionen noch weitgehend vor uns, wobei erste Ansätze in den Regionen Aachen und Berlin bereits eingeleitet werden konnten.

Zwei grundlegende Entwicklungstrends lassen sich beobachten, die in besonderer Weise mit den Leitbildern »Informationsgesellschaft« und »Nachhaltige Gesellschaft« verknüpft sind und diese immer mehr durchdringen und prägen: Der Trend zur »Globalisierung« von Wirtschaft, Handel, Kommunikation, Arbeit und Mobilität hat durch eine Reihe veränderter Rahmenbedingungen, nicht zuletzt durch die globale Vernetzung mittels Informations- und Kommunikationstechnologien und die Liberalisierung der Handels- und Wirtschaftsstrukturen (Maastricht-Vertrag, GATT '94, etc.) stark beschleunigt. Die Folgewirkungen lassen sich heute schon in den meisten Lebensbereichen konkret nachweisen. Diesem Trend steht ein zunehmendes Bedürfnis vieler Menschen nach »Regionalisierung« gegenüber, das sich etwa in Wünschen nach überschaubaren und selbstzugestaltenden Lebenszusammenhängen lokaler Ressourcennutzung und Umweltschonung, kleinräumigen Mobilitätskonzepten (Stadt der kurzen Wege) und sozialer und kultureller Identitätsfindung widerspiegelt.

Beide Trends entspringen sehr unterschiedlichen, äußerst dynamischen Entwicklungskräften und gesellschaftlichen Interessen. Bisher wurden diese Trends nur in Ansätzen untersucht. Noch geringere Kenntnisse haben wir darüber, ob und in welcher Weise sie einer zukunftsfähigen Entwicklung entsprechen oder zuwiderlaufen und wie sie sich zur Verwirklichung der Zukunftsvisionen »Informationsgesellschaft« und »Nachhaltige Gesellschaft« verhalten.

Es kann mit großer Wahrscheinlichkeit davon ausgegangen werden, daß beide Trends für das Planen und Gestalten mit einem Zeithorizont 2025 von besonderer Relevanz sind. Die Städte und Regionen werden viel Kreativitäts- und Innovationskraft aufwenden müssen, um die damit verbundenen Entwicklungen und Folgen in ein Konzept der nachhaltigen Entwicklung zu integrieren.

Planen für 2025 – Utopie oder reale Vision?

Der Duden führt aus: »Utopie ist ein als unausführbar geltender Plan ohne reale Grundlage«. Ich füge noch etwas zur Entstehung des Begriffs hinzu: Utopia ist »ein Land, das nirgends ist« (Thomas Morus); »Nichtland«, »Nirgendwo«, »Traumland«, »erdachtes Land«, in dem ein gesellschaftlich-politischer Idealzustand herrscht«. Nicht, weil ich etwas gegen schöne Träume hätte, auch nicht gegen Entwürfe eines schönen Lebens, sondern weil ich die Verselbständigung solcher Gedankengebäude und ihre ideologische Verfestigung befürchte, sind mir die Begriffe »Visionen« – »reale Visionen« – »Leitbilder« – »Zukunftsentwürfe« – »Zukünfte« lieber.

Wir sind doch Zeit- und Leidensgenossen von zwei grandiosen Utopien, der marxistisch-kommunistischen und der Utopie von der permanenten Wohlstandsmehrung durch wissenschaftlich-technischen Fortschritt, ständige Beschleunigung, unbegrenzte Ressourcenausbeutung und Wirtschaftswachstum. Ich bevorzuge die Begriffe Vision, Leitbild oder Zukunftsentwürfe vor allem deshalb, weil sie gerade nicht auf Ideales und Abgeschlossenes zielen, sondern auf Korrigierbares, Vorläufiges, Prozessuales und vielleicht Besseres, Zukunftsfähiges, Schöneres und auf die Wirklichkeit. Leitbildern und realen Visionen nähert man sich tendenziell an, aber mit einer realen Chance, mit realen Mitteln und Pilotprojekten. Das Relative und an der Wirklichkeit ständig Gebrochene und Rückgekoppelte ist zukunftsfähiger als das Absolute.

Die Maedows sagen zu recht: Selbst wenn wir unsere gesamte verfügbare Kreativität, Intelligenz und alle technischen Hilfsmittel und Informationen einsetzen, wissen wir nicht, ob die Komplexität der Aufgabenstellung einer nachhaltigen Entwicklung bei der noch zur Verfügung stehenden Zeit – und ich füge hinzu, den gravierenden Interessenkonflikten – praktisch zu bewältigen ist.

Außerdem gibt es im Rahmen komplexer sozialer Entwicklungen Trendbrüche und Überraschungen. Die Zukunftsforschung kann Ereignisse geringer Wahrscheinlichkeit, aber großer Wirkung (»Wild Cards«) simulieren und prüfen, ob beispielsweise ein Zukunftszenario widerstandsfähig gegenüber Wild Cards ist und gleichwohl eine Realisierungschance hat. Bisher erweisen sich Nachhaltigkeits-Szenarien als relativ stabil. Aber die Aussagekraft auch solcher Ergebnisse sollte natürlich nicht überschätzt werden.

Planen und Gestalten für 2025 mit dem Leitbild der nachhaltigen Entwicklung ist eine große Herausforderung, die größter Anstrengung bedarf begehbare Brücken zwischen realen Visionen und praktischen Umsetzungsstrategien zu bauen. Daß solche Brücken tatsächlich zu bauen sind, empfinde ich als Ermutigung und Verantwortung, es zu versuchen.

Innovationsfähigkeit der Akteure

Götz von Rohr

Ausbildung für innovative räumliche Planung

Dieser Beitrag beschäftigt sich mit dem Erlernen innovationsfördernder Fähigkeiten und Verhaltensweisen. Er tut dies im Blick auf die »räumliche Planung« in ihrem umfassenden Sinne, also das Einbringen räumlich-konzeptioneller Ansätze in die Bewältigung der Aufgaben unserer Gesellschaft. Eine Einschränkung allein auf die Raumplanung als konzeptioneller Ausgleich zwischen konkurrierenden Raumnutzungsansprüchen ist von der Sache her nicht erforderlich, und, so scheint mir, in einer Festschrift für Karl Ganser auch nicht sinnvoll.

Nicht die Innovationen selbst, seien sie inhaltlich konzeptioneller, seien sie methodisch-verfahrensmäßiger Art, stehen also im Mittelpunkt dieses Beitrags, sondern die Frage, was man in der akademischen Ausbildung tun kann, um den Nachwuchs zu guten Innovatoren zu machen. Dennoch stehen dabei auch Innovationsfelder, -erfolge oder -bedarf zur Debatte, so daß auch dazu unten einige Anmerkungen zu machen sind.

Was sind innovationsfördernde Fähigkeiten und Verhaltensweisen?

Der Begriff »Innovation« ist doppeldeutig. Er bezeichnet einerseits die Neuerung selbst. Er bezieht sich andererseits auf den Prozeß der Entwicklung der Innovation bis zur tatsächlichen Einführung in die Realität der Aufgabenbewältigung. Um beides geht es, wenn es in der Ausbildung innovationsfördernde Verhaltensweisen zu vermitteln gilt. Allerdings mache ich keinen Hehl daraus, daß für mich der Innovationsprozeß das noch Wichtigere ist:

- Dreimal täglich eine neue Idee, um es überspitzt zu formulieren, oder auch nur ein neuer Begriff mag kreativ sein. Kreativität ist zwingende Voraussetzung für Innovation. Innovation umfaßt jedoch mehr als Ideen. Innovation ist – auch – das Aufgreifen von Ideen, das Wirksamwerdenlassen von Neuem.
- Innovation im prozessualen Sinne ist ein Vorgang des Erneuerns. Zum Erneuern gehört das Überzeugen von Mehrheiten und die Hartnäckigkeit, dabei Kompromisse nicht zu Lasten des Kerns der Innovation zuzulassen.
- Das bedeutet aber auch: Innovation muß durchsetzbar sein. Zur Innovation gehören auch Konsensfähigkeit und Finanzierbarkeit. Dies spricht nicht gegen durchgreifendes Reformieren, wohl aber gegen nicht Zuendegedachtes.

Welche Fähigkeiten und Verhaltensweisen fördern Innovation im skizzierten doppelten Sinne? Zehn Punkte will ich nennen, ohne Anspruch auf Vollständigkeit:

1. Fähigkeit zum Wahrnehmen von Unzulänglichkeiten und Fehlern in Verbindung mit der Fähigkeit, aus der Wahrnehmung Korrekturvorschläge im Detail oder auch umfassender Art abzuleiten;
2. Bereitschaft, gefundene Lösungen immer wieder zu überprüfen und dabei gegebenenfalls sich selbst bzw. eine identitätsprägende Institution in Frage zu stellen;
3. Bereitschaft zum konstruktiven Umgang mit Überraschungen und damit Fähigkeit, Unvorhergesehenes nicht als zu verschleiernden Beleg eigener Unfähigkeit, sondern selbstverständlichen Anreiz zur Weiterentwicklung zu verstehen;

4. Fähigkeit zum Nachvollziehen gefundener Problemlösungen am anderen Ort und/oder durch andere Akteure, zum Erkennen von Besserem und zur kritischen Beurteilung der Übertragbarkeit auf die eigene Problemkonstellation;
5. Fähigkeit zum Unterscheiden zwischen nach wie vor Bewährtem und tatsächlich zu Erneuerndem;
6. Mißtrauen gegenüber Standardbewertungen/Klischees und Standardlösungen; Fähigkeit zum Erkennen spezifischer Innovationsbedarfe und angepaßter Lösungen; dabei Mißtrauen gegenüber neuen Begriffen: Fähigkeit zur Unterscheidung zwischen neuen Inhalten und neuen Verpackungen;
7. Verständnis für den iterativen Charakter von Problemlösungsabläufen und die Unvermeidlichkeit des Nachwachsens von Neuerungsbedarfen auch nach noch so überzeugenden Innovationen: Bewußtsein für die Unmöglichkeit ultimativer Innovation;
8. Sinn für die stufenweise Umsetzung von Gesamtkonzepten, da große Lösungen in der Regel zur Überforderung der Beteiligten führen; wichtig: Hoher Anspruch an die Stimmigkeit der Stufen im Blick auf die Gesamtlösung;
9. Verzicht auf Alleingänge, da sie nicht zum Ziel führen können; Bewußtsein also für die Eingebundenheit in ein komplexes System unterschiedlicher Akteure;
10. Verständnis für die Wertesysteme der aktiv Beteiligten, also der einzubeziehenden Entscheider und Umsetzer (Akteure) und der passiv Beteiligten (Betroffenen).

Wie kann man innovationsfördernde Fähigkeiten und Verhaltensweisen im Studium erlernen?

Fähigkeiten und Verhaltensweisen lassen sich generell nur durch teilnehmende Beobachtung in Verbindung mit eigenem Probieren erlernen. Innovationsprozesse müßten also im Idealfall vorführbar, nachspielbar und experimentell ausprobierbar gemacht werden.

Dies ist ein extrem hoher Anspruch, der in der Ausbildung immer nur ansatzweise einlösbar sein kann. Die Lösungsrichtung kann m. E. nur darin liegen, eine möglichst umfassende Orientierung des Studiums an der Realität der Bewältigung raumbedeutsamer Aufgaben in unserer Gesellschaft – vom Freiflächenausgleich bis zur Familienverträglichkeit, vom Gewässerschutz bis zur Verkehrsvermeidung – zu gewährleisten. Dabei müssen einerseits die konkreten Innovationsbedarfe und andererseits gefundene neue, innovative Lösungen zum Gegenstand von Lehrveranstaltungen gemacht werden. In konkreten Einzelfällen kann und sollten
– das Suchen nach sinnvollen innovativen Konzepten oder Verfahren geübt werden;
– der iterative Prozeß im Spannungsfeld von Handlungsbedarf und Innovation simuliert werden. Studienprojekte mit planspielartigen Bestandteilen sind und bleiben dafür die geeignetste Veranstaltungsform.

Innovation besteht bis zur Umsetzung zu wesentlichen Teilen aus Überzeugung, Einbindung und Interessenausgleich. Qualifikationen in der zielgerichteten Gestaltung von Kommunikationsprozessen spielen deshalb unter den innovationsfördernden Fähigkeiten und Verhaltensweisen eine sehr wichtige Rolle. Dennoch seien sie hier nur am Rande erwähnt, so beispielsweise
– Verfahren und Techniken der werbenden Präsentation und der Visualisierung von Zusammenhängen auch für nichtakademisch geschulte Kommunikationspartner;
– Verfahren des konfliktkontrollierenden Umgangs mit Vertretern unterschiedlicher Positionen, z. B. Moderationstechniken;

– Verfahren des Konfliktausgleichs, wie Mediation oder auch Nutzwertanalyse.

Alle genannten Lerninhalte müssen, in Anlehnung an Klaus R. Kunzmann anläßlich der IfR-Jahrestagung 1995, in ihrer Vermittlung unterstützt werden durch
1. die Gewöhnung an das Arbeiten in Teams (Ausbildung zur Teamfähigkeit);
2. den systematisch installierten interdisziplinären Gedankenaustausch durch interdisziplinäre Organisation von Veranstaltungen und ganzen Studiengängen hinsichtlich sowohl der Lehrenden als auch der Lernenden (Vermittlung interdisziplinärer Sensibilität);
3. den ebenfalls systematisch hergestellten Kontakt mit anderen Problemlösungskulturen außerhalb Deutschlands (Vermittlung interkultureller Sensibilität), wobei diese »anderen« Kulturen nicht erst in Asien oder Amerika, sondern auch schon knapp hinter der Bundesgrenze, z. B. in den Niederlanden, in der Schweiz oder in Dänemark zu studieren sind.

Hier finden sich im übrigen zwei Punkte, die immer wieder dafür gesorgt haben und weiter dafür sorgen, daß auch Geographinnen und Geographen in raumbedeutsamen Innovationsprozessen erfolgreich haben mitwirken können. Dies betrifft zum einen die systematische Gewöhnung an das Überschreiten disziplinärer Grenzen und die Intensität der Zusammenarbeit mit Nachbardisziplinen. Zum anderen ist der relativ unkomplizierte, durch das Studium immer wieder geförderte Zugang zu ausländischen Lösungsansätzen und Verfahrensweisen zu nennen. Hinzu kommen zwei weitere Spezifika des Geographiestudium, die ebenfalls innovationsfördernde Verhaltensweisen einüben helfen, nämlich

– die Gewöhnung an Exkursionen mit dem ausdrücklichen Ziel, gefundene Lösungen an unterschiedlichsten Orten und mit unterschiedlichstem Erfolg nachvollziehen und in der Diskussion mit Verantwortlichen bewerten zu können;
– die aus der geographischen Methodik der exakten und räumlich-monographischen Bestandsaufnahme resultierende Neigung, Problemlösungen fallspezifisch und individuell zu konzipieren.

Es bedarf kaum der Erwähnung, daß die skizzierten Eigenheiten geographischer Ausbildung keineswegs auf die Geographie beschränkt sind. So könnte man mit ähnlichen Worten auch Charakteristika der Raumplanerausbildung an mehreren Universitäten umschreiben. Die disziplingeschichtlichen Hintergründe sind allerdings verschieden.

Schließlich sei auf ein Feld der Prägung innovationsfördernder Verhaltensweisen hingewiesen, für das an der Universität zwar sensibilisiert werden kann, das aber außerhalb der Universität steht. Es geht um

– die ehrenamtliche Mitarbeit in aufgabenbezogen arbeitenden Vereinen und Verbänden, wie z. B. Umwelt- und Verkehrsverbänden;
– das raumbezogene Engagement für – durchaus auch eigene – gezielte Interessen, insbesondere im Rahmen von Bürgerinitiativen;
– die Mitarbeit in Kommunalpolitik, also in der konkreten Entscheidung über zahlreiche grundsätzliche oder auch alltägliche Fragen der räumlichen Entwicklung auf örtlicher Ebene.

Es sind vielfältige Formen des Zusammenwirkens zwischen Universität und den angesprochenen Institutionen denkbar und werden auch vielerorts praktiziert. Der Beitrag zur Entwicklung innovationsfördernder Verhaltensweisen darf keinesfalls unterschätzt werden.

Für welche Innovationsbedürfnisse muß die Ausbildung sensibilisieren?

Am Beispiel welcher raumbedeutsamer Innovationsprozesse bzw. -bedürfnisse sollten die skizzierten Fähigkeiten und Verhaltensweisen eingeübt werden? Es bietet sich an und wird vielerorts praktiziert, dabei Themen in den Mittelpunkt zu stellen, die mit den aktuell größten Handlungsbedarfen verbunden sind. Hier seien nur drei Beispiele genannt, ohne sie weiter zu vertiefen, um den Rahmen dieses Beitrags nicht zu sprengen:
– Wie kann das Wachstum des Verkehrsaufwands gebremst werden? Wie ist der Verkehrsaufwand im Straßenverkehr zu reduzieren (Stichwort: umweltverträgliche Mobilität; Verkehrsvermeidung)?
– Wie kann die ungebrochen wachsende Nachfrage nach Freizeitangeboten umweltverträglich befriedigt werden (Stichworte: Freizeitindustrie, nachhaltiger Tourismus)?
– Welche Ansatzpunkte bietet die Entwicklung der Informations- und Kommunikationstechniken für eine regional differenzierte Wirtschafts- und Beschäftigungsförderung (Stichworte: Teleprocessing; virtuelle Büros etc.)?

Denkt man an Innovationsbedarf nicht in der konkreten Gestaltung raumbedeutsamer Prozesse, sondern in den verfahrensmäßigen Rahmenbedingungen dieser Gestaltung, so ist insbesondere hinzuzufügen:
– Welche Verfahren und Verhaltensweisen der Informationskonzentration und -Selektion sind zu entwickeln (Stichworte: Strategien gegen die Informationsüberflutung; Informationsmanagement)?
– Wie ist die gerade in der Raumentwicklung zu beobachtende Schere zwischen einerseits sich beschleunigenden Prozessen der sozialen, wirtschaftlichen und technischen Entwicklung und andererseits sich noch verlangsamenden Entscheidungsverfahren zu schließen (Stichworte: Entbürokratisierung, Verkürzung von Verfahrensdauern, Lean Management)?

Besteht in der Universitätsausbildung Innovationsbedarf?

Diese Frage hat rein rhetorischen Charakter. Innovationsbedarf in der universitären Ausbildung gibt es grundsätzlich und immer. Allerdings gibt es Phasen massiveren oder auch weniger drängenden Innovationsbedarfs. Eine Phase, in der besonders viel in der Geographie zu erneuern war, hat Karl Ganser in seiner Tätigkeit am Geographischen Institut der Technischen Universität München und im heutigen Deutschen Verband für Angewandte Geographie (DVAG) in den 60er Jahren bis in die ersten 70er Jahre hinein selbst mitgeprägt. Seinerzeit wurden die Weichen dafür gestellt, die Geographie in Forschung und Ausbildung erstmals systematisch anwendungsorientiert auszurichten, was bedeutete:
– Konsequentes Aufgreifen aktueller Fragen der Bewältigung raumbedeutsamer Aufgaben;
– Einführung gestaltungsorientierter Methodik wie Zielanalyse, Konzeptinstrumentierung, Bewertungsverfahren oder Erfolgskontrolle in die Ausbildung;
– Positionsbestimmung und Mitwirkung bei der Entscheidung über zu wählende Lösungen der räumlichen Entwicklung; Verlassen der Rolle des Beobachters zugunsten der des Akteurs.

Anwendungsorientierung in diesem Sinne war seinerzeit in der Geographie beinahe revolutionär. Karl Ganser hat sie – auch ganz persönlich – vorexerziert. Zwei wichtige weitere geographie-bezogene Innovationsfelder spielten dabei eine Rolle:

1. Die Einführung des Diplomstudiengangs an geeigneten Geographischen Instituten, ein zentrales Anliegen Wolfgang Hartkes, des akademischen Ziehvaters von Karl Ganser, wobei es nicht mit dem Einführen getan war, sondern entsprechende Studiengänge und Lehrangebote in zäher Kleinarbeit aufzubauen waren;
2. Die Etablierung einer besseren Selbstdarstellung der Geographie der Öffentlichkeit.

Seinerzeit wurden, wie oben formuliert, die Weichen gestellt. Die Umsetzung der Richtungsänderung erfolgte sehr langsam. Bis heute wird in der Geographie daran gearbeitet. Karl Ganser ging schon ab Ende der 60er Jahre noch einen Schritt weiter, indem er sich darauf konzentrierte, die oben skizzierten Anforderungen im interdisziplinären Rahmen umzusetzen. Hier sei nur auf seine Rolle in der damals neu gegründeten Vereinigung der Stadt-, Regional- und Landesplaner (SRL) hingewiesen.

Im weiteren konzentriere ich mich auf den Innovationsbedarf in der Hochschuldidaktik. Innovationsorientierte Lerninhalte sind zwar vehement zu fordern, können jedoch durchaus auch in klassischen Formen vermittelt werden. Aus der Sicht der letzten 90er Jahre sind Bedarfe der hochschuldidaktischen Weiterentwicklung beispielsweise in folgenden Punkten zu erkennen, wobei ich mich auf die Diplomgeographenausbildung konzentriere:

– Studierende haben zu selten Gelegenheit, am konkreten Fall das Wachsen innovativer Ansätze, ihre Umsetzung in die Wirklichkeit und die Beobachtung ihres Erfolgs nachzuvollziehen. Studienprojekte, wie sie in der Raumplanerausbildung Standard sind, werden viel zu selten und dann in der Regel nur fakultativ in die Ausbildung integriert.
– Nach wie vor werden Studierende in vielen Situationen auf die langwierige Produktion dicker Texte (Seminararbeiten, Hausarbeiten, Diplomarbeiten) mit umfangreichen Datenauswertungen festgelegt. Es fehlt vielfach das Training in der zeitlich gerafften, eigenständigen Recherche und ihrer konzentrierten Präsentation, ob mündlich oder schriftlich, obwohl dies eine dominierende Anforderung in der späteren Berufspraxis ist.
– Studierende werden durch die Überbetonung von Literatur-Studium dazu verführt, überwiegend nur die Befunde und Urteile anderer zu referieren. Die eigene Urteilsbereitschaft und Urteilsfähigkeit wird dagegen eher wenig gefördert bzw. wird hinter dem »Nachbeten« zitierter Urteile versteckt.
– Studierende werden im Rahmen konventioneller Veranstaltungen meist nur gefordert, in Referaten allein auf sich selbst gestellt Informationen zu präsentieren. Es entstehen keine Erfahrungen mit Teampräsentationen und dem Gestalten von Diskussionsprozessen, also im Moderieren, im Interessenausgleich, im Verhandeln etc. Auch dies sind in der Regel zentrale Anforderungen späterer beruflicher Tätigkeit.
– Das optische Präsentieren, also das Anfertigen von Tabellen, Diagrammen, Karten etc. verliert in der Ausbildung an Bedeutung und reduziert sich vielfach auf die kaum reflektierte Anwendung der entsprechenden EDV-Programme. In einer Zeit, in der das Bild immer mehr gegenüber dem Text gewinnt, wird es jedoch immer wichtiger, systematische Vorgehensweisen der optischen Visualisierung aus den konkreten Informationskonstellationen abzuleiten und die Gestaltung entsprechend, d. h. also auch zielgruppenspezifisch vorzunehmen.
– Der universitäre Sprachkanon bleibt abgehoben akademisch und kontrastiert erheblich zur alltagssprachlichen, politischen und journalistischen Sprache, in der später viele Entscheidungsträger der Berufspraxis ihre Informationen aufnehmen und Argumente austauschen.

Führt man diese Ansätze mit den oben skizzierten Anforderungen zusammen, die sich aus dem Erlernen innovationsfördernder Fähigkeiten und Verhaltensweisen ergeben, zeichnet sich Handlungsbedarf ab, zumal hier nur einige Beispiele genannt sind. Entsprechende innovatorische Ansätze in der Hochschuldidaktik, die in der Erprobung oder auch schon als Regelverfahren in die Ausbildung integriert sind, gibt es. Auch in Kiel arbeiten wir daran. Es fehlt allerdings eine etwas systematischere Kommunikation zwischen den engagierten Hochschulstandorten. Wie wäre es, einen Gedankenaustausch über gefundene Lösungen zu organisieren? Gremien und Anlässe ließen sich finden.

Irene Wiese von Ofen

Die Innovationsfähigkeit kommunaler Planung

Kommunale Planung im Konfliktfeld

Die kommunale Planung erfaßt und regelt das Umfeld des Bürgers. In seiner Betroffenheit – je nachdem, ob ihm ein Gebäude vor die Nase gesetzt werden soll, eine Straße hinter seinem Garten geführt oder ein Kindergarten oder Sportplatz auf dem Nachbargrundstück entstehen soll – reagiert der Bürger erst einmal mit Abwehr. In jedem Fall fühlt er sich in seiner Ruhe gestört, weil der status quo verändert werden soll, und ein finanzieller Vorteil, gäbe es denn einen, fließt in andere, nicht in seine Taschen. Hätte aber er einen, hat er mit Ausgleichsforderungen der Gemeinde zu rechnen. Kommunale Planung befindet sich deshalb insoweit überwiegend in einem Umfeld der Nichtakzeptanz. Viele Planer reagieren darauf ihrerseits mit einer entsprechenden Abwehrhaltung.

Das berufliche Leitbild, für das die Stadtplanung und Planer einstehen, sieht dagegen ganz anders aus. Sie verstehen sich in einer aktiven, gestaltenden Rolle der Vorsorge für eine bessere Zukunft. Kommunale Planung hat, besonders in der Bauleitplanung die Verantwortung für die räumliche Ordnung. Naturgemäß ist »die städtebauliche Ordnung« zeitbezogen und damit sich wandelnd; oder, wenn man so will, jeweils innovativ – »für Zeit und Zukunft handelnd« wie Prof. Erich Kühn, Aachen, den Städtebau einmal Anfang der 50er Jahre definiert hat. In diesen Jahren erhielt unsere – Karl Gansers – Generation ihre Ausbildung. Sie verfolgte nach meiner Erinnerung die Auseinandersetzung um den richtigen Weg der städtebaulichen Zukunft mit gemischten Gefühlen.

Wiederaufbau und seine Ideale

Nach den Zerstörungen des Zweiten Weltkrieges empfanden die Stadtplaner und Architekten jenes Jahrzehnts nach Kriegsende die tabula rasa der Kriegshandlungen als die große Chance auch eines städtebaulichen Neuanfangs: Die Forderungen der Charta von Athen mit der Trennung nach Funktionen konnte nun endlich in die Wirklichkeit umgesetzt werden, neue Trassen die zukünftigen Verkehrsströme aufnehmen, homogene Wohnsiedlungen ... la Corbusier und Hilbersheimer Licht, Luft und Sonne bringen, die wieder erstarkende Industrie in großen, nur ihr zugeordneten Arealen die Zukunft gewinnen und alles gliedernde Grünzüge Ausgleichsfunktionen übernehmen. Das waren (und sind) für mich keine Städte mehr, sondern Siedlungen, ein Kontinuum von Vororten. So etwas altmodisches wie den Prinzipalmarkt in Münster wieder aufzubauen oder die Restituierung des alten Nürnberger Stadtkernes, hielt man für ebenso falsch wie die ausgebrannten Schlösser in Braunschweig oder Berlin als Zeugen der Vergangenheit wieder zu restaurieren. Vergangenheit war – ein Teil der »Umerziehung« – verpönt und tabu. So entschied man in den damaligen Diskussionen der Fachkollegen, jeweils ortsbezogen, völlig unterschiedlich für oder gegen die Vergangenheit der jeweiligen Stadt. Die Zukunft wurde vom »neuen Bauen« bestimmt, dem in die neue Welt emigrierten Gedankengut, das, nun zurückkommend, sich wieder vereinte mit der aus den 20er und 30er Jahren stammenden europäischen Version dieser Ideen. Das aus diesem Zeitgeist geborene Bundesbaugesetz wurde als »Magna Charta des Städtebaus« gefeiert und seine »städtebauliche Ordnung«

war wohl, weitgehend unausgesprochen, Spiegel der gegliederten und aufgelockerten Stadt im Sinne der Charta von Athen, denn auch die formalen Wurzeln des Gesetzes stammen aus dem Zeitgeist des dritten Jahrzehnts. In der Zwischenzeit sieht man die aus diesem Leitbild entstandenen Nachteile fast mehr als die Vorteile. Im übrigen wahren die Betroffenen seit eh und je mit Eifer ihren Besitzstand und verhindern so heute notwendige Anpassungen.

Die kommunale Planung wurde damals überzeugt von der Notwendigkeit zur Vergrößerung von Verkehrsflächen, eines schnellen Wiederaufbaus von Wohnungen, aber auch der Errichtung der ersten, einseitig dem Wohnen dienenden Großsiedlungen und einer, die wachsende Prosperität spiegelnde Ausdehnung von Gewerbegebieten in Stadt und Land. Planung ist der Konflikt immanent, planen heißt, Widersprüche auszugleichen, dynamische Entwicklungen einzubinden in die Statik des Vorhandenen und mit den normierenden Plänen gleichwohl den Entwicklungskräften nicht ihren Schwung zu nehmen. Seinerzeit wurden »gemischte« Städte wie Wuppertal »geordnet«, d. h. entmischt, heute suchen wir wieder die »neue Mischung«, Für mich heißt das, daß kommunale Planungsvorstellungen, wie alles Lebendige Moden und mit den sie betreibenden Menschen Alterserscheinungen unterliegen. Die »Innovationsfähigkeit kommunaler Planung« ist also sui generis ein permanentes Anpassen mit der hohen Kunst, beginnende Veränderungen zu erspüren und ihnen den Weg zu weisen. Betrachtet man jedoch umgekehrt die Forderung nach gleichen Lebensbedingungen auf dem Lande wie in der Stadt, die jahrzehntelang das Leitbild der Raumordnung waren, und sieht überzogene Infrastruktur bzw. Gewerbeparks an ausfernden Ortsrändern in Hülle und Fülle, und erlebt dieses wieder dreißig Jahre später in den Neuen Bundesländern, mit dem gleichen negativen Effekt, dann wiederum beschleichen einen Zweifel an der »Innovationsfähigkeit« kommunaler Planung. Man muß sich allerdings darüber hinaus auch fragen, wer dort die Handelnden der kommunalen Planung sind und wie es mit deren eigener Innovations- und Anpassungsfähigkeit bestellt ist.

Kaum eine Planungsebene kann sich dem gesellschaftlichen und, vor allem, wirtschaftlichen Wandel entgegenstellen und deshalb muß sie jeweils auf die veränderten Rahmendaten reagieren. Das gilt gleichermaßen für die staatliche wie die lokale Ebene. Gegen politische Strömungen und deren scheinbare Logik (siehe z. B. die Argumentation für die nicht-integrierten Einkaufsparks im Hinblick auf die Nachholbedürfnisse der ostdeutschen Bevölkerung nach der Vereinigung) kommt auch bessere fachliche Sicht nicht an – insoweit wird die Auseinandersetzung um die Vor- und die Nachteile der Disurbanisierung oder die Vor- und Nachteile der Innenentwicklung damals wie heute nicht aufhören und sie findet ihre Befürworter oder Gegner in jedem Lager.

Aufbaudezennium

Die Planung hat in der Nachkriegszeit, auf die Anforderung der sich ändernden wirtschaftlichen Bedingungen, im wesentlichen in vier Wellen reagiert. Als die erste Welle kann man ungefähr die 50er Jahre umgreifen, die den Wiederaufbau weitgehend abschlossen sowie die erste Hälfte der 60er Jahre, bis der erste Konjunktureinbruch vorübergehend die wirtschaftlicher Boomzeit und deren Neubauwelle beendete. Die Mittel der kommunalen Planung und ihre Umsetzung änderte sich in diesen Jahrzehnten kaum. Von dem Ruf begleitet »Rettet unsere Städte jetzt …!« begann Mitte der 60er Jahre die Sanierung und Revitalisierung jener Städte und Stadtteile, die den Krieg ohne, bzw. mit nur wenigen Schäden überstanden hatten. Weniger die Innovationskraft der Planer als die wachsende Unzufriedenheit der Menschen in den Altbauwohnungen erzeugte den Erneuerungsdruck. Das 1971 erlassene Städtebauförderungsgesetz unterstützte diesen Erneuerungswillen und brachte in den 70er Jahren die zweite Welle mit der teilweise radikalen Sanierung, vor allem der Innenstädte.

Als dritte Welle könnte man die Konversionsversuche der riesigen Areale bezeichnen, aus denen sich die Industrie, später auch die Verteidigungskräfte, zurückzogen, zeitgleich ging die Stadterneuerung verstärkt über zu Maßnahmen der Modernisierung und Wohnumfeldverbesserung zur Stärkung und Erhaltung des Bestandes, was jedoch weniger als Planungsaufgabe zu verstehen ist, sondern eher den Soziologen ein weites Feld öffnete. Die veränderten Herangehensweisen einer auf Konsens zielenden Gesellschaft veränderten die Möglichkeiten kommunaler Planung ein weiteres Mal. Ein aus vielen Gruppeninteressen gewonnener Planungskompromiß ist zwar immer eine hohe Kunst, aber selten ein fachliches Optimum. So entwickelte sich dann in etwa – als vierte Welle – in den 80er und 90er Jahren – wesentlich mehr im Wechselspiel zwischen Land und Städten als in den Jahrzehnten davor – eine prozeßorientierte Planung, die den Konsens-Prozeß oft für wichtiger hält als die Verwirklichung des Projektes. Alles in allem muß man jedoch sagen, daß die kommunalen Planungsstellen von sich aus mit den Instrumenten der formal immer noch hoheitlichen Planung und den veränderten Anforderungen aus Bürgerbeteiligung und der Planungsabstimmung mit den immer komplizierter werdenden Fachgesetzen wesentlich flexibler umging, als jede andere Planungsebene in der Bundesrepublik.

Damit reagierte kommunale Planung, als Teil der Gesellschaft, natürlich auch auf die geänderten Anforderungen und Erwartungen an Planung. In den 50er Jahren, mit der geschilderten Freude an Veränderung beim Aufbau, empfand kaum jemand diese Veränderung als bedrohend, da sie in den meist zerstörten Großstädten wie in den unzerstörten, aber wachsenden Kleinstädten und Dörfern als Zeichen wachsender Prosperität gesehen wurden. Eben dieser Wohlstand leitete in den 60er Jahren in die noch anhaltende Planungskritik ein. Fast alle Ausgebombten und Flüchtlinge hatten *eine* Wohnung, doch nun suchte mehr und mehr jeder *seine* Wohnung, was immer hieß: Mit größerer Wohnfläche. Der materielle Wohlstand löste eine bis in die heutige Zeit anhaltende Wohnungsnachfrage aus, die mit den damit einhergehenden Mietsteigerungen zu einer teilweisen Segregation führte. Trotz der sozialpolitisch richtigen Reaktion, persönliche Nachteile durch das Wohngeld zu mildern, wurde Wohnungsnachfrage in der politischen Diskussion mit Wohnungsnot gleichgesetzt und mit immer neuen Wohnungsbauprogrammen zu kompensieren gesucht. Während die Bauindustrie sich schnell auf den wachsenden Kapazitätsbedarf einstellte, verstärkte sich die Diskussion über die Beseitigung des durch diese Programme sich verschärfenden Baulandmangels. Die Fachwelt erkannte schnell, daß sie auf diesen Mangel mit »Verdichtung« reagieren mußte und so entstanden, nicht nur in Deutschland, die vielgeschossigen Großsiedlungen im Weichbild der Städte. In ihrem Gefolge steigerte sich das Mißbehagen der Bürger an den neuen hochgezonten Siedlungsformen und ihr sozialer Instinkt organisierte die ersten Widerstände, der sich dann leider oft mit dem derjenigen verbündete, die schon immer gegen jedwede Veränderung protestieren. In der Zange zwischen Baulandbeschaffung und Flächennutzungsökonomie reagierten die Planungsstellen zu wenig innovativ, statt bessere Verdichtungsformen zu entwickeln.

Da im folgenden Jahrzehnt Neubau und Stadterweiterung nicht nur an neuen Standorten und auf neuen Flächen stattfand, sondern auch durch Wegnahme von Überholtem (oder was man als solches empfand) sowie Verdichtung an bestehenden Standorten starke Eingriffe bewirkte, nahm die Wahrnehmung von Veränderungen, die nicht mehr akzeptiert wurden, zu. Die aus diesem Städtebau und aus der Suburbanisierung resultierende erste Welle der Segregation, die Veränderungen in der industriellen Basis durch die Ölkrise und die Studentenrevolten mit ihrem Echo in der etablierten Gesellschaft ließen die Erkenntnis in der Fachwelt wachsen, daß ein Umsteuern erforderlich sei.

Stadterneuerung

So entwickelte es sich, daß man auf Erhaltung und behutsame Erneuerung setzte. Es kam die Zeit der großen Debatten und – ihnen folgend – die entsprechende Gesetzgebung zum Schutze von Milieu und Denkmälern, von Freiraum und Natur, die Ablehnung von weiteren Straßenbauten und die Forderung nach Zurücknahme des Flächenverbrauchs. Sie veranlaßten den Gesetzgeber, darauf mit einer immer rascheren Folge von neuen Gesetzen bzw. Novellierungen zu reagieren. Auch das Bundesbaugesetz mutierte zum Baugesetzbuch – allerdings nicht unbedingt, weil die Vorgängerverfassungen nicht »innovativ« genug gewesen wären. Die Kommunen würden mit dem Bundesbaugesetz von 1961 auch heute noch leben können, da nicht die Gesetze unbedingt der Veränderung innerhalb so kurzer Zeiträume bedürfen, sondern eher ihre Auslegung auf veränderte Anforderungen reagieren sollte. Dieses von Aufsichtsbehörden und Gerichten akzeptiert, würde bei ihrer Anwendung – fallbezogen – bessere Lösungen zulassen, als das Gesetz von Novellierung zu Novellierung zur fallbezogenen Perfektion auszugestalten. Die Kunst der Interpretation ließe dann auch der Politik mehr gestaltenden Raum.

Ein Meister der zielorientierten Interpretation von Gesetzen und Vorschriften, Normen und Regeln, Kontrollen und Nachhakens nach Innovationschancen ist Karl Ganser. Dadurch war es überhaupt erst möglich, daß seine unkonventionellen Ansätze und quer zur allgemeinen Meinung verlaufenden Denkanstöße sich über so lange Jahre und so erfolgreich durchsetzen konnten.

Als ich ihn das erste Mal traf, ging es um die Finanzierung des Sanierungsgebietes Essen-Altenessen. Das Stadterneuerungsprogramm sah eine völlige Umänderung vor, Bahnflächen sollten für Zentrumsfunktionen, Zechenareale für Kultureinrichtungen, Industriegebiete für Wohnungsbau, Bahnlinien zu Radwegen umgenutzt werden. Um aus dem zurückgebliebenen »Straßendorf« ein Mittelzentrum zu machen, bedurfte es auch einer Umgehungsstraße, um diese Hauptstraße für die Aufgabe des Einkaufens zu stärken. Karl Ganser, gerade im Ministerium in Düsseldorf neu angetreten, polemisierte gegen die vierspurige Umgehungsstraße, die die Verkehrsplaner nach allen Regeln ihrer Disziplin für unverzichtbar hielten. Sanierung und Stadterneuerung habe behutsam auf das Gegebene einzugehen und es weiter zu entwickeln – dieses war das Credo des Ministeriums im Umsteuern zu den vorangegangenen Jahren, nicht das Freiräumen von stillgelegten Industriearealen mit öffentlichen Mitteln, nur um sie danach wieder mit gesichtslosen Schnellbauhallen und großflächigem Einzelhandel neu zu besiedeln. Die Strukturprobleme des Ruhrgebietes, die mit dem kommunalen Neuordnungsplan punktuell aufgearbeitet werden sollten, hatte er in ihrer Wucht noch nicht erkannt. Gleichwohl trafen wir uns im »Querdenken«, denn wir verständigten uns darauf, daß die Waschkaue und die Maschinenhalle sowie der Malakowturm der Zeche Carl in Altenessen stehenbleiben sollte als Kristallisationspunkt für Jugend- und Kulturarbeit, als Beweis der Kraft der Initiative vor Ort, die durch einen evangelischen Pfarrer, einen Architekten und viele überzeugte Helfer begonnen hatte, sich gegen das Establishment »von unten her« die verlassenen Zechengebäude anzueignen. »Vor Ort« war für Karl Ganser schon immer außerordentlich wichtig, und so war es ganz in seinem Sinne, daß der im städtebaulichen Rahmenplan vorgesehene Wohnungsbau, der auf den Flächen errichtet werden sollte, die durch den Abbruch der überflüssigen und verlassenen Zechengebäude frei geworden wären, nun nicht mehr errichtet wurde. Alle bergbautypischen Gebäude zu beseitigen, gehörte zu den typischen Forderungen des jeweiligen Abschlußbetriebsplanes, und so traf später die Ankündigung, diverse Zechengebäude der stillgelegten Zeche »Zollverein«, anderer Zechen oder Kokereien unter Denkmalschutz zu stellen, auf großes Unverständnis bei der Eigentümerin Ruhrkohle AG. Bis heute fordern die Oberbergämter de lege lata die Wiederherstellung des früheren Zustandes. Auf die Beseitigung nicht mehr benötigter Industrie- und

Produktionshallen hat sich, anders als die sonstigen Industriebetriebe, die in den meisten Fällen Industriebrachen hinterließen, der Bergbau immer eingestellt. Der Streit ging nur darüber, ob bis zur Oberfläche oder bis zur Fundamenttiefe abgebrochen werden müsse (eine unentwegte Forderung der Gemeinden). Mittlerweile hat sich – vor allem durch die Unterstützung des »Bodenfonds Ruhr« und der Industriestiftung ein vernünftiges Miteinander mit der Ruhrkohle AG eingespielt. Sie erkennt an, daß Abbruch zu vermeiden und selbst spezifische Industriebauten mit ganz anderen Nutzungen zu füllen, zwar nicht immer preiswerter, aber ökologischer und identitätsfüllender ist. Im Endeffekt gelang es also, z. B., auf »Zollverein« Schacht X, einen Kindergarten im ehemaligen Schalthaus unterzubringen oder auf Schacht XII das Designzentrum in das Kesselhaus einzubauen, die Probebühne der »Theater und Philharmonie G. m. b. H.« und die Stadtteilbegegnungsstätte in der Lesebandhalle auszubauen. Schließlich zog auch noch die Ausstellungsgesellschaft mit moderner Kunst in die Werkstatthallen ein.

Bei all diesen Projekten war Karl Ganser der Mittler und der Motor und immer wieder begegneten wir uns bis heute in dem gemeinsamen Bemühen, dieser Region ein Bewußtsein ihrer selbst zu vermitteln, Ausgedientes nicht sofort zu beseitigen und die Zukunft einzufangen mit neuen Nutzungen und damit veränderte Nachfrage zu bedienen. Wir waren uns aber auch einig, daß dieses mit Qualität zu geschehen habe und zeitgemäßer Ergänzungen bedarf. Nicht nur Flicken oder provisorisches Weiternutzen maroder Gebäude, sondern Umbauen und qualitätsvolles Neues einzubauen und hinzuzufügen verspricht ein Überleben.

Städtebauförderung in NRW

Ich glaube, wesentlich beeinflußt hat diesen geänderten Umgang mit der eigenen Vergangenheit die Veränderung der Städtebauförderungsrichtlinien des Landes Nordrhein-Westfalen in den 80er Jahren, als Karl Ganser für die Stadterneuerung im Landesbauministerium verantwortlich zeichnete. Grundlage blieb selbstverständlich das Städtebauförderungsgesetz, das der kommunalen Planung durch die Hinzufügung von Finanzierung und besonderen Verfahrensmodalitäten sowie die Einführung treuhänderisch arbeitender Träger eine andere Dimension gegeben hatte. Aber nach den »Richtlinien« konnten die Gemeinden sich hinfort nicht mehr richten, weil die Förderungspraxis der Mittelbehörden zu einem unverantwortlichen Stau der Landesmittel geführt hatte. War bis dahin die Umsetzung der Stadterneuerung im wesentlichen eine Investitionsentscheidung der Gemeinde, orientiert an den Förderungsrichtlinien, wurde nun die Vergabe von Fördermitteln projektorientiert an Durchführungszeiträume und an die Mitwirkungsbereitschaft der Betroffenen im Sinne des Städtebauförderungsgesetzes gebunden. Damit wurden die Gemeinden straffer an die Leine des Ministeriums gebunden und verloren damit ein weiteres Feld ihrer Selbstverwaltungskompetenz. Dies verlangte auch neue Formen des Miteinanderumgehens in der kommunalen Praxis, nämlich hoheitliches Handeln verbunden mit privater wie öffentliche Absprache im Sinne zeitgemäßer Konsenspolitik. Den gesetzlichen Rahmen von Finanzierung, Planung und Durchführung füllen die Länder jeweils unterschiedlich aus. Als in den 80er Jahre Nordrhein-Westfalens Städtebaupolitik unter dem Druck der aufgegebenen Mischfinanzierung mit dem Bund die Losung ausgab »lieber kleiner als groß«, glaubte man, so den angemessenen Weg gefunden zu haben, um die in den 70er Jahren erkannten nachteiligen Folgen der Großsiedlungen, Großsanierungen und andere Produkte kommunaler, privater und ministerieller Großmannssucht der 60er Jahre ausgleichen und auffangen zu können. Wohnumfeldverbesserungsmaßnahmen, Reduzierung von Bauleistungen im Straßenbau, Abspecken der Sanierungsprogramme, ökologische Anforderungen an Gewerbeplanung und Stadterneuerung,

Verbesserung von Kooperationsformen zwischen Verkehrsplanung und Stadtplanung, vor allem aber zwischen den Städten untereinander und ihren Umgebungsgemeinden sowie integrierte Programme zur besseren Finanzierung komplexer Aufgaben, vor allem aber Konsensfindung mit den institutionalisierten Interessenvertretern zur Vorbereitung dieser Aufgaben und die Beteiligung von Bürgern sowie Betroffenen an der Planung waren die Themen dieser Stadtbaupolitik und sind es bis heute geblieben.

Planung und Durchsetzung

Planung beim Land wie bei den Kommunen bemüht sich seitdem um einen argumentativen Stil, den Versuch zur Konsensbildung, das Eingehen auf alle Zeitströmungen, insbesondere auf die des Dialogs mit dem betroffenen Bürger. Dieses alles braucht Zeit und fordert veränderte Formen der Konfliktbewältigung. Hier zeigte sich und zeigt sich bis heute, daß die Fähigkeit zur Innovation im Handeln und in der Durchführung in den Planungskompromissen ihre Grenzen findet, die auch ein Spiegel des Anpassungsdruckes sind, dem die kommunale Planung ständig ausgesetzt ist.

Ob die Zukunft damit angemessen eingefangen werden kann, ist angesichts der Zunahme von Konflikten bei abnehmender Konsensbereitschaft trotz anhaltender Nachfrage auf dem Sektor des Wohnungsbaus und weiteren Bedarfs für den Verkehr, allein wegen der weiteren Zunahme von Mobilität, der veränderten Produktionsanlagen und der flächenfressenden Freizeitansprüche mit einem Fragezeichen zu versehen. Zudem hat die Konzentration auf den Bestand – wie man im Vergleich zur ehemaligen DDR sehen kann – zwar eine solide Basis in der Bausubstanz und Infrastruktur unserer Städte im Westen, aber sie bröckelt, weil z. B. die Infrastruktur von den öffentlichen Händen nicht ausreichend gepflegt wird und weil sie auch langfristige Konzepte der räumlichen Planung nicht unbedingt gefördert hat. Der Bürger ist naturgemäß ein Vertreter des status quo (nimby = not in my backyard) verbunden mit Forderungen nach einer besseren Zukunft allgemein. Andererseits ist verständlich, daß bei der ständigen Beschleunigung des Wandels, der anhaltenden Zunahme von Informationen, wodurch seine Ängste eher gefördert werden, er wenigstens Halt in seiner Nahumgebung sucht. Was er in Bürgerinitiativen und in Bürgeranhörungen vorträgt, ist insoweit nicht nur Eigennutz, sondern als ein Teil unserer Demokratie auch Qualität dieser Demokratie. Städtebau ist aber nicht nur Planung als perpetuum mobile den jeweiligen plebiszitären Entscheidungen überlassen. Planung hat auch die Notwendigkeit des Durchsetzens ohne Gefälligkeitspolitik, denn Politik definiert der »Große Brockhaus« als »das staatliche oder auf das Staat bezogene Handeln, sofern es bestimmten Regeln folgt«. Regeln für den Städtebau manifestieren sich in der kommunalen Bauleitplanung abgleitet aus den Gesetzeswerken des Bundes und der Länder, sowie aus dem Zivil- und Verwaltungsrecht, das durch höchstrichterliche Rechtsprechung perfekt ausgeformt ist. Oft genug versagt sich die Politik wegen notwendiger Eingriffe bei der Durchsetzung von Plänen ihren eigenen Normen, verzögert und verschleppt die Verfahren und läßt die Planer »im Regen stehen«. Man mißtraut weitgehend dem Architekten und Ingenieur, dessen Produkte sichtbar und damit durchaus weitgehend kontrollierbar sind, und verkennt den Einfluß redegewandter Interessenvertreter und mancher Jurisdiktion, die zur Bewertung und Beurteilung der Ortsgesetzgebung beauftragt, sich zum Unwillen von Planern nur allzu oft zur Gängelung der Zukunft wie der Zunft berufen sieht oder zur Wahrung von Eigeninteressen hinzugezogen, diesen auch dienen muß.

Die Planungspolitik des Landes NRW wie die seiner Kommunen hat auf das Erstarken von Interessensverbänden und Bürgergruppierungen in den letzten Jahren versucht, mit verbesserter Planung zu reagieren, vor allem den Prozeß der Planung immer mehr zu fundieren. Planung wurde und wird

zunehmend auf Gutachten abgestützt. Beiräte, Gesprächskreise, Abstimmungsrunden, Einbindung der verschiedensten Gruppen, vor allem die verstärkte Mitwirkung von Frauen und Selbstregulierung durch Konsensbildung sowie Wettbewerbe wurden gefordert und vom Land gefördert. Dies ist an sich ein typisches Zeichen einer Spätzeit, in der mit Pflege und Kultur jegliche Art von Verfeinerung aufgenommen, formuliert, gesichtet, gedreht, geschliffen und kostbar gefaßt wird und es erinnert an Ähnlichkeiten des niedergehenden Byzanz, soweit man darüber gelesen hat. Andererseits zeigt es aber auch die Spannung, in der die Kommunen gegenwärtig stehen. Heute verlangt man von der Planung einerseits kurzfristige Projektentwicklung und -verwirklichung im Zeichen von PPP (Public-private partnership), aber auch andererseits gleichzeitig die Entwicklungs- und Bauleitplanung mit ihrer Langfristwirkung und der Notwendigkeit des langen Atems. Dem Vorwurf zu langer Verfahren, den besonders Großunternehmen dann machen, wenn sie ihre eigenen, oft jahrelangen Entscheidungsfindungen hinter sich haben, und einen dafür erforderlichen Bebauungsplan von der Gemeinde hic et nunc beschlossen sehen möchten, sollte man auch entgegenhalten, daß die auf umfangreichen Abwägungen beruhende Verläßlichkeit und Rechtssicherheit der kommunalen Gesetzgebung in der vorbereitenden und verbindlichen Bauleitplanung, die gegen jedermann wirkt und darüber hinaus jederzeit der Normenkontrolle ausgesetzt ist, ein hohes Gut deutscher kommunaler Planungshoheit ist und im europäischen wie internationalen Vergleich einen Wert an sich darstellt. Die kommunale Planung verfügt damit über ein Instrument hoher Qualität und sie sollte sich immer bewußt sein, daß dies ein Schlüssel für die Möglichkeiten zu Investitionen und der innovationsbedingten Marktanpassung derjenigen ist, die ihr Handeln auf die Bauleitplanung abstützen möchten bzw. müssen. Das bedeutet, daß die kommunale Planung all Elemente aufweist, die z. B. die großen UNO-Konferenzen wie in Rio de Janeiro 1992 oder Istanbul 1996 fordern zur Entwicklung menschlicher Siedlungen und der Sicherung nachhaltiger Tragfähigkeit:
– Dezentralisierung (auch der örtlichen Ebene, z. B. durch Bezirksvertretungen)
– demokratischen Kontrollen
– partizipatorische Mitwirkung an Verfahren und Vollzug zu treffender Entscheidungen.
Die Gemeinden gehen mit dieser ihr durch die Planungshoheit qua Verfassung übertragenen Aufgabe verantwortungsbewußt und souverän um.

Ungeachtet dessen sind die Gemeinden in ihrer Verantwortung für das Funktionieren der Gegenwart wie der Vorbereitung der Zukunft auf die Landessubsidien und den kommunalen Finanzausgleich angewiesen, die den Kommunen erst die nötige finanzielle Bewegungsfreiheit schaffen. Dennoch fühlen die großen Städte sich im Vorhalten von Infrastruktur und Vorsorge nicht ausreichend unterstützt. Viele Finanzierungsprogramme – von WUV (Wohnumfeldprognose) bis VEP (Verkehrsentwicklungsplan) von ZIM (Zukunftsinitiative Montanunion) bis ZIN (Zukunftsinitiative NRW), regionale Kulturförderung und manch angebotener Wettbewerb, sowie Preise im Hinblick auf die damit in Aussicht gestellte Finanzierung – leiden an der Kurzfristigkeit, mit der sie den Gemeinden vor die Nase gehalten werden wie der falsche Hase beim Windhundrennen. Manches gemeldete Projekt taucht so wegen der Angst, sich nicht rechtzeitig Finanzierungsmöglichkeiten gesichert zu haben und dieses von ihren örtlichen Politikern vorgehalten zu bekommen, in jedem nur möglichen Programm auf. Andere können oft nur schwer in die Tat umgesetzt werden, weil man mehr Zeit dafür brauchte, alle Anlagen und Regelungen für die Antragstellung vollzuschreiben, als Wege zur Umsetzung zu finden, wie z. B. Bauleitplanung oder Bodenordnung durchzuführen, als Voraussetzung für vorsorgende Planung. Die hält man im Augenblick eher für altmodisch – gegenwartsbezogene Projektentwicklung dagegen für innovativ. Die allenthalben zu beobachtende Verlagerung von Aufgaben auf die Gemeinden und deren daraus resultierenden Gegenforderungen nach Poolfinanzierung und angemessener Finanzausstattung müßten ein breiteres Echo finden, damit dem Planen auch Taten folgen können und nicht die Taten das Planen provozieren oder überspielen durch Hinweise auf Zeitgewinne oder den Kommunen fehlende Finanzmittel. Gelegentlich hat man jedoch auch das Gefühl, als seien Taten in unserer Zeit nicht mehr so wichtig, als sei es nur noch die Zeit des Redens und Diskutierens. Wohlgemerkt: Kongresse, Symposien, Workshops, Werkstätten und Fachgespräche und Beratungen/Hilfestellungen aller Art sind zwar das erfreuliche Zeichen wachsenden femininen Einflusses – ich erlaube mir, das Element des Strebens nach Übereinstimmung und Harmonie als ein solches zu bezeichnen – und sie sind unserer Demokratie gut bekommen. Aber auch sie, eben diese Demokratie, bedarf in der hohen Kunst des Ausgleichs, des fortgesetzten Beteiligens, des Umgangs mit Minderheiten, des Bewahrens ihres Gleichgewichts, mit dem sie ständig in Gefahr ist, von einseitig starken Kräften aus der Mitte des kunstvollen Ausgleichs herausgezogen zu werden, letztendlich der Entscheidung und dann auch des Durchsetzens dieser Entscheidungen. Stetigkeit und Verläßlichkeit in der Politik ist gerade für den Städtebau, der heute Entscheidungen für die gebaute und zu schützende Umwelt gleichermaßen für die kommenden Jahrzehnte trifft, eine dringende Voraussetzung und kaum auf irgendeinem anderen Gebiet sind sie so deutlich sichtbar und ein so bestimmender Faktor für das Handeln Privater und die ganze Gemeinschaft betreffend wie hier.

Politik und Person – Aufgabe, Einfluß, Verantwortung

Auf allen Ebenen wird der Bürde und Tragweite so mancher Entscheidungen z. Z. gerne ausgewichen oder man meint, sie von den Gemeinden weg in die Hände »Privater« sachgerechter, oder schneller zum Ziel führend, legen zu sollen. Das verkennt jedoch, daß beide Seiten eine je andere Rolle zu spielen haben und daß das erforderliche Zusammenspiel am erfolgreichsten ist, wenn jeder seine Rolle perfekt beherrscht und nicht die des anderen usurpiert. Politik spielt dabei auch ihre Rolle. Sie ist bekanntlich die Kunst des Möglichen – offensichtlich ist derzeit weniger möglich im Widerstreit der Meinungen als man von ihr erwartet, bzw. sie von sich selbst auch erwartet. Zu einem abschließenden Beurteilungs- und Handlungsrahmen zu kommen angesichts immer komplexerer Aufgaben scheint der kommunalen Planung ebenso wie Bund und Ländern immer weniger zu gelingen. Prof. Albers hat bemerkenswerterweise schon 1965 den Städtebau als »seiner Substanz nach politisches Handeln zur Gestaltung der Umwelt« definiert.

Karl Ganser hat diese Aufgabe durch hohen persönlichen Einsatz und Präsenz an vielen Orten deutlich gemacht. Sein Werben, Überzeugen, für Ideen gewinnen in den Zeiten seines Wirkens im Ministerium wie als Chef der IBA hat sein Handeln ablesbar gemacht und die Zuordnung von Entscheidungen ermöglicht. Sein Aufruf zur Baukultur an die Stadtbauräte zeigt dieses Bemühen, auch nach Beendigung der IBA, dem Tagesgeschäft mehr Qualität abzuverlangen und Bauherren für Wettbewerbe zu gewinnen, die dem Ruhrgebiet neue Impulse und Sichtweisen vermitteln sollen. Karl Ganser versteht zuviel von Menschen und den Zusammenhängen der Dinge, so daß er nie mit Ignoranz seine Visionen für ein verändertes Ruhrgebiet vortrug, sondern er nahm die Menschen – Beteiligte wie Politiker, Firmenchefs wie Verwaltungsleute – mit auf den Wege zu freiwilligen Entscheidungen. Dennoch müssen Aufgabenteilung und Verantwortlichkeiten in der parlamentarischen Demokratie erhalten und erkennbar bleiben, und als repräsentative Demokratie funktionieren, sonst entzieht man sich auch der Verantwortung wiederum für unpopuläre Entscheidungen. Deshalb war er angewiesen auf die Räte der Städte, in denen die IBA wirken wollte. Darum mußte er ganz persönlich oft genug den Rats- und Bezirksvertretern immer wieder klarmachen, daß Strukturwandel nur im Verschmelzen von Überliefertem und Neuem glücken kann und daß Industrieanlagen, wie eine

Großkokerei oder Industriehallen von überwältigender Dimension und Großartigkeit unter Denkmalschutz zu stellen, nicht die Ansiedlung von Arbeitsplätzen verhindert, sondern sie für eine andere Klientel eher attraktiver macht. Für diese müssen dann auch Flächen vorgehalten werden, die sich erst nach und nach füllen werden. Er mußte wiederholt verdeutlichen, daß Hochkultur als ein Wirtschaftsfaktor ganz anders, aber ebenso wichtig ist wie Stadtteilkultur, die für die Identität der dort Wohnenden entscheidend ist, jedoch als auf zwei ganz verschiedene Ebenen liegend, sich nicht in die Quere kommen. Das zeigt, daß in einem auch auf soviel Perfektion angelegten Staat Freiräume für Menschen mit Kompetenz immer wieder vorhanden sind. Das ist ebenso wichtig für die, die mutlos sind, wie tröstlich für die, die sich auf einen ähnlichen Weg machen. Karl Gansers große persönliche Überzeugungskraft, seine populäre Sprache und seine Integrität hat immer zu überzeugen vermocht; und so war und blieb er Fackelträger für eine gewandelte Zukunft im Revier. Wie kein anderer hat er die Innovationsfähigkeit kommunaler Planungsämter und kommunaler Entscheidungsträger immer wieder herausgefordert. Aber daß dies zu einer so fruchtbaren Symbiose geführt hat, ist eigentlich der schönste Beweis für die Innovationsfähigkeit der Menschen, der dann die Planung folgt und irgendwann auch die gebaute Wirklichkeit; und diese ist selbst bei hoher Kontinuität von Stadtgrundrissen und der Bewahrung von säkularen »Kathedralen« dem ständigen Wandel unterworfen.

Betrachtet man noch einmal die Zeit nach dem Zweiten Weltkrieg und schaut um den gleichen Zeitraum voraus, läßt sich als einzige Sicherheit für einen »Bauplatz Zukunft« wohl nur sagen, daß jede Jugend ihre Träume gegen ihre Vorgängergeneration, d. h. gegen die Erfahrungen der Gegenwart ihrer Kindheit baute. Die Wiederaufbaugeneration entflocht die Stadt und ordnete sie – wo sie neu baute – nach Funktionen, befreite sie aus der Enge der überkommenen Gründerjahrestrukturen ihrer Elterngeneration und von düsteren Wohnvierteln im Schatten der Industrie. Dies war ihnen möglich durch freigewordenen Flächen nach den Kriegszerstörungen. Und wurde fortgesetzt durch die zunächst großmaßstäbliche Flächensanierung in den ersten Etappen der Stadterneuerung.

Unsere Generation bemüht sich, ihre »Gegenträume« zu bauen gegen diese Stadtzerstörung wie z. B. der INTERBAU, versucht die Geschlossenheit der Form, den Rückbau von Straßen, die Verträglichkeit der Nähe verschiedener Nutzungen zurückzugewinnen. Sie setzt auf den Ausgleich von gebauten und unbebauten Flächen, wenn auch mit für die Nachhaltigkeit der durch Siedlungsentwicklung beeinträchtigten Ressourcensicherung noch höchst unzureichendem Ergebnis. Uns war jedoch vieles zu verändern und zu verbessern möglich durch den Rückzug von Industrie, Bahn und Militär aus ehemals bebauten Flächen.

Welche Träume hat die kommende Generation?
Gegen uns!?
Wird sie für ihren Bauplatz Zukunft
- vielleicht statt behutsamer Erneuerung, wieder radikale Veränderungen wollen?
- statt miteinander zu reden, wieder sich um jeden Preis durchsetzen wollen?
- statt der Versuche zur Bewahrung geschlossener Stadtgebilde, die offenen Abfolgen der außerhalb Europas weitverbreiteten Megalopolen nicht nur nicht verhindern können, sondern auch wollen?
- statt zu mischen und sich um Integration zu bemühen, wieder trennen?
- Wo wird es Platz geben für ihre Bauten?

> *»Die Frage der Fragen! Aber kein Besinnlicher fragt sie mehr –*
> *Renaissancereminiszenzen, Barocküberladungen, Schloßmuseen –*
> *die Stile erschöpft – Gong – ich verschenke die Welt,*
> *wem sie genügt, soll sich erfreuen.«* (Gottfried Benn)

Wolfgang Roters

Ministerien als Innovationszentralen?

Der schlanke Staat als Patentrezept der Wirtschaft

Bezogen auf das Handeln des öffentlichen Sektors wird diese Frage seit Beginn der 90er Jahre, seit dem Bankrott des marxistisch-leninistischen Modernisierungsversuchs, seit also die okzidentale Verwaltung ohne ihren säkularen Gegenpart dasteht, verstärkt diskutiert. Offenkundig sind nun verstärkt Insuffizienzen auch der klassischen Verwaltung Kontinentaleuropas geworden, was zumindest das Schritthalten mit technologischen und sozialen Innovationen sowie die Reaktionen auf die haushaltswirtschaftlichen Selbstüberforderungen des Staates und auf die sich abzeichnenden Globalisierungstendenzen betrifft. Die geringe Innovationsfähigkeit des Staates, eine der Schlüsselfragen der Modernisierung, wird allgemein beklagt. Die derzeit dominante Antwort ist die Rhetorik einer »neuen« Verwaltung, die eine des Marktes ist, eine des Wettbewerbs, des Unternehmens, der Dienstleistung, des Kunden, der Moderation und insbesondere des unternehmerischen Managements, das die Abkehr vom »alten« administrativen Management symbolisiert. Der deregulierte, entschlackte Staat ist das angestrebte Produkt, wobei die gegenwärtige Praxis von Bund, Ländern und Kommunen Innovation auf den Prozeß dieses Umbaus beschränkt, ohne zu thematisieren, ob die Transformation der Prinzipien der Wirtschaft auf den Staatssektor überhaupt innovatives Staatshandeln ermöglichen kann.

Mit der ideologischen Auseinandersetzung um die internationale Wettbewerbsfähigkeit von Wirtschaftsstandorten wird die Basisoptimalität der Systemrationalitäten von Markt- und Staatswirtschaft beiseitegeschoben, die Funktion des Staates in einer Wissens- und Risikogesellschaft bewußt ausgeblendet und staatliche Innovation mit unternehmerischem Geist gleichgesetzt. Und so werden Verwaltungsexpertisen der vielfältigsten Art auf den Beratungsmarkt geworfen, deren Erfolgskriterien Absenkung von Standards, Privatisierung, Deregulierung, Abbau von Stellen, Entfrachtung und Entschlackung sind, ohne daß man sich fragt, wie denn die konzeptionelle Antwort des Staates zu Beginn des neuen Jahrtausends auf die ökonomisch-technologischen Paradigmenwechsel sein müßte. Erstaunlich ist, wie widerstandslos die Ökonomisierung der öffentlichen Verwaltung betrieben wird und wie sich eine schlichte internationale Vermarktung von Managementmodellen wie lean management, total quality management, business motivation, reinventing government usw. durchsetzt; und noch erstaunlicher ist, wie hilf- und willenlos das politische System dieses mit sich geschehen läßt, ja sich nicht selten sogar an die Spitze dieser Bewegung setzt.

Informalität als Strategie der IBA

In dieser Situation macht ein eher unaufgeregter, bescheiden daherkommender Strategieansatz von sich reden, dessen erklärtes Ziel die Revitalisierung einer alten Industrieregion, des nördlichen Ruhrgebiets ist, dessen Methoden aber erstaunlich aufschlußreich für eine zukunftsweisende Profilierung des Staates und seiner Verwaltung und für die Frage sein können, unter welchen Bedingungen Innovationen im öffentlichen Sektor möglich sind. Die Frage nach der Innovationsfähigkeit des Staates in »nicht-innovativen Milieus« beantwortet die Internationale Bauausstellung Emscher Park unter ihrem Geschäftsführer Karl Ganser in einer vorläufigen Annäherung mit einem Paradoxon: nötig sei ein »perspektivischer Inkrementalismus«:[1] Durchwursteln mit Perspektive.

In der Halbzeitbilanz des wahrscheinlich größten und ambitioniertesten stadt- und regionalpolitischen Projekts in Europa gibt die IBA den ebenso verblüffenden wie einfachen Rat, innovativ könne nur sein, wer sich mit »Informalität« bescheide. Informell heiße, Personen und Informationen zusammenzubringen jenseits formeller Zuständigkeiten und formalisierter Pläne und Programme. Die Begründung: Innovationen täten solange nicht weh, wie man nicht zu einer totalen Reform von Ideologien, Privilegien, Interessenvertretungen oder Institutionen gezwungen sei. Um die Provokation komplett zu machen, wird das Paradoxon selbst noch verschärft: »Planung durch Verzicht auf Planung, Reform durch Verzicht auf Reformen, Durchsetzung durch Verzicht auf Macht!«

Weit über die Grenzen Nordrhein-Westfalens hinaus gilt die IBA Emscher Park – ein Zehnjahresprojekt der Landesregierung Nordrhein-Westfalen unter der Federführung des heutigen Ministeriums für Stadtentwicklung, Kultur und Sport – als innovativ. Das Attribut »innovativ« ist unter den vielen Kennzeichnungen und Bewertungen dieses Projekts sicher das am häufigsten verwandte. Nimmt man diesen Tenor der Fachkommentare, ließe sich die eingangs gestellte Frage nach der Innovationsfähigkeit von Ministerien relativ leicht und schnell positiv beantworten: Innovative Ministerien sind möglich. Ministerien, denen es gelingt, eine international beachtete »Werkstatt für Industrieregionen« mit nachhaltigen regionalwirtschaftlichen Effekten für das Ruhrgebiet zu initiieren, zu steuern und zu kontrollieren, mag man nicht ohne Grund als Innovationszentralen bezeichnen. Aber Vorsicht! Zumindest zwei Gründe legen eine etwas gründlichere Analyse nahe:

Innovation als schillernder Begriff mit nicht zwangsläufig positivem Inhalt

Zum einen ist Innovation eines der am wenigsten aussagekräftigen Zauberworte unserer Zeit, hat sich fast zu einem Kaufsignal degenerieren lassen. Innovativ steht für alles und jedes und ist daher für eine wertende, beurteilende Qualitätsaussage kaum tauglich: Innovation als Produktion von Neuem an sich muß nicht unbedingt positiv sein. Gerade wer sich mit Stadt- und Regionalentwicklung, mit Urbanität und mit dem Modellbild der »europäischen Stadt« befaßt, weiß, wie sensibel die gewachsene Stadt, die vorhandene Siedlungsstruktur, der existierende Bestand gegenüber Innovationen bestimmter Art sind – die 60er und 70er Jahre haben uns dies gelehrt – und wie notwendig es ist, sogar Widerstand gegen den Verlust und das Abschleifen identitätsstiftender Merkmale durch »Innovationen« zu leisten. Die Kahlschlagsanierung, die Wohnhochhaussiedlung oder die verkehrsgerechte Stadt sind zu ihrer Zeit mit dem Anspruch aufgetreten, innovativ zu sein; heute ist »innovative« Stadtentwicklungspolitik gefordert, die Schäden der damaligen Innovationspolitik zu reparieren.

Wer Innovationen durch die Produktion von Informationen und Wissen definiert, wird ebenfalls nicht ohne weiteres ein Qualitätsurteil fällen können. Quantität von Innovationen und Wissen besagt noch nichts. Wissen kann sogar durchaus hinderlich sein für die Implementation von gesellschaftlich erwünschten Innovationen. Manches würde nicht auf den Weg gebracht, wenn man von vornherein wüßte, auf was man sich da einläßt. Gäbe es die IBA Emscher Park mit diesem Anspruch, wenn man sich Ende der 80er Jahre der Komplexität der Aufgabe, des Beharrungsvermögens von Strukturen und des erforderlichen Kraftaufwandes voll bewußt gewesen wäre?

Nicht nur der Begriff innovativ ist problematisch. Viel nachdenklicher muß stimmen, daß die IBA ihre eigentliche Qualität gerade in der Nichtbeachtung oder Umgehung vorhandener formaler

Strukturen sieht. Auf einen kurzen Nenner gebracht: Erfolg wird gesucht *trotz*, nicht mit Hilfe bestimmter formaler Interessenvertretungen, *trotz*, nicht mit Hilfe der vorhandenen Institutionen, nicht getragen von einer durchgängig geteilten Strategie, sondern *trotz* unterschiedlicher Konzepte, wie man mit Industrieregionen umgeht, *trotz* des gesamten »innovationsfeindlichen Milieus« also: in der pragmatischen Umgehung, in der augenzwinkernden Überlistung, in der mit viel Kommunikationsaufwand hergestellten Neutralisierung oder Relativierung vorhandener Entscheidungsstrukturen. Das verbreitete Kompliment für die Innovationsfreude hat insofern durchaus eine Kehrseite: Institutionen und Entscheidungsstrukturen, die um des Erfolges willen umgangen, überlistet oder mit exorbitantem persönlichen Aufwand motiviert oder mit einem fast unbeschreiblichen Koordinierungsaufwand leistungsfähig gemacht werden müssen, können nicht zeitgemäß sein. Ein politisches System, das – ohne selbst zu lernen – zuließe, daß wenige »innovative Köpfe« sich in Kommunikation, Motivation und Koordination aufreiben, wäre nicht zukunftstauglich.

Innovation durch Informalität ministerieller Programme

Eine analoge Beobachtung läßt sich bei ebenfalls als innovativ geltenden Projekten des Ministeriums für Stadtentwicklung, Kultur und Sport machen. Der innovative approach ist bei diesen Projekten zunächst immer informell, immer experimentell, immer auf Exemplarisches angelegt, nie Konflikte frontal oder formell angehen, d. h. temporär zurückweichend, wenn Widerstände zu groß erscheinen.

Beispiel 1: Programm »Stadtteile mit besonderem Erneuerungsbedarf«
Das Programm der nordrhein-westfälischen Landesregierung für *»Stadtteile mit besonderem Erneuerungsbedarf«* verfolgt den Anspruch, in der Tiefendimension und der gesellschaftlichen Breite neuartige Problemlagen gefährdeter Stadtgebiete mit einem integrierten, vernetzten, ressortübergreifenden Konzept einer Stabilisierung und Revitalisierung zu beantworten. Bürokratisch wird der integrative Ansatz über ein relativ aufwendiges Abstimmungsverfahren zwischen den Ressorts der Landesregierung und den betroffenen Kommunaldezernaten realisiert. Den entscheidenden Impuls erhält die Strategie aber nicht aus den Institutionen, sondern aus einem Netz engagierter Personen. Ein dichtes informelles Netz aufgeschlossener und engagierter Politiker, Verwaltungsfachleute und Wissenschaftler sichert den Erfolg so weit es geht ab. Der Weg geht über Köpfe, weniger über Institutionen, die sich erst ganz langsam und nur teilweise öffnen. Strukturen bleiben weitgehend unverändert:
– gefährdete Stadtteile genießen eine unterdurchschnittliche innerkommunale Aufmerksamkeit im politischen Raum;
– die Isolierung und Abschottung von Politiksektoren und Fachzuständigkeiten bleibt unangetastet;
– den Zerfall der Stadtgesellschaft zu vermeiden, ist keineswegs Teil einer umfassenden Modernisierungsstrategie auf allen Ebenen staatlichen Handelns. Stattdessen ist die räumliche Segregation auch Ergebnis einer staatlich gebilligten und oft geförderten einseitigen Strategie wirtschaftlicher Modernisierung, die ein soziales Abrutschen breiter Kreise der Gesellschaft und eine sozialräumliche Spaltung unserer Städte zwangsläufig in Kauf zu nehmen scheint.

Dies alles sind Konfliktlinien ideologischer oder institutionell-politischer Art, die aufzulösen zwar aufwendig, langfristig aber unumgänglich ist, wenn nachhaltige Effekte der Slumvermeidung erreicht werden sollen.

Beispiel 2: Programm »Stadtmarketing«
Ähnlich experimentell-informell hat ein Modellversuch des Landes Nordrhein-Westfalen mit neuen Kooperationsformen von Staat und Wirtschaft begonnen, ohne daß die traditionellen Funktionen beider Bereiche infrage gestellt worden wären. Genutzt wurden lediglich die Möglichkeiten für strategische Allianzen, d. h. für eine bestimmte Interessenkongruenz von Staat und Wirtschaft mit dem Ziel, die jeweils spezifischen Einflußmöglichkeiten koordiniert und gezielt einzusetzen. Gemeint ist der gemeinsame Versuch von öffentlicher Hand und Wirtschaft zur Stabilisierung bzw. Revitalisierung von Stadtzentren.

Die Cities und Nebenzentren leiden durchweg unter Filialisierungstendenzen, Verödungserscheinungen und abnehmenden Besucherzahlen. »*Stadtmarketing*« ist ein Terminus, der sich für neue Kooperationsformen von Staat und Wirtschaft zur Vitalisierung der Innenstädte durchgesetzt hat. Ein Modellprojekt in Nordrhein-Westfalen, das gerade abgeschlossen wurde, hat außerordentlich positive Ergebnisse gebracht: Eigentümer, Investoren und Handelsunternehmen engagieren sich für eine gemischte Mietenstruktur, stellen damit Kurzfristrenditen zugunsten einer langfristigen Stabilisierung des wirtschaftlichen Standortes zurück; sie engagieren sich für mehr Kultur in der Stadt, für Kommunikation und Denkmalschutz.

Dafür konzentriert sich die öffentliche Hand auf gezielte flankierende Investitionen im öffentlichen Raum und beteiligt sich an den Managementkosten für Stadtmarketing. Das Projekt »Stadtmarketing« geht jetzt von der Modellphase in die Generalisierungsphase über, d. h. es müssen sich jetzt tragfähige kommunale Strukturen für public private partnership im Interesse einer »vitalen Innenstadt« herausbilden.

Beispiel 3: Boden- und Projektmanagement für Gewerbebrachen
Noch zu keiner Zeit wurden infolge des Strukturwandels so viele Flächen gleichzeitig außer Wert gesetzt wie heute. Die Industrie setzt nicht mehr benötigte Flächen in großem Umfang frei; militärische Liegenschaften warten auf neue Nutzungen; Bundesbahn und Bundespost sind Eigentümer riesiger Flächen, die sie nach den derzeitigen betriebswirtschaftlichen Umstrukturierungsmaßnahmen nicht mehr benötigen. Diese Flächen liegen häufig so im Stadtorganismus, daß ein einfaches Liegenlassen der Flächen und Verfallenlassen der Gebäude zu schweren Beeinträchtigungen des Wirtschafts- und Lebensstandortes führen würde. Umgekehrt sind diese Flächen nicht selten hochinteressante neue Entwicklungsräume mitten in der Stadt. Angesichts der quantitativen Dimension des Problems sind die bisherigen Strategien des Landes Nordrhein-Westfalen – kombinierter Einsatz des Grundstücksfonds, der Städtebauförderung und der Wirtschaftsförderung – an ihre Grenzen gestoßen. Notwendig sind neue Steuerungs- und Finanzierungsformen, binnenadministrativ und im Verhältnis zur Wirtschaft. Die bisherigen eher modellhaft-experimentellen Projekte des Landes sind zum Teil ermutigend, zum Teil enttäuschend. Was fehlt, ist ein tragfähiger Rahmen, der die Konsequenzen aus Fehlern und Erfolgen ziehen müßte und allen Seiten Planungs- und Finanzierungssicherheit geben könnte.

Dominanz der Großinvestoren

Die Stadtentwicklung der Gegenwart ist vielleicht am treffendsten dadurch charakterisiert, daß sie immer stärker durch großdimensionierte, zum Teile ganze Stadtareale einbeziehende *stadtwirtschaftliche Investitionen* geprägt ist, auf die die öffentliche Hand kaum noch Einfluß hat. Die rechtlichen Steuerungsmöglichkeiten vor allem über die Bebauungsplanung haben allenfalls in Zeiten beträchtlichen wirtschaftlichen Wachstums gegriffen. In Zeiten, in denen Städte und Gemeinden nahezu jede privatwirtschaftliche Investition verständlicherweise zunächst einmal begrüßen, und in denen sie sich einem global agierenden anonymen Kapitalinteresse von beträchtlicher Macht gegenübersehen, sollte man die rechtlichen Interventionsmöglichkeiten einer Kommune nicht überschätzen. Für die großen Montanstädte ist diese Erfahrung keineswegs neu. Noch vor zehn Jahren aber war es möglich, solche privatwirtschaftlichen Investitionsabsichten dort, wo sie stadtentwicklungspolitisch unerwünscht waren, durch den gebündelten Einsatz öffentlicher Mittel verträglicher zu steuern. Dies ist heute nicht mehr möglich.

Die Abschreibungszeiträume dieser privatwirtschaftlichen Investition werden immer geringer, die Umschlagsgeschwindigkeit wird immer größer. Die Gefahr, daß nach den industriellen Altlasten nun ein neuer Schub von Altlasten aus Handels- und Freizeitanlagen entsteht, ist deutlich absehbar. Es entwickelt sich insofern auf der Zeitschiene ein neues Feld für innovatives Nutzungsmanagement, das Nachnutzungsmöglichkeiten frühzeitig zu bedenken hat, auch in der Kombination öffentlicher und privater Nutzungen, und das sich mit der Frage auseinandersetzen muß, wie angesichts der dramatischen Privatisierungs- und Beschleunigungstendenzen in der Stadt förderunzugängliche rentierliche und förderbare rentierliche Kosten neu abgegrenzt werden können. Auch dafür werden neue Antworten und neue formal abgesicherte Plattformen gefunden werden müssen. Aus ersten Pilotprojekten müssen allgemein geltende Regeln generiert werden.

Zunehmende Bedeutung der regionalen Ebene

Das Verhältnis der Entscheidungsebenen des Staates zueinander ist durch den Kompetenzzuwachs der Europäischen Union, durch durchgreifende Globalisierungstendenzen und durch einen verschärften internationalen Wettbewerb von Standorten kräftig durcheinander geraten. Während die nationale Ebene im Bereich der gesamten Strukturpolitik deutlich an Gewicht einbüßt, haben sich die Entwicklungs- und Entfaltungspotentiale in der *regionalen Dimension* verstärkt, vor allem durch die immer mehr regional orientierten Förderprogramme im EU Rahmen. Hierfür wurde bisher aber in Deutschland noch kein angemessener räumlich-institutioneller Rahmen gefunden. Die regionale Strukturpolitik hat in Nordrhein-Westfalen einen ersten – noch unvollkommenen – Anlauf genommen. Die regionale Kulturpolitik versucht, in eher informellen Bahnen regionale Identität zu stärken und regionale Profile zu schärfen. Eine alle zwei Jahre in jeweils einer anderen Region stattfindende »REGIONALE« soll kulturelle und landschaftliche Qualitäten einer Region nach innen und außen präsentieren. Die Förderpraxis für die Aufbereitung und Erschließung gewerblicher Flächen setzt auf die freiwillige Überwindung des Kirchturmdenkens, in dem nicht mehr nur das lokale, sondern das regionale Nachfragepotential und das regionale Flächenangebot als entscheidende Kriterien herangezogen werden. Dies alles sind eher informelle Wege, Experimente, ist modellhaftes Herantasten an die Notwendigkeit, regionale Einheiten im internationalen Wettbewerb um Wirtschafts- und Lebensstandorte, aber vor allem auch nach innen handlungsfähiger zu machen. Von effektiver, demokratisch legitimierter Entscheidungskompetenz auf regionaler Ebene sind wir allerdings noch weit entfernt.

Der schwierige Rahmen lokaler Demokratie

Wenn aus *Stadtbürgern* bloße Stadtbenutzer, bloße Kunden oder Konsumenten werden, muß dies für ein demokratisches Gemeinwesen ein besonderes Alarmsignal sein. Was als Auflösung der Stadtgesellschaft beklagt wird, andernorts als Individualisierung oder als zunehmende Bindungsschwäche sozialer Institutionen und Organisationen bezeichnet wird, muß in einer demokratisch verfaßten Gesellschaft Anlaß sein, die Rolle des Bürgers sowohl im Verhältnis zum Staat wie zur Politik neu zu definieren. Offensichtlich sortieren sich Individuen zu neuen Lebensstilgruppen und neuen Milieus. Der Individualisierungsschub sprengt die Fesseln der Solidarität aus »Not« und erzeugt Wahlmöglichkeiten, also Chancen zu
- geographischer Mobilität, was zu einem Verlust von »Heimat« führt und die Aufrechterhaltung von sozialen Beziehungen erschwert;
- sozialer Mobilität, was dazu führt, daß immer weniger Kinder das tun, was ihre Eltern taten. Traditionen, die von einer Generation an die nächste weitergegeben werden, werden weniger;
- Heiratsmobilität, die in wachsenden Scheidungsraten ihren Ausdruck findet und die Stabilität der Familienverbände schwinden läßt;
- politischer Mobilität, was die abnehmende Parteienbindung und das Wechselwahlverhalten ausdrückt. Dadurch gerät Politik zunehmend in den Sog mediengerechter Vermarktung. Das Aufgreifen modisch aktueller Themen gefährdet die politische Kontinuität.

An die Frage, wie diese Gesellschaft im »Jahrhundert der Globalisierung« zusammengehalten werden kann und was sich daraus für lokal-regionales Handeln als Konsequenz ergibt, tasten sich viele experimentell heran. Für ein Landesressort, das die Chance hat, die Querschnittsbereiche Stadtentwicklung und Kultur mit dem Sport zu integrieren, stellt dies eine besondere Herausforderung dar, weil sich soziale Solidarität immer weniger über Arbeit und immer mehr über Freizeit, lokales Engagement, Lebensstil, persönliche Betroffenheit, soziale Gesinnung, konkreten Veränderungswillen, individuelle Selbstverwirklichung und Spontaneität konstruieren läßt. Die vielfältigen Erprobungsfelder in diesem Zusammenhang – wohnortnahe und kulturelle Infrastruktur der Einfachstart mit sozialen Aneignungs- und Ausgestaltungsmöglichkeiten, natürliche Erlebnisräume, eine Aktion »Wie wollen wir leben?« mit neuartigen Aktionsplattformen für jüngere Menschen, Mehrgenerationensiedlungen usw. – setzen weitgehend auf Informalität; aber ohne Strukturveränderungen, insbesondere ohne eine Aufwertung des ehrenamtlichen Engagements, bleiben solche Experimente eben nur Experimente.

Lernen aus Innovationen. Vom Pilotprojekt zum Regelfall

Die dargestellten Experimente, Modelle, Pilotprojekte und Erprobungsversuche zielen auf Innovationen: sie wollen Neues ermöglichen – von der anspruchsvollen regionalwirtschaftlichen Strategie der IBA Emscher Park bis hin zum eher unauffälligen, aber nichtsdestoweniger gut angenommenen sozio-kulturellen Treffpunkt in einem schwierigen Stadtteil. Modelle und Experimente sind dazu da, daß man aus ihnen lernt. Gelungene Innovationen zielen daher immer auf zweierlei: auf punktuelles Erproben von Neuem und auf die Generalisierung der dabei gemachten Erfahrungen. Beides zusammen nur macht den lernenden Staat aus. Wer sich mit dem Experiment, mit Exemplarischem, mit dem Vorbild oder dem Modell begnügt, läuft Gefahr, daß Institutionen nicht »lernen«, sondern daß sie sich partiell umgehen lassen und daß sie engagierte, innovative Menschen und Projekte als punktuelle Ausnahmen dulden.

Leichtfertig erscheint es, darauf zu setzen, daß sich das Vorbildhafte immer von selbst seine Wege der Verbreitung und Nachahmung sucht. Sicher wird dies in vielen Fällen der Fall sein. Alle oben beschriebenen »innovativen« Projekte aber sind Kraftakte, weniger was Konflikte betrifft, sondern weil Finanzierungen erkämpft, Förderrestriktionen »weichgeklopft«, Qualität bis hin zum finish gesichert und Kostenkontrolle effektiv ermöglicht werden müssen. Ungewöhnliche Projekte verlangen immer einen ungewöhnlichen Managementaufwand. Solange Förderziele, Förderkonditionen, Qualitätsansprüche, Kostenrahmen und Kostenkontrolle nicht generell in einem verbindlichen Rahmen definiert sind, solange die Produktqualität durch »Zuckerbrot und Peitsche« individuell und konkret immer neu erkämpft werden muß, ohne den Schritt also von der Ausnahme zur Regel bleibt das Vorbild Einzelfall und die bisherige allgemeine Praxis Standard.

So wichtig also das Modellprojekt ist: die Innovation ist erst dann gelungen, wenn sich aufgrund konkreter Experimente und Erfahrungen immer wieder neue Routinen entwickeln, und sei es auch nur die Routine, flexibel zu bleiben für alle weiteren Innovationen. Dies ist der lernende Staat.

Die Statik eines auf Informalität gebauten Hauses ist ausschließlich berechnet nach der Kreativität, Findigkeit und Durchsetzungskraft der handelnden Personen. Informalität und perspektivischer Inkrementalismus leben von der Überzeugungskraft und der Leidenschaft von »Köpfen«. Diese Strategie bricht schnell zusammen, wenn Personen wechseln. Damit liegt die Anfälligkeit informeller Strategien auf der Hand. Ihr Reiz und ihre Bedeutung liegen in der Realisierung punktueller, singulärer Erfolge. Ihre Attraktivität liegt im Experimentellen, in ungewöhnlichen Wegen und in nicht routinisierten Verfahren. Man zeigt Staat und Politik, wie gut man sein könnte, wenn man für die »richtigen« Ziele »richtig« organisiert wäre. Die eigentliche Zukunftsfähigkeit erweist sich in der Lernfähigkeit des Staates an und in experimentellen modellhaften Projekten, in der Generalisierung, also darin, ob man Ungewöhnliches, Informelles, Experimentelles in den Regelzustand überführt, bis wiederum Neues möglich wird.

Was blockiert den »lernenden Staat«?

Wenn nicht die Innovation selbst, sondern die Fähigkeit, aus der gelungenen wie mißlungenen Innovation strukturelle Konsequenzen zu ziehen, der eigentliche Maßstab des lernenden Staates ist, stellt sich die Frage nach den Bedingungen der Möglichkeit strukturellen Lernens. Gegenwärtig spricht alles dafür, daß dieses Lernen systematisch verhindert wird. Ein leistungs- und innovationsfeindliches Dienstrecht belohnt Beharrung. Die Beamtenschaft ist deutlich überaltert; junge, innovationsfähige Kräfte wachsen kaum noch nach, da die Zahl der Neueinstellungen immer geringer wird. Der neugierige, sich umfassend weiterbildende, diskussionsfreudige, kritische Beamte, der die eigene Routine immer wieder in Frage stellt, wird von den Institutionen kaum gefördert. Die Haushaltswirtschaft auf allen Ebenen der öffentlichen Hand ist immer weniger an mittelfristigen Finanzplanungen orientiert, sondern durch nahezu monatliche stop-and-go-Aktionismen gekennzeichnet; dies mag zwar einzelne Projektinnovationen noch zulassen; Strukturveränderungen, die Punktuelles in Langfristhandeln übersetzen wollen, werden aber fast unmöglich gemacht, wenn sich die finanziellen Handlungsrahmen laufend verschieben. In haushaltswirtschaftlich unsteten Zeiten feiert die ohnehin ausgeprägte Neigung der Bürokratie, die Akten »sauber zu halten«, kein Risiko einzugehen und überkommene Routine fortzusetzen, fröhliche Urstände. Fiskalische Unübersichtlichkeit nährt die Angst vor Innovationen, in denen immer auch das Risiko des Scheiterns liegt.

Innovatives Staatshandeln auf Landesebene – einige handlungsorientierte Perspektiven

Die These vom Schwinden der Gestaltungskräfte von Politik ist als Momentanalyse nicht unrichtig, denn den extremen haushaltswirtschaftlichen Schwierigkeiten des Staates, die seine Handlungsfähigkeit stark einschränken mit einer rasant beschleunigten Veränderungsgeschwindigkeit und Internationalisierung der Wirtschaft zusammentreffen, was den Eindruck verfestigt, staatliche Handlungsspielräume seien äußerst reduziert und Politik tue nur das, »was ohnehin geschieht«. Als Beschreibung der Gestaltungsmöglichkeiten von Staat und Politik ist die Kennzeichnung als handlungsunfähig allerdings unzutreffend. Die jetzt entstehende »transindustrielle Gesellschaftsform« erfordert eine coevolutive Veränderung der politischen und administrativen Institutionen – und diese Veränderung ist möglich.

Innovationsoffensive durch Investitionen in Zukunftsprojekte
Der funktionale Staat der Übergangsgesellschaft kann gegenüber dem heraufkommenden Problemdruck adäquate Handlungsspielräume gewinnen, wenn die vorhandenen personellen, finanziellen und organisatorischen Handlungsressourcen einem kräftigen Innovationsdruck dadurch ausgesetzt werden, daß Zukunftsbedarfsfelder neu definiert werden und eine Bündelung der verbliebenen Kräfte in diesen Feldern politisch gewollt wird. Insofern ist es Zeit für eine umfassende und systematische Innovationsoffensive, die auf Vieles, Wichtiges und Beispielhaftes integrierend zurückgreifen kann, was auf allen Feldern der Landespolitik begonnen worden ist. Was jetzt möglich und nötig ist, sollte die Erfahrungen vieler mit Experimentellem, Modellhaftem, mit Pilotprojekten und Exemplarischem aufgreifen:

- erforderlich ist eine Verbreiterung der Experimentierfreude, eine stärkere Beweglichkeit Neuem gegenüber. Nur so lassen sich generalisierbare Erfahrungen machen. Experimentierklauseln in Gesetzen und Verordnungen haben sich durchweg bewährt, selbst wenn sie im Einzelfall nachweisen, daß der Regelfall der vernünftige ist. Grundsätzlich sollte dieses experimentelle Denken auch in sämtliche Förderrichtlinien des Landes Einzug halten können.
- Systematische und umfassende Innovation aber bedeutet Strukturveränderung. Diese Strukturveränderung könnte zwei wesentliche Bausteine haben: die Neudefinition von Zukunftsinvestitionen und die Organisation einer new public administration.
- Zukunftsorientierung erfordert auch, die Routine konventionellen Investierens radikal in Frage zu stellen. Das gilt beispielsweise für den Verkehrssektor, dessen Investitionsstrukturen seit 30 Jahren geprägt sind von konventionellem Straßenbau bei Fernstraßen, Entlastungsstraßen und Ortsumgehungen, Parkhausbau in Innenstädten und an Arbeitsplatzschwerpunkten und Tunnelbau im großstädtischen Schienenverkehr (mit minimalen Erfolgen, denn die Verkehrsprobleme mit verstopften Straßen und Innenstädten sind dadurch nicht geringer sondern immer nur größer geworden).

Generell ist die Investitionsquote in allen staatlichen Haushalten dramatisch abgesunken. Das wäre nicht schlimm, soweit es primär um strukturkonservierende, nicht innovative Investitionen ginge. Aber in der Fähigkeit zu Zukunftsinvestitionen beweist sich die Zukunftsfähigkeit von Staat und Gesellschaft. Ein Grund für die Investitionsschwäche in Zukunftsfeldern liegt darin, daß sich die verschiedenen Zweckzuwendungsbereiche gegeneinander immunisiert und abgeschottet haben. Die Gemeindefinanzreform der 70er Jahre hatte das Ziel gehabt, einen Rahmen für den gebündelten Einsatz öffentlicher Mittel in wichtigen Bedarfsfeldern zu organisieren. In der Zwischenzeit haben sich Wohnungsbauförderung, regionale Wirtschaftsförderung, Verkehrsinfrastrukturförderung und

Städtebauförderung in ihren Zielen, Instrumenten und Verfahren so autonomisiert, daß nicht nur in Wirtschaftssektoren hinein subventioniert wird, in denen Sättigungstendenzen erkennbar sind, sondern daß auch ein integrierter, zielgenauer und gebündelter Einsatz der verschiedenen Zweckzuwendungsmittel immer schwieriger wird. Nötig ist daher zunächst die Festsetzung einer zumindest mittelfristig verläßlichen Investitionsquote in den kommunalen Haushalten und im Landeshaushalt. Eine berechenbare staatliche Investitionsquote hat dauerhafte Wirkungen für die gesamtwirtschaftliche Nachfrage, für nachhaltiges Wachstum und für bauwirtschaftliche Arbeitsplätze. Die Investitionstätigkeit von Staat und Kommunen darf nicht mehr bloß eine haushaltswirtschaftliche Restgröße sein, auch nicht nur eine Relationsgröße im Hinblick auf den Verschuldungsgrad der öffentlichen Haushalte, sondern muß eine fixierte Größe bilden, die ihrerseits den Rationalisierungsdruck auf nicht-investive Haushaltsbereiche erhöht.

Dies kann nur gelingen, wenn die Binnenrationalität der Investitionshaushalte deutlich verbessert wird, d. h.: neue Schwerpunkte, neue Ziele, neue Instrumente, neue Verfahren. Daß damit auch Synergie- und Einsparungseffekte erzielt werden können, muß nicht betont werden.

Neue Verfahren für Zukunftsinvestitionen
Es könnte sinnvoll erscheinen, für die Binnenrationalisierung der Investitionsförderung des Landes eine Enquêtekommission einzusetzen, die im Hinblick auf die kommunale Investitionstätigkeit und im Hinblick auf die bauwirtschaftliche Nachfrage verläßliche Regeln und Prinzipien zu formulieren hätte,
— wie unter den Bedingungen bundesrechtlicher Vorgaben eine weitgehende Konzentration der Kräfte auf Zukunftsbedarfsfelder des Landes erreicht werden kann,
— wie Förderkonditionen so harmonisiert oder jedenfalls transparent gemacht werden können, daß Wirtschaft wie Kommunen eine vernünftige Investitionskalkulation ermöglicht wird,
— wie die verschiedenen Investitionssektoren des Landes stärker in eine gezielte Strukturpolitik integriert werden können,
— wie privates Kapital und privates Ehrenamt stärker mobilisiert werden können,
— wie die öffentliche Förderung intensiver mit Qualifizierungs- und Ausbildungsmaßnahmen verknüpft werden kann,
— wie eine Neuabgrenzung von Investitions- und Folgekosten auf der einen und rentierlichen und unrentierlichen Kosten auf der anderen Seite erreicht werden kann,
— wie Mittel der Europäischen Union verläßlicher mit Landes- und kommunalen Mitteln gegenfinanziert und konzentriert in Bedarfsfeldern der Zukunft eingesetzt werden können,
— wie die Sanierung der kommunalen Haushalte vor allem in den strukturschwachen Räumen mit größeren strukturverbessernden Investitionen kompatibel gemacht werden kann.
Das Ergebnis einer solchen Enquêtekommission könnte zweierlei sein:
— instrumentell ein Landesrahmengesetz für Zukunftsinvestitionen und
— inhaltlich-politisch eine Agenda für nachhaltiges Wirtschaften in Nordrhein-Westfalen.
Flankiert werden könnte dies durch einen regelmäßig zu erstellenden Infrastruktur- und Investitionsbericht der Landesregierung, der frühzeitig auf neue Bedarfe und Sättigungstendenzen hinweisen sollte. Damit würde die notwendige Flexibilität finanzieller Investitionen des Landes ermöglicht werden.

New public administration

Die Verknappung der öffentlichen Mittel und die Zunahme ressortegoistischer Tendenzen stehen in einer unheilvollen Relation. Innovationen aber entstehen immer in Querschnitten, an den Rändern, an den Schnittpunkten von Ressorts. Dort fehlen Kapazitäten und Aufmerksamkeiten für Entwicklungskräfte.

Förderung von innovativen Überlappungsbereichen in Zukunftsagenturen
Solche innovativen Überlappungsbereiche müssen systematisch entdeckt und dann spezifisch gefördert werden. Für die Förderung dieser für die Zukunftsfähigkeit lebenswichtigen Innovationen fehlen »strukturelle Kopplungen«. Einige Beispiele:
- Nicht in der Wissensproduktion allein, dem Wissenstransfers allein oder in der Wissensverwertung allein liegt der Schlüssel für gesellschaftlich akzeptierten technischen Fortschritt, sondern in der Verzahnung dieser Bereiche, also in der strukturellen Kopplung von Wissenschafts-, Wirtschafts-, Arbeits-, Hochschul- und Schulpolitik;
- die erkennbar werdende soziale Polarisierung in der Gesellschaft führt zu sozialräumlichen Segregationen in den Städten mit strukturellen Benachteiligungen, aber auch neuen Chancen für sozial-kulturelle und sozial-ökonomische Innovationen »im kleinen«, was eine systematische Kopplung der Suchraster von Stadtentwicklung, Kultur, Sozialpolitik, Wirtschaftsförderung und Arbeitsmarktpolitik erfordert;
- das Verhältnis von Raum und Zeit verändert sich, die technische Entwicklung ermöglicht Beschleunigungs-, Erreichbarkeits- und Ubiquitätsaspekte mit dramatischen Auswirkungen auf Raumordnung, Infrastrukturpolitik, Verkehr und regionale Wirtschaftspolitik;
- Gesundheit, Umwelt, Sport und Freizeit haben in einer Gesellschaft mit tendenziell abnehmender Arbeitszeit immer mehr miteinander zu tun; Freizeitpolitik – immer an den Grenzen von Fachpolitiken angesiedelt – bekommt einen ganz neuen Stellenwert.

Diese Querschnittsfelder lassen sich ergänzen. Wenn Innovationen an den Rändern, an den Querschnitten und in den Übergangsbereichen von Ressorts entstehen und dort systematisch identifiziert und gefördert werden müssen, greifen traditionelle Instrumente der Ressortkoordinierung zu kurz. Innovationsfähige staatliche Entscheidungsstrukturen müssen daher das Ressortprinzip, das für die erste Vorkriegsphase mit ihrer minimalstaatlichen Ausrichtung angemessen und ausreichend gewesen sein mag, das aber schon ab 1965 nicht mehr die adäquate Organisationsform des »aktiven, steuernden Staates« darstellte, in einer hochkomplexen Gesellschaft systematisch ergänzen: die selbstverantwortliche Steuerung durch Fachressorts reicht nicht mehr aus. Fachpolitik muß kooperationsfähig gemacht werden, um zu besseren Gesamtlösungen zu kommen.

Entscheidend ist also, ob es gelingt, ergänzende Beratungs- und Entscheidungsstrukturen zu schaffen, die stabil und flexibel genug sind, um systematische Innovationen zu ermöglichen. Dies können also nur Einrichtungen auf Zeit sein. Solche Einrichtungen auf Zeit könnten »Zukunftsagenturen« sein: innovationsträchtige Zukunftsfelder werden definiert – quer zu Ressortgrenzen – und jeweils einem Ressortchef zugeordnet. Dessen Erfolg bemißt sich somit nicht nur daran, ob sein Fachbereich reüssiert, sondern auch daran, wie weit es ihm gelingt, realistische, konkrete und praktische Lösungen für ressortübergreifende, komplexe Aufgaben und Probleme vorzubereiten und entscheidungsfähig zu machen. Damit er Erfolg haben kann, benötigt er die konstruktive Mitarbeit anderer Ressorts. Dies ist nur herzustellen, wenn es ein akzeptiertes System des Gleichgewichts in der Verteilung und Zuordnung von Zukunftsagenturen gibt, das zwischen den Mitgliedern einer

Regierung ein Netz wechselseitiger konstruktiver Abhängigkeiten und Erfolgspromotionen entstehen läßt.

Zukunftsagenturen müßten unter der Leitung eines Ressortchefs mit hochrangigen Vertretern der betroffenen Ressorts besetzt sein, aber ebenso mit Sachverständigen »von der Seite«. Dies wäre zugleich ein zentrales Instrument dafür, die Systeme Staat/Politik und Wissenschaft intelligenter und effektiver aneinander zu koppeln.

Innovationsmanagement statt »Max-Weber-Bürokratie«
Eine im wesentlichen immer noch am Idealbild der Max Weberschen Bürokratie geprägte Verwaltung, deren Denken in hierarchischer Über- und Unterordnung, in der Exekution konditionalprogrammierter »Wenn-dann-Regeln« besteht, wo Eindeutigkeit von Kompetenzen und ein hoher Grad von Spezialisierung herrschen, hat ihre hohe Zeit in der Nachkriegsphase etwa in den Jahren von 1950 bis 1965 gehabt. Der Staat beschränkte sich im wesentlichen auf Ordnung und Sicherheit, im geringen Maße auf Infrastrukturförderung und auf einige sozialpolitische Korrekturen. Die Verwaltung wurde als hoheitliche Ordnungs- und Sozialverwaltung begriffen. Ihre Aufgabe bestand weitgehend im loyalen Vollzug des in Gesetzesform gegossenen politischen Willens.

In Teilbereichen ist diese Max Webersche Bürokratie nach wie vor sinnvoll und unverzichtbar; für die zentralen Aufgabenfelder der Zukunft ist sie ein Hindernis. Stattdessen ist es erforderlich, administrative Entscheidungsstrukturen zu entwickeln, die auf der Zeitachse mit dem beschleunigten Tempo der wirtschaftlich-technischen Entwicklung Schritt halten können, also lernfähig sind. Dabei kommt es darauf an, verträgliche Übergänge in eine »transindustrielle Gesellschaft« zu finden, d. h. Sensibilitäten zu wecken für neue Problemlagen, die eine vorbeugende oder prohibitive Intervention des Staates erfordern.

Unter diesem Gesichtspunkt ist die traditionelle Max Webersche Arbeitsteilung, die Ministerialverwaltung sei für die programmatischen Grundsatzfragen, die nachgeordneten Bereiche und die kommunale Selbstverwaltung für den Vollzug zuständig, gründlich zu hinterfragen. Die Quintessenz aller bisherigen Innovationspolitik liegt darin, einer institutionellen Trennung von Planung und Vollzug, von Programmatik und operativem Geschäft nachhaltig zu mißtrauen. Lernen findet immer am Objekt, am Projekt statt, ganz konkret und ganz individuell. Administrative Programme und Pläne haben dagegen die Aufgabe, die Dinge langfristig und umfassend zu regeln. Sie sind daher qua definitione komplex, haben lange Bearbeitungszeiten, einen hohen Konsensbedarf und ein großes Beharrungsvermögen, was immer wieder zur Einigung auf unterstem Niveau zwingt. Jede Abweichung wird zunächst einmal verhindert. Programme und Pläne sind daher ihrem Wesen nach statisch, während die Realität dynamisch ist und in kürzeren Zeittakten verläuft als Pläne und Programme dies sein können.

Ein modernes Innovationsmanagement kann daher nur so aussehen, daß die herrschende Praxis einer institutionellen Trennung von programmatischer Innovation und administrativer Routine mit aller Entschiedenheit aufgehoben wird zugunsten einer lernenden Verwaltung, die die programmierende Ebene dazu zwingt, bis zum finish bei einem Projekt zu bleiben, für dessen Qualität und Kosteneffizienz zu sorgen, daran zu lernen und dies wiederum in programmatische Orientierungen einfließen zu lassen. Auf der anderen Seite müssen diejenigen, die näher am Vollzug, dichter am operativen Geschäft sind, Gelegenheit haben, ihre Erfahrungen, soweit sie generalisierungsfähig und -würdig sind, einzubringen; nur so macht Programmvollzug auch wohl nur Spaß.

Ein solches Modell einer lernenden Verwaltung setzt sehr viel höhere Ansprüche an alle Beteiligten, ist im eigentlichen Sinne ein laufendes Qualifizierungsunternehmen für die Mitarbeiter des öffentlichen Dienstes und zugleich ein extrem wichtiges Motivationsinstrument.

Fazit: Ministerien als Innovationszentralen?
Von der IBA lernen

Ministerien können innovativ sein, wenn Rahmenbedingungen neu gestaltet werden. Innovationszentralen sind sie nicht, denn Innovationen entstehen dezentral, punktuell, geplant und ungeplant, aus bestimmten Konstellationen heraus, meistens von innovativen »Köpfen« initiiert und realisiert. Landesregierungen aber können ihr Gestaltungs- und Innovationspotential in einer das Ressortprinzip ergänzenden Gemeinschaftsinitiative von »Zukunftsagenturen« und durch ein modernes Innovationsmanagement, das die traditionelle Max Weber-Bürokratie weit hinter sich läßt, kräftig ausbauen und nutzen. Grundlage dafür ist, daß die Investitionstätigkeit des Landes verstetigt, die Binnenrationalität der Investitionspolitik deutlich verbessert wird.

Die Gestaltungskräfte von Politik müssen dann keineswegs schwinden. Innovationen sind möglich. Damit sie auf Dauer und systematisch ermöglicht werden, muß der Reformstau in den staatlichen Entscheidungsstrukturen beseitigt werden. Dieser Reformstau war nie größer als heute.

Die Internationale Bauausstellung Emscher Park hat jenseits ihrer wirtschaftlichen, ökonomischen, kulturellen und ökologischen Bedeutung für das nördliche Ruhrgebiet Maßstäbe und Orientierungen einer Innovationspolitik für das gesamte Land vorgelegt. Es ist jetzt an der Zeit, Konsequenzen für eine innovative Reformpolitik in allen Regionen des Landes zu ziehen.

Anmerkung

1 Karl Ganser, Walter Siebel, Thomas Sieverts, Die Planungsstrategie der IBA Emscher Park, eine Annäherung; in: Raumplanung 61, 1993, S. 112 ff.

Carl Steckeweh

Lobby- und Verbändearbeit. Motor oder Bremse einer innovativen Stadtentwicklung?

Quantität und Qualität

Mehr als 1.700 Verbände sind beim Deutschen Bundestag registriert und im Bundesanzeiger akribisch aufgelistet. Darüber hinaus dürfte es noch eine große Anzahl nicht registrierter Organisationen und zahlreicher Repräsentanten von Konzernen, Unternehmen und mittelständischen Zusammenschlüssen geben.[1] Sie alle, meist hauptamtlich auftretend, bilden die Lobby noch in Bonn, aber längst und auch bald ganz in Berlin. Die meisten gelten als Insider und kennen den Politik-Betrieb mehr oder weniger gut.

»Natürlich, der Lobbyist vertritt Interessen. Dafür ist er angestellt und wird er bezahlt, um Interessen der Industrie, der Gewerkschaft, der Verbraucher, der Trickfilmhersteller, aber auch von Musikschulen oder von Unfallopfern zur Geltung zu bringen. Es gibt wahrscheinlich keinen Lebensbereich mehr, der sich bei Politik und Verwaltung nicht zu Wort meldet. Das geschieht laut und leise, mit parlamentarischen Abenden für Abgeordnete aller Fraktionen oder in Gesprächen unter vier Augen.

Das alles ist legitim und mehr als das: Es ist notwendig. Demokratie kann in einer modernen Gesellschaft nicht anders funktionieren, jedenfalls nicht gut funktionieren. Verbände sind ganz offiziell an der Gesetzgebung beteiligt, ihre Anhörung ist gesetzlich vorgeschrieben. Allerdings muß man sich an die Spielregeln des Lobbyismus halten: an Transparenz, Nachprüfbarkeit und Verzicht auf jeden Anflug unzulässiger Beeinflussung.«[2]

Natürlich folgen diesen Prinzipien bei weitem nicht alle. Viele versuchen, zum Erfolg verdammt, auf den zahlreichen Bühnen eitler Selbstdarstellung, z. B. in den Landesvertretungen beim Bund, errungene Positionen zu verteidigen und neue Marktanteile zu erkämpfen
— mit mehr oder weniger Kompetenz, Bildung und Beharrungsvermögen auftretend,
— mit mehr Gemeinwohlprinzipien und -denken oder mehr dem Prinzip »Mein Wohl vor Gemein-Wohl« folgend,
— mit mehr oder weniger Ethos und Verantwortung arbeitend.

Wegen der unterschiedlichen Haltungen und besonderen Methoden der Beeinflussung wird den Interessenvertretungen in Deutschland und auf internationaler Ebene ein denkbar schlechter Ruf bescheinigt:
— von Parlamenten und Parteien, obwohl Abgeordnete und Mandatsträger immer wieder hervorheben, wie wichtig ihnen Ratschläge und Zuarbeit von kompetenten Fachleuten der Verbände sind. Schließlich kann kaum ein Parlamentarier, der Gesetze zu beschließen hat, Fachmann für alles sein.
— von der Administration, obwohl gerade die Exekutive ohne fachkundigen Rat, öffentliche Anhörungen und sachorientierte Hintergrundgespräche noch mehr Sandkastenspiele ohne Praxisbezug betriebe, als ohnehin schon stattfinden. Denn kein Ministerialbeamter, der Gesetze vorzubereiten

hat, kann alle Einzelheiten einer Branche oder z. B. neue technische Anforderungen und Entwicklungen übersehen.
- von den Medien, obwohl gerade Journalisten häufig und kräftesparend von gehaltvollen Informationen der Lobbyisten leben. Schließlich haben die neuen Informations- und Kommunikationstechniken vor allem eine Informationsflut bewirkt, ohne für größere Transparenz zu sorgen.
- von den eigenen Mitgliedern, weil Beitragszahler konkrete Ergebnisse erwarten und nicht begreifen wollen, daß Verbandsarbeit von zahlreichen Kriterien abhängig ist und langfristig angelegt sein muß. Denn nur kontinuierlich gute Arbeit – und nicht flotte Ranküne und Rabulistik – zeitigt gute Erfolge, die den Mitgliedern zugute kommen und das Ansehen des Berufsstandes in der Gesellschaft stärken.

Dieter Vogel, ehemaliger Sprecher der Bundesregierung, stellt fest: »Man braucht (für beabsichtigte Regelungen) Rat, Auskünfte, Unterrichtung. Kluge Lobbyisten werden nicht mit gehaltvollen Abendessen aufwarten, sondern mit gehaltvollen Informationen. Je mehr sie selber zu sagen haben, desto mehr erfahren sie. Daß in ihren Worten eigene Interessen mitschwingen, die es gegen andere abzuwägen gilt, das weiß man auch in Bonn. Wer es nicht tut, wird den politischen Schaden schnell spüren. Eigene Interessen sind nichts Böses und Verwerfliches, sondern sinnfälliger Ausdruck einer pluralistischen Gesellschaft.«[3]

Macht und Machtlosigkeit

Die inhaltlichen, personellen und finanziellen Voraussetzungen beeinflussen entscheidend die Erfolge der Lobbyarbeit. Nach Auffassung des »SPIEGEL« sind für die Allmacht der Lobbyisten vor allem drei Gründe verantwortlich:
»Die Verbände
- verdanken ihre Schlagkraft dem hohen Organisationsgrad und dem Vertretungsmonopol;
- verfolgen, anders als die Volksparteien, nur Mini-Interessen der Gesellschaft und können deshalb umso radikaler auftreten;
- verfügen über eine große Finanzkraft, weil hinter ihnen profitable Unternehmen stehen.[4]

Für die überwiegende Anzahl der Verbände treffen die genannten Gründe kaum zu; sie verfügen in der Regel über keinen hohen Organisationsgrad und noch seltener über Vertretungsmonopole, sondern schlagen sich vor allem mit Konkurrenten herum, die für sich Alleinvertretungsansprüche definieren. Natürlich verfolgen Verbandsvertreter – genauso wie gewählte Parlamentarier – überwiegend Partikular-Interessen derjenigen, für die sie arbeiten. Entscheidend dürfte aber sein, ob die Summe der Teile mehr ist als das Ganze, ob sich aus Individual- und Gruppeninteressen ein gesellschaftlicher Belang entwickeln läßt.

Der SPIEGEL-Holzschnitt vermittelt deshalb einen falschen Eindruck und reflektiert lediglich die Arbeitsweise weniger, in der Regel finanzstarker Verbände, die meist vergeblich versuchen, mit notdürftigen Begründungen ihre Ziele durchzusetzen, und der nicht zu übersehenden Selbstdarsteller, die die Eitelkeit und die Unbedarftheit ihrer »Opfer« ausnutzen, gleichwohl wissend, daß diese Praktiken auf Dauer zum Scheitern verurteilt sind. Die Probleme der großen Mehrzahl der Verbände und ihrer Vertreter liegen woanders. Sie kämpfen mit wenig Personal, Geld und Einfluß um das eigene Überleben; ihr Beharrungsvermögen entspricht häufig jenem überflüssiger Verwaltungen, Abteilungen und Referate bis hin zu Ministerien, die schon vor Jahrzehnten ihre Bedeutung verloren haben. Die Freien Berufe werden z. B. mit einem personell schlecht ausgestatteten Referat im Bundesministerium für Wirtschaft »bedient«, während die Land- und Forstwirtschaft noch immer über ein großes eigenes Ministerium verfügt, obwohl ihr Beitrag zum Bruttosozialprodukt sehr viel kleiner ist als der der Freien Berufe.

Kooperation und Konkurrenz

Voraussetzung für erfolgreiches Handeln ist die Integrationskraft der Verantwortlichen innerhalb eines Verbandes. Wenn Ziele und Inhalte vertreten und kommuniziert werden, die nicht mehrheitsfähig sind, muß jede Verbandspolitik und -strategie versagen. Der innere Konsens und seine kompetente und 'abgestützte' Vertretung nach außen sind mindestens genauso wichtig wie ein angemessener Organisationsgrad.

100.000 (Pflicht-)Mitglieder der Kammern machen mehr Eindruck als 5.000 freiwillige Mitglieder eines Verbandes; das Gesetz der großen Zahl gilt aber längst nicht mehr so stark wie früher und sagt schließlich auch nichts über die Qualität der Interessenvertretung aus.

»Kammern arbeiten auf gesetzlicher Grundlage. Gesetzgebung geschieht im öffentlichen Interesse. Architekten- und Ingenieurkammern sind insofern primär keine Einrichtungen zugunsten der vertretenen Berufe, sondern zugunsten der Öffentlichkeit, die über Gesetze berufsordnend in einen Berufsstand eingreift. Dieser regelnde Eingriff, der im Wege der Kulturhoheit der Länder über die Berufsbezeichnung erfolgt und mittelbar auch die Berufsausübung betrifft, ist – dies ist ein typisches Zeichen unserer Zeit – von den Regulierten als glückhaftes Ereignis empfunden worden. Dies liegt daran, daß ein Handeln auf gesetzlicher Grundlage natürlich größere Legitimität hat als ein Handeln auf freier Willensbildung, nämlich vereinsrechtlicher Grundlage.«[5]

Diesen Thesen folgend bezieht sich die Lobbyfunktion der Kammern auf gezielte Einflußnahme und Gestaltung der Rahmenbedingungen für die Wahrnehmung der Interessen aller Berufsangehörigen – unabhängig von der Form der Berufsausübung, sowohl auf Bundes- als auch auf internationaler Ebene und auf der Basis eines gesetzlichen Auftrags als Körperschaft öffentlichen Rechts. Die satzungsgemäßen Aufgaben der Bundesarchitektenkammer (BAK) als nicht verkammerte Gemeinschaft der Länderarchitektenkammern sind demzufolge
- die gemeinsamen Belange der Architekten innerhalb der Bundesrepublik Deutschland und auf internationaler Ebene zur Geltung zu bringen (Lobbyfunktion);
- die Zusammenarbeit und den regelmäßigen Erfahrungsaustausch der BAK-Mitglieder zu fördern (Verbandsfunktion);
- den Berufsstand gegenüber der Allgemeinheit in Fragen der Architektur und des Bauwesens zu vertreten (PR-Funktion).

»Diese Aufgaben korrespondieren direkt mit den gesetzlichen Aufgaben der Architektenkammern der Länder, deren Autonomie im Rahmen ihrer gesetzlichen Zuständigkeiten nicht berührt wird.«[6]

Zu den Schwerpunkten der Lobbyarbeit der Bundesarchitektenkammer zählen
- die Verhinderung wettbewerbsverzerrender Einflüsse für die freiberufliche Erbringung von Planungsleistungen,
- die Abwehr von berufsbedrohenden Anforderungen,
- die Einflußnahme auf eine Einschränkung von Erlassen und Regelwerken,
- die maßgebliche Mitarbeit an der Erarbeitung notwendiger Gesetze, Verordnungen, Richtlinien, Normen und Regeln,
- die Fortschreibung von Ausbildungsbedingungen.

Viele dieser Aufgaben nehmen auch die Architekten- und Planerverbände wahr – meist in Kooperation mit der BAK, häufig aber auch in Konkurrenz zu den Kammern. Schließlich ist die duale Vertretung der beruflichen Interessen kennzeichnend für alle verkammerten Berufe, zu denen auch die Architekten und Stadtplaner zählen. Allerdings belebt Konkurrenz keineswegs das »Geschäft«. In der Realität des Alltags schadet sie den Interessen der Berufsstandes mehr als sie nützt. Noch immer gibt es Doppelarbeit oder die Gefahr des Auseinanderdividierens und manchmal auch echten Schaden, wenn persönliche Profilierung dem Engagement in der Sache geopfert wird.

Zudem bergen Kammern die Tendenz in sich, »statisch zu werden, da jede inhaltliche Veränderung ihrer Tätigkeit der gesetzlichen Änderung bedarf, also der Bewegung eines Landtags. Berufsverbände beruhen dagegen allein auf der idealistischen Willensbildung und dem freiwilligen Zusammenschluß ihrer Mitglieder. Niemals haben sie die Chance, in staatstragende Funktionen zu gelangen, niemals haben sie die Chance, anders als in einem fortwährenden Abstimmungsprozeß sich in Inhalten und Organisationen zu wandeln. Insofern können sie das flexible und dynamische Element der freiberuflichen Vertretung darstellen, das allerdings nie besser sein kann als die Vertretenen selbst und ihre Ideen. Das Wesen der freien Berufsvertretung liegt also darin, daß ihre Funktionsträger unmittelbar Ausdruck über die Qualität der Organisationen selbst geben, wogegen bei den Kammern diese Qualität über die Qualität des Gesetzes hergestellt wird, welches die Grenzen der Vertretung vorgibt. Erst in diesem Rahmen können die gewählten Vertreter ihre eigene Qualität einbringen.«[7]

Die Satzung des Bundes Deutscher Architekten BDA[8] verdeutlicht die Unterschiede und die Gemeinsamkeiten. Zielsetzung des BDA ist die Qualität des Planens und Bauens in Verantwortung gegenüber der Gesellschaft.

Der BDA
- versteht sich als Ort der kritischen Auseinandersetzung in allen Bereichen des Planens und Bauens und fördert die Diskussion in der Öffentlichkeit,
- unterstützt die Entwicklung des Planens und Bauens und fördert Forschung und Experimente,
- fördert das Zusammenwirken aller am Planungsprozeß Beteiligten,
- stellt sich aktuelle Aufgaben und macht diese zu Schwerpunkten seiner Arbeit.
- Zielsetzung des BDA ist die Unabhängigkeit der Planung; er fordert
- die Beteiligung der Architekten an der Definition und Formulierung der Aufgaben,
- die objektive Ermittlung der besten Lösung im freien geistigen Wettbewerb,
- deutliche Funktionstrennungen innerhalb der Partnerschaft zwischen Auftraggeber und nicht weisungsgebundenem Architekten.

Zielsetzung ist ferner die ständige Reflexion der sich wandelnden Anforderungen an Planen und Bauen. Der BDA macht sich und anderen den notwendigen Wandel im Berufsbild bewußt und fördert die darauf bezogene Ausbildung und ständige Weiterbildung. Zur Verwirklichung seiner Ziele nimmt der BDA Einfluß auf die Öffentlichkeit und auf die politische Willensbildung, ohne sich als Verband parteipolitisch zu betätigen.

Mit anderen Worten: Verbandsarbeit ist eine Medaille mit zwei Seiten; sie muß inhaltsreich und zuverlässig angelegt sein. Berufspolitische Forderungen können nur dann glaubwürdig vertreten und durchgesetzt werden, wenn sie inhaltlich überzeugend begründet sind und Widerhall nicht nur in den eigenen Reihen, sondern auch auf der Seite der vermeintlichen Gegner oder Konkurrenten finden.

Erfolge und Mißerfolge

Zusammengefaßt stellen die auf Bundesebene tätigen Architekten- und Planerverbände und -kammern ein relativ komplexes und homogenes, durchaus facettenreiches und dennoch überschaubares Netzwerk dar. Wenn es jedoch um Standpunkte und Interessenlagen zur Stadtentwicklung und deren politische Durchsetzung geht, wird man häufig auf wenig Engagement bis hin zum Desinteresse stoßen. Die Lobbyarbeit konzentriert sich – meist aus Personal- und Geldmangel notgedrungen – mehr auf die »harten« Rahmenbedingungen der Berufsausübung, also Honorar- und Wettbewerbsordnung, Architekten-, Bauordnungs-, Haftungs- und Vertragsrecht, und weniger auf die »weichen« Fragen der Stadtentwicklung, also des Bau-, Städtebau- und Umweltrechts.

Diese Tendenz ist durch die Europäisierung der beruflichen Bedingungsfelder eher noch verstärkt worden. Das bewährte Modell der Gewaltenteilung im Planen und Bauen, dessen Verläßlichkeit vor allem in der Abkopplung der Inhalte der eigenen Leistung vom eigenen wirtschaftlichen Erfolg liegt, ist in großer Gefahr, weil den freien Architekten und Stadtplanern die notwendigen Rahmenbedingungen ihrer Berufsausübung mehr und mehr entzogen werden:

– Das europäische Vergaberecht hat bewährte nationale Regelungen außer Kraft gesetzt und neue Hemmnisse aufgebaut, die das Planen und Bauen komplizierter und teurer machen.
– Das Brüsseler Richtlinienwerk fördert die wirtschaftliche Konzentration im Bauen – und nicht den Mittelstand, dessen Kreativität und Flexibilität offenbar durch Größe und Marktmacht ersetzt werden soll.
– Totalunternehmer und Generalübernehmer verteuern das Bauen und machen große Gewinne auf Kosten der anderen Beteiligten.
– Notwendige und angemessene Honoraranpassungen werden den freien Architekten seit Jahren bis zur Diskriminierung und ungerechtfertigten Schlechterstellung verweigert.
– Ideen- und Realisierungswettbewerbe unter Architekten und Stadtplanern sind wesentliche Bedingungen zur Sicherung der kulturellen Qualität unserer gebauten Umwelt; sie haben sich in Deutschland bewährt, werden aber ebenfalls durch die »Ver-Brüsselung« zunehmend in Frage gestellt.

Unter diesen Voraussetzungen und auch im Sog der Wende im eigenen Land hat die Stadtentwicklungs- und Städtebaupolitik an Bedeutung verloren. Von der Hoffnung vieler Stadtplaner nach der Wende, »Dialog und Kooperation zu erreichen mit dem gemeinsamen Interesse, Gutes zu bewahren und zu entwickeln, Überholtes deutlich zu machen und abzustreifen und neue Wege zu einer demokratischen Planungs- und Baukultur in ganz Deutschland aufzuzeigen«, ist im Jahr 1997 wenig übrig geblieben.[9]

Das, was vermeintliche Experten aus dem Westen an den Peripherien der Städte Ostdeutschlands angerichtet haben, hat nichts mit Stadtentwicklung und Städtebau zu tun, sondern wird so negative Folgen ungeahnten Ausmaßes zeitigen, daß man schon bald Scherbengerichte für die Suche nach den Schuldigen dieser fatalen Entwicklung veranstalten wird. Diese Suche wird natürlich zu keinem Ergebnis führen, aber Städtebau und Stadtplanung sowie ihren Machern und Anwälten die seit einem Jahrzehnt anhaltende Krise noch bewußter machen und den Stellenwert der Disziplin im großen Politikkonzert weiter schwächen. Die »permanente Realitätsverweigerung« (Karl Ganser) wird sich noch mehr rächen, als viele derzeit glauben. Neue (zu späte?) Gesetze, Gesetzesvereinfachungen oder gar ganze Gesetzbücher werden an den längst eingetretenen Zuständen kaum noch etwas ändern (können). Wenn Stadtentwicklung und Städtebau noch eine Chance haben sollen, ist es an der Zeit, die »permanente Realitätsverweigerung« umgehend aufzugeben, Politik und Fachwelt mit umfassenden und realistischen Analysen über Zustand und Zukunft unserer Lebens- und Arbeitswelt zu konfrontieren, die Kräfte für eine »Charta der Europäischen Stadt« zu bündeln, die Gemeinwohl- vor Individualinteressen zu stellen, Kooperationen zu pflegen und Konfrontationen abzubauen, um Perikles (430 v. Chr.) gerecht zu werden: »Wer an den Dingen seiner Stadt keinen Anteil nimmt, ist nicht ein stiller Bürger, sondern ein schlechter.«

Kooperationsbeispiele

Daß Kooperation und Bündelung der Kräfte keineswegs mit der Suche nach dem kleinsten gemeinsamen Nenner zu verwechseln sind, haben in den 80er und 90er Jahren drei Aktionen bewiesen, an denen der BDA maßgeblich beteiligt war und ist:

Seit mehr als zehn Jahren existiert eine Arbeitsgruppe Baugesetzbuch einiger Architekten- und Planerverbände, die die Novellierungen des Gesetzes mit höchst kompetenten Beiträgen begleitet hat. Die Initiative zu der Gründung dieser eher informell, gleichwohl sehr wirksam arbeitenden Gruppe ging vom BDA aus. Das zuständige Bundesministerium mußte nicht mehr Einzelverhandlungen mit sieben oder zehn Verbänden führen. Durch die internen Diskussionen entstanden trotz unterschiedlicher Sichtweisen und Ausgangspositionen gemeinsame Stellungnahmen, die sowohl in Anhörungen des Deutschen Bundestages als auch in den Gesprächen mit der Administration hohe Akzeptanz erfuhren.

Bereits 1981 wurde die Arbeitsgruppe KOOPERATION des GdW Bundesverband Deutscher Wohnungsunternehmen, des Bundes Deutscher Architekten BDA und des Deutschen Städtetages gegründet, die es sich zum Ziel gesetzt hat, dem Wohnungs- und Städtebau neue Impulse zu geben. Seit mehr als 16 Jahren widmet die AG KOOP mit großer Kontinuität und viel ehrenamtlichem Engagement dem kostensparenden und ressourcensparenden Wohnungsbau besondere Aufmerksamkeit. Mit dem bereits sechsmal durchgeführten Wettbewerb um den Bauherrenpreis der Aktion »Hohe Qualität – tragbare Kosten« hat die Arbeitsgruppe ein inhaltsreiches und medienwirksames Projekt entwickelt; 1.250 Siedlungen und Häuser mit mehr als 90.000 Wohnungen wurden zu diesen Wettbewerben eingereicht und sind beurteilt worden. Seit 1981 sind mehr als 60 Arbeitsgruppensitzungen und 25 Veranstaltungen gemeinsam von den drei Organisationen durchgeführt worden. Die Zahlen sind Beleg für die gute und erfolgreiche Resonanz, die die Aktivitäten der AG KOOP in Politik, Medien und Fachöffentlichkeit gefunden haben.

Mit der Ausstellung »Renaissance der Bahnhöfe. Die Stadt im 20. Jahrhundert«, die in Venedig, Berlin und Stuttgart seit September 1996 mehr als 100.000 Besucher gesehen haben, ist eine neue wichtige Plattform für den Dialog über die Zukunft unserer Städte durch die Zusammenarbeit zwischen der Deutschen Bahn AG, dem Bund Deutscher Architekten BDA und dem Förderverein Deutsches Architektur Zentrum entstanden. Gemeinsam mit maßgeblichen Vertretern des Deutschen Städtetages wird sich der Gesprächskreis »Bahnhöfe und Stadtentwicklung« in den nächsten Monaten u. a. mit folgenden Themen beschäftigen: Vision und Wirklichkeit der 21er-Projekte der Deutschen Bahn AG; Stadt- und Siedlungsentwicklung zwischen Habitat 1996 und EXPO 2000; Bahnhöfe in Ostdeutschland: Bestandsaufnahme und Perspektiven; Umgang mit und Umnutzung alter Bausubstanz; Öffentlicher Verkehr und innerstädtischer Einzelhandel.

Alle drei Beispiele verfolgen das Ziel, durch Kooperation gemeinsames Handeln in der Sache zu fördern, ohne Eigeninteressen zu vernachlässigen, im Interesse des Gemeinwohls und der Gemeinschaft zu agieren und letztlich Anteil zu nehmen an den Dingen der Stadt und ihrer Zukunft.

Fazit. Daueraufgabe Architekturpolitik

Natürlich wird mit diesen Projekten Lobbyarbeit im positiven Sinne geleistet. Dennoch wird man konstatieren müssen, daß die Lobbyisten in den vergangenen Jahren weder Motor noch Bremse einer innovativen Stadtentwicklung gewesen sind; sie haben – objektiv betrachtet – vieles versucht, aber wenig erreicht. Ob Rio 1992 (Agenda 21), Istanbul 1996 (Habitat II) und Hannover 2000 (EXPO) die neuen und verheißungsvollen Wegmarken für eine nachhaltige Stadtentwicklung sein werden, ist noch völlig offen. Qualitätsvolle Architektur und ökologischen Städtebau durch hohe berufliche Qualifikation und eine Schonung der Umwelt durch verantwortungsvollen Umgang mit Technik und Produkten zu erreichen, sind Ziele und Ansprüche, von deren Wert auch die Gesellschaft überzeugt sein oder werden muß. Diese neue Architekturpolitik muß das ausschließliche Denken in renditebezogenen Mengengerüsten relativieren, die Werte architektonischer Qualität neu definieren und unterscheiden zwischen dem kulturellen und gesellschaftlichen Wert, dem sozialen Gebrauchswert und dem ökologischen und ökonomischen Zukunftswert von Architektur. Nur eine Gesellschaft, die Architektur und Städtebau als Teile menschlicher Kultur und als Produkt kreativer, unabhängiger geistiger Planung anerkennt, wird ihre Verantwortung für die Zukunft mit Zuversicht wahrnehmen können. Nur architektonische Qualität schafft kulturelle Werte in Form von Bauwerken, die ihre Zeit überdauern und das Gesicht unserer Städte und Dörfer prägen. Dabei geht es nicht nur um außergewöhnliche Bauwerke, die unter besonderen Bedingungen entstanden sind, sondern um die Qualität von Bauten und Anlagen im weitesten Sinne, die in der Bevölkerung ein Bewußtsein und in der Politik ein Klima für die Gestaltung einer zukunftsweisenden Lebenswelt schaffen.

»*Der höchste Staatszweck ist nicht das Wohl der Wirtschaft, sondern dasjenige des Menschen.*«
(Hilmar Hoffmann, Präsident des Goethe-Instituts)

Anmerkungen

1 Die folgenden Anmerkungen beziehen sich überwiegend auf die Berufspolitik und Öffentlichkeitsarbeit des Bundes Deutscher Architekten BDA.
2 Vogel, Dieter: Politik und Lobby, in: Foyer, I/96, herausgegeben von der Senatsverwaltung für Bauen, Wohnen und Verkehr, Berlin, S. 10.
3 Vogel, Dieter: a. a. O., S. 10.
4 DER SPIEGEL 43/93, S. 54.
5 Sangenstedt, Hans Rudolf: Die Architekten in ihren Verbänden und Kammern. in: BDA und Carl Stekkeweh (Hrsg.): Anwältin der Architekten. Gabriele Moser zum Abschied vom BDA, Bonn/Berlin 1997, unveröffentlicht.
6 Zitiert aus Arbeitspapier zur BAK-Struktur, Bonn, 1991.
7 Sangenstedt, Hans Rudolf: a. a. O.
8 Bundessatzung des BDA vom 8. Mai 1971.
9 Dessauer Erklärung vom 24. Juni 1990.

Franz Alt

Aktualitätsversessenheit und Umweltvergessenheit im deutschen Journalismus

Die Rolle der Medien für eine innovative Stadt- und Umweltplanung

Menetekel der Umweltkrise

Seit dem Umweltgipfel von Rio der Janeiro 1992 kennen wir die Menetekel globaler Fehlentwicklungen. Jeden Tag
- verhungern 100.000 Menschen
- sterben 70 Tier- und Pflanzenarten aus
- werden 86 Millionen Tonnen fruchtbares Erdreich abgeschwemmt
- breiten sich die Wüsten um 20.000 Hektar aus und
- werden 100 Millionen Tonnen Treibhausgase in die Luft geblasen.

Dies geht heute so weiter und übermorgen und jeden Tag der nächsten Woche und jeden Tag des nächsten Monats und jeden Tag des nächsten Jahres und vielleicht auch noch im nächsten Jahrhundert. Wir führen einen Dritten Weltkrieg gegen die Natur, das heißt gegen uns selbst. Unsere tödlichsten Waffen in diesem Krieg sind unsere Energie-, Verkehrs-, Bau- und Landwirtschaftpolitik. So verbrauchen wir heute an *einem* Tag soviel Kohle, Erdöl, Erdgas und Benzin wie die Natur in 500.00 Tagen geschaffen hat. Wir benehmen uns energiepolitisch 1:500.000 mal gegen die Gesetze der Natur. Oder: Mit *einem Liter* Benzin, das wir in unseren heutigen Autos verbrauchen, verpesten wir 10.000 Liter Luft. Im Krieg gegen die Natur haben die Autos die Rolle der Panzer in den alten Kriegen übernommen. Mit unseren Autos und Flugzeugen verbrennen wir die Zukunft unserer Kinder.

Für die deutsche Nachkriegsarchitektur waren Wärmedämmung und Energiesparen kein Thema. Noch heute wird in den meisten deutschen Häusern die Straße gleich mitgeheizt. Mit einer Spezialfernsehkamera haben wir für meine »Zeitsprung«-Sendung aufgezeigt, daß in den meisten Gebäuden vier bis acht mal mehr Heizenergie eingesetzt wird wie nach dem heutigen Stand der Technik notwendig ist.

Journalismus mit ökologischer Gleichgültigkeit

Warum aber gibt es zu all diesen Fragen viel zu wenig journalistische Aufklärung? Warum ist Mitte 1997 jedes Fußball-Bundesligaspiel im Fernsehprogramm und in den Zeitungen wichtiger als die drohende Klimakatastrophe oder der Verkehrskollaps? Wir Journalisten sind aktualitäts-, sport- und katastrophenversessen und zugleich umweltvergessen. Ein paar typische Beispiele können dies belegen:
1. Angela Merkel hatte in einem »Zeit«-Interview gesagt, 95% aller Klimaforscher sähen fast keine Chance mehr, der Klimakatastrophe zu entkommen. Keine deutsche Zeitung und kein Fernseh-

magazin hat diese wichtige Zukunftsmeldungen aufgegriffen. Das Ergebnis jedes Tennisspiels von Boris Becker oder Steffi Graf war wichtiger.
2. 1996 waren in den Umweltbranchen in Deutschland genausoviel Menschen beschäftigt wie im Autobau. Jahrzehntelang hatte Politiker aller Parteien behauptet, »jeder siebte deutsche Arbeitsplatz hänge am Auto«. Diese Zahl war schon früher falsch. Unabhängige Institute sehen etwa jeden 20. Arbeitsplatz in der Autowirtschaft Aber selbst bei inzwischen einer Million Arbeitsplätzen im Umweltschutz, wurde der Arbeitsmarktfaktor Umweltschutz nicht groß thematisiert. Im Wirtschaftsteil der großen nationalen Blätter ist das Thema Autowirtschaft trotz dessen sinkender Beschäftigungsrelevanz allemal wichtiger als der reale Wachstumstrend der Umweltschutzwirtschaft und Fortschritte der Umwelttechnik.
3. Zum Weltklimagipfel 1995 in Berlin hatten im Rahmen der parteiübergreifenden Aktion »Globaler Ökologischer Marshallplan« 750.000 Menschen durch ihre Unterschrift eine solare Energie- und eine ökologische Verkehrswege sowie eine ökologische Steuerreform gefordert. Nur wenige Zeitungen und lokale Fernsehstationen haben darüber berichtet. 250.000 Fußballzuschauer an jedem normalen Bundesligasamstag sind wichtiger.

Nicht nur fehlende ökonomische und politische Einsichten verhindern zur Zeit in Deutschland eine ökologische Wende, sondern die ökologische Gleichgültigkeit und die Umweltvergessenheit der meisten Journalisten. Wir klären nicht genügend auf über die ökologischen und ökonomischen Zusammenhänge unserer Zeit und werden dadurch selbst ein wesentlicher Teil der Probleme. Für viele Journalisten ist der Zweifel eines einzigen Meteorologen am Treibhauseffekt irgendwo auf der Welt wichtiger, weil spektakulärer, als der Treibhauseffekt selbst. Hier wird deutlich: wir entlasten lieber unser schlechtes Umweltgewissen durch windige Thesen von oftmals unseriösen Wissenschaftlern als daß wir uns ernsthaft und gewissenhaft mit der ökologischen Problematik beschäftigen.

Journalisten als Zyniker

Wenn die Verkehrs-, Energie-, Städtebau-, Wasser- oder Landwirtschaftspolitik für Journalisten persönlich keine Probleme sind, problematisieren sie diese auch nicht in unseren Zeitungen, Rundfunk- und Fernsehprogrammen. Viele Journalisten haben zwar Informationen über Umweltprobleme, aber sie lassen sich nicht innerlich davon berühren und ergreifen. Eine Berufskrankheit von Journalisten ist ihr weit verbreiteter Zynismus. Er wird bei keiner anderen Berufsgruppe so offensichtlich wie bei Journalisten. Zyniker haben wenig Motivation, über notwendige Heilungsprozesse der Umwelt zu berichten. Der Schweizer Tiefenpsychologe Carl Gustav Jung hat die Seele die eigentliche Großmacht genannt. Allein über den Verstand kommen wir nicht zur ökologischen Vernunft.

Dominanz der Unterhaltung in den Massenmedien

Umweltprobleme und umweltpolitische Aufklärungsarbeit werden immer mehr aus den Massenmedien verdrängt. Allenfalls in den Nacht- und Nachmittagsprogrammen finden sie noch Sendeplatz. Während ich diesen Aufsatz schreibe, hat mich z. B. der ARD-Koordinator Politik wissen lassen, eine »Zeitsprung«-Sendung zum Thema »Städteplanung und ökologisches Bauen« habe zur besten Sendezeit in der ARD nichts zu suchen. Zentrale Zukunftsthemen müssen sich mit minimalen Zeitanteilen bescheiden, es dominieren Sport und Unterhaltung und als seichte Kost für umwelt- und naturinteressierte oberflächliche Reise- und Tiersendungen.

Die ökologische Tagesschau

Die Zahlen am Beginn dieses Aufsatzes sind Zahlen für eine ökologisch realistische Tagesschau um 20.00 Uhr. Doch noch kein deutscher Fernsehzuschauer hat sie je in der realen Tagesschau gehört oder gesehen. Die Einwände der Tagesschau-Kollegen kenne ich aus meiner 20jährigen »Report«-Arbeit nur zu gut: Wir können doch nicht jeden Tag dasselbe berichten. Das ist wohl wahr! Aber inzwischen wird in der aktuellen Berichterstattung kein anderes Thema so sträflich vernachlässigt wie die ökologische Krise. Vielleicht könnte schwerpunktmäßig wenigstens einmal im Monat intensiv die ökologische Situation nachrichtlich betrachtet werden. Beinahe wie ein Ritual werden zum Beispiel seit Jahrzehnten jeden Monat die neuesten Arbeitslosenzahlen aus Nürnberg vorgeführt. Sind Lebensplätze nicht genau so wichtig wie Arbeitsplätze oder noch viel wichtiger?

Verpaßte Gelegenheiten zur Thematisierung der Energiewende

Die aktuelle Berichterstattung liefert im März 1997 geradezu ein Paradebeispiel für die Umweltvergessenheit deutscher Journalisten. Zuerst boxt die Bundesregierung gegen den Willen der Bevölkerung Castor-Transporte mit Atommüll durch und anschließend solidarisiert sich die Führungsspitze der deutschen Sozialdemokratie mit den Protesten der Kohlekumpels. Die Konservativen hängen am Tropf der Atomwirtschaft wie die Sozialdemokraten am Tropf der Kohlewirtschaft. Das ganze Elend der deutschen Energiepolitik wurde in diesen Wochen deutlich. Und wie arbeitet der Journalismus diese Krise auf? Er blieb an der Tagesaktualität hängen: Im Fernsehen waren Polizisten und Demonstranten zu sehen, die infantile Indianerspielchen und Schlägereien veranstalten, mal beim Atommülltransport, mal bei den Kohlesubventionsdemos. Verpaßt wurde die Chance einer Aufklärung über die solare Energiewende, über Energiesparen und Energieeffizienz. Daß Atomstrom so überflüssig ist wie die weitere Kohleförderung wird nicht problematisiert. Diese Art von oberflächlich am aktuellen Ereignis orientiertem Journalismus ohne Hintergrundsanalyse hat Methode.

Am Abend der großen Bonner Demonstrationen der Bergleute sehe ich wütende Kumpels, schreiende SPD-Politiker und verlegene Mitglieder der Bundesregierung im Fernsehen. Kein Politiker, kein Gewerkschaftler redet von den Alternativen – und kein Journalist fragt danach. Selten habe ich mich für meinen Berufsstand so geschämt. Weil der mutige SPD-Bundestagsabgeordnete Hermann Scheer als einziger seiner Fraktion öffentlich darauf hingewiesen hatte, daß ein Teil der Kohlesubvention für die Förderung erneuerbarer Energien verwendet werden sollte, wurde er nicht in den SPD-Fraktionsvorstand gewählt. Die Kohlelobby in der SPD-Fraktion warf ihm »Dolchstoß-Politik« vor. Dieser Konflikt wäre ein spannendes Thema gewesen, doch kein Journalist griff ihn auf! Fünf Jahre nach dem Rio-Umweltgipfel und zwei Jahre nach dem Klimagipfel in Berlin war vergessen, wie stark Kohle und Braunkohle das Treibhaus aufheizen und daß es moderne Alternativen zum Atomstrom gibt.

Daß der Einstieg in die erneuerbaren Energien viel mehr Arbeitsplätze bringt als beim Ausstieg aus Kohle und Atom verlorengehen, war ebenfalls kein Thema. Einfältiger, vordergründiger, phantasieloser und unverantwortlicher kann sich Journalismus kaum noch präsentieren. Diese Märztage 1997 hätten Hochtage für journalistische Aufklärung werden können. Stattdessen haben sich Journalisten wieder für reine Tagesaktualität interessiert! Mit wem der Bundeskanzler heute telefoniert hat oder welche Kanzlerkanditen-Kandidat wo aufgetreten ist, das ist noch immer der Stoff, aus dem die Träume politischer Journalisten gespeist werden. Die Nähe zur Macht ist oft viel wichtiger als die Nähe zu den Problemen der Gesellschaft und der Mitwelt. Im Tages-Journalismus wird ständig deutlich: nur »von denen da oben« wird die Lösung der Zukunftsprobleme erwartet. Deshalb werden viel zu viele Interviews nach dem Motto geführt: »Herr Bundeskanzler, sind Sie nicht auch der Meinung, daß ...« An das wichtige Versprechen, das Helmut Kohl der Weltöffentlichkeit im März 1995 auf dem Weltklimagipfel gab: »Die Bundesrepublik Deutschland wird als erste Industrienation ihre Treibhaus-Emmissionen bis zum Jahr 2005 um 25% reduzieren« wurde Helmut Kohl dabei nicht erinnert, zu den energiepolitischen Alternativen wurde er nicht kritisch befragt? Eher gehen wir vor den Mächtigen in die Knie, als daß wir aufklärend und neugierig nachfragen.

Phantasielosigkeit in der Behandlung von Innovationen und Zukunftsfragen

Beim Thema Umwelt und Ökologie zeigen die Massenmedien viel Phantasielosigkeit gegenüber möglichen Zukunftslösungen. Vor zehn oder auch noch vor fünf Jahren waren Journalisten noch ganz gut im Beschreiben der ökologischen Situation und in der Aufdeckung vieler ökologischer Altlasten. Doch jetzt, wo in Wissenschaft und Forschung immer mehr Technologien zur Lösung der Probleme bekannt werden, ausgerechnet jetzt versagen wir. Wenn Umwelt-Journalismus Katastrophen-Journalismus bleibt, werden wir nichts verändern helfen.

Wir haben – ganz besonders im Fernsehen – die Möglichkeit durch das Simulieren von positiven Zukunftsvisionen mit Hilfe modernster Computeranimationen auch Auswege aus dem Sackgassen aufzuzeigen. Wir können nicht nur Katastrophenszenarien, sondern auch Lösungen für das 21. Jahrhundert zeigen, z. B. durch Zeitsprünge ins Jahr 2030. Es ist realistisch, politische, ökonomische und technologische Schritte aufzuzeigen, wie innerhalb einer Generation die heutigen dringlichsten Probleme gelöst werden können. Doch eine ganzheitliche Städteplanung, die eine andere Energie-, Verkehrs-, Bau-, Wasser- und Sozialpolitik vereint, ist bei Programmplanern – auch der öffentlich-rechtlichen Fernsehanstalten – ein Randthema. Wenn Quote wichtiger ist als Qualität, verliert der öffentlich-rechtliche Rundfunk jedoch seine Legitimität.

Deshalb ist das wahrscheinlich schlimmste Versäumnis im deutschsprachigen Journalismus der 90iger Jahre das reine Verhaftetsein in den aktuellen Schlagzeilenthemen des politischen Aktionismus von Konferenzen und das Fehlen von realistischen Zukunftsperspektiven. Obwohl die Jahrtausendwende und die offenkundigen, dramatischen sozio-ökonomischen und ökologischen Strukturveränderungen in vielen Teilen der Erde ganz besonders zur Behandlung von Zukunftsfragen animieren sollten. Im Frühjahr 1996 hatten Redakteure von vier ARD-Anstalten für die ARD-Chefredakteure ein Konzept für einen Schwerpunkt »Zukunft« erarbeitet. Nach kurzer Diskussion haben die Chefredakteure entschieden, daß die aktuellen Probleme wichtiger seien und Zukunftsfragen kein Publikumsinteresse fänden.

Der ungenutzte Markt der Möglichkeiten

Wir Journalisten werfen Politikern oft zu recht vor, daß sie ihren Wählerinnen und Wählern keine Perspektiven aufzeigen. Doch wir selbst erscheinen unseren Lesern, Zuhörern und Zuschauern inzwischen ebenso perspektivlos. Wir Journalisten kommentieren zu recht die »Legitimationskrise der herrschenden Parteien« und sprechen von »Parteienverdrossenheit«. Aber wir merken gar nicht, daß es auch längst eine Legitimationskrise des politischen Journalismus gibt. Manchmal beklagen wir noch, daß in der Kurzatmigkeit der Tagespolitik Planungs- und Umweltthemen vernachlässigt werden, aber wo finden sie bei uns statt? Zu kurz kommt vor allem das Thema Innovationen, die Auseinandersetzung mit dem »Markt der Möglichkeiten« innovativer Lösungen, mit Reportagen über gelungene Planungsbeispiele aus Städtebau und Verkehr, aus Umwelttechnik, ökologischem Bauen und Solararchitektur.

Ich weiß aus meiner »Zeitsprung«-Erfahrung in der ARD, daß unsere Zuschauer Zukunftssimulationen, politische Perspektiven und Planungsthemen weit mehr schätzen als diese Themen von den ARD-Obrigkeiten geschätzt werden. Daß inzwischen etwa 10.000 Zuschauer, politische Institutionen, wissenschaftliche Institute und Erwachsenenbildner mit Videocasetten der »Zeitsprung«-Sendungen arbeiten, spielt für die Programmplaner der ARD noch immer keine Rolle. Änderungen im Bewußtsein der im Journalismus Herrschenden brauchen scheinbar ebenso lange wie die Bewußtseinveränderungen der in der Politik. Meine Erfahrung ist, daß sich heute in Wirtschaft und Handwerk viel rascher etwas verändert als in der Politik und im politischen Journalismus. Politiker und Journalisten hinken dem erwachten Ökobewußtsein der Gesellschaft im großen Abstand hinterher.

Das Beispiel regenerative Energien. Eine nahezu totgeschwiegene Innovation

Als ich 1992 das Buch »Schilfgras statt Atom« schrieb, hagelte es hämische Verrisse im »Spiegel« und in der »Zeit«, in der F. A. Z. und in anderen Zeitungen. Doch Tausende von Landwirten ließen sich auf das Zukunftsthema »Energie aus nachwachsenden Rohstoffen« ein. 1997 wird in Deutschland bereits auf 500.000 Hektar »Pflanzenenergie« angebaut. In zwei österreichischen Bundesländern, in Kärnten und in der Steiermark, werden bereits 25 % aller Energie, einschließlich Fahrzeugsprit, aus nachwachsenden Rohstoffen gewonnen. Für Bayern hat Edmund Stoiber vorausgesagt: Bis zum Jahr 2.000 wird 13 % der Energie aus regenerativen, umweltfreundlichen Quellen produziert, die Hälfte davon aus nachwachsenden Rohstoffen. Schon heute gibt es zwischen Garmisch und Hof 50 große Biomassekraftwerke, in denen durch Blockheizkraftwerktechnologien Strom und Wärme umweltfreundlich und klimaverträglich gewonnen werden. Warum bleiben diese positiven Entwicklungen beinahe geheim? Warum sind wir Journalisten viel mehr in die Katastrophenberichterstattung verliebt als in die Darstellung positiver Entwicklungen? Wir hören zwar häufig die Bäume krachen, aber wir werden erst noch lernen müssen, das Gras wachsen zu hören – auch das Schilfgras. Energie- und Ressourcengewinnung aus nachwachsenden Rohstoffen ist eines der großen Zukunftsthemen. Wir werden lernen müssen, daß wir künftig nur verbrauchen können, was wieder nachwächst. Das bedeutet: Schluß mit dem Bauernsterben. Wir brauchen im 21. Jahrhundert nicht weniger sondern mehr Bauern und in der Landwirtschaft Tätige. Hunderttausende neuer Arbeitsplätze können zusammen mit nachwachsenden Rohstoffen wachsen. Doch wer beschreibt diese Chancen? Die Angst vor einer Zukunft, die schrecklich wird, können wir nur überwinden mit Bildern von einer Zukunft, die wir wirklich wollen.

Intellektualisierte Journalisten sind von den Themen der Landwirtschaft und des ländlichen Raums innerlich besonders weit entfernt. Wir haben zu schnell vergessen: Zukunft braucht Herkunft! Bauern werden die Ölscheichs des 21. Jahrhunderts werden. Woher denn sonst sollen die Rohstoff- und Energiequellen des 21. Jahrhunderts kommen, wenn nicht vom Acker und der Landwirtschaft, nachdem die alten Energie- und Rohstoffquellen versiegt sind?

Das Prinzip Hoffnung als Zukunftsressource

Auch Journalisten sind eher Kinder ihrer Zeit als daß sie ihrer Zeit wenigstens ein wenig voraus wären. Wer aber das Privileg hat, sich beruflich auch über die Zukunft einer Gesellschaft Gedanken machen zu können, sollte auch Verantwortung für die Zukunftsthemen einer Gesellschaft verspüren. Und genau daran mangelt es. Noch schlimmer: Viele Journalisten behaupten fest und steif: Die Zukunft darf gar nicht unser Thema sein; unser Auftrag ist die aktuelle Berichterstattung, allenfalls die Vergangenheit. Die Umweltvergessenheit hängt sehr mit unserer Zukunftsvergessenheit zusammen. Für die »Dimension Gegenwart« und für die »Dimension Vergangenheit«, dafür fühlen sich Journalisten schon immer zuständig. Doch die »Dimension Zukunft« wird sträflich vernachlässigt. Ein Teil der Resignation der jungen Generation beim Nachdenken über ihre Zukunft hängt damit zusammen, daß Journalisten ihren Aufklärungsauftrag gegenüber der Dimension Zukunft nicht wahrnehmen und nicht wahrhaben wollen. Deshalb gibt es zu wenig Wissen über die möglichen Alternativen einer besseren Zukunft – zum Beispiel zu wenig Wissen über regenerative Energien, über mögliche Lösungen der Verkehrsprobleme oder über gelungene ökologische Städteplanung. Alle spüren, daß das, was heute läuft, keine Zukunft hat: Atomkraftwerke, Kohlesubvention, Chemielandwirtschaft, unser Umgang mit Boden, Wasser und Luft, die viel zu aufwendigen und zu hohen Stoffströme beim Bau von Autos und Häusern oder bei der Produktion von Nahrungsmitteln.

Doch die Alternativen, die es längst gibt und die Auswege aus den Sackgassen sind zu wenig bekannt. Deshalb ist soviel Hoffnungslosigkeit bei der Generation, die noch ihr ganzes Leben vor sich hat. Daß Hoffnung die wichtigste Zukunftsressource einer Gesellschaft ist, bleibt vielen Journalisten ein zutiefst befremdender Gedanke. Schon die Äußerung dieses Gedankens macht jemand sofort verdächtig: was hat das mit Journalismus zu tun? Ist das nicht Weltanschauung oder gar Ideologie oder Mission? Als sei das verkrampfte Festhalten an den heute herrschenden Verhältnissen und Mächten nicht ebenso Weltanschauung, Ideologie und Mission – lediglich gepaart mit Angst vor dem neuen Geist der Zukunft! Und oft genug auch Angst vor dem Verlust von Privilegien! Der Glaube an den Status-Quo wird weit weniger als Spinnerei verdächtigt als der Glaube an die Kraft der Innovation oder die Hoffnung auf Fortschritt und das Vertrauen auf Veränderung. Aber trotz der gegenwärtigen Status-Quo-Fixierung des Journalismus werden Innovation und Veränderung nicht aufzuhalten sein. Geist, Phantasie und Hoffnung haben sich schon immer als überraschender und erfolgreicher erwiesen als Machtfixierung, Zukunftsangst oder journalistischer Zynismus gegenüber neuen Ideen. Diese Position ist gleich weit entfernt von Öko-Optimismus und Öko-Pessimismus, von Planungs-Optimismus und Planungs-Pessimismus, von Zukunfts-Optimismus und Zukunfts-Pessimismus. Sie ist nach meiner persönlichen und politischen Erfahrung ganz einfach – realistisch. Zukunftsfähige Journalisten und Journalisten der Zukunft werden nicht nur viel intensiver als bisher über die Produkte von Querdenkern, Vordenkern, Nachdenkern und Tiefendenkern berichten, sie werden selbst Querdenker, Vordenker, Nachdenker und Tiefendenker sein müssen oder beruflich keine Zukunft haben. Emotionale Intelligenz wird das Erfolgskriterium eines Journalismus in der Zukunft sein. Das heißt: Denken in Zusammenhängen und Empfinden von innen her, was gut ist für die Zukunft einer Gesellschaft. Die flotte Formulierung allein wird nicht mehr reichen!

Arbeit und Ökologie:
Grundlagen für ein ökologisches Wirtschaftswunder

Die Themen »Arbeit« und »Ökologische Krise« werden die großen Themen der Zukunft sein. Wenn bei demoskopischen Umfragen nach dem aktuell wichtigsten Thema gefragt wird, dann sagen 80% der Deutschen: die Massenarbeitslosigkeit. Wenn jedoch gefragt wird: was ist mittelfristig das wichtigste Thema?, dann antworten ebenfalls 80%: Die ökologische Krise. Massenarbeitslosigkeit und die ökologische Krise sind also nach der überwiegenden Meinung der Bundesbürger in überschaubarer Zeit die bedeutendsten politischen Probleme. Politiker, Gewerkschaftler, Unternehmer, aber auch wir Journalisten beschreiben diese beiden wichtigsten Themen fast ausschließlich als »Probleme«, »Gefahren« oder »Katastrophen«. Gibt es gar keine Chancen? Kann es nicht sein, daß sich gerade in der Verknüpfung dieser beiden »Probleme« auch Auswege ergeben? Wo also liegt die Chance der großen Krisen unserer Zeit? Die Krisen sind genug dargestellt, jetzt brauchen wir endlich Lösungen. Dafür fehlt es nicht an Ideen – wohl aber am politischen Mut und dem gesellschaftlichen Willen zur Veränderung. In vorwurfsvollem Ton behaupten Politiker oft: »Wir leben über unsere Verhältnisse.« Ich meine, wir bleiben bisher weit unter unseren Möglichkeiten. Neben der Beschreibung der Probleme müssen Publizisten auch Mut machen in Zeiten der Resignation und anstiften zur Hoffnung. Wer sich darauf einläßt, stößt auf überraschende Erkenntnisse: Ein zweites Wirtschaftswunder, diesmal ein ökologisches Wirtschaftswunder, ist in Deutschland sehr wohl möglich. Es kommt freilich darauf an, nicht nur die derzeitigen Krisen zu sehen, sondern auch die Chancen dieser Krisen zu erkennen. Weder der Umweltbewegung noch uns Journalisten ist es bisher gelungen, die Chancen der heutigen Krisen im Umwelt- und Arbeitsbereich zu beschreiben.

Es fehlt in Deutschland zur Zeit nicht an Arbeit, sondern lediglich an Arbeitsplätzen. Die Arbeit geht uns nicht aus. Es gibt unendlich viel Arbeit im Bereich des Umwelt- und Klimaschutzes, viel Arbeit für ein attraktives öffentliches Verkehrssystem, Arbeit am Wasser- und Bodenschutz sowie viel Arbeit in der Krankenpflege, in der Altersversorgung und im gesamten Dienstleistungsbereich, im therapeutischen und im spirituellen Sektor. Der Theologe Matthew Fox sieht Millionen neuer Arbeitsplätze durch eine Spiritualisierung der Arbeitswelt. Spiritualisierung der Arbeitswelt heißt, sich diese Fragen stellen: Geht von meiner Arbeit ein Segen für künftige Generationen aus? Habe ich Freude an meiner Arbeit? Wem nützt meine Arbeit? Ist meine Arbeit eine wirkliche Berufung oder ein Job? Warum soll ein Sabbat-Jahr ein Privileg für Professoren bleiben? Sabbat-Jahre für alle sollten so selbstverständlich werden wie Mutterschaftsurlaub. Daraus erwachsen Rhythmen von Arbeit und Freizeit, die der Seele gut tun! Und die Qualität der Arbeit verbessern. Die starren Regeln für die generellen Zeitrhythmen unsres heutigen Arbeitssystems sind weitgehend von gestern. Sie funktionieren nicht mehr wie gewünscht. Für morgen bedeutet es noch mehr Millionen Arbeitslose. Wir brauchen einen Paradigmenwechsel in unserer Vorstellung von der Zukunft der Arbeit.

— *Ökologisierung der Arbeit*

Japanische Firmen haben zum Beispiel in den letzten vier Jahren sämtliche deutschen Solarpatente gekauft. Mit deutscher Technologie wird jetzt in Japan der Einstieg in die Massenproduktion billiger Solarmodule geprobt. Schon in fünf Jahren soll umweltfreundlicher Solarstrom in Japan so billig sein wie umweltfeindlicher Strom aus fossilen Energiequellen. Damit will Japan den Weltmarkt erobern und eine Million Arbeitsplätze schaffen. Arbeit, die Sinn macht. Wenig Sinn hingegen macht es, daß die Bundesregierung und SPD-Landesregierungen in Deutschland noch immer Milliarden Mark Steuergelder für die klimazerstörende Kohlenwirtschaft und für gefährliche Atomforschung ausgeben. Ein anderes Beispiel für sinnvollere Arbeitsplätze: Wenn wir heute ein Atomkraftwerk (AKW) schließen und künftig ebensoviel Strom klimaschonend und ungefährlich über Windkraft-Anlagen (WKA) erzeugen, dann entstehen nach einer Berechnung des World-Watch-Instituts in Washington etwa fünfmal mehr Arbeitsplätze als im AKW verloren gehen. Viel Sinn wird also durch eine kleine Verschiebung möglich: WKA statt AKW! Der entscheidende Sinn-Vorteil umweltfreundlicher Arbeitsplätze: Alle Arbeit hängt von reiner Luft, sauberem Wasser, gesundem Boden, einem gesunden Körper, Geist und Denken ab. Unsere heutige Arbeitsweise ist ein Symptom der Umweltkrise. Wir arbeiten zu wenig an den wirklichen Problemen. Je mehr wir die Umweltkrise verdrängen, desto höher die Zahl der Arbeitslosen.

— *Feminisierung der Arbeitsstrukturen:*
Die tradierten männlichen Karrieremuster – Schule, Berufsausbildung, 30 Jahre denselben Beruf und schließlich Rente – haben so keine Zukunft mehr. Künftige Arbeitsstrukturen erfordern mehr Flexibilität, Umlernen, Neulernen, aber auch Familienarbeit für Männer sowie Beziehungsarbeit und Arbeit mit Kindern für Frauen und Männer. Die Arbeitszeiten der Zukunft werden kürzer und die Arbeitsstrukturen weiblicher. Das kann viele neue Arbeitsplätze schaffen. Der normale Arbeitsplatz wird in vielleicht 20 Jahren schon für die meisten der Halbtagsarbeitsplatz sein. Halbtagsarbeit außer Haus und Halbtagsarbeit im Haus für Mann und Frau kann viel Sinn machen und mehr Lebensqualität bedeuten, wenn Er und Sie die neue Chance für mehr Geschlechter-Emanzipation nutzen.

— *Spiritualisierung der Arbeitswelt:*
Die Frage nach Sinn – auch nach Sinn in der Arbeit – wird das ethische und spirituelle Zentralereignis unserer Zeit. Die Frage nach dem Sinn der Arbeit ist die Frage nach den Werten des Produkts der Arbeit, und nach der Zukunftsfähigkeit einer Produktion. Die Zukunftsfähigkeit eines Produkts und eines Arbeitsplatzes wird wesentlich davon abhängen, ob an diesem Platz und mit diesem Produkt Ökomonie und Ökologie in Einklang gebracht werden können. Der Schöpfungstheologe Fox nennt diesen Einklang »die Heiligung und Spiritualisierung unserer Arbeit.« »Ora et labora – bete und arbeite« hat Benedikt von Nursia vor 1.500 Jahren seinen Mönchen als Auftrag gegeben. Das real existierende Christentum hat aber im Mittelalter das werktägliche Arbeiten total vom sonntäglichen Beten abgespalten bis hin zur »Werktagsarbeit« des Tötens in den »gerechten« Kriegen. Auch heute können sich Christen sonntags der Muße hingeben und werktags bedenkenlos Atomkraftwerke bauen. Dagegen polemisiert Matthew Fox gewaltig und lustvoll. Die Entspiritualisierung der Arbeit führe zu Umweltzerstörung und Massenarbeitslosigkeit. Die Respiritualisierung der Arbeit führe zur Bewahrung der Schöpfung und zur »natürlichen Vollbeschäftigung«. Sinnvolle Arbeit ist für Fox Gottesdienst; Teilhabe an der Schöpfung. Sinnvolle Arbeit ist nachhaltig beglückende Arbeit. Und beglückende Arbeit ist würdevolle Arbeit, ist praktizierte Religion. »Das Universum fordert von uns heute eine Revolution der Arbeit. Neue Berufungen, neue Berufe und neue Rollen wollen überall realisiert werden. Neue Arbeit wartet auf uns.« Das Wiederentdecken von spirituellen Ritualen sei »große Arbeit« und führe weg von den heutigen Todesfabriken wie Waffenschmieden, Atomkraftwerken und Herbizid- und Pestizidfabriken. Ohne Rituale verliert jede Gemeinschaft ihre Seele. »Wir können Arbeit neu erfinden, indem wir Rituale neu erfinden.« Mehr spirituelle Sinngebung in der Ökonomie führe zu mehr Ökologie und diese zu Millionen neuer Arbeitsplätze, Arbeitsplätzen für das Leben.

Eine Utopie? Gar typisch amerikanisch – idealistisch? Wenn uns im Angesicht der Massenarbeitslosigkeit und der ökologischen Krise nicht etwas tiefgreifend Revolutionäres einfällt, dann werden Arbeitsmärkte, regionale Ökosysteme und Gesellschaften weiter kollabieren. Deswegen ist das Gegeneinanderausspielen von Ökonomie und Ökologie so ignorant. Natürlich müssen wir lernen, daß die beste Gesellschaft die mit den wenigsten Arbeitslosen ist. Aber sie erhält man nicht durch die Fortsetzung herkömmlicher Ökonomie. Nur mit neuen, der künftigen Lage angepaßten Produkten, neuen Formen der Produktion und sozialen Organisation von Arbeit wird Vollbeschäftigung wieder und dauerhaft möglich.

Potentiale für ein ökologisches Wirtschaftswunder

Das Hauptproblem der heute Regierenden: Sie sind ohne jede Vision. Es fehlt, was Helmut Kohl immer forderte, solange er Oppositionsführer in Bonn war: geistige Führung. Diese Orientierungslosigkeit hat das ganze Land befallen, auch den Journalismus, die Ökonomie, die Wissenschaft und die Kirchen. Das große geistige Vakuum unserer Zeit ist gekennzeichnet durch einen Mangel an politischen Zukunftsvisionen und sozialen Konzepten. Wir Journalisten beschreiben die Ängste, die durch Sozialabbau und Massenarbeitslosigkeit, durch Umverteilung von unten nach oben und durch ökologische Krisen entstehen. Aber wir berichten kaum über die sehr wohl existierenden Konzepte eines zukunftsfähigen Deutschland, eines sozialökologischen Europa und über das wachsende Bewußtsein für »die eine Welt«. Das Umweltbundesamt hat in einer Befragung festgestellt: 89 % der Westdeutschen und 93 % der Ostdeutschen wissen mit dem Begriff »nachhaltiges Wirtschaften«, dem Schlüsselbegriff einer zukunftsfähigen Politik seit dem Rio-Umwelt-Gipfel nichts anzufangen. Das liegt sicher auch an dem schwerfälligen Begriff. Aber es liegt viel mehr an der Unlust und Unfähigkeit der großen Medien, sich mit diesem Thema angemessen auseinanderzusetzen, am Ende des 20. Jahrhunderts. Und es liegt an der mangelnden Vorstellungskraft, daß nachhaltiges Wirtschaften mit mehr Lebensqualität, Freude, Gewinn, Lust und Perspektive verbunden ist. Noch immer wird in den Medien bei Ökologie reflexartig mehr an »Askese«, »Opfer« und »Verzicht« gedacht, Haltungen, die ihrem lustbetonten Selbstbild fremd sind und sie daher wenig zur Auseinandersetzung reizen.

Daß Umweltschutz kein Arbeitsplatzkiller sondern der Arbeitsplatzknüller ist, hat sich unter Journalisten wie unter Politikern noch nicht ausreichend rumgesprochen. Daß saubere Luft, reines Wasser, gesunde Böden, ein gutes Klima, gesunde Menschen und intakte Städte wichtige Standortfaktoren sind und unverzichtbare Wohlstandsgaranten, das vermitteln wir Journalisten nicht, weil wir es selbst nicht glauben. Dabei gibt es auf dem Weg dorthin riesige Konversionspotentiale. Mit nur ein wenig Phantasie kann ich mir die Realisierung folgender Visionen vorstellen:
- Eine Million neuer Arbeitsplätze bringt die solare Energiewende, das heißt die 100 % Ablösung der heutigen Energieträger durch Sonne-, Wind-, Wasser- und Bioenergie in 30 Jahren, sagt Hermann Scheer als Präsident von Eurosolar.
- Eine weitere Million neuer Arbeitsplätze bringt die ökologische Verkehrswende, das heißt die Verfünffachung des öffentlichen Verkehrs in ebenfalls 30 Jahren mit einem umweltfreundlichen Servicesystem, kann Professor Heiner Monheim überzeugend vorrechnen.
- 650.000 neue Arbeitsplätze bringt die ökologische Steuerreform, hat das Deutsche Institut für Wirtschaftsforschung ausgerechnet.
- 300.000 zusätzliche Arbeitsplätze sind möglich, wenn die Wärmeschutzverordnung nicht nur für Neubauten gelten würden, sondern auch für etwa 18 Millionen Altbauten, meint Klaus Töpfer.
- 200.000 neue Arbeitsplätze werden geschaffen, wenn durch ein modernes Wasserschutzgesetz innerhalb von zehn Jahren alle Wasserschutz- und Wasserspartechnologien, die wir heute kennen, im großen Stil eingesetzt werden – berechnet der ehemalige Umweltsenator Volker Hassemer.

Visionen und Visionäre als Motor der Entwicklung

Das alles ist machbar. Doch dieses ökologische Wirtschaftswunder wird bis heute publizistisch noch nicht anvisiert, weil es noch kaum beschrieben wird und weil in der Politik ein Visionär wie seinerzeit Ludwig Ehrhard fehlt. Er hatte vor 50 Jahren mit der Vision der sozialen Marktwirtschaft einer ganzen Generation die Richtung gezeigt. Er hatte die Vision und wir die Chancen. Die humanste Vision für ein gutes 21. Jahrhundert ist die Weiterentwicklung zu einer ökosozialen Marktwirtschaft. Notwendig ist eine Kulturrevolution in den Köpfen und Herzen vieler Menschen, die verantwortbar arbeiten und wirtschaften wollen. Dafür braucht es Konzepte und Projekte. Die ökosoziale Marktwirtschaft führt zu einem Wachstum mit Sinn und Gewinn. Kluge Unternehmer wissen: hauptsächlich mit grünen Ideen werden künftig schwarze Zahlen geschrieben. In den USA haben ökologische und ethische Geldanlagen inzwischen einen Umsatz von 450 Milliarden Mark erreicht. Vor einigen Jahren sind ökologisch und ethisch inspirierte Unternehmer noch als Spinner bezeichnet worden – heute sind sie Gewinner. Gestern Spinner, heute »winner«. So war es immer – so wird es immer sein.

Karl Ganser hat im Sinne dieser Entwicklung zur ökosozialen Marktwirtschaft viele Beiträge geleistet: die Konzeptentwicklung durch den Überbau wissenschaftlicher Grundlagenarbeit in den 70er Jahren; die Umsetzung in die politische Programmatik und konkrete Förderprogramme in den 80er Jahren und die Umsetzung in über 100 miteinander vernetzte Projekte der sozialen, ökonomischen und ökologischen Innovation im Rahmen der IBA in den 90er Jahren. Ihm wäre zu wünschen, daß die große Vielfalt der IBA mit ihren faszinierenden Projekten viele Journalisten aus ihrer Distanz zu Zukunftsthemen und ihrer Reserviertheit gegenüber dem Ruhrgebiet und der Emscherzone herausholt, neugierig macht und inspiriert zu der Überlegung, was wäre, wenn in dieser Republik nach den gleichen Prinzipien an vielen Stellen geplant, gebaut und gewirtschaftet würde.

Karl Ganser hat begriffen, daß ein ökologisches Wirtschaftswunder möglich ist und an seiner Umsetzung gearbeitet. Ihn trieb hierzu eine Vision. Zukunfts-Männer wie Karl Ganser braucht das Land! Die IBA ist seine IBA und ohne IBA wären wir ärmer in Deutschland, ärmer an realisierbaren Zukunftsvisionen. Danke, Karl Ganser!

Was können Journalisten und Publizisten zum ökologischen Wirtschaftswunder und zur Realisation von Visionen beitragen? Die Zukunft hat längst begonnen, wenn auch von Journalisten weitgehend unbemerkt. Wir Journalisten sind heute insgesamt nichts anderes als das Spiegelbild der Gesellschaft. Nicht zufällig ist »Bild« die meistgekaufte Zeitung in Deutschland. Auch in Zukunft werden Journalisten keine besseren Menschen sein. Aber die Nase im Wind eines neuen und veränderten Zeitalters sollten sie schon haben – entschieden mehr als heute.

Heiner Monheim

Innovationen für ein effizientes Verkehrssystem

Die Effizienzfrage als zentrale Frage der Klima- und Verkehrspolitik

In der klima- und energiepolitischen Debatte spielt die Effizienz eine zentrale Rolle. Es soll Schluss sein mit der Energieverschwendung. Das gebietet die ökologische und ökonomische Vernunft. Architekten und Stadtplaner arbeiten inzwischen energiebewusster. Ambitionierte gesetzliche Standards erzwingen wachsende Energieeffizienz beim Bauen und den Haushaltsgeräten. Energiesparen ist ein lukrativer Markt, mit starken Wachstumsraten und Beschäftigungschancen in Industrie und Handwerk, bei der Energieberatung und Zertifizierung.

In einem erstaunlichen Gegensatz zu diesem beginnenden Energieeffizienzdenken im Bau- und Gerätebereich steht der Verkehrsbereich. Der Autoverkehr ist immer noch resistent gegen Sparstrategien. Weltweit steigen die Verbrauchs- und Emissionsvolumina rasant an aufgrund schnell wachsender globaler Motorisierung. Besonders verschwendungsfixiert sind die westlichen Autohersteller mit ihren so genannten »Premiumfahrzeugen«, die immer schwerer, stärker und schneller werden. Nur im Bereich der Kleinwagen gibt es Anzeichen von Vernunft mit kleinen, leichten, sparsam motorisierten und damit verbrauchs- und emissionsoptimalen Fahrzeugen. Wie lange genießen die Premiumhersteller noch die Wertschätzung deutscher Eliten bei der Beschaffung von Dienstwagen? Wann werden Bürgermeister, Minister und Manager ihre Bedeutungsrepräsentation mittels »Staatskarossen« beenden und auf Kleinwagen, Car Sharing oder Busse und Bahnen umsteigen?

Doch noch ignoriert die Mehrheit der zumeist immer noch männlichen Verkehrspolitiker in Bund und Ländern die Herausforderungen der Energie- und Klimapolitik. Sie kürzen unter dem Beifall der Finanzminister die Mittel für den besonders effizienten und klimaschonenden öffentli-

Nach wie vor genießt der Straßenbau im BVWP die hohe Priorität. Und das, obwohl seit 30 Jahren im üblichen Politiker-»Sprech« behauptet wird, das Straßennetz sei eigentlich fertig und es gehe nur noch um kleine Lückenschlüsse und Ortsumgehungen. Zum neuen BVWP wurden über 2000 Straßenprojekte angemeldet, aber nur 40 Schienenprojekte. Das zeigt, wo hinsichtlich der Netzorientierung die Prioritäten liegen. Daß trotz der geringen Zahl der Schienenprojekte so hohe Summen für den Schienenverkehr auftauchen, liegt an den milliardenschweren Großprojekten der Hochgeschwindigkeitsbahn

chen Verkehr, erhöhen aber die Mittel für den Straßenbau. Sie verweigern verbrauchs-, emissions- und staumindernde Tempolimits (optimal wären 80 km/h für Autobahnen, 60 km/h für sonstige Außerortsstraßen und 30 km/h für Innerortsstraßen). Systematische Mautstrategien im Personen- und Güterverkehr bleiben tabu. Der Eigentümer Bund sieht passiv zu, wie die Bahn immer mehr Bahnhöfe und Gütergleise vom Netz abhängt und immer mehr Oberzentren vom Fernverkehr abklemmt. Ein politischer Masterplan für energie- und flächeneffiziente Mobilität, für verkehrs- sparsame Raum- und Wirtschaftsstrukturen und eine neue, zeitgemäße Aufgabenteilung zwischen Autoverkehr, öffentlichem Verkehr, Fuß- und Fahrradverkehr fehlt.

Im Gegenteil, deutsche Verkehrspolitiker beschwören regelmäßig das weitere starke Straßenver- kehrswachstum, so als sei das gewissermaßen völlig zwangsläufig und nicht beeinflussbar. Wachsen- der Straßenverkehr konterkariert alle CO_2- und Energieverbrauchsminderungsziele der Bundesre- gierung, aber noch stellt sie sich nicht diesem Widerspruch. Sie engagiert sich weiter für den Ausbau der Straßen, für immer mehr sechsspurige Autobahnen, für neue Europäische Straßen-Transversalen und wie schon seit 50 Jahren für den Ausbau von Ortsumgehungen.

Bei so viel fehlender Vorbildfunktion des Bundes und der Länder verharren auch die meisten Kommunen im »Business as usual« mit fortwährender Erweiterung ihrer Straßennetze und des Park- raums als Einladung an immer mehr Autoverkehr. Die Länder subventionieren begeistert das Billig- fliegen durch den Ausbau der schnell wachsenden Zahl von Regionalflughäfen. Verkehr einsparen ist auf allen Ebenen tabu, der verkehrspolitische Imperativ lautet unverändert: mehr, höher, schneller, weiter, billiger!

Irrationalität der Autoemotionen als Fortschrittsbremse

Und nun kommt plötzlich wieder eine mediale und politische Verunsicherung durch die explodie- renden Ölpreise. Erinnerungen an die früheren Ölpreisschocks der 1970er und 80er Jahre werden wach. Doch es folgen nur typische Abwehrreflexe. Die Autolobby fordert eine Subventionierung des Ölpreises, Steuersenkungen bei der Mineralölsteuer und autofahrerfreundliche Änderungen der Pendlerpauschale. Kritik am Dinosaurierprinzip der Premium-Autohersteller wird von der Auto- Motor-Sportpresse und dem ADAC als Sozialneid attackiert. Das Marktkalkül der Hersteller ist klar. Mit schweren SUV und den sportlichen »Rennern« befriedigt man geschickt die Reaktanz Derje- nigen, die das ganze ›grüne Gerede‹ leid sind, die mal richtig die Sau rauslassen wollen, mit Tempo 230 auf der Piste oder mit Allradeinsatz »offroad in Feld und Wald«. Etwas Abenteuer braucht man schließlich. Wer bei einer Party stolz verkünden würde, seine neue Heizung würde jetzt doppelt so viel Energie verbrauchen, wie seine alte, würde für verrückt erklärt. Wer aber stolz erklärt, sein neues großes Auto verbrauche viel mehr als sein alter Kleinwagen, gilt als toller Hecht, er hat es zu was gebracht.

Im Verkehr geht es eben nicht um effizienten Transport sondern um Lust und Leidenschaft. Das macht diesen Bereich politisch so schwer hantierbar. Und macht den ADAC und seine Gefolgschaft in Politik und Verwaltungen so stark, als Tabu-Instanz, die definiert, was geht oder nicht. Nicht Mobilitätseffizienz bestimmt das Verhalten der Konzerne, sondern das gute Geschäft mit der Indi- vidualisierung und dem Hedonismus, Gefühle, die von den Marketingstrategen der Autokonzerne gern bedient werden. Effizienz im Verkehr dagegen steht im Geruch von Askese, Verzicht, Amputa- tion oder Kastration.

Es ist schon erstaunlich, dass diese chronische Verweigerung durchgreifender Innovationen im Verkehr von der Politik allgemein gedeckt wird. Obwohl die deutsche Autoindustrie weit hinter den notwendigen CO2 Minderungszielen bleibt, wird sie vom halben Kabinett, allen voran der Bundeskanzlerin, im EU Streit um die Richtwerte und Konventionalstrafen unterstützt. Die Attacke geht gegen die Phalanx der ausländischen Kleinwagennationen, die angeblich schlechtere Autos bauen, auch wenn die merkwürdigerweise viel weniger verbrauchen und emittieren. Die Attacke geht auch gegen die fahrradverrückten Niederländer und Dänen oder die bahn- und busbesessenen Schweizer, die in Deutschland keineswegs als leuchtende Vorbilder gelten, sondern mit dem rituellen Hinweis, deren Verkehrsmodell könne man nicht auf Deutschland übertragen, abgetan werden.

In Deutschland sei es nutzlos, ähnlich viel in Bus und Bahnen sowie in den Fahrradverkehr zu investieren. Deutschland sei eben ein Autoland und das müsse es auch bleiben. Ein Ausstieg aus der Autogesellschaft sei auch gar nicht nötig, weil man die Probleme mit intelligenter Technik prima lösen könne. Man werde eben den technischen Umweltschutz stärken und investiere dafür gern Milliarden in technische Innovationen. Bei den Fahrzeugen optimiert man Motoren und die elektronische Feinsteuerung, die Reifen und den CW-Wert. Beim Kraftstoff hofft man auf »Biosprit«, Elektro- und Wasserstoffantrieb, ggf. kombiniert im Hybridauto. In der Verkehrslenkung bastelt man am so genannten Verkehrssystemmanagement, einer Spielwiese für Systementwickler, die immer noch hoffen, alle könnten irgendwie am Stau vorbei fahren, wenn nur die Ampeln und die »Navis« intelligenter würden. Massenhaften Autoverkehr kann man aber nicht effizient machen.

Rückblick in die Geschichte der Massenmotorisierung und Stauentwicklung

Zunehmender Stau ist zwangsläufiges Ergebnis von fortschreitender Massenmotorisierung und forciertem Straßenbau. Nur der Ausbau von alternativen Verkehrsangeboten führt aus dem Stau.

Das Grundproblem des Autoverkehrs ist seine in jeder Hinsicht geringe Effizienz als massenhafter individualisierter motorisierter Verkehr mit großen, schweren, schnellen Einzelfahrzeugen, jedes mit eigenem Motor und riesigem Energie- und Flächenbedarf. Die geringe Systemeffizienz führte schon vor 80 Jahren in den Stau, der seither die Autoentwicklung chronisch begleitet. Autostau wurde neben Coca Cola zum erfolgreichsten Exportprodukt des American Way of Life. Dabei war Henry Ford eigentlich ein Effizienzfanatiker. Er hat die Autoproduktion raffiniert rationalisiert, dank Fließband und intelligenter Logistik der Produktionsabläufe. So wurde aus wenigen, in Manufakturen gebauten Autos für Reiche, wie sie seinerzeit noch von Europas Traditionsmarken hergestellt wurden, endlich ein preiswertes Massenprodukt für den Mittelstand, ja selbst den ›kleinen Mann‹. Im Werk funktionierte der Fordismus prima. Auf den Straßen und Plätzen aber wurde der zunehmende Autoverkehr ganz schnell ineffizient. Da halfen keine Verkehrsregeln, kein Straßenbau, keine autogerechte Herrichtung von Stadt und Land. Zu viele Autos führen immer in den Stau und die Ineffizienz.

Trotzdem wurde die Massenmotorisierung publizistisch zum Symbol der Befreiung von Raum und Zeit hochstilisiert, weil jeder sein eigenes Auto haben sollte, als Selbstlenker nur seinem individuellen Willen unterworfen. Diese suggerierte automobile Freiheit begründete den Mythos Autoverkehr, trotz Stau. Bis heute ist der Wettlauf zwischen Massenmotorisierung und Straßen- sowie Parkplatzbau immer zu Gunsten des Staus verloren worden. Verschlimmert wurde das Problem durch die raumstrukturellen Effekte. Aus den Zentren amerikanischer Städte vertrieb das Auto die Menschen nach Suburbia. Daraus ergab sich der Zwang, routinemäßig das Auto zu benutzen. Die Folge war fortschreitende Bewegungsarmut nicht nur im Stau, sondern im ganzen Leben. Bewegungsarmut ist die Ursache der amerikanischen Volkskrankheiten Übergewicht und Herzinfarkt. Die vielen Bypässe im Straßenbau hatten auch immer mehr Bypässe in der Herzchirurgie zur Folge. Ein fataler Teufelskreis.

Ende der 1970er wurde erstmals auch für Deutschland das Gesetz von der Erhaltung des Staus empirisch belegt.[1] Staus wachsen mit der Menge der Autosysteminvestitionen, durch die komplexen, mehr Autoverkehr induzierenden Wirkungen. Umgangssprachlich heißt das: »Wer Straßen sät, wird Stau ernten«. Dahinter steht eine simple Logik: zu viele Autos! Egal ob 4, 6, 10 oder 20 Fahrspuren, am Ende gibt es immer Stau. Egal ob 2.000, 4.000 oder 20.000 Stellplätze gebaut werden, am Ende gibt es immer mehr Parkplatzprobleme und nicht weniger. Weil jede Investition den Autoverkehr vermehrt und zwar immer schneller, als man die Infrastruktur bauen kann. Autos verkaufen geht schnell, Straßen und Parkraum vermehren dauert lange. Stau zu vermeiden ist daher nur möglich, wenn man die Zahl der Autos deutlich verringert und den Verkehr nach den Gesetzen der Effizienz organisiert.

Doch das Gegenteil findet statt: die besonders flächeneffizienten Verkehrsarten Fußverkehr, Fahrradverkehr und öffentlicher Verkehr werden vom Autoverkehr marginalisiert, dadurch wächst die Autoabhängigkeit und entsteht immer mehr Autoverkehr. Das bewirkt eine Potenzierung der ökonomischen Abhängigkeit von der Autowirtschaft. Diese wird auch fiskalisch abgesichert, z.B. mit Hilfe der Steuergesetzgebung (u.a. Mineralölsteuer, Dienstwagenprivileg, Pendlerpauschale).

In den USA war das ein schneller, brutaler und nahezu kompletter Verdrängungswettbewerb. Die amerikanischen Bahnen und Tramway-Systeme wurden schon in den 1930er Jahren zur Förderung der Massenmotorisierung ›platt gemacht‹. Die Öl-, Reifen- und Autokonzerne kauften florierende Unternehmen des öffentlichen Verkehrs auf, um sie eilig zu verschrotten und so den großen Marktdurchbruch für Gummi, Öl und Autos zu forcieren. Das Auto sollte eben die alternativlose Nr. 1 werden.[2] Vorher hatte das reiche Amerika ein dichtes und effektives Bahn- und Straßenbahnnetz für Personenbeförderung und Güterbeförderung, die Tramways oft sogar als Doppelstöcker mit extrem dichtem Taktverkehr. Jetzt galten zu Fuß gehen und Radfahren im Autoland USA als suspektes, abweichendes Verhalten, eines reichen, freien Amerikaners unwürdig. Die kompakte Stadt hatte endgültig ausgedient, allein schon wegen der vielen Autos, die da keinen Platz mehr fanden. Jetzt war eben autofixiertes Suburbia angesagt.

Seit den 1950er hat dieses verkehrliche und städtebauliche Leitbild dann auch Deutschland erreicht. Die Deutschen waren Musterschüler des American Way of Life. Straßen- und Parkraumbau hatten oberste Priorität. Hierfür wurde ein perfekter Ordnungs- und Finanzierungsrahmen geschaffen. Das Bau- und Planungsrecht bestimmte eine Verpflichtung der Bauherren zu einer ausreichenden autoverkehrlichen Erschließung mit Straßen und Stellplätzen. Die Straßenverkehrsordnung gab viele

New York war lange Zeit eine typische Straßenbahnstadt mit einer ungeheuren Netz- und Taktdichte, die für optimale Erreichbarkeit sorgte. Auch Los Angeles war in den 1920er Jahren eine Straßenbahnstadt mit riesiger Netzlänge und hoher Leistungsfähigkeit. Dann hat die Autolobby die Bahn- und Straßenbahnnetze radikal geplündert, um Platz für die Automobilisierung zu schaffen.

Gehwege zum Parken frei. Das Kommunalabgabenrecht sicherte dem Autoverkehr Anliegerbeiträge für die Autoerschließung. Das Verkehrsrecht und Haushaltsrecht regelte eine verpflichtenden Zuweisung der Baulastträgerschaft für Straßen an die verschiedenen staatlichen Ebenen und eine prioritäre Finanzierung der Klassifizierten Straßen aus den Fernstraßen-, Landesstraßen- und Kreisstraßenhaushalten sowie aus dem Mineralöltopf und der Kommunalstraßen und Parkierungsanlagen aus den kommunalen Haushalten mit den Erschließungsbeiträgen und Kommunalabgaben.[3]

In Deutschland verliefen die autoorientierte Stadtzerstörungen und die Suburbanisierung allerdings etwas harmloser als in den USA, weil es mehr Widerstand gab. Der öffentliche Verkehr wurde nicht ganz so radikal geplündert und ausgehungert, gewisse Restnetze verblieben. Trotzdem waren die Einbußen an Netzlänge und Zahlen der Zugangsstellen bei Bahnen, Straßenbahnen, Post- und Bahnbussen sowie kommunalen und regionalen Busbetrieben erheblich. Und die Marktanteilsverluste im öffentlichen Verkehr waren dramatisch. Und auch Fuß- und Radverkehr verschwanden nicht ganz aus den Städten, verloren aber erhebliche Marktanteile, Flächen und Rechte und wurden politisch und fiskalisch marginalisiert.

Dank der fortschreitenden Globalisierung sind jetzt die osteuropäischen Beitrittsländer, die so genannten Tigerstaaten und insbesondere China und Indien an der Reihe mit dem forcierten Marsch in die Staugesellschaft. Schon jetzt hat sich in deren Metropolen der Autoverkehr heillos festgefahren. Dank der explodierenden Einwohnerzahlen und der massiven Motorisierungsförderung durch die Regierungen steigt weltweit der Energieverbrauch rapide, das lässt die Energiepreise explodieren und führt zu bedrohlichen Emissionszunahmen. Der Stau und mit ihm die unverträgliche Anreicherung der Atmosphäre mit Emissionen werden rasant globalisiert. Das führt lokal, regional und global zu immer weniger beherrschbaren Folgeproblemen, die aber einstweilen kaum zum Nachdenken über mögliche Alternativen führen. So lange die reichen Autoländer ihren Kurs nicht grundlegend ändern, werden die armen Autoländer auf ihren Anspruch auf Massenmotorisierung pochen, selbst wenn offenkundig ist, dass das im Chaos endet. Sie haben ein Recht auf eigene Erfahrungen, und seien sie noch so schmerzlich.

Also werden jetzt auch dort riesige Investitionen in Straßen- und Parkraumbau gesteckt, so wie in den 1960er Jahren in Japan. Dort hatte die amerikanisch dominierte Weltbank vor der Weltausstellung in Osaka und der Olympiade in Tokyo den bis dahin stark auf den öffentlichen Verkehr fixierten japanischen Metropolen ein gigantisches Straßenbauprogramm verordnet, mit mehrstöckigen Autobahnen, in der Hoffnung, Massenmotorisierung beflügele mehr als alles andere die Wirtschaft und mit genug Straßenbau könne man massenhaften Autoverkehr staufrei machen.

Mit mehrstöckigen Stadtautobahnen sollte sich der Autoverkehr nach dem Willen der Weltbank die japanischen Metropolen erobern

In China und Indien werden infolge der beginnenden Massenmotorisierung gerade die traditionell hohen Marktanteile für Fuß- und Radverkehr und Öffentlichen Verkehr kannibalisiert. Das betrifft vor allem den lokalen und regionalen Verkehr. Im Fernverkehr sind China und Indien immer noch Bahnländer und arbeiten trotz aller Autobegeisterung auch am Ausbau und der Modernisierung ihrer Bahnnetze.

Trotzdem forcieren China und Indien inzwischen den Ausbau der heimischen Autoindustrie, nachdem in den letzten Jahrzehnten Joint Ventures zunächst für interessante Absatzmärkte westlicher Autohersteller gesorgt hatten. Indien baut den Nano, ein Billigauto für 1700 € und erhofft sich rasante Steigerungsraten in Produktion, Inlandsabsatz und Export. Schon jetzt versinken die schnell an Zahl und Größe zunehmenden Metropolen in beiden Ländern im Verkehrschaos. Bald werden sie die amerikanischen und deutschen Staulängen überholen und werden trotz aller nachgewiesener Vergeblichkeit versuchen, dieser Probleme mit Straßen- und Parkraumbau Herr zu werden.

Auto und Stadtentwicklung

Die Welt erlebt eine fortschreitende Urbanisierung mit immer mehr Megacities. Leider geschieht dieser Prozess aber nicht nach dem Modell der kompakten Stadt, sondern im Gefolge globalisierter Massenmotorisierung nach dem suburbanen Automodell. Das sieht man am gigantischen Ausbau neuer Autobahnen in fast allen Megacities der Welt. Die fatalen Auswirkungen der Massenmotorisierung und des Straßenbaus potenzieren sich

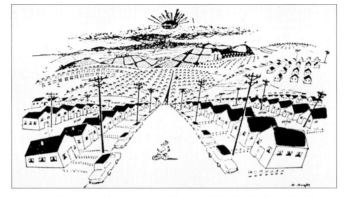

Maximal autogerechtes, maximal zersiedeltes Suburbia, durchgängiger Entwicklungspfad deutscher Stadt- und Dorfentwicklung

Typische autogerechte suburbane Neubau-Planung. Breite Straßenschneisen bestimmen das Bild, die kompakte Stadt hat ausgedient

durch ihre raum- und siedlungsstrukturellen Wirkungen. Der Raum wird zerdehnt, es fehlt jeder Anreiz zur kompakten Stadt der kurzen Wege und Nutzungsmischung.[4]

Für Deutschland kann man diese fatale Entwicklung gut nachzeichnen. Hier gingen schon zu Zeiten der Nazis und dann verschärft in der Adenauer-Ära Volkswagen (als Symbol für das »Jedermannauto«) und Volksheimstätte (als Symbol für das »Jedermannhäuschen im Grünen«) eine fatale Symbiose ein. Das Leben wurde »peripherisiert«, die »Grüne Wiese« erhielt autogerechte Strukturen. Das Leben wurde bestimmt von wachsender Distanz, sinkender Dichte und einem Umfeld, in dem Fußgänger, Fahrräder und öffentlicher Verkehr immer weniger Chancen haben. Die Deutschen wurden zu Kilometerfressern. Das Zweit- und Drittauto wurde zur Notwendigkeit, sehr zur Freude der Autoindustrie. Die Politik forcierte diesen Prozess mit üppigen Straßenbauprogrammen, Eigenheimförderung, Pendlerpauschale, Dienstwagenprivileg und einem dichte- und mischungsfeindlichen Bau-, Planungs- und Umweltrecht.

Suburbanisierung wird nun globalisiert, als so genanntes Wachstums- und Wohlstandsmodell. Damit globalisiert man auch die Folgeprobleme. VW verkauft heute mehr Autos in China als in Deutschland. Eine Verdopplung der weltweiten Autobestände auf weit über eine Mrd. steht kurz bevor. Und die Wachstumsraten der Motorisierung sind gerade in den Entwicklungs- und Schwellenländern »atemberaubend« (auch deshalb atemberaubend, weil die Luftqualität in den Megacities dadurch extrem verschlechtert wird).

Die Quittung kommt

Angesichts solcher Dimensionen kommt die Quittung unweigerlich auf allen Maßstabsebenen, und zwar mit vielen unangenehmen Positionen. Lokal wird der Verkehr immer ineffizienter und teurer, die Kommunen müssen riesige Summen für den Autoverkehr aufwenden. Und die lokalen Folgekosten im Bereich der Umwelt und Gesundheit explodieren. Die traditionellen Alternativen Fuß- und Fahrradverkehr, Paratransit sowie Bus- und Bahnverkehr geraten auf die Verliererstraße.

Der höchste Preis für die Weltgemeinschaft wird auf der Energie-, Emissions- und Klimaseite gezahlt. Wenn schon wir reichen Länder im Verkehr nicht schaffen, die Klimaziele zu erfüllen und die Emissionsprobleme zu lösen, werden die Entwicklungs- und Schwellenländer das erst recht nicht schaffen. Ihre Fahrzeugflotten bestehen oft aus importierten Altbeständen. In manchen Ländern wie

z. B. Kenia und Uganda fahren viele alte »Rostlauben« aus Japan, Korea und Europa. Im Stadtverkehr dominiert Stop und Go. Das sind aber keine lokalen Probleme, sondern sie haben direkte globale Konsequenzen im Klimabereich. Die Klimapolitik wurde zwar aufgerüttelt durch alarmierende Berichte (IPCC-Bericht, Stern-Report und Al Gores Oscar-gekrönten Film »Eine unangenehme Wahrheit«[5]). Doch im Verkehrssektor ist sie hilflos. Niemand will sich »die Finger verbrennen«, wenn es ums »heilige Blechle« geht, wenn ein radikaler Wandel der autofixierten Lebensstile und Wirtschaftsweisen sowie Politiksysteme nötig ist.

Einen dramatischen Anstieg gibt es auch bei den Unfallzahlen. Man hat sich scheinbar daran gewöhnt, dass täglich über 3000 Menschen im Autoverkehr sterben, mehr also als beim »9-11 Desaster in New York«, das die Welt tief erschüttert hat. Ca. 1,3 Mio. Autounfalltote jährlich sind ein hoher Preis, den die WHO in Genf 2006 erstmals in einem Weltverkehrssicherheitsbericht thematisiert hat.[6] Der Unfalltod durch das Auto ist zu einer schlimmen weltweiten Seuche geworden, mit hoher Ausbreitungsrate. Das wird von den Autoexporteuren und ihren politischen Wegbereitern gern verschwiegen, weil in den klassischen Autoländern die Zahl der im Autoverkehr Getöteten seit 20 Jahren zurückgeht. Im Rest der Welt ist aber ein starker Anstieg vorprogrammiert, weil man einen entfesselten Autoverkehr auf Verkehrssysteme loslässt, die noch in hohem Maße vom Fußverkehr geprägt sind, wie in Afrika, oder vom Fahrradverkehr wie in Asien.

Ein hoher Preis wird auch an der Ölfront gezahlt. Wenn demnächst 300 Mio. zusätzlicher Autofahrer durstig an die Zapfsäulen streben, explodiert der Verbrauch. Das treibt in einem marktwirtschaftlichen System die Preise, zumal ja der so genannte »Peak Oil Punkt« überschritten ist. Jetzt werden die klassischen Reserven immer schneller erschöpft, der Abbau muss sich den besonders teuren Ölschiefern und Permafroststandorten zuwenden. All das ist Gift für die Weltwirtschaft, wie drei Ölpreiskrisen der letzten Jahrzehnte bewiesen haben. Die wirtschaftlichen Abhängigkeiten vom Öl steigen. Das forciert die Politischen Konflikte um die Ölquellen. Und bremst die wirtschaftliche Entwicklung, weil extrem große Investitions- und Konsumkräfte im Autoverkehr gebunden werden, die für die wichtige endogene Wirtschaftsentwicklung nicht mehr zu Verfügung stehen.

Die Kostenspirale dreht sich immer schneller

Direkte Konsequenz der Marktprozesse ist der rasante Anstieg der Preise und Kosten für automobile Mobilität. Als erstes merken das die Konsumenten in ihrem Budget beim Tanken. Dann wird ihnen auch noch die Pendlerpauschale gekürzt. Und vielleicht müssen sie demnächst sogar noch eine PKW-Maut zahlen? Viel zu lange haben Politik, Planung und »Suburbaniten« geglaubt, billiger Autoverkehr werde für ewig garantiert und damit rechne sich Suburbanisierung.[7] Weil ja in der Pampa das Bauland so billig ist, oder die Mieten oder die Preise im suburbanen Verbrauchermarkt. Aber Suburbanisierung hatte schon immer einen hohen Preis. Sie machte 136.000 km neue Gemeindestraßen und 60 Mio. neue Stellplätze nötig. Trotz dieser teuren Asphaltierung reden wir groteskerweise vom billigen »Wohnen im Grünen«. Nirgendwo ist die Menge Asphalt und Beton je Kopf und Wohneinheit so groß wie in Suburbia. Eine Garage und zwei Stellplätze vor der Haustüre inbegriffen. Lange war man stolz auf diese »Bauleistungen«, die ja in konventioneller Sicht Wohlstand signalisierten. Man hatte es ja zu was gebracht! Man war »großzügig« asphaltiert, hatte »staubfreie«, moderne, breite Dorfstraßen. Bürgermeister und Landräte wollten eine hohe Motorisierung und gut ausgebaute Straßennetze.

Und jetzt, am Beginn eines fortschreitenden Schrumpfungsprozesses dank demographischem und wirtschaftlichem Wandel und steigender Ölpreise, fällt es den Verantwortlichen in Politik und Verwaltungen sowie den Medien schwer, sich von den lieb gewonnenen Wachstumspfaden zu verabschieden. Man klammert sich an die konventionellen Trendprognosen vom nie enden wollenden deutschen und europäischen Wirtschafts- und Verkehrswachstum. Immer neue Gewerbe- und Wohnbauflächen werden ausgewiesen, immer mehr Straßen verbreitert, immer mehr Flughäfen ausgebaut. Maßhalten und Verkehrssparen bleiben verfemte Tabubegriffe deutscher Verkehrspolitik.

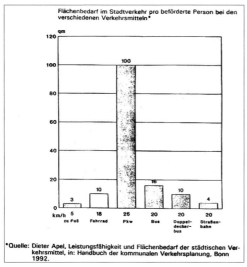

Das Auto hat unter allen Verkehrsarten mit Abstand den größten Flächenbedarf. Hier ist nur mal der Bedarf für das Fahren dargestellt. Da der Bedarf für Parken noch hinzurechnen werden muß (im Schnitt pro PKW drei Stellplätze), ist leicht verständlich, daß Autoverkehr ein riesiger Platzvernichter ist, was eben zur massiven Zersiedlung führt

Effizienz als zentrales Kriterium im Verkehr

Hauptproblem ist die geringe Systemeffizienz des Autoverkehrs bei massenhaftem Einsatz. Jeder PKW braucht einen eigenen Motor, der im Schnitt maximal 50 min am Tag genutzt wird, unter sehr ungünstigen Lastbedingungen mit meist nur einer Person, Kaltstart, Stop- und Go-Betrieb für Kurzstreckenfahrten unter 5 km. Jeder rationalisierungserprobte Manager müßte sich eigentlich wegen der geringen Effizienz die Haare raufen. Aber im Verkehr gelten die Gesetze der Wirtschaftlichkeit nicht. Jeder PKW braucht im Schnitt drei Stellplätze (zu Hause, an der Arbeitsstätte, im Verbrauchermarkt, am Stadion, im Freizeitpark etc.). Und er braucht zum Fahren bei typisch deutschen Geschwindigkeiten große Fahrbahnflächen, am liebsten vierspurig mit 3,50 m je Fahrspur und das Ganze möglichst kreuzungsfrei. Deshalb hat der Autoverkehr unter allen Verkehrsarten die mit Abstand geringste Flächeneffizienz.

Sehr viel flächeneffizienter sind Fußverkehr, Fahrradverkehr und öffentlicher Verkehr. Das merkt man jeden Samstag nach dem Ende der Bundesligaspiele. Das Stadion selber, in das man ja nur als Fußgänger reinkommt, ist selbst bei 60.000 Zuschau-

Durch die immer schneller anwachsenden Blechlawinen wird der kostbare Stadtraum immer mehr blockiert, für urbanes Leben bleibt kaum noch Platz

ern in 10 Minuten entleert. Die Großparkplätze und Straßen dagegen versinken nach dem Spiel für zwei bis drei Stunden im Chaos und Stau, weil man so viele Autos gleichzeitig nicht ›entsorgen‹ kann. Ein paar Fußballstadien haben das Problem intelligent gelöst, wie etwa das Dreisamstadion in Freiburg. Da kommen Zehntausende zu Fuß, mit dem Fahrrad oder mit der Straßenbahn und nur wenige mit dem Auto. Also gibt es keine Stauprobleme. Effizienter Verkehr ist also nur möglich, wenn der Flächenverschwender Auto nicht mehr die »erste Geige« spielt.

Kompakt, urban, vital. So wird Stadtraum effizient genutzt, weit und breit kein Auto zu sehen, darum brummen hier Handel und Wandel

Die miserable Energie- und Emissionseffizienz des Autos ist schon oben thematisiert worden. Fuß und Radverkehr sind hier optimal, sie bewegen sich mit Muskelkraft als Zero-Emission-Mobilität. Aber auch Busse und Bahnen haben eine deutlich bessere Energie- und Emissionseffizienz, weil eine Maschine für viele Menschen reicht. Trotzdem haben auch sie noch relevante technische Einsparpotenziale. Sie müssen ihre Angebote stärker differenzieren (höhere Anteile für Minibus und Midi-Bus, höhere Anteile für angepasste Leichttriebwagen und Cargo-Sprinter) und dadurch eine bessere Auslastung sichern.

Selbst die deutsche Autoflotte könnte man effizienter machen, mit kleinen, leichten, gering motorisierten Autos, die intelligent genutzt werden, etwa nach dem Prinzip des Car Sharing, Pfandautos, der Fahrgemeinschaft oder des Taxi, also mit intensiver Ausnutzung. Diese Metamorphose zum »öffentlichen Auto« wird politisch kaum unterstützt, weil sie die Massenmotorisierung untergräbt.

Deutsche Verkehrspolitik zwischen Stillstand und Innovation

Angesichts solcher Zusammenhänge fragt man sich, warum deutsche Verkehrspolitik nicht energischer das Verkehrssystem ändert, um es effizienter zu machen. Offenbar behindern verschiedene Systemblockaden die notwendige Verkehrswende, vor allem auf der Ebene von Bund und Ländern. Sie definieren die maßgeblichen ordnungspolitischen und fiskalischen Rahmenbedingungen. Trotz vieler guter Reformvorschläge aus den eigenen »Think Tanks« (z.B. Umweltbundesamt, Bundesanstalt für Straßenwesen, Bundesamt für Bauwesen und Raumordnung, Deutsches Institut für Urbanistik) verschanzt sich die Bundesregierung hinter Taburitualen. Tempolimits? Tabu. PKW-Maut? Tabu! Strikte Grenzwerte? Tabu! Faire, wahre marktwirtschaftliche Preise für das Autofahren? Tabu! Autominderungskonzepte? Tabu! Massenmotorisierung darf nicht in Frage gestellt werden. Man hat seine Prognosen von gewaltigen (Auto-)Verkehrszuwächsen, und denen muss man halt hinterher bauen, koste es, was es wolle. Das ist die Botschaft des Bundesverkehrswegeplans. Und in ähnlicher

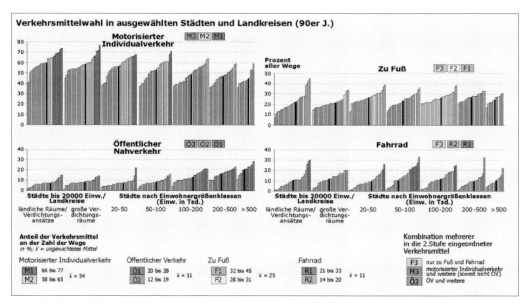

Diese Städtepegel der Verkehrsmittelwahl zeigen eine riesige Varianz. Es gibt Städte mit viel und Städte mit wenig Fußverkehr, mit viel oder wenig Radverkehr, mit viel oder wenig öffentlichem Verkehr, mit viel oder wenig Autoverkehr. Zukunft ist gestaltbar. Mann kann durch innovative Verkehrsplanung den Umweltverbund massiv steigern und den Autoverkehr massiv verringern, man muß es nur wollen

Form ist es auch die Botschaft der 16 Landesverkehrsprogramme. Schließlich gilt die Autowirtschaft als Schlüsselbranche, man darf sie nicht »stören«. Und auch die Speditionen dürfen nicht unnötig belästigt werden mit neuen Politikansätzen. Der ADAC gilt als mächtige Interessenvertretung mit eigener Medienmacht, mit ihm darf man es sich nicht verderben.

In anderen Bereichen unseres täglichen Lebens breiten sich Innovationen schnell aus, wie z. B. das Handy oder der PC. Da drängt die Wirtschaft auf Fortschritt und macht damit gute Geschäfte. Das liegt auch daran, dass diese Innovationen relativ voraussetzungslos sind. Beim Handy müssen die Provider nur ihre Frequenzen definieren und ihre Antennen aufbauen. Und dann muss man nur noch die Endgeräte verkaufen. Der Markt kommt sofort in Bewegung durch die Konkurrenz der verschiedenen Marken und Anbieter mit ihren gigantischen Werbeschlachten. Ähnlich ging es bei der Ablösung der teuren Großrechner durch die kleinen, leicht zugänglichen PC und Laptops. Ein günstiger Preis und barrierefreier Zugang garantiert Millionen neuer Kunden. Demgegenüber ist der Verkehr ein Bereich voller verpasster und verzögerter Innovationen. Denn hier hängen die Innovation nicht nur von der Wirtschaft, sondern vor allem von der Politik und Planung ab. Sie definieren die Randbedingungen und Infrastrukturen.

Am ehesten gibt es Innovationen auf kommunaler und regionaler Ebene. Das belegt die Varianz in den Verkehrsbedingungen, Verkehrsproblemen und Planungsstrategien. Die kommunalen Fußverkehrsanteile streuen zwischen 10% und 40 %, die Radverkehrsanteile zwischen 3 % und 30 %, die Anteile des öffentlichen Verkehrs zwischen 3 % und 35 % und die Autoverkehrsanteile zwischen 35 % und 75 %. Dauerstau ist also kein unentrinnbares Schicksal. Es gibt kommunale und regionale Handlungsspielräume, Verkehr effizienter, d.h. in der Regel mit geringem Autoanteil und damit auch weniger Stauproblemen zu organisieren.

Die effizientesten Stadtverkehre organisieren die Niederlande, Dänemark, die Schweiz und die stark urbanisierten Staaten Südostasiens wie Japan oder Singapur. Solche Beispiele werden immer wieder dokumentiert und zitiert.[8] Auch in Deutschland gibt es innovative Kommunen und Regionen, aber deren Erfolge haben wenig Einfluss auf die deutsche Verkehrspolitik und Planung. Die Förderung des Umweltverbundes ist noch kein politisches Top-Thema. Wie schwer sich Innovationen ausbreiten, zeigen die folgenden Beispiele für den Fahrradverkehr[9] und den öffentlichen Verkehr.

– *Beispiel Fahrradstationen:* Etwa 1.300 braucht das Land allein an Bahnhöfen. In 15 Jahren ist es mal gerade gelungen, 80 Stück zu etablieren.
– *Beispiel Radfahrstreifen und Fahrradstraßen:* sie sind am sichersten und am besten netzfähig. Trotzdem verweigern viele Kommunen die Implementation, weil ihnen die Lösung zu autofeindlich erscheint, trotz vieler guter Evaluationen in Pilotprojekten.
– *Beispiel Stadt-, Orts- und Quartiersbusnetze:* Seit gut 15 Jahren gibt es in Deutschland einige sehr erfolgreiche Orts- und Stadtbussysteme und Quartiersbussysteme, als Reaktion auf überzeugende Vorbilder in der Schweiz und Österreich. Aber die Innovation kommt nicht wirklich vorwärts. Bisher wurden mal gerade 130 solche Systeme etabliert, obwohl die Vorreiter sensationelle Markterfolge mit einer Vervielfachung der Fahrgastzahlen haben. Die Innovation bleibt ein Thema für Insider, niemand schiebt eine breite Entwicklung an, der Fortschritt stockt. Bund und Länder interessieren sich kaum für das Thema, tun wenig dafür, dass aus 130 13.000 Netze werden.
– *Beispiel Rufbusnetze:* Rufbussysteme haben in Einzelfällen sehr erfolgreich effizienten öffentlichen Verkehr in der Fläche gesichert, mit beachtlichen Pilotprojekten. Aber die massenhafte Anwendung in allen Landkreisen und ihren kreisangehörigen Gemeinden blieb aus, auch weil Bund und Länder hierfür kein eigenes Programm auflegen.
– *Beispiel Regionalbahnen:* seit etwa 15 Jahren gibt es einige tolle Beispiele für attraktiven ländlichen Schienenverkehr mit neuen Triebwagen, neuen Bahnhöfen und Haltepunkten, gutem Service, dichtem Takt und offensiver Werbung und regionalisiertem Marketing. Marode und teilweise schon stillgelegte Bahnnetze wurden zu großem Erfolg geführt. Aber auch hier ist daraus kein Flächenbrand, kein breites Innovationsprogramm geworden. Bund und Länder haben trotz Regionalisierung keinen Masterplan Regionalbahnen aufgelegt.
– *Beispiel Stadt-Umlandbahnen:* das Karlsruher Modell hat vorgemacht, wie man mit Zweisystemtechnik lokale und regionale Bahnnetze optimal verknüpft und durch viele neue Haltepunkte die Region mit ihren Klein- und Mittelstädten optimal an ein Oberzentrum anbindet. Die Erfolge waren riesig. Trotzdem blieb es bei wenigen realisierten Beispielen und es erfolgt keine breit angelegte Systeminnovation im ganzen Land.
– *Beispiel Straßenbahn:*[10] mit neuen Fahrzeugkonzepten und neuen Modellen einer guten städtebaulichen Integration wurden in Frankreich rasante Erfolge im Verkehrsmarkt und bei der Stadtentwicklung erzielt. Auch einige deutsche Straßenbahnsysteme haben durch neuerlichen Netzausbau und konsequente Beschleunigung und Umstellung auf Niederflurbetrieb sowie Zweisystembetrieb für Stadt-Umlandbahnen große Erfolge erzielt. Trotzdem haben Bund und Länder keinen Masterplan für eine breite Renaissance der Straßenbahnen aufgelegt und viele Straßenbahnstädte ihre Systeme nur »auf kleiner Flamme« weitergeführt.

Gut 250 Regionalbahnsysteme, etwa 90 Stadt-Umlandbahnen und ca. 100 Straßenbahnsysteme, 13.000 Stadt-, Orts- und Quartiersbussysteme und noch mal eine ähnlich große Zahl von Rufbussystemen bräuchte Deutschland eigentlich. Doch es fehlt an Masterplänen mit systematischer Bedarfsbestimmung für alle ländlichen Gemeinden und Regionen, Klein- und Mittelstädte und Großstädte. Die Politiker misstrauen auf allen Ebenen hartnäckig den Chancen des Fahrradverkehrs und Schienenverkehrs und konzentrieren sich weiter auf Straßen- und Parkraumbau.

Und die Fahrradindustrie, Bus- und Schienenfahrzeugindustrie sowie die einschlägigen Industrieverbände engagieren sich kaum für die Innovationsausbreitung. Sie agieren nicht wirklich als Lobbyisten für den Umweltverbund, entwickeln keine eigenen Masterpläne, machen kaum offensives Marketing für ihre Produkte und überlassen das politische Marketing der Konkurrenz aus dem Straßenverkehr.

Die systematische Förderung des öffentlichen Verkehrs als ein Eckpfeiler klimaschonender, energiesparender, stadtverträglicher Mobilität kommt auch deshalb so schwer vorwärts, weil Politik und Medien öffentlichen Verkehr mit Vorliebe als Massenverkehr und Hochgeschwindigkeitsverkehr definieren. Sie bevorzugen große Fahrzeuge, lange Züge, korridorhafte Systeme, hohe Geschwindigkeiten und teure Investition.[11] Statt 20.000 km Bahnnetz zu modernisieren, werden lieber 100 km Hochgeschwindigkeitsstrecke ausgebaut. Statt 2000 neue Triebwagen anzuschaffen, werden lieber zehn neue Superzüge geordert. Statt in Bayern 20 neue Straßen- und Regionalbahnsysteme auszubauen und in München endlich die zweite S-Bahnachse zu schaffen, hing die Bayrische Staatsregierung lieber am Transrapid. Verkehrspolitiker sind wie Pharaonen. Die kleinteiligen Mobilitätsstrukturen interessieren wenig, Milliardengräber sind gefragt. Viele Straßenbahnstrecken werden durch wenige U-Bahnstrecken ersetzt. Politiker und Baulobby begeistern sich am liebsten für teurere Infrastrukturprojekte. Die Flächenbahn ist im Verständnis dieser Verkehrspolitik lange tot, in der Fläche soll das Auto »regieren«. Dass die Schweizer sich noch eine Flächenbahn und einen Flächenbus leisten, sie sogar ausbauen, damit auch noch weltweit den größten Erfolg unter den Bahnsystemen haben, erscheint deutschen Verkehrspolitikern eher anachronistisch. Ein verrücktes Bergvolk halt, aber nicht wirklich modellhaft für das deutsche Mobilitätsverständnis. In Deutschland wurde zur gleichen Zeit, in der die Schweiz ihren IR ausbaute, der IR abgeschafft. In Deutschland beschränkt sich DB Cargo auf Güterströme mit mindestens 400 km Distanz und großen Volumina. In der Schweiz gäbe es bei einer solchen Philosophie gar keine Güterbahn. Tatsächlich aber kümmern sich SBB und regionale Bahnen dort auch intensiv um die regionalen Güterverkehre und die kleineren, oft hochwertigen Güterströme. Und bauen ihre Gleisanschlüsse weiter aus.

In Deutschland wurden Postbus und Bahnbus marginalisiert. In der Schweiz sichert der Postbus als nationales System die Erreichbarkeit im Ländlichen Raum und investiert gerade in viele neue Kleinbussysteme (PubliCar) als Taxibusangebot, mit dem man auch noch den letzten Weiler gut erreichen kann. Deutsche Verkehrspolitik fixiert sich lieber auf Großprojekte. Ein paar Korridore rauf und runter zu rasen, löst aber nicht die Mobilitätsprobleme eines dicht besiedelten, polyzentrischen Landes mit einem extrem dichten Straßennetz. Deshalb ist ja deutsche Mobilität flächig und dispers verteilt, nicht auf ein paar Punkte und Korridore konzentriert. Deshalb dominiert ja auch in der deutschen Mobilität der Nahverkehr, mit 80% am gesamten Mobilitätsgeschehen.

Also braucht der öffentliche Verkehr ein flächendeckendes Gesamtsystem, das überall gut funktioniert, das Busse und Bahnen eng verknüpft, das seine Investitionen strategisch richtig verteilt, um damit möglichst viel Autoverkehr ersetzen zu können. Guter Öffentlicher Verkehr darf nicht das Privileg weniger, großer Städte bleiben. Er muss zur Selbstverständlichkeit modernen Mobilitätsmanagements im ganzen Land, also auch in dünn besiedelten und ländlichen Regionen und kleinen Gemeinden werden.[12] Straßen und Parkraum werden ja auch überall, selbst im letzten Winkel üppig vorgehalten. Ein marktgerechtes System des öffentlichen Verkehrs braucht in Deutschland viele Knoten, viele Strecken, ein dichtes Netz und muss seine Stärke vor allem im Nah- und Regionalbereich ausspielen. Hier müssen die Prioritäten liegen, bei den kommunalen und regionalen Bussystemen und Straßenbahnsystemen sowie Regionalbahnsystemen, bei den Kleinsystemen wie Taxibus oder Ortsbus. Aber bei aller Regionalisierung und Dezentralisierung müssen alle Teilsysteme untereinander verbunden sein in einem nationalen Mobilitätsverbund mit einem nationalen Tarifsystem samt Generalabo und BahnCard, die im ganzen Land auf allen Teilsystemen gelten, mit moderner Logistik in einen nationalen integralen Taktfahrplan, der überall passende Anschlüsse sichert. Auf der mittleren Entfernungsebene zwischen 50 km und 300 km muss ein attraktives IR-System nach Schweizer Vorbild oder niederländischem Vorbild alle Kleinstädte, Mittelstädte und Großstädte untereinander im Halbstundentakt verbinden. Es kann je nach Region und Tageszeit mit differenzierten Zuglängen nach dem Triebwagenprinzip fahren, mit flexibler Zugbildung und Flügelung. 6.000 neue Bahnhöfe und Haltepunkte müssen der Bahn endlich wieder die nötige Kundennähe geben. Eine solche Strategie kann den fatalen Rückzug der Bahn aus der Fläche heilen.

Das gilt genauso für die Güterbahn, die sich mit offensiver Angebotspolitik die Fläche und damit die Marktführerschaft im Güterverkehr wieder zurückerobern muss. Mit einem solchen optimierten, flexibilisierten, differenzierten, teilweise auch miniaturisierten öffentlichen Verkehr gibt es am Verkehrsmarkt ganz andere Chancen.

Randbedingungen sinnvoll gestalten

Diese wenigen Beispiele zeigen, wie wichtig es ist, die übergeordneten Rahmenbedingungen so zu gestalten, dass Innovationen schnell voran gehen und dass die klima- und energiepolitischen Herausforderungen schnell bewältigt werden. Randbedingungen werden zunächst in allgemeiner Form »oben«, bei Bund und Ländern gestaltet.
- Das betrifft die Rahmenbedingungen im Verkehrsrecht, das derzeit noch sehr autofreundlich gestaltet ist, mit wenigen Freiheiten für Fußgänger oder Radfahrer, mit geringen Bußgeldern für Raser, mit viel zu geringen Tempolimits. Im effizienzorientierten Pflichtenheft deutscher Verkehrspolitik müssten oben an stehen:
  - generelle Tempolimits innerorts auf 30 km/h, außerorts auf 60 auf Landstraßen und 80 km/h auf Autobahnen, im Interesse der Flächeneffizienz, Energieeffizienz, des Klimaschutzes und der Verkehrssicherheit. Das wäre auch ein Stück Stauvermeidung und hätte den ungeteilten Beifall eines ADAC verdient.
  - Eine weitere wichtige Innovation wäre ein generelles Überholverbot für LKW.
  - Wichtig wäre auch die generelle Mischnutzung (»Shared Space«[13]) auf allen Erschließungsstraßen.
  - Straßen- und Parkplatzbau dürfen nicht länger als kommunale Pflichtaufgaben definiert sein, statt dessen muss öffentlicher Verkehr von einer freiwilligen kommunalen Aufgabe zum Grundelement der Verkehrserschließung und zur kommunalen Pflichtaufgabe gemacht werden, mit Absicherung in den kommunalen Verkehrsetats durch Nahverkehrsabgaben.
- Das betrifft die Randbedingungen der Verkehrsfinanzierung, die maßgeblich entscheiden, wohin die Investitionen gelenkt werden.
  - Die Zeit »straßenfixierter« Bedarfs- und Ausbaupläne, die neue Straßen als »Geschenke« an die Regionen verteilen, muss vorbei sein.
  - Statt dessen sind dringend Investitionsprogramme erforderlich für einen flächendeckenden Ausbau des Bahnnetzes mit vielen neuen Bahnhöfen und Güterverkehrszentren.
  - Die ÖPNV-Finanzierung braucht eine klare Priorität in den Verkehrsetats von Bund und Ländern.

- Arbeitgeber werden nach französischen und österreichischen Vorbild zur Finanzierung des öffentlichen Verkehrs herangezogen, durch eine an der Verkehrserzeugung orientierte Nahverkehrsabgabe.
- Das betrifft die Randbedingungen des Bau- und Planungsrechts, die maßgeblich entscheiden, welche Chancen eine Verkehrsart bei der Bau- und Siedlungsplanung erhält.
  - Bislang legt es monopolartig fest, dass sich alle Bauherren finanziell für Straßenerschließung und Parkraum engagieren müssen, während sie keinen Cent für den öffentlichen Verkehr aufwenden müssen. Das Bau- und Planungsrecht und Kommunalabgabenrecht brauchen endlich einen Rechtsrahmen für Nahverkehrsabgaben.
  - Im Bau- und Planungsrecht müssen die Regelungen, die kompakte, dichte und nutzungsgemischte Baustrukturen verhindern, abgeschafft werden, Verkehrsaufwandsminimierung muss zu einem legitimen Ziel der Bauleitplanung werden.
  - Neue Gewerbegebiete dürfen nicht mehr ohne Schienenanschluss genehmigt werden. Bestehende Gewerbegebiete ohne Gleis müssen durch ein Gleisanschlussprogramm für Schienenverkehr erreichbar gemacht werden.
  - Das Wettbewerbsrecht und Steuerrecht müssen endlich die stille Subventionierung der Firmenparkplätze und Dienstwagen abschaffen. Die Randbedingungen des Steuerrechts entscheiden maßgeblich, welches Verkehrsmittel steuerlich privilegiert oder deklassiert wird. Mit Prämien für Autokauf oder Autonutzung muss man sich nicht wundern, wenn man im Stau landet. Alle steuerlichen Privilegien des Autoverkehrs werden im Rahmen des überfälligen Subventionsabbaus gestrichen.
- Alle Gebietskörperschaften müssen durch ein Gesetz über Kostenwahrheit im Verkehr gezwungen werden, regelmäßig über alle direkten und indirekten Verkehrsausgaben Rechenschaft abzulegen.
- Zu den Finanzbedingungen im Verkehr gehören die Mautsysteme, auch die kommunalen.
  - Wenn in Norwegen, Schweden, England und Singapur Mautsysteme erfolgreich den urbanen Autoverkehr verringern können, sollte das auch in Deutschland zu einer rechtlichen Ermäch-

Anstelle weniger Großprojekte müssen die Investitionen ins Schienennetz systematisch über das ganze Netz verteilt werden, damit die Systemqualität besser wird und die Bahn wie mehr Kundennähe bekommt

Innovationen für ein effizientes Verkehrssystem **315**

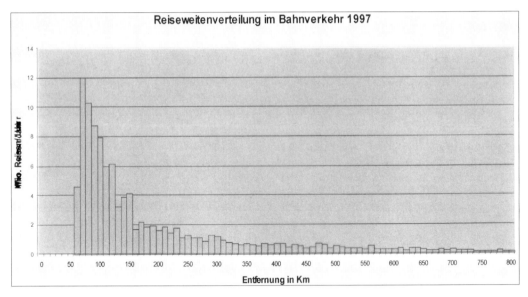

Im Bahnfernverkehr über 50 km dominieren eindeutig die Distanzen zwischen 50 und 150 km. Für sie ist die Hochgeschwindigkeit völlig irrelevant, wichtig wäre eine durchgängige Systemgeschwindigkeit. Die Hochgeschwindigkeitsbahn bedient einen minimalen Markt, dafür aber monopolisiert sie fast alle Netzinvestitionen

tigung der Kommunen und Regionen für PKW-Mautsysteme führen, so, wie es bei den Parkgebühren seit den 1950er Jahren üblich ist. Kommunale Mautsysteme dürfen nicht länger tabu bleiben. Das sind effiziente marktwirtschaftliche Innovationen zur Lösung von Verkehrsproblemen und zur Herstellung von Kostenwahrheit.
- Deutschland braucht ein eigenes »Bahnausbaugesetz«, das nach dem Vorbild des schienenorientierten Investitionsprogramms »Bus und Bahn 2000« in der Schweiz eine Renaissance des Schienenverkehrs einleitet.[14]
  - Basis des Personenfernverkehrs wird ein flächendeckendes InterRegio-Netz im Halbstundentakt, das alle Groß-, Mittel- oder Kleinstädte miteinander verbindet.
  - Basis im Nahverkehr werden 250 Regionalbahnnetze mit 5 mal mehr Haltepunkten als heute. Hinzu kommen noch etwa 100 S-Bahnnetze. Und ca. 13.000 kommunale und regionale Bussysteme.

Mit solchen Innovationen kann Deutschland vom Autoland zum Umweltverbundland werden. Als Ergebnis einer solchen systematischen Innovationsstrategie werden die Großinvestitionen in die Hochgeschwindigkeitsbahn eingestellt, denn sie sind ohne jede Chance auf Rentabilität, ein Milliardengrab ohne Systemnutzen, aber mit hoher Monopolisierungswirkung. Und weil Bahnpolitik zentrale Aufgabe öffentlicher Mobilitäts- und Daseinsvorsorge, Klima- und Umweltpolitik und Regionalpolitik ist, werden analog zur Verantwortung der Länder, Regionen und Kommunen im Straßenbereich 16 Landesbahngesellschaften und ca. 250 Regionalbahngesellschaften gegründet und über Nahverkehrsabgaben finanziert, um den Bund im Bahnbereich finanziell zu entlasten.

Nur mit solchen veränderten Randbedingungen kann mehr Effizienz ins Verkehrsgeschehen kommen, können die offenkundigen Autoverkehrsprobleme sich lösen, damit der Verkehr seinen dringend notwendigen klimapolitischen Beitrag leistet. Es darf keine Tabus mehr geben, durchgreifende Innovationen des verkehrspolitischen Rahmens sind nötig.

Zu veränderten Randbedingungen kann auch die Wirtschaft erheblich beitragen, mit eigenen intelligenten, energiesparenden, klimaschonenden Mobilitätskonzepten. In den Niederlanden müssen Betriebe mit mehr als 50 Mitarbeitern betriebliche Mobilitätskonzepte aufstellen, in denen sie Lösungen für die Verkehrsprobleme rund um ihre Firmenstandorte entwickeln. Dahinter steht die Erkenntnis, dass viele Verkehrsprobleme hausgemacht sind. Wer nur große Parkplätze und große Zufahrtsstraßen vorhält, muss sich nicht über Staus wundern. Und wenn die wichtigen Transporte nicht mehr ›just in time‹ sondern »stuck in jam« (steckt im Stau) ankommen, sollte man die Ursache erst mal bei sich selber suchen. Motto: »wir sind der Stau« oder »wir machen den Stau«. Also
– werden plötzlich neue Fahrradständer an allen Betriebsgebäuden installiert,
– die Gebäude erhalten Duschen und Kleiderspinde für die radelnde Belegschaft,
– die Firmen geben Prämien für die radelnden Mitarbeiter,
– auch für den öffentlichen Verkehr engagiert sich die Wirtschaft und spendiert Jobtickets.
Dahinter steht knallhartes Kalkül. Der Krankenstand der Fuß-, Rad- und ÖV-Pendler ist deutlich geringer und ihre Produktivität deutlich höher als bei den Staumenschen. Die hohen Ausgaben für Parkraum und Straßenerschließung können weitgehend gespart werden. Bei den Krankenkassenbeiträgen gibt es Rabatte für nicht mit dem Auto fahrende Kunden.

Nach der gleichen Logik engagieren sich in Frankreich und Österreich Firmen für neue Bus- und Bahnverbindungen, leisten hierfür finanzielle Beiträge und treten untereinander in den Wettbewerb, wer die meisten Autokilometer einspart, im Interesse der Mobilitätseffizienz und Kostensenkung. Solche Dienstgeberabgaben sind wirksame Instrumente, Einsparungen beim Straßenverkehr zu fördern und die Finanzierung von attraktivem öffentlichem Verkehr zu erleichtern. Die Wirtschaft zu aktiver Klimapolitik und Mobilitätspolitik zu motivieren, ihre Kreativität und Innovationsfähigkeit zu nutzen, ist ein wichtiger Ansatzpunkt. Moderne Rationalisierer und Logistiker müssen schnell die richtigen Systemzusammenhänge erkennen und für mehr Effizienz im Verkehr arbeiten. Doch noch gehört die deutsche Wirtschaft bis auf wenige Ausnahmen eher zur Betonfraktion. Sie fordert immer nur neue Straßen, neue Parkhäuser und möglichst autofreundliche Randbedingungen.

Mengenpolitik und Deeskalation als zentrale Aufgabe

Ziel einer aktiven Energiespar-, Klimaschutz- und Mobilitätseffizienzpolitik muss es also vor allem sein, die übermäßige Massenmotorisierung abzubauen, also die Zahl der Autos drastisch zu reduzieren. Das würde zwar das Ende herkömmlicher Autoindustrie als Massenproduktion bedeuten und einen echten Strukturwandel der Verkehrswirtschaft erfordern. Aber solchen Strukturwandel haben andere Wirtschaftssektoren auch erfolgreich hinter sich gebracht, wie die Landwirtschaft oder der Bergbau. Leider ist aber die Bundesrepublik auf eine Verkehrswende und einen Strukturwandel der Verkehrswirtschaft argumentativ in keiner Weise vorbereitet.[15] Deshalb fehlt in Politik und Bevölkerung auch die Phantasie, sich eine Verkehrswende weg vom Auto vorstellen zu können. Auch, weil der Aufbau effizienterer Alternativen nicht energisch vorangetrieben wird.

Die phantasievolle Suche nach neuen Lösungen der Probleme der Massenmotorisierung wird durch die Illusion, technische Optimierungen reichten aus, gebremst. Man hält an der Fiktion fest, das Auto könne auch künftig die Mobilitätsaufgaben am besten lösen, dank modernen Verkehrssystemmanagements mit High-Tech-Ampelprogrammen und GPS-Navigation sowie Geheimtips auf dem Handy, wo noch mal 'ne Lücke frei ist. Alles dieses bringt uns keine effizientere Mobilität, nährt aber die Illusion, uns jeden Tag aufs neue in den Stau zu stürzen, weil dem Auto auch das ›Prinzip Hoffnung‹ innewohnt, dank perfekter Werbung mit Sehnsüchten und Verheißungen. Das Mengenproblem zu vieler Autos auf knappem Verkehrsraum, kann nur Mengenpolitik lösen, mit einem ganz anderen Mix der Verkehrsmittel und eindeutiger Priorität der flächeneffizienten, ressourcensparenden und am besten verträglichen Verkehrsarten.

Für den dann noch verbleibenden, deutlich reduzierten Autoverkehr bleibt ein weiterer wichtiger Ansatzpunkt die Optimierung der Verkehrsabläufe. Gleichmäßig und stetig lautet die Devise. Kraftstoffverbrauch und Schadstoffemissionen hängen von Gewicht, Motorisierung und Fahrweise ab. Der ADAC warnt seit Jahrzehnten, nicht permanent zwischen Vollgas und Vollbremsung hin- und herzupendeln, denn das bringt keinerlei Zeitgewinn, kostet aber maximale Verbräuche und Emissionen, bringt maximale Gefährdungen und führt besonders oft zum Stau. Gegen die physikalische Effizienzoption des gleichmäßigen Verkehrsflusses steht das von der Autoindustrie seit Jahrzehnten propagierte Modell der Konkurrenz im Autoverkehrs als sportlicher Wettbewerb, mit der maximalen Differenzierung der Fahrzeugflotte nach emotional aufgeladenen Merkmalen von Power, Potenz, Sportlichkeit und maximaler Beschleunigung. Auch dieses Markenbild ist Schuld an der geringen Effizienz des Autoverkehrs und seinen hohen Verbräuchen und Emissionen.

Dagegen stand in den 1980er Jahren das Modell der Verstetigung durch Verkehrsberuhigung, durch Tempolimits, durch Koexistenz im gleichmäßigen Verkehrsfluss. Die Leistungsfähigkeit der Stadtstraßen ist bei 30 km/h am höchsten, im Außerortsverkehr bei 60 km/h auf Landstraßen und 80 km/h auf Autobahnen. Doch es geht eben nicht um Koexistenz und Leistungsfähigkeit, sondern um Konkurrenz und Wildwest. Deswegen hatte die Forderung nach einer generellen Tempo 30 Regelung innerorts in Deutschland keine Chance. Deswegen ist die Verkehrsberuhigung als politisches Thema schnell wieder ad acta gelegt worden. Deswegen ist ein leistungsoptimales Tempolimit von 80 km/h auf Autobahnen, eine scharfe Waffe gegen Staus, verkehrspolitisch tabu. Verkehrspolitik hat wenig mit Rationalität und Effizienz, aber viel mit der Herrschaft der Stammtische, der Autolobbies und der Raser- und Betonfraktionen zu tun.

Immerhin, die Koexistenz im Verkehr hat neuerdings wieder einen Schub bekommen. In der Schweiz wurden mit großem Erfolg so genannter Begegnungszonen eingeführt, vor allem in den Zentren und außerhalb der Fußgängerzonen als Bereiche mit Fußgängervorrang, aber zugelassenem, auf 20 km/h begrenztem Fahrzeugverkehr. Die EU betreibt sei drei Jahren das Modellprogramm Shared Space, bei dem Verkehrszeichen und Markierungen beseitigt werden und sich statt dessen die Regeln sozialer Koexistenz im Verkehr durchsetzen. Das gegenüber der deutschen Verkehrsberuhigungsdiskussion der 1980er Jahre Neue daran ist die Anwendung des Prinzips auch auf Hauptverkehrsstraßen, im deutschen Beispiel Bohmte z.B. auf einer Landesstraße. Lange Zeit galten Hauptverkehrsstraßen aber als Tabu für Verkehrsberuhigung. Im französischen Chambery ist allerdings schon vor 20 Jahren das Shared Space Prinzip im gesamten Hauptverkehrsstraßennetz angewendet worden, mit großem Erfolg für die Stadtentwicklung, die Verkehrssicherheit, die Vitalität des Zentrums und die Lebensqualität (vgl. hierzu Anm. 13). In Duisburg hinter dem Stadttheater gibt es seit 2008 Deutschlands meist befahrenen Verkehrsberuhigten Bereich mit einem DTV von 20.000 KFZ. Endlich trauen sich mutige Planer, die engen Begrenzungen der Verkehrsberuhigung auf harmlose, gering belastete Anliegerstäßchen zu überwinden.

Beachtliche Dynamik ist auch in neue Quartierskonzepte autofreien oder autoarmen Wohnens gekommen, die in zahlreichen Modellprojekten wachsende Akzeptanz bei den Bewohnern finden.[16]

– Einmal, weil so die Erschließungskosten und damit die Kauf- oder Mietkosten um ca. 25 % vermindert werden konnten.

- Weiter, weil der öffentliche Raum so endlich wieder seine Funktion als Aufenthaltsraum, Spielraum und Lebensraum zurückbekommt, statt vieler Autos gibt es jetzt viele Bäume, freie Flächen, urbanen Platz eben.
- Und schließlich sind solche Gebiete natürlich besonders sicher, emissionsarm, ruhig und kinderfreundlich. Anderswo heißt es: hast Du Kind, brauchst Du Auto! Hier heißt es: hast Du Kind, verschrotte Auto!

Erste Beispiele solcher Konzepte sind das Lorettoviertel in Tübingen, das Vauban-Viertel und (etwas weniger konsequent) das Rieselfeldviertel in Freiburg, das Weißenburg-Viertel in Münster und das Güterbahnviertel in Köln-Nippes. Mehr Beispiele gibt es in den Niederlanden und Skandinavien. Solche modernen Erschließungskonzepte müssen von der seltenen Ausnahme zur häufigen Regel werden, dazu kann auch der Gesetzgeber beitragen mit einem neuen Bau- und Planungs- und Erschließungsrecht.

Was bleibt für das Auto? Strukturwandel der Mobilitätswirtschaft

Die intelligenten Betriebskonzepte für Car-Sharing, Pfandauto oder Sammeltaxi bieten viele Möglichkeiten einer beachtlichen Effizienzsteigerung im verbleibenden Autoverkehr. Diese Fahrzeuge sind dezentral zugänglich, an vielen Car-Sharing-Haltestellen (straßenverkehrsrechtlich abgesichert analog zum Taxistand) in jedem Quartier oder Ort in Stadt und Land. Car-Sharing Autos verlieren den Charakter als »individuelles Stau- und Stehzeug«, sie werden zum effektiv eingesetzten »öffentlichen« Auto, das viel weniger Platz braucht.[17] In die gleiche Richtung gehen die Ansätze zur Effizienzsteigerung durch Fahrgemeinschaften und Mitnahmedienste.

Mit solchen Ansätzen kann die Zahl der Autos drastisch reduziert werden. Nach Modellrechnungen reichen 4 Mio. Taxen und Car-Sharing-Autos aus, um den Teil des deutschen Mobilitätsbedarfs, der nicht mit Bussen und Bahnen und auch nicht im Fuß- und Fahrradverkehr gedeckt werden kann, zu befriedigen.

Ihr Einsatz erfolgt in einem logistisch optimierten Mobilitätsmanagement, bei dem der notwendige räumliche und zeitliche Ausgleich ggf. auch durch selbstfahrende Einheiten sichergestellt werden kann, die sich selbständig zum nächsten Anforderungsort bewegen können (Steuerung über magisches Auge, das alles auf dem künftig relevanten niedrigen Geschwindigkeitsniveau von max. 30 km/h). Sobald für den nächsten Streckenabschnitt ein größeres Fahrzeug des herkömmlichen ÖPNV zur Verfügung steht, wird das kleinere Einzelfahrzeug verlassen. Am Ende der konventionellen ÖPNV-Fahrt folgt dann ggf. wieder der Einsatz eines Taxis, Car-Sharing-Fahrzeuges oder Pfandautos. Hinter so einer Vision effizienter Mobilität steht auch ein Service- und damit eng verbunden ein Arbeitsmarktansatz. Derzeit gilt der Öffentliche Verkehr als probates Feld für Rationalisierer. Je mehr Bahnjobs die Bahn abbaut, desto besser. Schaffner, Zugbegleiter, Fahrkartenverkauf, Fahrplanauskunft, Speisewegen und Bistroservice werden wegrationalisiert. Aber gerade dieser Service macht die eigentliche Reisequalität im öffentlichen Verkehr aus, bindet das Publikum, verwöhnt die Fahrgäste und legitimiert auch eine hohe Zahlungsbereitschaft. Wer am Service spart, hat den Wettbewerb schon verloren. Dass in den letzten zehn Jahren 250.000 Arbeitsplätze im Bereich öffentlicher Verkehr und Bahn verschwunden sind, lässt die Politik kalt, findet selten Eingang in die Nachrichten. Nur entlassene Autowerker werden zum Politikum.

Moderner öffentlicher Verkehr braucht für die vielen Koordinationsaufgaben qualifiziertes Personal und moderne Technik. Lokale und regionale Mobilitätszentralen[18] müssen zum Grundbestandteil moderner Verkehrsinfrastrukturen werden. Sie müssen bei den flexiblen ÖPNV-Systemen wie

Taxi-Bus oder Anrufsammeltaxi für die notwendige Routenoptimierung sorgen. Sie betreiben vor Ort das nötige Direktmarketing. Sie kümmern sich um die nötige Kundennähe gegenüber den privaten Haushalten und den Betrieben. Sie koordinieren die vielfältigen Angebote der Verkehrsunternehmen. Sie sorgen dafür, dass öffentlicher Verkehr als Gesamtsystem funktioniert.

Damit wird deutlich, dass ein erheblicher Strukturwandel in der Mobilitätswirtschaft ansteht. Es geht nicht darum, die Autoindustrie ersatzlos platt zu machen, weil der Bedarf für Massenmotorisierung abgeschmolzen wird, sondern darum, mit einem modernen Mobilitätssystem auch neue Arbeitsmärkte zu erschließen. Noch ist unser deutsches Industriesystem darauf konditioniert, dass jedes Jahr dreieinhalb Millionen Autos verkauft werden. Die kosten ja einen Haufen Geld. Aber die Menschen sind nach wie vor bereit, dieses Geld für neue Autos auszugeben. Wegen der Hoffnungen und Sehnsüchte, wegen des Prestiges und wegen des hohen Mobilitätsbedarfs. Beim öffentlichen Verkehr hat man in Deutschland einstweilen noch keine Möglichkeit, wie beim Autokauf einmal einen großen Betrag zu zahlen und zu sagen, »Mach mich bitte mobil, und zwar immer und im ganzen Land oder gar in ganz Europa.« Die BahnCard 100 bietet diesbezüglich noch zu wenig. Das schweizer Generalabo kommt einer solchen Lösung schon sehr nahe. Das Autosystem bedient die individuelle Zahlungsbereitschaft optimal, mit einer riesigen Palette von differenzierten Angeboten. Im öffentlichen Verkehr wird nur uniforme Schmalkost angeboten, in einem kaum differenzierten und insgesamt immer kleiner werdenden System mit immer weniger Service. Also braucht der öffentliche Verkehr eine Angebots- und Service-Offensive und den Ehrgeiz, die Zahlungsbereitschaft der Menschen zu wecken und ihr Geld durch hohe Qualität und gekonnten Verkauf auch einzukassieren.

Auf unsere individualisierte, flexibilisierte, räumlich und zeitlich differenzierte Mobilität (manche sind auch noch nachts um zwei unterwegs, andere haben ein Wochenendhaus j.w.d. im letzten Win-

Die Stadt kann wieder aufatmen und eine neue Vitalität als attraktiver Lebensraum entwickeln, wenn endlich das Planen ohne Autos von der Ausnahme zur Regel wird

kel, andere arbeiten mal hier und mal da) passt öffentlicher Verkehr nur dann, wenn er differenziert, flexibilisiert und räumlich und zeitlich überall und jederzeit präsent ist. Als reiner Massenverkehr auf Hochgeschwindigkeitskorridoren kann das öffentlicher Verkehr nicht. Das sind die neuen Zukunftsmärkte im öffentlichen Verkehr. Wer nur mit Langzügen für 600 Leute oder Großraumgelenkbussen für 160 Leute antritt und Kleinsysteme mit Midibussen, Minibussen, Taxi-Bussen sowie Pfandauto und Car-Sharing nicht in das Angebot der öffentlichen Verkehre integriert, hat das Rennen schon verloren.

Klimapolitik im Verkehr erfordert eine neue Mobilitätskultur[19]

Zur Lösung der Klimaprobleme und Effizienzprobleme des Verkehrs ist also ein weitreichender Reformansatz nötig, der die bestehenden Probleme aufarbeitet und unter dem Primat der Effizienzfragen einen neuen Mobilitätsmix für eine nachhaltige, kostensparende, ressourcenschonende, stadt- und umweltverträgliche Mobilität entwickelt. Dafür ist eine grundlegende und breite Innovationsförderung nötig, weil die manifesten Innovationsbarrieren, die derzeit breiten Fortschritt im Verkehr verhindern, sonst nicht überwunden werden können. Die Sehnsucht nach einem Ausweg aus dem Dauerstau beim Publikum ist groß. Die Versuchung, dem Dauerstau mit symbolischen Akten linearen Denkens (also einem Denkstau) zu begegnen und noch mal eine Runde neuen Straßenbaus und Parkhausbaus zu beginnen, wie schon mehrmals in den letzten 50 Jahren, ist groß. Das kostet Unsummen und führt unweigerlich zu noch längeren Staus. Verkehrspolitik als Technologie- und Bauwirtschaftsförderung für Großprojekte im Geist des »hoher, schneller, weiter« (Beispiel Transrapid) ändert wenig. Nötig ist ein Systemansatz, der sich am Verkehrsmarkt, seinen Verflechtungen und siedlungsstrukturellen Grundlagen orientiert. Die Priorität muss bei dezentralen Maßnahmen auf der regionalen und lokalen Ebene liegen. Daraus resultiert eine große Zahl von Projekten. Sie sind wegen ihrer Kleinteiligkeit viel arbeitsmarktrelevanter als wenige Großprojekte.[20] Sie betreffen anders als die bisherige Investitionspraxis nicht die lautstarken Großkonzerne der Bau- und Verkehrswirtschaft sondern die Klein- und Mittelbetriebe der Verkehrs- und Bauwirtschaft. Nötig ist ein breit angelegtes Innovationsprogramm zur Förderung des Fußgängerverkehrs, Fahrradverkehrs und öffentlichen Verkehrs. Die Bahn braucht einen radikalen Paradigmenwechsel weg von der kleinen, feinen Börsenbahn auf wenigen lukrativen Korridoren hin zu einer attraktiven Flächenbahn. Die Maximierung von Autoverkehr und Autoerreichbarkeit hat als politisches Ziel ausgedient. Satt dessen gewinnt das lokale und regionale Effizienzmodell Oberhand, das Verkehrsprobleme durch Verminderung des Autoverkehr und damit durch maximale Umsteigeffekte auf die sinnvolleren Alternativen löst.

Dafür müssen Bund und Länder endlich die antiquierten, noch voll auf Autoförderung abgestellten Randbedingungen im Rechts- und Finanzsystem ändern. Und dafür muss die Wirtschaft die oben geschilderten positiven Beispiele für innerbetriebliche Mobilitätseffizienz (Vorbild Chemieindustrie) und betriebliches Mobilitätsmanagement (Vorbild Niederlande) endlich auf breiter Front angehen und die Chancen für eine wohl verstandene Kosteneinsparungspolitik im Mobilitätsbereich konsequent nutzen.

Nach einer solchen Anstrengung könnte der Verkehr endlich seine notwendigen Beiträge zum Klimaschutz leisten. Die Städte und Dörfer hätten wieder eine Chance auf mehr Lebensqualität. Und die derzeitige Globalisierung des Stillstandes durch weltweiten Export von Staumodellen könnte von einem Exportschlager eines innovativen Modells effizienter Mobilitätskultur abgelöst werden. Der damit verbundene Mobilitätsservice würde viele neue Arbeitschancen eröffnen und einen sinnvollen

Strukturwandel in der Mobilitätswirtschaft – weg von der Massenproduktion von Staufahrzeugen hin zu Produktion von effizienten Mobilitätsangeboten einleiten – parallel zur in der Energiewirtschaft ohnehin anstehenden solaren Revolution.

Anmerkungen:

1 Heinze, G. W. (1979): Verkehr schafft Verkehr. Ansätze zu einer Theorie des Verkehrswachstums als Selbstinduktion. In: Raumforschung und Raumordnung, H. 4/5.
2 Vgl. zur amerikanischen Verkehrsentwicklung: Wolf, W. (1987): Eisenbahn und Autowahn. Personen- und Gütertransport auf Schiene und Straße. Hamburg.
3 Vgl. zu den autofixierten Rahmensetzungen in Deutschland: Monheim, H., Monheim-Dandorfer, R. (1991) Straßen für alle. Analysen und Konzepte zum Stadtverkehr der Zukunft, Hamburg.
4 Vgl. zu den Auswirkungen des Autoverkehrs auf die Städte: Monheim, H. (1991): Auto und Urbanität. Analyse einer Fehlentwicklung. In: Koenigs, T. & Schaeffer, R. (Hrsg.): Fortschritt vom Auto?
5 Vgl. zu den Klima- und Umweltfolgen: IPCC (2007): Bericht 2007 zur globalen Klimaveränderung; vgl. zu den Kosten des Klimawandels: Stern, N. (2006): The economics of climate change. Ein Bericht im Auftrag des britischen Schatzkanzlers. London; vgl. zu den Umweltgrenzen des städtischen Autoverkehrs: Apel, D. (1994): Grenzen verträglicher Verkehrsbelastungen in der Stadt sowie Folgerungen für Städtebau und Verkehrsplanung. In: Forschungsverbund Lebensraum Stadt (Hg.): Mobilität und Kommunikation in den Agglomerationen von heute und morgen. Bd. III/3, Berlin; vgl. zu den Erfordernissen globaler Klimapolitik: Guggenheim, D., Al Gore (2006): Eine unbequeme Wahrheit.
6 Vgl. Zur weltweiten Entwicklung der Verkehrsunfallopfer: WHO (2002): World report on road traffic injury prevention. Global status report on road traffic safety. Genf.
7 Vgl. zu den Folgen und Kosten der Zersiedlung: ICLEI (2006): Urban Sprawl in Europa. Freiburg.
8 Vgl. zu innovativen Best Practice Beispielen: Apel, D. (1984): Umverteilung des städtischen Personenverkehrs. Stadtverkehrsplanung, Teil 3. Berlin; OECD/ CEMT (1993): Internationale Konferenz »Stadtverkehr wohin – Antworten aus 24 Ländern« vom 7.-9.6.1993 in Düsseldorf; Ministerium für Stadtentwicklung und Verkehr des Landes Nordrhein-Westfalen (Hrsg.): Internationale Beispiele neuer Verkehrsplanungskonzepte; bearbeitet von: U. Pauen-Höppner und R. Vojacek, Forschungsgruppe Stadt & Verkehr; Düsseldorf 1993; Apel, D.: Verkehrskonzepte in europäischen Städten, difu-Beiträge zur Stadtforschung 4, Berlin 1992; Monheim, H. (1996): Beispiele innovativer Stadtverkehrspolitik und -planung. Auswertung der CEMT/ OECD-Fallstudien. Trier.
9 Vgl. zur Fahrradpolitik in Deutschland Monheim, H. (hg.) (2005): Fahrradförderung mit System. Elemente einer angebotsorientierten Radverkehrspolitik. = Studien zur Mobilitäts- und Verkehrsforschung, Bd. 8, Mannheim und Universität Trier (2007): Radlust. Informationen zur Fahrradkommunikation. Trier.
10 Vgl. zu innovativen Straßenbahnen in Europa: Apel, D., Köstlin, R. Naumann, Th. u.a. (1987): Renaissance der Straßenbahn. Basel; MVG (2007): Die moderne Tram in Europa. München.
11 Vgl. zu den Fehlorientierungen deutscher Bahnpolitik: Monheim, H. (2004): Immer größer, immer schneller? Warum Politik, Ingenieure, Wirtschaft und Bahn Großprojekte lieben. In: Die Zukunft der Bahn. Hg. Monheim H., Nagorni, K. = Herrenalber Protokolle, Bd. 116, Karlsruhe.
12 Vgl. zu den psychologischen Blockaden gegen innovative ÖPNV-Konzepte: Monheim, H., Schroll. K.G. (2004): Akzeptanz innovativer ÖPNV-Konzepte bei professionellen Akteuren. Hg. Universität Trier.
13 Vgl. Zur Verkehrsberuhigung und Shared Space: Monheim, H. (2008): Hans Mondermann ist tot, Shared Space lebt. In: Verkehrszeichen, H 1; Deronzier, M. (2001): Traffic calming improvement of high traffic level roads in Chambery-le-haut, France. In: Town and infrastructure planning for safety and urban quality. Selection of relevant European experiences. Final report. COST C 6, Brüssel.
14 Vgl. zur Flächenbahn für Deutschland: Monheim H., Nagorni, K. (2004) (Hg.): Die Zukunft der Bahn. = Herrenalber Protokolle, Bd. 116, Karlsruhe.

15 Vgl. zu den Grundfragen einer Verkehrswende und einer neuen Mobilitätskultur: Hesse, M. (1999): Nach dem Ende des stadtverträglichen Verkehrs. Auf dem Wege zu einem postmodernen Typus der Regulierung von Mobilität und Verkehr. Hamburg.
16 Vgl. zum autofreien Leben und Wohnen: ILS (1996 ff): Autofreies Leben und Wohnen. Informationsdienst. Dortmund und Reutter, O. & Reutter, U. (1996): Autofreies Leben in der Stadt. Autofreie Stadtquartiere im Bestand. =. Verkehr spezial, Bd. 2. Dortmund.
17 Vgl. zum öffentlichen Auto: Fliegner, S. (2002): Car Sharing als Alternative. Mobilitätsbasierte Potenziale zur Autoabschaffung. = Studien zur Mobilitäts- und Verkehrsforschung. Bd. 3, Mannheim; Harms, S. (2003): Besitzen oder Teilen-Sozialwissenschaftliche Analyse des Car Sharing. Zürich.
18 Vgl. zum kleinteiligen ÖPNV in der Fläche: Burmeister, J. (2004): Frische Ideen für den Nahverkehr in der Fläche. = Bus und Bahn, H. 10.
19 Vgl. zur Mobilitätskultur: Buba, H., Grötzbach, J., Monheim, R. (2005): Bestandsaufnahme und Weiterentwicklung der Nachhaltigkeitskommunikation über die Neubestimmung der Mobilität aus kulturpolitischer Sicht. Bamberg; Monheim, H. (2001): Das Defizit an verkehrspsychologischer Strategie. Gründe für den Misserfolg der deutschen Verkehrspolitik. In: Umweltpsychologie, H. 2; Monheim, H (2005): Kommunikation für eine nachhaltige Verkehrspolitik. In: Handbuch Nachhaltigkeitskommunikation, Hg. Michelsen, G., Godemann, J.; Niegot, F. (2003): Verantwortung in der Verkehrspolitik. Motivationale Grundlagen verkehrspolitischen Handelns kommunaler Entscheidungsträger. = Studienreihe Psychologische Forschungsergebnisse, Bd. 95, Hamburg.
20 Vgl. zu den Arbeitsmarkteffekten einer Verkehrswende: VCD & Öko-Institut (1998): Hauptgewinn Zukunft. Neue Arbeitsplätze durch umweltverträglichen Verkehr. Bonn, Freiburg; Knoflacher, H. (2001): Stehzeuge. Der Stau ist kein Verkehrsproblem. Wien; Monheim, H. (2003): Ökonomische Impulse durch nachhaltige Mobilitätspolitik. In: Politische Ökologie. H. 83.

Verkehrsentwicklung

Heiner Monheim

Die Autofixierung der Verkehrspolitik

Warum die ökologische Verkehrswende bisher nicht vorankommt und wie sich das ändern ließe

Vorbemerkung: Mein Zugang zum Thema

In diesem Beitrag sind Erfahrungen von 30 Jahren politiknaher Planungs-, Beratungs- und Forschungstätigkeit auf der Kommunalebene, Landesebene und Bundesebene und im Kontakt mit Verkehrsunternehmen und Planungsbüros aufgearbeitet. In dieser Zeit gab es zwar einige kleine Erfolge und Innovation im Bereich der Verkehrsberuhigung, Straßenraumgestaltung, Fahrradplanung und des kommunalen und regionalen ÖPNV. Mit einigen Städten konnten auch bescheidene Veränderungen in den Verkehrsstrukturen zugunsten des Umweltverbundes erreicht werden. Doch nirgends ist es in Deutschland gelungen, das absolute Volumen des Autoverkehrs nennenswert zu reduzieren und damit eine durchgreifende Verkehrswende[1] (verstanden als ein Quantensprung an Effizienz, Leistungsfähigkeit und Umwelt- sowie Stadtverträglichkeit im Verkehr durch einen angemessenen Mix der besonders leistungsfähigen und umweltverträglichen Verkehrsarten Fußgängerverkehr, Fahrradverkehr und öffentlicher Verkehr und eine primär auf diesen Mix abgestellte Siedlungsstruktur und Investitionstätigkeit bei gleichzeitiger Minimierung des Autoverkehrs) einzuleiten. Auch die Verkehrspolitik in Nordrhein-Westfalen von 1985–1995 hat dies trotz ambitionierter Ziele nicht zu erreichen vermocht.[2] Denn generell dominiert auch in Nordrhein-Westfalen nach wie vor der Autoverkehr: auf den Straßen, in den Köpfen vieler Entscheidungsträger und in den Verkehrsausgaben der Gebietskörperschaften, Wirtschaftsunternehmen und Privathaushalte.

Wie wenig die Verkehrswende auch in Nordrhein-Westfalen politisch durchsetzbar wurde, demonstriert exemplarisch die Verkehrserschließung des 1996 neu eröffneten CentrO in Oberhausen, auf dessen Konzeption das Land finanziell und inhaltlich massiven Einfluß genommen hat. Aber abgesehen davon, daß dieses Projekt ohnehin nur schwer mit der Stadtentwicklungs-, Handels- und Freizeitkonzeption der zuständigen Landesressorts vereinbar ist, zeigt seine Verkehrserschließung exemplarisch den Stand der Praxis. Ein Riesenangebot von für teures Geld investiertem Parkraum umlagert den gesamten Komplex, der ohnehin von Autobahnen umgeben ist. Als kleines »Trostpflaster« dient die neue Straßenbahn- und Busachse mit dem Haltepunkt Oberhausen Mitte, während man auf den diversen ebenfalls benachbarten Industriegleisen vergeblich neue S-Bahnlinien und Haltepunkte sucht. Statt dessen erhält der Autoverkehr optimalen Zugang und Parkraum »direkt an der Ladentüre«. Vergeblich sucht man auch einen Stern von Hauptfuß- und Radwegachsen zu dem Gelände und angemessen ausgestattete Fahrradstationen. Wie in Oberhausen bleiben fast überall im Lande Fußgängerverkehr, Fahrradverkehr und öffentlicher Verkehr weiterhin klar hinter ihren Notwendigkeiten und Möglichkeiten zurück. Autoarme Verkehrsstrukturen bleiben beschränkt auf kleine Inseln von Fußgängerzonen. Noch frustrierender wird die Beurteilung im globalen Betrachtungsmaßstab. Denn gerade in diesen Jahren beginnt eine neue Phase dynamischer Autoförderung in den Schwellenländern der Dritten Welt und in Osteuropa. Sie wird zu einer rasanten Motorisierungsexplosion führen.

Westliche Verkehrspolitik: Trotz aller Probleme autofixiert

Die Fortschritte der Verkehrspolitik bei der Begrenzung und Zurückdrängung des Autoverkehrs sind weltweit minimal. Der Handlungsbedarf ist angesichts eines rasanten globalen Motorisierungszuwachses riesig, die Handlungsbereitschaft gering. Die UNO-Klima- und Umwelt-Gipfel von Rio, Berlin und New York haben es erneut bewiesen. Auch die westlichen »Autoländer« verharren in autofixierter Verkehrsentwicklung, obwohl sie nach 40 Jahren »Automobilitätspolitik« viele Gründe zur Kurskorrektur hätten. Denn ihre Erfahrung lehrt: auch mit noch so viel Straßen- und Parkraumbau sind die Probleme massenhaften Autoverkehrs nicht lösbar, weder in den Städten noch auf dem Lande. Wer dem Stau neue Straßen und der verstopften Innenstadt neue Parkhäuser hinterherbaut, wird mehr Verkehrsprobleme haben und nicht weniger. Weil Autofixierung die Stadt- und Raumstrukturen ebenso wie die Verkehrsstrukturen in Richtung auf immer geringere Effizienz durch immer mehr Autoverkehr verändert. Sie zerstört Urbanität durch fortschreitende Entdichtung und Zersiedlung. Sie bereitet den Boden für autofixierte Megastrukturen. »Drive in« bestimmt die Siedlungsentwicklung und das Investitionsverhalten. Rund um den Großparkplatz und die Schnellstraßen gruppieren sich weit draußen immer neue Kino- und Freizeitcenter, Spaßbäder, Sportarenen, Shopping-Center, Büro-Center und Gewerbegebiete. Und das zersiedelte Suburbia der Einfamilienhäuser mit zwei bis drei Autos je Einheit wächst weiter in die Fläche. Diese Siedlungsweise führt zu weit überproportionalen Verkehrsflächenanteilen an der Siedlungsfläche und zu geringer Flächenproduktivität.

Veraltete Planungsinstrumente und Planungskonzepte, massive Denkblockaden und anachronistische Interessenstrukturen zementieren den fatalen Trend. Denn noch gilt das Credo der handelnden Verkehrspolitik: »Eine Zukunft ohne Autos ist nicht denkbar«, »Alternativen zum Auto gibt es nicht«. So reisen viele Verantwortliche unverdrossen in ihren Dienstwagen durch die Lande, ärgern sich über Staus und stimmen deshalb gerne für weitere Straßen und neue Parkhäuser. Wo immer sie dienstlich und privat auf Entscheidungsträger aus der Wirtschaft treffen, tönt es ebenso einhellig: die Stadt und das Land brauche nun mal neue Straßen und Parkhäuser, gute Auto-Erreichbarkeit sei das A & O im Standortwettbewerb. Und das alles, obwohl 40 Jahre Planungs- und Verkehrsentwicklung in den westlichen Ländern gelehrt haben, daß eben gerade trotz (oder besser wegen?) des vielen Straßenbaus und Parkhausbaus die Staus immer länger wurden. Aber daß Verkehrspolitik vielleicht die ganze Strategie ändern müßte, gewissermaßen den »Aggregatzustand« oder »Modus« im Verkehr wechseln müßte, mit der Tendenz zu mehr Leistungsfähigkeit und Effizienz, bleibt außen vor. Denn die Alternativen sind politisch »ungeliebt«, mit vielfältigen Vorbehalten belegt: »Auf Busse und Bahnen wollten die Leute einfach nicht umsteigen. Ohnehin sei mehr Öffentlicher Verkehr einfach nicht finanzierbar, weder für den Staat noch für die Gemeinden. Deshalb tauge der öffentliche Verkehr eben nicht als wirkliche Alternative zum Auto. Sein Verkehrsanteil sei zu klein, sein Defizit zu groß, sein Netz zu kurz und seine Attraktivität zu gering. Seine Kapazität reiche nicht für mehr Verkehrsanteile aus. Und auch für Fußgänger und Radfahrer sei viel versucht worden, aber trotz Fußgängerzonen, Verkehrsberuhigung und neuer Radwege und Fahrradbeauftragter müßten Fußgängerverkehr und Radverkehr einfach systembedingt eine Randrolle spielen, sie seien hinsichtlich Geschwindigkeit, Transportfähigkeit, Distanzüberwindung und Komfort aussichtslos im Hintertreffen und könnten deshalb im modernen Verkehr keine ernste Rolle übernehmen.« Solche selbst verordnete Alternativlosigkeit immunisiert Verkehrspolitik gegen alle prinzipiellen Innovationen. Autoarme Städte und Landschaften gelten als suspekt und unterentwickelt. So wird jedes Bemühen um eine Reduzierung des Autoverkehrs blockiert, durch lange eingeübte Rituale der Verdrängung und Abwiegelung.[3]

Gleichzeitig werden alle anderen Verkehrsprobleme – außer den Staus – gern bagatellisiert. »Alles halb so schlimm, nur keine Panik. Ein paar kleine Korrekturen an der Auto- und Verkehrstechnik reichten völlig aus. Mit der Einführung des Katalysators, etwas Verkehrsmanagement, ein bißchen Verkehrsberuhigung und demnächst dem Dreiliterauto könne der Autoverkehr im Prinzip so bleiben und weiterwachsen wie bisher.« Jahr um Jahr werden die wachsenden Motorisierungsziffern als automatischer Auftrag an Politik und Planung gewertet, weiter autoorientiert zu handeln. Denn schließlich bräuchten mehr Autos auch mehr Platz zum Fahren und Parken. Ein Ausweg aus der permanent ansteigenden Motorisierung sei einfach unvorstellbar.

Die aktuelle Verkehrswende läuft »anders herum«

Deshalb wird die westliche Verkehrsentwicklung auch gerne allen anderen Ländern als Modell für die globale Mobilitätsentwicklung empfohlen. Die Autoindustrie organisiert mit dem Beifall westlicher Verkehrs- und Industriepolitik einen neuen Autoboom in Osteuropa und den Schwellenländern der Dritten Welt. Neue Autofabriken aus hochgelobten Joint Venture Projekten schaffen die Grundlagen für eine ganz andere Verkehrswende: Bisher autoarme, weitgehend vom Umweltverbund getragene Gesellschaften in Osteuropa, Afrika, Asien und Südamerika mit hohem Fußgänger- und Fahrradverkehr und teilweise auch hohem öffentlichen Verkehr (oft in Form informeller Paratransitsysteme) sollen nun auf unser westlich geprägtes Transportsystem umstellen. Das erfordert dort zunächst große Investitionen in Straßennetze und Parkraum. Natürlich wird diese Strategie schnell auch dort die traditionellen Siedlungs- und Raumstrukturen überformen und viel städtebaulich, kulturhistorisch und ökologisch wertvolle Substanz kosten. Trotzdem wird keine befriedigende Transporteffizienz entstehen, schon gar nicht in den schnell wachsenden Millionenstädten. Für deren riesige Menschenmengen ist das Auto das denkbar ungeeignetste Verkehrsmittel. Trotzdem beginnen diese Länder gerade in den Metropolen nach westlichem Vorbild Verkehrs- und Motorisierungspolitik zu betreiben. Es wiederholen sich also Entwicklungen, die in den 20er Jahren in USA und in den 60er und 70er Jahren in Westeuropa abgelaufen sind. In den Ländern der neuen Motorisierungsdynamik geschieht dies allerdings in kürzerer Zeit und in den Agglomerationen bei sehr viel höheren Bevölkerungszahlen und -dichten, also mit viel drastischeren Konsequenzen.

Die Erfahrungen der amerikanischen und europäischen Städten mit ihrem seit Jahrzehnten ungebremsten Autoverkehrswachstum sind oft beschworen worden, ohne bis jetzt nennenswerte Änderungen (außer im Vokabular: von autogerechter Stadt redet heute bei uns Niemand mehr, aber viele bemühen sich weiterhin eifrig, sie herzustellen) auszulösen. Man muß befürchten, daß auch in den Ländern der neuen Motorisierungsdynamik notwendige Korrekturen unterbleiben. Schon jetzt wird erkennbar, daß Modernisierung und Ausbau des öffentlichen Verkehrs dort – abgesehen von ein paar Prestigeprojekten in U-Bahnröhren – nachrangig behandelt werden und eine Verteidigung der klassisch dominanten Rolle des Nichtmotorisierten Verkehrs durch engagierte Fußgänger- und Fahrradförderung nicht erfolgt. Damit sind die momentanen ökologischen Probleme des Autoverkehrs erst ein »kleiner Vorgeschmack«, eine dramatische Verschlechterung ist zu befürchten.

Die westliche Verantwortung

Aus diesem Teufelskreis einer rasanten Motorisierungsexplosion kommen wir nur raus, wenn das »europäische Verkehrshaus« richtig bestellt wird. In Osteuropa, Asien, Afrika und Südamerika »Wasser predigen« und in Westeuropa »Wein trinken«, das wird nicht gehen. Ohne eine schnelle Revision des westlichen Verkehrsleitbildes und ohne eine Neuorientierung für die Kapital- und Wachstumsinteressen der Industrie auf neue, sinnvolle Aufgabenfelder im Verkehr wird eine Lösung nicht möglich sein. Hierfür aber müßte endlich eine ausreichende Reformfähigkeit in der Verkehrspolitik entwickelt werden. Mit ein paar kritischen »Grün- und Weißbüchern« der Umwelt- und Verkehrskommissare oder mit einer »Krickenbecker Erklärung« der deutschen Verkehrs-, Umwelt- und StädtebauministerInnen aus Bund und Ländern (sie enthielt ein ungewöhnlich klares Bekenntnis zur Verkehrswende, blieb aber ohne jede Konsequenz) ist es nicht getan, es müssen Taten folgen: durch Unterlassen kontraproduktiver Investitionen und eine »Aufholjagd« bei den notwendigen Investitionen in den Umweltverbund.

Die maßstabsetzende, erste Verkehrswende in den USA. Aus dem Bahnland wird ein Autoland

Der Teufelskreis zur Übermotorisierung vollzog sich zum ersten mal in den USA. Dort wurde das dichteste Eisenbahn- und Straßenbahnnetz der Welt in einem beispiellosen Vernichtungsakt geplündert. Denn die USA sind nicht nur das Mutterland der Massenmotorisierung, sie waren auch Weltmeister im Ausbau der Schienennetze. Auf 250.000 Meilen Eisenbahnnetz wurden 1920 1,3 Billionen Fahrgäste befördert, und auf 41.500 Meilen Straßenbahnnetz 13,2 Billionen Fahrgäste. Allein die heutige Autostadt Los Angeles besaß in Stadt und Umland fast 1.500 Meilen Schienennetz, davon 390 Meilen Straßenbahnen für 56 Linien und 1.062 Meilen für 62 Regionalbahnlinien. Und das alles für eine Region mit damals 500.000 Einwohnern in der Stadt und 500.000 im Umland.[4] Die weltweite Verkehrsentwicklung wäre anders gelaufen, wäre damals kontinuierlich in die Modernisierung der Schienennetze und Bussysteme investiert worden, um sie der wachsenden Bevölkerung, Wirtschaft und Transportdifferenzierung sowie dem technischen Fortschritt anzupassen. Erst jetzt beginnt in den USA eine Renaissance der Schiene, mit Projekten für Modernisierung, Ausbau und Neubau attraktiver kommunaler und regionaler Schienennetze in New York und Newark, San José, Los Angeles, Portland, St. Louis, Washington D.C., Atlanta, Bay Area/San Franzisko, San Diego, Sacramento, Dallas, Denver, Buffalo, Miami, Baltimore. Das ist reichlich spät, nachdem 70 Jahre lang statt dessen das Straßennetz und der Parkraum mit unvorstellbaren Ausmaßen an Stadt- und Landschaftszerstörungen ausgebaut wurden. So entstand ein neuer, weltweit von Politik, Wirtschaft und Gesellschaft nachgeahmter »way of life«. Aber es entstanden auch völlig neue Verkehrsprobleme, denn die USA das Mutterland des Staus, schon in den 20er Jahren liefen die ersten Stadtautobahnen und Downtowns voll, und ihr wiederholter Ausbau alle paar Jahre hat daran auch nie mehr etwas geändert. Kein Land der Welt verplempert so viel tote Zeit im Stau wie die USA, obwohl es nun wirklich ein Maximum an Autofreundlichkeit bietet.

Massenmotorisierung in Europa: »verschämte« Autoförderung

Westeuropa folgte mit dem Abstand von drei Jahrzehnten dem amerikanischen Vorbild.[5] Die extrem Exzesse stadtzerstörerischer Autoplanung der meisten amerikanischen Großstädte wurden allerdings vermieden. Und die Systeme des öffentlichen Verkehrs wurden nicht ganz so radikal »geplündert«. Denn die Beharrungskräfte der europäischen Stadtkultur waren – trotz der großen Kriegszerstörungen in Mitteleuropa – deutlich größer, wohl auch weil der Platz und das Geld fehlten und eine tabula rasa Strategie a la Los Angeles in deutschen Innenstädten auf sehr viel mehr Widerstand stieß. Trotzdem erlebte auch Europa bis auf wenige rühmliche Ausnahmen eine Phase des Desinvestierens beim öffentlichen Verkehr. Das betraf leider auch den deutschen Schienenverkehr. Massenhaft wurden Regional- und Lokalbahnen verschrottet. In der Fläche wurde die Eisenbahn radikal im Netz beschnitten, das deutsche Eisenbahnnetz schrumpfte um 30 %, das Netz der Regional- und Lokalbahnen um 60 %, 43 % aller Bahnhöfe wurden geschlossen. Auch die ehemals dichten Netze von Post- und Bahnbus wurden abgebaut. Das alles geschah zu einer Zeit wachsender Verkehrsmärkte, in der leichte Erreichbarkeit und Mobilität zum politischen Schlüsselwort wurde. Förderung von Erreichbarkeit und Mobilität durch Stillegung der Verkehrsinfrastruktur des leistungsfähigsten Verkehrsmittels? Eine paradoxe Widersprüchlichkeit, die heute erneut auf der politischen Tagesordnung steht, will doch die Deutsche Bahn AG erneut Teile ihres Netzes just da stillegen, wo gleichzeitig neue Straßen gebaut werden sollen. Als »Trostpflaster« erhielten die großstädtischen ÖPNV-Systeme »das große Geld« für teure U-Bahn- und Stadtbahnsysteme, die aber verglichen mit den alten Straßenbahnnetzen immer eine deutlich kleinere Netzdichte hatten. Immerhin konnten so die zuständigen Politiker in Bund und Ländern stets »beruhigend« nachweisen, sie hätten mindestens die Hälfte der Verkehrsinvestitionen nach GVFG in den öffentlichen Verkehr gesteckt. Daß die Netzlänge der neu geschaffenen Systeme der Netzlänge der neuen GVFG-Straßen meist um den Faktor 100 unterlegen war, verschwieg man geschickt. So ging die hohe Dichte (Netz- und Haltestellendichte, Taktdichte) der ÖPNV-Systeme aus der früheren Blütezeit fast überall verloren.

Im Netzausbau konzentrierte sich Verkehrspolitik auf allen Ebenen (national, regional, kommunal) auf den Straßenbau. Das Netz der klassifizierten (Hauptverkehrs-)Straßen wuchs allein in den alten Bundesländern um 145.000 km Außerorts- und 83.000 km Innerortsstraßen. Ca. 70 Mio Parkplätze wurden außerdem geschaffen. Für diese damalige Verkehrswende hin zum Auto wurden Bau- und Planungsgesetze geschaffen, die autofreundliche Erschließung im kleinen wie im großen zur Pflicht machten, für die Gebietskörperschaften wie für die privaten Investoren. Es entstanden Finanzierungssysteme, die für einen stetigen Fluß reichlicher Investitionsmittel für Autoverkehrsinfrastruktur sorgten, u. a. durch Erschließungsbeiträge sowie das Aufkommen der KFZ- und Mineralölsteuer. Es entstand ein autofixiertes Steuerrecht, das Autokauf und Autobenutzung belohnte. Vor allem aber wurden die staatlichen Haushalte in allen westlichen Ländern vom Mineralöl als wesentlicher Finanzquelle abhängig, damit war dem Autoverkehr allein schon aus Finanzgründen höchste staatliche Vorsorge sicher.

Massenmotorisierung als angeblicher Wachstumsgarant

Jahrzehntelang galt wachsender Autoverkehr als Wachstums- und Wohlstandsgarant. Die große wirtschaftliche Bedeutung des Autos für die Autoindustrie, den Autohandel, die Versicherungswirtschaft, das Reparaturgewerbe, die Mineralölbranche wurde immer wieder beschworen. Von diesem Glanzbild müßte der Lack eigentlich lange abblättern, nimmt doch allein aufgrund des Rationalisie-

Die Autofixierung der Verkehrspolitik

rungsdrucks die Zahl der Beschäftigten in der Autoindustrie schon lange ab. Wo früher drei Autowerker schafften, bleibt heute noch einer. Die Zahl der Tankstellen sinkt rapide, sie können sich nur noch als Multi-Store halten. Kleine Werkstätten haben schon lange keine Chance mehr. Natürlich bindet trotzdem das Auto immer noch als teuerstes Konsumgut überhaupt maximale Kaufkraft. Deshalb macht die Branche weiterhin riesige Umsätze und Gewinne, die sie zunehmend im Ausland investiert.

Bei den plakativen Beschwörungen des Autos als Wirtschaftsfaktor wird nie überlegt, welche wirtschaftlichen Impulse sich ergäben, wenn die entsprechenden Ausgaben der öffentlichen Hände und Konsumenten in die Alternativen zum Auto gesteckt würde. Schließlich war vor der Massenmotorisierung die Bahn für gut 70 Jahre die wichtigste Wachstumsindustrie. Und viele Regionen und Städte verdanken der Bahn ihre entscheidensten Wachstumsimpulse. Warum sollte das nicht auch künftig wieder so werden können. Und warum sollten nicht gerade die innovativen Autokonzerne ihr fahrzeugtechnisches Know How, ihre Materialkenntnisse, ihre Logistikkonzepte und ihre Marketing-, Werbe- und Verkaufspower in einem modernen Mobilitätskonzept einbringen, das mit sehr viel weniger Autos, aber wieder sehr viel mehr öffentlichem Verkehr für mehr Effizienz, Rationalität, bessere Mobilität und weniger Schaden sorgt. Kaum jemand will doch das Auto ersatzlos abschaffen. Es soll durch ein moderneres Verkehrssystem ersetzt werden, das den absehbaren Verkehrsbedürfnissen und den verfügbaren Ressourcen von Raum und Energie besser angepaßt ist. Das also wäre die wichtige Reformaufgabe einer vernünftigen Verkehrswende. Ihr Ziel ist nicht ein Immobilitäts- und Armutsmodell durch staatlich verordneten Autoverzicht sondern ein Mobilitäts- und Fortschrittsmodell durch intelligente Verkehrsorganisation und moderne Verkehrsinvestitionen.

Innovationsverweigerung im Verkehr trotz sonstiger Fortschrittsorientierung

Fortschrittsorientierung und Innovationswille werden häufig zum A und O einer erfolgreichen Wirtschafts- und Gesellschaftsentwicklung erklärt. Es heißt: »Seid erfinderisch, verlaßt Euch nicht auf alte Rezepte«. Nur in der Verkehrspolitik und -planung sind grundlegende Änderungen tabu. Da werden immer noch die alten Rezepte verordnet, die weder in den 20er und 30er Jahren in den USA noch in den 50er, 60er und 70er Jahren in Europa geholfen haben, Verkehrsprobleme dauerhaft zu lösen. Straßenbau und Parkhausbau stehen trotzdem weiter auf der verkehrspolitischen Agenda. Das wird heute geschickt als »Programm für bessere Luft und schönere Städte durch weniger Staus« verkauft, als letzter Rest von notwendigen »kleinen« Lückenschlüssen, Ortsumgehungen und Maßnahmen für Ersatzparkraum. Eigentlich würden die Entscheidungsträger in Politik und Verwaltungen ja viel lieber den öffentlichen Verkehr fördern, wenn es nur ausreichend Geld dafür gäbe und wenn Bund, Land, Bahn AG und die Verkehrsunternehmen nicht so restriktiv wären.

Da wird prinzipiell mit zweierlei Maß gemessen: 1,5 Mio DM für acht neue, moderne Midi-Niederflurbusse gelten in einer Kleinstadt als unbezahlbar, 4 Mio für den autogerechten Kreuzungsausbau hat man aber »locker frei«. 6 Mio Kommunalanteil für den Schienenverkehr gelten als nicht verkraftbar, aber das neue Parkhaus für 25 Mio muß unbedingt gebaut werden. Für drei neue Dienstwagen in der Verwaltung samt Fahrer ist das Geld da, nur reicht es leider nicht für 20 neue Dienstfahrräder, dafür ist eben im Haushalt nichts vorgesehen. Und der Investor eines neuen Bank- oder Verwaltungsgebäudes oder Industriebetriebs gibt gern 15 Mio. für die drei bis vier Tiefgeschosse der neuen Tiefgarage aus, denkt über die Folgekosten kaum nach, aber die Bezuschussung eines Jobtikkets lehnt er wegen der hohen (Folge-)Kosten ab.

Fortschritt weg von der Autofixierung ist verstellt durch Tabus, Sachzwänge, Vorgeschichten, ideologische Fixierungen, Interessen gut organisierter Lobbies. Tabus aber sind der Feind jeder Innovation. Innovation benötigt die kreative Suche nach Alternativen, den Mut zu neuen Wegen. Insofern unterscheidet sich der Verkehrssektor von anderen Handlungsfeldern westlicher Industrie- und Umweltpolitik, in denen grundlegende Innovationen begonnen wurden. In der Energiepolitik ist Energiesparen durch Wärmeschutz, neue Heiztechnologien und alternative, regenerative Energiequellen allmählich politisch durchsetzbar. Es gibt Ansätze einer Negawatt-Philosophie. Das Instrument der Least-Cost-Planning wird inzwischen auch ökonomisch interessant. In der Müllpolitik werden Müllvermeidung und Müllrecycling angestrebt, stoßen auf große Bereitschaft der Verbraucher, mitzumachen. In der Chemieindustrie werden besonders gefährliche Stoffe aus dem Produktions- und Wirtschaftskreislauf genommen und durch harmlosere Alternativen ersetzt. Beim Autoverkehr dagegen werden Einspartherapien abgelehnt, Abbau von Übermotorisierung und das Nachdenken über einen Umstieg aus der Autogesellschaft in eine Gesellschaft mit modernem Mobilitätsmanagement im Umweltverbund gelten als Sakrileg. Das Auto soll auch in Zukunft das Verkehrsmittel Nr. 1 bleiben, trotz aller »Krokodilstränen« über die damit vorgezeichneten Folgen auf Umwelt und Städte.

St. Florians-Strategien der Verkehrspolitik

Da mit dieser »weiter so-Strategie« unvermeidlich negative Folgewirkungen für die hauptbelasteten Straßen und Gebiete verbunden sind, wird immer wieder versucht, die Probleme zu »untertunneln« oder zu verlagern. Wenn der Stau das Problem ist, und das wird allenthalben noch behauptet, dann ist die klassische Lösung eben nicht weniger Autos, z. B. durch eine neue Bahnlinie, sondern Neubau einer Entlastungsstraße. Und wenn hierfür der Platz fehlt, wird halt ein Tunnel gebaut. Wenn der Ortskern zu sehr belastet ist und Lärm, Abgase und zu dichter Autoverkehr die Einkaufsfunktion zu sehr stören, dann ist die »probate« Lösung eben die Ortsumgehung oder der neue Altstadtring. Diese Strategie »gießt ständig Öl ins Feuer«, weil sie unterstellt, der Autoverkehr würde immer nur punktuell stören, z. B. in Innenstädten oder in sogenannten Wohnstraßen. Da wird dann sogar ein bißchen Autofreiheit geboten, in der Fußgängerzone oder ein bißchen Verkehrsberuhigung im privilegierten Wohngebiet. Aber das geht angeblich nur selektiv an wenigen Stellen und außerdem nur mit einem neuen City-Ring und ein paar neuen Parkhäusern. Die Stadt wird so zum »Verschiebebahnhof« störender Automengen, die Planer und Räte so lange hin und her schieben, bis sie eine Straße, einen Platz oder ein Gebiet gefunden haben, um den »Mist« abzuladen. Bei all diesen Strategien läßt St. Florian grüßen. In der Industrie heißt so was »Hochschornsteinpolitik«, dort ist man heute oft klüger. In der Verkehrspolitik haben Entlastungsstraßen und Ortsumgehungen sowie die Parkhäuser und Tiefgaragen die Rolle hoher Schornsteine. Sie sind immer noch die »Renner« bei den Verkehrsinvestitionen. Sie exportieren und potenzieren Probleme und machen das Verkehrssystem noch autofreundlicher. Daß im Prinzip der Autoverkehr überall stört, daß er eben nicht »verallgemeinerbar« ist, darf nicht thematisiert werden. Genauso St.-Florianshaft verhalten sich natürlich viele Bürger, die für ihre Straße vehement Schutzmaßnahmen gegen den Autoverkehr fordern, in der Nachbarstraße aber gern alle automobilen Freiheiten genießen wollen. Diese Schizophrenie wird von der Politik gern als Beleg für die Lernunfähigkeit der Bürger gewertet. Die eigene Lernunfähigkeit bleibt dabei unreflektiert.

Verminderung des Autoverkehrs als zentrale Planungsaufgabe

Gebot innovativer Verkehrspolitik muß nach alledem eine Verminderung des Autoverkehrs sein, um dadurch seine Unverträglichkeiten abzubauen. Tatsächlich haben die Begriffe »Verkehrsvermeidung« und »Verkehrsverminderung« in den letzten Jahren endlich Eingang in die theoretische Insiderdiskussion gefunden.[6] Eine Begrenzung des Autoverkehrs auf umweltverträgliche Maße wurde sogar schon in den 60er Jahren als Mittel zur Lösung der Verkehrs- und Umweltprobleme vorgeschlagen. Der auch in Deutschland vielzitierte Buchanan-Report bezifferte in verschiedenen Fallstudien die Autoverkehrsmenge, die im Interesse der Lebensqualität und Umweltqualität (»Environmental Capacity« oder »umfeldabhängige Belastbarkeit) eingespart werden muß, auf rd. die Hälfte des damals in Englands Städten aktuellen Autoverkehrs (nach heutigen Verkehrsbelastungen wären das mehr als 80%). Doch dieser Ansatz blieb lange folgenlos, zumal ohnehin die Instrumente fehlten, Minderungsziele durchzusetzen. Erst in den letzten Jahren haben neuere Studien für ganze Städte oder sogar Bundesländer wieder versucht, den aus Verträglichkeitsgründen einzusparenden Autoverkehr genauer zu quantifizieren.[7] Typische Minderungsziele liegen zwischen 20 und 50% des heutigen Autoverkehrs. Einige Städte haben sogar solche Minderungsziele in ihren Verkehrsentwicklungsplänen parlamentarisch beschlossen. Doch das blieb wirkungslos, weil damit kein angemessenes Maßnahmenprogramm verbunden war. Statt dessen wurden trotz der Minderungsziele weiter Straßen und Parkhäuser gebaut, was eher zu einer Steigerung des Autoverkehrs führt, während der notwendige Quantensprung der Kapazität und Attraktivität beim Fußgängerverkehr, Fahrradverkehr und öffentlichen Verkehr nicht geschafft wurde, weil es trotz manchmal engagierter Einzelmaßnahmen letztlich an entsprechend konsequentem und systematischem, flächendeckendem Ausbau fehlte.

Außerdem wurde bisher die Mengenfrage zu vordergründig und oberflächlich diskutiert. Es wurde fast ausschließlich mit dem Fahrverkehr argumentiert. Die Grenzen des Parkens und der Motorisierung wurden ausgeklammert. Die Fixierung auf den Fahrverkehr liegt in der vorwiegend an der Physik und Chemie der Autoemissionen orientierten Betrachtung. Gesichtspunkte der Flächenkonkurrenzen bleiben weitgehend ausklammert. Sie sind aber für die Mobilitätschancen des Umweltverbundes von zentraler Bedeutung.

Insofern muß die Verminderung des Autoverkehrs als Ziel weiter konkretisiert werden. Wer mit Vermeidung und Verminderung ausschließlich Häufigkeit der Nutzung und Ausmaß der Fahrleistung von Autos meint, greift zu kurz. Diese Sicht orientiert sich an dem Slogan: »Nicht der Autobesitz ist das Problem, sondern die falsche Autonutzung.« Die Leute sollten weiter ruhig ein Auto kaufen, nur öfter stehen lassen sollten sie es, oder doch wenigstens ein bißchen kürzer damit fahren. Das klingt sehr sympathisch, weil es Konfrontation vermeidet. Aber es verdeckt wichtige Tatsachen und Zusammenhänge.

Es ignoriert die großen Platzprobleme massenhaft abgestellter Autos. So lassen sich für Fußgänger- und Fahrradverkehr kaum ausreichend große und attraktive Flächen finden, denn dann stehen die Autos meist da, wo eigentlich Platz für Gehwege und Radwege sein sollte. Also sind massenhafter Autobesitz und attraktiver Fußgänger- und Fahrradverkehr auch dann kaum miteinander vereinbar, wenn die Autos selten benutzt würden. Realiter ist der Konflikt viel schärfer, weil massenhafter Autobesitz auch immer Anlaß für autofreundliche, breite Fahrbahnen zu Lasten der Flächen und Sicherheit von Fußgänger- und Fahrradverkehr gibt. Ähnlich prekär ist es mit dem Platz für Busse und Bahnen. Wo auf beiden Seiten der Fahrbahnen Autos abgestellt werden müssen, fehlt meistens der Platz für eigene Busspuren oder Gleistrassen. Dann bleiben Busse und Bahnen halt genauso im Stau stecken wie die Autos. Aus der gern beschworenen Harmonie und Partnerschaft mit dem Auto wird in der Verkehrsrealität durch die Macht des Faktischen stets eine vernichtende (Flächen-)Konkurrenz zu Lasten des Umweltverbundes, durch die viel zu große Zahl zugelassener Autos.

Massenhafte Autoproduktion und massenhafter Autobesitz bilden außerdem immer die Basis für die machtvoll vorgetragenen Forderungen für einen Ausbau der Autoinfrastruktur und autofreundliche Randbedingungen des Steuerrechts, Verkehrsrechts, Bau- und Planungsrechts sowie der Verkehrsfinanzierung. Eine stärkere Rolle für den Umweltverbund ist politisch so lange nicht erreichbar, wie Massenmotorisierung das Ziel bleibt. Massenmotorisierung als verkehrs- und wirtschaftspolitisches Ziel torpediert jeden Versuch, dem Auto die Vorrangrolle im Verkehrssystem zu nehmen und die Arbeitsteilung im Verkehr neu zu definieren.

Schließlich belegen alle einschlägigen Untersuchungen, daß die Mehrzahl der Motorisierten allein aufgrund der Autoverfügbarkeit nahezu automatisch auch ihr Verkehrsverhalten auf stärkere Autonutzung abstellt. Hohe Motorisierung und geringe Autonutzung passen also kaum zusammen. Schon das Verkehrsverhalten der Autoteiler (privates oder kommerzielles Car-Sharing) sieht ganz anders aus, sie nutzen das Auto sehr selektiv für wenige Fahrten, bei denen klare Vorteile bestehen. Ansonsten präferieren sie viel öfter den Umweltverbund. Für Autobesitzer verleitet das angeblich »wirtschaftliche Kalkül«, bei hohen Fixkosten der Autoanschaffung und Unterhaltung auch ein hohes Maß an Automobilität einzulösen. Es hindert Autobesitzer, nennenswertes Geld für den öffentlichen Verkehr ausgeben, beispielsweise für eine Jahresnetzkarte. Man hat ein Auto und deshalb nutzt man, wenn überhaupt, den öffentlichen Verkehr nur gelegentlich.

So, wie im privaten Budget durch Motorisierung die Finanzkonkurrenz regelmäßig schon zugunsten des Autos und zuungunsten des ÖPNV entschieden ist, verhält es sich auch mit den öffentlichen Kassen. Auch bei Ihnen bedingt hohe Motorisierung eine maximale Bindung von Investivkraft für das Autosystem. Der unterstellte Bedarf für neue Straßen und neuen Parkraum wird prioritär bedient, dafür sorgen ausgefeilte Bedarfs- und Ausbaupläne und nicht enden wollende Begehrlichkeiten vieler Politiker und Lobbies. Ohnehin füllen die Mechanismen der Verkehrsfinanzierung und des Steuersystems durch mehr Autoverkehr auch die Etats für Autoinvestitionen. Und die Finanzminister in Bund und Ländern sind dadurch noch immer scharf auf mehr Autoverkehr als scheinbare Quelle hoher Einnahmen. Daran ändert wenig, daß über das GVFG ein Teil der Einnahmen auch in Investitionen für den öffentlichen Verkehr umgeleitet werden kann.

Zusammengefaßt ergibt sich: fortschreitende Massenmotorisierung beißt sich mit dem Ziel einer Verringerung des Autoverkehrs. Sie behindert die Förderung des Umweltverbundes und die erwünschte Verbesserung der städtebaulichen Entwicklung und Umweltqualität. Versuche, den Autoverkehr wenigstens in der Autonutzung zu begrenzen oder gar zu verringern, bleiben so lange ohne durchgreifenden Erfolg, wie am Axiom der Massenmotorisierung festgehalten wird. Wer Verkehrvermeidung ermöglichen und Autoverkehr entscheidend verringern will, muß auch an der Motorisierung selber ansetzen. Mobilität ohne Autobesitz muß deshalb zum vorrangigen Ziel der Verkehrspolitik werden.

Mobilität ohne Autobesitz:
Ein Umstiegsscenario für eine Verkehrswende

Wenn Verkehrspolitik mehr als Mängelverwaltung und Trendfestschreibung sein soll, muß sie andere Verkehrszukünfte vorstellbar machen, Visionen entwickeln, Blockaden im Denken und Handeln auflösen und Ehrgeiz für eine bessere Verkehrsentwicklung anregen. Faule Ausreden und blinde Trendfortschreibung nehmen ihr alle konzeptionelle Schlüssigkeit und Glaubwürdigkeit. Für Deutschland

Die Autofixierung der Verkehrspolitik

hat das Wuppertal-Institut für Klima, Umwelt und Energie in Zusammenarbeit mit dem Institut für ökologische Wirtschaftsforschung die wohl umfassendste Secenario-Betrachtung angestellt: mit der Studie »Neue Bahn«.[8] Darin wird schon mittelfristig eine Halbierung des Autoverkehrs im Personen- wie im Güterverkehr für möglich gehalten, wenn durch einen Flächenbahnansatz die Verkehrsleistung der Bahn im Personenverkehr vervierfacht und im Güterverkehr verdreifacht wird. Es wird nachgewiesen, daß technisch alle Optionen für eine Verkehrswende vorhanden sind: Moderne Fahrzeuge, Logistik, Fahrwegbaumethoden warten auf ihre systematische Anwendung. Allerdings kennen viele Entscheidungsträger in Politik, Verwaltungen und Wirtschaft noch gar nicht diese neuen Möglichkeiten. Über die letzten Neuheiten auf dem Automarkt dagegen sind sie meist gut informiert. Deshalb ist der entscheidende Punkt für eine Verkehrswende nicht die Arbeit von Technikern und Ingenieuren. Entscheidend ist eine fulminante, konsistente Öffentlichkeitsarbeit, die für die neuen Optionen motiviert, Vorstellungen von moderner Mobilität vermittelt, glaubwürdige Kronzeugen für die ökonomische und ökologische Leistungsfähigkeit eines solchen Ansatzes gewinnt und die Wirtschaft motiviert, hier nicht nur Gefahren für alte Pfründe sondern Chancen für neue Märkte zu sehen.

Für ein innovatives, flächendeckendes ÖPNV-System in Deutschland als Rückgrat einer Verkehrswende und Basis eines ökologischen Wirtschaftswunders[9] müßten jährlich 600 km neue Regionalbahnstrecken gebaut werden und 2.400 km bestehende Bahnstrecken ausgebaut werden, für jeweils 10 Mrd. DM pro Jahr. 20.000 neue Triebwagen und Zuggarnituren müßten für insgesamt 30 Mrd. DM neu angeschafft werden bzw. modern umgerüstet werden. Das Interregionetz müßte stark verdichtet werden, mit insgesamt 950 Interregio-Bahnhöfen. Es müßten in Mittelgebirgslagen vor allem Pendolino-IRs eingesetzt werden. Damit könnten alle Mittelzentren und Oberzentren untereinander über das IR-System verbunden werden. Der als Mindeststandard zu bietende IR-Stundentakt ergibt bei Linienüberlagerungen für viele Relationen einen Halb- oder Viertelstundentakt. Auch das Intercity-Netz müßte verdichtet werden. Mit modernen Pendolino-ICs würden insgesamt 160 IC-Bahnhöfe mindestens im Stundentakt, bei Linienüberlagerung auch in kürzeren Intervallen, bei Überlagerung mit IR-Linien in fast schon an Japan orientierten, kurzen Taktintervallen bedient. Schließlich sollte die Bundesrepublik flächendeckend mit einem System von 250 Regionalbahnen überzogen werden, die mit S-bahnartigem Taktverkehr die Fläche für attraktiven Bahnverkehr erschließen. Im ersten Schritt sollten mit der Flächenbahn 6.000 neue Bahnhöfe geschaffen werden, später kämen vor allem bei den Regionalbahnen und Kommunalbahnen weitere Haltepunkte hinzu. Mit dieser Flächenbahn könnte die Bahn ihre Fahrgastzahlen vervierfachen. Lediglich 5 % der Einwohner wären trotz einer solchen Flächenbahn nicht an das Bahnnetz angeschlossen, weil sie in extremen Streusiedlungslagen wohnen.

Allerdings reicht die Flächenbahn alleine für einen flächendeckend attraktiven öffentlichen Verkehr nicht aus. Sie braucht die Ergänzung durch den Flächenbus, ein ähnlich differenziertes, konsequent modernisiertes Bussystem in Stadt und Land, das natürlich vielfältig mit der Flächenbahn verknüpft ist.[10] Die Systeme stützen sich gegenseitig. In Kleinstädten würden 1.300 neue Ortsbussysteme eingesetzt, mit 13.000 neuen Niederflurbussen und 130.000 neuen Haltestellen. Hotels, Pensionen, Museen, Theater, Kinos, Schwimmbäder etc. wären in das Netz integriert, das Zentrum ist feinmaschig erschlossen. Ortsbussysteme setzen komfortable Niederflurbusse mit drei großen Türen ein, bieten im Schnitt jeweils ca. 60 Haltestellen und vier Linien je 10.000 Einwohner, bedienen mindestens im Halbstundentakt, meist Viertelstundentakt, haben klar strukturierte Durchmesserlinien und eine attraktive, zentrale Rendezvoushaltestelle.

Da sich Ortsbusse auf die lokale Versorgungsaufgabe konzentrieren, bedarf es für die anschließenden Streusiedlungslagen am Ortsrand sowie für das zersiedelte Umland ergänzender ÖPNV-

Systeme. Hier sind attraktive Regionalbusnetze gefragt, die im Liniennetz wieder eine ähnlich gute Erschließung bieten wie früher Post- und Bahnbusnetze. Dabei können je nach relevantem Potential unterschiedliche Betriebsformen eingesetzt werden. Die Streusiedlungslagen erschließen insgesamt ca. 13.000 Rufbus- und Anrufsammeltaxi-Systeme, die nach dem Vorbild der bereits bestehenden, ca. 90 Anrufsysteme in einem festgelegten Gebiet mit definierten Linien bzw. Richtungsbändern und definiertem Fahrplan (meist ½-Stundentakt) verkehren, so lange eine Nachfrage telefonisch angemeldet wurde. Haltestellen ohne Fahrtwunsch werden übersprungen, Kurse ohne Fahrtwunsch werden ausgelassen. Durch diese Bedarfssteuerung können diese Systeme auch in Räumen und Zeiten geringer Nachfragedichte rationell und kostengünstig operieren und dennoch ein hohes Niveau an Bedienungsqualität im öffentlichen Verkehr sichern. Neben dieser feinerschließenden Regionalbedienung muß für alle anderen Gemeinde- und Städteverbindungen, die nicht von der Schiene abgedeckt werden (können), ein System von Regionalschnellbussen aufgebaut werden. Diese neuen Systeme schaffen es schon jetzt, wo es nur vereinzelte Beispiele als Inselsysteme gibt, die vorher meist minimale Nachfrage von 2 bis 3% auf Marktanteile zwischen 20 und 30% zu heben. Dort werden schon nach kurzer Zeit mehr Jahresnetzkarten als neue Autos verkauft, weshalb trotz ländlichem Umfeld und kleinstädtischer Stadtstruktur und traditioneller Autofixierung zwischen 30 und 50% aller neuen Fahrgäste aus dem Segment bisheriger Autofahrer kommen.

Ein solches Flächenbahnsystem würde infrastrukturseitig eine Revolution im Verkehr ermöglichen; die übergewichtige Fixierung auf das Auto könnte abgebaut werden, der öffentliche Verkehr wieder zum ernst zu nehmenden Erreichbarkeitsgarant aller Gebiete werden. Für viele Menschen entfiele die Notwendigkeit zum Autobesitz und würde ein Netz-Jahres-Abo zur Selbstverständlichkeit. Flächenbahn und Flächenbus bedienen nicht nur Berufspendler auf den Hauptkorridoren der Ballungsräume, sie sind genauso für den Einkaufsverkehr, den Freizeitverkehr, den Urlaubsverkehr, letztlich für alle traditionell zugunsten des Autos interpretierten Zwecke und Ziele attraktiv. Bei attraktivem ÖPNV auch in Kleinstädten und den ländlichen Regionen bleibt Mobilität nirgendwo vorrangig dem Autoverkehr überlassen. Gebiete, die heute ohne Auto nicht erreichbar sind, werden wieder mit ÖPNV bedient. Verkehrszeiten, in denen sich angeblich ÖPNV nicht lohnt, gibt es nicht mehr. Natürlich soll sich der ÖPNV durch Differenzierung der Angebote den verschiedenen Verkehrsvolumina in Ballungsräumen und Streusiedlungslagen, in Spitzenstunden und Nachtstunden, auf Hauptkorridoren und Nebenstrecken anpassen, in der Größe der Fahrzeuge, der Betriebsform der Bedienung, der Dichte des Taktes. Flächenbahn und Flächenbus sind in dem Augenblick wirtschaftlich, in dem tatsächlich eine regelmäßige Nutzung durch viele Verkehrsteilnehmer angestrebt wird. Und sie sind in dem Augenblick finanzierbar, in dem die konkurrierenden Ausgaben für das Autosystem bei öffentlichen Händen, Privathaushalten und den Unternehmen stufenweise zurückgeschraubt werden.

Beim Fahrradverkehr dürfen weder Wetter noch Relief noch Ortsgröße weiter Ausreden für mangelnde Infrastrukturanstrengungen sein. Im Gegenteil, je bergiger es wird, desto mehr muß für den Fahrradverkehr getan werden, um ihn ausreichend zu sichern und ihm angemessen zu helfen, mit Steigungen fertig zu werden. Auch in regen- und schneereichen Gebieten muß der Fahrradverkehr nicht erlahmen, wenn richtige Vorsorge getroffen wird. Und Großstädte und Ballungsräume brauchen schon gleich gar nicht auf Fahrradverkehr zu verzichten, nur weil sie die letzten Jahrzehnte so fahrradfeindlich geworden sind. Auf widrige Umstände muß nur angemessen reagiert werden. Warum gibt es in jedem Hochhaus einen Lift als Steighilfe, gelten aber Fahrradlifts oder Fahrradmitnahme im ÖV auf Bergstrecken als entbehrlicher Luxus? Warum soll nicht Fahrradmitnahme im ÖV und eine verbesserte Fahrradtechnik Schlechtwetterprobleme lösen helfen? Warum nicht gerade in den Großstädten mit Bike & Ride die Probleme zu großer Distanzen überwinden helfen? Der energischen Fahrradförderung sind durch Sachzwänge wenige Grenzen gesetzt, wohl aber durch dumme Ausreden, fehlendes Engagement, mangelnde Phantasie, chronische Autofixierung.

Verkehrsplanerisch wächst der Spielraum für die Attraktivitäts- und Kapazitätszuwächse beim Umweltverbund in dem Maße, in dem die Verkehrsflächen und Verkehrsprivilegien (bei Ampelzeiten, Verkehrsregeln etc.) des Autoverkehrs zurückgenommen werden. Wo drei mal oder fünf mal so viel Fahrräder oder zehn mal so viel Busse und Bahnen fahren sollen, können die entsprechenden Flächen nur aus dem bisher vorrangig für Autos bereitgestellten Verkehrsraum gewonnen werden. Wo das Eisenbahnnetz wieder flächenhaft verdichtet werden soll, kommen dafür vor allem bisherige Straßen, zumal klassifizierte Straßen als Trasse in Betracht. Nicht umsonst lagen bis in die 50er Jahre auf vielen damaligen Hauptverkehrsstraßen Schienen, die später dem Autoverkehr weichen mußten. Mit modernen Baumethoden und Querschnittsaufteilungen kann hier wieder Platz für Schienen geschaffen werden.

Finanziell gewinnen die Privathaushalte den Spielraum, jahraus, jahrein, werktags wie sonntags, in Ferien und Arbeitszeiten vorrangig den Umweltverbund zu benutzen und damit für den öffentlichen Verkehr auf lokaler, regionaler und überregionaler Ebene die passenden Abos zu besitzen, am besten, wenn sie aufhören, ihr meistes Verkehrsgeld in das Auto und seinen Betrieb zu stecken. An diesem Posten muß gespart werden, dann kann man sich viel ÖV leisten und eine differenzierte Fahrradflotte dazu (einschließlich Faltrad) und behält immer noch eine ganze Menge übrig für die anderen schönen Dinge des Lebens. Und vielleicht bucht man gelegentlich beim »Autoteiler« um die Ecke noch mal ein Auto, wenn es einen ganz speziellen Zweck dafür gibt.

Finanzierungsfragen innovativ angehen

Die öffentlichen Hände gewinnen den Spielraum für ein ökologisches Verkehrssystem, das vorrangig auf den Umweltverbund aufbaut, dadurch, daß sie aufhören, ihr Finanzsystem autofixiert zu organisieren und ihre Verkehrsausgaben primär autofixiert zu tätigen. Keine Frage, die Kapazitäts- und Attraktivitätsexplosion beim ÖV kostet viele Milliarden. Aber sie kostet eben doch deutlich weniger als die weitere autogerechte Herrichtung von Stadt und Land. Trotzdem erfordert die Verkehrswende mehr als eine Umschichtung.[11] Denn die autoabhängigen Steuern als zentrale staatliche Einnahme müssen ersetzt werden. Wenn der Autoverkehr ersetzt werden soll, bringen sie nicht mehr das, was der allgemeine Haushalt und der Verkehrshaushalt brauchen. Als Hauptquelle für Verkehrsinvestitionen kommen sie ohnehin nicht mehr in Frage. Notwendig ist also eine umfassende Reform des Finanzsystems, die Verkehrswende muß in eine ökologische Steuerreform eingebettet sein und mit einem neuen System der Verkehrsfinanzierung verbunden werden. Basis der Kostendeckung für den Betriebsaufwand müssen angemessene Ausgaben der Verkehrsteilnehmer werden, die man am leichtesten erhält über bequeme Bezahlsysteme mit universellen Netzabos. Den Infrastrukturinvestitionsaufwand decken außerdem angemessene Abgaben der Haushalte, Grundstückseigentümer, Betriebe und Investoren nach Art der Erschließungsbeiträge. Es ist eine Schande, wie dilettantisch Ende der 80er Jahre das Thema Nahverkehrsabgabe und Nahverkehrserschließungsabgabe politisch kaputt gemacht wurde, während alle Welt heute über Road Pricing diskutiert. Erforderlich ist eine schnelle Reform des Kommunalabgabenrechts und Erschließungsbeitragsrechts. In beiden Bereichen muß der ÖPNV sinnvoll integriert werden.

Zur Reform der Verkehrsfinanzierung gehört auch, daß Privatmenschen oder Investoren größere Geldsummen in den Öffentlichen Verkehr stecken können, um sich »ihr Abteil« zu kaufen. Warum nicht ähnlich wie bisher beim Autokauf alle paar Jahre ein größerer Geldbetrag für eine attraktive

Mobilitätsgarantie hinblättern, z. B. in Form eines bundesweiten Generalabos für alle Teilsysteme des intelligenten Verkehrs einschließlich Bahn, Bus, Straßenbahn, Schiff, Taxi, Car Sharing, Pfandfahrrad und Schlafwagen, jederzeitige Reservierung inklusive? Dann kann man überall und jederzeit alle öffentlichen Verkehrsmittel problemlos nutzen, ohne jemals irgendwo Schlange stehen zu müssen. Und warum sollte dabei nicht die Aussicht auf steigenden Shareholder-Value genutzt werden: Aktie und Abo in einem. So ähnlich ist vor 150 Jahren der erste Boom im öffentlichen Verkehr gewinnbringend finanziert worden. Denn natürlich soll der Öffentliche Verkehr einen Teil der Kaufkraft binden, die bisher dem Auto gegolten hat, damit man dort auch gutes Geld verdienen kann und der Markt für die Produkte im öffentlichen Verkehr floriert. Und damit die Autoindustrie sich aussichtsreichen neuen Geschäftsfeldern der Mobilitätswirtschaft zuwendet.

Konversion in der Verkehrswirtschaft

Die Wirtschaft gewinnt neue Aufgaben durch die ökologische Verkehrswende. Der Bau moderner, stadt- und umweltverträglicher Busse, Straßenbahnen, Regionalbahnen, Güterbahnen und der hierfür benötigten Fahrwege, Haltestellen, Bahnhöfe und Güterumschlaganlagen bietet Arbeit für Jahrzehnte. Und der Betrieb dieser Anlagen auf hohem Serviceniveau bietet ebenfalls neue Arbeit für Viele. Beides zusammen schafft nach groben Schätzungen in Deutschland etwa eine Millionen neuer Arbeitsplätze, die natürlich mit einem Arbeitsplatzrückgang in der schrittweise schrumpfenden Autowirtschaft zu bilanzieren sind. Insofern gibt es eine Konversion der Verkehrsindustrie weg vom Auto hin zum Öffentlichen Verkehr. Voraussetzung dafür sind natürlich Aufträge und Bestellungen. Deshalb muß die Finanz- und Steuerreform die Gebietskörperschaften finanziell befähigen, ausreichend Infrastruktur und Betriebsleistungen im Öffentlichen Verkehr zu bestellen. Gleichzeitig muß sie die Anbieter von öffentlichem Verkehr befähigen, ausreichend Konsumkraft zu binden. Es bedarf angemessener finanzieller Anreizsysteme, um die Verhaltensänderungen der Gebietskörperschaften und Verkehrsteilnehmer in der Verteilung ihrer Verkehrsfinanzen zugunsten des Öffentlichen Verkehrs zu belohnen. Auf den Arbeitsmärkten muß die Phase rigider Rationalisierungen zu Lasten des Service und damit der Kunden beendet werden. Der Verkehrsservice und die Verkehrslogistik (Beratung, Disposition, Kommunikation, Bedienung, Gastronomie, Logistik) werden Wachstumssektoren hoher Arbeitsmarktrelevanz.

Innovationsblockade durch Vorurteile und Unwissen: Anlaß für eine Kommunikationsoffensive

Noch hat es kein einziges Bundesland geschafft, ein Verkehrswendekonzept zur Grundlage seiner Gesamtverkehrsplanung zu machen. Und die meisten regionalen Nahverkehrspläne und kommunalen Verkehrsentwicklungspläne bleiben mit ihren Vorschlägen weit unter einem solchen ehrgeizigen Konzeptniveau. Wo man hinschaut im Verkehr, überall das gleiche Grundübel. Die frustrierenden Erfahrungen mit den engen politischen, rechtlichen, finanziellen und institutionellen Grenzen verfestigen die Annahme einer angeblichen Unveränderbarkeit der Verkehrsrealität. Sie blockieren das kreative Denken. Sie machen offene Zukunftsgestaltung unmöglich. Deshalb braucht es Mut zu Visionen. Diese zielkonform und konsensfähig zu machen, ist die Hauptaufgabe. Durch eine Kommunikationsoffensive muß der ganze Ballast von ideologischen Verhärtungen und Vorurteilen abgebaut werden. Der panischen Angst vor einer Verkehrszukunft mit weniger Autos, die automatisch mit einem Ende der mobilen, freien Gesellschaft gleichgesetzt wird, muß das fundierte Modell einer modernen, stadt- und umweltverträglichen Mobilität mit wenig Autos, aber mit vielen, attraktiven, leistungsfähigen Verkehrsmitteln und dadurch mit hoher Verkehrs- und Lebensqualität entgegengesetzt werden. Wenn dies gelingt, wächst die Bereitschaft, grundlegende Änderungen von Randbedingungen zu prüfen und dann auch Recht, Finanzen, Investitionen und den institutionellen Rahmen neu zu regeln, für ein neues Verkehrszeitalter.

Doch noch ist der verkehrspolitische Alltag verstellt durch viele Vorurteile. Viele Bürger, Politiker, Journalisten, Lobbyisten und Planer werten die momentanen Systemmängel des öffentlichen Verkehrs als unveränderlich. Ihr klassisches Argument gegen eine Verkehrswende ist, die Bahn könne ja gar nicht sehr viel mehr leisten als heute. Ihr fehle die nötige Kapazität. Sie bemessen die Leistungsfähigkeit der Bahn nicht an ihren prinzipiellen Möglichkeiten. Sie schreiben einfach die schlechten Erfahrungen des Status quo fort. Bahn ist für sie definiert durch veraltete, schwere, unbequeme Fahrzeuge ohne moderne Niederflurtechnik und elektronische Steuerung und Überwachung. ÖPNV ist definiert durch unzureichende Linien- und Haltestellennetze und Fahrplanstrukturen, die jahrzehntelang der stürmischen Siedlungsentwicklung und den wachsenden Ansprüchen potentieller Nutzer nicht gefolgt sind. Bei der Güterbahn verharren sie in der klassischen Unterteilung von bahnaffinen und nicht bahnaffinen Gütern und überlassen demnach den großen Markt des Güternah- und Regionalverkehrs und der hochwertigen Investitions- und Konsumgüter voll der Straße.

Innovationsblockade durch Scheinlösungen im Verkehr

Ein weiterer Grund für die Innovationsunfähigkeit bisheriger Verkehrspolitik ist die Fixierung auf völlig überschätzte Scheinlösungen, vor allem Auto-Verkehrssystemmanagement und Park & Ride. Der Bordcomputer im Auto soll einem in Verbindung mit einer flächendeckenden Ausstattung des Straßennetzes mit Sendern und Empfängern die Pilotierarbeit hinterm Steuer abnehmen und für optimalen Verkehrsfluß und Mobilisierung neuer »Leistungsreserven« des Straßennetzes sorgen. Hier werden in mehr als 50 europäischen Forschungsprojekten Unsummen Forschungs- und Entwicklungsgelder investiert.[12] Hochglanzbilder suggerieren eine bessere Zukunft für noch mehr Autoverkehr. Doch die breite Einführung solcher Systeme würde viele Milliarden kosten und trotzdem bliebe der Autoverkehr ein denkbar schlechtes, teueres und umweltbelastendes Verkehrssystem, ungeeignet für die massenhafte Beförderung von Personen und Gütern. Aufgrund seines spezifischen Flächenbedarfs ist mit wachsender Verkehrsdichte wachsende Ineffizienz unausweichlich.

Um mehr Intelligenz in das Verkehrssystem zu bringen, muß vor allem der effizientere und ökonomischere öffentliche Verkehr endlich intelligenter geplant werden. Und da hapert es allenthalben. Im öffentlichen Verkehr bleibt intelligente Steuerung weiter ein »Fremdwort«, die meisten Länder und Städte verbummeln die systematische Einführung der technologisch schon lange serienreifen Bevorrechtigung und Abstimmung des öffentlichen Nahverkehrs und der Regionalbahnen, die oft noch mit Großvaters personalintensiver Signalsteuerung, ohne Bahnfunk, Bordcomputer und Telefon arbeiten müssen. Die meisten Ampeln sind bis heute nicht in der Lage, einen vollbesetzten Bus oder eine Straßenbahn von einem Auto zu unterscheiden und ihnen mit moderner »Sesam öffne dich-Technik« verlustzeitfreie, bevorrechtigte Fahrt zu garantieren. Moderne Betriebssteuerung und Informationsvermittlung sind im öffentlichen Verkehr die Ausnahme. Wenn irgendwo ein Markt für intelligente Steuerung und Fahrgast-Straße-Fahrzeug-Kommunikation besteht, dann im öffentlichen Verkehr. Doch da tut sich wenig. Geträumt wird von der intelligenten Straße für noch mehr Autos.

Und auch die neu gepriesene Arbeitsteilung mit dem Autoverkehr, z. B. durch Park & Ride erweist sich bei näherem Hinsehen eher als Scheinlösung. Zunächst einmal dient P & R den Autofahrern, der öffentliche Verkehr wird durch P & R nicht besser. Um seine Attraktivität zu steigern, muß der ÖPNV den Kunden »entgegen kommen«. Die neuen P & R Konzepte predigen das Gegenteil: der Öffentliche Verkehr soll sich zurück ziehen, auf attraktive Korridore. Genauso soll sich die Bahn auf ein Rumpfsystem von Hochgeschwindigkeitsstrecken konzentrieren. Den Rest soll das Auto übernehmen, weil es in der Fläche unschlagbar attraktiv sei. Schnell ist so dem Auto in der so genannten »Arbeitsteilung« weiterhin die »Hauptrolle« reserviert und der öffentliche Verkehr erhält die undankbare »Restrolle« als »Überlaufgefäß« für Ballungsräume. Ein unbrauchbares Rezept für einen attraktiven öffentlichen Verkehr, der die Aufgabe hat, möglichst viel Autoverkehr zu ersetzen. Dafür braucht er ein dichtes, flächendeckendes Netz, das niemand die Ausrede läßt, bei ihm gebe es kein ernst zu nehmendes Angebot. Gute ÖV Systeme setzen nicht auf massenhaftes P & R, sondern wollen vom Kunden ernst genommen werden und nicht nur ein amputiertes, »betriebswirtschaftlich minimiertes« Rumpf- und Korridorsystem bieten, das dem Auto den Hauptmarkt überläßt.

Im Güterverkehr gibt es eine ähnliche Arbeitsteilungsphilosophie, die vor allem bei der Diskussion um neue Güterverkehrszentren erschreckend klar wird. Auch hier soll der LKW alle Verkehrsaufgaben in der Fläche und im Nahbereich übernehmen. Für die umweltfreundliche Güterbahn sollen nur die wenigen, attraktiven Hauptrelationen bleiben. Ein reines Korridor- und Rumpfkonzept. Damit wird man nie hohe Schienenverkehrsanteile erreichen. Die LKW-Lawine auf Europas Straßen wird munter weiter wachsen. Gefragt ist eine eng vernetzte, dezentrale Güterbahn mit vielen Punkten zum »Ein-, Um- und Aussteigen« von Gütern. Neue Verladetechniken (Abrollcontainer, Trailer, automatischer Güterumschlag) erlauben es, solche Vorgänge, bei denen früher stundenlang rumrangiert werden mußte, in Minutenschnelle und an vielen Stellen des Schienennetzes abzuwickeln.

Auch die Güterverkehrslogistik kann trefflich dezentralisiert werden. Damit wäre die Güterbahn zu einer hohen Marktausschöpfung in allen Regionen befähigt, wenn sie endlich im notwendigen Umfang investieren könnte, in Modernisierung und Ausbau des Schienennetzes, neue Wagongenerationen, neue Anschlüsse für alle größeren Gewerbegebiete, ein dezentrales Netz vieler Güterverkehrszentren und regionaler Güter-S-Bahnen. Statt dessen vollziehen die meisten europäischen Bahnen allenthalben das Gegenteil mit der Stillegung weiterer Güterbahnstrecken und Stückgutpunkten, der Verlagerung von Bahnstückgut und neuerdings auch allen Postsendungen auf LKW und der Konzentration der Investitionen auf wenige Punkte und Strecken. Die Güterbahn zieht sich in den meisten europäischen Ländern aus der Fläche zurück. Die Straße wird weiter stürmisch ausgebaut, der LKW-Verkehr bekommt ordnungs- und steuerpolitische Privilegien, letzte Dämme gegen die Flut der 40-Tonner werden mit der Deregulierung der EU eingerissen. Und das alles gilt »als sinnvolle Arbeitsteilung«. Arbeitsteilung nach diesem Muster zementiert den Verzicht auf eine klare verkehrspolitische Priorität weg vom Auto. Sie liefert das wohlfeile Alibi für weitere Autoförderung.

Druck von der Basis: Neue (kommunale) Bündnisse müssen helfen

Anstelle solcher trendverlängernder Scheinlösung braucht die Verkehrsentwicklung ein entschiedenes, systematisches Gegensteuern zur bisherigen Verkehrsentwicklung. Von den gegenwärtig in Bund und Ländern amitierenden Verkehrsministern und ihren europäischen Kollegen ist ein Anstoß hierfür trotz großer UNO-Konferenzen und wortreicher Sonntagsreden noch nicht absehbar. Sie verweigern sich der Einsicht in die Notwendigkeit einer Reduzierung des Autoverkehrs. Selbst viele Umweltminister beschönigen noch regelmäßig den Autoverkehr und scheuen Entmotorisierungsszenarien. Um so mehr müssen aufgeschlossene, innovationsbereite Stadträte und Stadtverwaltungen, Umweltorganisationen und Experten in enger Kooperation Pionierarbeit leisten.[13] Die Agenda 21 und die wachsende Zahl auch deutscher Städte, die ihr Programm umzusetzen versucht, ist ein Silberstreif am Horizont. Die wachsende Zahl von Städten, die sich um verstärkte Fahrradförderung bemühen (hier hat Nordrhein-Westfalen Pionierarbeit geleistet), läßt für den Fahrradverkehr hoffen. Zum Glück gibt es auch im ÖPNV einige Lichtblicke, auch in Deutschland. Bei erfolgreichen Streckenreaktivierungen in Rheinland-Pfalz, den integralen Taktfahrplänen sowie innovativen Regionalbahnen wie dem Karlsruher Modell, der Weser-Ems-Bahn, der Dürener Kreisbahn, der Geißbockbahn, dem Seehas und Seehäsle wird gezeigt, wie es im Schienenverkehr gehen könnte, mit verbesserten Betriebskonzepten, neuen Wagen, moderner Tarifgestaltung und ambitionierter Werbung beachtliche Steigerungen zu erzielen. Noch rasanter sind die Fortschritte im Bereich kleinstädtischer Busverkehre, wo neue Orts- und Stadtbussysteme sensationelle Nachfragesteigerungen gebracht haben, indem sie die Zahl der Haltestellen um den Faktor 10 und das Fahrplanangebot um den Faktor 6 bis 8 gesteigert haben.

Aber solche Einzelbeispiele ändern noch lange nicht die generelle Verkehrsrealität im Lande. Erst bei systematischer und flächendeckender Anwendung und damit bei durchgängiger Systemqualität in allen Transportketten und allen Verkehrsrelationen ist mit einem grundlegenden Durchbruch im Sinne einer Verkehrswende zurechen. Damit der Boden hierfür bereitet wird, müssen die Interessenorganisationen des Umweltverbundes gemeinsam mit den Städtebündnissen und kritischen Experten überall nach für den Umweltverbund engagierten Verbündeten suchen. Sie müssen durch eigene Analysen und Konzepte den Landes- und Nationalregierungen, der Europäischen Union und den Wirtschaftsverbänden den Handlungsbedarf aufzeigen und Lösungsmodelle vorschlagen. Sie müssen den »Dornröschenschlaf« der Ordnungspolitik durchbrechen, die mit ihren nationalen und internationalen Rahmensetzungen in den Bereichen Verkehrsrecht, Bau- und Planungsrecht, Umweltrecht, Verkehrsbesteuerung, Verkehrsfinanzierung und Verkehrsinvestitionen neue Entwicklungen verhindert und die Chancen einer wirksamen Entmotorisierungspolitik behindert.

Anmerkungen

1 Vgl. zur Verkehrswende auch Pastowski, A., Petersen, R.: (Hrsg): Wege aus dem Stau (= Wuppertaler Texte), Wuppertal, 1996 und Hesse, M.: Verkehrswende – von der Raumüberwindung zum ökologischen Strukturwandel. In: Handbuch zur Kommunalen Verkehrsplanung, 3.1.2.1, Bonn, 1996.
2 Ergebnis dieses Versuchs waren u.a. der »Gesamtverkehrsplan Nordrhein-Westfalen« (hrsg. Ministerium für Stadtentwicklung, Wohnen und Verkehr, Düsseldorf, 1990) und die »Grundsätze zur kommunalen Verkehrsentwicklungsplanung« (hrsg. Ministerium für Stadtentwicklung, Wohnen und Verkehr, Düsseldorf, 1989).
3 Vgl. Reutter O. und U.: Autofreies Leben in der Stadt. = Verkehr spezial, Bd. 2, Dortmund, 1996.
4 Vgl. Goetzke, F.: Driven into the future. A Feasibility Study of Transportation Alternatives in the United States. Verf. Man.; Boston/Trier, 1997.
5 Zur Entwicklung der deutschen Verkehrspolitik in diesem Jahrhundert vgl. Monheim, H., Monheim-Dandorfer, R.: Straßen für alle, Analysen und Konzepte zum Stadtverkehr der Zukunft, Hamburg, 1991.
6 Vgl.: Holz-Rau, Ch.: Konzepte zur Verkehrsvermeidung. In: Handbuch der kommunalen Verkehrsplanung. 2.1.5.2, Bonn, 1996.
7 Vgl. Topp, H. H.: Chancen und Grenzen kommunaler Steuerung der Verkehrsentwicklung. In: Handbuch zur Kommunalen Verkehrsplanung, 3.1.3.1, Bonn, 1996.
8 Vgl. Schallaböck; K.O., Hesse, M.: Konzept für eine neue Bahn, Hrsg: Wuppertal Institut, Wuppertal, 1995.

9 Vgl. Monheim, H.: Flächenbahn oder Schrumpfbahn. In: Flächenbahn statt Tempowahn. Hrsg: Bündnis 90/Die Grünen, Bonn, 1996 und Alt, F.: Das ökologische Wirtschaftswunder. Arbeit und Wohlstand für alle. Berlin, 1997.
10 Vgl. zu innovativen ÖPNV-Strategien für Kleinstädte und die Fläche vor allem VCÖ (Hrsg): Flexibler öffentlicher Verkehr – neue Angebote in Stadt und Region, Wien, 1996; BSV/IBV (Hrsg): Der Fahrplan zum Stadtbus, Aachen, 1996, WVG (Hrsg): Stadtbus, Münster, 1996, Lüers, A.: Stadtbus-Systeme in kleinen Städten. In: Handbuch der kommunalen Verkehrsplanung, 3.3.3.3, Bonn, 1996; Der Bürgerbus. Beispiele und Erfahrungen aus Nordrhein-Westfalen. Hrsg. Ministerium für Wirtschaft, Mittelstand und Verkehr. Düsseldorf, 1996.
11 Vgl. Apel, D., Henckel, D. u. a.: Flächen sparen, Verkehr reduzieren. Möglichkeiten zur Steuerung der Siedlungs- und Verkehrsentwicklung, Hrsg. Difu, Berlin, 1995, KLEWE, H.: Die Finanzierung von Investitionen im ÖPNV. In: Verkehr und Technik, 1995, S. 34–46, 85–90.
12 Vgl. Klewe, H.: Von Raphit, Storm und anderen Fruits – vom Verkehrssystemmanagement zum Mobilitätsmanagement. In: Wege aus dem Stau, a. a. O. vgl. Anm. 1.
13 Vgl. hierzu interessanten Städtebeispielen Apel, D., Pharoah, T.: Transport concepts in Eurpean cities.Vermont, 1995, Apel, D.: Verkehrskonzepte in europäischen Städten, Berlin, 1992, Monheim, H.: Verkehrspolitik am Scheideweg: Folgerungen aus internationalen Fallstudien. Trier, 1995, Loose, W., Lüers, A.: Neue kommunale Verkehrskonzepte. Hrsg. Ministerium für Stadtentwicklung und Verkehr, Düsseldorf, 1995.

Hermann Zemlin

Raus aus dem Stau: Über die (Un-)Möglichkeit einer Verkehrswende

Gründe für eine Verkehrswende

Sie ist immer noch möglich, wenn man sie denn wirklich will. Und sie ist notwendiger denn je: die Verkehrswende. Dabei ist der täglich wachsende Stau auf den Straßen zwar der populärste, aber eigentlich der geringste Grund für die Forderung nach einer Verkehrswende.

Wesentlich gewichtigere Gründe sind
– die unerträglich werdenden Verkehrsemissionen durch Abgase und Lärm
– der wachsende Flächenbedarf des Verkehrs, der nicht zu befriedigen ist, wenn man – vor allem in der Ballung – auch den berechtigten Flächenansprüchen von Wohnen, Arbeiten, Einkaufen sowie Freizeit und Erholen gerecht werden will
– der unvertretbar große Anteil des Verkehrs am Energieverbrauch
– die Unterdrückung der übrigen Funktionen der Straße – z. B. als Kommunikationsraum – durch den Verkehr
– die erschreckend hohe Zahl an Opfern des Straßenverkehrs und in zunehmendem Maße
– die wachsende Zahl der Menschen, die aus finanziellen oder Altersgründen nicht Auto fahren können oder wollen.

Weil der Stau auf der Straße unverzichtbar für die Forderung nach einer Verkehrswende ist, indem er ihr die notwendige Popularität verleiht, sollte man ihn nicht ganz abschaffen, denn sonst findet überhaupt kein verkehrspolitischer Fortschritt mehr statt. Allerdings muß man ihn auf den motorisierten Individualverkehr beschränken, indem man die umweltfreundlichen Verkehrsmittel räumlich abgetrennt und unabhängig davon führt.

Der Denk- und Handlungsstau als Hemmnis einer Verkehrswende

Dagegen muß man zwei andere Staus beseitigen, wenn die Verkehrswende Wirklichkeit werden soll: Im Kopf der Menschen den Denk-Stau und im Bauch den durch Emotionen bestimmten Handlungs-Stau. Dabei hat der Denk-Stau besonders starke negative Wirkungen: Er verhindert nicht nur die notwendige Verkehrswende mit dem zugehörigen Paradigmenwechsel vom »Primat des motorisierten Individualverkehrs« zum »Primat der umweltfreundlichen, insbesondere der öffentlichen Verkehrsmittel«. Er führt beispielsweise auch dazu, daß wir die Arbeitskosten in den Mittelpunkt unserer Diskussionen um die Wettbewerbsfähigkeit unserer Volkswirtschaft stellen und in hoher Zahl Arbeitsplätze ins Ausland verlagern. Würden wir uns mit demselben Nachdruck, mit dem wir uns um die Senkung der Arbeitskosten bemühen, für eine Verteuerung des Verkehrs im internationalen Gleichschritt einsetzen, blieben die Arbeitsplätze im Lande.

Der emotional bestimmte Handlungs-Stau verstärkt die Wirkungen des Denk-Staus noch, indem man entweder als Folge des Denk-Staus oder auch wider die Ergebnisse geordneten Denkens Auto fährt, weil es im Trend liegt und man von einer abweichenden Handlung Image-Verluste befürchtet.

Sowohl den Denk-Stau als auch den Handlungs-Stau kann großmaßstäblich nur die Politik überwinden, den Denk-Stau durch die Umsetzung neuer politischer Ansätze in die Praxis, den Handlungs-Stau durch engagierte Vorbildfunktion, also durch beispielhaftes »Vorleben« der einzelnen Politiker.

Neue Maßstäbe der Mobilitätspolitik

Eine solche politische Änderung erfordert zunächst eine neue Zielsetzung. Die alten Ziele
- den Bürgerinnen und Bürgern ein Höchstmaß an Mobilität zu bieten und
- der Wirtschaft die größtmögliche Schnelligkeit und Kostengünstigkeit der Transporte zu sichern
müssen um das gleichberechtigte Ziel
- Minimierung der Umweltbelastung sowie des Energie-, Landschafts- und Flächenverbrauches
erweitert werden.
Damit relativiert sich
- die »Ermöglichung des Höchstmaßes von Mobilität für Personen« in die »Sicherung der notwendigen Mobilität« und
- die »Sicherstellung der größtmöglichen Schnelligkeit und Kostengünstigkeit von Wirtschaftstransporten« in die »ausgewogene Kostenanlastung entsprechend dem Verursacherprinzip«.

Mit dieser neuen Zielsetzung kann es gelingen, die Schreckens-Vision »In Zukunft wird man überall noch schneller hinkommen, aber es wird sich nirgends mehr lohnen anzukommen« zu überwinden, wenn die Verkehrspolitik agiert statt zu reagieren und sich als eigenständig begreift, statt sich nur als Dienstleister für andere Politikbereiche, insbesondere die Wirtschaftspolitik, zu sehen.

Während sich im derzeitigen Denken »festgefressen« hat, daß zur Bewältigung wachsender individueller Mobilitätsbedürfnisse eine Steigerung des motorisierten Individualverkehrs zwangsläufig ist, muß für die Zukunft die Formel lauten »Steigender individueller Mobilitätsbedarf kann bei einer erheblichen Senkung des Gesamtverkehrsaufkommens erreicht werden«.
Dann sind drei Hauptaufgaben zu lösen:
- Überflüssigen Verkehr vermeiden
- Notwendigen Verkehr soweit wie möglich auf umweltfreundliche Verkehrsmittel verlagern
- Nicht verlagerbaren notwendigen Verkehr ökologisch und ökonomisch optimieren.

Es besteht sicherlich ein breiter politischer Verbal-Konsens darüber, daß das notwendige Handeln in diese drei Hauptaufgaben kategorisiert werden sollte.

Das »Schwarze Peter« Spiel der Entscheidungsebenen

Eine konsequente Lösung der drei Hauptaufgaben wird jedoch derzeit auf breiter Front in der Politik umgangen. Dabei wird als Hauptablenkungsmanöver die »Problemverlagerung auf die nächsthöhere Ebene« angewandt. Gegenüber anderen Ablenkungsstrategien wie »Reden statt Handeln«, die relativ schnell durchschaut werden, ist die Problemverlagerung relativ lange wirksam, die Ernüchterung ist dann allerdings um so stärker. Das Schema der Problemverlagerung ist immer das gleiche: Man erklärt, daß ein Problem, dessen Lösung die Bevölkerung von einem verlangt, nicht so einfach strukturiert ist, wie es Bevölkerung sieht, sondern daß es in einen so komplexen Zusammenhang gehört, daß die Lösung die eigenen Kompetenzen überschreitet. Folglich muß es auf die nächste Ebene mit größeren Kompetenzen gehoben werden, die das Spiel dann wiederholen kann. Auf diese Weise werden eine Vielzahl durchaus lösbarer Verkehrsprobleme von den Kommunen an die Länder, von den Ländern an den Bund und vom Bund auf die EU verlagert. Die besondere Schizophrenie gegenüber der EU liegt darin, daß man unter Hinweis auf deren Kompetenz die ungeliebten Aufgaben dorthin schiebt, kommt aber mal ein Lösungsvorschlag von dort, der einem nicht gefällt (wie im Falle der Geschwindigkeitsbegrenzung auf Autobahnen), wird die Zuständigkeit der EU sofort angezweifelt.

Alle reden von Verkehrvermeidung, aber die Investoren erzeugen dauernd Mehrverkehr

Nimmt man sich der drei Hauptaufgaben ernsthaft an, so ist die Lösung des Problems »Überflüssigen Verkehr vermeiden« eine Verpflichtung für alle Politikbereiche. So dürfte die Postpolitik nicht wie derzeit die Postämter schließen, sondern müßte sie erhalten und zu Kommunikationszentren ausbauen. Dann könnte man beispielsweise in »seiner« dörflichen Poststelle die Verlängerung seines Personalausweises beantragen, und sich die Fahrt zur zig Kilometer entfernten Kreisverwaltung sparen. Die Raumordnungs- und Städtebaupolitik müßte für eine hohe Besteuerung ballungsferner Baugrundstücke und für wohnortnahe Erholungs- und Freizeiteinrichtungen sorgen, während die Verteidigungspolitik einen wohnortnahen Wehrdienst zu organisieren hätte. Die Liste der Beispiele ließe sich beliebig verlängern, und der Vermeidungseffekt steigt mit jedem Beispiel an.

Push und Pull in einem modernen Gesamtverkehrsmagement

Auch bei den anderen beiden Hauptaufgaben, der »weitestgehenden Verkehrsverlagerung auf umweltfreundliche Verkehrsmittel« und der »Ökologischen und ökonomischen Optimierung des nicht verlagerbaren Verkehrs« müssen viele Politikbereiche mitwirken, jedoch ist die Lösung dieser Aufgaben hauptsächlich in der Verkehrspolitik zu suchen.

Dabei sind zwei grundsätzlich unterschiedliche Ansätze möglich:
Der erste Ansatz ist die getrennte Betrachtung der einzelnen Verkehrsträger mit
- investitions- und ordnungspolitischer Förderung der umweltfreundlichen Verkehrsmittelund gleichzeitiger
- investitions- und ordnungspolitischer Hemmung der umweltbelastenden Verkehrsmittel.

Der Vorteil dieses Vorgehens liegt darin, daß die politischen Grundsatzentscheidungen schnell und einfach zu treffen sind und keine größeren organisatorischen Konsequenzen nach sich ziehen. Die Nachteile wiegen wesentlich stärker:
- Die Politik wird mit jeder Einzelentscheidung, die den Grundsatzentscheidungen folgt, belastet. Da jede dieser Einzelentscheidungen Mehrheiten braucht, sind Kompromisse in großer Zahl und damit eine Verwässerung der Grundsatzentscheidungen nahezu unvermeidlich. Ebenso schlagen alle Fehler und Schwierigkeiten bei der Umsetzung der Entscheidungen, die von der Verwaltung durchgeführt werden muß, auf die Politik zurück.
- Die einzelnen Verkehrsträger betrachten immer nur ihre eigene Lage und versuchen sie zu verbessern; eine übergreifende Zusammenarbeit ist nicht systemimmanent, sondern bleibt freiwillig. Damit sind aus der Sicht des Gesamtsystems Verkehr suboptimale Lösungen zwangsläufig.
- Die umweltfreundlichen Verkehrssysteme behalten ihr Image als »Subventionsfresser«.

Diese Nachteile sind so gravierend, daß dem zweiten Ansatz, nämlich dem Gesamtverkehrsmanagement in einer Hand, die wesentlich größere Bedeutung zugemessen werden müßte. Bei dieser Vorgehensweise brauchte die Politik nur noch ein Gesamtziel vorzugeben, etwa die Festlegung der gewünschten Verkehrsaufteilung in einer Kommune, beispielsweise ein Verhältnis von 50:50 zwischen motorisiertem Individualverkehr und ÖPNV. Weiter brauchte die Politik nur noch zu entscheiden, welchen Finanzbeitrag sie zur Erreichung des Gesamtzieles beizusteuern bereit wäre. Alle nachfolgenden Einzelentscheidungen würde der Gesamtverkehrsmanager treffen, der auch die Umsetzung betreiben würde.

Die Vorteile dieses Ansatzes sind
- Die Politik braucht nur generelle Ziele vorzugeben und wird mit Einzelentscheidungen nicht belastet.
- Die Umsetzung ist getrennt von der generellen Zielvorgabe und kann privatwirtschaftlich organisiert werden.
- Der Gesamtverkehrsmanager sieht immer das Gesamtsystem. Die Zusammenarbeit der einzelnen Verkehrsträger ist deshalb obligatorisch, und suboptimale Lösungen durch einseitige Sicht eines Verkehrsträgers sind ausgeschlossen.
- Nicht der einzelne Verkehrsträger sondern das Gesamtsystem erhält öffentliche Finanzierungshilfen. Es gibt also nicht einen bestimmten Verkehrsträger, der als »Subventionsfresser« abgestempelt wird. Außerdem ist es möglich, das Gesamtverkehrssystem subventionsfrei arbeiten zu lassen.
- Das Gesamtverkehrssystem reagiert sehr schnell bei neuen Zielvorgaben.

Der Nachteil dieses Ansatzes liegt lediglich darin, daß er eine organisatorische Konsequenz erzwingt. Die Politik muß nämlich festlegen, wer das Gesamtverkehrssystemmanagement durchführen soll.

Im Nahverkehr wäre eine solche Entscheidung relativ leicht zu fällen: Das Gesamtverkehrsmanagement sollte jeweils von einem Verkehrsverbund gemeinsam mit den in ihm zusammenarbeitenden kommunalen Verkehrsunternehmen durchgeführt werden.

Flächendeckende ÖPNV-Oganisation und integrierte Verkehrslenkung und -finanzierung

Folgende Schritte wären dann zur Erreichung des Gesamtverkehrsmanagements notwendig:

Im ersten Schritt müßte die Organisation des ÖPNV flächendeckend in Verkehrsverbünden erfolgen, was in Nordrhein-Westfalen und einigen anderen Bundesländern schon geschehen ist. Dabei ist auf die Trennung politischer und betrieblicher Verantwortung zu achten, damit der politische Wille auch durchgesetzt werden kann: Die Politik bestimmt die Rahmenbedingungen, der Verkehrsverbund und die Verkehrsunternehmen arbeiten in diesem Rahmen wie andere Wirtschaftsbetriebe auch. Ebenso muß zur Optimierung der Umsetzung des politischen Willens und als Anreiz für die Bemühungen um mehr Fahrgäste eine klare Aufgabenteilung zwischen dem Verbund und den Verkehrsbetrieben erfolgen: Nach der Devise »Nicht mehr Zentralisierung als nötig« müssen vor Ort die Planung, Durchführung und Verantwortung für den kommunalen Verkehr verbleiben, während der Verbund sich im wesentlichen auf den überörtlichen Verkehr, den Tarif und die aus den politischen Rahmenvorgaben festzulegenden Standards konzentrieren muß.

Im zweiten Schritt müßte dann die Verantwortung für den gesamten ruhenden Verkehr auf die Verkehrsbetriebe übertragen werden. Über die Festsetzung der Parkgebühren und die Bestimmung des Platzangebotes wäre schon eine sehr bedeutende Steuerungsmöglichkeit in einer Hand für das Gesamtverkehrssystem geschaffen.

Wenn im dritten Schritt dann auch noch die Steuerung des Individualverkehrs auf den Verkehrsverbund und die Verkehrsbetriebe übertragen würde, wäre das Gesamtverkehrsmanagement komplett. Es ließe sich allerdings noch optimieren, wenn im vierten Schritt zusätzlich die Gesamtverkehrsplanung einschließlich der Investitionsplanung und die Gesamtfinanzierung übertragen würde. Dann brauchte die Politik tatsächlich nur noch den gewünschten Modal-Split und die verfügbaren Finanzmittel festzulegen, alle daraus abgeleiteten Entscheidungen und deren Umsetzung müßten der Verkehrsverbund und die Verkehrsbetriebe als Gesamtverkehrsmanager betreiben.

Auch im Fernverkehr wäre ein solches Gesamtverkehrsmanagement unbedingt nötig, und es wäre leicht einzuführen, weil mit dem Bundesverkehrsministerium schon die Institution vorliegt, in dem die Zuständigkeiten für alle Fernverkehrsträger gebündelt sind. Leider wird aber dort stärker denn je jeder Verkehrsträger für sich betrachtet. Die früheren erfolgreichen Ansätze einer koordinierenden und steuernden Investitions- und Ordnungspolitik sind inzwischen völlig verkümmert.

Kommunikations-, Motivations-, Marketing- und Verkaufsoffensive. Marktehrgeiz als Schlüssel zum Erfolg

Da man nicht warten kann, bis ein solcher neuer Handlungsansatz in der Politik eingeführt wird, muß man den Weg der ganz kleinen Schritte weitergehen und sozusagen den Denkstau in jedem Kopf, den Handlungsstau in jedem Bauch und den Verkehrsstau auf der Straße mit jedem Autofahrer einzeln bekämpfen. Für die Verkehrsbetriebe bedeutet dies, daß sie mit Nachdruck ihr eigenes Konzept zur Stärkung des ÖPNV mit folgenden Komponenten umsetzen müssen:
– Offensive Strategie zur Bewußtseinsänderung mit dem Ziel, bei den einzelnen Bürgerinnen und Bürgern eine Identifikation mit dem ÖPNV zu erreichen, die zu tatsächlicher Benutzung von Bus und Bahn führt. Hierbei ist eine professionelle Werbung, die sich mit derjenigen des Autos vergleichen lassen muß, ebenso wichtig wie eine intensivierte Öffentlichkeitsarbeit, bei der auch neue Elemente wie das Sponsoring eingesetzt werden müssen.
– Aggressives Marketing mit dem Ziel, alle Marktchancen zu nutzen: Dabei muß der Kunde
  – stärker an den ÖPNV gebunden werden,
  – sich gut aufgehoben fühlen und
  – Gesamtangebote kaufen können.

Die stärkere Kundenbindung gelingt vor allem auf der Fahrausweisseite mit dem Kombiticket (Eintrittskarte für Sport-, Kultur- und sonstige Veranstaltung ist gleichzeitig ÖPNV-Fahrausweis), dem Institutionen-Service (Firmenticket, Semesterticket usw.) und einer günstigen Dauerkarte im Abonnement für jedermann. Die Attraktivität des Institutionen-Service und der Dauerkarten für jedermann läßt sich noch dadurch steigern, daß mit dem Besitz dieser Tickets ein Zusatznutzen wie Verbilligungen bei Reisebuchungen, bei Mietwagen, bei Versicherungen usw. verbunden werden. Das Gefühl, gut aufgehoben zu sein, erreicht man bei den Kundinnen und Kunden durch attraktive Produkte sowie kundengerechten Service und hohe Qualität. Um die Produkte zu attraktivieren, sind vor allem die räumliche und zeitliche Ausdehnung des qualifizierten Angebotes (Schienenverkehrssysteme, Schnellbusse, spezielle Nachtlinien usw.) sowie die Verkürzung der Warte- und Umsteigezeiten im integralen Taktfahrplan entscheidend. Mit dem Bus in seiner Ausprägung als »gelegentlich verkehrender, reifenschonender Horizont-Schleicher« ist kein Blumentopf zu gewinnen. Um den Ansprüchen an Service und Qualität gerecht zu werden, muß vor allem der menschliche Kontakt zum Fahrgast vor, während und nach der Fahrt verstärkt werden. Ebenso muß man weiter daran arbeiten, die Warte- und Fahrzeiten für Zusatzaktivitäten nutzbar zu machen, beispielsweise durch die Integration von allgemeinen Informationseinrichtungen und Verkaufs-Kiosken in die Haltestellen. Der Wunsch, Gesamtangebote kaufen zu können, bezieht sich zum einen auf die Fahrt an sich (Nah- und Fernverkehrsanteil) und zum anderen auf die Fahrt und die daran anschließende Aktivität. Als Konsequenz müssen die bisherigen »Fahrschein-Verkaufsstellen« ausgebaut werden, und zwar in Richtung Reisebüro, Veranstaltungskarten-Vorverkauf und Verkauf von »Umfeld«-Angeboten, wie sie von den Tankstellen her bekannt sind.

– Spezifische Kostensenkung mit dem Ziel, den ÖPNV bezahlbar zu halten. Gerade auf diesem Gebiet hat es in den letzten Zeit erhebliche Bewegungen und Erfolge durch interne Maßnahmen der einzelnen Verkehrsunternehmen gegeben. Dieser Weg muß auch zukünftig noch weiter gegangen werden. Er wird aber ergänzt werden müssen durch eine Verstärkung der regionalen Zusammenarbeit.

Parallel zur Weiterführung ihres Konzeptes zur Stärkung des ÖPNV müssen die Verkehrsbetriebe sich zum Gesamtmobilitäts-Anbieter weiterentwickeln. Mit der Information über Verkehrsleistungen, die weit über den ÖPNV hinausgehen, wie Fernverkehr, Radverkehr, Parken, Mietwagen, Car-Sharing, Fahrgemeinschaften, Mitfahrservice usw., den Verkauf dieser Leistungen und möglichst auch deren Organisation und Durchführung gewinnen die Verkehrsbetriebe an Kompetenz und zusätzlichen Einnahmen.

Wenn der Weg, den die Nahverkehrsunternehmen derzeit allein gehen, auch als suboptimal gegenüber dem zuvor geschilderten verkehrspolitischen Ansatz des Gesamtverkehrsmanagements in einer Hand bezeichnet werden muß, so lassen sich doch auch mit ihm wünschenswerte Veränderungen erreichen: In Wuppertal beispielsweise stieg die Zahl der ÖPNV-Fahrgäste von 1990 bis 1996 um 37 % von 65 Millionen auf 89 Millionen im Jahr. Noch stärker wuchs die Stammkundenbindung: Während es 1990 im Durchschnitt 15.500 Monatskarteninhaber gab, waren es 1996 70.000 (+ 352 %), davon waren 1990 7.000 Abonnenten, 1996 50.000 (+ 614 %).

Heiner Monheim

Stadtentwicklung und Verkehr – zwischen Frustration, Innovation und Hoffnung

Autogerechter Verkehrsausbau

Verkehrspolitik und -planung haben lange versucht, Städte, Dörfer und Landschaften für den schnell wachsenden Autoverkehr herzurichten, mit immer mehr und breiteren Straßen und immer mehr Parkraum. Dieser Prozeß begann schon in den 1920er Jahren. Deutlich forciert wurde er durch die autobegeisterten Nationalsozialisten, die neben dem Ausbau des Autobahnnetzes für viele Städte radikale Straßenbauprogramme mit riesigen Straßendurchbrüchen planten. Die danach folgenden Kriegszerstörungen boten viel Spielraum, beim Wiederaufbau diese Nazi-Pläne mit dem amerikanischen Verkehrsmodell zu verbinden. Einige Städte wie Nürnberg, Freiburg und Münster verschlossen sich zum Glück diesem Trend und orientierten den Wiederaufbau am alten Stadtgrundriß. Sie profitieren heute noch von diesen grundlegenden Entscheidungen, weil sie darauf aufbauend früh Modellbeispiele für verkehrsberuhigende (Innen-)Stadtentwicklung werden konnten. Dominiert wurde dagegen das Planungsgeschäft in den 1960er und 1970er Jahren vom maßstabssprengenden Bau stadtautobahnähnlicher Radial-, Tangential- und Ringstraßen sowie Parkhäuser und Tiefgaragen. Dadurch forciert »franste« die Bebauung am Rand immer mehr aus, eine fortschreitende Zersiedlung begann. Entdichtung und Entmischung bestimmten die Suburbanisierung, die neben der Wohnnutzung immer mehr auch Industrie, Gewerbe und Handel erfaßte. Die regionalen Verflechtungen mit dem Umland nahmen schnell zu, die Pendlerdistanzen wuchsen und die Verkehrsbeziehungen wurden immer diffuser. Das erhöhte die Abhängigkeit vom Auto und forcierte die Motorisierung.

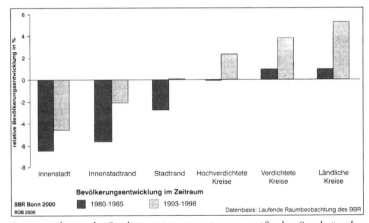

Innen verlieren die Städte, im immer weiter ausgreifenden Speckgürtel wächst das Umland. Das erzeugt extrem hohe Kosten für die Allgemeinheit und überdehnt die Mobilitätsoptionen mit der Folge gravierender Ressourcen- und Umweltprobleme. Kompakt, vielfältig und distanzminimierend muss die Stadtentwicklung wieder werden.

Marginalisierung des Umweltverbundes

Parallel zum raumgreifenden Vormarsch der Automobilisierung vollzog sich ein dramatischer Rückzug bei den bis dahin dominierenden Mobilitätsalternativen. Im öffentlichen Verkehr erfolgte ein dramatischer Angebotsabbau. Die meisten Straßenbahnsysteme wurden ganz stillgelegt. Bei den noch verbleibenden Straßenbahnstädten wurden die Streckennetze stark ausgedünnt. Auch fast alle Kleinbahnnetze, die früher als Stadt-Umlandbahnen fungierten, wurden stillgelegt. Das regionale und überregionale Eisenbahnnetz wurde massiv reduziert, die Zahl der Bahnhöfe und Haltepunkte mehr als halbiert, viele Klein- und Mittelstädte verloren ihren Fernbahnanschluß. Auch die komplementären Post- und Bahnbusnetze, die vor allem in der Fläche für gute Erreichbarkeit und Zubringerdienste sorgten, wurden schrittweise abgebaut. Damit verlor der öffentliche Verkehr seine Kundennähe und Dezentralität. Die raumprägende Bedeutung der Bahnen, die in der Zeit der Industrialisierung und der gründerzeitlichen Stadterweiterung maßgeblich das Stadtwachstum längs der radialen Schienenachsen gesteuert hatte, war vorbei. Noch schlimmer war die Marginalisierung des Fuß- und Fahrradverkehrs. Sie wurden als antiquiert, wenig leistungsfähig und zu wetter- und reliefabhängig diskreditiert. Ihr Verkehrsraum wurde massiv eingeschränkt. In der Verkehrsfinanzierung gingen sie fast leer aus.

Massenmotorisierung als politischer Imperativ

Alle Weichen waren auf eine politisch und planerisch gewollte Zunahme des Autoverkehrs gestellt. Massenmotorisierung galt als gesamtgesellschaftliches Ziel. Die Wirtschaft fixierte sich auf ein autoabhängiges Verkehrssystem. Der Handel forderte mehr Straßen und Parkraum. Industrie und Gewerbe kehrten der Güterbahn (auch dank deren eigener Rückzugsstrategie) den Rücken. Autopendler wurden mit Steuervorteilen und üppigem Parkraum an den Betrieben bestens bedient. Das

Schicksal Fußgänger: Hindernislauf zwischen lauter abgestellten Autos. Ein Menetekel völlig heruntergekommener Mobilitäts- und Stadtkultur. Da hilft nur Abbau unsinniger Übermotorisierung.

Dienstwagenprivileg bestimmte das Denken der Eliten. Das Gemeindeverkehrsfinanzierungsgesetz verteilte die Mittel des »Mineralöltopfes« lange Zeit stark straßenfixiert. Außerdem sorgten das Erschließungsbeitragsrecht, der kommunale Finanzausgleich und lange Zeit auch die Städtebauförderung für eine großzügige Finanzierung der Autoverkehrsinfrastruktur. Das Bau- und Planungsrecht, Verkehrsrecht und Steuerrecht standen ganz im Dienst fortschreitender Autofixierung. Bund und Länder verständigten sich auf einen massiven Ausbau der Fernstraßennetze. Die Finanzminister brauchten die aus dem Autoverkehr resultierenden Einnahmen, vor allem der Mineralöl- und KFZ-Steuer. Die Wirtschaftsminister hielten die Autowirtschaft für die zentrale Säule von Wohlstand, Innovation und Export. Deutschland war zum Autoland geworden. Die meisten Kommunen paßten sich diesen Trends willig an, mit Blick auf die Wählerstimmen des immer zahlreicheren Autovolks und die rahmenrechtlichen Vorgaben.

Impulse für erste Korrekturen und Innovationen

Seit den 1970er Jahren gab es schüchterne Versuche, die Verkehrsentwicklung zu ändern. Es gab hierfür verkehrspolitische, städtebaupolitische, umweltpolitische und energiepolitische Impulse.
- **Proteste gegen Stadt- und Dorfzerstörung:** Es begann mit wachsendem Protest gegen Stadt- und Dorfzerstörung durch Straßen- und Parkraumbau. Der allmähliche Wechsel zur behutsamen, erhaltenden, kleinteiligen Stadterneuerung und zum engagierten Denkmalschutz folgte. Vom Straßenbau wurde mehr städtebauliche Integration gefordert, er erhielt neue, kompromißfähigere Straßenbaurichtlinien.
- **Die ersten Ölkrisen:** Die beiden so genannten Ölkrisen führten zum energiepolitischen Umdenken. Energie sparen im Verkehr wurde gefordert. Vier autofreie Sonntage symbolisierten den Handlungsbedarf. Trotzdem ist der Kraftstoffverbrauch immer weiter gestiegen, Verbesserungen der Fahrzeugtechnik wurden durch die weiter wachsende Motorisierung und den wachsenden Anteil hochmotorisierter, schwerer, schneller Autotypen überkompensiert.
- **Die beginnende Umweltdebatte:** Parallel dazu begann die umweltpolitische Debatte um das so genannte Waldsterben, die Stickoxide, die Bleibelastungen und um den wachsenden Autoverkehrslärm. Später kamen die massierte Feinstaubproblematik, der Sommersmog und schließlich immer deutlicher die hartnäckig hohe CO_2-Belastung hinzu. Auch der fortschreitende Flächenverbrauch, die Zerschneidung der Landschaften durch Straßen und die massiver Bodenversiegelung für Straßen und Parkraum wurden verstärkt kritisiert.
- **Verkehrssicherheitsprobleme:** Und auch die hohen Unfallzahlen führten zu lautstarken Forderungen nach Abhilfe. Da die meisten Opfer innerörtlich verunglückten und zu hohe Geschwindigkeit die Hauptursache war, begann das Nachdenken über Verkehrsberuhigung.

Verkehrsberuhigung als Kernthema einer Neuorientierung

Alle diese Impulse führten zu ersten Diskussionen um Tempolimits auf Autobahnen und um Verkehrsberuhigung im Innerortbereich. Es begannen Modellvorhaben zur Verkehrsberuhigung und zur Förderung des Fahrradverkehrs. Zur gleichen Zeit begann in vielen Städten und Gemeinden die Einrichtung innerstädtischer Fußgängerzonen. Und auch im öffentlichen Verkehr gab es neue Impulse, beispielsweise mit den Umweltabos, den Semestertickets, neuen Infrastrukturprojekten für den S-Bahnausbau und Stadtbahnausbau. Es begann also eine Phase vorsichtiger Innovationen in der

Die Verkehrsberuhigung der 1980er Jahre brachte viele Experimente. Sie begann zögerlich, bekam dank diverser Bundes- und Landesprogramme beachtlichen Schwung, wurde mutiger, flächenhafter, traute sich sogar an Hauptverkehrsstraßen, ehe ihr nach etwa 10 Jahren und verweigerter genereller Tempo 30 Lösung allmählich die »Luft ausging«

Verkehrspolitik und Verkehrsplanung. An der grundsätzlichen Autofixierung der Politik und den Rahmensetzungen allerdings änderte sich wenig, die Massenmotorisierung wurde nicht in Frage gestellt.

Viele Ideen resultierten aus kommunalen Experimenten, die zu einer schnell wachsenden Zahl viel zitierter Best Practice Beispiele führten. Gleichzeitig engagierten sich aber auch Bund und Länder sowie die kommunalen Spitzenverbände für vorsichtige Innovationen in der Verkehrspolitik und Verkehrsplanung. Stadtverkehr wurde zu einem wichtigen Forschungsfeld der Bau-, Verkehrs- und Umweltministerien von Bund und Ländern. In der Verkehrsforschung vollzog sich ein Generationenwechsel. Die jahrzehntelange einseitige Fixierung auf Autoverkehr und Straßenbau wurde aufgegeben. Konzeptionell wurden Verkehrs- und Stadtentwicklungsplanung wieder mehr zusammengebracht, mit der so genannten »integrierten Verkehrs- und Stadtentwicklungsplanung«.

Trotzdem brauchte es lange, bis Bund und Länder wenigstens einige verkehrsrelevante Novellierungen umsetzten.

– Das Verkehrsrecht wurde geringfügig reformiert (z. B. Integration der Verkehrsberuhigung und innovativer Fahrradregelungen).
– Die Landesbauordnungen wurden geringfügig reformiert (z. B. hinsichtlich der Stellplatzverordnungen und Ablöseregelungen).
– Die Expansion großflächiger Einzelhandelsstandorte auf der grünen Wiese wurde etwas erschwert (durch Einzelhandelserlasse der Länder).
– Die Bahnreform mit der Regionalisierung des Nahverkehrs wurde begonnen und führte zu wichtigen Impulsen im regionalen Schienenverkehr.
– Die LKW-Maut wurde im ersten Schritt auf Autobahnen eingeführt.

Die meisten autoverkehrsfördernden Rahmensetzungen blieben allerdings erhalten.

Förderung des öffentlichen Verkehrs. Dominanz der Großprojekte

Als erste Korrektur gab es seit den 1970er Jahren vermehrte Anstrengungen zur Förderung des öffentlichen Verkehrs, die allerdings vielfach nur mäßig erfolgreich waren. Zunächst begann in den Metropolen und Großstädten ein Ausbauprogramm für kommunalen Schienenverkehr mit zahlreichen U-Bahn-, Stadtbahn- und S-Bahnprojekten. Allerdings blieb angesichts exorbitant hoher Kosten für die Tunnelprojekte und Stadtbahnprojekte der Netzfortschritt eher bescheiden. Lange Zeit traute man sich aus Angst vor der Autolobby nicht, auf der Oberfläche durch konsequente Beschleunigungsmaßnahmen Vorrang für Busse und Bahnen zu etablieren, sonst hätte man sich viele Tunnelprojekte sparen können. Vielerorts galt der Schienenverkehr für Innenstädte noch als störend, eine »schienenfreie Innenstadt« war oft Ziel kommunaler Verkehrskonzepte. Nur wenige Städte integrierten ihre Straßenbahnen in die Fußgängerzonen, allen voran Freiburg mit besonderem Erfolg. Die ursprünglichen Netzlängen und -Dichten aus der Blütezeit des kommunalen Schienenverkehrs wurden trotz der beträchtlichen Förderung nirgends wieder erreicht. Deshalb blieben die Marktanteile des ÖPNV in deutschen Großstädten auch weit hinter denen vergleichbarer Schweizer Städte, die mit weit geringeren Investitionen sehr viel größere Erfolge erzielten, weil sie anstelle weniger Großprojekte immer auf hohe Systemqualität und Netzdichte achteten.

Ganze Innenstädte wurden für den teuren U-Bahnbau umgekrempelt, wie hier in München auf der Achse nach Schwabing. Gleichzeitig begann vielerorts das große Straßenbahnsterben. Es fehlten Fantasie und Mut, Straßenbahnen auszubauen und gestalterisch in öffentliche Räume zu integrieren.

Renaissance der regionalen und kommunalen Bahnen

Für kleine Großstädte und erst Recht Mittel- und Kleinstädte galt kommunaler Schienenverkehr lange Zeit als zu teuer. Das änderte sich erst, als die extremen Kosten der damaligen U-Bahn-, Stadtbahn- und S-Bahnprojekte die Vorteile der »Light Rail« bewußt machten. Es kam endlich auch in Deutschland zu einer kleinen Renaissance der Straßenbahn und leichten Regionalbahn. Mit neuer Niederflurtechnik und teilweise auch Hybridlösungen aus mehreren

Der Bahnhof Ettlingen. Eines der vielen Schmuckstücke aus dem Karlsruher Modell. Dank systematischem, stetigem Netzausbau in die Fläche, Anbindung vieler Klein- und Mittelstädte, intelligenter Nutzung aller, auch früher stillgelegter Schienen mit Zweisystemfahrzeugen ist die Region Karlsruhe das beste Beispiel dafür, was Bahn in der Fläche leisten kann, mit sensationellen Fahrgastzuwächsen und extrem gutem Kosten-Nutzen-Verhältnis der Investitionen.

Stromsystemen oder Strom und Diesel sowie einer gezielten Vermehrung der Haltestellenzahl (im Interesse der Kundennähe und Anpassung an die Siedlungsentwicklung) wurden beachtliche Erfolge erzielt (bekannte Beispiele Karlsruhe, Zwickau, Chemnitz, Saarbrücken, Kaarst-Mettmann). Angeregt dadurch kam dann auch endlich etwas Schwung in den Ausbau und die Reaktivierung ländlicher bzw. klein- und mittelstädtischer Schienennetze (bekannte Beispiele: der Dreier-Ringzug im Schwarzwald, die Geißbockbahn sowie der Seehas am Bodensee, die Dürener Kreisbahn oder die Usedomer Bäderbahn). Vor allem für Kurorte und touristische Regionen erwies sich ein moderner Schienenverkehr als sehr relevant. Durch solche Innovationen bekam der Ausbau kommunaler und regionaler S-Bahnnetze oder Regionalbahnnetze wachsende Bedeutung, die Monopolisierung der Schienenverkehrsmittel auf wenige Regionen ging vorübergehend zu Ende. Inzwischen allerdings monopolisieren wieder wenige Großprojekte die Investitionsvolumina und erschweren Erfolge in der Fläche, beispielsweise in Baden-Württemberg mit Stuttgart 21.

Neue Orts-, Stadt- und Rufbussysteme

Ab Mitte der 1980er Jahre wurde zum Glück erkannt, daß die Fördersysteme sich mehr um die Klein- und Mittelstädte und die »Fläche« kümmern müssen. Dadurch gab es beachtliche Innovationen im Busverkehr. Zahlreiche neue Stadt- und Ortsbussysteme entstanden, die mit neuen Liniennetzen, weit mehr Haltestellen als bisher, neuen Fahrzeugkonzepten (nur Niederflur, überwiegend Midibusse) und offensiver Werbung lange Zeit für unmöglich gehaltene Zunahmen der Fahrgastzahlen erreichten, teilweise bis zur Verzehnfachung.

Parallel dazu gab es für die dünn besiedelte Fläche zahlreiche Experimente zur Einführung flexibler, bedarfsgesteuerter ÖPNV-Angebote. Das betraf ländliche Taxi-Busse oder Rufbusse, AST-Systeme oder Bürgerbusse. Und schließlich wurden in einigen Regionen sehr erfolgreiche Regio-Busnetze und Schnellbusnetze aufgebaut. All dies belegt die Notwendigkeit und großen Erfolgschancen differenzierter Bussysteme.

Mit kundenorientierten, straffen Netzen, 10 mal mehr Haltestellen als zuvor und einem guten Takt kann der ÖPNV auch in Mittel- und Kleinstädten sensationelle Erfolge erreichen und auch große Teile des autoverwöhnten Publikums gewinnen. Es ist eben falsch, dass die »Fläche« automatisch als autodominiert abgeschrieben wird. Gute Konzepte finden auch dort ihren Erfolg. Wenn nur die schlimmen Vorurteile nicht wären.

Innovationen bei Verbünden, Tarifen, Marketing und Werbung

Auch im Bereich von Tarifpolitik und Marketing gab es einige bemerkenswerte Innovationen. Es begann mit der schrittweisen Einführung von Verkehrsverbünden und –Gemeinschaften und der Einbeziehung möglichst aller Verkehrsanbieter einschließlich der Bahn in Gemeinschaftstarife. Dem folgten Tarifexperimente mit Umweltabos, der Bahn Card, den Job- und Semestertickets und den City-Plus-Verbundregelungen zwischen DB und kommunalen Netzen. Das Direktmarketing wurde entwickelt. Information und Marketing wurden als Bringschuld der Verkehrsbetriebe und -Verbünde erkannt, weil man neben den so genannten »Captive Riders« ohne Auto nur so wahlfreie Kunden erreichen kann, was lange Zeit als sowieso aussichtslos angesehen wurde. Allmählich begannen professionelle Kommunikations- und Werbeanstrengungen, die allerdings nie auch nur annähernd den Standard der Autowerbung erreichten. Ehrgeizige Tarifexperimente wie der beitragsfinanzierte Nulltarif blieben allerdings auf wenige Einzelbeispiele beschränkt. Auch in der Einwerbung von Sponsoring blieb der ÖPNV weit hinter anderen Branchen.

Neue Formen Intelligenter Autonutzung

Das Angebotsspektrum der Alternativen zum Autoverkehr wurde auch um neue Formen »intelligenter Autonutzung« ergänzt. Es begann mit Fahrgemeinschaften, die durch betriebliche Initiativen und durch die Bereitstellung von Sammelparkplätzen an strategisch wichtigen Autobahnauffahrten gefördert werden sollten. Seit Ende der 1980er Jahren kam dann das Car Sharing dazu, das zunächst nur punktuell, mittlerweile in den meisten deutschen Städten angeboten wird. Der größte Anbieter ist DB-Car-Sharing, auch sonst kooperieren verschiedene Verkehrsunternehmen mit dem Car Sharing. Nach wie vor wird das Car Sharing stark behindert durch das Fehlen einer straßenverkehrsrechtlich abgesicherten Haltestellenregelung, die analog zum Taxistand möglich wäre und dann das umständliche und kostenträchtige Anmieten privater Stationsflächen erübrigt. Und eigentlich sollten Car-Sharing und flexible ÖPNV-Angebote der Anlaß für den systematischen, dezentralen Aufbau von Mobilitätsberatungs- und Dispositionsstellen sein, die als logistische Knoten auf der Basis moderner Kommunikationstechniken

Car Sharing hat beachtliche Potenziale, wenn es engagiert und professionell angeboten und verkehrspolitisch angemessen unterstützt wird, als Regelbestandteil eines individualisierten ÖPNV, mit eigenen Haltestellen im öffentlichen Straßenraum so wie bei Taxiständen. Die Schweiz ist auch hier Europameister, unter www.Mobility.ch kommt man aus dem Staunen nicht mehr raus.

(GIS/GPS) für optimale Systemverknüpfung sorgen. Mobilitätszentralen eignen sich hervorragend, um alte, nicht mehr personenbesetzte Bahnhöfe wieder mit Leben zu füllen.

Trotz kleiner lokaler und regionaler Innovationen: der große Durchbruch bleibt bei Bund und Ländern aus

Leider haben alle diese im Einzelfall sehr erfolgreichen Innovationen die alltägliche Praxis von Verkehrspolitik und Planung nicht nennenswert verändert. Weder haben Bund und Länder ihre Investitionspraxis überprüft und neue Programm für die systematische Ausbreitung der Innovationen aufgelegt. Noch haben die Kommen und Regionen ihre Strategien kommunaler und regionaler Verkehrsentwicklungsplanung grundlegend verändert. Die dringend erforderlichen Umschichtungen in den Haushalten und im Personal blieben aus, an der durchgängigen Auto- und Straßenfixierung als Basis aller Fehlentwicklungen hat sich nicht viel geändert. Oben, beim Bund, fehlt eine gründliche Revision der Strategien und Prioritäten durch eine breit diskutierte Gesamtverkehrsplanung. Die Bahnreform beispielsweise ist als reine Organisations- und Finanzreform gelaufen, die breit fundierte Diskussion um die Rolle der Bahnen in Deutschland, den infrastrukturellen und betrieblichen Handlungsbedarf, einen Nationalen integralen Taktfahrplan, den Bedarf an neuen Bahnhöfen und Haltepunkten, an Streckenreaktivierungen, an IR-Verbindungen und an eigenen Regionalbahnnetzen und regionalen Güterbahnsystemen fand zu keinem Zeitpunkt im Parlament und den Ministerien sowie im Bahnmanagement statt. Und auch die Länder haben es nie für nötig gehalten, grundlegende Strategiefragen der Verkehrsentwicklung und damit die weiter runtergebrochene Klärung der oben aufgeführten Fragen für ihr Gebiet zu klären.

Fehlendes Systemdenken im ÖV und »Roll Back« der Politik

Mangels einer solchen breiten verkehrspolitischen Debatte hat es auch nie angemessene Zukunftsdiskussionen zur Rolle des öffentlichen Verkehrs in Deutschland gegeben. Die fehlende Systemvernetzung als chronische Manko des öffentlichen Verkehrs wird in Deutschland weiter hingenommen. Es gibt kein nationales Tarifsystem und keinen nationalen Integralen Taktfahrplan. Deswegen ist es bisher auch nicht gelungen, dem Öffentlichen Verkehr im ganzen Land eine für massenhaftes Umsteigen ausreichende Systemqualität zu geben. Die Mengengerüste der realisierten Beispiele bleiben stets unter 10 % des relevanten Umfangs. Man braucht ca. 13.000 Stadt-, Orts- und Quartiersbussysteme, hat aber erst ca. 150. Man braucht etwa 150 kommunale Straßenbahnsysteme, hat aber erst 52. Man braucht etwa 350 S-Bahn- und Regionalbahnsysteme, hat aber erst 50. Man braucht etwa 50.000 Car Sharing Stationen, hat aber erst 300. Dieses Mißverhältnis zeigt eines der Grundübel deutscher Verkehrspolitik. Es fehlt an systematischer Fundierung durch eine gesamtstaatliche Bedarfs-, System- und Finanzplanung. Und seit der Jahrtausendwende hat die Autofixierung der Verkehrspolitik wieder zugenommen, als Zugeständnis an die auf allen Ebenen wieder sehr viel selbstbewußter auftretende Autolobby und an das vermeintlich autofixierte Wählervolk. In vielen Orten ist der ÖPNV von Angebotskürzungen betroffen. Die Bahn verkauft massenhaft ihre kleineren Bahnhöfe, legt wieder forciert Strecken still, hat einen Großteil ihrer Gütergleisanschlüsse abgehängt, quält die Kunden mit mehrfachen Tariferhöhungen und konzentriert ihr Interesse auf wenige Großprojekte im Hochgeschwindigkeitsbereich, auf Stuttgart 21 und ihre Rolle als Global Player mit Investments in aller Welt.

Sichtbarstes Zeichen des Roll Back ist, daß das Straßenbauvolumen des Fernstraßenbedarfs- und Ausbauplans größer ist als je zuvor. Und in vielen Kommunen wird wieder über neue Parkhäuser, Tiefgaragen, Umgehungs- und Entlastungsstraßen sowie Straßentunnel diskutiert.

Bescheidene Innovationen zur Verkehrsberuhigung und Förderung des Fuß- und Fahrradverkehrs

Doch zurück zu den Innovationen. Die 1980er Jahre brachten als zunächst hoffnungsvolle Innovation eine kurze Blüte der Verkehrsberuhigung und Umorientierung im städtischen Straßenbau. Das Straßenverkehrsrecht wurde mehrfach novelliert (Verkehrsberuhigter Bereich, verkehrsberuhigter Geschäftsbereich, Anwohnerparken, Parkverbotszone, Tempo 30 Zone, Kreisverkehr, Fahrradstraße, Radfahrspuren- und Streifen, erhöhte Standards für Radwege). Auch die Straßenbaurichtlinien wurden novelliert. All das gab Raum für etwas mehr Behutsamkeit, Differenzierung, Kompromißfähigkeit und städtebaulicher Sensibilität in der Verkehrsplanung. Zeitweise wurden sogar erfolgreich Hauptverkehrsstraßen, vor allem Ortsdurchfahrten von Bundes- und Landesstraßen in die Verkehrsberuhigung einbezogen. Spätestens Mitte der Neunziger Jahre ging aber der Verkehrsberuhigung finanziell und politisch »die Luft aus«, sie verschwand vielerorts wieder von der verkehrs- und stadtpolitischen Agenda. Am weitesten durchgesetzt haben sich die Tempo 30 Zonen, regional gab es auch eine beachtliche Renaissance der Kreisverkehre, in anderen Landesteilen sind sie noch weitgehend tabu. In Nordrhein-Westfalen wurde auch systematisch an der Fahrradförderung gearbeitet, hier entstand eine schnell wachsende Arbeitsgemeinschaft fahrradfreundlicher Städte, Gemeinden und Kreise. Hier setzten sich Radfahrspuren und Streifen als Standardelement weitgehend durch, anderswo sind sie oft noch tabu. Auch die landesweite Radverkehrswegweisung wurde vorangebracht, es entstand ein dichtes überörtliche Radroutennetz und parallel dazu auch ein interaktiver Routenplaner. Weniger erfolgreich war die Planung von Radstationen an Bahnhöfen, zwar sind 60 von 80 deutschen Radstationen in NRW, aber eigentlich besteht bundesweit ein Bedarf von ca. 3.000. Also hinkt die systematische Umsetzung auch hier dem Bedarf dramatisch hinterher.

Fußgängerzonen haben in vielen Innenstädten den öffentlichen Raum zurückerobert. Allerdings können sie für die Verkehrs-, Handels- und Stadtentwicklung problematisch werden, wenn sie zu klein bleiben und zu autoorientiert geplant werden, mit vielen Parkhäusern, eigenen Lieferstraßen und dickem City-Ring. Dann beginnt ein forcierter Verdrängungswettbewerb, bei dem der kleinteilige Handel und das Wohnen die Verlierer sind. Fußgängerzonen müssen stetig wachsen, sollen die ganze Innenstadt umfassen und die angrenzenden Quartiere mit anderen Verkehrsberuhigungsmaßnahmen anschließen. Fahrradverkehr und öffentlicher Verkehr müssen in solche großen Fußgängerzonen sinnvoll integriert werden.

Klimawandel erfordert neue und konsequentere Ansätze

Heute ergibt sich eine schwer erträglich Diskrepanz zwischen der immer noch stark autoorientierten Verkehrsentwicklung und den bei internationalen Konferenzen beschworenen, dramatisch angestiegenen Herausforderungen der Energie-, Klima- und Umweltpolitik. Die CO_2-Emissionen und der Energieverbrauch des Verkehrs müssen drastisch abgebaut werden, heißt es. Aber die chinesische und indische Massenmotorisierung fangen doch gerade erst an. Schlimm genug! Können wir unter solchen Bedingungen einfach mit unserer Autopolitik weitermachen? Sicher nicht, sonst werden die ehrgeizigen Klimaziele und Energiesparziele dramatisch verfehlt. Nur ganz neue, innovative Wege der Verkehrslenkung, Verkehrsfinanzierung und Verkehrsgestaltung helfen aus der Krise.

Wahre Preise durch Mautsysteme. Autofahren muß teurer werden

Erforderlich sind neue ordnungspolitische Rahmensetzungen. Ganz wichtig ist, den Autoverkehr nach marktwirtschaftlichen Grundsätzen mit wahren Preisen zu belegen. Hierfür muß die LKW-Maut dementsprechend als verkehrsleistungsabhängige Schwerverkehrsabgabe auf allen Straßen erhoben werden und in ihrer Höhe so bemessen werden, daß die spezifischen Wegekosten aller Teile des Straßennetzes und die leistungsabhängigen Umweltkosten berechnet werden. An den Einnahmen müssen nach der Verteilung der LKW-Verkehre über das Straßennetz auch alle Gebietskörperschaften partizipieren. Die Preise müssen als Knappheitspreise berechnet werden und damit räumlich und zeitlich nach dem jeweiligen Verkehrsaufkommen gestaffelt werden. Nach ähnlicher Logik muß auch für alle Teile des Straßennetzes eine PKW-Maut eingeführt werden, ebenfalls mit zeitlicher und räumlicher Differenzierung. Beide Preisstrategien werden die chronischen Überlastungen des Straßennetzes vermeiden helfen und wirkungsvoll raus aus dem Stau führen. Die Mauterfahrungen anderer Länder und Städte lehren, daß so wirkungsvoll die Autoverkehrsmengen, die Verbrauchsmengen und die Emissionsmengen reduziert werden können. Wichtig ist auch der indirekte Effekt. Es werden genug Einnahmen erzielt, um die sinnvollen und intelligenteren Alternativen zum Autoverkehr konsequent auszubauen.

Neue ÖPNV-Finanzierung für Kommunen

Der öffentliche Verkehr braucht sowieso eine neue Finanzierungsgrundlage, die alle Gebietskörperschaften in Stand setzt, sich dort angemessen am Systemausbau zu beteiligen. Über die Mauteinnahmen hinaus sind auf der kommunalen Ebene im Erschließungsbeitragsrecht endlich Anliegerbeiträge als Nahverkehrsabgabe nötig. Die Wirtschaft, die sich bisher nur für ihren Parkraum und Straßenanschluß finanziell engagiert hat, muß zur Lösung der durch sie verursachten Verkehrsprobleme an der Finanzierung des ÖPNV beteiligt werden. Sie muß außerdem zur Erstellung betrieblicher Mobilitätskonzepte und zur Bereitstellung von Job-Tickets animiert werden.

Klare Umweltgrenzen setzen und schon auf der Programmebene einsetzen

Dem Straßen- und Parkraumausbau müssen enge Grenzen gesetzt werden, durch eine konsequente, strategische System- und Programm-Umweltverträglichkeitsprüfung sowie Projektumweltverträglichkeitsprüfung. Es braucht hierfür einerseits klare Belastungsgrenzwerte, andererseits klare gesetzliche Verpflichtungen für die Gebietskörperschaften, für ihren jeweiligen Zuständigkeitsbereich die nötigen Luftreinhaltepläne, Lärmminderungspläne und Klimaschutzpläne zu erstellen und umzusetzen.

Transparenz und Kontrolle der Kosten und Ausgaben

Die bisherigen Finanzierungssysteme gehören überall da auf den Prüfstand, wo sie bisher direkte oder indirekte Belohnungen für mehr Autoverkehr und autofreundliche Strukturen beinhalten. Die Gebietskörperschaften müssen verpflichtet werden, regelmäßig verkehrsmittelscharf über Verwendung ihrer direkten und indirekten Verkehrsausgaben zu berichten und die Ausgabenverteilung umwelt- und klimapolitisch zu bewerten. Daraus resultiert dann eine massive Umschichtung zu Gunsten des Umweltverbundes.

Auch Hauptverkehrsstraßen können verkehrsberuhigt werden. Das wurde in Nordrhein-Westfalen sehr mutig auf vielen Bundes- und Landesstraßen ausprobiert, lange bevor mit Shared Space diese Idee neuen Schwung bekommen hat. Das Repertoire umfasst meist Schmalfahrspuren, linienhafte Querungshilfen, verbreiterte Seitenräume, üppige Baumpflanzungen und Kreisverkehre in den Knoten. Der Radverkehr kommt meist auf die Fahrbahn, wo er als Fahrverkehr auch hingehört, je nach KFZ-Menge mit eigenen Streifen oder Spuren oder in Schmalfahrspuren integriert.

Urbanes Bauen: vom unverbindlichen Leitbild zur alltäglichen Realität

Und auch der Städtebau hinkt in der Realität den vielfach proklamierten Leitbildern und den klima- und energiepolitischen Herausforderungen weit hinterher. Das urbane Bauen für eine kompakte Stadt der kurzen Wege mit möglichst wenig Autoverkehr braucht eine Renaissance, um die Explosion der Distanzen zu begrenzen. Eine Ökonomie der kurzen Wege und Zeiten (»just in time and short in space«) fördert lokale und regionale Synergien. Vitale Zentren brauchen Qualität und Vielfalt auf engem Raum. Die Zeit der weitläufigen Neubaugebiete auf der »Grünen Wiese« ist vorbei, die Bauleitplanung braucht ausreichende Mindestdichten, das Mischgebiet muß von der Ausnahme zur Regel werden. Dichte muß als besondere Qualität erkannt und mit angemessener Architektur und Qualität der öffentlichen Räume gestaltet werden. Die Akzeptanz hierfür wird aber nur erreicht, wenn die Zusammenhänge besser erklärt werden und Kosten- und Qualitätsfragen in den Mittelpunkt

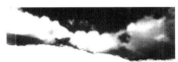

Autofreies Leben – Leben mit Mehrwert, Leben mit Zukunft. Noch sind es eher exotische Einzelprojekte, noch führt in alter Routine erstarrte Bauleitplanung zum Gegenteil, zur fortschreitenden Asphaltierung und Zersiedlung, zu sterilen Strukturen, zu langen Wegen und extrem hohen Spritverbräuchen und Emissionen.

planerischer Diskussion gestellt werden. Die großen Ineffizienzen, hohen Kosten und miserablen gestalterischen Qualitäten öder Straßenschneisen und asphaltierter Großparkplätze müssen erkannt werden. Ein internationaler Städtevergleich lehrt: Je mehr Platz zum Fahren und Parken dem Autoverkehr bereitgestellt wird, desto schlimmer werden die Staus und desto höher sind die Folgekosten für Städtebau, Kommunalwirtschaft und Umweltnachsorge. Es gibt aber viel zu wenig Leucht-

Wohnhenkel

Einwohnerzahl			
Gerda-Weiler-Straße			301
Ausnutzung	m²	GFZ	
Bebaubare Grundstücksfläche	12.371		
Zulässige BGF	17.806	1,2-1,7	
Tatsächliche BGF	16.214	1,31	
Gebäudetyp	Anzahl	WE	GE
Einfamilienhaus	19	24	-
Zweifamilienhaus	4	8	-
Mehrfamilienhaus	12	82	5
	35	114	5
Abwicklungsform	Anzahl	WE	
Einzelbauherr	4	5	
Baugemeinschaft	14	86	
Bauträger	2	23	
	20	114	
Stellplatz	Anzahl		
Stellplatz auf eig. Grundstück	0		
Autofreihaushalte	70		
Stellplatz Quartiersgarage	53		
	123		

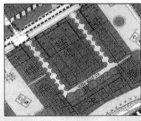

Lebens-Raum-Stadt
Seite 32

Projektgruppe Vauban

Dr. Matthias Schmelas
Bürgermeister

Mit stark autoreduzierten und teilweise auch autolosen Neubaugebieten erhält die Stadtentwicklung endlich die richtige Richtung. Kompakt und nutzungsgemischt bauen, mit vitaler eigenständiger Versorgung für kurze Wege, Handwerk, Handel und Dienstleistungen gut integriert, Busse und Bahnen von Anfang an mitten im Gebiet, Straßenräume qualitätsvoll im Detail, aber sparsam bei den Flächen, das Parken auf ein Minimum zurückgefahren. So wie im Loretto-/französischen Viertel in Tübingen oder im Rieselfeld bzw. noch deutlich konsequenter in Vauban in Freiburg sollte künftig Stadtentwicklung aussehen: klar auf den Schienenverkehr ausgerichtet, autoverkehrsminimiert, familienfreundlich, nachhaltig eben.

turmprojekte, die diese Zusammenhänge beachten. Bekannt geworden sind insbesondere die Tübinger Südstadt mit dem Französischen Viertel und der Freiburger Stadtteil Vauban. Trotzdem verfolgt die Mehrzahl kommunaler Bauprojekte noch ganz andere Ziele, scheut angemessene Dichten und Nutzungsmischungsanteile. Die meisten Flächennutzungspläne und Bebauungspläne sind noch klar auf viel Autoverkehr ausgelegt.

Integration von Schienenverkehr und Stadtentwicklung

Ganz besonders sträflich vernachlässigt wird die Integration von Schienenverkehr und Stadtentwicklung. Zwar gibt es auch hier einzelne Vorzeigeprojekte. Und einige Länder haben spezielle Programme zur Baulandentwicklung an Schienenstrecken. Derweil schließt die DB derzeit massenhaft kleine und mittlere Bahnhöfe und verkauft sie überwiegend an Private, ohne daß es Zeit für vernünftige städtebauliche Entwicklungskonzepte und die Festlegung förmlicher Entwicklungsbereiche gäbe. Und die meisten Städte und Gemeinden kümmern sich auch nicht engagiert um die Reaktivierung oder Intensivierung ihrer Schienenverkehrsnetze, vielmehr gibt es eine massive Resignation hinsichtlich der Zukunft des Schienenverkehrs und Aversion gegen die undurchschaubaren und wenig kooperativen Strukturen der DB.

Scenarien einer besseren Verkehrswelt

In den 1970er und 80er Jahren kamen viele Innovationsimpulse von unten, »bottom up«. Angesichts der großen globalen klima- und energiepolitischen Herausforderungen müssen sich jetzt Bund und Länder viel stärker als bisher für »Top Down-Innovationen« engagieren. Sie sind letztlich maßgeblich dafür verantwortlich, ob, wie und wann eine bessere Verkehrsentwicklung möglich wird. Sie können dafür sorgen, daß intelligente Formen der Autonutzung mit Pfand- oder Nachbarschaftsautos ähnlich wie das Taxi als reguläre Teile des öffentlichen Verkehrs, also als so genannte »Publi-Cars« entwickelt werden. Etwa 4 Mio. solcher Publi Cars reichen aus, um die zeitlich, räumlich und qualitativ individualisierten Mobilitätsbedürfnisse aller Bürger zu bedienen und damit die 42 Mio. übrigen Autos entbehrlich zu machen. Solche öffentliche Autos müssen zu einem integralen Bestandteil des öffentlichen Verkehrs werden und überall dezentral zugänglich sein, mit eigenen Haltestellen.

Neuorientierung bei Bund und Ländern.
Weg von Großprojekten hin zu einer breiten Qualitätsoffensive

Bund und Länder müssen den Rahmen für eine Revolution im öffentlichen Verkehr setzen, für eine Angebotsoffensive zu mehr Systemqualität und Kundennähe. Nicht nur der Massentransport großer Passagierströme auf langen Distanzen und wenigen Hauptkorridoren eines Rumpfnetzes soll sie interessieren. Viel mehr Engagement braucht der Nahverkehr mit der Feinverteilung der Personen und Güter im Nah- und Regionalbereich. Dafür braucht man anstelle der fortschreitenden »Jumbotechnik« der Großbehälter (Großraumgelenkbusse, Langzüge bei der Personenbahn, Ganzzüge bei der Güterbahn) eher kleine und mittlere Fahrzeuggrößen (Mini- und Midibus, Straßenbahn, Regionaltriebwagen, Cargo-Sprinter). Dafür braucht man anstelle der immer ausgedünnteren Fahrpläne eine stärkere Vertaktung im Integralen Taktfahrplan und für die kleinen Mengen eine stärkere Bedarfsorientierung (Rufbus, AST, Taxi) bei kleinen Potentialen. Und dafür braucht man angesichts neuer Lebensstile und Bequemlichkeiten ein Maximum an Kundennähe (Faustregel: zehn mal mehr Bahnhöfe und Haltestellen) und Servicequalität (Bistroqualität auch im Nahverkehr, rollende Gastronomie und Hotellerie im Fernverkehr). Entscheidend für die Wirksamkeit des neuen Service ist die durchgängige Systemqualität. Man muß im ganzen Land wissen, dass man jederzeit überall »Anschluß findet«, an allen Knoten problemlos umsteigen kann, alle Transportketten in einem einheitlichen Tarifsystem und mit einer landesweiten Generalkarte bezahlen kann und überall Informationen über Netze und Fahrpläne erhält. Dann wird man dafür gerne auch das nötige Geld ausgeben und braucht nicht mehr das eigene Auto mit seinen hohen Fix- und Betriebskosten. Nach der gleichen Logik werden die Teilsysteme der Güterbahn mit ihren Netzen, Linien und Knoten entwickelt und verknüpft, mit dem Ziel, Gütertransport mit einem Minimum von LKW-Verkehr und einem Maximum von Schienenanteil effizient zu ermöglichen. Dazu gehören die Cargo-Tram sowie Güter-S-Bahnen und Güter-Regionalbahnen und ein dezentrales System von ca. 600 GVZ.

Strukturwandel im Verkehr entfaltet positive Dynamik

In einem solchen effizienten Mobilitätssystem wird die Mobilität für alle Bürger gesichert, mit drastisch reduzierten Umwelt- und Klimabelastungen, Energieverbräuchen, Unfallbelastungen und Infrastruktur- und Betriebskosten und ohne Stau. Städte und Dörfer blühen wieder auf, erleben eine urbane Renaissance, können ihre Ausgaben auf wichtige Sozial- und Bildungszwecke konzentrieren, statt sie immer wieder in Beton, Asphalt, Brücken und Tunnels zu stecken. Natur und Landschaft können sich allmählich erholen. Und der Arbeitsmarkt bekommt viele Impulse, weil im Zuge eines Strukturwandels Mobilitätsservice und Logistik neue Boombranchen werden und weil die stark durchrationalisierte PKW-Produktion allmählich runtergefahren wird, während die viel anspruchsvollere Produktion für den öffentlichen Verkehrs stark anzieht. Hohe Effizienz des Fahrzeugeinsatzes führt weg vom schlecht ausgelasteten »Steh- und Stauzeug« individueller PKW. Sie spart enorme Material- und Betriebsressourcen, erfordert dafür aber einen weit besseren Service und eine modernere Logistik. Beides sind die Zukunftsmärkte der nächsten Jahrzehnte im Verkehr. So wird auch das Grundproblem im Verkehr, die Platzfrage, lösbar: Mit etwa 10 % des Verkehrsraumes kann das gleiche Transportvolumen intelligent und energiesparend bewältigt werden.

Renaissance der Urbanität

Der restliche Verkehrsraum wird den urbansten Verkehrsarten Fußgängerverkehr und Fahrradverkehr zurückgegeben, sie bevölkern Städte und Dörfer mit allen Freiheiten und Bequemlichkeiten, die sie so lange vermissen mußten. Die Verkehrssicherheit ist wieder zu einem realen Grundrecht geworden, Koexistenz im Verkehr ist eingekehrt. Die Urbanität hat eine Renaissance erfahren. Man orientiert sein Leben wieder zu den lebenswerten Straßen. Der Drang ins Grüne ist gestoppt, weil das Grün wieder zurück in die Städte und Dörfer gekommen ist. Nähe und Nachbarschaft sind wieder ernst genommene Qualitäten urbanen Lebens. Die soziale Sicherheit ist zurückgekehrt, weil anonyme, unbelebte Straßenräume nicht mehr existieren. Die Menschen trauen sich wieder auf die Straße, die Kinder ebenso wie die Alten. Ca. 80 Mio. neue Bäume finden Platz in der Stadt, auf Alleen, Promenaden, Plätzen und von Blech und Asphalt befreiten Innenhöfen. Der Städtebau wendet sich wieder

der Straße zu, die Abstandsflächen schrumpfen, die Dichte steigt. Die Straße wird vom Verkehrsraum wieder zum Lebensraum, nicht nur im kleinen Getto einiger Fußgängerzonen, Passagen und Dorfplätze. Hieraus ergeben sich starke Impulse für eine Dezentralisierung der Wirtschaft, weil Kundennähe zum entscheidenden Faktor wird. Eine neue Lust am Flanieren, Kommunizieren und Inszenieren beflügelt die Wirtschaft und die Werbung. »Fast food und fast feelings« sind out, die Lust auf schöne Städte und Dörfer und ihre vielfältigen, intensiven Erlebnisse siegt über die flüchtigen, virtuellen Welten und die Ödnis des autogerechten Suburbia.

Städte zum Leben, zum Genießen, zum Flanieren, Städte für Kommunikation und Kreativität, Städte mit Vielfalt, Kleinteiligkeit, guter Luft, Städte mit vitaler Nähe und Charakter, solche Städte haben Zukunft, solche Städte bieten Suburbia selbstbewusst Paroli, behaupten sich im Wettbewerb gegen öde Autowelten.

Akzeptanz durch Klarheit und Konsequenz

Grundvoraussetzung für den Erfolg eines solchen verkehrlichen und städtebaulichen Reformprogramms ist eine neue Kommunikationsqualität. Am Anfang aller Bemühungen muß der Glaube stehen, daß die Menschen durchaus bereit sein können, ihr routinemäßiges Verhalten zu überdenken und zu verändern. Und daß sie weniger Autoverkehr nicht als Schock und Bedrohung, sondern als Chance und Verheißung wahrnehmen. Es gibt schon heute zahlreiche kommunale Beispiele, wo in Teilbereichen überraschende Verhaltensänderungen möglich wurden. Wo neue Verkehrsangebote durch hohe, sichtbare Qualität und professionelle Präsentation für die »sinnliche Wahrnehmung« ihre Vorteile selbst kommunizierten.

Best Practice nutzen

Beispiele für gute Akzeptanz innovativer Systeme sind die sensationellen Erfolge ausgewählter kleinstädtischer Orts- und Stadtbussysteme und innovativer Regionalbahnsysteme, denen es gelang, die Fahrgastzahlen in kürzester Zeit von meist unter 100.000 im Jahr auf mehrere Millionen zu steigern. Sie haben bewiesen, wie viel Änderungsbereitschaft besteht, weil es eine große Sehnsucht nach mehr Effizienz und Qualität im Verkehr gibt. Dabei wurden in hohem Maße Neu-Fahrgäste aus dem Potenzial der Bürger mit jederzeitiger Autoverfügbarkeit rekrutiert.

Es gibt auch schöne Erfolge kompakter urbaner Neubauprojekte mit hoher Qualität im öffentlichen Raum, denen es gelungen ist, klassisches »Grüne-Wiese-Eigenheimpublikum« in urbane Quartierstypen zu ziehen, weil dort die öffentlichen Räume wirklich etwas zu bieten haben. Es gibt schließlich eine wachsende Akzeptanz modernisierter und verkehrsberuhigter Gründerzeitviertel und der dort ergänzten, maßstabsgerechten Neubauten in Baulücken, wo auch wieder in hohem Maße Familien mit Kindern zum Leben mitten in der Stadt bereit sind.

Qualität der öffentlichen Räume entscheidet. Schluß mit St.-Florians-Strategien

Die überzeugenden Vorteile urbanen Stadtlebens und einer Mobilität mit wenig Autoverkehr müssen also offensiv und mutig dargestellt werden und sie müssen sinnlich wahrnehmbar gemacht werden, durch hohe Qualität der öffentlichen Räume. Die klassische Lösung, Autos »zu verbuddeln«, im Straßentunnel und der Tiefgarage, ist nicht nachhaltig. Solche immens teuren St.-Florians-Lösungen ändern überhaupt nichts am Autoverkehr und seiner Attraktivität, im Gegenteil, sie fördern den Autoverkehr, kaschieren nur punktuell dessen Folgen. Gefragt sind Lösungen, die den Menschen den Zwang zur individuellen Massenmotorisierung nehmen und die Vorteile einer solchen Lösung planerisch, gestalterisch und finanziell auch verdeutlichen. Erst wenn für eine Mobilität ohne Massenmotorisierung überzeugende Organisations- und Gestaltungsmodelle entwickelt sind, wird der Durchbruch bei der Verkehrswende gelingen. Die fiskalische und technische Machbarkeit dieser Mobilitätsalternative mit sehr viel weniger Autoverkehr muß für Verkehrspolitik und Baupolitik, Investoren und Bürger überzeugend dargestellt werden, und zwar nicht nur als isoliertes Pilotprojekt wie dies beim so genannten autofreien Wohnen in letzter Zeit verschiedentlich versucht wurde, sondern als Gesamtstrategie.

Städtebauliche Argumentation entscheidet

Wichtig ist, dass nicht nur verkehrlich argumentiert wird, sondern auch städtebaulich: die Straße als Lebensraum muß mit ihren positiven Seiten herausgestellt werden, um eine neue Lust am Flanieren, Kommunizieren und Inszenieren zu beflügeln. Die Lust auf schöne Städte, Dörfer und Landschaften und die vielfältigen, intensiven Erlebnisse ist schließlich der wichtigste Motor des Tourismus, sie sollte nicht nur zum Reisen animieren sondern die Menschen auch für ihr eigenes Wohnumfeld qualitätsbewußt machen, ihnen die alltägliche Ödnis autodominierter Strukturen verdeutlichen und Wege aufzeigen, diese zu überwinden.

Heiner Monheim

Die Rolle von Großprojekten in der Verkehrspolitik

1. Erfahrungen mit Großprojekten

Ich verfüge aus meiner mittlerweile 40-jährigen Arbeit in der Verkehrspolitik und -planung über mehrfache, frustrierende Erfahrungen mit der speziellen Logik von Großprojekten. Dies betraf sowohl Großprojekte des Hochgeschwindigkeitsbahnverkehrs wie ICE Schnellfahrtrassen und den Transrapid als auch kommunale Großprojekte wie die so genannten 21er Bahnhofsprojekte der DB, insbesondere Stuttgart 21 und Lindau 21, aber auch kommunale U-Bahnprojekte in Bonn, Köln, Düsseldorf, Bielefeld und den Ruhrgebietsgroßstädten und kommunale Straßenbauprojekte wie die beiden Rheinufertunnel in Köln und Düsseldorf. In all diesen Fällen gab es gegenüber den am Ende von der offiziellen Politik favorisierten und teilweise dann auch realisierten Großprojekten wesentlich kostengünstigere und leistungsfähigere, systemverbessernde Alternativen, die in Ermangelung einer ehrlichen, kritischen Prüfung und dank des politischen Drucks »von oben« und des starken Einflusses der Baulobby nicht ernsthaft geprüft worden sind. In allen diesen Fällen siegte die fatale Devise »Beton statt Hirn«, sicher auch deshalb, weil im deutschen Planungssystem sparsamkeitsorientierte, basisdemokratische Elemente stark unterentwickelt sind und es wenig Möglichkeiten gibt, »pharaonenhaftes« Investitionsgebaren der Mächtigen (Ministerpräsidenten, Minister, Oberbürgermeister) zu bremsen.

1.1 Neubaustrecken der DB: Diktat der Korridorphilosophie für die Fernbahn

Meine erste Konfrontation mit der eigenen Logik von Großprojekten begann im Vorfeld der Hochgeschwindigkeitsplanungen für das deutsche Bahnnetz noch zu Zeiten der deutschen Teilung. Im Auftrag des Bau- und Raumordnungsministeriums untersuchte die Bundesforschungsanstalt für Landeskunde und Raumordnung Alternativen zu der von der damaligen Deutschen Bundesbahn vorgesehenen ersten großen deutschen Bahn-Neubaustrecke Würzburg–Hannover. Ziel der Untersuchungen war, den Investitionsaufwand gegenüber der Maximalplanung zu verringern, die Erschließungswirkung und damit den Verkehrswert durch die Anbindung von mehr Regionen und Zentren zu steigern und auf diese Weise zu einer insgesamt größeren Wirtschaftlichkeit zu kommen. Die daraus ableitbare Strategie war klar: man mußte den Neubauaufwand minimieren und auf solche Teilabschnitte beschränken, wo die vorhandene Hauptstrecke zu umwegig, kurven- und steigungsreich und zu wenig leistungsfähig war. Ansonsten mußte man möglichst viele Teile der vorhandenen Hauptstrecke mit einfachen Mitteln ertüchtigten. Vor allem die Zahl und Länge der Tunnels und Brücken galt es auf ein vertretbares Maß zu verringern.[1] Die Ergebnisse waren beachtlich, aber politisch äußerst unliebsam. Sie kamen sogleich in den »Giftschrank«, die Autoren bekamen einen Maulkorb und die Maximaltrasse mußte so schnell wie möglich forciert werden und wurde dann auch, mit den üblichen gigantischen Kostensteigerungen und Monopolisierungseffekten für das sonstige Bahnnetz, gebaut. Sie war die erste von mehreren vergleichbaren »Bolzstrecken«, zu denen vor allem Mannheim–Stuttgart, Köln–Frankfurt und München–Nürnberg gehörten. Jetzt stehen die Folgeprojekte Stuttgart–Ulm und Nürnberg–Erfurt an.

Mit dem dicken Lineal brutal durch die Landschaft, koste es was es wolle – die Logik der ICE- Hochgeschwindigkeitsstrecken mit vielen Kunstbauten (Brücken, Tunnels, Einschnitten und Dämmen)

NBS	Würzburg — Hannover	Mannheim — Stuttgart	Frankfurt/Main — Köln	Nürnberg — Ingolstadt
Länge	327 km	99 km	177 km (Stamm) 219 km (insg.)	89 km
Höchstgeschwindigkeit	250 km/h	250 km/h	300 km/h	300 km/h
Kosten	5,9 Mia €	2,3 Mia €	6 Mia €	3,6 Mia € NBS + ABS
Brücken	214	53	18	58
Tunnel	61	15	30	9
Einschnitte	82 km	40 km	75 km	27 km
Dammlage	77 km	22 km	51 km	22 km

Nach einer ganz ähnlichen Logik wurden auch zu den aktuellen Neubaustrecken Nürnberg–Erfurt und Stuttgart–Ulm Alternativuntersuchungen angestellt. Zu Nürnberg–Erfurt haben Vieregg-Rößler,[2] ein Büro für alternative Bahnkonzepte in München, die Neubau- und Ausbauplanungen der Strecke Nürnberg-Erfurt untersucht, die in der Bahnszene wegen der vielen Tunnel salopp »Thüringerwald-U-Bahn« genannt wird. Auch hier nimmt die offizielle Planung wenig Rücksicht auf Kosten, Relief und Erschließungswirkung, sondern folgt dem »dicken Lineal«. Die Alternativ-Planung von Vieregg-Rößler bindet die Regionen besser an, vermindert die Kosten beträchtlich und steigert die Fahrgastpotentiale. Trotzdem ist die Alternativ-Planung politisch weder bei der Bahn noch bei der Landes- und Bundesverkehrspolitik genehm.

Auch zur Neubaustrecke Stuttgart-Ulm gibt es fachlich gut begründete Alternativplanungen nach der gleichen kostensparenden Logik, die sowohl für das engere Problem im Stuttgarter Talkessel und im HBF Stuttgart wesentlich günstigere, preiswertere Alternativen vorschlagen, als auch für die Strecke Stuttgart Ulm eine ähnlich schnelle, aber deutlich sinnvollere Trassenalternative mit stärkere Nutzung von Bestandsstrecken und besserer Verknüpfbarkeit zum vorhandenen Netz anbieten.[3]

1.2 Tunnelprojekte der Stadt-Bahn NRW: vom Flächensystem Straßenbahn zum Korridorsystem Stadtbahn

Meine einschlägigen Erfahrungen mit Großprojekten wurden dann fortgesetzt in der nordrhein-westfälischen Verkehrspolitik in den Jahren 1985–1995 mit zahleichen extrem teuren Großprojekten für Stadtbahntunnel beim Ausbau der Stadtbahnen in den großen Städten Nordrhein-Westfalens. Geholt hatte mich der damalige Verkehrs- und Städtebauminister Christoph Zöpel in sein Verkehrs- und Bauministerium wegen meiner kritischen Artikel über deutsche Stadtbahn- und U-Bahntunnel.[4] Zöpel sah sich seinerzeit mit langen Wunschlisten von Stadtbahntunneln konfrontiert, aus Bielefeld, Bonn, Bochum, Duisburg, Düsseldorf, Dortmund, Essen, Gelsenkirchen, Köln, Mülheim. Alle diese Projekte wurden begründet mit dem Ziel einer »schienenfreien Innenstadt«. Dieses Ziel erweckt den Einruck, oberirdische Straßenbahnen seien für moderne Innenstädte eine unzumutbare Belastung. Das widerlegen seit langem die faszinierenden Straßenbahnneubauprojekte in französi-

Frankreich hat die Tram wiederentdeckt, mit hervorragender städtebaulicher Integration der Fahrwege und Haltestellen als prominente Aufgabe der Stadtgestaltung. Davon könnte Deutschland viel lernen.

schen Großstädten wie Straßburg, Grenoble, Mulhouse, Bordeaux, Marseille, Lyon. Dort werden Straßenbahnen mit großer stadtgestalterischer Sensibilität als positives Element der Straßenraumgestaltung genutzt. In den deutschen Stadtbahnstädten dagegen galten Schienen als störend. Und das zu einer Zeit, als die gleichen Städte ihre innerstädtischen Hauptverkehrsstrassen mit brutalen Straßendurchbrüchen für City-Ringe und Radialen ausbauten. Von einer autofreien Innenstadt zu sprechen, galt als unverzeihlicher Tabubruch.

Während mit Milliardeninvestitionen im Untergrund versucht wurde, ein paar Minuten Fahrzeitvorteile für die Bahnen rauszuholen, fehlte in allen betroffenen Städten jeglicher Mut, an der Oberfläche durch einfache signaltechnische Maßnahmen und Umprofilierung der Querschnitte den Straßenbahnen Vorrang einzuräumen, so daß die im Tunnel teuer ersparten Minuten oben wieder »verplempert« wurden.

Vor allem aber fehlte den eigens für die Milliardenprojekte gegründeten Stadtbahngesellschaften jegliche Phantasie für die sinnvolle städtebauliche Gestaltung von Stadtbahntrassen. Mit ihren Hochbahnsteigen in sensiblen Straßenräumen und hinter Leitplanken verbarrikadierten Schotter-

Unfreiwillige Komik. Der Haltestelleneingang symbolisiert das von Politik und Ingenieuren erzwungene Abtauchen der Straßenbahn in die Unterwelt. Eine Strategie mit extrem hohen Bau- und Folgekosten und dem Effekt eines Systemwechsels vom Flächensystem zum Korridorsystem.

Die Stadtbahnphilosophie hat mit Hochbahnsteigen, Bolzstrecken im Schotterbett und teuren Tunnelprojekten jede städtebauliche Integration des Schienenverkehrs verhindert

Die Rolle von Großprojekten in der Verkehrspolitik

gleistrassen zerstörten sie vitale Straßenräume. Grüne Gleistrassen und Tramalleen wurden leidenschaftlich bekämpft, wegen angeblicher betrieblicher Nachteile. Ingenieure mit Null Sensibilität für straßenräumliche Qualitäten und städtebauliche Zusammenhänge hatten das Sagen. Diese Strategie hatte nicht nur verkehrlich, sondern auch fiskalisch einen hohen Preis. Denn der ÖPNV-Marktanteil schnellte nach den Milliardeninvestitionen in die unterirdischen Schienenetze nicht etwa rapide in die Höhe, sondern er sank weiter und lag erheblich unter den ÖPNV-Anteilen klassischer Straßenbahnstädte wie Freiburg, Basel, Bern oder Zürich. Am Ende blieb das betrübliche Ergebnis, daß in keiner anderen Region Europas so viel Geld in den Ausbau des ÖPNV gesteckt wurde, wie im Ruhrgebiet, daß aber gleichzeitig diese Investitionsstrategie extrem erfolglos war.

Minister Zöpel beauftragte damals ein Schweizer Verkehrsplanungsbüro, die Gründe hierfür systematisch zu analysieren. Als Methode für den Vergleich wurde die raum-zeitliche Angebotsdichte verglichen, die sich aus dem Produkt von Zahl der Haltestellen und fahrplanmäßiger Bedienung der Haltestellen ermitteln läßt (Summe der Haltestellenabfahrten je Raumeinheit).[5] Der Befund war klar und erschütternd: die Schweizer Städte erreichten mit ihrer viel preiswerteren, primär auf Kundennähe abgestellten Investitionsstrategie dichter Straßenbahnnetze mit vielen Knoten und Haltestellen und dichtem Takt viel größere Erfolge. Im Ruhrgebiet wurden im Schnitt für eine neue Tunnelstrecke drei-vier alte Straßenbahnstrecken stillgelegt. Die Zahl der Haltestellen im kommunalen Schienenverkehr und die Gesamtnetzlänge sanken dramatisch. Damit wurde aus einem Flächensystem Straßenbahn ein Korridorsystem Stadtbahn. Psychologisch hat das zwei negative Effekte. Die so genannte Präsenz, d.h. die Wahrnehmbarkeit und Ablesbarkeit des Schienenverkehrs wird doppelt verschlechtert: im Innenstadtbereich durch den Wegfall der Schienen und Haltestellen, die ja unter der Erde »versteckt« sind. In den übrigen Quartieren durch die Netzausdünnung und den Wegfall vieler Haltestellen. Im Reisezeitbudget werden dadurch die An- und Abmarschwege immer länger, sie werden aber psychologisch immer als besonders unangenehm und langwierig registriert. Die Fahrgeschwindigkeit, die durch die Tunnel gesteigert werden kann, spielt in der subjektiven Reisezeitwahrnehmung dagegen keine große Rolle. Fazit: trotz riesiger Investitionen wird der ÖPNV objektiv und subjektiv schlechter, es gibt eine massive Abwanderung zum Autoverkehr, der ohnehin mit riesigem Aufwand für Straßenbau und Parkraumbau weiter gefördert wird. Angesichts solcher Erkenntnisse versuchte Minister Zöpel eine kritische Überprüfung aller Tunnelprojekte. Allerdings baute sich dadurch ein extrem hoher politischer Druck auf, die lokalen »Fürsten« wollten sich ihre Großprojekte nicht nehmen lassen. Und so wurde der eigentlich geplante und fachlich gut begründete Tunnelbaustop politisch ausgebremst. Die Städte blieben planerisch wie politisch voll auf ihre Großprojekte fixiert und verweigerten sich einem Kurswechsel. Die dringend erforderlichen oberirdischen Beschleunigungsprogramme wurden trickreich verzögert und verwässert. Ausbau und Modernisierung der oberirdischen Netze kamen kaum voran. Ein typisches Beispiel ist die Nord-Süd-U-Bahn in Köln. Auch hier wurde die oberirdische Variante, die man hervorragend mit einem Rückbau der Nord-Süd-Fahrt, einem schlimmen Straßendurchbruch der 1950er Jahre, hätte kombinieren können, politisch verworfen. Statt dessen mußte es das Großprojekt U-Bahn sein, das mit seinen extremen Kostensteigerungen und Verzögerungen derzeit den Spielraum für weitere kommunale Schienenprojekte in NRW drastisch beschneidet.

1.3 Großprojekte beim Straßenbau:
Hochkonjunktur bei Tunnelprojekten

Nicht viel besser lief es mit den Großprojekten im Straßenbau. Auch hier grassierte allenthalben die »Tunnellitis«. Minister Zöpel hatte zwei kritische Artikel von mir über »Tunnelpolitik als Hochschornsteinpolitik« und »Falsche Verkehrsberuhigung durch Stadtautobahntunnel« zum Anlaß

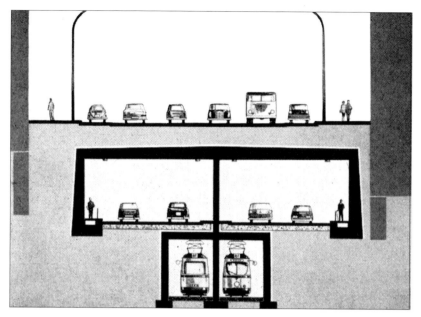

Die »Tunnelitis«, eine fatale Krankheit der Verkehrsplaner und Straßenbauer, mit der sie glaubten, beliebig viel zusätzliche Straßenkapazität schaffen zu können, damit immer mehr Autos in die Stadt und durch die Stadt fahren können. Kosten spielten keine Rolle.

für eine kritische Revision der langen Wunschlisten seiner Straßenbauabteilung, der Landschaftsverbände sowie Straßenbauämter und Kommunen genommen (vgl. Anm. 4). Tunnel wurden als »Ortsumgehung« nach unten für ein Patentrezept gehalten. Zweitweise gab es über 20 verschiedene Tunnelprojekte und das alles kollidierte mit dem begründeten Wunsch, die Straßenbaumittel des Landes deutlich abzuspecken, weil ja eigentlich die Netze nach jahrzehntelangem, hochdotiertem Straßenbau als fertig galten. Zöpel hatte in seinen Reden programmatisch den Schwenk vom quantitativen Netzausbau zum qualitativen Netzumbau angekündigt. Und in Nordrhein-Westfalen wurde auch mutig mit Strategien der Verkehrsberuhigung experimentiert. Bald schon wurde versucht, auch städtische Hauptverkehrsstraßen in die Verkehrsberuhigung einzubeziehen. Schmalfahrspuren, Mehrweckstreifen und linienhafte Überquerungshilfen sowie verschiedene Varianten von Kreisverkehren kamen zum Einsatz. Erste Überlegungen wurden angestellt, in den Großstädten des Landes die immer unerträglicheren Konflikte an den Hauptverkehrsstraßen durch umfangreiche Umbaumaßnahmen zur besseren städtebaulichen Integration und Verkehrsberuhigung zu entschärfen. Just in dieser Lage preschten die Städte Köln und Düsseldorf mit zwei Großprojekten für ihre Rheinufertunnel vor. Mit 200 Mio. und 300 Mio. € handelte es sich um extrem teure Projekte mit minimalem Netzeffekt von 1,3 bzw. 1,7 km Länge. Positiv ist sicher die Kombination der Tunnelprojekte mit begleitenden städtebaulichen Maßnahmen auf der Oberflächen der neuen Rheinuferpromenaden und in den umgebenden Quartieren. Beide Bereiche sind heute als »gute Stube« mit einer besonderen, publikumsorientierten Freiraumnutzung gut angenommen und vielfach bewundert (vgl. die Beiträge von Baier und Schmidt in diesem Band). Und trotzdem muß man kritisch fragen, ob diese Strategie für Köln und Düsseldorf optimal war. Denn alternativ hätte es auch die Möglichkeit gegeben, anstelle der zwei extrem teuren, kurzen Tunnel das gesamte städtische Hauptverkehrsstraßennetz von jeweils ca. 100 km städtebaulich integriert umzugestalten, mit einem viel größeren Breiteneffekt für die städtebauliche Aufwertung, die Umweltqualität, die Verkehrssicherheit und die Verkehrsentwicklung. An den betroffenen Rheinuferabschnitten wären nach dem Prinzip Boulevard oder bei etwas mehr Mut nach dem Prinzip Shared Space modellhafte

Die Städtebauer der Gründerzeit sahen Straßen in erster Linie als Stadträume, die es mit viel Sorgfalt zu gestalten galt. Erst im Autozeitalter wurden die Straßen zu Verkehrsmaschinen degradiert, die kaum noch Platz zum Leben ließen. Vitale Stadträume in der ganzen Stadt zurückerobern, lautet die Devise. Da helfen ein paar Tunnel wenig. Auf allen Hauptverkehrsstraßen braucht man andere Prioritäten

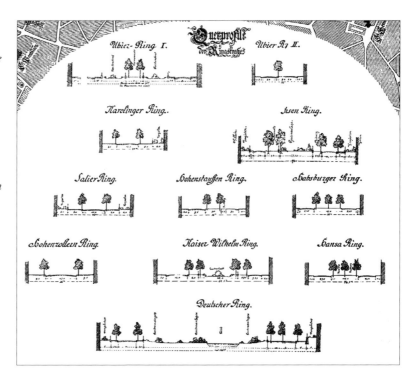

Hauptverkehrsstraßen mit hoher Umfeld- und Aufenthaltsqualität entstanden. Sicher nicht ganz so perfekt wie heute. Aber mit Langsam- und Schmalfahrspuren, sehr breiten Geh- und Radfahrpromenaden unter dichtem Baumbestand hätten sie gegenüber dem vorherigen Zustand trotzdem beachtliche Verbesserungen erfahren. So standen sich also 1,3 bzw. 1,7 km Tunnelbau mit perfektionierter Oberflächengestaltung oder 2 × 100 km Hauptverkehrsstraßensanierung mit großem Breiteneffekt gegenüber. Damit wäre ein beachtlicher Innovationseffekt für die Straßenraumgestaltung und Verkehrsentwicklung möglich geworden, eine echte Trendwende. Die Entscheidung für die kurzen Großprojekte mit Tunnel war für die kommunale und regionale Verkehrsentwicklung fatal. Denn in beiden Städten wurden durch die Tunnel die Reisezeiten im Autoverkehr deutlich verbessert, der gesamtstädtische Autoverkehr hat seit der Eröffnung der beiden Rheinufertunnel deutlich zugenommen. Mit einer systematischen Netzstrategie der Umgestaltung aller Hauptverkehrsstraßen zu Boulevards und Alleen mit intensiver Aufenthaltsfunktion, hoher Qualität für Fußgänger und Radfahrer sowie gestalterisch integrierten Straßenbahn-Achsen hätte man eine Renaissance des Umweltverbunds einleiten können, mit flächenhaften Impulsen für eine positive Stadtentwicklung und Verkehrsentwicklung. Statt dessen votierten beide Städte für die kurzen Tunnel und Minister Zöpel hat sich diesem Druck gebeugt. Der Rest des Hauptverkehrsstraßennetzes beider Großstädte dagegen leidet weiter unter extremem Problemdruck, die Politik gibt sich demgegenüber weitgehend hilflos.

1.4 Großprojekte Transrapid-Metrorapid als aktuelle Beispiele der »Pharaonen-Logik«
Die Betonorientierung in Nordrhein-Westfalen erreichte zur Jahrtausendwende ihren Höhepunkt mit dem massiv betriebenen, am Ende dann aber doch gescheiterten Projekt »Metrorapid«, mit dem sich Wolfgang Clement zunächst als Verkehrsminister und dann als Ministerpräsident als großer

Kaputte Hauptverkehrsstraßen sind der Preis für die Konzentration der Investitionen auf wenige, kurze Tunnelprojekte und für den Verlust jeder stadträumlichen Integration von Hauptverkehrsstraßen. Zu Hochgeschwindigkeitsstraße gesellt sich die öde Hochgeschwindigkeitsarchitektur

Technologieförderer sein Denkmal setzen wollte. Der Transrapid ist ein besonders krasses Beispiel, was passieren kann, wenn Großprojekte ohne Netz- und Systemlogik und ohne genaue Analyse der Verkehrsprobleme und Verkehrsmärkte forciert werden. Schon Ende der 1980er Jahre hatte ein internes Gutachten im Verkehrsministerium zur Relevanz der Transrapid-Technik für das Ruhrgebiet klar gezeigt, daß ein nicht kompatibles Sondersystem Transrapid dort weder verkehrsstrukturell noch siedlungsstrukturell sinnvoll ist. Es wäre ein typisches Korridorprojekt gewesen, mit minimalem Netzeffekt, aber mit massiver Monopolisierung der Investitionen und extrem hohen Kosten. Clement war aber dem mystisch überhöhten Image des Transrapid als weltweit führendes High-Tech-Symbol und dem massiven Druck der im Trägerkonsortium vertretenen NRW-Großkonzerne Thyssen & Krupp trotz vieler Warnungen seiner Beamten sofort erlegen. Er nutzte die nach Absage des Transrapid-Projekts Hamburg-Berlin entstandene neue Lage mit der bundesweiten Suche nach geeigneten Referenzstrecken und verband dies mit der Hoffnung auf eine besondere NRW-Technologie-Show zur Fußballweltmeisterschaft 2006, eine bei genauem Hinsehen von Anfang an völlig illusorische Zeitvorgabe. In der typischen Konkurrenz unter den Bundesländern mit Blick auf die erhofften Fördermilliarden und die unterstellte »Leuchtturmwirkung« eines solchen Großprojekts forcierte er die Transrapid-Planung als »Metrorapid« für das Ruhrgebiet als »Zukunftszug«. Es wurde massiver publizistischer und politischer Druck für das Projekt aufgebaut. Mehrere Gefälligkeitsgutachten zur angeblichen Wirtschaftlichkeit und planerischen Machbarkeit wurden erstellt, mit völlig illusorischen Annahmen. Natürlich formierte sich lokaler, regionaler und vor allem fachlicher Widerstand. Es hätte viele negative Wirkungen auf die konventionellen Schienenverkehre gegeben. Der Problemlösungsbeitrag für die vielfältigen kurzlaufenden Nord-Süd-Verkehre im Ruhrgebiet wäre minimal gewesen. Die Effekte auf die überregionalen IR- und IC-Linien im Lande wären fatal gewesen. Alle diese Kritik half zunächst nichts, Clement und das Metrorapid-Konsortium blieben stur, trotz der astronomisch hohen Kosten. Erst Clements Amtsnachfolger Steinbrück hat dann in nüchtern realistischer Einschätzung der Kosten und Risiken sowie der verkehrlichen Notwendigkeiten das Projekt »beerdigt«. Statt dessen wurde dem Bund und der beteiligten DB eine angemessene Unterstützung für den netzintegrierten Ausbau einer viel leistungsfähigeren, wenn auch nicht ganz so schnellen, viel dichter vertakteten Ruhrexpressachse abgerungen. Typisch ist allerdings, daß die

Umsetzung dieses eher »normalen« Projekts mit deutlich weniger politisch-planerischem Engagement erfolgt als die Anschubphase für den Metrorapid.

Das Scheitern des Metrorapid im Ruhrgebiet war dann für Clements bayrischen Ministerpräsidentenkollegen Stoiber der Anlaß, seinerseits das Projekt einer Transrapid-Flughafenanbindung für München zu forcieren. Auch hier beweist sich die oben schon herausgestellte Sonderlogik solcher Großprojekte. Die Probleme des öffentlichen Verkehrs in München brauchen ganz anderes: seit Jahren fehlt ein weiterer Ausbau der S-Bahn für eine Verdopplung der Kapazität. Die S-Bahn-Röhre zwischen Hauptbahnhof und Ostbahnhof kann die zusätzlich benötigten S-Bahnzüge nicht mehr bewältigen. Außerdem müssen mehrere S-Bahn-Äste verlängert werden und ein S-Bahnring nach Vorbild des Berliner S-Bahnrings wäre dringend nötig für die stark zunehmenden tangentialen Verkehrsverbindungen. Gegenüber diesen dringenden Aufgaben ist der Ausbau der Flughafenanbindung nach Netzbedeutung und Verkehrsmenge eher nachrangig. Es bestehen ohnehin schon zwei Verbindungen, sie könnten durch Überlagerung mit einer Schnell-S-Bahn, die nicht alle Haltestellen bedient, deutlich verbessert werden, hierfür gibt es fertige Pläne der Stadt München. Aber der normale S-Bahnausbau hat wenig Spektakuläres, dafür kann sich ein Ministerpräsident nicht ereifern, da fehlt das »pharaonenhaft Einmalige« eines Transrapid. Also muß nun die Hochgeschwindigkeitstechnik, die eigentlich gedacht ist für die endlosen Weiten der USA, Kanadas, Australiens, Saudi-Arabiens, Chinas oder Rußlands für ein reines Nahverkehrsprojekt pervertiert werden. Nach triumphalen Jubelarien erwiesen sich allerdings wie bei allen Großprojekten die Kostenplanungen als völlig illusorisch, die zwischenzeitlich entstandenen Kostensteigerungen sprengten jedes vertretbare Maß und so mußte trotz jahrelanger gigantischer Lobbyarbeit am Ende das Projekt kleinlaut »beerdigt« werden, nachdem »Pharao« Stoiber als politischer Motor des Projekts abgedankt hatte.

Delikat war an der Münchener Konstellation, daß die Landeshauptstadt selber dieses Großprojekt ablehnte, politisch und auf dem Rechtswege und mit einem Bürgerbegehren. Das unterscheidet diese Konstellation zu den oben beschriebenen Tunnelprojekten in Nordrhein-Westfalen, wo die Kommunen die Großprojekte besonders lautstark wollen und wo – zumindest zeitweise – die Landesregierung eher auf die Netz- und Systemzusammenhänge achten wollte, sich aber am Ende dem Druck der Kommunen beugen mußte.

1.5 Bahnhofs-Großprojekte der »21er Familie«

Ein weiterer Typ von Großprojekten betrifft das Thema Bahnhöfe. Auch hier habe ich einschlägige negative Erfahrungen sammeln müssen, mit den Projekten Frankfurt 21, Stuttgart 21 und Lindau 21. Zunächst ist unbestritten, daß in Deutschland seit Jahrzehnten Bahnhöfe städtebaulich und verkehrlich sträflich vernachlässigt wurden.[6] In vielen Großstädten haben sich deshalb die Bahnhofsviertel sehr negativ entwickelt, als typische Zentren des Drogen- und Rotlichtmilieus, der Billighotels und des Handels mit Ramsch-Waren. Häufig wurden die Bahnhofsumfelder durch Exzesse des Straßenbaus weiter entwertet. Für nötig erachtet wurde der Straßenbau, weil an den großstädtischen Hauptbahnhöfen oft auch die zentralen Paketpostämter und teilweise auch die Güterbahnhöfe oder doch zumindest Frachtknoten der Eisenbahn angelagert waren. Das bedingte starken LKW-Verkehr. Zudem hatte man in den 1960er bis 1980er Jahren ja mit Milliardenaufwand die sich an den Hauptbahnhöfen kreuzenden Straßenbahnlinien als U-Bahnen unter die Erde vergraben, meist bei dieser Gelegenheit auch noch die Fußgänger unter die Erde gesteckt, damit oben der Autoverkehr um so freier fließen konnte.

Außerdem war ein Großteil der ursprünglich in den Bahnhöfen bereitgestellten Verwaltungsnutzflächen in Folge des Personalabbaus und der Zentralisierung der Stellwerke und Verwaltungen entbehrlich geworden. Gleichzeitig wurden die Bahnhöfe aber kommerziell zunehmend interessant wegen der besonderen Privilegien bei den Öffnungszeiten. Auf den Gleisharfen viele Bahnhöfe mobilisierten die Neustrukturierung der Gleisgruppen, die Umstellung auf Wendezugbetrieb, die Umstellung auf automatisierte Betriebsführung und die Verlagerung der Güterbahnhöfe an die Peripherie erhebliche Flächenreserven. Also wurden Grosstadtbahnhöfe, die lange Grauzonen im Schatten städtebaulicher Anstrengungen waren, plötzlich interessant für neue städtebauliche und immobilienwirtschaftliche Entwicklungen. Vergleichbare Projekte in Japan, den Niederlanden und England hatten modellhaft gezeigt, daß an Großstadtbahnhöfen massives Investment mobilisiert werden kann, mit starken Impulsen für die Stadtentwicklung.

Gleichzeitig allerdings verkommen viele Bahnhöfe in Mittel- und Kleinstädten und in der Fläche immer mehr. Die Bahn versucht Tausende dieser kleinen Bahnhöfe zu verkaufen. Sie investiert dort nur noch das verkehrstechnisch nötigste. Schalter- und Warteräume werden geschlossen und vernagelt. Die Bausubstanz verkommt. An der weiteren Entwicklung solcher kleiner und mittlerer Bahnhöfe ist die Bahn wenig interessiert. Und leider kümmern sich dann auch die Kommunen nur

In der Fläche gammeln viele Bahnhöfe still vor sich hin, bevor sie still gelegt werden. Das symbolisiert eindringlich »Unternehmen Abbruch«. Von wegen »Serviceoffensive«. Ein einsamer Automat hilft niemand weiter, wenn er denn überhaupt funktioniert

noch wenig um ihre Bahnhöfe. So ergibt sich ein makabrer Kontrast von »vorne hui« (symbolisch festgemacht am neuen Hauptbahnhof von Berlin als großer Glaspalast) und »hinten pfui« der Tristesse der Normalbahnhöfe im restlichen Netz.

In dieser Ausgangslage wurden Anfang der 1990er Jahre vom damaligen Bahnchef Dürr die so genannten »21er« Projekte lanciert, mit ehrgeizigen Tieflageprojekten für die großen Kopfbahnhöfe Frankfurt, Stuttgart und München. Alle drei Projekte lösten wegen ihrer riesigen Kosten und Eingriffe sehr kontroverse Diskussionen aus, weswegen die Projekte in Frankfurt und München auch bald »beerdigt« wurden zu Gunsten kleinerer, bestandsorientierter und abschnittweise realisierbarer Maßnahmen. Hier war der Widerstand der Bürger- und Bahninitiativen erfolgreich. Mit den minimierten Eingriffen reihen sich Frankfurt und München ein in die beachtliche Liste erfolgreicher bestandsorientierter Hauptbahnhofprojekte mit Bremen, Dresden, Hannover, Leipzig, Köln, Mainz, Mannheim. Am spektakulärsten unter diesen positiven Projekten ist sicher der HBF Leipzig mit seinen Bahnhofsarkaden, einem neuen Shopping Center am Rande der Innenstadt. Bei diesen Beispielen wurden auch die Bahnhofsplätze verkehrsberuhigt und als attraktive Aufenthaltsbereiche neu gestaltet.

Die Rolle von Großprojekten in der Verkehrspolitik

Stuttgart 21 dagegen steht mit seiner gigantischen Konzeption für ein typisches Großprojekt ohne Systemhintergrund und mit maßloser Überdehnung des Bau- und Kostenvolumens. Die bisherigen Bahnhofsfunktionen und große Teile der Zulauf- und Ablaufstrecken sollen in Stuttgart unter der Erde verschwinden. So entsteht ein unterirdischer Durchgangsbahnhof mit sehr begrenzten Gleiskapazitäten, ein Flaschenhals. Die oberirdischen Bahnhofs- und Gleisflächen sollen für lukrative immobilienwirtschaftliche Zwecke umgenutzt werden. Trotz massiver Widerstände von Bürgerinitiativen und Verkehrs- und Bahnverbänden aus Stadt und Region forcieren die Stadt- und Landesregierung, die Stuttgarter Medien, die Region und der Regierungspräsident das Großprojekt.[7] Die Wirtschaftsverbände argumentierten, ein solches Milliardenprojekt dürfe man nicht in Frage stellen. Wer nach Einsparungen und Alternativen suche, begehe Verrat an den regionalen Interessen. Auch als die Kosten gegenüber den ursprünglichen Planungsgrundlagen drastisch stiegen und Bund, Land, Region und Stadt verbissen um ihre Finanzierungsanteile feilschten, kam es zu keiner grundlegenden Überprüfung. Stuttgart 21 wird den Spielraum für weitere Schienenverkehrsprojekte in Bad-Württemberg auf Jahrzehnte radikal beschneiden. Trotzdem halten sich die anderen Regionen »vornehm« zurück, weil grenzüberschreitende Einmischung als unschicklich gilt. Ausnahme ist die Stadt Tübingen, deren Oberbürgermeister Palmer sich schon als Landtagsabgeordneter vehement gegen das Milliardengrab ausgesprochen hatte. Stuttgarts Funktion als wichtiger Knoten zwischen Fernverkehr, Regionalverkehr und Nahverkehr wird durch die Tieferlegung und die damit erforderliche Reduzierung der Gleiszahl massiv beschnitten. Die zunächst bei der Kostenberechnung angenommenen Immobilien-Einnahmen konnten bislang nicht erzielt werden. Für viele Jahre besteht im Raum Stuttgart ein Überangebot an Dienstleistungs-Gewerbeimmobilien. Mit ach und krach hat man wenigstens ein paar öffentliche Nutzer gefunden. Die vom VCD und zahlreichen Experten vorgelegten, wesentlich kostengünstigeren Alternativplanungen mit einem Umbau des bestehenden Bahnhofs und einer Optimierung der bestehenden Gleisfelder wurden trotzdem nicht ernsthaft geprüft.

Ein ganz anders 21er Projekt ist Lindau. Hier will die DB den historischen Inselbahnhof schließen und ihre Immobilien versilbern. Der HBF soll aufs Festland nach Reutin verlegt werden, ins städtebauliche Niemandsland. Der ideale Logistik-Knoten zwischen Schiff, Bahn und Stadtbus soll zu Gunsten weniger Minuten Zeitersparnis für den Fernverkehr (bei deutlicher Zeitverlängerung für den Nahverkehr) aufgelöst werden. Die Stadt und Hotellerie sowie zahlreiche Fachleute haben lange für den Erhalt des Inselbahnhofs gekämpft, die Stadt wurde allerdings von der Landesregierung und DB zunehmend »gefügig« gemacht.[8]

Ein vergleichbares Bahnhofs-Großprojekt in Nordrhein-Westfalen war das »Ufo«-Projekt in Dortmund, die geplanten Bahnhofsüberbauung am Hauptbahnhof für die Aufnahme eines riesigen Urban Entertainment Centers am Rande der Altstadt von Dortmund. Seine Entstehung hat auch was mit dem oben beschriebenen Metrorapid zu tun, denn Dortmund sollte der östliche Endpunkt dieses Großprojekts werden. Auch hier ist die Tragik, daß am Dortmunder Hauptbahnhof zweifellos ein hoher Handlungsbedarf besteht, der ein engagiertes bestandsorientiertes Umbauprogramm rechtfertigen würde und im Rahmen des dafür idealen Zeitfensters der IBA-Emscherpark längst hätte umgesetzt sein können, wie bei den anderen Bahnhöfen der Köln-Mindener Eisenbahn wie z. B. Oberhausen. Als Großprojekt dagegen ist der Umbau gescheitert, obwohl er jahrelang intensiv Kommunalpolitik, Planer und Medien beflügelt hat. Bauvolumen und Investitionsvolumen waren eindeutig ein paar Nummern zu groß.

Inzwischen haben auch viele andere Großstädte den Handlungsbedarf an ihren Hauptbahnhöfen entdeckt, lassen Masterpläne erstellen und werden, wenn sie dabei behutsam und bestandsorientiert verfahren, gute Realisierungschancen haben.

2. Kritische Dimensionen von Großprojekten

Die geschilderten Erfahrungen haben mich veranlaßt, umfassendere Überlegungen zur Rolle von »Großprojekten« anzustellen. »Großprojekt« klingt einerseits negativ wie »größenwahnsinnig«, »protzig«, »verschwenderisch«, »gigantisch«, das passende Menetekel ist der Turmbau zu Babel. Positiv dagegen assoziiert wird die Bedeutung von »großartig«, »exzeptionell«, »einzigartig« oder »leuchtturmmäßig«.

2.1 Monopolisierungs- und Konzentrationseffekt

Das große Investitionsvolumen von Großprojekten ist der Hauptgrund für den Monopolisierungseffekt. Großprojekte sind aus finanziellen Gründen nicht verallgemeinerbar. Sie zwingen zur räumlichen Konzentration auf einen oder wenige Standorte. Im Verkehr bedeutet das vor allem, daß sie nicht flächennetzbildungsfähig sind, weil der Preis pro Einheit (Kilometer Strecke, Stück Knoten und Stück Fahrzeug) einfach zu groß ist. Typische Beispiele sind Transrapid, ICE, U-Bahntunnel. Sie verhindern eine breite Netzbildung, sie zwingen zu so genannten Rumpf- und Korridornetzen. Die finanzielle Monopolisierung hat eine starke räumliche Konzentration zur Folge.

Es gibt allerdings eine Ausnahme: den Autobahnbau. Auch hier handelt es sich im Vergleich zum normalen Straßenbau von den Kosten je Einheit um Großprojekte. Weil aber bei Autobahnen immer von einer Netzüberlegung und systematischen Ausbaupolitik ausgegangen wird, fließen Jahr für Jahr die Autobahnmittel üppig, es gibt daher keinen Monopolisierungs- und Konzentrationseffekt. Nicht umsonst lautete die Verheißung des Leberplans: Jeder sollte nach wenigen Kilometern die nächste Autobahn erreichen, alle Regionen sollten Autobahnen kriegen.

Auch im Stadtverkehr gibt es ärgerliche Konzentrationseffekte von Großprojekten. Hier haben die Korridorsysteme der U-Bahn die weit verzweigten Straßenbahnnetze abgelöst, vielfach mit der Folge massiver Fahrgastrückgänge, weil die Kundennähe verloren ging. Dieser Effekt wird vielfach statistisch nicht bemerkt, wenn man ausschließlich Querschnittszählungen nutzt. Wenn im neuen U- oder Stadtbahnkorridor nachher mehr Fahrgäste fahren als vorher, beruht das meist nicht auf einer generellen Nachfragesteigerung, sondern auf einer räumlichen Konzentration der verbliebenen Fahrgäste. Vorher fuhren sie auf vier verschiedenen Linien, jetzt gibt es nur noch eine, auf die sich die ganze Nachfrage bündelt.

Im Bahnsystem verschwanden dank der Konzentrationsstrategie trotz eines riesigen Investitionsvolumens in wenige Neu- und Ausbaustrecken am Ende gut 25.000 Kilometer Schienennetz und gut 6.000 Bahnhöfe. Kein Wunder, dass der Marktanteil der Schiene im Personen- und Güterverkehr auf marginale Restmengen abstürzte.

2.2 Milliardengrab

Bei vielen Großprojekten kann man den erwarteten verkehrlichen und wirtschaftlichen Effekt bezweifelt, deshalb sprechen Kritiker gern vom »Milliardengrab«. Die ökonomische Rechnung der Befürworter unterstellt meist eine viel zu große Nachfrage oder Auslastung oder einen viel zu großen Umsatz. Beim Rhein-Main-Donau-Kanal wurde die prognostizierte Zahl der Schiffe und Größe der Tonnagen nie erreicht. Bei Stuttgart 21 wurden die erhofften Grundstückserlöse nie erreicht. Beim Metrorapid wurden illusorische Fahrgastzahlen prognostiziert, um sich die Projekte »gesund zu rechnen«. Ähnlich daneben liegen bei Großprojekten oft die angegebenen generellen und regionalen Arbeitsplatzeffekte. Meist »sahnen« wegen der sehr speziellen Bau- und Ausrüstungsaufgaben überregional tätige Großkonzerne bevorzugt ab, für die regionale Wirtschaft und deren Klein- und Mittelbetriebe bleiben nur kümmerliche Reste.

Die Rolle von Großprojekten in der Verkehrspolitik

Großprojekte sind immer sehr komplex angelegt und in der Planung und Realisierung zeitaufwendig. Wegen ihrer kritischen Teilaspekte mobilisieren sie natürlich auch gern Widerstand. Daher hauen die Planungs- und Realisierungszeiten selten hin. Und so laufen Großprojekte im Laufe der Zeit meist kostenmäßig aus dem Ruder. Zum Beispiel, weil gegenüber den früheren Kostenschätzungen die Teuerung massiv zuschlägt. Oder weil unvorhergesehene neue Kosten entstehen, etwa beim Grunderwerb, bei der planerischen oder baulichen Realisierung oder durch verschärfte Umweltauflagen und Ausgleichsmaßnahmen. Der wichtigste Kostensteigerungsfaktor ist allerdings die »Wahrheit«, weil die meisten Großprojekte zunächst trickreich »schön gerechnet wurden«, um die Politik zu ködern. Nachher, wenn alle Beschlüsse gefaßt sind und der Bau nicht mehr gestoppt werden kann, kommt dann die teure Wahrheit ans Licht, dann mag der Rechnungshof noch jammern, aber juristisch und politisch kann niemand mehr so recht belangt werden.

2.3 Gigantische Folgeprobleme

Ein anderer wichtig Aspekt von Großprojekten sind die (meist in der Diskussionsphase klein geredeten) gigantischen Folgeprobleme. Die immense Investitionsgröße bedingt riesige Eingriffe durch den gigantischen Flächenverbrauch (z. B. für Großflughäfen, Großwasserstraßen, Autobahnkreuze oder Hochgeschwindigkeitsstrecken der Bahn), Materialumsatz für die notwendigen Erdbewegungen und Grundwassereingriffe (z. B. bei Tunnelprojekten, Staudämmen oder Tagebauprojekten), durch den immensen Energieumsatz und Schadstoffausstoß (z. B. bei Müllheizkraftwerken, Flughäfen, Chemiegiganten) oder die immensen Sicherheitsrisiken (z. B. bei Kernkraftwerken, Großflugzeugen oder Großstaudämmen). Diese Folgeprobleme motivieren vielfach massiven Widerstand seitens der unmittelbar betroffenen Anlieger, nicht selten mit der Folge langwieriger rechtlicher Klärungen.

3. Im Schienenverkehr verdienen nur Netz- und Systeminvestitionen wirkliche »Größe«

Man könnte diesen Sündenkatalog von Großprojekten als Basis für ein generelles »Credo« in Richtung auf »small is beautiful« nutzen. Aber gerade beim Schienenverkehr würde das dann möglicherweise leicht mißverstanden in Richtung auf eine generelle Investitionsminimierungsstrategie. Und die wäre falsch, weil sie den unbefriedigenden Status quo festschreiben würde. Investiert werden muss also schon, und zwar mit beachtlichen Volumina, für die Renaissance der Schiene. Aber die Investitionen müssen system- und netzwirksam sein. Was das konzeptionell bedeutet, kann man gut aus der Geschichte der Gründerzeit der Bahnen in Europa und Deutschland lernen. In der Gründerzeit der Bahn waren von Anfang an Systemdenker am Werke, die bald eine starke Vision von den Notwendigkeiten und Leistungsfähigkeiten einer guten Bahn entwickelten, die selbstverständlich im Personen- und Güterverkehr sowie im Nah- und Fernverkehr voll entwickelt werden sollte. Basis des Investierens waren die polyzentrischen Raum- und Siedlungsstrukturen mit vielen Metropolen, vielen Großstädten und sehr vielen Mittel- und Kleinstädten. Das erforderte einen breiten Netzansatz mit einem »Maschennetz« aus vielen Strecken und Knoten. Angesichts der damals noch hohen Wirtschafts- und Transportbedeutung der Landwirtschaft und der vielen Einwohner in ländlichen Regionen war klar, daß auch alle ländlichen Regionen in das Bahnnetz einzubeziehen wären. So entstand sehr bald die Flächenbahn mit Schienenanschluß bis in den letzten Winkel.

Wegen des gigantischen Netzausbaus war Wirtschaftlichkeit oberstes Gebot. Man wollte schnell überall investieren, aber immer nur so viel, wie für den Erfolg des Netzes nötig war. Man differenzierte den Aufwand zwischen den Vollbahnen mit Fernverkehr, Regionalbahnen und Kleinbahnen oder Lokalbahnen. Trotz solcher systemgeleiteter Sparsamkeit gab es insgesamt einen breiten Ehrgeiz, allen Regionen Anschluß zu bieten. Denn man wollte ja universeller Verkehrsdienstleister sein, der an allen Geschäften partizipieren konnte. Aus Kostengründen wurden Bahnstrecken geschickt und sensibel landschaftlich integriert, um teure Eingriffe in Relief und Landschaft zu minimieren. Tunnels und Brücken beschränkte man auf die Fälle, wo sich der Abkürzungseffekt wirklich rentierte bzw. eine alternative Trasse noch teurer gewesen wäre. Trotzdem sparte man nicht an der gestalterischen Qualität der Bauwerke, die man liebevoll ausgestaltete, z. B. Bahnhöfe, Viadukte, Tunnelportale oder Bahnwärterhäuschen. Hier wurde Bahnkultur gepflegt. Die Hochbauten der Bahn galten neben dem Design der Fahrzeuge als ihre wichtigste Visitenkarte. Sie wurden liebevoll, kreativ und

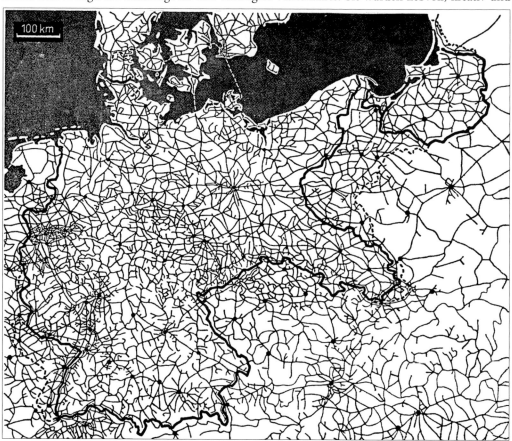

Das deutsche Bahnnetz zu Zeiten seiner größten Blüte. Damals gab es eine echte Flächenbahn und sie war sehr erfolgreich.

repräsentativ gestaltet, sie symbolisierten die große Bedeutung des Verkehrsmittel Bahn. Die seinerzeit bestehende »Regionalisierung« in viele Landes- und Regionalbahnen motivierte eine regionale Architektur, ohne die standardisierte Dutzendware heutiger Einheitsbahnhöfe. Das kulturelle, technische und ökonomische Selbstbewußtsein der Bahnen legitimierte Bahnhöfe als »Kathedralen des Fortschritts«. Aber dieser Ehrgeiz beschränkte sich nicht auf wenige Großprojekte sondern betraf das gesamte System mit allen Bahnhöfen.

Gespart wurde auch nicht am differenzierten Service, weder bei den Fahrzeugen noch bei den Bahnhöfen. Man wollte der Kundschaft die große Bedeutung demonstrieren, im ganzen Netz im ganzen Land, zeitweise mit über 4.000 Neubaukilometern jedes Jahr. Das war nun wirklich ein gigantisches Großprojekt, aber es bestand aus Tausenden von Strecken und Knoten. Konzipiert haben es visionäre Wirtschafts- und Verkehrsexperten sowie Kapitalgeber wie List oder Hansemann. Sie wußten, daß eine gute Erschließung des Landes mit Bahnen die Wirtschaft beflügeln würde, dass der Bahnanschluß den Regionen Zugang zu neuen Märkten und Arbeitskräften garantierte. Später kam leider auch das militärische Kalkül dazu, das die deutschen Länder veranlaßte, sich auch aus diesem Grunde einem weiteren Ausbau der Bahnen zu widmen, um Truppen und Kanonen schnell an allen Grenzen versammeln zu können.

Bahnarchitektur in der Bahnblütezeit. Damals wurde Bahnhöfe, Brücken und Tunnels liebevoll und repräsentativ gestaltet, wie hier in Nürnberg.

Jedenfalls herrschte seinerzeit ein tief begründetes Systemdenken in nationalen, regionalen und lokalen Dimensionen. Ausreichender Anschluß durch hohe Netzdichte war gängige Forderung aller Verantwortlichen in Politik und Wirtschaft. Mit dieser Strategie war das deutsche Bahnnetz lange das dichteste in Europa und die absolute Nr. 1 im Fern- und Nahverkehr, Personen- und Güterverkehr. Mit diesem Bahnkonzept wurden Milliarden von Goldmark verdient. Nur gelegentlich verspekulierten sich Investoren, dann gingen kleinere Bahngesellschaften auch mal pleite.

4. Marginalisierung und »Peripherisierung« der Bahn dank Großprojekten

Das ist leider Geschichte, denn mit der systematischen Abkehr der Verkehrspolitik von der Bahn begann der allmähliche Rückzug aus der Fläche als Beginn einer fortschreitenden Marginalisierung.

4.1 Rückzug aus der Fläche

Zunächst begann der Rückzug aus der Fläche vorrangig mit Stillegungen so genannter Nebenstrecken, d.h. der fein verästelten »Wurzeln«, die die Bahn früher fest in der Fläche verankert haben. Der erste entscheidende Fehler war die Konzentration der Elektrifizierung auf die Hauptstrecken. Anders als in der Schweiz führte diese duale Strategie bald zu einem Zweiklassensystem im Bahnnetz und zu einem wenig wirtschaftlichen Nebeneinander von drei Traktionsarten: Dampf-, Diesel- und Elektrobahn. Viel Zeit und Kapazität und viel Kapital wurde durch die unterlassene Systemmodernisierung verspielt. Dieser fortschreitende Schrumpfkurs steht in eklatantem Widerspruch zu dem seinerzeit beschworenen rasanten Verkehrswachstum, dem eigentlich die Infrastruktur schnell angepaßt werden sollte. Also wäre eigentlich Ausbau statt Abbau nötig gewesen. Doch der Netzausbau beschränkte sich auf die Straße. Bei der Schiene regierte Kahlschlag. Fast alle Kreis- und Kleinbahnen wurden stillgelegt. Ähnlich erging es vielen kommunalen und regionalen Straßenbahnen. Und auch die regionalen Bahnnetze wurden geplündert, in großen Teilen nicht mehr ausreichend modernisiert und immer liebloser betrieben. In Bund, Ländern, Regionen und Gemeinden hatten sich Politik und Ingenieure, Bahnbeamte und Finanzverantwortliche mental von der Flächenbahn verabschiedet. Sie präferierten eine Korridorbahn. Die Investitionspriorität aller Ebenen lag beim Autoverkehr, mit dem stürmischen Ausbau von Autobahnen und Bundesstraßen, Landesstraßen, Kreisstraßen und Gemeindestraßen sowie Parkraum. Dieser Ehrgeiz wurde von der Autolobby massiv angestachelt, im Dienste der Massenmotorisierung. Das nötige Geld spülten die Automatismen von Erschließungsbeitragsrecht, Mineralölsteuer und Kraftfahrzeugsteuer Bund, Ländern und Kommunen regelmäßig in die Kassen. Und es wurde klaglos für Straßen ausgegeben, ohne dass man von Defiziten und Lasten redete. Die Bedarfs- und Ausbauplanverfahren funktionierten »quasi auf Zuruf«, Abgeordnete übertrumpften sich mit immer neuen Ideen für neue Straßenprojekte. Und diese Straßenbauorgie ist noch lange nicht zu Ende. 2.400 neue Straßenprojekte wurden zum letzten Bundesverkehrswegeplan angemeldet, dem stehen lächerliche 40 Schienenprojekte gegenüber.

Seit 1980 hat der Rückzug der Bahn auch mehr und mehr das Kernnetz erfaßt. Viele Mittelzentren und fast alle Kleinstädte wurden nach Auslaufen des D-Zug-Systems vom Fernverkehr abgehängt. Vorübergehend brachte die Einführung des Inter Regio noch mal kleine Verbesserungen für die Regionen. Nachdem aber seit Mitte der 1990er Jahre auch der Inter Regio den Börsenplänen der Bahn geopfert werden mußte und schrittweise ausrangiert wurde, verloren auch immer mehr Oberzentren ihren Anschluß an den Fernverkehr. Während die Nachbarländer den IR schrittweise ausbauen und damit große Erfolge erzielen, wird in Deutschland die Konzentrationsphilosophie mit einer völligen Dominanz des ICE im Fernverkehr und damit einer Konzentration auf die Neubau- und Ausbaustrecken fortgesetzt. In Kürze wird auch das überkommene IC-System der Rationalisierungswut und den Börsenplänen der Bahn weichen müssen. Dann wird der Fernverkehr der Bahn vollends marginalisiert.

4.2 Stadträumlicher Rückzug an die Peripherie

Früher war es vor allem ein Privileg der Schienen, mitten in die Orte zu führen. Denn Schienen brauchten viel weniger Platz, waren besser verträglich und konnten architektonisch gut der Umgebung angepaßt werden. Seit dem Einzug der Hochgeschwindigkeitstechniken verliert die Bahn das Interesse an den Zentren und orientiert sich auf die Peripherie um. Vorbild ist der französische TGV, der in verschiedenen Städten seine neuen Bahnhöfe an der Peripherie am Autobahnkreuz hat (z. B. Avignon). Hochgeschwindigkeitstrassen lassen sich aus physikalisch-psychologischen und städtebaulichen Gründen nur schwer in Innenstädte integrieren. Das lehrt auch das Beispiel der Autobahnen. Sie vergewaltigen im Stadtraum Urbanität und Lebensqualität. Also zwingt man sie in Tunnel, was diese Straßen um den Faktor 20 teurer macht. Und so sollen nun also immer öfter auch die Neu- oder Ausbautrassen der Hochgeschwindigkeitsbahn samt ihren Bahnhöfen im Tunnel verschwinden oder an die Peripherie umgeleitet werden. Z. B. wird für Mannheim der Ersatz des innerstädtischen Bahnhofs am Schloß durch einen neuen Peripheriebahnhof am Autobahnkreuz erwogen. Flughäfen könne man ja auch nur an der Peripherie unterbringen. Der Bahnhof in der »Pampa« am Großparkplatz widerspricht den Mobilitätsbedürfnissen: Innenstadtbahnhöfe werden von ca. 80% aller Kunden zu Fuß oder mit dem Fahrrad erreicht, von 15% mit Bus und Straßenbahn und nur von 5% mit Taxi oder Privatauto. Viel sinnvoller ist es, den Bahnhöfen Anschluß an eine große Fußgängerzone und an die zentralen Bus- und Trambahnknoten zu verschaffen. Erklärlich wird diese konzeptionelle Fehlorientierung durch das hochgeschwindigkeitsbedingte Selbstverständnis vieler aktueller Bahnmanager. Sie können sich eine moderne Bahn nur »als Flugzeug auf Rädern« vorstellen.

Die fatalen Konsequenzen dieser Fehlorientierung kann man auch an zwei anderen, kleinen Details im Bahndesign erkennen, nämlich an der Türbreite und Fenstergröße. ICE haben schmale Türen, im typischen »Fliegerformat«. Brauchen würden sie angesichts der großen Fahrgastwechselzahlen beim Ein- und Ausstieg eigentlich doppelt- oder drei mal so breite Türen. Aber breite Türen gelten den deutschen Bahndesignern als S-Bahn-typisch. Davon soll sich der ICE deutlich absetzen. Und so fahren die ICE regelmäßig massive Verspätungen ein, weil die Fahrgastwechsel bei schmalen Türen sehr viel länger dauern, zumal auf Strecken mit kurzer Haltefolge wie z. B. auf der Rhein-Ruhr-Schiene zwischen Mannheim und Hamm.

Ähnlich kontraproduktiv wird bei der Hochgeschwindigkeit mit dem Reiseerlebnis und der Reisekultur verfahren. In Mittelgebirgslagen und verstädterten Regionen bleiben große Teile der Strecken im Tunnel und hinter Lärmschutzwänden verborgen. Der eigentliche Reisegenuß durch Blick in die Landschaft und auf die durchfahrenen Orte ist verbaut. Dann kann man auch die Fenster immer kleiner machen, fast schon wie beim Flugzeug. Das löbliche Gegenteil dazu ist der »gläserne Zug« mit Rundumsicht und purem Reisegenuß. Bei der Hochgeschwindigkeitsbahn dagegen reduziert sich das Reisen auf die reine Beförderung, weshalb die DB in den neuen ICE-Bistros mit den Stehtischen das Rausschauen aus dem Fenster unmöglich macht. Für Reiseerlebnis ist eben die Konkurrenz, die Autowerbung zuständig.

5. Gründe für »dusselige« Großprojekte

Angesichts der geschilderten Probleme von Großprojekten muss man um so intensiver fragen, welche typischen Mechanismen trotzdem immer wieder zum Entstehen neuer Großprojekte führen?

5.1 Rekordsucht der Techniker und Politiker

Techniker, Sportler, Architekten und Politiker neigen allesamt zur Rekordsucht. Höher, schneller, weiter ist die Devise. Wer das höchste Hochhaus baut oder die längste Brücke oder die schnellste Bahn, das schnellste Flugzeug oder das schnellste Auto, ist der Star. Und in der Politik gilt als »toller Kerl«, wer es schafft, das teuerste Projekt »an Land zu ziehen«. Das ist wie beim Angeln, wo es auch so etwas wie die Konkurrenz um den besten Fang, die größte Trophäe gibt. Diese Art von rekordsüchtiger Konkurrenz hat wenig mit der Bewältigung von Verkehrsproblemen zu tun, für die Politiker, Unternehmer und Techniker eigentlich vor allem da sind, um das Los vieler Menschen zu verbessern und sinnvolle Märkte zu bedienen. Das Hochgeschwindigkeitskonzept resultiert aus dem »spätpubertären« internationalen Wettbewerb der japanischen, französischen und deutschen Bahntechniker. Der japanische Shinkansen und der französische TGV lagen nach der Entwicklungsreife, Anwendung und Tempo weit vorn. Diesen »Vorsprung« galt es in deutschem Entwicklungsehrgeiz aufzuholen, da waren sich alle Verkehrsminister und Bahnvorstände einig. Darum dann auch die Doppelstrategie mit Transrapid und ICE. Ganz im Sinne der Rekordsucht haben bei der Bahnpolitik dann die Ministerpräsidenten mit ihrem pharaonenhaften Wettbewerb um Großprojekte die Vorlagen der Technologie- und Bahnpolitik aufgegriffen.

5.2 Ignoranz gegenüber dem Verkehrsmarkt und der Siedlungsstruktur

Hochgeschwindigkeit lohnt sich wegen des exponenziellen Anstiegs der Kosten für Bau und Betrieb nur, wenn auf dem entsprechenden Korridor große Passagiervolumina abgefahren werden. Das trifft z. B. für Japan zu, wo die wenigen Metropolen alle linear hintereinander aufgereiht liegen oder für Frankreich, wo alle großen Verkehrsströme radial auf Paris zulaufen. Deutschland Verkehrsmarkt

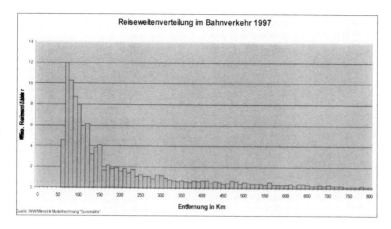

Im Bahnfernverkehr über 50 km dominieren eindeutig die Distanzen zwischen 50 und 150 km. Für sie ist die Hochgeschwindigkeit völlig irrelevant, wichtig wäre eine durchgängige Systemgeschwindigkeit. Die Hochgeschwindigkeitsbahn bedient einen minimalen Markt, dafür aber monopolisiert sie fast alle Netzinvestitionen.

»tickt ganz anders«. Im deutschen Mobilitätsalltag dominieren die kurzen und mittleren Entfernungen, wegen der sehr dezentralen, polyzentrischen Siedlungsstruktur. Das deutsche Fernbahnnetz muss etwa 1.300 Groß-, Mittel- und Kleinstädte untereinander verbinden, mit einem weit verzweigten Netz. Trotzdem verfolgt die DB das Bündelungsprinzip. Das Auskunftssystem und der Verkauf versuchen, möglichst viele Menschen auf die Schnellfahrkorridore zu zwingen. Die parallelen Bahnstrecken werden künstlich »ausgehungert«, so z. B. im Rheintal und auf der Achse Hagen–Frankfurt.

Die Fragwürdigkeit der Hochgeschwindigkeitsphilosophie läßt sich durch gedankliches Übertragen auf den Autoverkehr verdeutlichen. Es macht wenig Sinn, mit Ferraris und Porsches die Mobilitätsprobleme des Alltags lösen zu wollen. Darum werden diese »Boliden« auch nur in sehr begrenzter Stückzahl hergestellt. Sie sind sehr teuer, weil ihre überzüchtete Konstruktion viel Geld kostet. Und weil auch ihr exklusives Image im Preis abgebildet wird. Sie können auf den überwiegend mit gutem Grund geschwindigkeitsbegrenzten Straßennetzen Europas ihre Power ohnehin kaum ausfahren. Es geht bei ihrer Herstellung also um den – allerdings für kleine Firmen durchaus profitablen – Verkauf einer Illusion. Und es gibt für sie auch keine »Spezialhochgeschwindigkeitsstraßen«, sondern sie müssen sich den Verkehrsraum mit allen anderen Fahrzeugen auf den Autobahnen teilen. Für eine große Firma und einen Massenmarkt, was beides für das Bahngeschäft typisch ist, ist die Strategie von Porsche und Ferrari kaum sinnvoll. Und für den Straßenbau schon gleich gar nicht.

5.3 Technologie- und Bauwirtschaftslobbyismus

Großprojekte sind immer das Resultat immenser Lobbyanstrengungen der Bauwirtschaft und der von der jeweiligen Technologie profitierenden Industrien. Exemplarisch dafür war der Transrapid. Am Anfang stand der Wunsch nach Technologieförderung. Mit über einer Milliarde Forschungsgeld wurde die technische Entwicklung forciert. Dann wurde die Teststrecke im Emsland gebaut. Es folgte ein massives politisches Lobbying, das Tausende von Mandatsträgern und Journalisten für High Speed à la Transrapid begeistern sollte. Das Herstellerkonsortium für die Fahrzeuge und den Fahrweg forcierte den öffentlichen Druck hinsichtlich einer notwendigen deutschen Referenzstrecke. All das dauerte 15 Jahre. Und lenkte in dieser Zeit von einer seriösen politischen Diskussion der deutschen Bahnzukunft ab, trotz der zwischenzeitlich auf den Weg gebrachten Bahnreform. Die Suche nach einer geeigneten Referenzstrecke führte zu fünf Aspiranten, jeweils massiv von den Ministerpräsidenten und Landesverkehrsministern sowie den regionalen Abgeordneten unterstützt. Berlin–

Die Rolle von Großprojekten in der Verkehrspolitik

Hamburg, Düsseldorf–Dortmund, Frankfurt–Hahn, München–Flughafen und Norddeutschland–Niederlande waren die Alternativen. Über den Sinn der Technik und ihre Angemessenheit auf dem deutschen Verkehrsmarkt wurde kaum noch diskutiert. Parteiübergreifend gab es großen Druck auf die Bahn, beim Transrapid einzusteigen, obwohl es ganz offenkundig primär um Industrie- und Bauwirtschaftsförderung ging. Die Lobby operierte zunächst mit beachtlichem Erfolg, was das politische Interesse und die Zahlungsbereitschaft des Bundes anging. Der »Sex Appeal« von High Speed und futuristischem Fahrzeugdesign zeigte starke Wirkung.

Vor der Transrapid-Diskussion hatte schon die ICE-Diskussion zwei Jahrzehnte die Bahnpolitik unheilvoll dominiert. Auch hier begann es mit der Forcierung der Hochgeschwindigkeitstechnik mit Forschungs- und Entwicklungsgeld für den ICE. Parallel wurden die ersten Hochgeschwindigkeitsstrassen in Deutschland geplant, Hannover – Würzburg und Mannheim – Stuttgart. Die ICE-Entwicklung stand unter dem Druck des internationalen Systemwettbewerbs mit dem japanischen Shinkansen und französischem TGV. Es ist typisch, dass die parallel dazu in anderen europäischen Ländern entwickelten Zugkonzepte für optimierte mittlere Geschwindigkeiten um 200 km/h wie der X 2000 in Schweden oder der spanische Talgo oder der italienische Pendolino viel weniger Interesse fanden, obwohl sie von Anfang an im netzbildenden Verkehr viel besser eingesetzt werden konnten, und zwar sowohl für die langlaufenden Linien wie auch für mittlere Distanzen. Ihnen fehlte aus deutscher Sicht die Fähigkeit zum Tempo-Bolzen, sie waren zu bescheiden und blieben daher unbeachtet. In der Schweiz dagegen wurden sie systematisch eingesetzt, um die Reisezeitgewinne, die für Bus und Bahn 2000 nötig waren, bei möglichst geringem Bauaufwand zu realisieren.

5.4 Vom Fluch der Pharaonen

Für das Zustandekommen von Großprojekten spielen Ministerpräsidenten eine große Rolle. Dafür sind Transrapid und ICE klare Beispiele. Nach dem Scheitern der ersten Transrapidstrecke Hamburg-Berlin versteifte sich der seinerzeitige nordrhein-westfälische Ministerpräsident Clement auf »seinen« Metrorapid von Düsseldorf nach Dortmund. In Konkurrenz dazu meldete der rheinland-pfälzische Ministerpräsident Beck den Transrapid zum Flughafen Hahn im Hunsrück, wo man in den letzten Jahrzehnten praktisch alle Schienenstrecken stillgelegt hatte, um jetzt plötzlich seine Liebe für die teuerste aller denkbaren Schienen zu entdecken. Dies Projekt war allerdings schon nach wenigen Wochen erledigt. Die realistische Reaktivierung der Hunsrückbahn dagegen hat weit weniger politischen Rückenwind und kommt nur mühsam vorwärts. Schließlich blieb als letzte deutsche Trasse das Lieblingsprojekt des langjährigen bayerischen Ministerpräsidenten Stoiber zum Flughafen Erding, das dank explodierender Kosten und unsicherer Finanzierung nach dessen Ausscheiden aus dem Amt schnell beerdigt werden mußte. Beim ICE-Hochgeschwindigkeitsausbau hatte sich der damalige thüringische Ministerpräsident Vogel als Postulat seines Bundeslandes gegen die seinerzeitige Bevorzugung der Neubautrasse Köln–Frankfurt seine Hochgeschwindigkeitsneubaustrecke Nürnberg–Erfurt garantieren lassen. Die Logik ist immer die gleiche. Zahlen soll vor allem der Bund. Die Wirtschaftlichkeit interessiert nicht. Und mit einer integrierten Bahnpolitik hat das alles nichts zu tun.

Bei all diesen Großprojekten wird so getan, als ob Geld keine Rolle spielte, wird nicht nach preiswerten und weit besser wirksamen Alternativen gesucht. Das dicke Lineal gibt ohne Rücksicht auf Relief und Städtenetze die Trasse vor, auch wenn man dann kaum noch die vorhandenen Altstrecken nutzen kann und die meisten Städte und Regionen plötzlich vom Netz abhängt. Da ist nichts von Bestandsorientierung, Behutsamkeit und Bescheidenheit zu spüren, erst recht nichts von Wirtschaftlichkeit. Denn wirtschaftlich ist ein Netz, das mit kleinem Aufwand große Wirkung erzielt, also alle Verkehrsmärkte anbindet und seine Standards am Verkehrsmarkt orientiert. Ein wirtschaftliches

Netz macht bei 200 km/h als Höchstgeschwindigkeit Schluß, kommt auf großen Teilen des Netzes auch mit 120–160 km/h und in den Regionalnetzen mit 80–120 km/h aus. Das wirtschaftliche Netz nimmt kleine Umwege in Kauf, wenn damit unterwegs große Potentiale abgegriffen werden können. Für ein wirtschaftliches Netz konzentriert man sich eher darauf, die Tausenden Langsamfahrstrecken abzubauen, die vielen ärgerlichen kurzen Netzlücken zu schließen, Kapazitätsengpässe mit eingleisigen Strecken zu beseitigen, die Flexibilität im Netz zu erhöhen und den Hauptteil der Investitionen in den Netzunterhalt, die Bahnhofsmodernisierung und moderne Fahrzeuge zu stecken. Ein wirtschaftliches Netz dient dem Personen- wie dem Güterverkehr und dem Nahverkehr, Regional- und Fernverkehr. Es regelt die Probleme mit den unterschiedlichen Geschwindigkeitsprofilen der verschiedenen Verkehrssparten durch eine hohe Streckenkapazität infolge vieler Weichen, Kreuzungs- und Überholstellen. In einem wirtschaftlichen Netz werden in den Agglomerationen und Städten die Gleiskapazitäten angemessen ausgebaut und zur besseren Abstimmung der Schienen auf die gegenüber der Gründerzeit der Bahn stark veränderten Siedlungsstrukturen viele neue Bahnhöfe und Haltepunkte gebaut, um für die nötige Kundennähe zu sorgen. In einem solchen wirtschaftlichen Bahnsystem ist es nicht wichtig, mit 300 km/h im Zweistundentakt über wenige Bolzstrecken zu »düsen«. Statt dessen ist entscheidend, alle Oberzentren und Mittelzentren im integralen Halbstundentakt anzubinden und mit allen regionalen Bahnen zu verknüpfen. Wirtschaftliche Bahnnetze garantieren im Güterverkehr den Zugang aller Regionen und Orte an die Güterbahn. Nur so kann die Bahn ihre verkehrs-, umwelt- und klimapolitischen Hausaufgaben erfüllen. Statt dessen mit Börsenoptionen als global Player anderswo das große Geld auszugeben, dient in keiner Weise der deutschen Verkehrsentwicklung.

5.5 Die Rolle der Medien

Natürlich spielt bei den Großprojekten auch die Wahrnehmung der Medien eine große Rolle. Medien brauchen Sensationen und lieben Großprojekte. Die alltägliche Arbeit in den verzweigten Netzen der Regionen macht medienmäßig wenig her. Nur Milliardensummen verströmen Exklusivität, versprechen überregionale Beachtung, rechtfertigen Hochglanzbroschüren und eine besondere Festivalisierung bei den medienwirksamen Ritualen: Projektverkündigung, Grundsteinlegungen, Eröffnung. Man erinnere sich an die glanzvollen Bilder von der Eröffnung der TGV/ICE Trasse Paris-Stuttgart bzw. Paris-Frankfurt oder von der Eröffnung des Berliner Hauptbahnhofs mit Riesenfeuerwerk und großem politischen »Bahnhof«. Der mühselige Projektalltag dagegen, der die eigentliche Qualität der Bahn ausmacht, mit den Tausenden Kleinprojekten, ist wenig sensationsträchtig.

6. Das einzig sinnvolle Großprojekt: Renaissance der Flächenbahn und der Straßenbahn

Trotz aller aufgeführten, verständlichen Gründe für die Fixierung von Politik, Verwaltungen und Medien auf Großprojekte bleibt am Ende mit eindeutiger verkehrlicher Rationalität nur eine zukunftsträchtige Investitionsstrategie für den Verkehr in Deutschland. Die Bahnen brauchen im Großen wie im Kleinen wieder eine Renaissance als Flächensysteme. Damit können sie wieder zur Nummer 1 im Verkehr werden, weil sie dann die Verkehrsmärkte optimal bedienen. Dafür braucht man ca. 250 Regionalbahnnetze, 50 S-Bahnnetze und 120 Straßenbahnnetze. 300 Streckenreaktivierungen sichern die nötige Netzdichte. Der Personenfernverkehr braucht ein Netz von etwa 50 Inter Regio-Linien, darunter vor allem auch neue Ost-West-Verbindungen. Das Bahnnetz braucht etwa 6.000

neue Bahnhöfe. Ca. 12.000 Mobilitätszentralen sichern ein deutschlandweites integrales Taktsystem, je Zentrale koordiniert die lokalen, regionalen und überregionalen Netze zu einem attraktiven Gesamtverbund. Die Funktion als Mobilitätszentrale sichert den Bahnhöfen eine personelle Mindestausstattung.

Deutschland erhält nach Schweizer Vorbild ein Generalabo, das alle verschiedenen Arten von öffentlichem Verkehr landesweit integriert. Die tarifliche Integration garantiert auch eine konsistente Gesamtphilosophie für einen nationalen integralen Taktfahrplan, den Deutschlandtakt.

Die regionalen und lokalen Bahnnetze bedienen Personen- und Güterverkehr. Auch im Güterverkehr werden Taktsysteme aufgebaut. Neben dem Personen-InterRegio wird auch ein landesweiter Güter-IR entwickelt. Für diese dezentralen Güterbahnen werden 600 neue Güterverkehrsknoten mit moderner Umschlagtechnik und Logistik ausgestattet, um zum auf der Straße dominierenden regionalen Gütertransport eine passende Alternative zu bieten, mit attraktiven Güter-S-Bahnen, Güterregionalbahnen, Cargo-Trams und Güter-IR. Moderne Güter-Leichttriebwagen nach dem Modell des Cargo-Sprinters bedienen die regionalen Netze. Das im Personenverkehr erfolgreiche Prinzip der Leichttriebwagen setzt sich auch im Güterverkehr durch.

Der Cargo Sprinter als Baustein einer dezentralen Güter-S-Bahn oder Güterregionalbahn. Die gleiche Idee wie beim Leichttriebwagen des Personennahverkehrs. Und vergleichbares Potenzial, wenn man auch dezentrale Gütergleise und Güterknoten für den Straße-Schiene-Umschlag hat.

Allerdings wird die politisch beschlossene Teilprivatisierung der Bahn diesen Weg eher erschweren. Sie wird noch stärker als bisher zur Konzentration auf scheinbar rentable Teilbereiche und zur Vernachlässigung der Basisaufgaben führen. Sie wird die Bahn mehr noch als bisher zum komplizierten Experimentierfeld für Bilanzakrobaten machen. Sie wird die Synergien innerhalb eines integrierten Konzerns nicht wirklich fördern. Das Bestreben der privat-institutionellen Eigner, den Bund und die Länder zu ihrem Nachteil »auszunehmen«, wird wachsen. Kundeninteressen werden noch weniger als bisher die Bahnpolitik bestimmen. Das Gewicht der Regionen wird weiter schrumpfen. Die Preisschraube wird bei den Trassenpreisen und Fahrpreisen schonungslos angezogen. Und alle diese schlechten Nachrichten werden künftig der SPD als politisch hauptverantwortlicher Kraft angelastet werden: bei jeder Stilllegung, bei jeder Preiserhöhung, bei jedem Unfall, bei jeder Verspätung wird sie nun ins Visier des beliebten »Bahnbashing« geraten: Statt Mehdorn geraten dann Beck und Tiefensee in die Schusslinie.

Man kann nur hoffen, daß die große bahnpolitische Abstinenz der Parlamente und Parteien, die dieses Thema und die vielen verschiedenen Organisationsmodelle den wenigen Experten überlassen haben, zu Ende geht. Dringend muß bei Bund und Ländern eine politische Debatte über die Bahn der Zukunft stattfinden.

Basis sollte ein neuer deutscher Masterplan Bahn sein, der die Prioritäten angemessen festsetzt, den Abschied vom Korridordenken bei der Bahn begründet und der Bahn und ihren über 300 Partnern bei den so genannten »Privatbahnen« einen neuen, prioritären Leistungsauftrag gibt.

Natürlich hat das Bahnthema auch eine europäische Dimension, wegen der Notwendigkeit vieler grenzüberschreitender Bahnverbindungen im Nah- und Fernverkehr. Aber auch Europa muß sich vom Korridordenken der transeuropäischen Magistralen verabschieden und sich zu den kleinteiligen Netzverknüpfungen in den Euregios bekennen. Hier sind Europas Bahnen der europäischen Einigung eine Qualitätsoffensive schuldig, weil die »kleinen Grenzverkehre« im Personen- und Güterverkehr täglich etwa das Zwanzigfache des internationalen Fernverkehrsvolumens ausmachen.

Natürlich wird das alles auch kosten. Für die Finanzierung braucht man den Mut, ein durchgängiges fahrleistungsabhängiges Mautsystem für alle Fahrzeuge zu entwickeln. Die Automatismen fortwährenden Straßennetzausbaus müssen parallel dazu unterbrochen werden. Die bisher autolastige Zweckbindung vieler Verkehrseinnahmen muss aufgelöst werden. Die Effizenz im Verkehr muss als oberstes Ziel festlegt werden. Dann ist ein Ausstieg aus der Stau- und Autogesellschaft möglich, mit Nutzen für alle.

Anmerkungen und Literatur

1 Vgl. zu den Hochgeschwindigkeitsstrecken der DB: Schliebe, Klaus (1983): Raumstrukturelle Wirkungen des Schienenschnellverkehrs in der BRD. In: Informationen zur Raumentwicklung, H. 4, Hg. Bundesforschungsanstalt für Landeskunde und Raumordnung; SRL Vereinigung für Stadt-, Regional- und Landesplanung (1991): Großtechnologische Anlagen und räumliche Planung. Bericht über die Halbjahrestagung 1990 in Kassel, Kassel, 1991.

2 Vgl. zu den Alternativen der Neubaustrecke Nürnberg-Erfurt: Vieregg-Rößler Vieregg & Rößler (2004): Modifikation des Verkehrsprojekts 8.1 Erfurt – Ebensfeld – Nürnberg statt Bauruine südlich Erfurt. Hg. Bürgerinitiative ›Das bessere Bahnkonzept‹, IHK Südthüringen, Gewerkschaft TRANSNET Bezirk Thüringen.

3 Vgl. zu den kostengünstigen und systemeffizienteren Alternativen der Neubaustrecke Stuttgart-Ulm und zu Stuttgart 21: BUND-Landesverband und VCD (2006): Kopfbahnhof 21 – die Alternative mit Flughafenanbindung, Stuttgart; Herrmann, H. (2008): Das Problem ist das Projekt: Stuttgart 21 und die Schnellstrecke nach Ulm. In: ZEV rail Annalen 132; Stocker, G. (2005): Stuttgart 21. Die plötzliche Geburt und das langsame Sterben eines unsinnigen Großprojektes. In: Die Zukunft der Bahn. = Herrenalber Protokolle 116. Karlsruhe; Monheim, H. (2007): Systemeffekte von Stuttgart 21 im Kontext zukünftiger Bahnpolitik. Die 10 wichtigsten prinzipiellen Kritikpunkte an Stuttgart 21. Stuttgart.

4 Monheim, H. (1985): Tunnelpolitik ist Hochschornsteinpolitik. In: Der Gemeinderat. H. 12. Eppingen; Monheim, H. (1979): Verkehrsberuhigung durch Stadtschnellstraßen? Anmerkungen zu einem aktuellen Mißverständnis. In: Arch+. Heft 47. Aachen; Monheim, H. & Monheim-Dandorfer, R. (1990): Straßen für alle. Teil 5 ÖPNV, Hamburg, insbes. S. 357–362.

5 Vgl. zu den Systemvergleichen Schweiz-NRW: Minister für Stadtentwicklung und Verkehr NRW (1989): Trendwende zum ÖPNV im Ruhrkorridor. Berichtsband und Materialband. Düsseldorf; Hüsler, W. (1989): Der öffentliche Verkehr in der Offensive. Trendwende in den 80er Jahren. In: Verkehrspolitik, Nr. 1–2, Wien.

6 Monheim, H. (1996): Die Bahn-Stütze einer ökologischen Verkehrsentwicklung, in: Renaissance der Bahnhöfe. Die Stadt im 21. Jahrhundert. Hrsg. BDA und Deutsche Bahn AG. Textband zur Architektur-Biennale in Venedig.
7 Stocker, G. (2005): Stuttgart 21. Die plötzliche Geburt und das langsame Sterben eines unsinnigen Großprojektes. In: Die Zukunft der Bahn. = Herrenalber Protokolle 116. Karlsruhe und Monheim, H. (2007): Systemeffekte von Stuttgart 21 im Kontext zukünftiger Bahnpolitik. Die 10 wichtigsten prinzipiellen Kritikpunkte an Stuttgart 21. Stuttgart.
8 Wolf, W. u. a. (2004): Inselkrimi Bahnhof Lindau. Deutsche Bahngeschichte: Vom Aufbruch zum Abbruch. 150 Jahre Ludwig Süd-Nord-Bahn. Berlin.

**Stadtentwicklung
in Städten
und Regionen
Nordrhein-Westfalens**

Johannes Rau

Zukunft für das Ruhrgebiet[1]

Aufbruchstimmung im Ruhrgebiet

»Das Ruhrgebiet ist der Beweis dafür, daß einfallsreiche und fleißige Köpfe einer alten Industrieregion zu neuem Leben verhelfen können.« Dieser Satz stammt nicht aus einer Werbeschrift des Kommunalverbands Ruhrgebiet. Er beschreibt vielmehr kurz und bündig das Resümee einer Reihe von gründlichen Recherchen, die die ›Frankfurter Allgemeine Zeitung‹ im vergangenen Jahr durchgeführt hat und die das Ruhrgebiet zum Gegenstand hatten. Daraus ist ein Buch geworden, das – wie im Ruhrgebiet üblich – Klartext redet und im gleichnamigen Essener Verlag erschienen ist.[2] In diesem Buch wird manches kritisiert, aber weit mehr gelobt und für zukunftsfähig befunden. Alles in allem ist das Buch ein großes Kompliment. Es ist ein Kompliment für die Menschen an Rhein und Ruhr, für die Männer und Frauen, die seit Jahren im Ruhrgebiet und für seine Erneuerung arbeiten und wirken.

Altlasten überwinden

Gerade die Städte und Gemeinden des Ruhrgebiets müssen eine Fülle von »Altlasten« tragen, nicht nur im Sinne von »kontaminierten Böden« alter Industrieareale, sondern im umfassenden Sinne problematischer sozio-ökonomischer Strukturen. So wie das Ruhrgebiet besonders innovative Wege in der Aufbereitung seiner Altlasten in den Böden gefunden hat, so ist es auch zu einer innovativen »Werkstatt« für gesellschaftliche und ökonomische Reformen geworden. Die wichtigsten »Altlasten« für die Bürger sind:
– Sie haben einen Höchststand der Arbeitslosigkeit zu bewältigen, obwohl die Gewinne bei vielen Unternehmen steigen;
– sie haben sich mit wachsender Armut auseinanderzusetzen, obwohl es in unserer Gesellschaft immer mehr Reichtum gibt;
– sie müssen mit leeren öffentlichen Kassen leben, obwohl gerade die Normalverdiener immer mehr Steuern und Abgaben bezahlen;
– und dazu müssen sie sich große Sorgen um die Zukunft von Kohle und Stahl machen.
Das alles sind Sorgen, die in einigen Teilen des Reviers besonders bedrückend sind, Probleme, die sich nicht schönreden lassen.

Chancen für den Strukturwandel

Aber wer das FAZ-Buch aufmerksam liest, dem wird rasch klar, daß zum Jammern oder gar zum Resignieren trotz allem kein Anlaß besteht. Wer das Buch liest, der merkt auch, daß sich die Wahrnehmung des Ruhrgebiets außerhalb des Ruhrgebiets zu ändern scheint. Offenbar beginnen sich ganz allmählich und mit großer Verspätung die Vorurteile zu verflüchtigen, mit denen das Revier und seine Bewohner über lange Zeit zu kämpfen hatten und die auch ein Handicap für die wirtschaftliche Entwicklung dieser Region waren. Daß man heute im Ausland und im Inland genauer hinschaut, daß man wahrnimmt, was an Rhein und Ruhr wirklich passiert, das hat viel mit dem Kommunalverband Ruhrgebiet und vor allem mit seiner Öffentlichkeitsarbeit zu tun.

»Ein starkes Stück Deutschland« – das ist nicht nur ein starker Slogan, das ist ein überzeugendes Motto, und das Werbekonzept, das dahintersteht, hat das Revier in seiner ganzen Vielfalt in den Blick genommen und damit ins richtige Licht gesetzt. Das Ruhrgebiet hat große Sympathien und neue Freunde gewonnen. Es hat vor allem engagierte Partner im Ausland gefunden, die mit Ideen und Investitionen im Strukturwandel weiterhelfen. Diese Öffentlichkeitsarbeit für das Ruhrgebiet konnte aber nur gelingen, weil es wirklich etwas zu »verkaufen« gibt, weil in diesem Fall der Inhalt hält, was die Verpackung verspricht.

Um diesen Inhalt geht es in meinem Beitrag, und es geht um die Frage, was wir tun müssen, aber auch, was wir besser lassen sollten, damit das Ruhrgebiet auf Kurs bleibt, und zusätzliche Fahrt gewinnt auf dem Weg in eine sichere Zukunft. Zu den Dingen, die ich zuerst nennen möchte, gehört natürlich der Strukturwandel, gehören seine Bedingungen und Wirkungen, aber auch die Probleme, die er bringt und die Chancen, die er eröffnet.

Es gibt keine Region in der alten Bundesrepublik, die mehr Erfahrungen damit hat, wirtschaftliche Strukturveränderungen und ihre Folgen zu organisieren. Der Strukturwandel hat den Menschen im Ruhrgebiet viel abverlangt. Er hat Unternehmen und Gewerkschaften, Verwaltung und Politik vor große Herausforderungen gestellt. Aber er hat nicht annähernd zu den sozialen und wirtschaftlichen Verwerfungen geführt, wie wir sie aus der Wallonie, aus dem Raum Manchester/Liverpool oder aus Montan-Regionen im Nordosten der Vereinigten Staaten von Amerika kennen. Das ist eine Leistung, an der viele mitgewirkt haben, um die uns noch mehr beneiden, und auf die wir alle wirklich stolz sein können.

Finanzierungslösung für die Steinkohle

Daß das so bleibt, das ist eine gemeinsame Aufgabe und Verpflichtung der Kommunen, des Landes und nicht zuletzt des Bundes, denn dort werden Weichen gestellt, die kein Land und erst recht keine Gemeinde korrigieren kann. Deshalb mußte vor allem eine Lösung gefunden werden für die künftige Finanzierung der Steinkohle. Nicht nur Nordrhein-Westfalen, die ganze Bundesrepublik brauchte eine solche Lösung; wir alle brauchen einen Bergbau, der lebensfähig bleibt und der den betroffenen Menschen in den Kohlerevieren eine verläßliche und sichere Zukunft bietet. Diese Perspektive mußten wir haben, damit der Strukturwandel nicht gefährdet wird, und damit die größte Transformation einer Industrielandschaft in diesem Jahrhundert nicht auf dem letzten Teil der langen Strecke mutwillig zerstört wird. Dafür haben die Städte und Gemeinden des Ruhrgebiets, dafür haben Unternehmer, Arbeitnehmer und Gewerkschaften, und vor allem die Menschen des Reviers zu hart gearbeitet und zu vieles auf sich genommen.

Die Strukturkrisen an Rhein und Ruhr – von denen wir viele erlebt haben – haben aber auch das ganze Land und die Solidarität mit dem Revier auf manche Probe gestellt. Die Menschen in Nordrhein-Westfalen haben diese Probe bestanden. Sie haben den Umbruch des Ruhrgebiets als Umbau des ganzen Landes angenommen und alles daran gesetzt, Krisen gemeinsam zu bewältigen und den Wandel aktiv zu gestalten.

Eine neue Hochschul- und Forschungslandschaft als Motor der Innovation

Die Geschichte des modernen Ruhrgebiets ist nicht nur geprägt durch Strukturkrisen, sondern auch von vielen Erfolgen. Das Ruhrgebiet ist heute die dichteste Hochschullandschaft Europas, die grünste Industrieregion auf unserem Kontinent, ein Kulturgebiet von internationalem Rang, ein Sportland, das in der Welt viel gilt, und nicht zuletzt ein starker Dienstleistungsstandort. Das ist eine gute Bilanz und das sind solide Voraussetzungen für eine zukunftsfähige Region. Es ist aber noch keine Garantie für einen sicheren Erfolg im Innovationswettbewerb, in dem wir stehen und der auch für das Ruhrgebiet im zusammenwachsenden Europa und in der Welt immer härter wird. Deshalb müssen wir noch besser werden bei dem, was wir im Strukturwandel schon jetzt erreicht haben. Vor allem müssen wir auf Synergien und Innovationen setzen. Innovation ist heute aber immer weniger das Ergebnis einsamer Tüftelarbeit, sondern immer mehr eine Angelegenheit intensiver, intelligent organisierter Arbeitsteilung. Wir müssen Unternehmen und Verbände, Wissenschaft und Verwaltungen noch mehr zusammenbringen als das bisher der Fall gewesen ist. Besondere Bedeutung haben dafür die mittelständischen Unternehmen, die im Revier zu einem kräftigen Motor des Wandels geworden sind. Der Weg von der wissenschaftlichen Idee über die technologische Innovation zum neuen Produkt muß kürzer werden, als er jetzt ist. Unsere Transferstellen und Technologiezentren könnten noch praxisnäher arbeiten. Kunst und Kultur im Ruhrgebiet brauchen engere Koordination und stärkere Kooperation – über die Stadtgrenzen hinaus.

Das Ruhrgebiet als Dienstleistungsstandort

Was die Wirtschaft anbetrifft, müssen die Dienstleistungen an Rhein und Ruhr weiterwachsen. Hier gibt es beträchtliche Chancen, vor allem bei den Medien, in der Softwareentwicklung, im Sport, bei Freizeit und im Tourismus. Besondere Bedeutung hat in diesem Zusammenhang die Kulturwirtschaft; sie ist zu einem dynamischen Wirtschaftsfaktor geworden, wie vor allem die beiden Kulturwirtschaftsberichte zeigen, die – einmalig in Deutschland – von Wirtschaftsminister Wolfgang Clement herausgegeben wurden und denen bald ein dritter Bericht folgen wird. Die Stärken des Ruhrgebiets bleiben aber nach wie vor jene Dienstleistungen, die eng mit der Industrieproduktion verbunden sind. Das Schlüsselwort heißt hier produktionsorientierte Dienste, und die müssen wir in Zukunft weiter kräftigen und stärken. Das Profil des Ruhrgebiets hat sich erkennbar verändert. An Rhein und Ruhr haben sich Teilregionen ausgeprägt mit neuen wirtschaftlichen Schwerpunkten. Aber bei allen Veränderungen bleibt eines klar: Auch in Zukunft wird die Industrie eine wichtige Rolle spielen.

Früher sprach man davon, daß der Schreibtisch des Reviers in Düsseldorf stehe; das kann man heute nicht mehr sagen: So hat zum Beispiel Essen als Dienstleistungs- und Energiezentrum ein großes Gewicht; Dortmund ist ein Versicherungsstandort ersten Ranges; Duisburg ist auf gutem Wege, das leistungsfähige Logistikzentrum für die Region zu werden. Diese Liste ließe sich verlängern um Beispiele aus der Umweltindustrie, dem Energieanlagenbau, und nicht zuletzt der Medien- und Kommunikationswirtschaft.

Vom »Zweibeiner« zum »Tausendfüßler«.
Die Vielfalt einer polyzentrischen Stadtlandschaft

Aufs Ganze gesehen ist das Ruhrgebiet wirtschaftlich von einem Zweibeiner zu einem Tausendfüßler geworden. Mit dem Bedeutungsverlust der Montanindustrie, mit der Nordwanderung des Steinkohlenbergbaus hat die ökonomische Klammer ihre Zwingkraft eingebüßt, die das Revier über ein Jahrhundert zusammenhielt. Damit und mit dem Verschwinden der meisten Fördertürme und Hochöfen hat das Revier viel von dem verloren, was es lange Zeit geprägt, aber auch deutlich von seinem Umland unterschieden hat. Wenn man auf die ökonomischen Daten schaut, dann stellt man fest: Diese Unterschiede sind dabei, sich zu verflüchtigen. Das Ballungszentrum an Rhein und Ruhr ist nicht nur anderen Industrielandschaften ähnlicher geworden, es hat sich auch durch das enge Nebeneinander vieler Groß- und Mittelstädte erheblich »diversifiziert« und mit seinen Rändern stärker verflochten. Das hat zu einer ganzen Reihe positiver Impulse für die Nachbarregionen, aber auch für das Ruhrgebiet als Ganzes geführt. Die Duisburger und der Niederrhein, die Dortmunder und der Märkische Kreis, die Recklinghäuser und das westliche Münsterland, der Ennepe-Ruhr-Kreis und das Bergische Land: Diese Verbindungen haben ein Eigengewicht bekommen; damit sind Verflechtungsräume entstanden, die wir stärker beachten müssen, wenn wir kommunale und regionale Politik für das Ruhrgebiet und für das ganze Land künftig erfolgreich gestalten wollen.

Dazu gehört auch, daß das Ruhrgebiet die Entwicklungen in seiner Nachbarschaft nicht aus dem Blick verliert. Der Flughafen in Düsseldorf heißt Rhein-Ruhr-Flughafen, und Wolfgang Clement hat vor einiger Zeit zurecht betont, daß er eine Olympia-Bewerbung des Ruhrgebiets nur dann für realistisch hält, wenn das Ruhrgebiet über seine Grenzen hinaus denkt. Wir müssen deshalb bei allen unseren Bemühungen um die Zukunft des Reviers darauf sehen, daß wir nicht neue Grenzen ziehen, die trennen, was mittlerweile zusammengehört, und daß wir nicht Beziehungen unterbrechen, die mit dem Strukturwandel stärker und intensiver geworden sind.

Regionale Vernetzung »von unten«.
Kooperationsmodell Ruhrgebiet

Nun ist gerade die Kommunal- und die Regionalpolitik an der Ruhr ein weites Feld – ein Feld, auf dem man Maßstab und Orientierung braucht, wenn man sich nicht verirren will. Über Politik und Verwaltung, über Zuständigkeiten und Abgrenzungen, über Autonomie und Kooperation im Ruhrgebiet und für das Ruhrgebiet gibt es viele Meinungen, sehr unterschiedliche Akzente und ganz unterschiedliche Urteile. Nach meinem Eindruck werden aus zutreffenden Bestandsaufnahmen manchmal Schlüsse gezogen, die Fehlschlüsse sein könnten. Nicht nur in der Politik ist es erlaubt, die Dinge zuzuspitzen, um sie auf den Punkt zu bringen. Das darf aber nicht zu einem Blickwinkel führen, von dem aus nur noch dieser eine Punkt zu erkennen ist.

Wenn ich etwa höre und lese, das Revier werde fremdbestimmt und sei immer fremdbestimmt gewesen, dann habe ich Probleme, denn wer das sagt oder schreibt, der muß sich fragen lassen, ob er die Geschichte und die Gegenwart der Kommunalpolitik an Rhein und Ruhr wirklich kennt? Ob er das politische Kaliber der Politikerinnen und Politiker aus dem Blick verloren hat, die als Oberbürgermeisterinnen und Oberbürgermeister, als Fraktionsvorsitzende im Ruhrgebiet gearbeitet haben und heute noch ihre Arbeit tun? Prägend für diese Region, für ihre Städte und Gemeinden, war immer ein starkes lokales Selbstbewußtsein, ein Gefühl für die eigene Leistung und für den eigenen Wert. Nicht selten hat dieses Selbstverständnis einer vernünftigen und gebotenen Zusammenarbeit über Stadtgrenzen hinweg im Weg gestanden. Wer wüßte nicht von diesem Gefühl kommunaler Einzigartigkeit, das der Schriftsteller Erik Reger in den zwanziger Jahren einmal als einen Partikularismus beschrieben hat, der die eine Stadt nicht einsehen lassen will, daß »die Hegemonie der Nachbarstadt ein Naturgesetz ist.«

Fast wäre man versucht, diesen Partikularismus »ruhrgebiets-typisch« zu nennen, wenn er nicht immer wieder überlagert und zurückgedrängt worden wäre durch eine Entwicklung, die ich zu den großen Stärken des Reviers zähle. Seit langem schon, ja eigentlich von Anfang an, gab und gibt es hier eine Fülle von Formen der Zusammenarbeit zwischen den Kommunen und eine intensive Koordinierung von Aufgaben zwischen öffentlichen und privaten Akteuren. In diesen Verbünden und Verbänden hat das Ruhrgebiet immer wieder Formen und Verfahren gefunden, seine regionale Planung und Entwicklung kooperativ und auf der Höhe der Zeit voranzubringen.

Das galt schon für den Siedlungsverband Ruhrkohlenbezirk. Er war in Auftrag und Ziel zugeschnitten auf das alte Revier, auf seine durch und durch von der Montanindustrie bestimmten Strukturen. Und darum war es nur folgerichtig, daß mit den Bedingungen und Herausforderungen des Strukturwandels der Kommunalverband Ruhrgebiet entstand. Seither hat der KVR in schwierigen Verhältnissen gute Arbeit geleistet. Ohne ihn wäre das Ruhrgebiet heute nicht das, was es geworden ist, und es hätte schlechtere Chancen, seine Zukunft erfolgreich zu gestalten. Darum müssen wir im Ruhrgebiet – aber längst nicht nur dort – eine neue Planungs- und Verwaltungskultur weiterentwickeln, die auf die freiwillige Zusammenarbeit selbstbewußter Partner setzt. Mehr noch als wir sie heute schon haben, brauchen wir auch strategische Verbünde, die der Vielfalt des Ruhrgebiets noch mehr Richtung und Profil geben können. Ein Beispiel dafür ist die neue »Ruhr Kultur GmbH« mit ihren Partnern KVR, Verein pro Ruhrgebiet und Internationale Bauausstellung. Es ist zu hoffen, daß dieser Zusammenschluß Erfolg hat, damit das Beispiel, das er gibt, Schule machen kann.

Die neue Planungskultur der IBA: Geduldige Moderation für innovative Projekte

Beispielhaft für eine neue Planungskultur und für sinnvolle strategische Verbünde ist die Arbeit der »Internationalen Bauausstellung Emscher Park«. Diese Arbeit ist ein wichtiger Schritt in die Zukunft des Ruhrgebiets. Das ist nicht nur meine Überzeugung, das zeigt auch die Resonanz auf das Memorandum II, mit dem die Endpräsentation der IBA im Jahr 1999 vorbereitet wird. Es hat bis Ende 1996 die Zustimmung aller siebzehn Mitgliedsstädte gefunden. Für mich ist die IBA nicht nur zukunftsweisend wegen ihrer vielen herausragenden Einzelvorhaben. Vorbildlich ist vor allen Dingen die Art und Weise, wie hier bei Planungen und Projekten vorgegangen wird. Das zeigt modellhaft, daß man visionäre Leitvorstellungen in praktische Politik umsetzen kann, wenn man nicht zuerst auf Strukturen und Institutionen setzt, sondern auf kreative Prozesse, auf neue Formen der Planung und auf offene Verfahren der Politik. Die »Internationale Bauausstellung« zeigt vor allem, wie wichtig Meinungsbildung durch Moderation und Entscheidungsfindung im Verhandlungswege sind und daß es dabei nicht zuletzt auf Bürgernähe und auf die Beteiligung der Betroffenen ankommt.

Verwaltungsreform mit Augenmaß

Das alles sind wichtige Ziele einer modernen Kommunal- und Regionalpolitik, und manches von dem haben gewiß auch diejenigen im Blick, die gegenwärtig über die Reform der Verwaltungsstrukturen im Ruhrgebiet nachdenken. Dabei geht es auch darum, Bürokratie abzubauen, Entscheidungen zu beschleunigen, die Verwaltungen leistungsfähiger zu machen und vor allem die kommunale Selbstverwaltung zu stärken, ohne dabei aus dem Blick zu verlieren, daß es Auftrag unserer Verfassung ist, für gleichwertige Lebensverhältnisse im ganzen Land zu sorgen. In allen diesen Punkten gibt es einen weitreichenden Konsens, der Ziele und Lösungswege einschließt. In den Diskussionen geht es aber nicht zuletzt auch darum, Aufgaben neu zu verteilen, Gremien neu zu durchdenken und Zuständigkeiten neu zu sortieren, und da gibt es in der einen oder anderen Frage auch unterschiedliche Vorstellungen. Dazu gehören auch die künftigen Aufgaben des KVR. Darüber müssen wir noch sprechen, damit wir zu guten Lösungen kommen, die möglichst von allen getragen werden können. Dabei dürfen die Menschen in unserem Land aber nicht den Eindruck haben, daß hier eine Sache um ihrer selbst willen betrieben wird, eine Sache, die nur zu größeren Reibungsverlusten und zu höheren Kosten führt.

Als Freund konkreter Verbesserungen und pragmatischer Reformen halte ich wenig davon, solche Reformen am Reißbrett zu entwerfen und sie dann gewissermaßen mit der Laubsäge paßgenau zu schneiden. Wilhelm Liebknecht, der nicht im Verdacht stand, alles beim Alten zu lassen, pflegte in diesen Fällen zu sagen: »Freunde, das könnte gehen, aber das geht nicht.« Was aber geht, und was nicht nur dem Ruhrgebiet, sondern auch seinem Umland und damit dem ganzen Land weiterhelfen könnte, das ist eine Verständigung über vier große »K«, die nach meiner Überzeugung eine moderne Kommunal- und Regionalpolitik ausmachen: Was wir brauchen ist
– eine Kommunikation, die die wirklichen Probleme zum Thema macht;
– eine Koordination, die sich an praktischen Zielen orientiert;
– eine Kooperation, für die praktische Ergebnisse wichtiger sind als hundertprozentige Theorien.
– Und vor allem brauchen wir den Konsens über vorrangige und über nachrangige Aufgaben regionaler Entwicklung.

Das Land als Partner

Daß das Land dabei ein verläßlicher Partner ist und bleibt, liegt auf der Hand, und dafür gibt es bereits gute Beispiele. Ich nenne nur die regionalisierte Strukturpolitik, die sich so bewährt hat, daß sie zu einem Markenzeichen, zu einem Exportschlager Nordrhein-Westfalens geworden ist. Das Land ist aber nicht nur in diesem Feld ein verläßlicher Partner der Kommunen und gerade auch der Städte und Gemeinden im Ruhrgebiet. Es gibt darüber hinaus eine ganze Reihe von Projekten, mit denen das Land vor Ort hilft – sehr konkret und ganz unspektakulär. Ich nenne
– das Modellvorhaben »Stadtmarketing«, bei dem es um die Verbesserung der Standortbedingungen in der Stadt geht;
– ebenso die Beratungsstelle für die »Lokale Agenda 21«, die gute Tips für eine ökologische Stadtpolitik gibt.
– Ich nenne das sogenannte »Projekt i«, das unsere Kommunen bei der Erneuerung ihrer sozialen und kulturellen Einrichtungen unterstützt;
– und ich nenne schließlich das Projekt »Stadtteile mit besonderem Erneuerungsbedarf«, das man im Ruhrgebiet gut kennt und in dem es nicht nur um die bauliche Erneuerung gefährdeter Stadt-

teile geht, sondern auch um die Förderung des friedlichen Zusammenlebens von Menschen, die unterschiedlicher Herkunft sind.

Stadt und Land – Hand in Hand, der Satz ist oft strapaziert, manchmal auch überstrapaziert worden. Das ändert aber nichts daran, daß die Botschaft, die in ihm steckt, nach wie vor gilt, daß sie heute aktueller ist denn je. Nur gemeinsam – im Konsens von Kommunen und Landesregierung – werden wir die Probleme lösen können, die uns heute hart bedrängen.

Ich kenne die schwierige finanzielle Lage in vielen unserer Städte und Gemeinden. Es ist erfreulich, daß nach den Daten des Jahres 1996, die uns vorliegen, die Anstrengungen zur Konsolidierung der kommunalen Haushalte in vielen Städten und Gemeinden Erfolge zeigen. Das nimmt uns aber noch nicht alle Sorgen. Die Gemeinden dürfen nicht länger als Packesel für Lasten aller Art mißbraucht werden, für Lasten, die von Jahr zu Jahr größer werden und nicht mehr geschultert werden können. Hier steht der Bund in der Verantwortung. Die Länder wollen helfen, aber sie können das nur in begrenztem Rahmen tun.

Wir in Nordrhein-Westfalen versuchen das beispielsweise durch die Reform des kommunalen Finanzausgleichs. Das Gemeindefinanzierungsgesetz 1997 ist eine gute Grundlage für die Arbeit der Kommunen, weil es überdurchschnittliche Arbeitslosigkeit stärker als bisher berücksichtigt. Die Kommunen brauchen aber weitere Entlastungen. Darum bleibt unser Ziel, die Möglichkeiten zur wirtschaftlichen Betätigung der Städte und Gemeinden zu sichern und zu ergänzen. Das ist ein schwieriges Thema, bei dem wir darauf achten müssen, daß nicht das, was kommunalpolitisch richtig ist, an anderer Stelle zu berechtigter Kritik führt.

Hier können wir mit der Experimentierklausel in unserem neuen Kommunalverfassungsrecht weiterkommen. Sie ist eine gute Basis dafür, neue Möglichkeiten des Verwaltungshandelns zu erproben und damit auch Kosten zu sparen. Allerdings greift eine Modernisierung der Verwaltung zu kurz, die sich allein an den Kriterien von Kosten und Wirtschaftlichkeit, an Effizienz und Effektivität ausrichtet, so unumgänglich das alles ist. Doch von einer Verwaltungsreform, die diesen Namen auch verdient, wünsche ich mir mehr: zum Beispiel sensible und motivierte Mitarbeiterinnen und Mitarbeiter auf allen Ebenen der Verwaltung und einen öffentlichen Dienst, der die Nähe zu den Bürgerinnen und Bürgern sucht, der sich ihrer Sorgen, Nöte und Probleme annimmt.

Die Rolle der Kommunen

Was mir am Herzen liegt, das ist eine Kommunalpolitik, die trotz aller Probleme ihren Gestaltungswillen und ihre Gestaltungskraft behält, die sich nicht zurückzieht auf Kernaufgaben und Kernkompetenzen, wie es das sogenannte »Petersberger Manifest« empfiehlt. Dieses Manifest ist auf einer Tagung der Konrad-Adenauer-Stiftung im Herbst 1996 verabschiedet worden. In dem Papier steht manches, was bedacht werden muß.

Die Überbetonung der Privatisierung und die Beschränkung auf Kernaufgaben und Kernkompetenzen, die ich aus ihm deutlich herauslese, kommt für mich einer Kapitulation des Politischen vor dem Ökonomischen gleich. Diese Tendenz erlebe ich in letzter Zeit immer stärker, und das macht mir große Sorgen. So dringlich es ist, daß wir uns über eine Abgrenzung zwischen privaten und öffentlichen Aufgaben verständigen, so wenig wollen wir einen Nachtwächterstaat. Es stimmt heute mehr denn je, daß sich nur reiche Leute einen Staat leisten können, der sich aus allem heraushält.

Ähnliches gilt für eine Kommune, die sich nicht mehr dem Leitbild der sozialen Stadt verpflichtet fühlt, das hier im Ruhrgebiet eine lange und gute Tradition hat. Dafür stehen im Kaiserreich und vor allem in der Weimarer Republik der Ausbau des lokalen Wohlfahrts- und Fürsorgewesens, der

Wohnungs- und Siedlungsbau und – wie es damals hieß – der Aufbau einer demokratischen Volksbildung. Dieser Tradition fühlten sich nicht nur die Parteien mit Wurzeln in der Arbeiterbewegung verpflichtet, sondern alle kommunalpolitischen Kräfte im Ruhrgebiet, stets und vor allem auch das christliche Zentrum und dann die christlichen Demokraten. An Rhein und Ruhr hat man immer gewußt: Soziale Gerechtigkeit herzustellen und auszubauen, das gehört in das Zentrum der Politik. Wer die Aufgabe vernachlässigt, für gleichwertige Lebensbedingungen im gesamten Stadtgebiet zu sorgen, der setzt über kurz oder lang den sozialen Frieden und damit die Demokratie aufs Spiel.

Dieses Gefühl für soziale Gerechtigkeit gehört zum kulturellen Kapital des Reviers, und zu diesem Kapital gehört auch, was viele in der Region als Ruhrgebietsbewußtsein bezeichnen, eine Mentalität, die viel mit Heimatverbundenheit zu tun hat, und von der ich den Eindruck habe, daß der Strukturwandel sie nicht schwächer, sondern stärker gemacht hat, gerade auch bei den jungen Menschen an Rhein und Ruhr. In dieser Heimatverbundenheit hat die Erinnerung an das alte Revier einen festen Platz. Aber das Ruhrgebietsbewußtsein von heute ist mehr denn je auch offen für die Entwicklungen der modernen Welt. Es ist ein Bewußtsein, das auf die eigene Region nichts kommen läßt, dem aber jeder enge Regionalismus fremd ist. Ein Bewußtsein, das auch dem modernen Ruhrgebiet ein unverwechselbares Profil gibt, eine starke Identität, die zu diesem starken Stück Deutschland paßt.

Wenn wir den Weg der pragmatischen Reformen weitergehen, wenn wir in der Region und zwischen den Kommunen noch intensiver zusammenarbeiten, wenn wir die Partnerschaft zwischen Städten und Land stärken, dann hat das Ruhrgebiet eine gute Zukunft, dann wird das Ruhrgebiet auch künftig die Rolle ausfüllen, die ihm zukommt: Tragfähige Brücke zu sein zwischen den Landesteilen in Nordrhein-Westfalen und der starke Motor für eine gedeihliche Entwicklung des ganzen Landes.

Anmerkungen

1 Leicht überarbeiteter Text der Rede, die Ministerpräsident Dr. h. c. Johannes Rau auf dem kommunalpolitischen Treffen des Kommunalverbandes Ruhrgebiet am 31. Januar 1997 in Gelsenkirchen hielt.
2 Das Ruhrgebiet: Porträt einer Region, hrsg. von der Frankfurter Allgemeinen Zeitung und dem Kommunalverband Ruhrgebiet, Essen 1997.

Hans-Dieter Collinet

Die Neuorientierung der Stadterneuerung in Nordrhein-Westfalen. Konzepte und Beispiele

Vom technokratischen Sanierungsverständnis in den 70er zur behutsamen, bestandsorientierten Stadterneuerung in den 80er Jahren

Die behutsame Stadterneuerung der 80er Jahre war
- eine Abkehr vom technokratischem Funktionalismus, der die Vielgestaltigkeit städtischen Lebens über die Separierung von Nutzungen planbar machen wollte,
- eine Abkehr von unreflektierten Modernismen, die dem Neuen persé einen höheren Stellenwert als dem Gewachsenen beimaßen,
- eine Besinnung auf die Qualitäten des Bestandes des gewachsenen historischen Erbes,
- eine Abkehr von einseitiger wachstumsorientierter Strukturpolitik, die auf die ökologischen, sozialen sowie kulturellen Bedürfnisse der Menschen nicht hinlänglich reagierte und
- eine Antwort auf die schon in den 60er Jahren begonnene kontinuierliche Deindustrialisierung, um den Strukturwandel durch die Verbesserung der sogenannten weichen Standortfaktoren in einem umfassenderen Verständnis zu flankieren.

Von der eingriffsintensiven Flächensanierung zur behutsamen Stadterneuerung

Die Stadtsanierung der 60er und 70er Jahre war die Anpassung der baulich, technischen Infrastruktur an die funktionalen Erfordernisse der expandierenden Stadt. Innenstädte wurden saniert, um Platz zu schaffen für neue Handels- und Dienstleistungseinrichtungen sowie für damals für nötig erachtete, großdimensionierte neue Verkehrsflächen. Insbesondere wertvolle Bausubstanz, die den Zweiten Weltkrieg überstanden hatte, fiel diesem Leitbild zum Opfer. Die Sanierungsverdrängten fanden sich im Massenwohnungsbau an der Peripherie der Städte wieder. Mit der Kritik Alexander Mitscherlichs zur »Unwirtlichkeit der Städte« setzte Mitte der 70er Jahre ein Umdenkungsprozeß ein hin zum behutsamen Umgang mit der bebauten Umwelt und mit dem sozialen Gefüge in der Stadt.

1983 stellte die Landesregierung NRW das Konzept der »Erhaltenden Stadterneuerung« vor. Ihr ganzheitlicher Ansatz, die Zusammenschau ökonomischer, sozialer, kultureller und ökologischer Fragestellungen findet heute in der Diskussion um die nachhaltige Stadtentwicklung, ausgehend von der weltweiten Diskussion bei den Weltklimakonferenzen in Rio und Berlin sowie der Habitat II Konferenz in Istanbul ihre Fortsetzung.

Von der teuren Betriebsverlagerung zur behutsamen Standortsicherung

Unter den Geboten der standortgemäßen Nutzung wie der Entmischung von Wohnen und Gewerbe im Geiste der Charta von Athen standen in fast jedem Altsanierungsgebiet aus den 70er Jahren Betriebsverlagerungen an, die auf entschädigungsrechtlicher Basis abgewickelt, oft den Hauptkostenpunkt einer Sanierung ausmachten. Unter dem Gebot der zügigen Realisierung akzeptierte man ergebnisorientiert fast jeden gutachterlich bestätigten Preis, selbst wenn man ahnte, daß hier viel öffentliches Geld einer sowieso anstehenden betrieblichen Neuorientierung »hinterhergeworfen« wurde. Gleichwohl sahen viele das ehrgeizige Sanierungsziel gefährdet, als 1982 mit ministeriellem Erlaß plötzlich und unerwartet die Förderung von Betriebsverlagerungen ausgesetzt wurde. Langwierige Verhandlungen und sich abzeichnende Ergebnisse waren über Nacht obsolet geworden. Doch nirgendwo war es das Ende, sondern nur die Wende der Sanierungsstrategie. Schwer tat man sich zunächst mit der alternativen Förderstrategie der Standortsicherung, die Wohnen und Arbeiten zusammenhielt, die bis dahin getrennt wurden; doch wurde es an vielen Stellen ein Erfolgsmodell.

Von der Funktionsmängelsanierung in den Stadtzentren zur flächenhaften Wohnumfeldverbesserung in den hoch verdichteten, innerstädtischen Wohn- und Mischgebieten

Anfang der 80er Jahre war festzustellen, daß die Städtebauförderungsmittel der 70er Jahre überproportional an die so genannten »Funktionsmängelsanierung« von Stadtzentren der Klein- und Mittelstädte im ländlichen Raum bzw. der Ballungsrandzone gebunden worden waren, während dem fortschreitenden Verfall hochverdichteter Innenstadtrandgebiete und der kontinuierlichen Stadtflucht aus den überalterten Stadtquartieren der Großstädte, insbesondere im Ruhrgebiet an die Peripherie der Verdichtungsräume lange keinerlei Alternativkonzept entgegengestellt wurde.

Mit der Strategie der gleichzeitig kleinteiligen wie auch flächenhaften Wohnumfeldverbesserung sollten diese Stadtquartiere wieder zu attraktiven Wohnvierteln werden.

Das breite Maßnahmebündel erstreckte sich über Verkehrsberuhigungs- bis hin zu Entsiegelungs- und Begrünungsmaßnahmen in den Hinterhöfen. Die Konzepte, die den Bedürfnissen der Bewohner gerecht werden und zugute kommen sollten, erforderten zudem eine neue Qualität und Intensität des kontinuierlichen Dialogs mit den Bürgern.

Vom teuren Durchbau zum altbaugerechten und kostengünstigen Umbau

Die Schlafstädte und Betonburgen an den Peripherien der Städte waren die neuen Unterkünfte der Sanierungsverdrängten der 70er Jahre. Nicht zuletzt die sozialen Folgen dieser städtebaulichen Fehlsteuerung rückten die Qualitäten der gewachsenen Altbauviertel wieder ins Bewußtsein. Nun hieß es, die bestehenden Wohnungen den Neubaustandards anzupassen. Über Totalentkernungen hinter den alten Fassaden explodierten die Kosten, die über die Städtebauförderung »weggefördert« werden mußten. Viele alten Mieter konnten die gleichwohl sprunghaft steigenden Mieten nicht bezahlen und fanden sich in den ungeliebten Vorstädten wieder. Allmählich wußten sich die Altbewohner von Siedlungen, in Bewohnerinitiativen organisiert, gegen die Verdrängungsprozesse zu wehren. Mit

Beginn der 80er Jahre wurde die Wohnungspolitik stärker mit der Stadterneuerungspolitik verzahnt. Die Wohnungsbauförderung wurde gezielt auf die Erhaltung von Wohnungsraum ausgerichtet.

Es fanden sich Architekten, die den Weg zum objektspezifischen, altbaugerechten Modernisierungsstandard in den vielen Bruchstein- oder Fachwerkhäusern der Klein- und Mittelstädte, im gründerzeitlichen Mietwohnungsbau und den Arbeitersiedlungen der Industrialisierungsepoche sowie in den sozialreformerisch ambitionierten und vom Bauhausstil geprägten Wohnsiedlungen der 20er und 30er Jahre wagten, auch wenn die Honorarordnung dies nicht unbedingt belohnte.

Von der »grünen Wiese« zum Bauen auf Brachen

Über 100 Jahre war die Grundstückspolitik der Großindustrie im Ruhrgebiet nicht nur Flächenvorsorge für eigenes wirtschaftliches Wachstum, sondern auch Machtpolitik gegen unliebsame Konkurrenz. Nach der ersten Rückzugswelle der Montanindustrie Ende der 60er Jahre wurden große brachgefallene Areale und nutzlos gewordene Hallen zur Last. Abbruch der aufstehenden Gebäude und Liegenlassen der Flächen waren die Regel.

Noch viele Jahre verstrichen, bis die Bedeutung von klein- und mittelständischen Unternehmen für die Schaffung von neuen Arbeitsplätzen auf dem Arbeitsmarkt uneingeschränkt erkannt war. Für neue Gewerbegebiete aber war in einer so dicht besiedelten Agglomeration wie dem Ruhrgebiet kaum Platz.

Auf der Ruhrgebietskonferenz 1979 in Castrop-Rauxel wurde im Rahmen des Aktionsprogramms »Politik für das Ruhrgebiet« u. a. die Bereitstellung neuer Industrieflächen durch das Recycling von Brachen konzeptionell auf den Weg gebracht. Als zentrales Instrument wurde 1980 der Grundstücksfonds Ruhr eingerichtet, das Management in die Hand der LEG gelegt. Die zunächst 5jährige Befristung wurde nach drei Jahren aufgehoben und 1984 der landesweite Grundstücksfonds eingeführt, der bis heute über 2.400 ha angekauft und davon 800 ha hergerichtet und wiederveräußert hat. Z.Zt. stehen 1.200 ha in der Aufbereitung und Erschließung. Der verantwortungsvolle Umgang mit Altlasten war oberstes Gebot des Grundstücksfonds, ein oft beschwerlicher Weg. Obwohl gerade im Grundstücksfonds entscheidende Kostenreduzierungen durch die Abkehr von der Altlastenbehandlung zur Altlastensicherung bzw. zur nutzungsabhängigen Sanierungskonzeption ermöglicht wurden, muß die Kosten-Nutzen-Relation noch verbessert werden. Jede Fläche ist nach wie vor eine neue Herausforderung.

Vom staatlichen Denkmalschutz zur städtebaulichen Denkmalpflege

Durch die Kommunalisierung des Denkmalschutzes sowie den weiten und umfassenden Denkmalbegriff wurde die Denkmalpflege mit dem 1980 in Kraft getretenen Denkmalschutzgesetz NW aus der kulturstaatlichen, hoheitlichen Zwangsjacke befreit und in die Hände der Kommunen gelegt. Denkmalpflege wurde in den 80er Jahren zum integralen Bestandteil der bestandsorientierten Stadterneuerungspolitik. Mehr noch als durch die Denkmalpflegemittel selbst konnten erst durch den gebündelten Einsatz von Städtebauförderungs- und Wohnungsbaumitteln die Erhaltung von Denkmälern für viele Eigentümer wirtschaftlich gestaltet sowie intelligente Umnutzungskonzepte für bestehende, vom Verfall bedrohte auch größere Gebäude finanzierbar gemacht werden.

Dieser neue Handlungsspielraum war die entscheidende Voraussetzung, um sich an die neue, bis dahin unbekannte Dimension der Erhaltung von Industriedenkmälern heranzuwagen, deren kulturgeschichtlicher Wert in der größten Industrieregion Europas zunächst nur von wenigen erkannt worden war. Viele soziale Einrichtungen, das dezentrale Konzept der rheinischen und westfälischen Industriemuseen mit seiner Zusammenschau von Sozial-, Technik- und Baugeschichte quasi in situ sowie andere zahlreiche Museen und Kultureinrichtungen haben seither in alten Hallen ein wunderschönes, einprägsames Zuhause gefunden.

Von der Straße für das Auto zur Straße für die Stadt

Im Geiste der autogerechten Stadt förderten das Gemeindeverkehrsfinanzierungsgesetz und die Ausbauprogramme für Bundes- und Landesstraßen Hauptverkehrsstraßen mit dem Ziel, den Autoverkehr durch die oft »im Wege stehenden« städtischen Baustrukturen flüssig zu gestalten. Zum Heilen der durch rücksichtslosen Straßenbau geschlagenen Wunden mußten die Städtebauförderungsmittel herhalten. Erst ab Mitte der 70er Jahre wurde allmählich erkannt, daß die Realisierung einer autogerechten Stadt verkehrsplanerisch und städtebaulich unmöglich ist. Mit der unentwegt steigenden Motorisierung konnte der Parkraum- und Straßenbau ohnehin nicht mithalten. Wer dies trotzdem versuchte, nahm in Kauf, die gewachsenen Strukturen unserer Städte endgültig zu zerstören. Schrittweise gelang es in den 80er Jahren, parallel zur Verkehrsberuhigung und maßstabsgerechten Neuanlage von Erschließungs- und Anliegerstraßen auch bei Neubau, Umbau und Ausbau von Hauptverkehrsstraßen die Belange von Fußgänger- und Fahrradverkehr sowie die Vorgaben des städtebaulichen Gefüges stärker zu berücksichtigen. Oft gelang es, durch städtebaulich orientierten Umbau aus zunächst rein autoorientierten »Artillerielösungen« der 60er und 70er Jahre verkehrsberuhigte Hauptverkehrsstraßen mit hoher Gestaltqualität und ausgewogener Berücksichtigung von Fußgängern, Radfahrern und Straßengrün zu machen. Oft wurden hierdurch ursprünglich geplante Umgehungs- und Entlastungsstraßen entbehrlich. Wo sie aber dennoch gebaut wurden, wurde ver-

sucht, den Eingriff durch bescheidene Dimensionierung und verringerte Entwurfsgeschwindigkeit zu minimieren und durch konsequente Verkehrsberuhigung oder gar Rückbau benachbarter Straßen auszugleichen. Nicht immer konnte die Problemlösung im bestehenden Straßennetz und mit bescheidenen Mitteln gelingen. In besonders begründeten Fällen mußte auch Ersatz durch neue, besonders leistungsfähige Straßen geschaffen werden. Gerade sie aber sollten nur gebaut werden, wenn damit gleichzeitig eine großflächige Verkehrsberuhigung Hand in Hand ging und eine bemerkenswerte städtebauliche Aufwertung möglich wurde.

Ein spektakuläres Beispiel hierfür ist der Rheinufertunnel in Düsseldorf, der nicht nur den Rückbau der oberirdischen Rheinuferstraße, sondern auch die Verkehrsberuhigung in den angrenzenden gründerzeitlichen Stadtteilen Unterbilks ermöglichte. Durch die Führung der Rheinuferstraße im Tunnel auf fast 2 km Länge wurde der Stadt eine Rheinpromenade beschert, die weit mehr von den Düsseldorfern erobert wurde, als selbst Optimisten erwartet haben. Daß der Auslöser zu diesem ehrgeizigen Projekt die Rettung eines Bodendenkmals war, ist ein nicht unwichtiger Aspekt bei der Entstehung dieses Projektes.

Ein weiteres spektakuläres Beispiel für den gelungenen Umbau einer Bundesstraße unter Beibehaltung ihrer Verkehrsfunktion ist die Frankfurter Straße in Hennef. Hier wurden beispielhaft die verschiedenen Elemente aus den experimentellen Landesprogrammen zur Geschwindigkeitsdämpfung auf Ortsdurchfahrten und aus der neuen Richtliniengeneration für Straßenbau- und Gestaltung (EAHV, ERA) kombiniert und unkonventionelle Methoden einer integrierten Finanzierung aus verschiedenen Förderprogrammen angewendet.

Von der Ausgrenzung zur Einbindung sogenannter Randgruppen der alternativen Szene

Behutsamkeit in der Stadterneuerung war in den 80er Jahren nicht mehr nur eine Frage des Umgangs mit dem baulichen Bestand. Der Anspruch forderte vielen Techno- und Bürokraten und sicherlich auch Kommunalpolitikern weit mehr ab, wenn es galt, Bewohner von Stadterneuerungsgebieten in die Neugestaltung des Zusammenlebens aktiv einzubinden, vor allem aber dann, wenn es kritische, »aufmüpfige« Initiativgruppen waren. Gerade in den alten hochverdichteten Stadtquartieren der Großstädte mußte man sich den sozialen und ökonomischen Konflikten in besonderem Maße stellen und auch provokatorisch orientierte Gruppen, insbesondere der Besetzerszene, in die Planungsabläufe integrieren. Aber auch für die Betroffenen gab es massive Herausforderungen. Aus der zunächst mehr förmlichen Beteiligung wurde häufig eine zeit- und kräftezehrende, aktive Mitwirkung mit oft zunächst ungewisser Erfolgsaussicht. Konflikte gab es nicht nur mit Behörden und Investoren, auch zwischen den Gruppen brachen häufig konzeptionelle Dissense und ökonomische Konflikte auf. Initiativen und Selbsthilfeorganisationen wurden bei ihrer Arbeit unterstützt, indem ihnen Grundstücke, Gebäude oder auch Personalkostenzuschüsse zur Verfügung gestellt wurden, wenn sie versuchten, sich in die Erneuerung des Gebietes konstruktiv einzubringen. Besonders in Köln mit zahlreichen Initiativen aus der sogenannten alternativen Szene waren dies spannende Prozesse und Projekte, die dazu führten, daß auch Randgruppen in die Sanierungsstrategie eingebunden werden konnten. Gelang dies auch bei dem schwierigsten Projekt, am Karthäuser Wall, in dem sich eine äußerst diffuse Besetzergruppe provisorisch festgesetzt hatte und die heute »Mieter« des Eigentümers Landesentwicklungsgesellschaft sind.

Vom klassischen Kulturverständnis für wenige zur Kulturarbeit für alle und von allen

Eine ökologische, sozial und kulturell geprägte Stadterneuerung definierte sich nicht über technische Sanierungsstandards und infrastrukturelle Aufrüstung eines Gebietes, sondern lebte vom Engagement der Bürger an der Gestaltung ihrer Lebensumwelt und ihrer Kommunikationsfähigkeit miteinander.

Aufgabe der Stadterneuerung war, kommunikationsfördernde Orte zu schaffen für dezentrale Kulturangebote sowie soziale Einrichtungen und eine Brücke zu schlagen zu klassischen Einrichtungen wie Museen, Galerien, Erwachsenenbildungsstätten etc. Wenn es gelang, diese in funktionslosen aber stadtbildprägenden Gebäuden zu realisieren, konnte mit der aktuellen Kultur- und Sozialarbeit die Geschichte des Ortes lebendig erhalten werden, der Zusammenhang von Geschichte und Gegenwart erfahrbar gemacht werden. Eines der ersten und in seinen verschiedenen Bausteinen umfassendsten sozial-kulturellen Projekte ist das Areal der Ravensberger Spinnerei in Bielefeld, die ursprünglich einem der typischen, überzogenen innerstädtischen Straßenbauprojekte zum Opfer fallen sollte.

Von der Planung über die Köpfe der Bürger hinweg zur Planung und Umsetzung mit den Köpfen und mancherorts auch mit den Händen der Bürger

Nach dem Inkrafttreten des StBauFöG 1970 waren die Sanierungsbetroffenen zunächst mehr Objekte umfänglicher statistischer Erhebungen und scheinobjektiver Analysen, um sie letztendlich in anonymen Neubaugebieten an der Peripherie unterzubringen. Doch sehr bald wehrten sich die Bewohner, organisiert in Initiativen, gegen die Zerstörung ihres gewachsenen Milieus in ihrer gebauten Heimat. Die Erhaltende Stadterneuerung der 80er Jahre machte aus Betroffenen nicht nur Zu-Beteiligende, sondern auch Mitgestalter. Vielfältige Beteiligungs- und Mitwirkungsformen und Beratungsangebote wurden lokalspezifisch entwickelt und auch finanziell gefördert, um die Distanz zwischen Verwaltung, Politikern und Bürgern abzubauen. Dort wo Beteiligung mehr war als das Einbringen von legitimen Individualinteressen, sondern wo Bürger auch bereit waren, über gemeinschaftsfördernde Initiativen konkret mit Hand anzulegen am Erhalt ihrer Wohnung, eines denkmalwerten Gebäudes, ihrer Siedlung oder sich einbrachten in das Leben örtlicher Begegnungsstätten und sozio-kultureller Zentren, werden Betroffene zu Partnern und Mitverantwortlichen. Vor allem die Unterstützung der Selbstorganisation und Selbsthilfe rettete manche Arbeitersiedlung vor dem Abbruch, u. a. dann, wenn wie in der Rheinpreußensiedlung über Genossenschaftsmodelle das Schicksal der Siedlungen nachhaltig in die Hände der Bewohner gelegt werden konnte.

Wolfgang Hillemeyer

Von der intensiven Flächensanierung zur erhaltenden Stadterneuerung: Von Rheda nach Wiedenbrück

Nur wenige Städte in Nordrhein-Westfalen mit mittelzentraler Funktion können die städtebaulichen Leitlinien der letzten 30 Jahre an ihrer Innenentwicklung so ablesbar dokumentieren wie Rheda-Wiedenbrück.

Rhedas Innenstadtsanierung. Höher, weiter, schneller …, »modern«
Bereits vor der kommunalen Neuordnung 1970, der Zusammenführung der zwei Städte, waren die Weichen in der damals noch selbständigen Stadt Rheda klar auf damals zukunftsträchtige Dimensionen gestellt. In Rheda eindeutig, selbstbewußt hin zur eingriffsintensiven Flächensanierung mit massivem Neubau. Der feste Glaube an den Erneuerungsbedarf der technischen Infrastruktur, eine autogerechte Stadt, die expandierenden Waren- und Dienstleistungsangebote wurde in Rheda durch drei Sanierungsgebiete planerisch belegt. Eine vorausschauende Bodenordnungspolitik und abgeschlossene Erneuerung der technischen Infrastruktur in den 60er Jahren ermöglichte in Rheda den relativ raschen Einstieg in die Kernstadtsanierung.

Nach den Plänen von Prof. Harald Deilmann veränderte sich der Stadtgrundriß dann in den 70er Jahren. Höhepunkt dieser damals für zukunftsweisend gehaltenen Sanierungsentwicklung war der Neubau des Rathauses für die damals 37.000 Einwohner zählende neue Gesamtstadt Rheda-Wiedenbrück.

Deilmann schreibt in der Eröffnungsschrift 1974 u. a., Zitat: »Die Planung für das zukünftige Rathaus von Rheda-Wiedenbrück, das Haus der kommunalen Selbstverwaltung seiner Bürger, entspricht weitgehend den bekannten – funktionalen – Planungsgrundsätzen. Es soll im Rahmen der bereits begonnenen Stadterneuerung in seiner Lage im Herzen des Stadtteils Rheda in seiner dominierenden Höhenentwicklung, aber auch im architektonischen Ausdruck und in der räumlichen Gestaltung den Rang erhalten, der ihm von seiner bedeutenden Aufgabenstellung her gebührt.«

Das Rathaus von Prof. Harald Deilmann im Stadtteil Rheda. Eingeweiht 1974.

Dieser hohe Anspruch der expandierenden Stadtplanung, der funktionalen Begründung, die architektonische Dominanz und Rangstellung ließ kein Platz für punktuelle, kleinräumliche Lösungen. Ganz im Gegenteil. Die Eröffnung der geräumig, flächig angelegten Fußgängerzone, der aus Betonwerkstein gestaltete Rathausplatz und vier große Sammelparkplätze, räumlich der Fußgängerzone zugeordnet, fand Zustimmung in der Bürgerschaft. Die Erwartungshaltung an die neue lebendige Einkaufsstraße war groß. Fassaden, die ihre Gestalt nicht durch Neubebauung verändert hatten, erhielten großzügig verglaste Erdgeschoßzonen. Der vorrangig repräsentative Anspruch der Einzelhändler ließ bestehende Einrichtungen nicht mehr zu. Der »Tante-Emma-Laden« gab auf, die filigrane, gußeiserne Fensterfront verschwand.

Zeitgeschmack, Materialvielfalt und der weit überschätzte Beton führten zu einer Uneinheitlichkeit der Architektur und zu einem heterogenen Erscheinungsbild der Innenstadt Rheda, ohne wirklich einen gestalterischen Zusammenschluß erkennen zu lassen. Nach dem Städtebauförderungsgesetz wurde im Stadtteil Rheda auf einer Fläche von 29 ha Stadterneuerung umgesetzt. 54 Hausabbrüche und eine durchgreifende Veränderung des alten Stadtgrundrisses waren Anfang der 80er Jahre das Ergebnis der flächenhaften Kernstadtsanierung.

Wiedenbrück. Mehr Behutsamkeit und Maßstabswahrung

Obwohl es im Stadtteil Wiedenbrück, so wie in Rheda, sehr früh Absichtserklärungen, Sanierungspläne und Veränderungssperren zur Sanierung des Stadtkerns gab, scheiterten diese Planungen wohl auch an der fehlenden Zustimmung des Landeskonservators.

Die Kritik des wachstumsorientierten Städtebaues und veränderte gesellschaftliche Rahmenbedingungen – Verlust von Identität – führen Anfang der 80er Jahre zu einem Umdenken in der Stadterneuerungspolitik. 1985 bekräftigt die Landesregierung mit ihrem Programm der Erhaltung und Erneuerung der historischen Stadtkerne den festen Willen zur Bewahrung des städtebaulichen Erbes. Die neuen Leitbilder der erhaltenden Stadtplanung führten auch in Wiedenbrück zur Abkehr der flächenhaften Sanierung. Im allgemeinen fand die Rückbesinnung auf eine lebendige Nutzungsvielfalt und die bauliche Schönheit der gewachsenen Stadtkerne statt.

In Wiedenbrück verhalfen drei Rahmenpläne, die städtebauliche Raumbildung, die Nutzungsstruktur und die Verkehrsleitplanung dem Konzept der erhaltenden Stadterneuerung zum Durchbruch.

Ein Beispiel der westfälischen Fachwerkbauweise nach der Modernisierung im Stadtteil Wiedenbrück.

Vergleichbare Konzepte wurden in vielen Mittelstädten Nordrhein-Westfalens verfolgt. Mit dem neuen Steuerungsinstrument der Erhaltungs-, Gestaltungs- und Denkmalbereichssatzung galt es, die besondere Eigenart, die unverwechselbaren Merkmale der Innenstadt Wiedenbrück herauszuarbeiten. Ziele und Maßnahmenschwerpunkte wurden neu beschrieben. In Wiedenbrück ist es gelungen, wertvolle Gebäude vor dem endgültigen Verlust zu bewahren. Die Modernisierung der ersten westfälischen Fachwerkhäuser führte zu einem Erhaltungswillen, der heute noch die betroffene Bürgerschaft zur Mitgestaltung veranlaßt. Der baukulturelle Reichtum und die Schönheit der westfälischen Ackerbürgerstadt hat in Wiedenbrück unübersehbar zu weiteren Erneuerungsmaßnahmen im historischen Stadtkern geführt. Die freigelegte Stadtrandkante, die Wiederherstellung des Stadtgrabens und die direkte Anbindung an das Landesgartenschaugelände sind aktuelle stadtökologische Planungen.

Neues Bauen in alter Umgebung

Neben der Schaffung von Freiraum, der Sicherung verfallsbedrohter Bausubstanz wurde der Stadtgrundriß durch eingefügte Neubauten ergänzt. Eine große Anzahl neuer moderner Gebäude aus Stahl-Glas-Holzkonstruktion oder der vertrauten westfälischen Putzfassade und rotem Pfannendach bereichern den historischen Stadtgrundriß.

Wettbewerbsbeiträge haben für die Neugestaltung kleinerer Quartiere wesentliche Beiträge leisten können und oft zu einer überdurchschnittlich guten Gestaltung beigetragen.

Der Wechsel von der klassischen Sanierung hin zur erhaltenden Stadterneuerung hat mittleren und kleineren Städten und ihrer Stadtkerne wieder Identität gegeben.

So wie die Entwicklung im Stadtteil Wiedenbrück zu einer hohen Akzeptanz in der Bevölkerung, im Handel und Gewerbe geführt hat, so wird die Flächensanierung in Rheda ebenfalls durch weitere städtebauliche Maßnahmen sich verändern müssen.

Diese, wie im übrigen 30 Jahre Stadtentwicklung in einem Kurzbeitrag zu würdigen, ist kaum möglich.

So möchte ich meinen Beitrag mit einen Ereignis schließen, das für die städtebauliche Entwicklung Rheda-Wiedenbrücks von herausragender Bedeutung war; 1988 führte die Stadt die Landesgartenschau durch, das verbindende grüne Band zwischen den Stadtkernen entlang der Ems, hat sowohl in der konzeptionellen Vorgabe und heute gut zehn Jahre nach der Durchführung den Freizeitwert und Gemeinsinn der Stadt gestärkt.

Naturschutz, Erholung, Spielbereiche ergänzen den neu angelegten Emssee im Stadtteil Wiedenbrück oder den wiederhergestellten Barockgarten am Schloß Rheda.

Das Ziel der Landesregierung, die Schaffung von Naherholungsgebieten in den Kommunen über eine Landesgartenschau zu fördern, hat in Rheda-Wiedenbrück beispielhaft die städtebauliche Entwicklung beeinflußt.

Hubert Heimann

Behutsame Stadterneuerung in Solingen am Beispiel des Gebietes Lüneschloßstraße

Anlaß für das Umsteuern der räumlichen Stadtentwicklungspolitik in Solingen
Anfang der 80er Jahre galt es, die siedlungsstrukturellen und die immissionsschutzrechtlichen Probleme in kleinteiligen Gemengelagen und die Schwierigkeiten mit den Instrumentarien des Planungsrechts und des Immissionsschutzrechtes zu lösen. Standortverlagerungen konnten nicht nur aus Gründen der fehlenden Finanzen von Land und Stadt nicht weitergeführt werden, sondern auch die damit verbundenen Nachteile wie Flächenverbrauch, zusätzliche Verkehrsbelastungen, hohes wirtschaftliches Risiko für die betroffenen Betriebe etc. mußten zu anderen Denkansätzen führen. In einer engen – planspielartigen – Zusammenarbeit mit dem Ministerium für Stadtentwicklung wurden Konzepte und Lösungsvorschläge erarbeitet.

Lage und Bedeutung des Gebietes Lüneschloßstraße im Stadtgebiet
Im Untersuchungsgebiet wohnten zum Untersuchungszeitraum ca. 2.600 Menschen. Es arbeiteten in ca. 110 Betrieben rd. 2.500 Beschäftigte. Besonders störend waren in diesem Gebiet sechs stark lärmemittierende Gesenkschmieden. Eine Betriebsbefragung ergab, daß die Unternehmen insgesamt eine positive Standortbeurteilung abgaben, aber zahlreiche betriebshemmende Faktoren nannten. Besonders zu nennen sind baurechtliche Schwierigkeiten im Falle von Expansionswünschen,

Schwierigkeiten durch Immissionsschutz und Differenzen mit benachbarter Wohnbebauung. Die Betriebe waren daher in vielen Fällen auf den Bestand festgeschrieben; eine Expansionsmöglichkeit am vorhandenen Standort konnte planungsrechtlich nicht sichergestellt werden.

Die Bewohner im Untersuchungsgebiet fühlten sich zwar erheblich gestört, aber die Neigung, aus dem Gebiet auszuziehen, war nur schwach ausgeprägt. Ein Großteil der Bewohner hielt eine Standortsicherung der Betriebe bei gleichzeitiger Immissionsminderung für die beste Lösung.

Das städtebauliche Konzept
Grundsätzlich wurden drei Alternativen zur Diskussion gestellt. Schließlich wurde als Grundsatz die Alternative »Kompromiß von Wohnen und Arbeiten« zur Grundlage des weiteren Vorgehens gemacht.

Neben diesem Grundziel galt es, stadtgeschichtlich erhaltenswerte Gebäude zu sichern sowie ökologisch bedeutsame Elemente des Stadtgrüns und ihren Verbindungscharakter mit den stadtstrukturell prägenden Grünzügen zu vermehren. Schwerpunktziel war es, die Verringerung von Lärm und Erschütterungen deutlich zu reduzieren. Die konkreten Ziele der Bauleitplanung waren:
– Standortsicherung des Zwillingswerkes,
– Sicherung des Werksgebäudes an der Grünewalder Str.,
– Standortsicherung von vorhandenen Gesenkschmieden und anderen »störenden« Betrieben,
– gewerbliche Nutzung des ehemaligen Stadtwerkegeländes,
– gewerbliche Nutzung von Brachen,
– Erschließung des Industriegebietes durch eine neue Stichstraße,
– Umbau des Delta-Werkes zum Gewerbehof,
– Erhaltung der älteren Wohn- und Geschäftsgebäude an der Grünewalder Straße, Gasstraße und Brühler Straße.

Städtebauliche Maßnahmen
Im einzelnen waren folgende städtebauliche Maßnahmen erforderlich:
– Nicht mehr wirtschaftlich nutzbare Betriebsgebäude auf dem Gelände des Zwillingswerkes, der Stadtwerke sowie im Bereich der geplanten Erschließungsstraße werden abgebrochen.
– Zwei Wohngebäude an der Lüneschloßstraße werden nach vorheriger Umsiedlung der Wohnbevölkerung abgebrochen.
– Durch den Bau einer neuen Erschließungsstraße werden Gewerbebrachen erschlossen und eine neue Werkszufahrt für das Zwillingswerk geschaffen.
– Ein Teil des Hauptsammlers, mehrere Gas- und Stromleitungen sowie eine Gasreglerstation sollten im Zuge der Baureifmachung verlegt werden.
– Das überwiegend leerstehende mehrgeschossige Gebäude des ehemaligen Delta-Werkes soll als Gewerbehof eingerichtet werden.
– Die Begrünung des Industriegebietes erfolgt durch die Stadt Solingen und die Eigentümer.

Stand der Entwicklung 1997
Auf der Basis eines ausführlichen Entwicklungskonzeptes »Lüneschloßstraße« bewilligte das Land NW zur Minderung der störenden Beeinträchtigung und zur Lösung der Gemengelagenprobleme der Stadt Solingen einen Betrag von 4,4 Mio. DM. Im Schlußbericht über die Verwendung der Mittel teilte die Stadt Solingen der Bezirksregierung mit, daß die Ziele »Standortsicherung des Zwillingswerkes«, »Erschließung neuer Gewerbeflächen/Nutzung von Brachenflächen«, »Beseitigung störender Beeinträchtigung zwischen Wohnen und Gewerbe« erfüllt seien. Folgende Privatinvestitio-

nen wurden durch die öffentlichen Erschließungs- und Baureifmachungsmaßnahmen initiiert:

- Dreigeschossiges Produktionsgebäude der Firma Zwillingswerk.
- Bau eines Hochregallagers mit ca. 2.000 Palettenplätzen (zusätzliche 50 neue Arbeitsplätze in 1989).
- Ansiedlung/Verlagerung eines Unternehmens mit ca. 150 Beschäftigten aus einer bestehenden Gemengelage. Durch die Nutzung einer Brache konnte auf diese Weise eine problematische Gemengelagesituation an anderer Stelle in unserer Stadt beseitigt werden.
- Neubau eines Reisebusunternehmens mit 12 Arbeitsplätzen.
- Ansiedlung/Neubau eines Großhändlers mit 45 Arbeitsplätzen.
- Erweiterung einer ansässigen Tiefbaufirma.
- Verlagerung von zwei Gesenkschmieden in das Gebiet Lüneschloßstraße und damit Lösung eines Gemengelagenproblems an anderer Stelle.
- Nutzung einer bisher nicht genutzten Gewerbefläche durch zwei weitere Unternehmen, die auf diese Weise ihrerseits ihre problematische kleinteilige Gemengelage an anderer Stelle lösen konnten.
- Darüber hinaus entsteht in privater Initiative der Gewerbehof »Delta-Werk«,
- Schließlich hat sich als neue Entwicklung ergeben, daß in der brachgefallenen Immobilie der ehemaligen bedeutenden Schneidwarenfabrik Friedrich Herder Abr. Sohn, Grünewalder Str., die Gründer- und Technologiezentrum Solingen GmbH hier ihren neuen Standort erhält. Die Eröffnung wird noch in 1997 erfolgen.

Bilanz

Zusammenfassend kann festgestellt werden, daß durch den Impuls im Jahre 1980 und insbesondere durch den Bewilligungsbescheid aus dem Jahre 1984 dieses Entwicklungsgebiet sich dynamisch entwickelt hat. Es konnten die Lärmbelastung und die Gemengelagensituation im Bereich der Lüneschloßstraße weitgehend beseitigt werden. In erheblichem Umfange konnten auch wirtschaftsstrukturelle Impulse gegeben werden. Mit der Initiative von Stadt und Land wurden sieben Betriebsverlagerungen in das Gebiet Lüneschloßstraße induziert, das Zwillingswerk standortgesichert und weiteren Unternehmen konnte in ihrer Entwicklung Planungssicherheit für künftige Expansionen gegeben werden. Durch öffentliche Investitionen in Höhe von ca. 6,5 Mio. DM wurden private Investitionen in Höhe von knapp 40 Mio. DM ausgelöst. Darüber hinaus konnten mit diesen Betriebsverlagerungen gleichzeitig störende Gemengelagen an anderen Standorten der Stadt beseitigt

Rolf Tiggemann

Flächenhafte Wohnumfeldverbesserung: Das Modellprogramm Mittleres Ruhrgebiet – Bochum, Herne, Witten

Konjunktur ökologischen Planens?
Auf den ersten Blick scheint es, als habe sich kaum etwas verändert. Statt ›ökologisch orientierter Stadterneuerung‹ sprechen wir heute von ›nachhaltiger Stadtentwicklung‹. Ökologisches Planen hat immer noch (oder wieder?) Konjunktur. Das Gegenbild zur linearen Verbrauchswirtschaft unserer Städte – die in den Naturhaushalt regenerativ eingebundene Siedlung – reduziert sich im Planungs- und Realisierungsprozess nicht selten auf einige wenige Attribute.[1] Alltägliche Katastrophenmeldungen in den Medien zeigen überdeutlich, daß die Forderung, ökologisches Planen im Alltag zu verankern,[2] an Aktualität nichts verloren hat. Der Rückblick auf die Entwicklung in Nordrhein-Westfalen in den vergangenen 17 Jahren belegt allerdings auch eindrucksvoll, daß es gelingen kann, Erfolg und Breitenwirkung durch überzeugende Beispiele zu erreichen, Beispiele, die die Realität und in ihr stattgefundene Veränderungen[3] belegen.

1981 – ein radikaler Wechsel der Förderstrategie, schmerzhaft und herausfordernd
Der Beginn des langen Weges zwischen Integration und Isolation[4] und damit der Weg einer langen, konstruktiv-kritischen Begegnung und Auseinandersetzung mit Karl Ganser, war gleichermaßen herausfordernd wie schmerzhaft. Herausfordernd, weil mit den Grundsätzen des Ministers für Landes- und Stadtentwicklung (MLS) vom 7. Juli 1981 eine veränderte Schwerpunktsetzung in der Städtebauförderung eingeleitet wurde:[5] im Bereich der Ziele wird eine stärker sozial- und umweltpolitische Ausrichtung der Stadterneuerung angestrebt; die behutsame Verbesserung der Wohnbedingungen in den dicht bebauten und stark belasteten Wohnvierteln erhält Vorrang. Die Instrumentierung stellt auf eine Abkehr von kostenaufwendigen und planungsrechtlich intensiv geregelten Maßnahmen ab.

Wohnumfeldverbesserung durch Hinterhofbegrünung ...

Verstärkte Anreizförderung soll an die Stelle der Förderung auf entschädigungsrechtlicher Grundlage treten. Bei Planung und Planungsverfahren sind weitreichende Abstimmung der Maßnahmen mit Bewohnern gefordert, eine Verstärkung der Eigeninitiative und Selbsthilfe angestrebt. Schmerzhaft, weil die Städtebauförderung des Landes aufgrund der Konsolidierungsnotwendigkeit des Landeshaushaltes mit dem Ziel überprüft wurde, etwa 60% des bis dahin für die förmlich festgesetzten Sanierungsmaßnahmen noch zu erwartenden Förderbedarfs von rd. 2,5 Mrd. DM einzusparen. Es war das Verdienst von Karl Ganser, mit diesen Rahmenbedingungen die Voraussetzungen geschaffen zu haben, den Weg aus der Isolation in die Integration anzutreten und damit die verantwortlichen Akteure vor Ort zu ermuntern, mit dieser Neuorientierung der Städtebauförderung auch neue qualitative Ansätze im Sinne einer integrierten Planung und ihrer Umsetzung in die Praxis zu verbinden.

Wohnumfeldprogramm Mittleres Ruhrgebiet als Pilotprojekt

Nach Vorankündigung im März 1981, die ursprünglich für die zweite Baustufe des Freizeit- und Erholungsschwerpunktes Kemnader See vorgesehenen Landesmittel zu reduzieren und für eine flächenhafte, kleinteilige Verbesserung des Wohnumfeldes in den Städten Bochum und Witten zu verwenden, wurden in beiden Städten entsprechende Programme ausgearbeitet (die Stadt Herne kam zeitlich versetzt hinzu). Allein in Bochum wurden mit einem Fördervolumen von 24 Mio. DM und einem städtischen Eigenanteil von 6 Mio. DM Maßnahmen in 15 Programmgebieten durchgeführt. Unter dem Titel Modellprogramm Wohnumfeldverbesserung Mittleres Ruhrgebiet – Bochum, Herne, Witten ist es in der Retrospektive für viele Städte und Gemeinden wegweisend, sind die aus ihm gewonnenen Erfahrungen hilfreich gewesen. Sie können an dieser Stelle nicht annähernd in ihrer Breite und Vielfalt referiert werden.[6] Viele Erkenntnisse und Erfahrungen sind inzwischen zum alltäglichen Handlungsrepertoire von Kommunalplanung und -politik geworden. Geblieben ist das geschärfte Bewußtsein um die Notwendigkeit, daß ökologisch orientierte Planung und Realisierung von Maßnahmen zur (erhaltenden) Stadterneuerung eines integrierten Vorgehens bedarf. Integrierte Planung muß somit die Kunst sein, einzelne Planungsabschnitte zu realisieren, ohne im Detail stecken zu bleiben und den Blick für längerfristige Entwicklungen und Plankorrekturen zu verbauen.[7]

... und durch Verkehrsberuhigungsmaßnahmen

Flexible Argumentations- und Organisationsstrukturen

Dies zu realisieren, erfordert stets aufs Neue Vordenker, die reale Utopien entwerfen und Promotoren, die bereit und in der Lage sind, den langen Weg der oft vielen kleinen Schritte beharrlich zu gehen. Dazu gehörten im Modellprogramm Mittleres Ruhrgebiet die verantwortlichen Projektleiter ebenso, wie viele engagierte Mitarbeiter in den Fachämtern der Verwaltungen, nicht zuletzt aber auch die Kommunalpolitiker in den Stadtbezirken. Leistungsfähige Organisationen mit klar definierten Kompetenzen waren für den Erfolg ebenso wichtig, wie eine ämterübergreifende Projektsteuerung zur Überwindung des historisch gewachsenen Ressortdenkens. Für das frühzeitige Erkennen und Lösen von Konflikten braucht es heute mehr als damals Zeit und einen offenen Planungsansatz mit Rückkoppelungsmöglichkeiten.

Es war auch das Verdienst von Karl Ganser, im Rahmen des Modellprogramms erstarkte Vertikalstrukturen im Verwaltungsdenken und -handeln wesentlich aufgebrochen zu haben. Das Wort des großen Reformators Freiherr vom Stein: Die Kenntnis der Örtlichkeit ist die Seele des Verwaltens, schien dabei Pate gestanden zu haben. Die Erfolge in Bochum, Herne und Witten haben gezeigt, daß ökologische Maßnahmen kein Notpflaster für Sünden von gestern und keine kosmetische Neuerung für heute und morgen sind, sondern sie können nur dann wirksam werden, wenn sie vernetzt und langfristig angelegt sind.[8]

Am Beispiel des Modellprogramms Wohnumfeldverbesserung Mittleres Ruhrgebiet konnte gezeigt werden, wie sich die Ruhrgebietsstädte auf die damals neuen stadtentwicklungspolitischen Leitziele eingestellt haben. Fachübergreifende Arbeitsgruppen in den Verwaltungen, integrierte Problemlösungen, ein offener Planungsprozess, Mut zum Experiment insbesondere bei der Betroffenenbeteiligung, kontinuierliche Betreuung und Präsenz vor Ort – dies und vieles mehr sind als Errungenschaften der Programme zur erhaltenden Stadterneuerung zu werten – qualitative Unterschiede im Einzelfall natürlich eingerechnet.

Anmerkungen

1 Franz Pesch und Rolf Tiggemann: Ökologisch orientierte Stadterneuerung. Handlungsstrategien für das Ruhrgebiet am Beispiel der Stadt Bochum. – In: Informationen zur Raumentwicklung, Bonn (1986), H. 1/2, S. 18.
2 Dies.: (1986), S. 19.
3 Karl Ganser: Integrierte Planung in der Stadterneuerung. – In: Klaus Adam und Tomas Grohé (Hrsg.): Ökologie und Stadtplanung, Köln (1984), S. 79.
4 Ders.: (1984), S. 79.
5 Minister für Landes- und Stadtentwicklung des Landes Nordrhein-Westfalen (Hrsg.): Grundsätze für die Städtebauförderung in Nordrhein-Westfalen. Erlaß des Ministers für Landes- und Stadtentwicklung vom 7. Juli 1981. In: MLS Kurzinformation, Düsseldorf (1982), H. 4.
6 Vgl. dazu beispielhaft: Franz Pesch et al.: Wohnumfeldverbesserung im Mittleren Ruhrgebiet. Abschlußbericht der Begleitdokumentation. Forschungsvorhaben im Auftrag des Ministers für Stadtentwicklung, Wohnen und Verkehr. Wetter-Volmarstein (1986). Franz Pesch und Rolf Tiggemann: (1986). Rolf Tiggemann: Wohnumfeldverbesserung – Ein Ansatz zur integrierten Planung? In: Klaus Adam und Tomas Grohé (1984), S. 85–105.
7 Karl Ganser: (1984), S. 79.
8 Franz Pesch und Rolf Tiggemann: (1986), S. 25/26.
9 Dies.: (1986), S. 26/27.

Franz Pesch

Wie alles anfing – Stadterneuerung in Wuppertal-Elberfeld

Stadterweiterung der Gründerzeit
In der zweiten Hälfte des 19. Jahrhundert sind die europäischen Städte buchstäblich explodiert. Die Wohnungsnot der zuwandernden Lohnarbeiter ausnutzend zogen Spekulanten – damals ein durchaus geachteter Berufsstand – Mietskasernen hoch, die den Wohnungssuchenden ein Dach über dem Kopf boten – mehr aber nicht. Obwohl die Pläne für die großen Stadterweiterungen nur selten die Qualität der Stübbenschen Planung für die Kölner Neustadt erreichten, sondern eher mit der heißen Nadel genäht wurden, haben sie sich als durchaus taugliche Stadtstrukturen behauptet. Der rasterförmige Stadtgrundriß, die Spannung zwischen öffentlichen Räumen und privaten Innenhöfen und die intensive Nutzungsmischung sind bis heute geschätzte Merkmale urbaner Stadtteile.

Die Gründerzeitviertel hatten sich im Laufe der Zeit zu lebendigen Orten entwickelt, mit funktionierenden Nachbarschaften, denn man lebte hier dicht zusammen und war aufeinander angewiesen.

Stadterneuerung zwischen Kahlschlag und Erhaltung
Doch bevor sie 100 Jahre alt waren, standen viele dieser Stadtteile zur Disposition. Für die Elberfelder Nordstadt in Wuppertal, mit 76 Hektar eines der größten Altbaugebiete Nordrhein-Westfalens, legte ein bekanntes Institut Anfang der 70er Jahre ein Neuordnungskonzept vor, das keinen Stein auf dem anderen ließ. Die engen Hinterhöfe sollten vielgeschossigen Zeilenbauten Platz machen, ganz in der Tradition der Moderne. Aber: je mehr Daten herangezogen wurden, um zu beweisen, daß der Abriß die einzig denkbare Zukunft der Nordstadt sei, desto hartnäckiger setzten sich die Bewohner zur Wehr.

Im Archiv unseres Büros fiel mir kürzlich ein Katalog in die Hand, der dokumentiert, wie sich Künstler aus dem In- und Ausland damals in einer kämpferischen Ausstellung mit den Nordstädtern solidarisierten und in ihren Zeichnungen und Stichen eine eindrucksvolle Hommage an die Nordstadt formulierten.

Die professionellen Planer in den Büros und Amtsstuben arbeiten in diesen turbulenten Zeiten mit Zähigkeit an einem ehrenvollen Rückzug und erfanden den »Durchbau«, der die

Nicht wegwerfen – Die Elberfelder Nordstadt in Wuppertal, eine Wendemaske der Stadterneuerung

*Künstlerprotest gegen Flächensanierung: »Eingriffe«
Bleistiftzeichnung von Gerhard Schwermer (1980)*

verfallsbedrohten Altbauten in moderne Wohnhäuser verwandeln sollte. Normgrundrisse des sozialen Wohnungsbaus, Betontreppenhäuser, die allen Kriterien des Brandschutzes genügten, abgehängte Decken und Kunststoffenster wurden zum Merkmal der aufwendig modernisierten Altbauten. So blieb die historische Hülle zwar erhalten, das Innere der Häuser wurde völlig umgekrempelt. Doch diese Art der Stadterneuerung war schlichtweg unbezahlbar und konnte kein Modell für die anstehenden Aufgaben liefern.

*Mit dem Wohnumfeld unterwegs –
Beratungsgespräch in Wuppertal-Wichlinghausen*

Kreative Behutsamkeit als Methode

Einige wenige gingen anders an das Problem heran. Karl Ganser war einer von ihnen, und er saß an der richtigen Stelle.

Die von ihm offensiv vertretene neue Sichtweise verstand Stadterneuerung nicht als Totaloperation sondern als Akupunktur, nicht mehr als »Beseitigung sozialer Mißstände« sondern als Stabilisierung sozialer Gemeinschaften. An die Stelle der Neubaunormen trat der altbaugerechte Standard, an die Stelle der Wegwerfmentalität die Wiederverwendung vorhandener Bauteile und an die der Stelle der Verkehrsschneisen und Tiefgaragen die flächenbezogene Verkehrsberuhigung.

Andere mögen bilanzieren, wie viele Gebäude in den achtziger Jahren erhalten und behutsam modernisiert, wieviele Höfe begrünt und wieviele verkehrsberuhigte Bereiche gestaltet wurden. Mir ist etwas anderes wichtig: das kreative Klima, das Ganser so konsequent gefördert hat, am Schreibtisch in Düsseldorf, aber noch viel lieber »vor Ort«. In Diskussionen mit Politik und Verwaltung, im zufälligen Gespräch mit Bewohnern, bei der Wanderung

Von Bewohnern geplant: Einweihung des Martin-Niemöller-Platzes in Wuppertal-Arrenberg

durch die Schattenzonen der Städte entstanden Strategien, Projektideen und Konturen neuer Fördergegenstände.

Die Ausrichtung der Politik auf das Ziel einer behutsamen, gebietsbezogenen Erneuerungsstrategie forderte von Architekten und Planern, daß sie in ungewohnte Rollen schlüpfen. Sie fanden sich plötzlich als Berater, Moderatoren, Organisatoren von Straßenfesten und Bauleiter von Selbsthilfeprojekten wieder. In einer kreativen Atmosphäre entstanden ungewöhnliche Projekte mit großer Wirkung: In Wuppertal zum Beispiel die Umgestaltung der Jung-/Nornenstraße in Anwohnerselbsthilfe, ein mobiles Beratungsbüro für Modernisierung und Wohnumfeldverbesserung und eines meiner schönsten Projekte – eine mehrwöchige Planungswerkstatt, in der Bürgerinnen und Bürger »ihren« Stadtteilpark gemeinsam entwarfen. Als 1990 die Einweihung stattfand, hatte sich im dicht besiedelten Arrenberg eine graue Gewerbebrache in ein grünes Zimmer verwandelt.

Das Engagement trug Früchte. In großen Stadterneuerungsgebieten füllten sich triste Straßenräume mit Bäumen, Gärten und Farbtupfern neu gestalteter Fassaden. Aus den Grauzonen der Städte wurden wohnliche Gründerzeitviertel, ohne daß die Bewohner verdrängt wurden.

Die Bewährungsprobe des neuen Stils: Stadterneuerung bei leeren Kassen und rasantem Strukturwandel

Der Blick zurück könnte nostalgisch stimmen, wären da nicht die Herausforderungen des städtischen Strukturwandels. Heute stellen sich in den alten Industriestädten die Stadterneuerungsaufgaben auf einer neuen Maßstabsebene, ohne das Polster gut gefüllter öffentlicher Kassen und bei sehr schwacher Nachfrage nach Nutzflächen. Gelegentlich konnte man verzweifeln, gäbe es nicht einige, die in der Wendezeit der Stadterneuerung gelernt hätten, andersherum zu denken.

Hein Arning

Der Dienstleistungs-, Gewerbe- und Landschaftspark Erin in Castrop-Rauxel

Konzept »Arbeiten im Park«
Im Jahre 1987 wurde auf Initiative von Professor Dr. Karl Ganser, zu dieser Zeit Abteilungsleiter im Ministerium für Stadtentwicklung, Wohnen und Verkehr, in einer Arbeitsgruppe aus Mitarbeitern des Ministeriums und der Landesentwicklungsgesellschaft Nordrhein-Westfalen (LEG) ein Konzept für städtebaulich und ökologisch hochwertige Gewerbegebiete entwickelt. Dieses Konzept wurde auf verschiedenen Flächen in Nordrhein-Westfalen realisiert. Die Projekte standen unter dem anspruchsvollen Thema »Arbeiten im Park«. Wichtigste Bestandteile des Konzeptes Arbeit im Park sind:
- die städtebauliche Qualität,
- die Integration der Gewerbeparks in die bestehenden Stadtstrukturen,
- die ökologische Qualität der Parks und der Gebäude,
- eine vorbildliche Infrastruktur und
- die Schaffung sozialer Dienste und von Gemeinschaftseinrichtungen.

Fallbeispiel Erin
Einer der Standorte für die Realisierung des Konzeptes »Arbeiten im Park« war das Gelände der 1983 stillgelegten Schachtanlage Erin 1/2/4/7 in Castrop-Rauxel. Das 41 ha große Areal, das unmittelbar an das Stadtzentrum von Castrop-Rauxel angrenzt, war im Rahmen des Grundstücksfonds von der LEG erworben worden.

Verantwortlicher Umgang mit Altlasten
Eine der schwierigsten Aufgaben bei der Reaktivierung der Zechenbrache war ein verantwortlicher Umgang mit den Altlasten. Nach einer ersten Gefährdungsabschätzung wurde eine Auswertung alter Karten und Luftbilder durchgeführt und die Nutzungsgeschichte anhand vorhandener Akten und Betriebspläne rekonstruiert. Dabei zeigte sich unter anderem, daß es auf der 1867 abgeteuften Schachtanlage mehrere Generationen von Kokereien gegeben hatte. Auf der Basis dieser Untersuchungen wurde eine engmaschige, nutzungsbezogene Gefährdungsabschätzung vor Ort mit Boden-, Bodenluft- und Grundwasseranalysen durchgeführt. Darauf aufbauend wurde ein Konzept zur Sanierung der Altlasten erarbeitet. Nach diesem Sanierungskonzept, das durch weitere Kontrolluntersuchungen bestätigt wurde, verbleibt der größte Teil des belasteten Materials auf dem Gelände und wird gesichert in einem Erdbaukörper eingearbeitet. Kleinere Mengen höchstbelaste-

Der Starterhof als Einstieg in den Dienstleistungspark Erin

ten Materials werden thermisch behandelt und nach erfolgter Reinigung wieder eingebaut. Mit diesem Verfahren wird einerseits ein umfangreicher Mülltourismus verhindert und andererseits eine Sanierung des Zechengeländes erreicht.

Ambitioniertes, differenziertes Nutzungskonzept

Parallel zum Sanierungskonzept wurde von der LEG ein Nutzungskonzept erarbeitet. Auf dieser Grundlage hat die Stadt den Bebauungsplan für das Gewerbegebiet aufgestellt. Er ist der erste

Modell des Gewerbeparks Erin

rechtskräftige Bebauungsplan mit integrierter Altlastensanierung in Nordrhein-Westfalen. Auf der Basis des Bebauungsplanes erfolgte die Planung der Erschließungsanlagen, wobei auf geringe Straßenbreiten Wert gelegt wurde. Dort, wo es möglich ist, werden die Regenwässer offen über das Gelände geführt und in offenen Regenrückhalteteichen zur Landschafts- und Parkgestaltung genutzt. Der Förderturm, der von der Nordrhein-Westfalen-Stiftung restauriert wurde, stellt das weithin sichtbare Wahrzeichen dar. Bei der Gestaltung des Landschaftsparks wird bewußt an die historischen Wurzeln der Schachtanlage angeknüpft. Die Zeche Erin wurde einst von dem Iren William Thomas Mulvany gegründet. Elemente der irischen Landschaft sollen daher im Landschaftspark Erin wiederzufinden sein: Bruchsteinmauern und weite Rasenflächen, in denen der Untergrund und Steine sichtbar werden, Alleen und Gehölzgruppen, Busch- und Strauchwerk. Die Abbruchsteine der Zeche werden ebenso wie die großen Fundamente der anderen Fördertürme für die Parkgestaltung verwendet.

Die Architektur der Gewerbebauten soll vielfältig sein, andererseits aber bestimmten Qualitätsstandards genügen, deren Einhaltung durch eine intensive Beratung der Investoren sowie durch privatrechtliche Vereinbarungen sichergestellt wird. Aufgrund der direkten Nachbarschaft zur Castroper Innenstadt, die mit einer Fußgängerbrücke angebunden wird, sollen im Ostteil des 41 ha großen Areals Dienstleistungs- und Bürobetriebe, im Westteil Gewerbetriebe angesiedelt werden.

Qualitätssicherung ernst genommen

Nach Gründung der IBA im Jahre 1989 haben Professor Ganser und seine Mitarbeiter immer wieder das Panier der städtebaulichen

Nutzung offener Regenrückhalteteiche für die Parkgestaltung

Der ehemalige Förderturm als Wahrzeichen

und architektonischen Qualität hochgehalten. Obwohl das Konzept für Erin von der LEG bereits vor Gründung der Bauausstellung entwickelt worden war und es somit keine städtebaulichen Wettbewerbe gab, so wurden doch Verfahren durchgeführt, die Landschaftsplanung, Städtebau und Architektur optimieren sollten. Dies geschah in mehreren Workshops mit den beteiligten Planern, aber auch mit Landschaftsarchitekten und Architekturbüros, die von der IBA eingeladen bzw. vorgeschlagen wurden.

Der stete Hinweis von Professor Ganser, auch Verfahren neu zu denken und hergebrachte Grundsätze zu hinterfragen, hat in vielen Fällen Anregung zu neuen Wegen gegeben. Die IBA spielte hierbei die Rolle des kritischen Moderators. Die Ideen und neuen Wege mußten aber in der täglichen Arbeit innerhalb der normalen Behördenorganisation und mit den bestehenden Institutionen umgesetzt werden.

Die Ergebnisse lassen sich sehen. Im Sommer 1997 ist die Infrastruktur für das »Arbeiten im Park« weitgehend erstellt. Zahlreiche Hochbauten sowohl im Dienstleistungs- wie im Gewerbe-Bereich werden bereits genutzt. Die Qualität des Dienstleistungs-, Gewerbe- und Landschaftsparks Erin wird auch den kritischen Betrachter überzeugen.

Hans-Dieter Collinet

Das Beispiel Museum für Sozial-, Wirtschafts- und Technikgeschichte der Region Aachen in Stolberg

80er Jahre: der Denkmalschutz wird endlich ernst genommen
Stolberg ist eine Industriestadt mit 60.000 Einwohnern in der Nachbarschaft Aachen am Nordrand der Eifel mit einer langen Geschichte. Die Stadt entdeckte 1978 die Bedeutung ihres bis dahin nur wenigen bekannten historischen Erbes über die Burg aus dem 12. Jahrhundert und die an den Burgberg angelehnten Kupferhöfe sowie die ebenfalls aus dem 16. bis 18. Jahrhundert stammenden ehemaligen Kupfermühlen im Vichtbachtal und eine

auf das 15. Jahrhundert zurückgehende, geschlossen erhaltene alte Dorfstraße in Alt-Breinig hinaus. Die 910 potentielle Denkmäler umfassende Denkmalliste wurde nach dem 1980 in Kraft getretene Denkmalschutzgesetz zügig abgearbeitet, fast immer in Konsens. Schwieriger wurde es, als die ersten Industriedenkmäler, teilweise noch genutzt, der Entscheidung harrten.

Zinkhütter Hof: ein interessantes Industrieensemble
Der Zinkhütter Hof von J. Cockerill um 1830 als Glashütte gebaut, stand zur Disposition. Er war Ballast für das um seine Existenz schon damals ringende Unternehmen geworden. Wie gerufen kam

1984 die Idee des Rheinischen und Westfälischen Industriemuseums mit seiner dezentralen Standortstrategie. Stolberg war ein hervorragend geeigneter Standort, um sich begründete, von vielen Fachkundigen bestätigte Hoffnungen auf eine positive Entscheidung zu seiner Bewerbung zu machen:
– ein Sozial- und Technikgeschichte verkörperndes Ensemble mit Werktrakt in neogotischer Gewölbekonstruktion, Herrenhaus und Arbeiterwohntrakt um einen rechteckigen Werkhof

Herrenhaus und Arbeiterwohntrakt um den rechteckigen Werkhof

in der ältesten von englischen und wallonischen Unternehmern mitgeprägten Industrieregion Deutschlands,
- mannigfaltige Zeugnisse von eifrigen Bürgern gesammelt aus der Geschichte des Bergbaus, der Textilverarbeitung, der Chemie- und Glasproduktion insbesondere aber der Messingherstellung, welche Stolberg nach dem Einzug der von Aachen geflohenen reformierten Kupfermeister so reich gemacht haben, weil sie hier erstmalig Muskelkraft durch über Wassermühlen angetriebene Hämmer – also Maschinenkraft – einsetzen durften, sowie

einzigartige Maschinen aus den verschiedenen Phasen der industriellen Technisierung, die vorausschauende Unternehmer nicht nur ausrangiert, sondern erhaltend auf die Seite gestellt hatten.

Förderung im zweiten Anlauf

Wie groß war die Enttäuschung als die Botschaft kam, Stolberg gehöre nicht zu den Auserwählten. Waren wir Opfer unseres Konzeptes, das nicht auf einen spezifischen Industriezweig allein ausgerichtet war oder fehlten uns die rechten Fürsprecher in der Landschaftsversammlung? Ermutigt durch die Industrie- und Handelskammer, Vertreter der RWTH Aachen und den engagierten Museumsverein holte sich die Stadt 1986 bei Prof. Ganser im seinerzeitigen MSWV gleichwohl die Zusage, nunmehr die Idee zur Errichtung eines unabhängigen regionalen Industriemuseums auch weiterhin zu unterstützen. Erste Planungsstudien wurden erstellt, mühsame Verhandlungen mit den Eigentümern eingeleitet, denn es galt, Grundstücksinteressen und Altlastenprobleme ebenso zu lösen.

Schwerpunkte der Schausammlung sind unter anderem »Wasserkraft, Dampfkraft und Elektrizität

Das Beispiel Museum für Sozial-, Wirtschafts- und Technikgeschichte

Museumskonzept mit engagierten Sponsoren

1989 endlich konnten die Förderanträge für den Erwerb, die Planung und Durchführung gestellt werden. Von 1990 bis 1992 wurden für Grunderwerb, Planung und Bau Kosten von insgesamt 17,8 Mio. DM mit 14,2 Mio. DM gefördert. Am 22.9.1996 weihte Frau Ministerin Brusis das »Museum für Industrie-, Wirtschafts- und Sozialgeschichte für den Raum Aachen in Stolberg« ein. Sie bewunderte die »Kathedrale der Industriearchitektur«, die an kaum einem anderen Ort mit zeitgemäßer Innenarchitektur so einfühlsam und ästhetisch wieder in Wert gesetzt worden sei. Es ist mehr als ein Museum, denn es soll zusammen mit dem benachbarten Technologiezentrum, Veranstaltungs-, Ausstellungsort und Schaufenster für die Unternehmen in der Region sein.

Doch auf dem Weg dahin wäre das Projekt fast noch gescheitert, denn die Stadt war von Haushaltssorgen und unsicheren Mehrheiten geplagt und sorgte sich um die Last der Folgekosten. Nach intensiver Vorbereitung einzelner engagierter Personen aus dem Rat, der Verwaltung und vor allem der Industrie- und Handelskammer konnte 1992 eine Gesellschaft zur Förderung des Museums für Industrie-, Wirtschafts- und Sozialgeschichte gegründet werden, in die neben der IHK, die HWK, Banken, Industrie, Private und erfreulicherweise schließlich auch der Landschaftsverband Rheinland eintraten. Sie gründeten 1993 eine Stiftung mit einem Kapital von mittlerweile 3 Mio. DM. Deshalb ist es gelungen, daß der Betrieb des Museums von dem eingetragenen Verein und seinen engagierten Mitgliedern übernommen werden kann. Vor allem dieses langjährige Engagement vieler war es, das nach mehr als zehn Jahren das bedeutende Industriedenkmal auf Dauer gerettet hat. Es war spannend, daran mitgewirkt zu haben. Ein Besuch des Museums lohnt sich allemal, denn auch die derzeitige Ausstellungen zur Nadelherstellung und Zinkproduktion sind wunderschön und gleichzeitig informativ.

Kurt Schmidt

Rheinufertunnel Düsseldorf.
Die Stadt kommt wieder zum Fluß

Die Planung für den Rheinufertunnel ist weniger aus der gesamtstädtischen Verkehrsentwicklungsplanung als vielmehr aus zahlreichen zunächst miteinander unverbundenen, städtebaulichen und verkehrlichen Anlässen, organisatorischen Rahmensetzungen und politischen Weichenstellungen entstanden, die eine projektfördernde Gemengelage schufen.

Bundesgartenschau
Zunächst war die Planung für die Bundesgartenschau 1987 Anfang der 80er Jahre nicht nur auf das engere Gartenschaugelände beschränkt. Das Vorhaben wurde eingebettet in den Rahmen einer breit angelegten Wohnumfeldverbesserung und Grünplanung. »Grüne Achsen vom Rhein zum Rhein« war das Motiv. Die Verkehrsberuhigung von Gründerzeitquartieren sollte Spielraum für eine intensive Straßenbegrünung schaffen. Von einer Tieferlegung der hochbelasteten Rheinuferstraße konnten die Planer damals nur träumen.

Bodendenkmal alter Hafen
In der Düsseldorfer Altstadt war zunächst im Bereich des schon 1810 zugeschütteten alten Hafens eine Wohnbebauung in Blockform geplant, die sich vom lauten Verkehr der Rheinuferstraße mit ihren 55.000 Kfz täglich abwenden sollte. Bei den Ausschachtungsarbeiten zur dafür vorgesehenen Tiefgarage wurden überraschend gut erhaltene Teile des alten Hafens gefunden. Diese Bodendenkmale sollten in die Planung einbezogen werden.

Die Bauphase

Neubau des Landtages

Am Rhein wurde in dem ehemaligen Hafenbereich südlich der Kniebrücke das neue Landtagsgebäude gebaut. Das vorgesehene Grundstück war durch die Hochstraße der B 1 in der Verlängerung der Rheinuferstraße vom Stadtgebiet getrennt. Wegen dieser optischen und funktionalen Störung war es nicht leicht, den Landtag von diesem Standort am Rhein zu überzeugen. Dem Land wurde deshalb zugesagt, die Hochbrücke durch eine tiefgelegte Straße zu ersetzen, wenn die erste U-Bahnstrecke in der Innenstadt abgeschlossen und eine Finanzierung in Aussicht sei.

Umorientierung des Straßenbaus

Der damals zuständige Minister Christoph Zöpel und sein Abteilungsleiter Karl Ganser verfolgten beide die Strategie, die Straßenbaumittel des Landes nicht mehr vorrangig zur Netzerweiterung, sondern in Integration mit städtebaulichen Maßnahmen zur Stadterneuerung einzusetzen. Hierfür war der massive Konflikt zwischen Verkehr und Städtebau am Rheinufer ein geeigneter Fall.

Einbindung in ein flächendeckendes Gesamtkonzept

Die Tiefbauverwaltung begann in Verbindung mit einer Baufirma, das Projekt einer Tieflegung der Rheinuferstraße zu entwickeln. Als damaliger Leiter des Planungsamtes war ich jedoch der Auffassung, daß eine so teure Maßnahme mit einem voraussichtlichen Kostenvolumen von 500 Mio. DM nur verantwortbar sei, wenn sie tief in die angrenzenden Stadtgebiete hinein eine Verbesserung der Lebensqualität bewirkt. Damit mußte ein Konzept für eine flächenhafte Verkehrsberuhigung entwickelt werden. In Gesprächen mit Karl Ganser zeichnete sich in diesem Punkt Übereinstimmung ab und sie wurde Voraussetzung für die Landesbeteiligung an der Finanzierung. Außerdem sollte durch flankierende bauliche und signaltechnische Maßnahmen verhindert werden, daß der Tunnel zu einer massiven Zunahme des Autoverkehrs führt. Er sollte quasi reisezeitneutral konzipiert werden.

Ein aufwendiges Planungsverfahren

Zwei Planergruppen aus Stadtplanern, Architekten, Landschaftsplanern und Verkehrsplanern wurden aufgefordert, in einer ersten Ideenphase alle Chancen zur Wohnumfeldverbesserung und Verkehrsberuhigung bis hin zur anderen Rheinseite auszuloten. Zur Beurteilung und weiteren Begleitung wurde eine Lenkungsgruppe gebildet, bestehend aus Vertretern des Rates, der Landesregierung, des Regierungspräsidenten und vier externen Fachberatern. Im März 1987 gab die Lenkungsgruppe vorläufige Empfehlungen für die weitere Bearbeitung. Noch lagen keine Kostenermittlungen vor. Die einzelnen Vorschläge mußten noch weitergehend untersucht werden. Im Sommer 1987 wurden die Zielrichtung und der Zeithorizont für die weiteren Arbeiten festgelegt.

Straße ersatzlos auflassen oder tieferlegen?

Parallel dazu wurden im Rathaus öffentliche Veranstaltungen durchgeführt. Dabei wurde u. a. über die Beispiele anderer Städte berichtet, die Verkehrsschneisen längs ihrer Flüsse überwunden haben. Dabei gab es sowohl Fälle mit aufwendigen Tunnelbauten (z. B. Kölner Museumsbereich) wie auch Fälle mit der ersatzlosen Wegnahme großer Hauptverkehrsstraßen (Waterfront Park in Portland, USA). Doch die ersatzlose Auflassung hochbelasteter Hauptverkehrsstraßen war damals in Düsseldorf und auch sonst im Lande noch nicht politikfähig. Sie wäre sicher das beste Mittel, eine große Zahl von ähnlichen Projekten in Städten mit Flüssen zu realisieren. Denn Tunnelprojekte werden stets die seltene Ausnahme bleiben

*Nach der Fertigstellung der Promenade:
Die Stadt kommt wieder zum Fluß*

Beschluß und Umsetzung

Am 15.7.1987 erfolgte der Grundsatzbeschluß im Rat. Im Dezember 1989 war das erforderliche Planfeststellungsverfahren abgeschlossen. Am 14.12.1989 folgte der Baubeschluß im Rat, am 20.12.1989 wurden die ersten Aufträge vergeben. In einer ungeheuren Kraftanstrengung und unter persönlichem Einsatz aller Beteiligten waren alle Hürden genommen, alle Widersprüche ausgeräumt, konnte die Durchführung beginnen. Parallel zur Bauphase wurde die Planung und Gestaltung der Oberfläche am Ufer durch die in der ersten Phase getrennt arbeitenden, jetzt jedoch zusammengeführten Planergruppen, forciert. Für die Gestaltung des Burgplatzes und der Promenade wurde ein weiterer Wettbewerb durchgeführt. Im Bereich des alten Hafens wurde die Planung nunmehr unter Einbeziehung der Bodenfunde auf den Rhein hin ausgerichtet. Auch hier wurde in einem Wettbewerb nach der besten Lösung gesucht. Vor der Fertigstellung der neuen Promenade und unter dem Druck der sich verschlechternden Haushaltslage kamen Selbstvorwürfe im Rat auf: »Wie konnten wir uns nur in ein solches finanzielles Abenteuer stürzen?«

Seit Eröffnung: ein großer Erfolg

Nachdem jedoch im Juni 1995 die Promenade eröffnet war, verstummten diese Stimmen. Die Promenade wurde von den Düsseldorfern und den Besuchern der Stadt weit mehr erobert als es selbst Optimisten erwartet hätten.

Die »Sehnsucht nach begehbaren Flußuferpromenaden« ist offenbar sehr intensiv ausgeprägt. Deshalb ist es im nachhinein unverständlich, wie in den letzten Jahrzehnten allenthalben die Verkehrsplaner mit »dem Segen« der lokalen Politik und fördernden Ministerien in Bund und Ländern Flußufer als autogerechte Rennstrecken usurpieren konnten, statt von Anfang an den besonderen Genius Loci zum Anlaß für gute Kompromisse zwischen Verbindungsfunktion, Erschließungsfunktion und Aufenthaltsfunktion der Straßen zu nehmen.

Düsseldorf ist wenigstens in diesem Teil der Stadt »an den Rhein zurückgekehrt«. Vor dem Landtag entsteht der Bilker Bürgerpark. Die städtebauliche Entwicklung in den Hafen hinein hätte nicht die Schubkraft und würde nicht die sich jetzt abzeichnende Qualität erhalten ohne diese Maßnahme. Nur durch eine glückliche zeitliche Konstellation von Umständen und den persönlichen Einsatz der verantwortlichen Entscheidungsträger in den Ministerien und der Stadt konnte das Projekt gelingen. Bleibt zu hoffen, daß es auf den vielen anderen hochbelasteten Hauptverkehrsstraßen der Stadt mit anderen, bescheideneren Mitteln gelingt, auch hier bessere Kompromisse für mehr Fußgänger- und Fahrradfreundlichkeit, mehr Straßengrün und bessere städtebauliche Integration zu finden.

Reinhold Baier

Die Umgestaltung der Frankfurter Straße in Hennef

Landesprogramme für Hauptverkehrsstraßen

Der Landeswettbewerb »Ruhiges Wohnen, sichere Straße« hatte es deutlich gezeigt: die flächenhafte Verkehrsberuhigung ganzer Wohngebiete im Zuge der »gebietsbezogenen Wohnumfeldprogramme« hatte sichtbare Erfolge aufzuweisen; vielleicht gerade dadurch wurde aber auch klar, daß die Bemühungen um einen »stadtverträglichen Verkehr«, wie man heute sagen würde, nicht an höherrangigen und verkehrlich stärker belasteten Straßen enden durften. Konsequenterweise wurde deshalb vom Minister für Landes- und Stadtentwicklung im Januar 1985 ein gesondertes Programm »Verkehrsberuhigung in städtebaulichen Konfliktbereichen« aufgelegt, das explizit auf folgendes Maßnahmenbündel in »Straßen mit Verkehrsbedeutung« abzielte:
– Rückbau überdimensionierter Verkehrsstraßen mit Erweiterung des Flächenangebotes für Fußgänger, Radfahrer und Grün etc.
– Reduzierung von Trennwirkungen, Verbesserung der Überquerbarkeit insbesondere auch in sensiblen Bereichen
– Begrünung, städtebauliche Gliederung und Umgestaltung des Straßenraumes
– Geschwindigkeitsdämpfung durch bauliche und verkehrstechnische Maßnahmen

Als konkrete Planungshilfe war bereits Ende 1984 der »Baustein für die kommunale Planungspraxis in Nordrhein-Westfalen: Haupt(-verkehrs-)straßen und Verkehrsberuhigung« allen Gemeinden zur Verfügung gestellt worden. 1987 folgte das Programm »Geschwindigkeitsdämpfung auf Ortsdurch-

fahrten«, das 1990 durch ein weiteres Programm zur Schulwegsicherung an Hauptverkehrsstraßen ergänzt wurde. Alle drei Programme zusammen erbrachten die bundesweit einmalige Zahl von 1.600 verkehrsberuhigt umgestalteten Hauptverkehrsstraßen. Begleituntersuchungen ausgewählter Beispiele belegten eine hohe Sicherheitswirksamkeit der Maßnahmen, insbesondere wegen der verbesserten Überquerbarkeit und der Vergrößerung der Flächen für Fußgänger- und Fahrradverkehr. Sehr wirksam waren auch die Geschwindigkeitsüberwachungsanlagen. Allerdings war damit die Aufgabe noch nicht erledigt, denn durch die Programme und kommunale Nachfolgeaktivitäten wurden nur etwa 15% aller innerörtlichen Hauptverkehrsstraßen erreicht. Viel bleibt also noch zu tun, um aus den beachtlichen Erfolgen der bisherigen Maßnahmen eine systematische, landesweite Strategie zu entwickeln.

Frankfurter Straße: repräsentativ für viele ähnliche Fälle in der Problemlage

Die Frankfurter Straße in Hennef war ein typisches Beispiel für die komplexe verkehrliche und städtebauliche Problemlage der meisten Ortsdurchfahrten: die Fahrbahn in ihrer Breite, mit ihrer verkehrstechnischen Ausstattung beherrschte den Straßenraum. Unbeeindruckt von historischen Gebäuden und Ensembles führte sie geradlinig in und durch den Ort. Fußgänger und Radfahrer waren an den Rand gedrängt, es gab viele schwere Unfälle, vor allem mit Fußgängern und Radfahrern, nicht zuletzt durch die viel zu hohen Geschwindigkeiten im Kfz-Verkehr. Insgesamt war die Frankfurter Straße also alles andere als eine attraktive Hauptgeschäftsstraße.

Ortsumgehungen lösen das Problem nicht

Wie in vielen anderen Fällen zeigte sich auch für Hennef, daß Ortsumgehungen (hier in Form einer ohnehin unabhängig von der lokalen Problematik geplanten Autobahn) allein keine Verkehrsberuhigung schaffen: zwei Drittel der Belastung ist im Ort verblieben, das sind in einem Teilabschnitt bis zu 1.200, über weite Teile des Straßenzuges um 900 Kfz je Stunde. Und langsamer wird durch eine Ortsumgehung im Ortskern auch nicht gefahren. In den Randbereichen der Ortsdurchfahrt wurde auch nachher viel zu schnell gefahren, im Geschäftsbereich wurden die Geschwindigkeiten zeitweise durch Liefer- und Parkvorgänge gebremst. Es überwogen dort häufige und kurze Parkvorgänge. Aus dem dichten Fußgängerverkehr wegen der beidseits hohen Geschäftsdichte erwuchsen starke Querungsbedürfnisse, denen die Ampelsteuerung nicht gerecht wurde: über 60% der Fußgänger überquerte die Fahrbahn außerhalb der Überwege oder gar bei »Rot«.

Eine städtebauliche Leitidee

Die Leitidee für die Umgestaltung war stark städtebaulich geprägt. Straßenräumliche Situation und städtebauliche Nutzungsstruktur legten eine Gliederung in vier Abschnitte zwischen den beiden Ortseinfahrtsbereichen nahe. Gliederung hieß nicht »Zerstückelung«. Die Maßstäblichkeit des Straßenraumes forderte deutlich breitere Seitenräume, was einerseits funktional notwendig, andererseits möglich war: mehr Platz für Fußgänger und Radfahrer, Beibehaltung des Parkens, aber kleinere Fahrbahnbreiten und Verzicht auf besondere Abbiegespuren.

Der zentrale Geschäftsbereich mit seinen vielfältigen Nutzungsansprüchen sollte besonders herausgestellt werden. Die z.T. noch erhaltene und nunmehr systematisch ergänzte Alleebepflanzung, forderte eine harmonische Ergänzung: der durchgehende, überfahrbare, gepflasterte Mittelstreifen mit seinen Laternen ordnete sich dem Alleeprinzip unter. Funktional erleichterte er das Überqueren für Fußgänger, erlaubte das Vorbeifahren an liefernden Fahrzeugen, das Abbiegen in Grundstücke und Seitenstraßen. Die Alleebepflanzung bestimmte auch die möglichen Parkstände; sie liegen zwischen den Bäumen.

Hohe Qualität für Fußgänger und Radfahrer
Entscheidend für die Qualität einer Einkaufsstraße ist ihre Qualität für die Fußgänger (auch für diejenigen, die mit dem Auto oder von der Bushaltestelle in der Parallelstraße gekommen sind). Eine Voraussetzung sind ausreichend breite Flächen zum Gehen, Schaufenstergucken, Verweilen und für Geschäftsauslagen. Die andere wegen der Sicherheitsrelevanz noch wichtigere Voraussetzung ist die Überquerbarkeit der Fahrbahn und zwar nicht an wenigen vorgeschriebenen Stellen, sondern möglichst durchgängig. Der Mittelstreifen weist auf diesen Überquerungsbedarf hin, bietet auf ganzer Länge stolperfreie Flächen zum Sichern und Warten im »Sicherheitsschatten« der Laternen.

Zur Doppelfunktion als Einkaufsstraße und Verbindungsstraße paßt das »Doppelangebot« für Radfahrer. Es gibt mutige und ängstliche Radfahrer, manche wollen die Straßen schnell durchfahren, andere langsam mit dem Fahrrad von Geschäft zu Geschäft rollen. Auf der Frankfurter Straße kann jetzt der Radfahrer wählen zwischen einer verkehrsberuhigten Fahrbahn oder einem autofreien Seitenraum, wo er aber auf den dichten Fußgängerverkehr achten muß. Für ängstliche Radfahrer und solche, die wegen ihrer Besorgungen von Laden zu Laden fahren wollen, ist der Gehweg zur langsamen Mitbenutzung durch Fahrräder freigegeben. Geübte und eilige Radfahrer benutzen die Fahrbahn in »friedlicher Koexistenz« mit dem Autofahrer. Bei einem Geschwindigkeitsniveau um 33 km/h im Kraftfahrzeugverkehr sind Überholvorgänge äußerst selten.

Unverwechselbare Gestaltung
Ein Beitrag zur Unverwechselbarkeit sind die mittig angeordneten Laternen. Die Doppelleuchten quer zur Achse wirken gliedernd und bieten eine gute Ausleuchtung. Der kräftige Steinsockel verleiht der Laterne auch optisch Gewicht. Das achteckige, mit Borden eingefaßte Plateau sichert gegen Anfahren, die umliegende »Schattenpflasterung« wird parallel zur Fahrbahn fortgeführt und bewirkt eine durchgängige optische Verengung – die Fahrstreifen wirken schmal. Die Maße sind abgestimmt: zwischen die Borde paßt selbst der Schneepflug und normale Fahrzeuge müssen die Pflasterflächen der Laternen nicht befahren, das vermeidet störende Geräusche.

Bürgerbeteiligung und Finanzierung: mit unkonventionellen Ansätzen zum Erfolg
Die Bürgerbeteiligung gestaltete sich mühsam aber erfolgreich. Zunächst die (üblichen) Vorbehalte: »Auf einmal soll alles falsch sein, was bisher richtig war?« oder »Das kann doch nicht funktionieren« oder »Wenn unsere Kunden nicht mehr wie gewohnt parken können, müssen wir zumachen« usw. usw. Dann aber die Bereitschaft sich umfassend informieren zu lassen, sachlich zu diskutieren. Positionen zu verändern. Umfangreiche Gesprächs- und Informationsangebote in Versammlungen, vor allem in einem Bürgerbüro vor Ort boten die Grundlage für ein schließlich eindeutiges »Ja zu unserer neuen Straße«.

So unkonventionell wie die gestalterische Lösung gestaltete sich auch der Finanzierungsgang: Der Bund wollte in die Frankfurter Straße (zur Zeit der Planung noch B 8) nicht mehr investieren, er hatte mit der A 560 »seinem Verkehr« eine eigene Straße gebaut. Die Planungskosten wurden aus dem eingangs genannten Programm des MLS gefördert. Für die Maßnahme selbst konnte aus Städtebauförderungsmitteln die Finanzierung sichergestellt werden, wobei der Anteil für die Fahrbahn und die Radverkehrsanlagen zunächst als Zwischenfinanzierung erfolgte, bevor er vom Land als neuem Straßenbaulastträger übernommen werden konnte.

Die konstruktive Zusammenarbeit aller Beteiligten an Planung und Umsetzung hat in relativ kurzer Zeit eine Straße entstehen lassen, die als Ganzes funktioniert und gefällt. Sie hat seither eine ganze Reihe von »Fachtouristen« aus dem In- und Ausland angezogen. Schade, daß es zur Zeit so wenig Konjunktur für weitere Anwendungsfälle gibt, »städtbauliche Konfliktbereiche« gibt es jedenfalls noch genug.

Roswitha Sinz

Stadterneuerung im Severinsviertel: das Projekt Karthäuser Wall

Blick zurück: Vom »Tacheles« in Berlin zum »Karthäuser Wall« in Köln
Da sitze ich 1997 in Berlin und beschäftige mich mit dem über die Landesgrenzen hinaus bekannt gewordenen Besetzerprojekt »Tacheles« in Berlin Mitte an der Oranienburger Straße. Mein Weg dorthin hat mit der in den 80er Jahren ebenso spektakulären »Stollwerksbesetzung« im Sanierungsgebiet Köln-Severinsviertel zu tun. Der Leser ahnt: Zu diesen Zeiten hat Karl Ganser entscheidend in der erhaltenden Stadterneuerung mitgemischt.

Stadterneuerung im Severin: eine geballte Ladung von Problemen
Die Sanierung Köln-Severinsviertel war eine der größten Sanierungsmaßnahmen dieser Zeit. Sie galt überregional als eine entscheidende Weichenstellung für eine behutsame Stadterneuerung. Sie konfrontierte den Sanierungsträger LEG, die Stadt Köln und das Ministerium mit einer bunten Mischung oder auch geballten Ladung aus:
– sich einmischenden Initiativgruppen (z. B. BI Südliche Altstadt – BISA),
– einer auch stadtweit aktiven Besetzerszene zur Rettung von Wohnraum (immer dabei: Sozialistische Selbsthilfe Köln – SSK),
– einer breiten, die Szene unterstützenden Kunst- und Musikszene (z. B. am bekanntesten die Rockgruppe BAP),
– jungen und alten Obdachlosen (z. B. das Josefshaus in der Annostraße),
– über 25 % ausländischen Bewohnern, vor allem türkischer Nationalität,
– und Schwulen und Lesben, die ein neues Zentrum in der Südstadt suchten und bekamen, das »Schulz« im ehemaligen Besetzerprojekt »Karthäuserwall 18«.
Die ganz »normalen« Probleme und Anliegen der vielen Bewohner drumherum – sie waren damals alle irgendwie Sanierungsbetroffene – werden dabei gar nicht erwähnt.

Zustand des Gebäudekomplexes vor der Sanierung

Das Projekt Karthäuserwall 18
In diesem nur plakativ angerissenen Rahmen bildete das Besetzerprojekt Karthäuserwall 18 die Gratwanderung von der anfänglichen Konfrontation und Ausgrenzung zur späteren Einbindung so genannte »Randgruppen« in die Strategie einer behutsamen Stadterneuerung am schärfsten ab. Es ist überschaubar mit seinen anfänglich rund 30 Besetzern und heute rd. 50 Bewohnern und mit der Ansiedlung von »Schulz« und einigen kleinen Werkstätten.

Stadterneuerung im Severinsviertel: das Projekt Karthäuser Wall

Zum Verständnis: das zu Beginn der Sanierungsmaßnahme spekulativ leerstehende, ehemalige Brauereigelände wurde im Juli 1980 von arbeits- und obdachlosen Jugendlichen, die aus der vorangegangenen Stollwerkbesetzung verdrängt wurden, besetzt. Motto war, preiswerten Wohn- und Arbeitsraum für sich demonstrativ, stellvertretend für andere Schwache, zu sichern. Damit sollte die Umwandlung in Eigentumswohnungen, zu dieser Zeit ein gut laufendes Programm nicht nur in der Südstadt, verhindert werden. Vor allem mit Hilfe des Landes konnte die LEG als Sanierungsträgerin der Stadt Köln den besetzten Gebäudekomplex Ende 1980 treuhänderisch erwerben. Erklärtes Anliegen der LEG war es, auch in Übereinstimmung mit der Stadterneuerungskonzeption des Ministeriums und der Zustimmung von Minister Zöpel und Karl Ganser, den Randgruppen Raum zu geben, zum Wohnen und Arbeiten, zu praktischer sozialer und kultureller Arbeit und zum Vergnügen. Dissens gab es zunächst eher mit den Lokalpolitikern und der Stadt, die sich an der Besetzerszene aus prinzipiellen Gründen rieben und wenig flexibel reagierten.

Roher, fast primitiver Einsatz der Baumaterialien

Kräftiger Widerstand – Ausgrenzung

Über sechs Jahre wird die Besetzung faktisch geduldet. Ersatzangebote und freiwillige Räumung ziehen nicht. Die Besetzer versuchen anfangs, noch skeptisch gegenüber der LEG, mit alternativen Beratern einen eigenen rechtlichen und wirtschaftlichen Weg zu finden. Mit Duldung des Hauptgeldgebers Land (ohne Nutzungseinnahmen liefen die monatlichen Bewirtschaftungskosten für Strom, Wasser, Müll etc. und wurden zunächst vom Land aufgefangen) wurde nach mehr eigenständigen Nutzungsverhältnissen wie Genossenschaftsbildungen oder Integration bei anerkannten sozialen Trägern wie der Antoniterkirche gesucht. Gegen den Widerstand der Lokalpolitiker, der hinter behördlichen Auflagen und Forderungen nach Sicherheiten versteckt wurde, rannten die Besetzer und der Sanierungsträger vergeblich an.

Mut zur Einbindung

In dieser schwierigen Zeit machten den vor Ort agierenden Verantwortlichen der LEG und den Initiativen und Besetzern zwei Leitlinien von Minister Zöpel Mut. »Im ingenieurtechnischen Bereich würden so viele Experimente versucht und finanziert, warum sollte man nicht auch soziale Experimente wagen und finanzieren?« Und Karl Ganser formulierte pragmatisch: »Probleme sind dazu da, gelöst zu werden!« Es folgten konkrete »Entspannungsschritte«. Die Besetzer hatten beharrlich Fakten geschaffen hatten, die konzeptionell zu sozialen Anliegen der Städtebau- und Arbeitsmarktförderung paßten. Es entstand eine offene Wohngemeinschaft mit der Aufnahme und Betreuung entlassener Strafgefangener. Es entstanden alternative Arbeitsplätze in einer Fahrradwerkstatt, in einer Schlosserei, in einem Nähatelier, in Second Hand Läden und einem Kulturcafe. Es entstand der von vielen jungen Besuchern geschätzte Rocktunnel. Durch die Ernsthaftigkeit und den Erfolg solcher Bemühungen und den lokalpolitischen Wandel wurde der Widerstand der Stadt gebrochen. Die LEG konnte endlich 1991 einen Bewilligungsbescheid über 11 Mio DM erlangen, um das denkmalgeschützte Ensemble des ehemaligen Brauhauses aus dem 19. Jahrhundert mit ca. 25.000 m³ umbautem Raum zu sanieren. Dadurch sollten rd. 1.600 m² Wohnfläche und rd. 2.000 m² sozialgewerbliche oder soziokulturelle Nutzfläche für die zu Bewohnern mutierten Besetzer und für das »Schulz« bereitgestellt werden. Das alles auf langfristiger Mietvertragsbasis zu günstigen Entgelten. Neben dieser aus heutiger Sicht einmalig hohen Bereitstellung von Fördermitteln des Landes zur Sicherung eines Lebensraums für Randgruppen kamen flexibel handhabbare und experimentelle Hilfestellungen für eine aktive Einbindung der Besetzer/Bewohner in den Sanierungs- und Umbauprozess dazu.

Konkrete Erfahrungen – konkrete Hilfestellungen

Karl Ganser erkannte anhand konkreter Erfahrungen und Erlebnisse vor Ort (die Geschichte seiner am Lagerfeuer der Besetzer angebrannten Hose steht dafür nur symbolisch), daß solche komplexen baulich-sozialen Projekte auch besondere Personalkostenzuschüsse für Moderation und soziale Begleitung erfordern. Eine Verbindung von arbeitsschaffenden Fördermaßnahmen und baulichen Fördermitteln erfordert viel Zeit und lange Verhandlungen. So konnte eine zusätzliche Personalkraft mit Moderationskompetenz und sozialem Engagement beim Sanierungsträger verpflichtet werden. Besetzer konnten gegen Entgelt und unter Anleitung ausgesuchter Baufirmen Selbsthilfeleistungen erbringen. Und der Sanierungsträger konnte bei der Anerkennung und Abrechnung seines Aufwandes ausreichend Zeit für langwierige Verhandlungs- und Beteiligungsprozesse ansetzen.

Fazit: Experiment (eingeschränkt) gelungen

Die damals diffuse Besetzergruppe und das »Schulz« sind seit 1992/93, je nach Bauabschnitt, Mieter der LEG. Stelle ich mir heute die Frage nach dem Fazit, so ergibt sich folgendes Urteil: Nur durch Zusammenspiel der damals handelnden Personen auf Landes- und Trägerebene vor dem Hintergrund ausreichender Fördermittel war das Experiment möglich. Schon damals war eine Kürzung der Stadterneuerungsmittel absehbar, aber sie wurde zum Glück nicht zu Lasten sozial engagierter Projekte sondern durch Streichen unsinniger, teurer Betriebsverlagerungen und Kahlschlagsanierungen bewältigt. Das Experiment ist eingeschränkt gelungen. Die Überlastung der Bewohner des Severinsviertels mit der Aufnahme von Randgruppen wurde in der Sanierungsstrategie nicht angemessen berücksichtigt. Allerdings wäre eine gleichmäßigere Verteilung nur schwer möglich gewesen, so lange es nicht auch in anderen Vierteln ähnlich vitale, engagierte Initiativen und ähnlich gut geeignete Standorte und Objekte gibt. Außerdem hat sich das Severinsviertel mit diesen speziellen Bewohnern und Nutzern auch zunehmend arrangiert. Die Angst vor befürchteten kriminellen Handlungen und gesundheitlichen Risiken ist der Normalität dieses immer schon bunten, vielfältigen, kreativen Viertels gewichen.

Die letzte Last trägt der Eigentümer LEG. Die Stadt läßt die LEG weitgehend allein mit der Aufgabe. Sie hat sich mit dem Projekt nie wirklich identifiziert. Die LEG stellt – auch unter Einsatz von Eigenmitteln – langfristig preiswerten und sozial gebundenen Wohn- und Arbeitsraum zur Verfügung.

Die reizvolle Verbindung von alter und neuer Bausubstanz

Peter Obbelode

Die Ravensberger Spinnerei aus Bielefeld: Pilotprojekt für eine »Kulturfabrik«

Die Industriegeschichte der Fabrik
»Bielefeld – die Leinenstadt«: Dieser Slogan hat seit der Mitte des 19. Jahrhunderts bis in die Zeit des »Wirtschaftswunders« nach 1945 die wirtschaftliche Struktur und zugleich die Bedeutung Bielefelds verdeutlicht. Das Fabrikationsgebäude der Ravensberger Spinnerei, zwischen 1855 und 1862 auf dem »Fabriquengarten« östlich der Stadt errichtet, ist bis heute Symbol dieser Wirtschaftsepoche, orientiert an Vorbildern feudaler Architektur: Im »Stadtbuch Bielefeld – Das Bild der Stadt« wird das Projekt folgendermaßen beschrieben:

»An den fünfgeschossigen, überhöhten 150 m langen Mittelbau ist im Norden und Süden jeweils ein 700 m² großes dreischiffiges und dreigeschossiges Saalgeschoß angegliedert, über dem sich auf beiden Seiten ein lichtdurchflutetes Laternengeschoß befindet. Der Gesamteindruck des Gebäudes wird von den massiven Außenmauern aus Muschelkalkstein und der strengen Gliederung der Fassade durch die Fensterreihen beherrscht.«

Abrißkonzept für Straßentrasse
Nach der Wirtschaftskrise 1966/67 und den tiefgreifenden Rationalisierungsmaßnahmen wurde 1968 das Gelände der Spinnerei an die Stadt Bielefeld verkauft, um sie abzureißen und Platz zu machen für die geplante »Osttangente« des Ostwestfalendamms. Die Planung war typisch für die Verkehrssanierungen dieser Zeit, in der Straßen- und Parkplatzbau regelmäßig das Hauptmotiv der Kahlschlagprojekte lieferten. Nach sinnvollen Nutzungsalternativen alter Gebäude wurde ebensowenig gefragt wie nach verkehrlichen Alternativen gegen die zunehmende Autoflut.

Die Ravensbergsche Spinnerei

Bürgerprotest und Architektenengagement gegen den Kahlschlag
Bürgerliches Engagement hat diese Pläne scheitern lassen: Im Oktober 1972 wurde der »Förderkreis Ravensberger Spinnerei« gegründet, dem es nach jahrelangen mühevollen Anstrengungen gelang, eine Lobby für die Erhaltung und Umnutzung des architektur- und industriegeschichtlich bedeutendsten Fabrikgebäudes in Bielefeld zu schaffen. Die alte Ravensberger Spinnerei ist zu einem baulichen Symbol des Strukturwandels Bielefelds von der Industrie- zur Dienstleistungsstadt gewor-

Eingangsbereich des historischen Museums

den, der sich auch im oftmals mühevollen Umgang mit der seit 1972 bestehenden Industriebrache spiegelt: Architekt Peter Obbelode ist seit 1978 Antriebskraft, Erfinder, Planer und durchführender Architekt des Pilot- und ersten großen Umnutzungsprojektes in der Bundesrepublik Deutschland, des Ensembles der alten Ravensberger Spinnerei, das heute als mustergültiges Beispiel gelungener Umnutzung eines ehemals brachliegenden Industrieareals zu einem zukunftsträchtigen kulturellen Zentrum in Ostwestfalen und weit darüber hinaus Anerkennung findet. 1986 wurde dem Architekten in Augsburg der »Deutsche Denkmalschutzpreis«, die silberne Halbkugel, und 1989 der »Europa Nostra-Preis« in London verliehen. Das Bauvorhaben »Ravensberger Spinnerei« konnte schließlich nur gelingen, weil sich eine starke bürgerliche Lobby durchzusetzen begann. Mehr ratlos als zukunftsorientiert folgte die Stadt Bielefeld schließlich dem Vorschlag des Förderkreises Ravensberger Spinnerei, das alte Industriegebäude zu erhalten, umzunutzen und Peter Obbelode mit dem Bauvorhaben zu beauftragen – überraschend für alle Beteiligten, denn Größe und Schwierigkeiten der Sanierung des inzwischen unter Denkmalschutz stehenden Industrieareals waren niemandem klar, weder der Stadt, dem Förderkreis, noch dem damals 38 Jahre alten und im Sanierungsbereich noch unerfahrenen Architekten. Auch die Presse schrieb von »weißen Elefanten«, »Kosten ohne Ende« oder »das Denkmal ist geschützt, nun laßt es gut sein«.

Nutzungs- und Baukonzept: Flexibilität und Kreativität statt genormter Standard

Am Anfang war die Angst vor diesem vom Verfall und Verwüstung gezeichneten Riesengebäude, diesem Ungetüm, die Angst vor der großen Aufgabe. Aber das Gebäude hatte einmal funktioniert, in ihm ist gearbeitet und produziert worden, und es sollte zu neuem Leben erweckt werden. Wie nähert man sich diesem Gebäude? Wo sind die kranken Stellen? Was macht man mit dieser Riesenhülle, dem dunklen, abgeschotteten und zugebauten Mittelbau? Wie findet man einen menschlichen Maßstab, der Bezug nimmt auf die Menschen, die hier wieder arbeiten, lernen und sich wohl fühlen sollen? Wie geht man mit den zahlreichen bautechnischen und baurechtlichen Konflikten um? Auf 5.000 Verstöße gegen geltendes Baurecht, die Versammlungsstättenverordnung, die Arbeitsstättenverordnung, die Schulbaurichtlinien mußte eingegangen werden. Auf allen Ebenen war ein Lernprozeß notwendig, um so ein altes Gebäude – als Fabrik geplant und gebaut, den jeweiligen »neuen technischen Voraussetzungen« angepaßt – für nunmehr eine völlig andere Nutzung »brauchbar« zu machen. Vieles wäre ohne die aktive Mithilfe der Landesministerien in der Interpretation der Schulbaurichtlinien und der vielen Sondergenehmigungen in baurechtlicher Hinsicht und ganz besonders durch die »Genehmigungen im Einzelfall« in brandschutztechnischer Hinsicht nicht möglich gewesen.

Hauptnutzung Volkshochschule
Im Stadtbuch Bielefeld werden folgende Eckwerte des Projekts vermerkt: »Das Hauptgebäude der Ravensberger Spinnerei hat nach den siebenjährigen Umbaumaßnahmen ca. 8.500 m² Nutzfläche. Die Gesamtkubatur beträgt ca. 48.000 m³; Die Umbaukosten, bezogen auf die Baukosten – also ohne Grundstück, Honorare, Einrichtung etc. – betrugen ca. 375,00 DM brutto pro Kubikmeter, die zu 80 Prozent aus Schulbaumitteln des Landes Nordrhein-Westfalen finanziert wurden; im gleichen Zeitraum betrugen die Kubikmeterpreise z. B. für den Geschoßwohnungsbau im Sozialen Wohnungsbau ca. 290,00 DM bis 330,00 DM brutto und für die Errichtung des neuen Bielefelder Rathauses sogar etwa 900,00 DM/m³. Mit der Eröffnung der Volkshochschule der Stadt Bielefeld in der alten Ravensberger Spinnerei 1986 war damit der erste Abschnitt der Revitalisierung der früheren Industriebrache beendet.«

Das Historische Museum
Ein Jahr später, 1987, erhielt Peter Obbelode den Auftrag zur Errichtung der baulichen Hülle für das jahrzehntelang projektierte Historische Museum der Stadt Bielefeld. Das anfängliche Konzept beruhte auf einer Ausarbeitung Dr. Reinhard Vogelsangs, des Leiters des Stadtarchives und der Landesgeschichtlichen Bibliothek in Bielefeld, für dessen Verwirklichung rd. 80 % der Baukosten aus Städtebauförderungsmitteln des Landes Nordrhein-Westfalen bewilligt wurden. Ein »Mitmach«-Museum sollte entstehen, die Maschinen sollten wieder produzieren, so daß der frühere Produktionsablauf im Detail wieder erlebbar gemacht werden konnte. Es war ein Problem, daß sich die zukünftigen Nutzer nie auf den gewachsenen historischen Raum eingestellt und mit den Gegebenheiten wie der Lichtführung durch die gläsernen Nordsheds, den Fenstern in den Außenfassaden oder der attraktiven Lichtführung im Südshed identifiziert haben. Wegen dieser Unsicherheiten entstanden Maximalforderungen der Nutzer, die u. a. zu Tragfähigkeitsforderungen führten, die bis heute nur an wenigen Stellen aufgetreten sind.

Die Karderie
Ein weiteres bedeutendes Gebäude des alten Industrieareals ist schließlich die Karderie im Osten des gesamten Ensembles. Den Auftrag zur Sanierung der Karderie erhielt Peter Obbelode 1992, nachdem durch eine Prüfung in fünf Modellen die mögliche Nutzung des Karderiegebäudes untersucht worden war. Nach dem Abschluß der wiederum mit Stadterneuerungsmitteln des Landes geförderten Bauarbeiten im Sommer 1995 war schließlich ein letzter großer Teil des Umnutzungsvorhabens Ravensberger Spinnerei beendet. Entstanden sind anderthalb Geschosse lichtdurchfluteter Räume mit einer eingestellten Galerie und lebendigen Arbeits- und Archivbereichen über der großen, freizügigen Ausstellungshalle in der alten Karderie.

Fazit: Ein originelles Ensemble mit Pilotfunktion
Mit der Fertigstellung der Karderie ist auf dem Gelände der alten Ravensberger Spinnerei ein Museumsareal nahezu fertiggestellt worden, das für Bielefeld, die ostwestfälische Region und sogar für die deutsche Museumslandschaft bemerkenswert ist. Durch hohes technisches Know-how, zahllose Experimente und unendliche Geduld konnte bewiesen werden, daß Umnutzungen alter Gebäude ohne unverhältnismäßig hohe Kosten möglich sind. Ein architektonisch und wirtschaftsgeschichtlich bedeutendes Fabrikensemble aus der Zeit der Industrialisierung konnte für die Zukunft erhal-

ten werden und zeugt so eindrucksvoll vom Übergang Bielefelds von der Industrie- zur Dienstleistungsstadt: Aus dem ehemaligen »Fabriquengarten« am Rande des vorindustriellen Bielefeld ist nach 120 Jahren Fabrikproduktion und fast 20jähriger Umbauzeit ein noch ausbaufähiger »Kulturgarten« – der Ravensberger Park – im Zentrum der modernen Großstadt entstanden, in dem durch die Volksschule, das Historische Museum, die Kunstgewerbesammlung der Stadt Bielefeld/Stiftung Huelsmann, zahlreiche private Initiativen u. v. m. das städtische Leben sowie die Freizeit der Bürger bereichernde, kulturelle Dienstleistungen angeboten werden, die zur Steigerung der Urbanität dieser Stadt wesentlich beitragen, einer Stadt, die durch den Krieg mehr als andere von ihrer Geschichtlichkeit verloren hat. Die Ravensberger Spinnerei war ein Lernort, der wesentliche Erkenntnisse für den Umstieg auf die bestandsorientierte Stadterneuerung mit ihrem kulturellen Anspruch lieferte. Ohne die Faszination dieses Pilotprojektes wäre manches Industriedenkmal nicht gerettet worden.

Peter Pötter

»Ohne das Ministerium hätte es unsere Genossenschaft nicht gegeben!« – Geschichte der Bewohnergenossenschaft in der Rheinpreußensiedlung

Rheinpreußensiedlung: Vom Abriß zur Erhaltung dank Bürgerdruck

Die Rheinpreußensiedlung ist eine 100 Jahre alte Bergarbeitersiedlung in Duisburg-Homberg, die ursprünglich aus 1.800 Wohneinheiten bestand. Während der Bergbaukrise der 60er Jahre wurden viele Arbeitersiedlungen aus Spekulationsgründen abgerissen und die freigewordenen Flächen mit Hochhäusern, die mehr Miete einbrachten, neu bebaut. Siedlungsbewohner verloren ihre Wohnungen, in denen viele von ihnen von Geburt an lebten. Das vertraute Umfeld und jahrzehntealte Nachbarschaften wurden zerstört.

Nachdem man in der Rheinpreußensiedlung fast 1.200 Wohnungen abgerissen hatte und an deren Stelle Hochhäuser gebaut worden waren, gründeten die Bewohnerinnen und Bewohner im Jahre 1975 eine Bürgerinitiative, um die restlichen, noch verschonten Zechenhäuser vor dem Abriß zu bewahren. Nach vier Jahren Kampf mit vielen Demonstrationen und mehreren Hungerstreiks vor dem Duisburger Rathaus überzeugten sie die Politiker des Landes Nordrhein-Westfalen, die restlichen 411 Wohnungen zu kaufen und für die dort wohnende Bevölkerung als preiswerten Mietwohnungsbestand zu retten.

Falsche Standards als so genannte Sanierungssachzwänge

In diesen Auseinandersetzungen äußerte sich auch ein sozialer Konflikt, der die Wohnsicherheit vieler Menschen in Arbeitersiedlungen bis heute bedroht:

Betroffene Siedlungsbewohner wurden Objekt fremder Planungen, deren Folgen sie – ohne nach ihren Bedürfnissen gefragt worden zu sein – »leben mußten«. Die baulichen Defizite ihrer Wohnungen, die sie selbst zur Genüge kannten, wurde ihnen als unmoderner Standard eingeredet, Etagenwohnungen in Hochhäusern als Fortschritt der Wohn- und Lebensqualität angepriesen (Aufzüge statt Treppen, Bad, Zentralheizung). Die durch spekulativen Abriß und durch verdichtete Bebauung erzielbaren höheren Gewinne wurden nicht genannt. Vermieden wurde es, die Präferenzen bei den Wohnbedürfnissen abzufragen. Wäre das demokratisch mit den betroffenen Menschen diskutiert worden, dann wäre deutlich geworden: Die Arbeiterfamilien kannten und akzeptierten die baulichen Defizite ihrer Wohnungen, denn sie konnten sie durch ein intaktes soziales Umfeld und durch die städtebauliche Struktur ihrer Siedlung

Demonstration vor dem Duisburger Rathaus

Die Bewohner der Rheinpreußensiedlung

kompensieren. Und außerdem konnten sie mit handwerklichem Geschick manchen Mangel durch Eigeninitiative beheben

Die Planer vollzogen die Projektion mittelstandsorientierter Wohn- und Lebensformen auf Arbeiterfamilien. Architekten, Planer, aber auch viele politische Repräsentanten aus Gewerkschaft und Parteien können sich sozialen Aufstieg nur so vorstellen, daß man nicht mehr in einer Arbeitersiedlung leben muß.

Ein neuer, bürgernaher Regierungsstil

Bei welcher Gelegenheit die Bewohnerinnen und Bewohner der Rheinpreußensiedlung Herrn Ganser kennengelernt haben, erläutern sie im folgenden selbst:

»Das war 1982 im Ministerium. Es sollte der Umfang der Modernisierung der Wohnungen festgelegt werden. Und wir waren von Anfang an beteiligt, was wir sehr gut fanden.«

»Immer wieder stellte er Rückfragen an uns und wollte wissen, ob wir mit den diskutierten Ergebnissen einverstanden sind.« »Habt Ihr in den Gesprächen ein wohnungspolitisches Konzept herausgehört?« »Ja, dieses Konzept hieß für uns: Sicherheit. Er sagte, daß er den Mietern Sicherheit geben will. Es soll nicht alle paar Jahre Konflikte und Gefahren um die Wohnungen geben.« »Der hatte keinen Dünkel und war nicht hochnäsig wie viele andere. Sondern er war ernsthaft an unseren Problemen interessiert und wollte, daß es uns beim Wohnen gut ging.« Welchen Eindruck hinterließen die Gespräche mit Herrn Ganser bei der Bürgerinitiative? »Wir haben registriert, daß im Ministerium jemand ist, der anders ist als die anderen, der die Bedürfnisse von Siedlungsbewohnern ernst nimmt.« »Was uns total beeindruckt hat und was für uns völlig ungewohnt war: Da war jemand, auf den mußten wir nicht lange einreden. Er hat von sich aus nach unseren Bedürfnissen gefragt und hat verstanden, was wir wollten. Das waren für uns als Bürgerinitiative schon Sternstunden. Denn wir waren es ja gewohnt, daß wir wochenlang auf Verwaltungsbeamte und Politiker einreden mußten, um ihnen zu verdeutlichen, was wir wollten. Die haben uns als Arbeiter gar nicht ernst genommen. – Und das war leider die Regel.« Anfang 1983 erfolgte aus dem Ministerium der Prüfauftrag, um zu untersuchen, ob eine Genossenschaftsgründung finanziell realisierbar ist.

Wiederbelebung der Genossenschaftsidee

Die Stadt Duisburg als vorläufige Eigentümerin der Siedlung plante, diese an ein kommunales Wohnungsunternehmen zu übertragen. Hier brachte Herr Ganser eine Genossenschaftsgründung ins Spiel. Er sagte offen vor allen Leuten: »Eine Genossenschaft ist eine dauerhafte Lösung für die Mieter. Wer weiß denn, was das kommunale Unternehmen in ein paar Jahren mit der Siedlung plant? Sicherheit habt ihr nur durch eine Genossenschaft, wenn ihr euch also selbst verwaltet.«

»Außerdem hielt er es für die Kommunalpolitik für wichtig, Genossenschaften zu fördern. Dazu mußte natürlich ausprobiert werden, ob eine Neugründung funktioniert. Er wollte Impulse in die Parteien aussenden.« – »Er sagte, wir bilden eine Gruppe aus allen Beteiligten, inklusive Bürgerinitiative, und prüfen, ob eine Gründung möglich ist.«

Genossenschaftliche Selbstverwaltung, also die gegenseitige Unterstützung der ökonomisch benachteiligten Arbeiter hat eine lange Tradition in der SPD, die zuerst durch den Faschismus und später durch die Großmannssucht führender, ehemals sozial orientierter, nun aber spekulationswütiger gemeinwirtschaftlicher Unternehmen (Neue Heimat, Konsum, coop) zerstört worden ist. Die politische Chance bestand nun darin, Eigeninitiative und die in der Bürgerinitiative sich äußernden Kräfte zu fördern, um eine ureigene politische Tradition zu beleben – und das mit ministerieller Unterstützung. »Das war leider außerhalb der Vorstellungswelt der etablierten Duisburger Parteien. Die verstanden unter Sicherheit, daß ein kommunales Unternehmen die Siedlung übernimmt.«

Hochhäuser – die verhinderte Zukunft der Bewohner

Selbstverwaltung und Eigenleistung als Basis des Erfolgs

Im Jahre 1984 gründeten die Bewohnerinnen und Bewohner der Siedlung die Wohnungsgenossenschaft Rheinpreußensiedlung eG und verwalten seitdem ihre 411 Wohnungen selbst. Diese Neugründung stand vor schwierigen Aufgaben:
- Der Aufbau einer Wohnungsverwaltung mit Personal und gleichzeitig mit genossenschaftlicher Selbstverwaltung durch Arbeiter (Bergbau, Stahl, Handwerk), für die diese Aufgabe Neuland war.
- Die Modernisierung eines Siedlungsbestandes, der zum Abriß bestimmt und entsprechend heruntergewirtschaftet war.
- Eine nach der Modernisierung für jeden Bewohner erschwingliche Miete, damit niemand gezwungen war, die eigene Wohnung aufzugeben.
- Schwierige finanzielle Startbedingungen: Ohne Rücklagen früherer Besitzer und mit einem hohen Anteil nichtkapitalisierbarer Instandhaltungskosten bei der Modernisierung mußte eine wirtschaftlich tragfähige Gründung erfolgen.

Dieses Ziel erreichten die Bewohnerinnen und Bewohner sowohl mit öffentlicher Förderung des Landes Nordrhein-Westfalen als auch durch umfangreiche Selbsthilfeleistungen (»Muskelhypothek«), von der Alte und Behinderte befreit waren.

Im Jahre 1995 konnte die Genossenschaft die Modernisierung ihrer Wohnungen abschließen. Die Selbsthilfe wurde für alle Wohnungen erbracht.

»Und das ist uns klar: Ohne Ganser und Zöpel hätte es unsere Genossenschaft nicht gegeben!«

Langfristige Sicherung gegen Spekulation und Planerwillkür

Wie ist nun im Rückblick dieser Einsatz zu bewerten? »Was damals geplant und von Herrn Ganser vorangetrieben wurde, hat sich bewährt.« »Wir sagen auch heute: Die Genossenschaft war der richtige Weg. Wir verwalten unsere Wohnungen selbst. Wir bestimmen selbst, was bei uns geschieht.« »Was wir in anderen Siedlungen oft erleben, daß die großen Wohnungsgesellschaften die Gewinne aus den Siedlungen abziehen und in andere Unternehmensbereiche investieren, daß dadurch die Bestände

Lebensqualität in locker bebauten, durchgrünten Siedlungen

heruntergewirtschaftet werden, bis sie zum Abriß freigegeben werden, kann bei uns nicht passieren.« »Wir investieren die Gewinne unserer Genossenschaft wieder voll in die Instandhaltung und in den Erhalt unserer Häuser.«

Bis heute sind Bewohnerinnen und Bewohner in Arbeitersiedlungen von Spekulation bedroht. Aus wohnungswirtschaftlicher Sicht sind die locker bebauten, durchgrünten Siedlungen schlecht verwertetes Kapital, das viel intensiver genützt werden könnte. Neben Abriß alter Arbeitersiedlungen und verdichtetem Neubau werden die Menschen in ihrer Wohnsicherheit und in ihrer Lebensqualität zur Zeit durch Privatisierungspläne und durch eine Zerstörung ihrer Mietergärten durch Nachverdichtung bedroht. »Wir müssen im Gegensatz zu anderen Siedlungen keine Angst vor Privatisierung, Verdrängung, Abriß oder vor anderen Bedrohungen haben.« »Eine sichere Wohnung ist so elementar wichtig für uns, ist so viel wert wie ein sicherer Arbeitsplatz. Und daß wir das angepackt und bis heute erfolgreich weitergeführt haben, das haben wir auch Herrn Ganser zu verdanken.«

Henry Beierlorzer/Karl Jasper/Marion Taube

Stadterneuerung im Ruhrgebiet 1989–1999: Die Internationale Bauausstellung Emscher Park

A: Die IBA Emscher Park als Strukturprogramm des Landes Nordrhein-Westfalen – Eine Werkstatt zur Zukunft alter Industrieregionen

Im Jahr 1989 wurde die Internationale Bauausstellung Emscher Park als ein Strukturprogramm des Landes Nordrhein-Westfalen mit 10jähriger Laufzeit gegründet. Ihre Aufgabe ist die ökologische und städtebauliche Erneuerung des nördlichen Ruhrgebiets.

Die IBA Emscher Park wendet sich an den »Hinterhof des Ruhrgebiets«. Die Emscherregion zwischen Duisburg und Bergkamen umfaßt 17 Städte, 2 Kreise, ist Wohnort von rund 2 Mio. Menschen und erstreckt sich über eine Gesamtfläche von ca. 780 km². Die Emscherregion ist das industrielle Kernland Europas. Hier erfolgte die Industrialisierung im Gegensatz zur Hellwegzone erst spät, dafür aber in besonders großem Maßstab und rücksichtslos gegenüber Umfeld, Stadt und Landschaft. In seiner besonderen Ausrichtung auf die Kohle- und Stahlindustrie ist dieser Raum nun besonders vom Strukturwandel in Nordrhein-Westfalen betroffen und in Gefahr, in den Schatten der künftigen sozialen und ökonomischen Entwicklung zu geraten.

Bisherige Erfahrungen mit Strukturwandel belegen, daß für ein ökonomisch wirksames Handeln die Region Standortvorteile genießt, die hohe Umweltqualität, gute Wohn- und Lebensverhältnisse, soziale Stabilität und kulturelle Vielfalt aufzuweisen hat. Das Anliegen der IBA als Strukturprogramm ist es daher, die »weichen Standortfaktoren« dieser Region anzugehen. Beispielhafte Impulse geben, Innovationen ermöglichen und höchste Qualität realisieren sind die Querschnittsanliegen der über 100 Projekte, die im Rahmen der IBA Emscher Park innerhalb von zehn Jahren realisiert sein werden und ein Gesamtinvestitionsvolumen von rund 4 Milliarden DM umfassen.

Die Emscher Park Bauausstellung ist keine Ausstellung im klassischen Sinne, sondern ein Prozeß mit vielen Akteuren. In diesem komplexen Rahmen agiert die IBA GmbH als Moderator. Die Verantwortung für die einzelnen Projekte ist jeweils bei den Trägern angesiedelt; das sind in der Regel die Kommunen, aber auch Unternehmen oder Initiativen.

Zur Finanzierung der Projekte der IBA Emscher Park sind keine

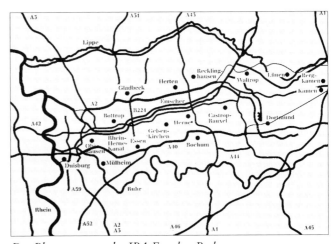

Der Planungsraum der IBA Emscher Park

zusätzlichen Mittel bereitgestellt worden. Die Projektfinanzierung erfolgt aus dem bereits bestehenden Förderprogramm des Landes in Kombination mit Strukturhilfen des Bundes und der Europäischen Gemeinschaft. Insgesamt fließt Geld aus 36 staatlichen Förderprogrammen in die Projekte. Das Bündeln von Förderinstrumenten auf integrierte Projekte und deren Verknüpfung mit privaten Investitionen ermöglicht komplexe Projektzugänge und hilft, strukturpolitische Effekte zu verstärken.

Um hierzu den nationalen und internationalen Sachverstand zu mobilisieren, wurde die Form einer Internationalen Bauausstellung gewählt. Die Konzeption dieser Bauausstellung ist als »Werkstatt für die Zukunft alter Industriegebiete« angelegt. Die Projekte sind Ausdruck und auch Impuls für die systematische Ausrichtung eines Wandels auf dem Weg zur nachhaltigen Stadt:

Die Industrieregion – Schrägluftaufnahme

Stadterneuerung im Ruhrgebiet 1989–1999

- Die durch die Industrialisierung stark geschädigte Landschaft wird durch eine Vielzahl von kleinteiligen Maßnahmen ökologisch wieder funktionsfähig gemacht und landschaftsgestalterisch attraktiv. Der Emscher Landschaftspark ist die größte zusammenhängende Landschaftssanierung und Landschaftsgestaltung in Europa.
- Das hochzentralisierte und veraltete Emschersystem der Entwässerung wird grundlegend umgebaut und dezentralisiert. Ein zentrales Anliegen ist dabei die Entsiegelung der Flächen und die kleinteilige Rückhaltung und Versickerung von Regenwasser. Hieraus leitet sich wiederum ein systematischer Zugang zur Grün- und Landschaftsentwicklung ab.
- Bei der Inanspruchnahme von Siedlungsflächen wird der Übergang zur Kreislaufwirtschaft eingeleitet. Für Neubebauung werden nur noch Flächen beansprucht, die bereits besiedelt waren. Die Reaktivierung der stadtteilintegrierten Industrie- und Gewerbebrachen ist ein zentraler Handlungsschwerpunkt der IBA-Projekte.
- Mit einem Netzwerk von 16 Technologiezentren wird die Transformation der Wirtschaftsstruktur in Richtung umweltverträglicher Produkte und Produktionsverfahren angegangen.
- Gutes Wohnen mit städtebaulich wirksamem Siedlungsbau, Architekturqualität, Beiträgen zum ökologischen Bauen und neuen Angeboten für wachsende Nachbarschaften zu verknüpfen ist Gegenstand von rd. 30 Siedlungsprojekten mit über 2.500 Neubauwohnungen und der Modernisierung weiterer 2.500 Wohnungen im Bestand gartenstädtischer Arbeitersiedlungen.
- Die Zeugen der Industriekultur als neue Zeichen in der Landschaft zu begreifen, ihre großartige Architektur und Ästhetik in ein anderes Licht zu stellen, sie durch neue Nutzungen von Symbolen des Verfalls zu Symbolen des Aufbruchs zu führen und sie auch mit der kulturellen Erneuerung der Region zu verknüpfen, begründen schließlich auch eine Kultur- und Tourismusstrategie als ökonomischer Impuls für die Region.

B: Stadtentwicklung in der Industrielandschaft – Themen und Projekte

1. Stadt und Region brauchen Landschaft

Das Bild der Landschaft in der Industrieregion an der Emscher ist geprägt durch Unzulänglichkeiten, Barrieren, Lärm und Gestank. Vorhandene Natur ist nicht erlebbar und kann nur schwer an eigenem Wert und an Wert für die Menschen gewinnen. 350 km lang ist das aus Sicherheitsgründen abgesperrte Flußsystem von Emscher und Seseke sowie ihrer Nebenläufe. Der Versiegelungsgrad in der Region beträgt über 50 % in einigen Städten bis zu 70 %. Angesichts dieser Ausgangslage, den »Emscher Landschaftspark« als das zentrale Anliegen der IBA Emscher Park zu formulieren, klingt wie Anmaßung und Vision zugleich.

Mit dem Begriff des »Parks« wird gleichermaßen die Vorstellung von Natur und gestalteter Umwelt verbunden. Der Emscher Landschaftspark ist das verbindende Thema dieser Bauausstellung. Es soll im Emscherraum mehr landschaftliche Attraktivität und zugleich mehr städtebauliche Ordnung und Orientierung geben. Die ästhetische und gestalterische Vision der neuen Landschaft in der Industrieregion wird sich jedoch deutlich von den Bildern vorindustrieller Kulturlandschaften unterscheiden müssen.

In dieser Region reicht es nicht aus, den noch vorhandenen Freiraum lediglich zu schützen. Dieser muß als Landschaft wieder in Wert gesetzt werden und neue Landschaft muß wieder aufgebaut und gewonnen werden. Nachdem Landschaft aus der Stadt verdrängt wurde gilt es nun, Landschaft wieder in die Stadt zurückzuholen. Dazu gehört insbesondere

Doppelte Innenentwicklung – der Emscher Landschaftspark

– die räumliche Erweiterung vorhandener Freiflächen durch Umgestaltung und Entsiegelung von Brachflächen
– die Vernetzung bislang vereinzelt gelegener ökologischer Potentiale
– die Realisierung von neuen ästhetischen Qualitäten der Landschaftsgestaltung, verbunden mit ökologisch verträglichen Attraktionen für Freizeit, Bewegung, Sport und Kultur
– die Wiedergewinnung des Elements Wasser.

Der letztgenannte Punkt beschreibt eine Aufgabenstellung, die bis ins nächste Jahrtausend reicht. Mit der IBA Emscher Park hat die Emschergenossenschaft den Anfang gemacht, das Entwässerungssystem der Region neu zu ordnen und die Gewässer ihrer natürlichen Zweckbestimmung wieder zuzuführen. Insgesamt sind rund 350 km offener Wasserläufe zu gestalten, in entsprechender Weise ein Entwässerungssystem anzulegen und noch weitere Kläranlagen in der Emscherregion zu bauen. Die dezentrale Regenwasserversickerung in den Siedlungsgebieten wird in diesem Zusammenhang zentrale Voraussetzung für die technische und ökonomische Umsetzung des Emscherumbaus. Sie ist daher auch durchgängiges Thema in allen Bau- und Siedlungsprojekten der IBA Emscher Park.

Die Realisierung des Emscher Landschaftsparks wird auf vier Ebenen simultan angegangen:

1. Der Emscher Landschaftspark von Duisburg bis Kamen und zwischen der Lippe und dem Ruhrschnellweg ist als Leitplan entwickelt. Er wird zugänglich und bewußt gemacht durch das Emscher Park Wegesystem, das sowohl die Verbindung der regionalen Landschaftsparks als auch die Durchgängigkeit in Ost-West-Richtung bewirken soll. Tragende Säule des Ost-West-Grünzuges wird der umgestaltete Hauptlauf der Emscher sein. In Verbindung mit dem Rhein-Herne-Kanal wird die Hauptachse des Natur- und Erholungsraumes Emscher Landschaftspark durch das Element Wasser geprägt sein. Die notwendigen Planungen und Flächensicherungen für einen Realisierungszeitraum in rund 20 Jahren werden nun angegangen.

2. Die regionalen Landschaftsparks befassen sich mit der Erweiterung und Qualifizierung der 7 regionalen Grünzüge. Diese waren ursprünglich Wesensmerkmal der Freiraumplanung des Siedlungsverband Ruhrkohlenbezirk, der 1920 zu diesem Zweck gegründet wurde. Die Rahmenpläne und Maßnahmen für die regionalen Grünzüge werden durch interkommunale Arbeitsgemeinschaften der Grünzugsanrainer gesteuert.

3. »Lokale Trittsteine« haben zumeist die Reaktivierung oder Rekultivierung von Industrie-, Gewerbe- und Verkehrsbrachen als Ausgangspunkt und sind auf die feinteilige ökologische Vernetzung ausgerichtet. Bei der Besiedlung der Brachen wird Sorge getragen, daß ein hoher Freiraum- und Grünflächenanteil von ca. 50% verbleibt, daß die Projekte in die Umgebung integriert und »mit Landschaft« geplant werden.

4. Mit ausgewählten Landschaftsparks wie in Duisburg-Meiderich, auf dem Gelsenkirchener Nordsternparkgelände im Zusammenhang mit der Bundesgartenschau, im Umfeld der Zeche Osterfeld zur Landesgartenschau 1999 oder auf dem Gelände der Landesgartenschau in Lünen entste-

hen »Parkattraktionen«. Sie helfen mit Freizeitangeboten und Kultur, neuen und ungewohnten ästhetischen Erlebnissen und der Einbeziehung der vorhandenen Industriekultur ein neues Bild von Natur in der Industrielandschaft zu zeichnen und die Köpfe für neue Landschaft in der Region zu öffnen.

Das »Restflächenprojekt«
Als Experiment haben IBA Emscher Park, Landesforstverwaltung und LEG auf drei Grundstücksfondsflächen die »pflegende Entwicklung« von Restflächen begonnen, für die wegen ihrer Lage und Altlastensituation kein Verwertungsinteresse besteht. Das Desinteresse an diesen Flächen wird mit dem Ausdruck »Rest-flächen« deutlich. Es handelt sich um den »Rest«, den die industrielle Landnahme und Besiedlungsweise im Verlauf der De-Industrialisierung übrig läßt.

Gleichwohl haben diese Restflächen einen hohen – bislang aber wenig erkannten – ökologisch und ästhetischen Wert. Um diese Werte zu entwickeln und bewußt zu machen, wird eine einfache und wenig aufwendige Entwicklungsstrategie gesucht: Die »pflegende Entwicklung«.

Läßt man der natürlichen Sukzession auf den Restflächen genügend Zeit, entsteht am Ende ein Wald. Deshalb werden diese Flächen schon jetzt nutzungsrechtlich als »Wald« im Sinne des Waldgesetzes gewidmet. Es entsteht eine Waldformation, die ökologisch und ästhetisch wenig mit dem Forst- und dem Kulturwald gemein hat. Zutreffender ist vielleicht der Begriff »wilder Industriewald«.

Die Methode der pflegenden Entwicklung gibt der Natur und der Geschichtlichkeit »Raum«.

Kunst soll helfen, diesen Prozeß gesellschaftlich zu übersetzen. Die bislang verbotenen Flächen sollen für die Menschen aus der Umgebung geöffnet werden.

Mit den Pflegearbeiten wird die Arbeitsbeschaffung und die Qualifikation für Langzeitarbeitslose, vorrangig Jugendliche, verbunden.

Die organisatorische Zentrale ist eine »Forststation«, die an das staatliche Forstamt in Recklinghausen angebunden ist. Sitz dieser Forststation ist das Gelände der ehemaligen Zeche Rheinelbe.

Natur und Wildnis in der Stadt – Zeche Rheinelbe

Der Emscher Landschaftspark in Castrop-Rauxel
Der Emscher Landschaftspark beginnt nach der Philosophie der IBA Emscher Park vor der eigenen Haustür. Deshalb sollen an dieser Stelle nicht die »großen Projekte« mit überregionaler Ausstrahlung und Bekanntheit vorgestellt werden. Am Beispiel der Stadt Castrop-Rauxel wird deutlich, wie der Emscher Landschaftspark vom kleinen »Trittstein« bis zum großen »Park« Gestalt annimmt.

Die Stadt Castrop-Rauxel ist an der Entwicklung zweier interkommunaler Projekte beteiligt. Zusammen mit den Städten Bochum, Herne und Recklinghausen steht die Entwicklung des 4200 ha umfassenden Regionalen Grünzuges E unter dem Leitthema »Erlebnisraum Kulturlandschaft«. Große zusammenhängende Freiräume mit hohem Waldanteil – wie die Bereiche Brandheide, Bladenhorst, Langeloh sowie das Bövinghauser Bachtal mit seinen reich strukturierten landwirtschaftlichen Flächen – bieten eine gute Grundlage, den Erlebniswert im Grünzug auszubauen.

Der mit den Städten Dortmund und Waltrop gemeinsam entwickelte Regionale Grünzug F ist mit 8.800 ha der größte Regionale Grünzug im Emscher Landschaftspark. Im Übergang zum südlichen Münsterland wird der Grünzug durch den Datteln-Hamm-Kanal im Nordosten und durch den Rhein-Herne-Kanal im Nordwesten begrenzt. Die Landschaftsmitte stärken, den Siedlungsrand gestalten, die landschaftliche Vielfalt fördern und die Landmarken gemeinsam entwickeln, bilden die Leitthemen, die in Einzelprojekten wie der Halde Schwerin, der Ortsrandschiene Castrop-Rauxel oder dem Deininghauser Bach umgesetzt werden.

Die Weiterentwicklung auf dem Gebiet der Stadt Castrop-Rauxel sieht die Verbindung zwischen den beiden Grünzügen vor: als »Blaues Band« durch die Vermehrung von Wasserflächen, als »Rotes Band« durch die kulturelle Stadt-Land-Verbindung, als »Grünes Band« durch einen Wege- und Biotopverbund und als »Grüne Acht« durch ein zusammenhängendes Fuß- und Radwegesystem.

Dienstleistungs-, Gewerbe- und Landschaftspark Erin

Unter dem Leitthema »Arbeiten im Park« entsteht auf der 42 ha großen Fläche der ehemaligen Zeche Erin ein Dienstleistungs- und Gewerbepark, der in vorbildlicher Weise als Landschaftspark im Übergang von der Altstadt in den regionalen Grünzug E gestaltet wird. Der vom Büro Prof. Pridik entworfene Plan für diesen Park erinnert an den irischen Ursprung des Wortes »Erin«. Gründer der Zeche war der Ire Thomas Mulvany. Die geometrischen Formen und Großstrukturen inszenieren die Gegensätze irischer Landschaft: einerseits Kargheit, andererseits subtropische, fast feudale Pracht. Als Landmarke wird der restaurierte ehemalige Förderturm in Beziehung gesetzt zum Förderturm Teutoburgia in Herne und zum Hammerkopfturm Erin im Stadtteil Schwerin.

Den Parkgedanken nimmt das städtebauliche Konzept der LEG auf, das auf einem Achsenkreuz beruht. Verbindendes Gestaltungselement in der Hauptachse ist ein Wasserlauf, der aus dem Wassersystem des Parks gespeist wird; zum einen wird das Wasser aus Landwehr- und Obercastroper Bach, zum anderen wird sämtliches Oberflächenwasser von befestigten Flächen aufgefangen, in Regenklärbecken aufbereitet und gereinigt zugeführt.

Altlastensanierung, Erschließung und Landschaftsbau erfolgen in einem Arbeitsgang und zeigen beispielhaft, wie die Umlagerung von Altlasten in ein »Landschaftsbauwerk« verantwortlich erfolgen kann, ohne den Anspruch auf eine hohe Gestaltqualität aufzugeben.

Halde Schwerin

Die Bergehalde Schwerin ist der landschaftlich höchste Punkt Castrop-Rauxels. Sie ist eine Hinterlassenschaft des Bergbaus. Ihre Ausgestaltung zu einer Landmarke haben Bürger, Künstler und Planer in einer gemeinsamen Werkstatt entwickelt. Unter dem Thema »Sonnenlicht, Sonnenzeit, Sonnenenergie« erfolgte eine inhaltliche Auseinandersetzung mit der Geschichte der Halde, ihres Standorts, ihrer Entstehung, ihres Materials und dessen Ursprungs.

Eine durch 24 polierte, reflektierende Metallstäbe auffällige Sonnenuhr auf der Haldenkrone – von Jan Bormann installiert – bildet den Mittelpunkt, auf den aus allen vier Himmelsrichtungen Treppenachsen (Geokreuz) hinführen. Bei den Materialien für die Treppen besteht ein Bezug zu der Umgebung: Stahlbrammen von Osten, Stahlschienen von Westen, natürlich belassenes Holz von Süden und Eisenbahnschienen von Norden.

Der »Monopteros-Wassertempel« von Strege markiert einen Quellpunkt des Deininghauser Baches.

Die vorbereitende Entwicklung mit den Bürgern und die Umsetzung ihrer Vorschläge wie Trokkenmauern, Fruchthecken, Baumsilhouette und Landschaftsbalkon haben wesentlich dazu beigetragen, die Halde Schwerin als Landschaftsbestandteil mit einem eigenen Wert zu verstehen, den es zu verteidigen gilt – so bei durch Vandalismus geprägten Zerstörungsversuchen einzelner Objekte in der Bauphase, die durch Anwohner vereitelt wurden.

Der keltische Baumkreis

Die Auseinandersetzung mit der Natur und ihrem Wert für die Menschen ist durch ein kleines Projekt im Stadtteil Schwerin gelungen: durch den keltischen Baumkreis am Hammerkopfturm Erin, Schacht 3. In Erinnerung an den irischen Gründer der Zeche Erin und nach der Beschreibung des mythischen Baumkalenders der Kelten durch den Schweizer Autor Michael Vecoli ist der Baumkreis rund um den restaurierten und denkmalgeschützten Hammerkopfturm angeordnet.

Jeder Baum steht für zwei Abschnitte des Jahres und für Eigenschaften und Stimmungen, die auf die Menschen, die unter ihrem Zeichen geboren wurden, übertragen werden. Der »Baumkreis am Hammerkopfturm« soll den Sinn für die Beziehungen zwischen Mensch und Natur schärfen. Er ist Ausdruck eines in frühen Kulturen verstandenen tiefen Zusammenhangs zwischen dem Einfluß des Lichts, den Kreisläufen der Natur und den Charaktereigenschaften der Menschen.

Deininghauser Bach

Der Deininghauser Bach ist ein 9,5 km langer, ursprünglich natürlicher Wasserlauf mit einem 17,2 km² großen Einzugsgebiet. Der Deininghauser Bach verläuft abwechslungsreich durch Wald und Wiesen, Stadt- und Industrielandschaft. Er wurde in den 20er und 30er Jahren zu einem offenen Abwasserkanal ausgebaut, der aus der Kanalisation des Stadtteils Schwerin »entspringt«, während der natürliche Quellbereich durch die Halde Schwerin überbaut wurde.

Im Februar 1992 wurde mit dem Umbau im Oberlauf des Deininghauser Baches das bislang größte und umfassendste Einzelprojekt einer Gewässerumgestaltung innerhalb des Emscher-Systems begonnen.

Während man als Wanderer auf dem Emscher Park Wanderweg den bereits renaturierten Teil des Deininghauser Baches erleben kann, werden die technisch wie gestalterisch anspruchsvollen Arbeiten zur Umgestaltung als »Stadtgewässer« im Bereich des stärker besiedelten Unterlaufs voraussichtlich erst im Jahr 2002 beendet werden.

2. Für eine Kreislaufwirtschaft in der Siedlungsentwicklung – Stadterweiterung durch Innenentwicklung/Bauen im Bestand

Die Entstehung des Ruhrgebiets als Industrieregion war viele Jahrzehnte verknüpft mit dem Wachstum an Bevölkerung, Arbeitsplätzen und Wirtschaftskraft und in dessen Folge auch Lebensstandard. Hieraus haben sich massenhaft Bauaufgaben abgeleitet – Industriebau, Aufbau der Infrastruktur, Wohnungsbau und Stadterweiterung. Es waren Bauaufgaben des Wachstums und Erweiterungen, die in der Fläche realisiert wurden. Diese Entwicklung gerät nun an ihre Grenzen: Das Leitbild, daß alles Neue einen neuen Platz in der Stadt bzw. an den Rändern der Stadt erhält, kann eine so dicht besiedelte Region wie das Ruhrgebiet nicht mehr länger aufrecht erhalten. Die Region gerät an ihre physischen und materiellen Grenzen von Wachstum. Hinzu kommt, daß ökonomisches Wachstum – sofern vorhanden – nicht mehr zwingend mit Bevölkerung, Beschäftigung sowie Lebensstandard als Grundlage für räumliches Wachstum korreliert. Im Ruhrgebiet findet so seit vielen Jahren ein »Nullsummen-Spiel« statt: Jeder Ansiedlungserfolg wird an anderer Stelle abgezogen. Dies gilt für die Standortverlagerung eines Gewerbebetriebes ebenso wie für das Einkaufszentrum am Stadtrand, das die Innenstädte entleert.

Eine konsequente Kreislaufwirtschaft in der Siedlungsflächenbeanspruchung als Gegenmodell zum Landschaftsverbrauch und zum Umlandwachstum von Agglomerationsräumen kann sich daher ausschließlich auf Stadterweiterung durch Innenentwicklung, die Reaktivierung innerstädtischer und integrierter Altstandorte, den Erhalt, die Um- und Wiedernutzung von Beständen konzentrieren. Mit dem Grundstücksfonds des Landes NW wurde für viele Standorte bereits in den frühen 80er Jahren hierfür die Voraussetzung geschaffen. Im Rahmen der IBA Emscher Park wurde dies im nördlichen Ruhrgebiet an herausgehobenen Projekten angegangen.

Neue Gewerbeflächen wurden ausschließlich auf Altstandorten erschlossen. Über 500 ha gestalteter Flächen folgen dem Leitbild des »Arbeiten im Park« und zeichnen sich durch hohe städte-

bauliche Qualität und hohe Grün- und Freiflächenanteile aus, die als parkartig gestaltete Landschaft den alten, neuen Gebieten Struktur und Qualität geben. Über 2.500 neue Wohnungen sind in rd. 20 Siedlungsprojekten in integrierten Lagen der Städte und Stadtteile neu entstanden. Diese neuen Wohnsiedlungen sind in der Regel integrierte Bestandteile größerer Stadtteilentwicklungsprojekte, in denen durch Reaktivierung von Altstandorten kleine, neue Stadtteile entwickelt oder vorhandene Stadtteilbezüge aufgegriffen und fortgeführt wurden. Beispiele sind u.a. der Wohn-, Gewerbe- und Technologiepark auf der ehemaligen Zeche Monopol in Kamen, die Wiedernutzung des Geländes der ehemaligen Zeche Holland in Bochum-Wattenscheid, der Innenhafen in Duisburg oder der neue Stadtteil auf dem ehemaligen Gelände der Zeche Prosper III in Bottrop.

Die Konzentration auf Stadterweiterung durch Innenentwicklung ist die zentrale Voraussetzung für die Sicherung von Landschaft, Natur und Freiräumen an den Rändern der Städte und in den Grünzügen der Region. Sie erhöht aber auch den Druck auf das Bauen mit Qualität. Denn der städtebauliche und architektonische Rahmen der gebauten Stadt diszipliniert zu städtebaulicher Integration und zu sparsamem Umgang mit der Fläche, vor allem bei Erschließung und Gewerbegebieten.

Eine Zechenbrache wird Stadtteil: Ehemaliges Gelände der Zeche Prosper III in Bottrop
Noch vor wenigen Jahren existierte rd. 800 Meter vom Rathaus der Stadt Bottrop entfernt eine eigenständige Stadt der Arbeit. Gerade einmal 80 Jahre alt, geprägt durch riesige Industrieanlagen, Fördertürme, Kräne, Lagerhallen, aber auch durch Verwaltungsgebäude, Sozialgebäude, betriebliche Sporteinrichtungen, war die Zeche Prosper III Existenzmittelpunkt und Hauptbezug für den Lebensalltag. Sie war auch Ausgangspunkt für Stadt- und Siedlungsentwicklung.

Innerhalb von knapp zwei Jahren von 1986 bis 1988 verschwand nach Schließung der Zeche und Abbruch fast aller baulichen Anlagen dieser Ort aus dem Gefüge der Stadt:

Es verblieben ein eingeebnetes 26 ha großes Feld, Reste der alten Mauer mit kleinen Torhäusern, 19 Platanen einer Allee sowie in einer Mächtigkeit von mind. 2 Metern verbrauchter und verschmutzter Boden.

Hier ist heute ein neuer Stadtteil entstanden mit rd. 450 Wohnungen in verschiedenen Siedlungsstrukturen, einem kleinen Gewerbegebiet und einem Gründerzentrum für 15 Unternehmen, einem Nahversorgungszentrum mit Wohnungen, Läden, Büros und Praxen an einem zentralen Platz, einem Sozialzentrum, einer Kindertagesstätte und dem Herzstück des Stadtteils – dem 11 ha großen Prosper Park.

Das Projekt kann als »Schnelläufer« des Brachflächenrecycling gelten. Von der Vorbereitung und Auslobung eines Wettbewerbs im Jahr 1990 vergingen bis zur vollständigen Umsetzung und Realisierung des neuen Stadtteils sieben Jahre. Durch enge Kooperation aller Planungsbeteiligten über »runde Tische« von Investoren und ihren Architekten, von Stadt und von Grundstückseigner (MGG) wurden komplexe städtebauliche Planung und qualitätsvolle Projektentwicklung zusammengeführt.

Die Altlasten des ehemaligen Kokereigeländes wurden am Ort gesichert; die Überdeckung des Kokereigeländes erfolgte mit dem Bauschutt der Baugebiete. Hier wurde das ehemalige Zechengelände bis auf den gewachsenen Boden freigeräumt, um frei von Belastungen bauen zu können.

Der »Prosper Hügel« war von Anfang an Gegenstand des Gestaltungskonzepts für einen Park. Diese Art des Altlasten- und Bodenmanagements führte schließlich zu einer vergleichsweise unaufwendigen Geländeaufbereitung, die in diesem Fall im Rahmen der Entlassung aus der Bergaufsicht ohne öffentliche

Luftaufnahme der Zeche Prosper III um 1928 (Stadt Bottrop)

Luftaufnahme der Brachfläche 1991

Luftaufnahme des neuen Stadtteils Prosper III 1996 (IBA Emscher Park)

Gründerzentrum Prosper III

Mittel durchgeführt und über die Grundstücksverwertung refinanziert wurde.

Das städtebauliche Rahmenkonzept als Ergebnis eines bundesweit offenen Wettbewerbs wurde durch architektonische, städtebauliche und sozial profilierte Einzelprojekte ausgefüllt.

Das Gewerbegebiet

Auf 6 ha Fläche entstanden eine Reihe guter, nutzungsgemischter Immobilien: Im Erdgeschoß Läden, nach hinten Gewerbe, oben Büros und ggf. Wohnungen. Dies gilt für das Gründerzentrum, für den Betriebshof der Wasserwerke und auch für das Nahversorgungszentrum in der Mitte eines neuen Platzes. Unter Moderation durch den Sieger des städtebaulichen Wettbewerbs wurde die Gestalt und Architektur der einzelnen Baumaßnahmen koordiniert und zu einem geschlossenen Erscheinungsbild der öffentlichen Räume eines zusammengehörigen Gewerbegebiets mit eigener Adresse geführt.

Das städtische Wohnquartier

Das neue Wohnquartier an der Rheinstahlstraße mit 246 Mietwohnungen fällt durch seine strenge städtische Grundstruktur auf. Die Wohnanlage zeigt auf den 2. Blick, wie hohe Wohnwerte und Gebrauchsqualität in vergleichsweise hoher baulicher Dichte im städtischen Umfeld realisiert werden können. Die Wohnanlage ist auch ein Stück sozialer Wohnungsversorgung mit sozialgebundenen Mieten, Gemeinschaftseinrichtungen für Kinderbetreuung, Hobby, Versammlungen und Weiterbildung im Quartier sowie mit einem im Aufbau befindlichen Nachbarschaftsverein.

Städtisches Wohnquartier an der Rheinstahlstraße

Die Gartensiedlung

Die 130 Eigenheime der Gartensiedlung Beckheide folgen einem »typisch dänischen Konzept«: Die neue Siedlung mit vorwiegend zweigeschossigen Reihenhäusern bildet eine Einheit und gliedert sich gleichwohl in kleinere überschaubare Wohnquartiere und Nachbarschaften. Diese liegen gewissermaßen als »Inseln« zwischen einem durchgängigen Freiraumsystem halböffentlicher und gemeinschaftlicher Wiesenflächen. Zur Siedlung wird ein Gemeinschaftshaus gehören, das durch einen Siedlerverein betrieben wird. Dieser Siedlerverein kümmert sich auch um die Pflege und den Unterhalt der gemeinschaftlichen Grünflächen, einer »Obstwiese« sowie der Spielflächen für die Kinder.

Eine Kindertagesstätte ist Teil dieses Gebietes. Sie liegt an der zentralen Achse zwischen den unterschiedlichen Baugebieten des neuen Prosper-Quartiers.

Wohnen plus
In einem integrierten Altenwohnmodell in Trägerschaft des Vereins Soziale Dienste in Bottrop werden Alten- und Mehrgenerationenwohnen, Kurzzeit- und Tagespflege, Weiterbildung, Mittagstisch, örtliche Begegnungsstätte und mobile Dienste unter einem Dach untergebracht.

Gartensiedlung Beckheide

Der Prosper Park
Als Kern des neuen Stadtteils ist der Prosper Hügel als Park und Kunstlandschaft allgegenwärtig. Nüchtern betrachtet ist er das Ergebnis der Altlastensanierung und eines intelligenten Bodenaufbereitungsmanagements.

Spielaktion im Prosper Park

Die Landschaftsarchitektur ist sich der Künstlichkeit des Hügels bewußt und arbeitet gleichwohl mit natürlichen Landschaftselementen.

Der Park ist heute Naherholungsgebiet vor der Haustür: Spielfeld, Aussichtspunkt, Spazierlandschaft, Joggingkurs – »grüne Mitte«. Ein Fuß- und Radwegenetz verknüpft ihn mit dem Grünzugsystem und den Parks der Stadt Bottrop.

3. Bauen im Bestand – Ein Bilderbogen

Was für die Siedlungsflächenentwicklung gilt, gilt auch für das Verhältnis von Bestand zu Neubau. Das Prinzip einer Kreislaufwirtschaft als Grundlage für nachhaltige Entwicklung beim Bauen stützt sich auf aktuelle Forschungen um Energiebilanzen und Stoffflußströme und fordert ebenfalls eine radikale Bestandsorientierung ein. Die zentralen Beiträge zum ressourcenschonenden Bauen werden durch das Bauen im Bestand geleistet. Auch die Beiträge zur Baukultur in einer Region lassen sich nicht nur über Neubauarchitektur sondern vor allem über den Umgang mit den baukulturellen Leistungen der vorherigen Generation messen. Das »Umbauen – Weiterbauen« vor allem an der Industrie- und Gewerbearchitektur dieser Region ist dann auch ein durchgängiges Thema von Projekten der Internationalen Bauausstellung Emscher Park. Dies reicht vom Erhalt und der Erneuerung der gartenstädtischen Arbeiterwohnsiedlungen und der Umnutzung von Lohnhallen und Kauengebäuden der ehemaligen Zechenanlagen, über ehemalige Verwaltungsgebäude, Maschinenhallen und Gerätehäuser bis hin zu technischen Anlagen wie Kühltürmen, Gasometer, Zechentürmen etc.

Bottrop: Lohnhalle und Kaue der ehemaligen Zeche Arenberg Fortsetzung: Gründerzentrum – Büros, Dienstleistung, Werkstätten
Umbau: Landesentwicklungsgesellschaft NRW/Biefang (Bottrop)
Bauherr: Landesentwicklungsgesellschaft NRW/Bottroper Gründer- und Technologiezentrum (BGT)

Dortmund: Ehemaliges Wohlfahrtsgebäude am Nollendorfplatz
Begegnungsstätte und Rundfunkakademie im ehemaligen (Sozialzentrum) der Zeche Minister Stein (1906)
Architektur: Fuhrmann und Partner (Dortmund)
Bauherr: Stadt Dortmund

Dortmund: Wohnen im ehemaligen CEAG-Verwaltungsgebäude
30 Wohnungen im Verwaltungsgebäude einer feinmechanischen Fabrik (1931)
Architektur: Miksch + Partner (Düsseldorf)
Freiraumkonzept: W. Müller + Partner (Willich)
Bauherr: Ruhr-Lippe-Wohnungsgesellschaft mbH (Dortmund)

Duisburg: Lehnkeringsspeicheram Innenhafen
Umbau zum Bürogebäude
Architektur: Braun & Voigt und Partner – Wolfgang Braun, Inge Voigt (Frankfurt)
Projektleiter: Leszek Bylica
Bauherr: MG Vermögensverwaltung AG (Frankfurt)

Essen: Sport- und Gesundheitszentrum »Zeche Helene«
Umbau von Kaue, Lohnhalle und Betriebsbüro der ehemaligen
Zeche Helene (1927) zum Begegnungszentrum für Freizeit-, Breiten- und Gesundheitssport
Umbau: Frank Ahlbrecht (Essen)
Bauherr: Essener Sportbund

Gelsenkirchen: Galerie Architektur und Arbeit
Umnutzung und Ergänzung der ehemaligen Maschinenhalle
Zeche Oberschuir (1908)
Architektur: Prof. Pfeiffer und Ellermann (Lüdinghausen)
Projektleiter: Andrzej Bleszynski
Bauherr: Gelsenkirchener Gemeinnützige Wohnungsbaugesellschaft
Offener Wettbewerb (1993)

Herne: Erhalt und Erneuerung der gartenstädtischen Arbeitersiedlung Teutoburgia
Städtebaulicher Rahmenplan und Modernisierungskonzept:
Peter Zlonicky und Partner (Dortmund)/Gruppe Haus- +
Stadterneuerung – Heinz Schmitz, Edgar Krings (Aachen)
Bauherr: VEBA-Immobilien AG

Lünen: Technologiezentrum Lüntec
Technologiezentrum für Umwelt- und Verpackungstechnik in
den Gebäuden der ehemaligen Schachtanlage Minister Achenbach IV
Architektur: Arbeitsgemeinschaft BauCoop Artur Mandler
(Köln)/Robert Weiß (Lünen)
Bauherr: Technologiezentrum Lüntec GmbH
Beschränkter Wettbewerb mit internationaler Beteiligung
(1992)

Oberhausen: Werksgasthaus im Technologiezentrum Umweltschutz
Architektur: Carl Weigle (1926)
Umbau: Reichen + Robert (Paris) mit ASU Planungsbüro
Uli Dratz (Oberhausen)
Bauherr: Stadt Oberhausen/Entwicklungsgesellschaft mbH
Oberhausen
Eingeladener Realisierungswettbewerb mit internationaler
Beteiligung (1992)

Waltrop: Hallenensemble Zeche Brockenscheidt (1903–1906)
u. a. Maschinenhalle und Fördermaschinenhalle 1/2 sowie Neubau von Büro- und Lagergebäuden
Architektur und Umbau: Klaus-Dieter Luckmann (Coesfeld)
Bauherr: Firma Manufaktum (Marl)

Schalthaus
Umbau: Planquadrat Dortmund – Carmen Heiermann-Bauer (Dortmund)
Bauherr: Landesentwicklungsgesellschaft NRW/Design-Büro Prof. Diederich (Dortmund)

Verwaltungsgebäude, Waschkaue und Magazin
Umbau: Baubude (Essen)
Bauherr: Landesentwicklungsgesellschaft NRW

Trafogebäude
Umbau: Andrea Diederich (Waltrop)
Bauherren: Andrea Diederich (Waltrop)/Dieter Hilbig (Castrop-Rauxel)

4. »Klimawechsel«: Technolgiezentren und ökologisch verträgliche Produktion

In der Emscherregion gibt es weniger einen quantitativen Mangel an Industrie- und Gewerbeflächen, vielmehr ein Defizit an Standortattraktivität. Ein Schwerpunkt des integrierten Strukturprogramms zur ökologischen und ökonomischen Erneuerung der Region ist daher die Entwicklung hochwertiger Standorte mit Ausstrahlung in die Region und über die Region hinaus. Städtebau- und Landschaftsqualität, Funktionsmischungen mit Wohnen und sozialer Infrastruktur, Architekturqualität als Ausdruck eines innovativen Milieus, das im Inneren dieser Gebiete durch zukunftsfähige Unternehmen geprägt wird, zeichnen die Strategie »Arbeiten im Park« aus. Im Rahmen der IBA Emscher Park werden 18 Projekte überwiegend auf großflächigen Industriebrachen und damit ca. 500 ha Fläche entwickelt.

Die Standorte werden durch einen besonderes Angebot zur Unterstützung junger und entwicklungsfähiger Unternehmen ergänzt: Starterhöfe, Gründer- und Technologiezentren werden mit öffentlicher Förderung errichtet und in der Anlaufphase auch mit öffentlicher Förderung betrieben. Sie sollen innovative Aktivitäten bündeln und technologisch fortschrittliche Unternehmen gewinnen.

Ein besonderes Kennzeichen ist die ökologische Ausrichtung des Profils von Technologiezentren: so z. B. das Lüntec mit dem Schwerpunkt Verpackungstechnologie oder das Eco-Textil/Zeche Holland, wo der chemiearme Umgang mit textilen Produkten im Vordergrund steht.

Die Transformation der Produktionsweise auf eine ökologisch verträgliche Produktion kann ein zentraler Baustein für eine nachhaltige ökonomische Entwicklung sein. Die Technologiezentren als Keimzellen von Innovation sind auf mittel- und langfristige Zukunftsentwicklung ausgelegt. Dies braucht professionelles Management und Kompetenz in der Entwicklung zukunftsfähiger »Spezialitäten« der Unternehmensentwicklung. Dies braucht aber auch Zeit, einen langen Atem und konsequente inhaltliche Ausrichtung bei der Belegung der Zentren dann, wenn das auf Zukunft ausgelegte Angebot der Technologie- und Gründerzentren noch auf geringe Nachfrage durch wenige Unternehmen stößt, die ihr neues Unternehmensprofil mit einer neuen Immobilie verknüpfen.

Luftaufnahme des Wissenschaftsparks mit Solardach, Arkade und Park

Der Durchbruch von ökologisch orientierter Produktion und nachhaltigen Produkten in einer Region bedarf auch einer organisierten Nachfrage und »Abnahme« der Produkte. Eine Region, die sich z.B. im Bereich der Solartechnologie qualifizieren will, wird sich wohl in Zukunft auch als großes Anwendungsfeld für diese Zukunftstechnologie präsentieren müssen – mit Solarkraftwerken, »Sonnensiedlungen« oder solar betriebenen Maschinen aller Art.

Der Wissenschaftspark: Moderne Architektur, moderne Haustechnik, moderne Nutzer
Auf dem Gelände eines ehemaligen Gußstahlwerkes in Gelsenkirchen ist mittlerweile der »Wissenschaftspark« entstanden. Die Architektur des Wissenschaftsparkes ist mit dem Deutschen Architekturpreis 1995 ausgezeichnet. Die Auszeichnung gilt dem Büro-, Seminar- und Konferenzgebäude mit rd. 9.000 m² Nutzfläche, das durch eine 300 Meter lange, öffentlich nutzbare Glasarkade erschlossen wird. Das Gebäude steht in einem großen Park mit einem regenwassergespeisten Teich. Dies ist nicht nur neues Gestaltungselement im Freiraum, sondern dient auch der natürlichen Kühlung der im Sommer in die Glasarkade einströmenden Luft und ist damit Teil eines einfachen aber effizienten Systems, das aufwendige Klimatechnologien ersetzt.

Die Bedeutung des Wissenschaftsparks liegt jedoch nicht allein in seiner Architektur, sondern vielmehr in seinem Inhalt. Der Wissenschaftspark beherbergt namhafte Institute, Forscher, Produktentwickler und Dienstleister, die sich mit Zukunftsenergien und hier insbesondere der Photovoltaik beschäftigen. Die Kooperation unter dem Dach des Wissenschaftsparks und der Aufbau einer »Adresse« für innovative Forschung zur Solartechnologie soll die Grundlage sein für neue Produkte und Technologien, ihre ortsnahe Produktion und Anwendung und damit auch zu einem ökonomischen Strukturwandel in der Region.

Solartechnik: Entwicklung, Produktion und Anwendung vor Ort
Einer der Kooperationspartner im Wissenschaftspark ist die Fa. Pilkington Solar. Sie betreibt in Gelsenkirchen eine kleine Fertigungsanlage, in der die Photovoltaikelemente zur Stromerzeugung in Glasfassadensysteme integriert werden. Das Solarkraftwerk auf dem Dach des Wissenschaftsparks Gelsenkirchen mit seiner Spitzenleistung von 220 KW/Peak stammt aus der Produktion vor Ort, ist

Leistungsbeweis der sich langsam entwickelnden Zukunftsindustrien und Symbol für den Wissenschaftspark.

Ein Verwaltungsgebäude als Solarkraftwerk:
Stadtteilzentrum und Fortbildungsakademie in Herne-Sodingen
Die Beförderung von Wissenschaft und Produktentwicklung sowie die Unterstützung der noch kleinen Ansätze ökologisch orientierter Produktion von Zukunftstechnologien wird scheitern, wenn es nicht gelingt, genügend Anwendungsfälle für die hier entwickelten Produkte und »Spezialitäten« zu finden. Umgekehrt wird es erst die mengenmäßige Anwendung sein, die letztlich der Forschung und einer effizienten Produktion den Durchbruch zu einem »Klimawechsel« in der industriellen Produktion verhelfen kann.

Diese Erkenntnis bildet den Hintergrund für das besondere Profil eines weiteren IBA-Projekts. In Herne-Sodingen entsteht ein Stadtteilzentrum mit Bibliothek, Bürgersaal und Bezirksverwaltung sowie eine Fortbildungsakademie für den Innenminister des Landes Nordrhein-Westfalen. Bereits die Architektur dieses Projektes geht neue Wege: Eine Glashülle – 170 Meter lang, 75 Meter breit und 16 Meter hoch – wird die darunter liegenden Seminar-, Akademie-, Wohn-, Bibliotheksgebäude und Bürgerbegegnungsstätte überdecken und im Inneren ein »Zwischenklima« schaffen, das mit dem Klima in Nizza vergleichbar sein wird. Es macht Außenraumnutzungen auch in den Übergangsjahreszeiten von Frühjahr und Herbst möglich. Die Klimahülle ermöglicht aber auch, daß das Gesamtobjekt ca. 50 % weniger Energie als vergleichbare moderne Neubauten verbrauchen wird und ist die Grundlage für eine einfache und ökologische Bauweise unter Verwendung von viel Holz im Inneren.

Die Glashülle selbst wird mit ca. 10.000 m² glasintegrierten Siliciumzellen beplankt. Damit wird eine Leistung von über 1 MW/Peak als Solarkraftwerk installiert. Es wird das größte gebäudeintegrierte Solarkraftwerk der Welt sein.

Modell Halle

Zukunftsenergien für einen neuen Stadtteil

Die Fortbildungsakademie ist Teil der Stadtteilentwicklung auf der über 30 ha großen Fläche eines ehemaligen Bergwerks in Herne-Sodingen mit Wohnungsbau, Stadtteilpark und Arrondierung des vorhandenen Stadtteilzentrums. Die Energieversorgung des neuen Stadtteils mit über 300 Wohnungen werden die Stadtwerke Herne über ein Blockheizkraftwerk sicherstellen, das das auf dem alten Bergbaustandort zur Verfügung stehende Grubengas nutzt. Das Gebäude für das Grubengas-Blockheizkraftwerk beherbergt dann auch noch eine große Speicheranlage um die Solarenergie des Photovoltaikkraftwerks abzupuffern und kontinuierlich zur Verfügung zu stellen.

Modell Stadtteilentwicklung

Forschung, Entwicklung, Produktion und Anwendung: Ein lokal vernetzter Kreislauf
Hier schließt sich der Kreis zum Wissenschaftspark und der örtlichen Produktion von Solartechnologie: Mit dem Neubau der Fortbildungsakademie ist ein industriepolitischer Impuls verbunden. Der Großauftrag für das Solarkraftwerk in der Glashülle wurde zur Grundlage für die Ausdehnung der Fabrikations- und Fertigungskapazitäten für Solarmodule in der Region. Die höhere Produktivität wird am Ende auch eine Senkung der Stückpreise möglich machen.

Schließlich kann die Fortbildungsakademie in Herne nicht nur Anwendungs- sondern wiederum erneut Forschungs- und Testfeld sein für die im Wissenschaftspark ansässigen Unternehmen und Institute, z. B. bei der Entwicklung des Batteriespeichersystems, bei der Entwicklung leistungsfähiger Steuerungs- und Regelsysteme, bei der Entwicklung neuer Zelltechnologien zur solaren Stromerzeugung sowie bei der analytischen Meßwerterfassung und Meßwertverarbeitung der Photovoltaikanlagen in Herne und Gelsenkirchen.

5. In der Tradition der Gartenstadt: Wohnreform Ruhrgebiet

Die planerische Diskussion um Wohnungs- und Siedlungsbau war in der 1. Hälfte der 90er Jahre geprägt von einer – wie auch immer gearteten – »neuen Wohnungsnot« und der vermeintlichen Notwendigkeit, wieder große Neubausiedlungen, neue Stadtteile oder gar neue Städte zu planen und zu entwickeln. Wohnbestandspolitik geriet in den Hintergrund; die großen neuen Wohngebiete versprachen noch einmal Planungsaufgaben des Wachstums für großen Städtebau und für große Architektur.

Es ist wohl Ausdruck von Strukturproblemen, daß diese Entwicklung vor allem am nördlichen Ruhrgebiet vorbeiging. Der zyklische Verlauf des Wohnungsmarktes und der Bauproduktion hat eine unerwartete Konsequenz: Wenn man hinter der allgemeinen Entwicklung zurückbleibt, kann der Rückschritt schnell wieder zum Fortschritt werden.

Die Wachstumseuphorie ist jetzt auch andernorts lange vorbei und hinter vorgehaltener Hand wird über den sich entspannenden Wohnungsmarkt gesprochen; nach und nach geraten große Pläne auf Eis. Natürlich gibt es noch Wohnungsnotfälle, zu viel schlechten und zu wenig preiswerten Wohnraum und man täte gut daran, den zyklischen Entwicklungen des Wohnungsmarktes nach der übereuphorischen Wachstumsphase nicht den überdepressiven Stillstand folgen zu lassen. Doch wir

Luftaufnahme Siedlung und Halde Rungenberg

Die alte Schüngelberg-siedlung

sollten uns endgültig darauf einstellen, daß die Stadt und auch die Wohngebiete der Zukunft schon gebaut sind, daß Wohnungsbedarf, auch wenn er einmal den Zyklen folgend wieder akuter wird, noch lange nicht neue Großsiedlungen rechtfertigt.

Die Weichen für eine zukunftsfähige Stadt werden im Bestand gestellt. Die erforderlichen Flächen für Neubau, der im kontinuierlichen Austausch alt gegen neu erforderlich ist, werden sich allemal in der Innenentwicklung finden lassen, durch die Reaktivierung von Brachen oder Konversionsflächen aller Art, wenn man es nur will.

Damit wären die wichtigsten Voraussetzungen geschaffen, sich ernsthaft mit Wohnkonzepten, Wohnungs- und Siedlungsbauvorhaben auseinanderzusetzen, die im positiven Sinne nachhaltig sein können. Es werden dann eher bescheidene Siedlungsprojekte sein, die in einer Größenordnung von 30 bis 300 Wohnungen groß genug sind, städtebauliche Strukturen zu prägen, aber auch überschaubar genug, um im Hinblick auf angestrebte Qualitäten des ressourcenschonenden Bauens, die Bewohnerbeteiligung und die sozialen Qualitäten bewältigbar zu bleiben. Als Teilprojekte von Innenentwicklung und Reaktivierung integrierter Brachen wären sie immer auch Teile komplexer

Halde – Neubausiedlung – Zeche Hugo

Erneuerung zur Stadtteilentwicklung, zur Nutzungsmischung, zur Vernetzung mit Freiräumen und Beiträge zum Wiederaufbau von Landschaft.

Die »Wohnungsnot« hatte im Ruhrgebiet nicht die Ausmaße wie in anderen Ballungsräumen und auch die Wachstums- und Investitionsimpulse waren zwar vorhanden, aber mäßig. Dies war die Chance, im Rahmen der Internationalen Bauausstellung Emscher Park einige herausragende neue Siedlungen zu bauen und diese gleichzeitig mit der Reaktivierung städtisch integrierter Brachflächen zu verknüpfen. So wurden in dieser Zeit über 2.500 Wohnungen in Neubauprojekten auf den Weg gebracht, die einen besonderen städtebaulichen und architektonischen Beitrag leisten, das ökologische Bauen, Bewohnerbeteiligung und soziale Qualitäten thematisieren und in der Regel Teile komplexer Erneuerung sind.

Daneben ist die denkmalgerechte Modernisierung gartenstädtischer Arbeitersiedlungen ein Arbeitsschwerpunkt für Wohnbestandsprojekte in der Internationalen Bauausstellung Emscher Park. Solche Siedlungen stehen für eine breite Wohn- und Siedlungstradition und für einen sozialen Wohnungsbau der ersten drei Jahrzehnte dieses Jahrhunderts mit beispielhaften architektonischen, städtebaulichen und sozialen Qualitäten. Es ist die Wohnform des individuellen Haus mit eigenem Eingang und Garten, in einer städtebaulich geschlossenen Siedlung und einer funktionierenden Nachbarschaft, die als preiswerte Wohnungsversorgung die Wohnwünsche der Menschen in dieser Region geprägt hat. Die Prinzipien der Erneuerung dieser Siedlungen rücken im Sinne der Denkmalpflege die Städtebau- und Architekturqualität in den Mittelpunkt. Die Erneuerung im Bestand ermöglicht eine enge Zusammenarbeit mit den Bewohnern der Siedlungen bei der Planung bis hin zur Umsetzung mit Nutzerbeteiligung und Nutzermitwirkung von Anfang an. Dies gilt auch für das Wohnumfeld.

Hiervon lernen heißt, die Instrumente und Inhalte einer behutsamen Bestandserneuerung auch auf den Neubau von Siedlungsprojekten zu übertragen: Wohnungsbau im Kontext von Wohnumfeld und Freiraum als Siedlungsbau zu begreifen, die Gebrauchsqualitäten des »bodennahen Wohnens« in eigentumsähnlichen Wohnformen über das einfache Bauen mit maßvollen Dichten zu ermöglichen, Angebote zur Nutzermitwirkung zu schaffen und Nachbarschaften »anzustiften« und schließlich Eigenleistung und Selbsthilfe zu mobilisieren, um preiswerte und soziale Wohnungsversorgung zu sichern. Dies ist dann auch das Fundament für die Selbstbausiedlungen der Reihe »Einfach und selber Bauen« in denen »Eigenheime für kleine Leute« entstehen.

Gartensiedlung

Entwurfsskizze Rolf Keller:
Siedlung und Pyramide

Erhalt und Erneuerung der Siedlung Schüngelberg in Gelsenkirchen-Buer
Die Schüngelberg-Siedlung im Schatten der Zeche Hugo in Gelsenkirchen war bis zum Anfang der 80er Jahre ein totgesagter Siedlungsstandort zwischen Zeche, Halde und Zechenbahn. Der Abbruch war vorprogrammiert; einem Exodus deutscher Bergarbeiterfamilien in den 70er Jahren folgte der Zuzug vorwiegend türkischer Haushalte, die den preiswerten Wohnraum und die Qualität der großen Nutzgärten schätzen.

Bestandssicherung und Erneuerung der mittlerweile unter Denkmalschutz gestellten Siedlung wurden in der 2. Hälfte der 80er Jahre eingeleitet und bis 1996 konsequent umgesetzt: Mit Um- und Ausbau der Wohnungen, Fernwärmeversorgung, Erneuerung von Dach, Fassaden und Fenstern und schließlich der Gestaltung der Garten- und Hofbereiche. Denkmalgerechte Erneuerung im gestalterischen Detail, die Verwendung umweltverträglicher Baustoffe, Materialien und Konstruktionen und schließlich eine intensive Mitwirkung der vorwiegend türkischen Haushalte bei der Planung, moderiert durch den WohnBund wurden von Stadt Gelsenkirchen, Eigentümerin THS und den beteiligten Planern als Beitrag zur IBA Emscher Park besonders herausgearbeitet.

Zur Strukturverbesserung dieses schwierigen Siedlungsstandorts »in der Gemengelage« für einen nachhaltigen Bestand erhält die Siedlung nun 205 weitere Bergarbeitermietwohnungen, eine dreizügige Kindertagesstätte, eine neue Siedlungsmitte mit Platz, Ladeneinheiten, Begegnungs- und Gemeinschaftsräumen für die gesamte Siedlung sowie weitere Mietwohnungen. Der Weiterbau der Siedlung Schüngelberg knüpft an die ursprünglichen Pläne von 1916 an und basiert auf Ergebnissen eines international besetzten Wettbewerbs von 1990.

Das Siedlungskonzept strahlt schließlich auf die Landschaft aus. Auch die Halde Rungenberg wird nach den Plänen des Architekten Rolf Keller gestaltet. Sie wird aus der Siedlung heraus durch zentrale Achsen erschlossen und damit »zum Hausberg« der Siedlung. Die markante Form der als Pyramide gestalteten Halde wird schließlich auch Träger für Lichtkunst und Land-Art.

Zwischen Schüngelberg-Siedlung und Halde wird der Lanferbach als ehemalige offene Abwasserführung zum naturnah gestalteten Bachbett umgewandelt. Der Bachverlauf wird damit nicht mehr Zäsur sondern Landschaftselement am Siedlungsrand sein. Das Wasser wird der Bach aus der Schüngelberg-Siedlung erhalten, wo durch ein in der Größe neues und einzigartiges Regenwasserversickerungs- und Rückhaltekonzept alle Regenwässer in Alt- und Neubau nicht mehr in das Kanalsystem sondern im natürlichen Abfluß dem Bach zugeleitet werden.

Einfach und selber Bauen: Eigenheime für »kleine Leute«

Gelsenkirchen-Bismarck, Laarstraße

Sozialer Wohnungsbau ist Massenmietwohnungsbau – das Eigentum an Haus mit Garten bleibt auf Dauer nur erreichbares Wohnziel für wenige in unserer Gesellschaft – warum eigentlich?

Das preiswerte Wohnen im Haus mit Garten und eigenem Eingang, in einer funktionierenden Nachbarschaft und einem schönen und geschlossenen städtebaulichen Umfeld hat im Arbeitersiedlungsbau des Ruhrgebiets eine breite Tradition.

Hier setzt die Strategie »Einfach und selber Bauen« an. Es geht um den Neubau kleinerer Siedlungen mit 30 bis 60 Wohnungen, die in ihrer Qualität an die Gartensiedlungen des Ruhrgebiets anknüpfen.

Hier entstehen Eigenheime, die auch für Familien mit geringem Einkommen, die üblicherweise zum Kreis der Sozialmieter zählen, finanzierbar sind. Um dies zu erreichen, werden in den Projekten drei Dinge zusammengeführt: Das gute aber kostengünstige Bauen, das Bauen in der Gruppe und die Möglichkeit der Selbsthilfe für die Baufamilien als »Muskelhypothek« zur Reduzierung der Finanzierungskosten. Dies zielt ab auf die Selbsthilfeeignung der Konstruktionen, auf die Koordination der Selbsthilfe vor Ort und hierzu entsprechende technische, kaufmännische und organisatorische Betreuung der Baufamilien.

Duisburg »Taunusstraße«

Dabei geht es aber noch um mehr: Um ressourcenschonendes und nachhaltiges Bauen, das in der Eigenverantwortlichkeit der Bewohner und dem Planungs- und Bauprozeß in der Gruppe entwickelt wird sowie um das Wohnen in der Nachbarschaft einer geschlossenen Siedlung als Gegenbild zum individualisierten Wohnen im Eigenheimgebiet.

Acht Projekte mit insgesamt über 300 Wohnungen sind z.Zt. bereits fertiggestellt, im Bau oder Bauvorbereitung. Weitere Siedlungen werden folgen.

Herten, Wohnen mit Kindern

6. »Initiative ergreifen«: Projekte zu sozialer, ökologischer und kultureller Arbeit in Nachbarschaft, Stadt und Region

Für die Projekte im Rahmen der IBA Emscher Park galten von Anfang an soziale und ökonomische »Anliegen«. So gibt es die »Leuchtturmprojekte«, die auf neues Knowhow und Kapital von außen ausgerichtet sind, sich auf die ökonomische und ökologische Erneuerung konzentrieren und dabei auch Beschäftigungs- und Qualifizierungsimpulse integrieren. Dies wird ergänzt durch soziale Projekte mit Beschäftigungs- und Qualifizierungsmaßnahmen, Projekte zur aktiven Teilhabe der Menschen, neue Ansätze zu einer eigenverantworteten Gesundheitsvorsorge und Ökologie,

Bergkamen Stadtmitte, Hubert-Biernat-Straße

Gelsenkirchen-Bismarck, Laarstraße

Projekte für Kunst und Kultur, für Bewegungssport und Freizeit und Projekte für aktive Beiträge zu Ökologie und Naturschutz.

Soziale Stabilisierung und ökonomische Entwicklung ist nur durch eine Strategie des Strukturwandels »mit den Menschen« erreichbar. Initiativen und private Träger im sozialen Bereich sind wichtig für Innovation, geben Impulse für strukturellen Wandel und Erprobung praktischen Handelns. Sie stellen oftmals einen neuen Typ von Existenzgründern und Betrieben dar, die soziale, kulturelle und ökologische Dienstleistungen sowie Beschäftigung organisieren und sich zunehmend einen neuen Platz in der Ökonomie von Stadt und Region erarbeiten.

Sie geben in stadtteilintegrierten Projekten Impulse für Stadt(teil)entwicklung, engagieren sich für Erhalt und Erneuerung von Bau- und Industriedenkmälern oder arbeiten als Träger von Projekten der Wohnumfeldverbesserung und Stadtgestalt. So entstehen auch soziale Infrastrukturen und örtliche Begegnungsstätten neuen Typs.

»Depot«: Ein Zentrum für Handwerk, Kunst, Medien und Nachbarschaft in Dortmund
Auf einem ehemaligen Straßenbahnbetriebsgelände an der Immermannstraße entstehen neue Wohnungen, gewerbliche Einrichtungen und soziokulturelle Angebote. Das Projekt ist Teil der Erneuerung der Dortmunder Nordstadt, die mehr als 60.000 Einwohner zählt und aufgrund ihrer soziostrukturellen Daten als »benachteiligter Stadtteil« Gegenstand einer integrierten Stadterneuerungspolitik ist.

Auf einem Teil des Grundstücks entstehen rund 110 freifinanzierte Wohnungen in Trägerschaft der Dortmunder Stadtwerke auf Grundlage eines Wettbewerbes nach den Plänen des Büros Steidle und Partner aus München. Für den übrigen Teil der Flächen in den denkmalgeschützten ehemaligen Straßenbahnhauptwerkstätten ist eine gewerbliche sowie soziokulturelle Nutzung vorgesehen.

Der größte Teil der Werkstätten wird durch den Verein »Depot« genutzt. Am neuen Standort bietet der Trägerverein Ateliers und Werkstätten für bildende Künstler/innen, Handwerker/innen und Designer/innen, Seminarräume für ein Bildungswerk, Spielstätten für freie Theatergruppen, Büros für Architekten und Medienleute, einen Gastronomiebetrieb und eine Nachbarschaftswerkstatt.

Mit der Nachbarschaftswerkstatt wird eine Einrichtung angeboten, die es den Bewohnern und Kleinbetrieben aus der engeren und weiteren Nachbarschaft ermöglicht, Reparaturen kleinerer Vor-

Ehemalige Straßenbahnhauptwerkstätten Immermannstraße, das »Theater im Depot«

haben in Eigenarbeit durchzuführen, aber auch ohne großes Investitionsrisiko neue Produkte und Projekte in Eigen- und Gruppenarbeit zu entwickeln.

Alle Betriebe im Zentrum betreiben jeweils ihr eigenes Geschäft. Sie bilden aber zugleich auch ein kooperatives Ganzes. Sie gestalten gemeinsame Projekte. Dabei handelt es sich um einen »Handwerkerhof für Künstler und Kulturschaffende«, der zugleich offen ist für die Bewohner des Quartiers und Träger von Kultur im Stadtteil.

Insgesamt entsteht also so ein Projekt für Kulturschaffende, finanziert aus Stadterneuerungsmitteln und privatwirtschaftlichen Erträgen mit einer sozialen und kulturellen Überschußnutzung für den Stadtteil. Hinzu kommt die sinnvolle Nutzung und der dauerhafte Erhalt des Denkmals an der Immermannstraße und die Einbindung von Beschäftigungs- und Qualifizierungsprojekten im Zuge des Umbaus.

Eine ungewöhnliche Schule
In einem der »Stadtteile mit besonderem Handlungsbedarf« in Gelsenkirchen-Bismarck im Schatten der geschlossenen Zeche Consolidation wird eine Gesamtschule entstehen, die in vielen Programmbestandteilen ungewöhnlich ist:

— *Es wird eine multikulturelle und multikonfessionelle Schule sein.*
Integrationshilfen für Nicht-Deutsche und Aussiedler, die Pflege des Kulturgutes der ausländischen Mitschüler und ein multikulturell orientiertes Lernen werden ihren festen Platz im Schulalltag erhalten. Dies hat Auswirkungen auf die Gestaltung des Unterrichts, die Fachcurricula, das unterrichtliche Angebot, die Struktur und auch die Architektur der Schule.

— *Die Schule ist als ökologischer Lernort konzipiert.*
Umwelterziehung wird als integrativer Bestandteil des pädagogischen Konzepts für die Schule begriffen. Das herausragende Anliegen dabei ist, die Verknüpfung von Umwelterziehung mit den Aspekten des ökologischen und ressourcenschonenden Bauens in Architektur und Städtebau dieser Schule zu leisten. Die Schule ist zum Teil als Holzkonstruktion entworfen, in der die Verwendung natürlicher und umweltverträglicher Baustoffe auch sinnlich wahrnehmbaren Ausdruck erhalten wird. Dies gilt

Die evangelische Gesamtschule in Gelsenkirchen-Bismarck ist integrierter Bestandteil der baulichen Entwicklung eines neuen Wohngebietes mit insgesamt ca. 100 Wohnungen. Der Geist der ökologischen Schule strahlt auch auf die Umgebung aus.
Die Selbstbausiedlung aus Holz an der Laarstraße ist ein Projekt der Reihe »Einfach und selber Bauen«. Weitere Selbstbauprojekte und eine »Sonnensiedlung« werden das Gebiet vervollständigen.

ebenfalls für Energiekonzepte in denen das »Bauen mit der Sonne«, der Umgang mit dem Regenwasser und schließlich die Integration von Natur und Landschaft erfahrbar werden.

– *Die Gesamtschule wird eine stadtteiloffene Schule sein.*
Die Architektur der Schule sieht eine »Dorfstraße« als Lernstraße vor, an der entlang sich kleine überschaubare Einheiten entwickeln. Schulische Räume wie die Mensa, Aula, Bücherei, Sporthallen, Werkräume etc. sind so konzipiert und werden so betrieben, daß sie stadtteilöffentlich mitgenutzt und erschlossen werden. Darüber hinaus werden Verwaltungsräume für eine stadtteilbezogene Arbeit und für Initiativen zur Verfügung gestellt. Die Schule als Stadtteilbegegnungsstätte wird ergänzt durch eine Grün- und Freiraumkonzeption, in der der Schulhof zum »Stadtteilpark« wird.

– *Der Schulbau wird als sozialer Prozeß organisiert.*
Der Architekt der Schule – Prof. Peter Hübner aus Neckartenzlingen – hat für den Schulbau ein Konzept entwickelt, das die stufenweise Entstehung der neuen Schule als sozialen und partizipativen Prozeß für Schüler, Lehrer und Eltern begreift und aktive Mitwirkungsmöglichkeiten auch als Bausteine für Projektaktivitäten der Schule vorsieht. Das Stufenkonzept sieht im 1. Schritt den Bau der Verwaltung, Fachunterrichtsräume, Aula, Mensa, Werk- und Technikräume als Kern sowie die ersten Schulklassenhäuser in reihenhausähnlichen Strukturen vor. Der Zubau der weiteren Klassen wird für die nächsten Jahrgangsstufen jeweils auch Gegenstand von Beteiligungsprojekten sein, die als praktische Projekte in den pädagogischen Schulalltag eingebunden sind. Die Schule entsteht mit den Schülern.

Die Baukonstruktion bietet sich gleichermaßen für die Kooperation mit Beschäftigungs- und Qualifizierungsprojekten, z. B. für Langzeitarbeitslose und arbeitslose Jugendliche an. Sie wird damit ein zentraler Arbeitsgegenstand für Beschäftigungs- und Qualifizierungsinitiativen im Stadtteil sein.

7. Zeugen der Industriekultur oder alles Schrott?

»*Wir müssen erkennen, daß die Industrie mit ihren gewaltigen Bauten nicht mehr ein störendes Glied in unserem Stadtbild und in der Landschaft ist, sondern ein Symbol der*

Hochofen historisch und mit Symphoniekonzert

Stadterneuerung im Ruhrgebiet 1989–1999

Kraftzentrale historisch und mit kultureller Nutzung

Arbeit, ein Denkmal der Stadt, das jeder Bürger mit wenigstens ebenso großem Stolz dem Fremden zeigen soll, wie seine öffentlichen Gebäude.« (Fritz Schupp)

Würde man den Zeugen der industriellen Vergangenheit keine Bedeutung beimessen, hätte die Emscher-Region in der Tat eine Menge altes Eisen. Wäre es so, hätte sie seit kurzem auch die größte Schrottbesitzerin der Republik: die frisch gegründete Stiftung Industriedenkmäler, die sich ganz und gar den Industrierelikten verschrieben hat.

Doch es hat sich ein Wertewandel vollzogen, ganz zögerlich noch in den Anfängen, heute mit viel gesellschaftlicher Zustimmung. Viele bedeutende Hinterlassenschaften der Industrialisierung sind für die Menschen der Region zu wichtigen Orten der Erinnerung geworden. Die mächtigen Kubaturen aus der Hoch-Zeit der industriellen Produktion – seien es aufragende Fördertürme, Gasometer, Hochöfen – sind Marken in einer stark zerschnittenen Landschaft, die sonst ohne Orientierungszeichen wäre.

Indem diese Industriedenkmäler uns erinnern, leiten und ob ihrer gewaltigen Ausmaße immer wieder erstaunen, stiften sie dieser Region ihre Identität: authentisch und unverwechselbar.

Der Wandel in den Köpfen hatte aber auch wichtige institutionelle Voraussetzungen: mit der Einrichtung des Grundstücksfonds Anfang der 80er Jahre hat das Land Nordrhein-Westfalen eine zentrale Grundlage zum Erhalt der Technik-Giganten des 20. Jahrhunderts überhaupt erst geschaffen. Ohne diese »zeitverzögernde« Instanz, qua Amtes befugt, brachgefallene Industrieflächen samt Gebäudestand frühzeitig zu erwerben, und jeden willkürlichen Abriß zugunsten einer Planung in Alternativen zu verhindern, wäre die Region heute um einige »Zeugen der Industriekultur« ärmer.

Ohne den Einsatz der Rheinischen und Westfälischen Industriemuseen wäre viel Arbeit nicht geleistet, viel Bewußtsein für dieses Thema nicht transportiert worden. Auch ein neues Zeichen für

Sinteranlage historisch und als alternativer Park

Wandel: die Kooperation von Laien und Profi-Historikern, Initiativen und etablierten Einrichtungen im Forum Geschichtskultur an Ruhr und Emscher.

Das Thema Industriekultur findet seine Liebhaber, mehr und mehr und vereint darüber die Stimmung für eine Strategie in der Emscher-Region, die die Vergangenheit ganz bewußt in Zukunftsszenarien mit einbezieht.

Gezielt erhalten und behutsam mit einem Auge für individuelle Lösungen erneuern, ist demnach auch die Devise der Stiftung Industriedenkmäler, in die das Land Nordrhein-Westfalen und die Ruhrkohle AG Stiftungskapital eingebracht haben. Mit neun Standorten im gesamten Ruhrgebiet hat die Stiftung begonnen, sich diesen »sperrigen« Denkmälern zu nähern, Zuwachsrate offen. Darunter z. B. die Kokerei Hansa in Dortmund oder die alte Maschinenhalle in Gladbeck-Zweckel.

Die Strategie: Zunächst einmal sichern und Zeit gewinnen für die Entwicklung neuer Nutzungen, für Ideen der Inszenierung oder aber für einen »Verfall mit Anstand«.

Kunst und Design auf Zollverein
Die Zeche Zollverein Schacht XII im Essener Norden ist ein Industrieensemble und Denkmal von europäischem Rang. 1930 als – wie viele meinen – »schönste Zeche der Welt«, in jedem Fall aber als modernste Schachtanlage der Welt mit einer Förderkapazität von 12.000 Tonnen pro Tag konzipiert, wurde sie sowohl technisch als auch architektonisch zum Ausnahmeobjekt. 1986 aber kam auch für Zollverein das Aus. Obwohl anfänglich weder die Stadt Essen noch der Eigentümer, die Ruhrkohle AG, eine Alternative zum Abriß sahen, ist Zollverein heute das herausragende Beispiel für den gelungenen Erhalt und die zukunftsweisende Umnutzung eines Technikbauwerks dieser Größenordnung.

1930 wurde Zollverein von den Industriebauarchitekten Fritz Schupp und Martin Kremmer im »Bauhaus-Stil« errichtet. So detailversessen wie sie errichtet wurde, so detailgetreu wurde sie auch restauriert. Auf Zollverein hat nichts zufällig Form und Farbe. Die bauliche Gruppierung und

Stadterneuerung im Ruhrgebiet 1989–1999

Zollverein unter den Gesichtspunkten Denkmal, Kunst, Design und Landschaft

Gestalt der Gebäude folgte streng dem Prinzip »form follows function«, die stoffliche Qualität war eine Hommage an die Region und ihre Materialien wie Stahl, Glas und Ziegel.

1989 wurde die Bauhütte Zollverein als Betreibergesellschaft gegründet, an der die Stadt und die Landesentwicklungsgesellschaft NRW zu gleichen Teilen Gesellschafter sind. Bis heute sind sechs Hallen des Ensembles komplett saniert und umgenutzt, fünf weitere Gebäude und Teilbereiche in Arbeit.

»Kunst und Design auf Zollverein« lautet das Leitbild der neuen Nutzung. Aber bereits von Beginn an, während aller Umbauphasen, gab es Theater- und Ballettaufführungen, Kunstausstellungen, Tage der offenen Tür. Heute sind alle fertiggestellten Räumlichkeiten längst vermietet. Designer, Werbefachleute, Galeristen, das städtische Theater, Einzelkünstler – sie alle haben Zollverein für sich entdeckt und hier ihre Werkstätten, Probebühnen, Ateliers und Büros bezogen. Die Bewohner des Stadtteils haben sich hier einen neuen Treffpunkt geschaffen, ehemalige »Zollvereiner« liefern die besten Führungen übers Gelände und bauen ein zollvereineigenes Archiv auf.

Zollverein entwickelt sich weiter: der englische Architekt Sir Norman Foster hat sich spontan in die ehemalige Zeche verliebt und hat das alte Kesselhaus zum Design-Zentrum NRW umgebaut; der Fachbereich Kunst/Design der Uni Essen möchte in die ehemalige Kohlenwäsche ziehen.

Zollverein ist mittlerweile zum Selbstläufer geworden, die Nachfrage kann kaum noch befriedigt werden. Ob Künstler oder Bergmann, sie alle fühlen sich von der Zechenschönheit Zollverein XII angezogen und inspiriert. 30.000 Besucher jährlich sehen das nicht anders, Tendenz steigend. Diese Entwicklung war nicht zwingend vorgegeben. Es mußten neue Wege beschritten, neue Prioritäten gesetzt, viel Gemeinschaftsarbeit geleistet werden.

Drei wesentliche Instrumente seien hier erwähnt:
1. Die Planungsphase: Der Grundstücksfonds NRW bot die Möglichkeit, die gesamte industriell oder gewerblich genutzte Fläche und deren Gebäude aufzukaufen. Die denkmalwerte Substanz konnte auf diese Weise erst einmal gesichert werden.
2. Die Finanzierungsstrategie: Im Falle von Zollverein ist es gelungen, die Mittel der Städtebauförderung, des Strukturhilfegesetzes und der Wirtschaftsförderung (der Europäischen Gemeinschaft und des Landes) in der Projektentwicklung zu integrieren.
3. Das Organisationsmodell: Das Management komplexer industriehistorischer Situationen im Verbund mit Entwicklungsprojekten funktioniert besser, wenn die Aufgabe zumindest partiell einer eigenständigen Organisation übertragen ist. In diesen neuen Trägerschaften, zumeist privatrechtlich eingesetzt, sind keine grundsätzlich neuen Stellen tätig. Es sind wieder die Städte und die Landesentwicklungsgesellschaft, die Montangrund als Tochter der Ruhrkohle, oder private Unternehmen. Aber hier – im Verbund – gibt es andere Arbeitsstrukturen, man ist näher dran, die Mitarbeiter lassen sich von der neuen Aufgabe vor Ort motivieren, die Binnenkoordination in einer kleinen Gruppe nimmt zu und verläuft effektiver.

Zollverein steht heute für ein Stück gelungenen Strukturwandel. Es ist ein lebendiges Stück Geschichte, das in die Region strahlt und darüber hinaus.

8. Schönheit für eine geschundene Region – Kunst setzt Zeichen

> »Im Wald zwei Wege boten sich mir dar, und ich nahm den, der weniger betreten war – das änderte mein Leben.« H. D. Thoreau

In dem industriellen Dickicht der Emscher-Region gibt es eine Fülle begehbarer Wege. Bei der Reise in die Zukunft hier die richtige Wahl zu treffen, darin liegt die Kunst. Dabei ist die Kunst selbst das Vehikel, einen neu beschrittenen Weg auch mit neuen Augen wahrzunehmen.

Das eigene Potential entdecken, den Mut zur »eigenen Schönheit« entwickeln, hier hat die Emscher-Region vieles aufzuholen. Die Kunst kann dabei die Sinne öffnen für eine Ästhetik der anderen Art.

Da gibt es z. B. diese »Kunst-Werke« mit hohem ästhetischen Reiz, die keine Künstlerhand erschaffen hat und denen wir uns dennoch nicht entziehen können: bizarre Industrieruinen, skulpturale Maschinenteile, rot-rostende Stahlplatten, schön wie Gemälde. Allesamt ihrer Urfunktion enthoben und in neue »Sinn-Zusammenhänge« entlassen. Ist es Kunst im öffentlichen Raum, ist es Objektkunst, sind es Environments?

Zeichen sind es allemal. Und mit ihrer kraftvollen Ausstrahlung prägen sie unsere sinnliche Empfindung. An ihnen kann die Kunst sich reiben, ihnen antworten oder sie negieren, sie zu ignorieren dürfte kaum gelingen.

Im Rahmen der Emscher Park Bauausstellung arbeiten Künstler immer in Auseinandersetzung mit der Region, in den meisten Fällen sogar mit einem konkreten Ort. Kunst verliert hier jeden mobilen Charakter. Sie ist ganz und gar an spezifische Situationen gebunden, und macht nur hier und nirgends anders Sinn. Dabei geht es der Kunst nicht anders als der Region selbst: sie steht hier in einem Prozeß des Wandels, der nicht austauschbar ist. Er findet statt zwischen Duisburg und Dortmund, an Emscher und Ruhr.

Wo früher dicht an dicht Industrie herrschte, ist heute wieder Raum. Raum für neue Planungen, Raum aber auch für Kreativität und Phantasie. Die Kunst ist eingeladen, ihre Spuren zu hinterlassen, Marken zu setzen, die aufmerksam machen. Es sind dies die neuen Orientierungs- und Sehhilfen in einer Industrielandschaft im Umbruch, in der kaum etwas bleiben wird, wie es war. Kunst greift hier und hinterläßt deutliche Zeichen.

Es gilt, einen neuen Blick und ein neues Vokabular zu erlernen, um versteckte Schönheit, die Ästhetik zwischen den Dingen zu entdecken, zu sehen und zu erleben.

Topos: Großstadt Emscher-Region 1997
Die Kernzone der Industrialisierung als exterritoriale Außenstelle der documenta X wäre die konsequente Fortführung der Rückriem'schen Außenstelle zur documenta IX auf Zollverein 1992.
Hier ließe sich künstlerisch vieles evozieren, begreifen und dingfest machen über alte und neue »Topoi«, hier könnte man spannende zukunftsweisende Fragen finden, und in Teilen bereits beschrittene Wege.

Schrott-Ästhetik

Zarathustra-Inszenierung

Lichtillumination Hüttenwerk Meiderich

Über neue Berge und alte Werke

Postindustrielle Landschaften sind eine Herausforderung für Künstler der »großen Geste«, wie z. B. Richard Serra. Der schafft mit seinen Planungen für die Schurenbachhalde in unmittelbarer Nähe des 97er Bundesgartenschau-Geländes eine einzigartige konvexe, schwarze Horizontlinie. Fast brutal in ihrer Strenge doch faszinierend in der Ausschließlichkeit.

Weniger mit einem Schlag, sondern in vielen Schritten wandelt sich die Gladbecker Mottbruchhalde in den nächsten zehn Jahren. Das Team Schmitz/Baljon, Künstler und Landschaftsarchitekt aus Frankfurt und Amsterdam, arbeitet im Prozeß. Die Halde wächst in gestalterischen Intervallen parallel zur Schüttung. Der Schüttvorgang ist dabei mit Metapher für eine Region im Wandel und ästhetische Herausforderung in einem. Die Künstler Hermann EsRichter, Oberhausen und Klaus Noculak, Berlin, hinterlassen ihre Spuren auf der Halde Rungenberg in Gelsenkirchen-Buer mit einer dreiteiligen plastisch-skulpturalen Konzeption aus Licht, Materie und Natur. Die Zwiesprache mit dem Ort, seiner Geschichte und die Brückenfunktion im Hinblick auf die im unmittelbaren Umfeld lebenden Menschen sind Motivation dieser Arbeit.

Vom Dialog geprägt sind auch die massiven Granit-Skulpturen des Bildhauers Ulrich Rückriem in Essen. In die eher »junge«, ehemalige Industrie-Landschaft im Hintergelände der Zeche Zollverein Schacht XII plazierte er seine Steinquader. Hier schärfen sie den Blick für dies spezifische »neue Wildnis« und liefern viele Querverweise zwischen Vergangenheit und Zukunft.

Konzert-Gebläsehalle

Das stillgelegte Meidericher Hüttenwerk im Landschaftspark Duisburg-Nord gehört zu den Großskulpturen, die mit der Prägnanz der eigenen Erscheinung spielen und diese noch überhöhen. Der englische Lichtdesigner Jonathan Park hat sich auf eine Komposition aus Wattstärke und Wahrnehmungskraft eingelassen und das Hüttenwerk zum Strahlen gebracht. Herausgekommen ist ein Farbspektakel, ein kräftiges nächtliches Pendant zu einer Parkanlage des 21. Jahrhunderts, die am Tage leisere Töne anschlägt.

Auch der Tetraeder auf der Halde Beckstraße in Bottrop ist so eine architektonische »Sehhilfe«. Als eine auf wenige starke Bewegung reduzierte Form ist die Stahlpyramide auf der Haldenkuppe auch aus der Ferne gut erkennbar. Je näher man kommt desto differenzierter wird das Bild dieser Großform mit ihren eingehängten Treppen und Plattformen. Mit jedem Schritt erschließen und verändern sich Raum, Dimension und Blickachsen: Hinauf in den »Turm«, herunter auf die umliegende Stadt- und Industrielandschaft, weit fort an den Horizont. Nachts erstrahlt die Tetraederspitze als neues Bottroper Wahrzeichen.

Insbesondere mit den Kunstwerken auf den Halden der Region verändert sich auch die Silhouette der Landschaft an Emscher und Ruhr. Sie gesellen sich zu den alten profilgebenden Architekturen der Zechen, Hüttenwerke und Gasometer wie eine Zutat, die lange fehlte. Die großdimensionierten »Natur-Zeichen« helfen der Region auf die Sprünge. Erst mit ihrer Anwesenheit erleben und spüren wir eine Abwesenheit, deren Weite wir nicht

Serra auf Halde

Rückriem-Steine

Üppige Landschaft vor der Industriekulisse

Stahltetraeder Halde Beckstraße

missen konnten, weil sie im Ruhrgebiet bislang keine Dimension hatte. Auf die Dichte der Industrielandschaft folgt endlich eine Zeit der »Überblicke«. Und dabei schärft die Kunst unsere Sinne.

9. Architektur für den Strukturwandel – Ein Bilderbogen

Die IBA Emscher Park will dem ökonomischen und ökologischen Wandel in der Region auch ein Gesicht geben. Die ökonomische Perspektive, die ökologische Verträglichkeit und die Qualität der Gestalt sind daher die drei wesentlichen Kriterien für ihre Projekte – sie sind damit Ausdruck für Baukultur im Ruhrgebiet.

Der Wettbewerb ist die unverzichtbare Voraussetzung für Qualität. In der Emscher Park Bauausstellung wurden daher von Anfang an alternative Planungs- und Entwurfsverfahren zur Vorgabe der Projektentwicklung gemacht. Mehr als 60 solcher Verfahren sind abgeschlossen.

Bergkamen: Frauen planen Wohnungen
Neubau von 28 Wohnungen mit Gemeinschaftseinrichtungen
Architektur: Heinke Töpper/Monika Melchior (Bielefeld)
Bauherr: WBG Lünen
Bundesweit offener Wettbewerb für Architektinnen (1990)

Bottrop: Öffentliche Infrastruktur im neuen »Prosper-Quartier«
Gründerzentrum – Werkstätten, Verkaufsräume, Lager und Büros

Architektur: Trojan + Trojan + Neu
(Darmstadt)
Bauherr: Gründerzentrumsgesellschaft
Prosper III/Montan Grundstücksgesellschaft/Stadt Bottrop

Bottrop: Gesundheitshaus Quellenbusch
Begegnungsstätte, Bewegungstherapie,
Ruheort, Cafeteria, Weiterbildung
Architektur: KZA Koschany, Zimmer, &
Assoziierte GmbH, Architekten und Planer Bernd Lindemann, Ulrich Behrend
(Essen)
Bauherr: Bundesknappschaft
Offener Realisierungswettbewerb (1992)

Gelsenkirchen: dreizügige Kindertagesstätte im Wissenschaftspark
Architektur: Kiessler + Partner (München)
Bauherr: Stadt Gelsenkirchen

Hamm: Ökozentrum NRW
Schulungszentrum
Architektur: HHS Planer + Architekten – Hegger-Hegger-Schleiff (Kassel)
Bauherr: Stadt Hamm/Ökozentrum NRW
Baubetreuung: Ökozentrum NRW GmbH & Co KG

Oberhausen: Technologiezentrum Umweltschutz
Neubau Technologiezentrum und Umnutzung des
ehemaligen Werksgasthauses des GHH-Konzern an der
Essener Str. in Oberhausen

Architektur: Reichen & Robert (Paris)
Außenanlagen: Florence Robert (Paris)
Bauherr: Stadt Oberhausen/Entwicklungsgesellschaft
mbH Oberhausen
Beschränkter Realisierungswettbewerb mit internationaler
Beteiligung (1991)

Herten: Technologiepark und Zukunftszentrum
Architektur: Kramm + Strigl – Prof. Rüdiger Kramm und
Axel Strigl (Darmstadt)
Projektarchitekt: Peter Klose
Bauherr: Hertener Entwicklungsgesellschaft (HEG)
Realisierungswettbewerb (1992)

Henry Beierlorzer

Die REGIONALEN in NRW

Breitenwirkung der IBA Emscherpark

Die IBA Emscher Park hat nicht nur im Ruhrgebiet Vieles bewegt, sondern spätestens in der zweiten Hälfte der neunziger Jahre strahlte die Planungsstrategie der IBA als strukturpolitisches Programm, als Methode zur Regionalentwicklung und als Ansatz zur Neuorientierung der Städtebau- und Förderpolitik auf die Fachwelt bundesweit und international aus. Aber auch in anderen Räumen in Nordrhein-Westfalen paarte sich das fachliche Interesse zunehmend mit der politischen Frage »Warum immer nur im Ruhrgebiet – warum nicht auch in anderen Regionen?« Hinzu kam, dass das Instrument der Landesgartenschauen vor einer Reform stand.

Konzeptvorlauf für die REGIONALEN folgenden Regionalen

Vor diesem Hintergrund wurde von der Landesregierung eine Kommission eingesetzt, deren Arbeit die Handschrift von Karl Ganser trug und die Vorläuferideen für die heutigen REGIONALEN in NRW als Programm für eine innovative Regionalpolitik entwickelt hat. Nicht alle Vorschläge der Kommission wurden aufgenommen oder ließen sich in Konsequenz durchstehen. So z. B. der Anspruch des Programms, nicht nur Innovationsimpuls in der jeweiligen Region zu sein, sondern echte Reformthemen mit gesellschaftlicher Relevanz aufzuspüren, deren Lösung mit besonderem Ehrgeiz innerhalb einer Region angegangen und zum Modell für andere Räume entwickelt wird. Auch die Empfehlung, die Finanzierung eines solchen regionalen Entwicklungsprogramms durch ein integriertes, ressort-unabhängiges Gesamtbudget auf eigenständige Beine zu stellen und einer Region an die Hand zu geben, ließ sich nicht durchsetzen.

Strategische Eckpunkte für die der REGIONALEN Was schließlich 1997 vom Kabinett per Erlass und als Bewerbungsaufruf für die »REGIONALE – Natur- und Kulturräume in NRW« verabschiedet wurde, lässt sich in seiner Grundstruktur wie folgt beschreiben:
- Regionen waren aufgerufen, sich um die Ausrichtung einer im zweijährigen Rhythmus durchzuführenden REGIONALE zu bewerben. Sie ist ein Präsentationsereignis am Ende eines mehrjährigen Entwicklungsprozesses, in dem innovative Projekte zu spezifischen Themen und Problemen der Region umgesetzt werden, eine regionale Entwicklungsstrategie möglichst als integrierter Ansatz geformt wird und daran gearbeitet wird, die jeweilige Eigenart der Region herauszuarbeiten. Projekte werden im regionalen Konsens entwickelt, leisten einen Beitrag zur regionalen Entwicklungsstrategie in den Städten oder im Kulturlandschaftsraum und zeichnen sich durch Innovation, außergewöhnliche Qualität und Baukultur aus.
- Das Präsentationsjahr am Ende des Prozesses ist Teil des Strukturprogramms und ein entscheidender Beitrag zur politischen Vermittlung. Es hilft bei der Beschleunigung, der Zielausrichtung der Projekte und ihrer Umsetzung. Der Anspruch einer landes- und bundesweiten Präsentation im Jahr der REGIONALEN hebt auch die Meßlatte für Qualität und Innovation. Dies ist gleichzeitig die Chance für eine Region, sich tatsächlich über ihre Grenzen hinaus mit einem unver-

Die REGIONALEN in NRW

wechselbaren Profil zu präsentieren und dabei neue Wege für ein »kultiviertes« Standortmarketing zu gehen.
- Der räumliche Zuschnitt der teilnehmenden Regionen sollte sich aus Kooperationserfahrungen, gemeinsamen Aufgaben oder Lösungsansätzen, weniger aus administrativen Vorgaben ableiten.
- Die Regionen haben Finanzierungsmittel für eine auf Zeit eingerichtete Steuerungsorganisation zur strategischen Ausrichtung, regionalen Entwicklung und Koordinierung sowie für die Kommunikation des Prozesses erhalten. Förmlich bestimmte Projekte der REGIONALEN genießen eine Förderpriorität im Rahmen der vorhandenen Instrumente.

Die Federführung des Programms lag beim Städtebauministerium – das wichtigste Finanzierungsinstrument war faktisch die Städtebauförderung, denn in der Praxis hat sich weder ein integriertes Förderprogramm für die REGIONALEN, noch eine stärkere Anbindung der REGIONALEN-Philosophie an weitere Ressorts der Landesregierung umsetzen lassen.

Umsetzungsstand: Sechs Regionalen

Sechs REGIONALEN in Nordrhein-Westfalen sind auf dieser Grundlage zwischen den Jahren 2000 und 2010 auf den Weg gebracht, teilweise umgesetzt oder in Vorbereitung:

Expo-Initiative Ostwestfalen-Lippe

Die Expo-Initiative Ostwestfalen-Lippe im Jahr 2000 bearbeitete einen 6.500 km² großen Raum mit ca. 2 Millionen Einwohnern und insgesamt 70 Städten und Gemeinden. Eng angelehnt an das Motto der Expo 2000 in Hannover »Mensch – Natur – Technik« wurden hier rund 54 Projekte zu den Leitthemen Technik, Energie, Innovation in der Gesundheitswirtschaft und Kulturlandschaft entwickelt.
- Insbesondere mit der Gesundheitswirtschaft stellte sich in der Region ein »Reformthema«, da die Kur- und Heilstätten des Raums von den verschiedenen Stufen der sparorientierten Gesundheitsreformen besonders betroffen sind.
- Das Technologiethema der Veranschaulichung umweltgerechter Energieerzeugung drückt sich in einem Energie- und Umweltboulevard aus, der u. a. als ein sichtbares Zeichen das Energieforum Innovation in der Architektur von Frank O. Gehry hat.
- Schließlich wurde die Landesgartenschau Bad Oeynhausen in eine Strategie zur Wiederentdeckung der Gärten und Parks in der Kulturlandschaft neben vielen weiteren Projekten zur Gartenlandschaft Ostwestfalen-Lippe integriert.

Besonderheit in der Organisationsstruktur und Trägerschaft ist die Ostwestfalen-Lippe Marketing GmbH, die schon vor der REGIONALE eine Klammer in der Region zur starken regionalen Wirtschaft war und die auch nach der REGIONALE Instrument und Träger für Projekte der regionalen Kooperation und regionalen Initiativen blieb.

Grenzüberschreitende EUROGA 2002+ Niederrhein–Niederlande

Die Euroga 2002+ umfasste den mittleren Niederrhein vom Raum um Düsseldorf bis zum Grenzraum der Niederlande ebenfalls mit einem großen räumlichen Umgriff auf 3.500 km² mit rund 2,7 Millionen Einwohnern, dreiunddreißig deutschen und neunundzwanzig niederländischen Städten und Gemeinden. 110 Einzelprojekte orientierten sich thematisch sehr eng am ursprünglichen Untertitel des REGIONALE Bewerbungsaufrufs »Natur- und Kulturräume in NRW«. Schlüsselprojekte der Euroga 2002+, die nachwirken, sind:
- die dezentrale Landesgartenschau mit einer Kette von historischen Parks und Gärten; die Wiederentdeckung und Inwertsetzung von Kultur- und Naturschätzen,
- deren regionale Vernetzung über ein Radwegesystem,
- die Wiederentdeckung der ehemals napoleonischen Nordkanaltrasse
- und schließlich die Etablierung von neuen Inszenierungsformen für die Garten- und Kulturlandschaft mit nächtlichen Illuminationen.

Das European Garden Heritage Network und die Straße der Gartenkunst in Nordrhein-Westfalen sind Folgeprojekte, die hier ihren Ausgang haben. Die Organisationsstruktur der Umsetzungsagentur wurde nach Abschluss des Projektes aufgelöst. Neue strukturelle Formen der Fortführung regionaler Kooperation wurden nach der REGIONALE nicht etabliert.

REGIONALE 2004 »Links und Rechts der Ems«

Die REGIONALE 2004 ›Links und Rechts der Ems‹ hatte das gesamte östliche Münsterland auf 3.200 km² Fläche mit 1 Millionen Einwohnern und insgesamt 38 Städten und Gemeinden zur Gebietskulisse. Auch hier standen die Natur- und Kulturräume in NRW bei den insgesamt 32 Projekten im Mittelpunkt.
- Das Reformthema der Neuausrichtung der Landwirtschaft stellte sich in dieser Region besonders, konnte aber nicht in nachwirkende Schlüsselprojekte überführt werden.
- Auch neue Wege der Gewässerwirtschaft angesichts einer Hochwasserkatastrophe im Raum Ahlen wurden über kluge Ausstellungen und Präsentationsprojekte zwar diskutiert, doch überhebt sich hier ein Instrument wie eine REGIONALE vermutlich mit dem Anspruch an echte, dauerhafte strukturelle und organisatorische Impulse.

Geblieben ist von der REGIONALE 2004 eine Vielfalt an gesicherten und erneuerten kulturhistorisch bedeutsamen Orten vom Landschaftspark Bagno in Steinfurt bis zum Kunsthaus im Kloster Gravenhorst in Hörstel oder dem Museum in der Abtei Liesborn – allesamt in hoher architektonischer Qualität bei seriösem Umgang mit dem Bestand.
- Die inhaltliche Konzeption, der Region neue, besondere Orte der Kultur zu geben, war erfolgreich.
- Der Emsauen Radweg als verbindendes Radewegeprojekt ist eines von mehreren Vorhaben, das Preise und Auszeichnungen für die Region erhielt.

Auch hier sind es die vernetzten Projekte, die von der Regionale bleiben und weniger die Strukturen, die nachwirken.

REGIONALE 2006 Bergisches Städtedreieck

Die REGIONALE 2006 umfasste den wohl kleinsten Raum, lediglich geformt von den drei Bergischen Städten Wuppertal, Solingen und Remscheid auf rund 330 km² Fläche mit 640.000 Einwohnern. Stadtentwicklung und wirtschaftlicher Strukturwandel haben schon in der Bewerbungsphase zur Konzeption eines »Spurwechsel« die Themen und Handlungsfelder der »Natur- und Kulturräume in Nordrhein-Westfalen« überlagert. Die Region hat das Instrument als Strukturprogramm verstanden, um in einem integrierten Handlungsansatz mit rund 20 Projekten die Strategien zur städtischen Innenentwicklung, zur Profilierung des Wirtschaftsstandortes und zur Herausarbeitung der Identität in der Kulturlandschaft miteinander zu verbinden.
- Vor allem über das Themenfeld der »Lebendigen Industrie- und Unternehmenskultur« wurde früh versucht, die mittelständische Wirtschaftsstruktur und engagiertes Unternehmertum als besonderes Plus für die Regionalentwicklung zu aktivieren.
- Dies führte dazu, dass die Strategie der REGIONALE in dem überschaubaren und kleinen Raum breite politische Bedeutung und Akzeptanz erfahren hat.

Nach Abschluss der REGIONALE 2006 mit dem Präsentationsjahr einer ›Bergischen Expo‹ wurde eine breite öffentliche, fachliche und politische Diskussionen darüber laut, wie die Erfahrungen für die EU-Ziel 2 Förderung 2007–2013 genutzt werden können und ein zukünftiges Strukturprogramm für die Region mit Impulsen für den Standort und Anlässen zur regionalen Kooperation geformt werden kann.

Grenzüberschreitende EU-REGIONALE 2008 Rhein–Maas

Die EU REGIONALE 2008 überschreitet die Grenzen im Dreiländerraum von Aachen, der Provinz Lüttich in Belgien und der Provinz Limburg in den Niederlanden. Als EU REGIONALE haben die Impulse für grenzüberschreitende Zusammenarbeit der 68 Städte und Gemeinden besondere Bedeutung, aufgrund der langen Kooperationstradition in dieser Euregio. Die EU REGIONALE wendet sich als regionales Strukturprogramm den Zukunftsimpulsen für die Standorte zu, mit folgenden Akzenten:
- Vernetzung der Hochschullandschaft und der Einrichtungen von Bildung, Forschung und Wissenschaft in der Region mit Wirtschaft, Kultur und Gesellschaft durch kommunikative und organisatorische Kooperationsprojekte;
- Profilierung des Kulturraums durch Umgestaltung der großen Tagebau- und Bergbaufolgelandschaften im Aachener Revier;
- Förderung der touristischen Perspektiven für den Nationalpark Eifel mit den Maßnahmen am Standort Vogelsang.

REGIONALE 2010 »Brückenschläge« im südlichen Rheinland

Die REGIONALE 2010 wendet sich als regionales Strukturprogramm den Zukunftsimpulsen für die Standorte zu. Die REGIONALE 2010 bearbeitet das Rheinland mit einer Fläche von 4.000 km² in einem Raum mit drei Millionen Einwohnern, fünfzig kreisangehörigen Kommunen und drei kreisfreien Städten Köln, Bonn und Leverkusen. »Brückenschläge« lautete das Motto der Bewerbung und mittlerweile sind folgende räumlich wirksame Projekte entwickelt worden:

- Stadt,
- Rhein,
- Grün,
- Gärten der Technik,
- Projektfamilie Kulturelles Erbe,
- Wissenschaft,
- Mobilität,
- Nachwuchs.

Der regionale Konsens in der Region ist eine zentrale und auch organisatorische Herausforderung des REGIONALE-Prozesses in diesem riesigen und heterogenen Raum. Schlüsselbedeutung kommt der »Masterplanung Grün« mit einer integrierten Grün- und Freiraumentwicklungsstrategie für die Region zu, die bereits als Planungsprozess dazu beigetragen haben, regionale Identität, gemeinsames Handeln und projektbezogene Kooperation aufzubauen. Für diese Regionale wird zu erwarten sein, dass sie neben Projekten vor allem eine Kultur der Kooperation und der integrierten Regionalentwicklung hinterlassen kann, zumal die besondere Situation der ehemaligen Hauptstadtregion schon 1990 zu besonderen Formen informeller regionale Kooperation geführt hatte.

Zwischenbilanz der REGIONALEN und neuer Aufruf für Projekte bis 2016: Integrierte Strukturprogramme mit regionaler Kooperation

Zehn Jahre nach dem ersten Bewerbungsaufruf hat das Kabinett der Landesregierung die öffentliche Ausschreibung der REGIONALEN 2013 und 2016 in NRW beschlossen. Die Erfahrungen und der strategischen Ausrichtung der Regionale 2006 im Bergischen, sowie der REGIONALEN um Aachen und im Rheinland folgend, entwickelt sich das Instrument noch stärker hin zu einem integrierten Strukturprogramm für Regionen mit dem Ziel
- regionsspezifische Potenziale zu qualifizieren, zu vernetzen und zu vermarkten,
- mit innovativen Projekten Impulse für einen ökonomischen Strukturwandel zu setzen,
- bürgerschaftliches und unternehmerisches Engagement für die Region zu stärken und
- neue Formen einer zukunftsorientierten regionalen Zusammenarbeit zu erproben.
- So werden in dem Aufruf auch die Handlungsfelder breiter aufgefächert und umfassen das gesamte Spektrum der Stadt- und Regionalentwicklung:
Nachhaltige Stadterneuerung
- Innovation, Wissen und Bildung
- Stärkung der unternehmerischen Basis
- Wirtschaftsnahe Infrastruktur und Mobilität
- Stadtbau und Kultur in der Region
- Kulturhistorisches Erbe und Kulturlandschaft
- Landschaftsentwicklung, Natur und Umweltschutz

Rückbesinnung auf Innovationsanspruch

Nun stellt sich erneut die Frage, die Karl Ganser bereits vor 10 Jahren aufgeworfen hat, wie es gelingen kann, integrierte Instrumente und ressortübergreifende Strategien zu installieren, die Experimentierfreude und Innovationsimpulse herausfordern, und die nicht nur für die jeweiligen Regionen Gutes tun sondern einen übergreifenden Beitrag leisten.

Doch dies ist nicht allein eine Frage der Bereitstellung von Mitteln und der dazu gehörigen organisatorischen Struktur sondern auch des tatsächlichen Ideen- und Innovationspotenzials in den Regionen selbst. Auf der programmatischen Ebene wird möglicherweise nicht viel Neues zu erwarten sein, was die aus dem Geist einer IBA und einer nachhaltigen Stadterneuerungspolitik in NRW abgeleiteten REGIONALEN noch ergänzen könnten. Letztlich werden es aber kluge und überraschende, sehr individuelle und den jeweiligen örtlichen Konstellationen angepasste, bildhafte und in möglichst hoher Qualität realisierte Projekte sein, die entstehen und die abstrakten Größen von Regionalentwicklung veranschaulichen. Dieses ist vielleicht auch der zentrale Wert der REGIONALEN in Nordrhein-Westfalen. Es ist in Zeiten von kommunaler Handlungsunfähigkeit und zunehmend reaktiven, »auf das Nötigste« beschränkten, oft virtuellen Planungshandlungen ein Programm für das Besondere, das Unverwechselbare, das Bildhafte und Erfahrbare in der Stadt- und Regionalentwicklung.

Literatur

Die REGIONALEN in Nordrhein-Westfalen. Impulse für den Strukturwandel. MBV NRW/ILS NRW, Dortmund 2006

www.regionalen.nrw.de

Henry Beierlorzer

Die Regionale 2006 im Bergischen Städtedreieck – Ein integriertes Strukturprogramm für das Profil einer Region

Sechs Jahre Konzeptarbeit für die »Bergische Expo 06«

Im Jahr 2006 war eine flächenmäßig kleine und bislang als eigenständiger Raum wenig wahrgenommene Region Ausrichter einer REGIONALE in NRW. Die drei Bergischen Großstädte Wuppertal, Solingen und Remscheid haben sechs Jahre lang das Instrument der Regionale 2006 genutzt, um dem Standort über städtebauliche, landschaftsräumliche und touristische Projekte, über Bündelung der regionalen Standort-Entwicklungsaktivitäten und Aufbau von Netzwerken zur interkommunalen Zusammenarbeit sowie schließlich durch neue Formen der Kommunikation und Bürgermitwirkung eigenes Profil und Identität zu geben. Die Regionale entwickelte sich zum integrierten Strukturprogramm für die industriell geprägte Region, das auch stark auf die Einbindung von Unternehmen und unternehmerischer Milieus in die Entwicklungsprozesse abzielte. Die Abschlusspräsentation einer »Bergischen Expo '06« war dann folgerichtig auch eine zusammenführende Leistungsschau der Region als lebenswerter Kulturraum und starker Wirtschaftsstandort und löste eine breite Diskussion über Perspektiven regionaler Zusammenarbeit, koordinierter Standortentwicklung und struktureller Steuerung von qualitativen Impulsen und innovativen Projekten in der Zeit »danach« aus.

Regionale 2006 als Strukturprogramm

Für die Städte sollte zum Zeitpunkt der Bewerbung im Jahr 1998/99 die Regionale einen »Spurwechsel« für den Strukturwandel bedeuten. Lange Zeit ging es der Region mit ihrer klein- und mittelständischen Unternehmensstruktur der Maschinenbau- und Werkzeugindustrie in Remscheid, den »Messermachern« aus Solingen, früher der Textilindustrie und später dem »industriellen Tausendfüßler« Wuppertal gut. Rund 640.000 Menschen leben hier am Rande der Ballungsräume des Ruhrgebietes und der Rheinschiene. Trotz starker gegenseitiger Abgrenzung gibt es gemeinsame Wurzeln, Strukturen und auch gemeinsame Probleme. Die Region blickt auf eine glorreiche Industriegeschichte zurück. Die prächtigen baulichen Spuren der Gründerzeit vor allem in Wuppertal lassen ahnen, welche Innovationskraft und welcher Reichtum einmal in diesen Tälern zu Hause waren. Doch über Jahre und Jahrzehnte hinweg fanden aktiv gestaltende und gesteuerte Erneuerungsprozesse kaum mehr statt – hier staute sich großer Nachholbedarf in der städtischen Innenentwicklung ebenso auf wie bei der Steuerung des Umbruchs in der nach wie vor industriell geprägten ökonomischen Struktur.

Vielschichtigkeit und Kleinteiligkeit verdecken und puffern Problemlagen

Dieser Umbruch ist nur aufgrund der Kleinteiligkeit nicht so offensichtlich wie bei der montan geprägten Nachbarregion Ruhrgebiet, die seit Jahrzehnten bevorzugter Förderraum war und im Mittelpunkt aller strukturpolitischer Initiativen des Landes stand. Die Strukturdaten von Bevölkerungsentwicklung, Arbeitsplatzverlusten und geringer wirtschaftlicher Dynamik sind mittlerweile im Bergischen alarmierender als im Ruhrgebiet. Dies trifft die Städte mit zum Teil dramatischen Auswirkungen vor allem in einer Zeit der begrenzten Handlungsfähigkeit öffentlicher Haushalte angesichts enormer struktureller Defizite und vorläufiger Haushaltsführung.

Regionale als Chance zur konzeptionellen Neuorientierung

In dieser Situation erhielt die Regionale 2006 schon früh in der kommunalpolitischen Wahrnehmung die Bedeutung eines Struktur- und Investitionsprogramms. So haben die drei Städte die Regionale 2006 als Chance gesehen, jeweils auf die großen Aufgaben der städtischen Innenentwicklung und der Erneuerung heruntergekommener Bahnhofsumfelder zuzugehen. Im Rahmen des Programms »Regionale« galt es, die kommunalen Projekte so zu qualifizieren und zu setzen, dass sie über städtebauliche und architektonische Qualität sowie über besonderen Inhalt auch regionale Bedeutung und überregionale Ausstrahlung erhalten.

Bahnhofsquartier südliche Innenstadt Solingen als typisches Integrationsprojekt

Gelungen ist dies beispielhaft in der südlichen Innenstadt in Solingen. Der ehemalige Hauptbahnhof an der Regionalbahnstrecke wurde im Rahmen einer Modernisierungsoffensive entlang der Bahnstrecke durch zwei neue Haltepunkte ersetzt. Das Bahngelände wurde städtebaulich zum gemischten Quartier entwickelt mit Angeboten für Arbeiten und Wohnen. Die städtebauliche Vernetzung mit der Innenstadt funktioniert u.a. über die gut gestalteten Freiräume des Südparks, die zum Frei-

Forum Pruduktdesign in der südlichen Innenstadt in Solingen im alten Hauptbahnhof

zeitweg umgebaute ehemalige Trasse der »Korkenzieherbahn« und einige Umnutzungsprojekte für Kunst und Kultur. Der Bahnhof als beispielhaft umgebautes Denkmal beherbergt das Forum Produktdesign und das Bergische Institut für Innovationsmanagement und Produktentwicklung. Die enge Anbindung an die Bergische Universität in Wuppertal und an die Bergische Wirtschaft mit engagierten Unternehmen, für die standortnahe Forschung und Entwicklung im Industrial Design eine Schlüsselqualifikation im Standortwettbewerb ist, gibt dem Innenstadtprojekt Solingens regionale und überregionale Strahlkraft. So war im Jahr 2006 im Rahmen der »Bergischen Expo '06« eine hochkarätige Designausstellung im Forum zu besuchen, die studentische Arbeiten von neun internationalen Designhochschulen zum Thema »Zukunft – Made in Solingen« präsentierte.

Gemeinsame Standortfaktoren –
Lebendige Unternehmenskultur und Landschaft mit Industriegeschichte

Im Schwerpunkt ist die Regionale 2006 aber keine ›Kommunale‹ sondern Anlass und Rahmen für Kooperationsprojekte »zwischen« den Städten und die Arbeit an gemeinsamen und verbindenden Aufgaben. Zwei Themen- und Handlungsfelder rücken in den Vordergrund, die das Profil und die Identität der Region über die Stadtgrenzen hinweg ausmachen.

Der Wirtschaftsraum und auch die Kulturlandschaft sind geprägt durch eine lebendige Struktur kleiner und mittelständischer Unternehmen, die in einer sehr langen und erfolgreichen Tradition an den Flussläufen in der Landschaft ihren Ursprung nahmen und heute in den Städten im dichten Nebeneinander von Wohnen und Arbeiten präsent sind. In aller Welt hinterlassen heute viele dieser Unternehmen mit ihren Produkten, ihren stetigen Innovationen und immer neuen Problemlösungen ihre Visitenkarte des Bergischen. Dabei sind die bestehenden Unternehmen das wichtigste Zukunftspotenzial der Region. Für deren Bindung an den Standort ist es auch eine Aufgabe, Identität stiftende Qualitäten von »Heimat« zu stärken.

Der vermeintlich »harte« Standortfaktor einer »lebendigen Unternehmenskultur« für den Wirtschaftsstandort und das »weiche« Thema der Profilierung der Kulturlandschaft als Lebens- und Identitätsraum für die Menschen in der Region sind daher eng miteinander verwobene Bestandteile dieses Strukturprogramms Regionale 2006 für den Standort Bergisches Städtedreieck.

Kompetenz³ – Standortmarketing und regionale Unternehmensnetzwerke

Die Stärke des eigenen Wirtschaftsstandortes zu erkennen, zu sichern und mehr daraus zu machen – das ist mindestens im regionalen Maßstab zu organisieren und braucht das Denken über Stadtgrenzen hinweg. Netzwerke für Forschung und Entwicklung, Arbeitsteilung und Zulieferungen werden gerade für klein- und mittelständische Unternehmen wichtiger denn je – sie anzubahnen und als Standortfaktor aufzubauen – *das* ist das Anliegen von »kompetenz³«. Kompetenz³ ist eine gemeinsame Strategie der drei Städte, ihrer Wirtschaftsförderungen und der IHK. Unter diesem Dach ist es in den vergangenen Jahren gelungen, die Wirtschaftsregion nach außen zu vertreten und ihr einen Namen zu machen. Es ist aber auch das Dach für regionale Kooperation in der Wirtschaftsförderung insbesondere mit Blick auf die Branchen, in denen die Region besonders stark besetzt ist – Automotive, Metallbe- und verarbeitung, Produktdesign. Dazu gehört auch, Unternehmer als Motoren der Regionalentwicklung auf sozialem, kulturellem, städtebaulichem und ökologischem Gebiet einzubinden. Im Rahmen der Regionale 2006 wurden gerade solche unternehmerischen Initiativen der Erneuerung mit Überschussnutzen für Urbanität, Stadtkultur und regionale Identität mobilisiert, unterstützt und präsentiert. »Lebendige Unternehmenskultur« ist damit Standortfaktor und wichtige Marke der Region.

Das klingt alles ziemlich abstrakt und vielleicht wenig greifbar. Das änderte sich zur »Bergischen Expo 06«: Kompetenz³ wurde im Rahmen der großen Ausstellung zur »Technik, die dahinter steckt« sichtbar und erlebbar. 80–100 weltweit erfolgreiche Unternehmen der Region – die Besten in ihrer Branche – zeigten hier fünf Tage lang technische Innovationen und Kompetenz unter einem 5.500 qm großen Zeltdach. Sie nutzten es als Messe und Unternehmensforum für neue Begegnungen zwischen Kunden unterschiedlicher Branchen und zukünftigen Kooperationspartnern. Sie verstanden es als Zukunftsimpuls für technischen Nachwuchs, denn eine zentrale Herausforderung ist, junge Menschen für Technik und technische Berufe zu begeistern. Und sie gestalteten einen Themenpark »Technik« für ein breites Publikum, das anhand ungewöhnlicher Inszenierungen, Produkte und Erfolgsgeschichten aus dem Bergischen die Unternehmen als aktiven und verantwortlichen Teil ihrer Region erleben konnte – Lebendige Unternehmenskultur zum Anfassen.

Lebendige Unternehmenskultur zum Anfassen – Großveranstaltung zur »Technik, die dahinter steckt«

WasserKraft Landschaft – Touristisches Potenzial und Identitätsstifter

In der heute natürlich anmutenden Mittelgebirgslandschaft machen die Spuren der frühen Industrialisierung den Reiz und das besondere Profil des Landschaftsraums aus, der die drei Städte verbindet. Hier knüpfen die regionalen Gemeinschaftsprojekte an, deren Ziel es ist, Landschaft als verbindende Klammer in der Region zu nutzen und das Identität stiftende wie das touristische Potenzial herauszuarbeiten. Wander-Erlebniswege durch die »WasserKraftLandschaft«, Stadtrundgänge oder Landschaftswanderungen über Routen der Industriegeschichte und die neu entstehenden Fuß- und Radwege, Skaterstrecken oder Schulwegeverbindungen auf ehemaligen Bahntrassen sind daher mehr als reine Wegebauprojekte. Durch informative Beschilderung über die Spuren der Industriegeschichte mit schlüssigen Wegeleitsystemen vom Wanderparkplatz bis zum touristischen Ankerpunkt eines technisch-historischen Museums, durch ergänzende Medien vom Wanderführer bis zur Internetplattform und schließlich durch starke Interventionen von Landschaftsarchitektur und Kunst entsteht ein ›roter Faden‹, der die Städte und sie verknüpfende Landschaftsräume zusammenführt.

Entlang dieser Wege entstehen alte und neue Bilder von der Kulturlandschaft, die helfen, diese Region über ihre Grenzen hinweg zu identifizieren. Das stärkste dieser Bilder ist um Deutschlands höchste Eisenbahnbrücke, einem faszinierenden Industriedenkmal, entstanden. Die Müngstener Brücke überspannt das Tal der Wupper an der Stadtgrenze von Remscheid, Solingen und Wuppertal, eingebettet in ein FFH-Gebiet. Hier ist nun nach den Wettbewerbsplänen des Atelier Loidl ein Landschaftspark als touristischer Ankerpunkt und als »Botschafter« für die Kulturlandschaft dieser Region entstanden.

Brückenpark Müngsten – Symbolprojekt der Kooperation und gemeinsame »Mitte«

Die verbindenden Projekte wie der Brückenpark Müngsten, die Wandererlebniswege, die industriegeschichtlichen Routen und die Reisen sind nicht nur räumliche Verknüpfungen sondern Anlass und Kern guter, Stadtgrenzen übergreifender Verwaltungskooperation und regionaler Gemeinschaftsleistung. Hinter diesen Gemeinschaftsprojekten steckt ein enormes Engagement von Menschen aus allen drei Städten, aus Verwaltungen und Institutionen, Naturschutzverbänden und bürgerschaftlichen Gruppen, die in Arbeitskreisen, runden Tischen und Projektrunden ›mehr Kooperation gewagt‹ haben. Die Kooperation wird über eine projektbezogene Zusammenarbeit bei Planung und Bau hinausreichen. Kooperationsvereinbarungen – von Verwaltungen und Räten der Städte beschlossen – regeln den dauerhaften Betrieb, die Pflege und die Weiterentwicklung des Brückenparks, der »Wandererlebniswege« sowie der touristischen Infosysteme zur Industriekultur und zu den »expeditionen[3]«.

Kommunikation als regionales Entwicklungsprojekt – die »Bergische Expo 06«

Vielleicht liegt der Wert der Regionale 2006 gerade darin, dass in den einzelnen Städten Projekte auf den Weg gebracht und umgesetzt wurden, die ursprünglich nicht zu den Kernaufgaben der Kommunen gehörten und die deshalb zwischen die Verantwortungsbereiche fielen. So gab es anfangs die typischen Diskussionen um die Umnutzung der ehemaligen Bahntrassen in allen drei Städten zu »linearen Parks«. »Als ob es in diesen Zeiten nichts Wichtigeres gäbe, als Radwege zu bauen ...« Diese und auch andere bildhaften Projekte wie die neu gewonnenen Strände und Miniparks an der Wupper, die Zooerweiterung in Wuppertal und das erneuerte Deutsche Röntgenmuseum in Lennep oder ein mit unglaublich viel bürgerschaftlichem Engagement betriebenes Tourismusprojekt wie der Bergische Ring waren z.T. schon vor ihrer Fertigstellung ein großer Kommunikationsträger rund um die Regionale. Allein der Brückenpark wurde innerhalb eines halben Jahres von über 200.000 Menschen besucht.

Denn die Projekte greifen Geschichte, ungewöhnliche Orte und besondere Themen auf, die der Region Identität geben. Sie sind »anfassbar«, nutzbar und erlebbar. Sie holen die Menschen »vor ihrer Haustür ab« und binden bürgerschaftliches Engagement ein. In ihnen steckt städtebauliche und architektonische Qualität, die sich gegen das Gefühl der Verwahrlosung und des Niedergangs stemmt. Sie präsentieren damit die Region und ihre Städte mit Unverwechselbarem als lebenswerten Kulturraum.

Das alles sichtbar zu machen, Einzelprojekte im Zusammenhang der Region zu vermitteln und dieses besondere Profil herauszuarbeiten war Kern der Aktivitäten zur Regionale 2006 im Präsentationsjahr. Von Mai bis Oktober stellte ein Kultur- und Veranstaltungsprogramm entlang der Themen und Projekte der Regionale 2006 die »Bergische Expo 06« dar. Kernanliegen dieser Leistungsschau einer erstarkten Region war, die Menschen der Region selbst mitzunehmen, sie für ihren eigenen Raum zu begeistern und sie auf dieser Grundlage zu guten Gastgebern zu machen.

Deshalb waren Kulturveranstaltungen wie eine Bergische Biennale für neue Musik an Orten der lebendigen Unternehmenskultur, Feste, Konzerte und Einladungen zu ungewöhnlichen Spaziergängen durch den Brückenpark, Reise- und Exkursionsangebote, Präsentationen und Ausstellungen, Bürgerfeste und Aktionstage im Rahmen der Bergischen Expo '06 wichtige Projekte des Strukturprogramms, die in ihrer Wirkung weit über 2006 hinausreichten.

Wandererlebnis und Routen der Industriekultur in der Landschaft

Perspektiven regionaler Zusammenarbeit

Die Bergische Expo war damit vielleicht weniger Finale als Auftakt für weitere regionale Kooperationen. Denn nach dem Ende der Bergischen Expo stellte sich in den regionalen Medien wie in Politik und Verwaltung zunehmend eine Diskussion darüber ein, wie es mit der Region und ihrer regionalen Strukturentwicklung nach der Regionale weitergeht. Zur gleichen Zeit rückte das EU-Ziel 2 EFRE Programm für die Förderperiode 2007–2013 in den Focus der Begehrlichkeiten, denn das operationelle Programm der Landesregierung wies einerseits das Bergische Städtedreieck ähnlich wie das Ruhrgebiet als Ausgleichsraum mit besonderem Förderbedarf aus. Andererseits eröffnet dieses Ziel2 Programm einen ähnlichen Rahmen für ein integriertes Strukturprogramm, das Stadtentwicklungsimpulse, die Stärkung des Wirtschaftsstandortes und die Bearbeitung der weichen, touristisch relevanten Projekte in der Kulturlandschaft verknüpft, wie es das Programm der Regionale tat.

Nun beschreibt ein von den drei Städten einmütig verabschiedeter Handlungsrahmen ein regionales Entwicklungskonzept für 2007–2015, das auf den Projekten und Arbeitsweisen der Regionale 2006 aufbaut und neue thematische Schwerpunkte für Zukunftsprojekte setzt. Eine »Bergische Entwicklungsagentur« in Trägerschaft der drei Städte und der Wirtschaft soll regionales Management für Wirtschaftsförderung, Standortmarketing und Tourismus und die Entwicklung von modellhaften Sonderprojekten übernehmen. Mal sehen, was daraus entsteht.

Rückschau und Ausblick in Interviews

Agnes Steinbauer und Heiner Monheim im Interview mit Karl Ganser, Hans-Jochen Vogel, Klaus Töpfer und Christoph Zöpel

30 Jahre Stadt- und Verkehrsentwicklungspolitik auf dem Prüfstand

Agnes Steinbauer, freie Journalistin für Presse, Funk und Fernsehen in Berlin, und Heiner Monheim, Professor für Angewandte Geographie, Raumentwicklung und Landesplanung in Trier, haben sich in ausführlichen Interviews mit vier Persönlichkeiten unterhalten, die über viele Jahre in unterschiedlichen Positionen auf die konzeptionelle und politische Orientierung der Stadtentwicklung und Verkehrsentwicklung in Deutschland prägenden Einfluss hatten. Die Interviews wurden mitgezeichnet und danach hat Agnes Steinbauer daraus die hier präsentierten, stark komprimierten Texte extrahiert. Ausgewählt wurden die vier Persönlichkeiten Hans-Jochen Vogel, Klaus Töpfer, Christoph Zöpel und Karl Ganser, weil sie in ihrer langjährigen und vielfältigen Berufslaufbahn in der Stadtentwicklungspolitik, Verkehrspolitik und Umweltpolitik immer wieder neue Ideen entwickelt und neue Akzente gesetzt haben und sich dann auch mit den Chancen und Schwierigkeiten der politisch-praktischen Umsetzung rumschlagen mussten. Zunächst werden die vier Interviewpartner kurz einzeln vorgestellt.

Hans-Jochen Vogel war von 1960–1972 Oberbürgermeister von München und in dieser Funktion auch Präsident des Deutschen Städtetages, dann Bundesminister für Raumordnung und Bauwesen, danach Justizminister, später auch kurz Regierender Bürgermeister von Berlin, später auch Fraktionsvorsitzender und Parteivorsitzender der SPD. Er hat wesentlich konzeptionelle Innovationen für die deutsche Stadtentwicklungspolitik vorbereitet und reflektiert im Interview diese Effekte.

Klaus Töpfer war Umweltminister sowie Bauminister, bevor er Chef der UN-Organisationen UNEP und HABITAT mit Sitz in Nairobi wurde. Er hat großen Einfluss auf die nationale und internationale Nachhaltigkeitsstrategie gewonnen und der Umweltpolitik zu einem wachsenden Stellenwert verholfen. Im Interview reflektiert er die Schwierigkeiten und Chancen nachhaltiger Stadt- und Verkehrsentwicklung in Deutschland.

Christoph Zöpel war nach einer kurzen Phase als nordrhein-westfälischer Bundesratsminister zehn Jahre Minister für Stadtentwicklung, Landesentwicklung und Verkehr und hat in dieser Zeit versucht, viele Innovationen in beiden Politikfeldern umzusetzen. Später hat er sich als Bundestagsabgeordneter und Staatsminister im Auswärtigen Amt stärker der Außenpolitik gewidmet, aus dieser Erfahrung aber auch weiter die globalen Herausforderungen der Stadt- und Verkehrsentwicklung im Auge behalten. Er reflektiert im Interview die vielfachen Interessenkonflikte und administrativen Schwierigkeiten bei der Umsetzung unbequemer, grundlegender Innovationen.

Karl Ganser war in den 1960er Jahren unter Oberbürgermeister Vogel Abteilungsleiter im Stadtentwicklungsreferat der Stadt München, danach war er knapp zehn Jahre Chef der Bundesforschungsanstalt für Landeskunde und Raumordnung, dem »Think Tank« des Bundesbauministeriums. Danach hat er sieben Jahre die Städtebauabteilung in Zöpels Ministerium für Stadtentwicklung und Verkehr geleitet, ehe er Chef der Internationalen Bauausstellung Emscherpark wurde. Heute arbeitet er als Berater und Publizist.

Interview mit Karl Ganser
Bilanz zur Stadtentwicklung und Verkehrsentwicklung in Deutschland

Eigentlich sind immer alle guten Willens – auch die Verantwortlichen an den Schaltstellen der Politik. Trotzdem: Über 40 Millionen Autos in der Bundesrepublik, Verkehrschaos in Ballungsräumen, schlecht organisierter öffentlicher Nahverkehr und Zersiedelung sind vielerorts in der Bundesrepublik Realität. Was ist passiert in drei Jahrzehnten Stadtentwicklung und Verkehrspolitik? Wie sind die Weichen für die Zukunft gestellt?

»Was wir heute betreiben, ist meist nur Anpassung an mißliche Zustände«, zu diesem ernüchternden Ergebnis kommt Karl Ganser, wenn er auf die vergangenen Jahrzehnte Stadtentwicklung und Verkehrsplanung in der Bundesrepublik zurückblickt. Die entscheidenden Weichen seien in den 60er Jahren falsch gestellt worden. In dieser Zeit habe es noch Chancen zu einer »Wende« gegeben; zum Beispiel im Rahmen des Generalverkehrsplanes von München, 1962. Für die planerische Entwicklung der bayerischen Landeshauptstadt spielte Karl Ganser eine sehr wichtige Rolle. Ihr damaliger Oberbürgermeister Hans-Jochen Vogel holte den jungen Geographen 1968 von der TH ins Stadtentwicklungsreferat. Dort war er maßgeblich an der Planung der Münchner Innenstadt und der regionalen Entwicklungskonzepte beteiligt, ebenso, wie an der Konzeption der Olympia S-Bahn.

»Subzentren« zur Entlastung der Innenstadt
In dieser Zeit, erinnert sich Ganser, sei in München sehr intensiv über ein polyzentrisches Stadtmodell nachgedacht worden, bei dem nicht ein einziges Zentrum »übermächtig« ist, sondern »Subzentren«, die weit in die Region hinausreichen, die »Kernstadt« entlasten. »Dezentralisierung«, das ist – damals wie heute – Karl Gansers Schlüsselbegriff für sinnvolle Stadtplanung; vor allem unter dem Aspekt der Verteilung von Massenverkehrsströmen. »Wir haben uns 1968 bei den Arbeiten zum Stadtentwicklungsplan auch viele Gedanken darüber gemacht, wie man den Zuwanderungsdruck auf München drosseln könnte. Denn wir fürchteten schon damals, daß ein zu schnelles und starkes Wachstum die Probleme nicht löst, sondern verschärft.« In einer Studie über den Originalitätsverlust der Stadt war sehr eindringlich davor gewarnt worden, durch zu hektisches und qualitätsloses Bauen den Charme der Stadt München zu gefährden. Ganser erinnert sich: »Es galt, den ›Druck‹ auf die Stadt sinnvoll zu dosieren. Einmal durch möglichst viele vitale Subzentren in der Stadt und der Region. Und durch eine Auffangstrategie für den massiven Bedarf an neuen Wohnungen und Arbeitsplätzen. Immerhin mußten in den 70er Jahren in der Region jährlich 30.000 zugewanderte Neubürger untergebracht werden. Der polyzentrischen Konzeption hätte am ehesten entsprochen, möglichst viel Wachstum auf die verschiedenen, historisch gewachsenen Mittelstädte der Region zu verteilen. Statt dessen wurde aber zunächst der Bau großer, neuer Entlastungsstädte propagiert. Mit Perlach, Freiham und Schleißheim sollten drei große neue Entlastungsstädte mit jeweils über 60.000 Einwohnern das Wachstum aufnehmen. Ich erinnere mich noch gut an den Wettbewerb für die neue Stadt Perlach. Mein favorisierter Entwurf war, den alten Dorfkern schrittweise durch maßstabsgerechte Bebauung wachsen zu lassen. Beschlossen wurde aber das Gegenteil, eine voll auf die grüne Wiese gelegte städtebauliche Großform mit einem riesigen Straßenring. Die ebenfalls angedachten neuen Städte Schleißheim und Freiham wurden zum Glück so nicht realisiert. Sehr schlecht war sicher, daß sich neben diesen geplanten Großformen als zweiter Entwicklungsstrang ohne städtebauliche Konzeption tausende Wohneinheiten dispers in die Fläche ergossen, zu einem auch in München beängstigenden Siedlungsbrei. Und als dritte Entwicklung drängte eine massive Bautätigkeit in die Innenstadt, vor allem mit immer neuen Büro- und Verkaufsflächen, aber auch mit

Luxusmodernisierung und teurem Appartementbau. Dieser Bauboom in der Innenstadt und den angrenzenden Gründerzeitvierteln hat eine Menge an Qualitäten zerstört, soziale Konflikte heraufbeschworen und schmerzliche Verdrängungsprozesse provoziert«, resümiert Ganser.

Die Regionalstadt
1968, erinnert sich Ganser, »sind wir nach London gefahren, um uns über den Greater London Council zu informieren. Wir dachten über eine Regionalstadt nach, in der Stadt und Umland eine Einheit bilden. Der Oberbürgermeister der Kernstadt könnte nach entsprechender Wahl Regionalpräsident werden. Die einzelnen Gemeinden und Städte der Region sowie die Stadtbezirke der Kernstadt würden für ihre lokalen Angelegenheiten ein hohes Maß an bürgernaher, kommunaler Selbstverwaltung behalten. Aber die übergreifenden strategischen Belange würden auf der richtigen Ebene entschieden«. Auch aus heutiger Sicht bedauert Ganser, daß die Diskussion über die Regionalstadt damals weitgehend im Sande verlaufen ist. »Herausgekommen ist nur ein freiwilliger Verband, der gleichwohl eine Menge an Abstimmung und Kooperation zwischen Kernstadt und Umland geleistet hat, wenn er auch in entscheidenden Fragen zu wenig Kompetenz und politisches Gewicht hatte«. Bundesweit wurde die Idee einer polyzentrischen Regionalstadt meist politisch von den Kernstädten, z. T. aber auch von den Landesregierungen torpediert, zumal, nachdem das Wachstum der Agglomerationen zeitweise zurückging. Ganser beklagt, daß »die Kernstädte deshalb alle Hebel in Bewegung setzten, das verbleibende mobile Potential von Unternehmen und Bevölkerung sowie die zugänglichen Finanzströme auf sich zu konzentrieren. Sie kündigten die lockere Kooperation mit dem Umland oft auf und gingen zum Teil sogar so weit, eine Einstellung der Finanzhilfen für die peripheren ländlichen Regionen zu fordern. Ich erinnere mich noch an ein Strategiepapier aus dem Entwicklungsstab der Stadt Hamburg unter Bürgermeister Klose mit dem fast krampfhaft anmutenden Versuch, diesen Primat der Metropolen regionalökonomisch und gesamtwirtschaftlich zu begründen. Eine Regionalstadt macht aber wenig Sinn, wenn die Kernstadt absolut dominant ist. Im Normalfall »wollen die drinnen mit denen draußen nicht arbeiten«, und »die draußen haben vor denen drinnen Angst«. Das System kesselt sich sozusagen gegenseitig immer ab.«

Auf die soziale Komponente regionaler Verteilungskämpfe verweist Ganser mit ärgerlichem Unterton: »Besondere Blüten trieb damals der Kampf um so genannte ›steuerkräftige‹ Bürger. Befürchtet wurde, daß sie ins Umland abwandern, dort Steuern zahlen, aber weiter die Einrichtungen der Kernstädte nutzen. Die Steuerstatistik hat diese Behauptung schon deshalb nie belegt, weil die Sockelgrenze bei der Bemessung der Lohn- und Einkommensteueranteile für die Gemeinden schon bei den mittleren Einkommen abschneidet. Trotzdem wurden damals als Gegenmaßnahme in München und anderswo hektisch Eigenheimprogramme für höhere Einkommensgruppen auf wertvollem, stadtnahem Gelände aus dem Boden gestampft, durchaus unter der Bereitschaft, grüne Oasen zu opfern. Von Kooperation mit dem Umland war nicht mehr die Rede. Ein Kölner Stadtpolitiker hat mir einmal die Abrißsanierung im Severinsviertel damit begründet, daß man die Behausungen für die unteren Einkommensgruppen wegsanieren muß, um zahlungskräftige Bevölkerungsgruppen anzusiedeln. Sein Fazit: sollen doch die draußen im Umland auch einen Teil der Sozialhilfeempfänger übernehmen.«

Monheim fragt, wie Ganser denn die aktuelle Regionalstadtdiskussion sehe. Ganser sieht eine neue Wendung des Themas: »Neuerdings wird in manchen Regionen wieder konstruktiver über eine neue Regionalorganisation diskutiert. Für mich ist die im Raum Stuttgart für die Region ›Mittlerer Neckar‹ mit eigener gesetzlicher Grundlage gefundene Lösung der Regionalorganisation ein großer Fortschritt zur regionalen Integration vieler raumrelevanter Aufgaben mit eigener Finanzhoheit und eigenem, direkt gewähltem Parlament. Wer im regionalen Maßstab das Gemeinwesen ordnen und gestalten will, muß eine direkte Legitimation von der Regionalbevölkerung bekommen. Eine lockere, rein administrative Kooperation reicht nicht aus, um die vielen potentiellen Konflikte zwischen Kernstadt und Umland wirklich auszugleichen.« Ganser erwartet, daß die Regionalstadtfrage neue Aktualität erhält. »Denn die Steuerung von Schrumpfungsprozessen, die jetzt in vielen Regionen ansteht, erfordert intensivere regionale Abstimmung als die Steuerung des Wachstums, die die 60er und 70er Jahre dominierte. Wenn die Wachstums- und Bauquoten und Finanzspielräume immer kleiner werden und der Umbau alle Kräfte in Anspruch nimmt, dann ist es um so klüger, im regionalen Maßstab einen Konsens zu finden, wie man die verbleibenden Gestaltungsspielräume sinnvoll lenkt, wie man die weitere Inanspruchnahme wertvoller Freiflächen vermeidet, auf welche brachliegenden Gewerbeflächen man zuerst zugeht und wie man vermeidet, sich zwischen den einzelnen Städten in einer Region unter Aufwand knapper öffentlicher Mittel Konkurrenz zu machen.« Monheim verweist in diesem Zusammenhang zustimmend auf die Entwicklung der ehemaligen Hauptstadtregion rund um Bonn, wo auch erst im Zeichen des erwarteten strukturpolitischen Umbruchs durch den Funktionsverlust als Hauptstadt die regionale Kooperation mit dem Umland und den Nachbarstädten ganz neue, effizientere Formen findet.

Konkurrenz zwischen dem Prestigestandort Innenstadt und den zersiedelten Rändern
Ganser warnt davor, in der Diskussion nur auf die administrativen Planungshintergründe zu sehen. Mindestens so wichtig sei die Orientierung der Wirtschaft. »Schrittmacher für die Entwicklung in die falsche Richtung in den Innenstädten und für die geringen Erfolge mit der polyzentrischen Stadtentwicklung waren oft Banken, Versicherungen und Wirtschaftsunternehmen, die sich als besten Standort nur die Innenstadt vorstellen konnten. »Die Münchner Rückversicherung war ein solcher Fall«. »Und das von mir als damaliger ›Bürgerinitiativler‹ an diesem Standort heftig bekämpfte Europäische Patentamt im Lehel …«, ergänzt Heiner Monheim. Ganser konkretisiert: »Natürlich löste die Konkurrenz potenter Unternehmen eine unheilvolle Preisspirale aus, der die alteingesessenen, kleinbetrieblichen Strukturen nicht mehr gewachsen waren. Es kam dadurch zur viel beklagten Filialisierung und Maßstabsvergröberung, denn die neuen Investoren strebten meist ganz andere Bau- und Umsatzvolumina an als die vorherigen Nutzer.«

Ganser warnt in diesem Zusammenhang davor, zu ausschließlich auf die Innenstadt zu sehen. »Ein ärgerlicher Nebeneffekt der Konkurrenz um den Standort Innenstadt war das weitgehende Desinteresse der Planung und Politik an den suburbanen Entwicklungen, an dem zunehmenden Chaos an den Stadträndern. Dieser Bereich stand nie auf der zentralen Agenda, war selten Gegenstand planerischer Konzeptdiskussionen oder Wettbewerbe.« Ganser resumiert selbstkritisch: »Wenn ich heute zurückblicke, wundere ich mich, weshalb die gesamte Fachwelt, auch ich selbst, so wenig Aufmerksamkeit auf die Entwicklung der Gewerbegebiete am Stadtrand und im Umland verwendet hat. Der rücksichtslose Landverbrauch, die überdimensionierte Verkehrserschließung, die abgrundtiefe Häßlichkeit der Behälterarchitektur an den Ausfallstraßen und in den neuen Gewerbegebieten im Umland hat kaum jemand interessiert. Eigentlich hat es keinen vernünftigen Grund gegeben, diesen Bereiche nicht ebenso sorgfältig und engagiert zu planen wie die Zentren. Aber auch bei den Investoren fehlte jeder dezidierte Gestaltungswille. Stadtbild und Ökologie interessierten in diesen Bereichen nicht.« Aber Ganser ist sicher: »Wir werden uns um diese Gewerbeflächen in Zukunft schon deshalb kümmern müssen, weil sie unsere zukünftigen ›Industriebrachen‹ sein werden. Schon in den letzten Jahren haben wir gelernt, daß die großen Industriebrachen der Montanindustrie, die großen Verkehrsflächen der alten Bahn und jüngst auch die großen Flächen des Militärs in den planerischen Mittelpunkt rücken. Das Flächenpotential der peripheren Gewerbegebiete, die ab den 50er Jahren entstanden sind, ist landauf-landab noch weit größer. Es bietet große Möglichkeiten der Nachverdichtung und Nutzungsergänzung und vor allem der städtebaulichen Qualitätsverbesserung.«

Ganser meint, vor allem die suburbane Entwicklung habe mangels sinnvoller Planungskonzepte überall immer mehr zu Zersiedelung, Flächenverschwendung und Verkehrschaos geführt. Eine Folge dessen seien u. a. die riesigen Verbrauchermärkte vor den Toren der Städte gewesen, die immer neue Straßen zu ihrer Erschließung benötigten, für die riesige Parkplätze gebaut werden mußten und die den Autoverkehr forcierten. Heiner Monheim fragt sich, warum man diese »stadtplanerischen Sünden« anfangs so unkritisch betrachtete und erst im Laufe von 15 Jahren versucht habe, solche Entwicklungen einzudämmen. Für Karl Ganser steckt dahinter auch sozialpolitisches Kalkül. »Im München der 70er Jahre zum Beispiel hat die SPD damit ihre Klientel, die ›armen Arbeitnehmerhaushalte‹ unterstützt, weil sie in Verbrauchermärkten günstiger einkaufen konnte. Nur eine Minderheit der Fraktion war damals der Meinung, Verbrauchermärkte seien schlecht«, resümiert Ganser. Daß sie einer gesunden Stadtstruktur nicht gerade zuträglich sind, das sei gemessen an der Tatsache, daß Verbrauchermärkte »ordentlich Steuern einbringen« ein relativ »abstraktes Argument« gewesen. Hinzu komme, daß das Zentrum einer so riesigen Stadtregion wie München allein nie ausgereicht hätte, um die gewachsene Kaufkraft einer schnell wachsenden Region zu bedienen, da seien Verbrauchermärkte eben eine Ausweichmöglichkeit gewesen, zumal sich integrierte »Subzentren« ja nicht ausreichend entwickelt hätten. Der erste große »Sündenfall« war für ihn das Olympia Einkaufszentrum in München. »Das hätte nicht passieren dürfen.« Die späteren Versuche, über die Baunutzungsverordnung und zugehörige Erlaßregelungen der Länder den Prozeß zu bremsen und zu lenken, sei von der kommunalpolitischen Praxis immer wieder unterlaufen worden. Trotzdem ist Ganser um die Zukunft der Innenstädte nicht bange, zumal man Innenstadt eben nicht nur über die Zentrumsfunktion im Handel definieren dürfe. »Es geht auch um Kultur, öffentlichen Raum, verdichtetes Wohnen, historisches Erbe. Die meisten Innenstädte sind aber auch in ihrer Handelsfunktion kräftig genug, die Konkurrenz der monotonen Konsumcontainer der grünen Wiese zu überleben. Ich erwarte, daß mancher Verbrauchermarkt von heute eine sanierungsbedürftige Konversionsfläche von morgen werden wird.«

Stadtentwicklung in Deutschland: Licht und Schatten
Gansers generelle Bilanz zur Stadtentwicklung in Deutschland ist zweigeteilt, je nachdem, wie der Vergleichsmaßstab ist: »Im internationalen Vergleich hat Deutschland im Großen betrachtet durchaus eine vorbildliche Siedlungsstruktur. Die räumlichen, sozialen und ökonomischen Distanzen zwischen den Agglomerationen und ländlichen Räumen sind vergleichsweise gering. Es gibt also wenig ›Überentwicklung‹ und ›Unterentwicklung‹. Es gibt auch kein dominantes Superzentrum, das alles monopolisiert, statt dessen eine ausgewogene Balance von etwa 15 im europäischen Vergleich nur mittelgroßen Agglomerationen. Ohnehin lebt der größte Teil der Bevölkerung in Klein- und Mittelstädten.« All dies erklärt zusammen für Ganser, warum für viele Bürger die Lebensbedingungen gut sind. »Explosive, konfliktreiche Ungleichgewichte und Spannungen haben in Deutschland keine große Bedeutung. Es gibt auch keine dramatischen akuten ökologischen Krisensituationen in Deutschland, obwohl auch bei uns die Konsum- und Industriegesellschaft Raubbau an den ökologischen Ressourcen betreiben. Die ausgewogene Siedlungsstruktur hilft, die negativen Folgen besser abzufedern. Die Ursachen für die ausgewogenen Siedlungsstrukturen reichen weit in die Geschichte zurück, sie sind also nicht primär der Verdienst einer planvollen Entwicklungssteuerung der Nachkriegszeit.«

Ganser beklagt, daß die »Fachdiskussion über Stadtentwicklung« dazu neigt, Extremsituationen zu verallgemeinern. »Wirkliche, dramatische Probleme gibt es eigentlich nur in den großen

Agglomerationen. Man kann sogar sagen, je größer die Agglomeration, um so größer die Probleme. Natürlich muß man sich heute mit großem Engagement um die ökonomischen, sozialen und ökologischen Probleme in den Agglomerationen kümmern, aber man darf weder die Probleme noch die Lösungsansätze der Agglomerationen auf den Rest der Städte übertragen.«

Trotz dieser Vorbemerkungen fällt Gansers Bewertung der aktuellen Stadtentwicklung der letzten 40 Jahre eher negativ aus. Städte mit rundum vorbildlicher jüngerer Stadtentwicklung sieht der jetzige IBA-Chef in Deutschland überhaupt nicht; höchstens »relativ vernünftigere Varianten des falschen Systems«. Städte wie Nürnberg, mit seinen teilweise gut funktionierenden Zentren, gehören dazu. Aber: »Ein Gostenhof macht noch keinen Sommer«. Für Heiner Monheim sind – was Nürnberg anbetrifft – zwei wichtige Entscheidungen gefallen, die eine positivere Stadtentwicklung als anderswo eingeleitet haben: »Die Entscheidung, die im Krieg stark zerstörte Altstadt nach altem Grundriß wieder aufzubauen und früher als in anderen Städten die Gründerzeitviertel zu erneuern«. Für einigermaßen gelungen hält Ganser auch die Stadtentwicklung in den kleineren deutschen Großstädten. »Da hatten einige auch eine vernünftigere Verkehrsentwicklung, wie zum Beispiel Karlsruhe oder Freiburg.« Auch viele Klein- und Mittelstädte hätten in den letzten Jahrzehnten eine im Vergleich zu den Großstädten erfolgreichere Stadterneuerung und Verkehrsplanung betrieben. Dazu fallen ihm in Nordrhein-Westfalen spontan die Städte Lemgo und Detmold ein. Wichtig ist für Ganser festzuhalten, daß der größte Teil der bundesdeutschen Bevölkerung in mittelstädtischen Regionen lebt und dort nicht von Fehlplanungen in Ballungsräumen betroffen sei. Ganser beklagt noch einmal, daß in der Planungsdiskussion viel zu sehr die Problemlagen der Metropolen thematisiert würden. »Man sollte sich umgekehrt viel öfter fragen, ob nicht die Qualität und Normalität mittel- und kleinstädtischer Siedlungsstrukturen und Planungsansätze ein Lösungsmodell für große Agglomerationen bilden kann.«

Zu viel Schienenausbau unter der Erde
Ein typisches Beispiel hierfür ist nach Ganser der Umgang mit dem kommunalen Schienenverkehr. »In der Verkehrsplanung der Ballungsräume hat man fatalerweise in den 60er Jahren begonnen, den öffentlichen Nahverkehr zu stark unter die Erde zu verlagern. Das hat den Netzausbau und die Haltestellenzahl unnötig begrenzt«. Seiner Meinung nach hätte man die Netze nicht so sehr konzentrieren dürfen und statt dessen dem Autoverkehr mehr Fläche wegnehmen müssen; für neue Straßenbahnstrecken und Busspuren. Die kleinen Großstädte hätten dagegen teilweise ihre Straßenbahnsysteme erhalten und ausgebaut, wie Freiburg oder Karlsruhe. Das sei durchaus beispielgebend auch für die Metropolen. »Auch in München hätte man besser das sternförmig auf die Innenstadt hin angelegte und dort überwiegend im Tunnel geführte und zentral verknotete Netz der S- und U-Bahn anders konzipiert: polyzentrischer, mit mehreren Verknüpfungen in den Subzentren, mit mehr tangentialen und ringförmigen Strecken und mit weniger Tunnelstrecken, damit das Netz dichter werden kann.« Trotzdem findet Ganser die regionale Konzeption der Münchner S-Bahn, mit ihrer großen Reichweite ins Umland, nach wie vor richtig. Die Doppelzentrierung von U- und S-Bahn in der Innenstadt habe allerdings den Entwicklungsdruck auf das Zentrum zu stark erhöht. Daß oberirdisch die Autos den öffentlichen Nahverkehr immer mehr behinderten und vor allem die Straßenbahn immer mehr verdrängten, findet Ganser fatal. Heiner Monheim hakt nach: »Wir haben durch die Olympiade damals ein ungeheures Investitionsprogramm für die Verbesserung des öffentlichen Verkehrs aufgelegt; mit der erklärten Zielsetzung, den Autoverkehr zu verringern. In diesem Rahmen hätte man ein Straßenbahn-Ausbau-Programm ›drauflegen‹ müssen; und – damit verbunden – ein komplettes Umgestaltungsprogramm für Hauptverkehrsstraßen. Warum sei denn eigentlich, wider alle bessere Erkenntnis, das Falsche in die Wege geleitet worden?« »Das ist eben die

Diskrepanz zwischen dem, was rational sinnvoll ist und zwischen dem, was unter dem Druck einzelner wirtschaftlicher Interessen auf Politik zu Stande kommt«, sagt Karl Ganser. U- und S-Bahn seien am Ende mit hohen Summen gefördert worden, Stadtbahngesellschaften und U-Bahn-Ämter hätten sich etabliert, die Bauwirtschaft hätte großen Druck gemacht. Für die oberirdischen öffentlichen Verkehrsmittel sei so gut wie nichts übrig geblieben. Sie hätten keine Lobby gehabt. Wichtig wäre aber gewesen, »daß man im ganzen Stadtgebiet von vorne herein viele Netzknoten angestrebt hätte, so daß sich ein System der Subzentren auch wirklich hätte stabilisieren können«. Das habe sich aber nie richtig ausgebildet, bedauert Ganser. »Und nun saust die ganze Region in die Innenstadt.«

Vernetzung und Dezentralisierung: Nachholbedarf für sinnvolle Investitionen
Vernetzung ist wie Dezentralisierung ein Schlüsselbegriff für Karl Ganser. Im Verkehrsbereich bedeutet das für ihn zum Beispiel das Verknüpfen unterschiedlicher öffentlicher Verkehrsmittel, die etwa ein gemeinsames Schienennetz benutzen können, wie die Stadtbahn und die Eisenbahn in Karlsruhe. Auch Bus und Bahn müßten besser verknüpft werden. Die Frage sei, wie viel Investitionsspielraum es heute noch gebe, falsche Systementscheidungen früherer Jahrzehnte zu korrigieren. Ganser fürchtet, daß zukünftig im Schienenverkehr nur noch wenige Investitionen in eine im Prinzip feststehende Struktur eingepaßt werden könnten. Für Monheim gilt das nur in Bezug auf die Straßenstrukturen, nicht für die 250 Regionalbahn- und 100 neuen Straßenbahnsysteme, die er fordert. »Da haben wir einen irren Nachholbedarf an sinnvollen Investitionen«, betont er. Karl Ganser findet dagegen, »daß in der Verkehrsinfrastruktur fast alles gebaut ist, was Menschen üblicherweise bauen sollten«, und daß in dieser »Spätphase der Industriegesellschaft« völlig neue »Planungsaufgaben« auf uns zu kämen. Statt großer Bauvorhaben sei jetzt primär eine effiziente Systemsteuerung gefragt.

Innovation durch politische Umbrüche
Ein zentrales Problem ist für Ganser die Innovationsbereitschaft von Politik und Verwaltungen. »Wo kriegt man die Leute her, die anders denken und wie bekommt man sie in den Institutionen an die richtige Stelle?« Hier ist Ganser ziemlich skeptisch. »Immer nur einzelne können eine zeitlang innovativ arbeiten und werden dann wieder abserviert«. Für Heiner Monheim ist die Reformfähigkeit einer Gesellschaft sehr stark davon abhängig, wie sie mit Ihren Reformern umgeht. Er setzt auf Mitarbeiter-Motivation und Aufklärung, die in den Ämtern und Ministerien zuerst nach innen wirken und dann die Multiplikatoren draußen erreichen sollte. Karl Ganser wirft die Frage auf, wie in einem politischen System überhaupt Innovation zustande käme. »Ich glaube nicht, daß sie intellektuell zustande kommt, sie kommt auch nicht planungspraktisch, sie kommt durch politische Umbrüche zustande …« Zum Beispiel, wenn nach einem Machtwechsel »plötzlich völlig neue Leute miteinander zu tun haben«. »Feste politische Machtstrukturen sind immer ein Hemmschuh für Innovationen.«

Behutsame Stadterneuerung
»Ein gutes Beispiel für einen wenigstens teilweisen Umbruch waren die frühen 70er Jahre. Da habe es eine spannende Neuorientierung gegeben.« Ganser erinnert sich: »Jenseits der großen strategischen Diskussionen in den Ministerien und Universitäten haben sich immer mehr Menschen auf die Qualität urbanen Wohnens besonnen und den Kampf um die Erhaltung von Innenstädten und Gründerzeitvierteln begonnen. Mit den europäischen Denkmalschutzjahren gingen Denkmalschutz und Stadterneuerung eine Koalition ein. Das waren die Anfänge der erhaltenden Stadterneuerung, sozusagen von der »bürgerlichen Seite her«. Mit hoher Motivation wurde um den Erhalt von Wohnraum, Denkmälern und Grünflächen gestritten, Häuser besetzt, Blumentöpfe auf die Straße gestellt,

um Verkehrsberuhigung gekämpft, übermäßiger Straßenbau in Frage gestellt. Die Bereitschaft zum Engagement und zur Selbstregulierung stieg, genossenschaftliche Ideen hatten viel Sympathie, Bewohnervereine organisierten gemeinschaftliches Wohnen und sorgten für Grün in der Stadt. Dieser Prozess führte in Nordrhein-Westfalen zu beträchtlichen Änderungen. Ein eigenes Ministerium für Landes- und Stadtentwicklung wurde gegründet, bekam später auch die Kompetenz für Verkehr dazu. Die alten Sanierungspläne im ganzen Land wurden überprüft. Unsinnigen Maßnahmen wurde das Geld entzogen. Mit den eingesparten Mitteln wurden Wohnumfeldprogramme gespeist und die Verkehrsberuhigung vorangebracht. Nordrhein-Westfalen hat mit seiner Städtebauförderung wie kein anderes Bundesland in allen 396 Städten und Gemeinden Impulse für eine Stadtentwicklung und erhaltende Stadterneuerung nach überschaubaren Maßstäben gesetzt. Dorfkerne, die Innenstädte vieler Kleinstädte, historische Stadtkerne, gründerzeitliche Innenstadtrandgebiete, Arbeitersiedlungen und auch lieblos geplante Trabantenstädte der Vorjahre wurden behutsam erneuert, nach sehr einfachen Grundsätzen: mehr Raum für Fußgänger, mehr Platz für Kinder, mehr Grün in der Stadt und lieber kleiner als zu groß.« Ganser bedauert, daß unter dem Eindruck des vorübergehenden Wendewachstums und betrüblicher Ermüdungserscheinungen bei manchen Entscheidungsträgern und angesichts hochstilisierter Gegensätze von Ökonomie und Ökologie die behutsame Stadterneuerung Anfang der 90er Jahre in eine Krise kam und plötzlich wieder alte Modelle der Stadtentwicklung mit Großsiedlungen, ausgedehntem Neubau am Stadtrand, großmaßstäblichem Straßenbau neu aufgelegt wurden. Das sei eine schmerzliche Unterbrechung der Kontinuität gewesen. Zum Glück hätten aber die akuten Sparzwänge viele neue, großspurige Planungen am Stadtrand wieder in Frage gestellt bzw. zur Überplanung auf verträglichere Dimensionen geführt.

IBA als großes Innovationsprogramm
Ganser betont, daß angesichts solchen zeitweisen Stimmungs- und Konzeptwandels die IBA besonders wichtig sei, weil sie sich den Grundsätzen der behutsamen, ökologischen Stadterneuerung stark verpflichtet fühle. Seit 1989 ist er Geschäftsführer der »Internationale Bauausstellung Emscher-Park« (IBA). Hier sei es in vielen Projekten gelungen, das zu verwirklichen, was er sich unter sozial und ökologisch sinnvollem Bauen vorstellt. »Die IBA hat bewiesen, daß ausgediente Industriekomplexe nicht für teures Geld abgerissen werden müssen, sondern, – für alle gewinnbringend – zum Wohnraum, Künstleratelier oder sozialen Treffpunkt umgewandelt werden können. Und es ist der IBA gelungen, Natur und städtischen Wohnraum miteinander zu verbinden. Allerdings arbeitet die IBA auf einem begrenzten Areal von 800 Quadratkilometern zwischen Dortmund und Duisburg; einer »Spielwiese«, wie Ganser selbst ein wenig ironisch sagt, »die auf nur zehn Jahre angelegt ist.« Welche Wirkungen die IBA nach außen hin haben wird, bleibe abzuwarten. Für viele könnte es so aussehen, daß Strategien und Projekte der IBA Sonderlösungen für eine Sondersituation eines besonders geschädigten Raums in einer alten Montanregion mit großen Strukturproblemen seien. Ganser widerspricht dem klar: »Natürlich bieten alle IBA-Projekte maßgeschneiderte Lösungen. Aber das Allgemeine, Übertragbare überwiegt. Vor allem beweise die IBA, wie man Entwicklung und Wandel ohne Wachstum organisiert. Noch kann und will sich kaum jemand vorstellen, daß eine ganz ähnliche Problemlage und Lösungsstrategie auch in den anderen Agglomerationsräumen aktuell werden wird.« Ganser meint weiter: »Wegen des Industrie-Strukturwandels werden demnächst in allen Agglomerationen riesige Flächen frei. Die IBA hat gezeigt, wie man solche Flächen sinnvoll nutzen kann. Aber ob man sich dann im normalen Planungs- und Investitionsalltag in den Ruhrgebietsstädten, im restlichen Nordrhein-Westfalen und in den anderen deutschen Agglomerationen auch genauso um ökologische und soziale Ziele und städtebauliche Qualität bemüht, muß sich erst zeigen«.

In der IBA jedenfalls »konzipiert man mit den Menschen, die da wohnen oder arbeiten sollen, gemeinsam«, betont er. Das wirke sich auch günstig auf die Baukosten aus, eine Frage, die Heiner Monheim interessiert: »Wie kann man Kosten senken und trotzdem qualitativ guten Wohnraum schaffen?« Für Karl Ganser »ist das ganze Wohnungsbauförderungssystem der Bundesrepublik falsch angelegt. Es ermöglicht direkt oder indirekt gefördertes vergünstigtes Bauen für Menschen, die ohnehin genügend Geld haben und begünstigt viel zu sehr die Mittelschichten.« Im Rahmen der IBA werde, wie Ganser erzählt, mit den »unmittelbar bedürftigen Leuten gebaut«. Sie bestimmten selbst ihre Standards und die seien, weil die Preise direkt kalkuliert werden, wesentlich niedriger, als wenn eine vorgeschaltete Wohnungsbaugesellschaft oder ein Architekt die Standards festlege. Geringere Standards seien aber nicht mit qualitätsloser Architektur gleichzusetzen. »Man muß nur dafür sorgen, daß das Haus eine anständige Architektur bekommt«, weil viele Leute in der Beziehung keine eigenen Vorstellungen hätten, findet Ganser. »Man gibt also vor, wie das Ganze aussehen könnte, ziemlich autoritär, aber auch mit guten Argumenten und sie finden es am Ende gut. Und so entstehen bei der IBA eine ganze Reihe von sehr preiswerten, schmucken, kleinen Siedlungen ...«

Interview mit Hans-Jochen Vogel
Bilanz der Stadtentwicklung in Deutschland

Stadtentwicklung in München hat Hans-Jochen Vogel an entscheidender Stelle miterlebt und mitgestaltet – als Oberbürgermeister von 1960 bis 1972. Während seiner Ära erfuhr die Stadt maßgebliche Prägungen, unter anderem durch die Fußgängerzone, durch S- und U-Bahn und das Olympiagelände und durch die intensive Nutzung des Stadtentwicklungsreferats, in dem auch Karl Ganser arbeitete, für strategische Studien.

Eine »vernünftige Entscheidung« sei eigentlich schon im Stadtentwicklungsplan von 1963 gefallen, erinnert sich Vogel. Es sollte sich nicht alles auf die Innenstadt konzentrieren. In einem »nicht unerheblichen Umfang« sollten »Stadtteil-Zentren« und »Neben-Zentren« die Innenstadt entlasten. »Dabei wollten wir aber nicht, daß die Innenstadt zu einem Teilzentrum herabgestuft würde«, erklärt Vogel. Sie sollte ein höheres Maß an Zentralität behalten. »Es war auch die Zeit, so Vogel, wo wir in München – Stichwort: Bebauungsplan 240 – erstmals mit der Frage einer unmittelbaren Bürgerbeteiligung konfrontiert waren. Daraus sei dann das ›Münchner Forum‹ entstanden – maßgeblich inspiriert von einer Gruppe von Architekten.«

Mehr Bürgerbeteiligung

Vogel erinnert sich: »Unter dem Eindruck einer sehr lebhaften Diskussion über den Bebauungsplan 240 – Altstadtring, Untertunnelung des Prinz-Carl-Palais – waren wir zu dem Ergebnis gekommen, wir müßten bisherige Verfahrensweisen ändern.« Verfahrensweisen, bei denen die Öffentlichkeit im Grunde immer erst mit dem Endergebnis konfrontiert gewesen sei. Dem Münchner Forum, das die Stadt finanziell unterstützt habe, sei es gelungen, Persönlichkeiten zu gewinnen, die »Sachverstand und Engagement hatten, aber auch genügend Distanz gegenüber der Stadt, der Industrie, den Gewerkschaften, der Industrie- und Handelskammer etc. ...« »Uns war klar, daß das für uns gelegentlich kontrovers werden würde, aber das war ja auch der Sinn der Sache«. Im Großen und Ganzen habe sich das »Münchner Forum« erfreulich entwickelt. Später sei es dann ein bißchen ruhiger um dieses Gremium geworden, resümiert Vogel. Insbesondere in der Zeit von 1978 bis 1984, als »Erich Kiesl« die Stadt regierte. »Der hatte da keine besondere Sensibilität ...«. Heiner Monheim hebt hervor, daß dieses »fachlich hochgeschätzte Gremium« ein »wirkliches Novum« gewesen sei, das sehr stark nach außen gewirkt habe. Er findet erfreulich, daß die Stadt das unterstützt habe. Denn: »In der Regel pflegen solche Sachen erst einmal im großen Clinch zwischen Politik und Bürgern abzulaufen.« Aus seiner Sicht ist es immer noch einmalig, daß es so lange ein dauerhaft institutionalisiertes Planungsforum außerhalb der Administration gibt. Für Vogel hat es in der Münchner Stadtentwicklung auch nach seinem Ausscheiden keinen Bruch gegeben. Die »entscheidenden Linien« seien fortgesetzt worden. Er »begrüßt« zum Beispiel, »was damals noch in den Sternen stand: Die Verlegung der Messe nach Riem«. Das sei sehr wichtig gewesen für eine Stadt in der Größenordnung von München.

»Engagierter Vertreter der Kommunalen«
Heiner Monheim kommt auf Vogels Rolle im Deutschen Städtetag zu sprechen, wo er von 1960 bis 1972 im Präsidium und von 1971 bis 1972 Präsident war. Er sei damals ein »engagierter Vertreter« kommunaler Angelegenheiten gewesen. Vogel habe sich dafür eingesetzt, die »Kommunalen« auf bundespolitischer Ebene zu stärken … wie sieht er seine Zeit im Städtetag rückblickend? Die Arbeit in den kommunalen Verbänden, sowohl auf Landes-, als auch auf Bundesebene, habe er, Vogel, von Anfang an ernst genommen. »Wir haben damals durch gute Zusammenarbeit gerade im finanziellen Sektor beachtliche Erfolge erzielt«, erinnert er sich: Zum Beispiel durch die kommunale Finanzreform in der großen Koalition, die eine Beteiligung der Kommunen an der Einkommensteuer nach sich zog. »Das hat die finanziellen Grundlagen der Gemeinden deutlich verbessert.« Vogel weiter: »Ich kann nicht klagen, wir sind damals durchaus wahrgenommen worden.« Bei seinem Abschied aus dem Städtetag habe er in dem Referat »Rettet unsere Städte jetzt« Gedanken geäußert, die er – mit einigen Ergänzungen – auch jetzt noch richtig findet.

Einflußnahme durch »global players«
Zum Beispiel greife heute das ökonomische Prinzip der »Gewinnmaximierung« wesentlich stärker in städtische Entwicklung ein, als früher. Diejenigen, die über Kapital verfügen, die sogenannten »global players«, nehmen bisweilen stärkeren Einfluß auf die Entwicklung der Städte, als die »demokratisch legitimierten Organe«. Auf dem Sektor des Grundstücksmarkts habe das schon immer eine Rolle gespielt, aber in der Breite wie heute, wo die »global players« ihre »Bedingungen stellen und die Städte gegeneinander ausspielen, als ob sie etwas zu verkaufen hätten«, das sei heute ein zusätzlicher Faktor, den man thematisieren müsse.

Schwache Regionalplanung
Heiner Monheim kommt auf die Frage »Regionalstadt« zu sprechen; auch auf Konstrukte, wie den Planungsverband äußerer Wirtschaftsraum, bzw. auf Möglichkeiten für einen Interessensausgleich zwischen Speckgürtel und Kernstadt. Dazu habe es in München »interessante organisatorische Ansätze gegeben. Trotzdem müsse man aus heutiger Sicht sagen, daß es letztlich nicht gelungen sei, Regionalplanung in den Großstädten und Ballungsräumen so zu institutionalisieren, »daß dieser Interessensausgleich auf einer soliden verfahrensmäßigen und organisatorischen Basis wäre«. Die regionalen Planungsgemeinschaften seien zum Teil wieder abgeschafft worden. »Es dümpeln da noch drei, vier Regionalverbände herum, ohne, daß sie politisch wirklich großes Gewicht hätten.« Vogel darauf: »In München war die Lage schon in mancher Beziehung etwas günstiger.« Den »Planungsverband Äußerer Wirtschaftsraum« habe es bereits in den 50er Jahren gegeben. Schon bevor das Landesplanungsgesetz solche Regionalverbände vorsah, habe es einen funktionierenden Zusammenschluß gegeben, der allerdings nicht besonders einflußreich gewesen sei … Außerdem habe München damals »ziemlich laut« erklärt, es wolle auf keinen Fall weitere Eingemeindungen. »Das hätte

bedeutet, daß wir wie Hamburg oder Berlin zu einer ›Zweistufigkeit‹ gekommen wären und das schien mir mit der Münchner Tradition und den Münchner Gegebenheiten nicht im Einklang.«

Die Zusammenarbeit mit dem Umland sei damals sehr gut gewesen, betont Vogel; regelmäßige Gespräche und Besuche bei Landräten waren selbstverständlich. Heute paßten die Organisationsstrukturen nicht mehr zusammen. Er schlage deshalb auch immer wieder vor, »zu regionalen Institutionen« zu kommen, wie sie jetzt in Stuttgart geschaffen worden seien, »mit unmittelbar gewählten Vertretungskörperschaften und mit Zuständigkeiten, die sich erweitern lassen«. »Ich finde gut, daß das in Stuttgart jetzt nach Jahrzehnten gelungen ist und finde, daß wir das auch in München brauchen könnten.«

Bodenrecht als Hauptursache für Fehlentwicklungen
Heiner Monheim greift das Stichwort »Zersiedelung« auf und will von Vogel wissen, wie man die europaweit ablaufende »ungeheure Zersiedelung« in den Griff bekommen könnte. Vogel teilt die Bedenken Monheims und betrachtet den »Zustand unseres Bodenrechts« als eine der Hauptursachen für diese Misere. »Wenn ich auflistet, was nicht gelungen ist an Dingen, für die ich mich engagiert habe, würde die Bodenrechtsreform ganz oben stehen«, sagt er. Solange das Bodenrecht so sei, wie es ist, sei »die Dynamik, die sich aus dem Streben nach der ertragreichsten Nutzung ergibt, übermächtig«.

Interview mit Klaus Töpfer
Bilanz der Stadtentwicklung in Deutschland

Für Klaus Töpfer hat sich in den vergangenen Jahrzehnten »entscheidend die ökologische Dimension« verändert und damit auch das Verständnis von Stadt und räumlicher Entwicklung. Die Globalisierung der Wirtschaft und veränderte Mobilitätsansprüche seien Voraussetzungen für die »Funktionstrennung« in den Städten. Man trenne »Funktionen« dann, wenn sie nicht mehr »nachbarschaftsverträglich« sind. Das sei so etwas wie eine »ökologische Resignation«; zum Beispiel Industriebetriebe, die wegen zu starker Emissionen unverträglich im Wohngebiet sind.

Städtebauförderung als »Erfolgskapitel«
In Deutschland habe sich die Stadtentwicklung zum Positiven entwickelt, meint Töpfer. »Auch, wenn es nicht an jeder Ecke Anlaß zum Jubeln gibt«. Im europäischen und internationalen Vergleich kämen deutsche Städte noch sehr gut weg. Die Städtebauförderung sei ein »absolutes Erfolgskapitel« der deutschen Politik. Heiner Monheim sieht das nur für die Stadterneuerung ähnlich: Große Teile der sonstigen Stadtentwicklung liefen weiter falsch. Zersiedelung und Nutzungstrennung würden trotz aller guten Vorsätze »munter fortschreiten«. Resignation mache sich breit. »Warum, so fragt er, schütten selbst namhafte Städtebauer wie Hans Adrian und Thomas Sieverts mehr Essig in den Wein, als nötig, wenn es um das Thema Verdichtung, Nutzungsmischung, um die Grundfesten der europäischen Stadt geht?« Für ihn zählt die Begründung: »Wenn die Realität es nicht will, verabschieden wir uns von dem Konzept«, nicht. Eine »Sternstunde« sei für ihn die Krickenbecker-Erklärung (eine gemeinsame Erklärung aller Umwelt-, Bau-, und Verkehrsminister des Bundes und der Länder, 1992) gewesen, »weil einmal die üblichen Ressortscheuklappen gefallen sind. Aber was ist da draus geworden? Warum sind wir nicht in der Lage, so gute Integrationsansätze in reale Politik zu gießen?« Zum Beispiel: Zersiedelung … Eigentlich sei es doch ein »großer politischer Konsens, daß das, was da an den Rändern der Städte und im Umland passiert, nicht sein soll …?«

»Konfrontationspflicht« der Wissenschaft
Es sei eine »wichtige Funktion von praxisorientierter Wissenschaft« sich an das Machbare zu halten, antwortet Töpfer. Das gegenwärtige »mainstream-thinking«, das die »Stadt der kurzen Wege« und »Nutzungsmischung« ohne Abstriche proklamiere, sei manchmal einfach zu realitätsfern. Die Wissenschaft habe da eine »fast brutale Konfrontationsverpflichtung«. Die Standortstrukturen der Wirtschaft seien eben sehr »flächenintensiv« und alles andere, als »mischungsorientiert«. Viele Unternehmen hätten wegen zu hoher Grundstückspreise keine Chance in den Innenstädten und zögen ins Umland, was wiederum der »Zersiedelung« Vorschub leiste. »Da stellt sich schon die Frage, ob da nicht genau das Gegenteil von dem abläuft, was wir wollen.« In diesem Zusammenhang warnt Töpfer aber davor, in »Nostalgie« oder »Romantizismus« zu verfallen. Seiner Meinung nach dürfe man bei »diesen Kleinteiligkeitsdiskussionen« die »globale Urbanisierungswelle« nicht außer Acht lassen. Die »Mega-Cities«, die sich überall in der Welt herausbilden, seien ein »Haupthandlungsfeld« der Zukunft.

Im ländlichen Raum müsse man mehr und mehr mit »einzelhandelsfreien« oder »schulfreien« Zonen rechen, so Töpfer. Selbst der Spruch: »Die Kirche im Dorf lassen« sei bald Nostalgie, weil es auch Kirchen oder Postämter nicht mehr in jedem Ort geben werde. Außerdem werde sich eine Art »Urban-Villager« herausbilden, dessen (Tele-)Arbeitsplatz aufgrund der fortschreitenden Technologien mehr und mehr zu Hause sein wird. Auch dadurch würden sich Raumstrukturen verändern. Es sei doch sehr die Frage, ob Politik dagegen ansteuern könne, wenn die Wirtschaft ganz andere Strategien verfolge und die Bürger das akzeptierten.

Planung als Anpassung oder konkrete Utopie
Heiner Monheim findet, daß »der Schuß nach hinten losgeht«, wenn man die Konzepte der Stadtentwicklung und Raumplanung zu sehr an angebliche Realitätsanforderungen anpaßt. Das könne sehr leicht zu unnötigen Rückschritten bei der ökologischen Stadterneuerung führen, weil dadurch die ohnehin vorhandenen Vorurteile bestärkt würden.« In dieser Anpassungs-Attitüde steckt die Gefahr der Demotivation und der Desorientierung,« befürchtet Monheim. Man dürfe Ziele nicht einfach preisgeben, »bloß, weil es verdammt schwierig ist, sie umzusetzen«.

Wenn man politische Verantwortung habe, erwidert Töpfer, müsse man sich fragen: »Was erreiche ich?«. Das bedürfe dann eben oft der kleinen Schritte, damit sich überhaupt etwas bewege. Einen zu »holistischen Ansatz« hält er für entwicklungshemmend. »Man sollte nicht in der Hoffnung auf das Bessere von Morgen das Gute von Heute nicht tun, weil sonst das Schlechte von Gestern bleibt …« Die »konkrete Utopie« sei angesagt, nicht die »abstrakte«. Eine »ideale Stadt« – auf dem Reißbrett entworfen – nütze niemandem. Wichtig sei zum Beispiel, die Baunutzungsverordnung zu verändern, weil sie auf die alte Industriegesellschaft zugeschnitten sei, aber noch nicht auf die Dienstleistungs- und Informationsgesellschaft.

Hauptstadtausbau Berlin
Ein weiterer Schwerpunkt im Gespräch mit Bauminister Töpfer war »Bauen in Berlin«. Welche Möglichkeiten gibt es dort, stadtplanerische Fehler zu vermeiden bzw. einzudämmen? Ein sehr wichtiger Punkt, so Töpfer, sei für ihn in Bezug auf den anstehenden Umzug der Bundesregierung gewesen, erst einmal das zu nutzen, was an Gebäuden bereits vorhanden war. Weil die erste Aufgabe des Ökologen immer »vermeiden« sei, nutze die Bundesregierung »auf breitester Front« alte Räumlichkeiten. Das bedeute aber auch, daß die Anforderungen an energiesparendes Bauen nicht optimal erfüllt werden können. Trotzdem sei das ökologischer, als ganz neu bauen. Heiner Monheim stimmt dem zu und bedauert in diesem Zusammenhang, die »Häme« der Presse, die hinter der Nutzung von Alt-

beständen zunächst lediglich »finanziellen Notstand« unterstellt und zu wenig gewürdigt habe, daß »bestandsorientierte Stadterneuerung eben bedeutet, wir schaffen die Volumina nicht neu, sondern wir nutzen, was da ist«.

Ökologisch bauen, auch durch Nutzung gebrauchter Flächen
Monheim stellt die Frage, wie es mit der Möglichkeit, ökologisch zu bauen, nicht nur im öffentlichen Bereich, sondern im Bereich »privater Wohnungsbau« aussehe. Beim Wohnungsbau, so Töpfer, habe es immer eine Tendenz zur »massenhaften Erstellung« gegeben. Man müsse in diesem Bereich vor allem kurzfristig auf neue »Nachfrage-Potentiale« reagieren. Die Frage nach der Anzahl der Wohnungen sei immer wichtiger, als die Frage nach der ökologischen Dimension. »Mich hat noch nie jemand gefragt, wie hoch ist denn der spezifische Energieverbrauch der Neubauten des letzten Jahres?« Es gebe allerdings staatlicherseits finanzielle Anreize für Leute, die beim Bauen ihrer eigenen Häuser ökologische Kriterien berücksichtigen. Das Thema »Wohneigentumsförderung« müsse jedoch im Zusammenhang mit dem Verbrauch neuer Flächen auch prinzipiell »eigenkritisch« betrachtet werden, meint Töpfer. »Prämiere ich nicht durch die verstärkte Wohneigentumsförderung, die nicht regional indiziert ist, so etwas, wie eine Wanderung ins Umland, weil dort die Bauflächen preiswerter sind und großflächiger ausgewiesen werden können?« fragt sich der Bundesbauminister und zieht als Steuerungsmechanismus eine »regionale Komponente« in Betracht.

Die »Revitalisierung« genutzter Flächen in den Städten hält Töpfer für äußerst wichtig. Deswegen sei es dringend notwendig, »daß wir ein Bodenschutzrecht nutzen können und daß wir verläßliche Bestandsaufnahmen der Flächenreserven für Sanierungen bekommen«. Beim geplanten Berliner Kongress »Urban 2000«, einer Nachfolgeveranstaltung von »Habitat II« spiele unter anderem das Thema »Nutzung gebrauchter Flächen« eine große Rolle.

Probleme der Nutzungsmischung
Wie sieht es mit der Nutzungsmischung in Berlin Mitte aus, das jetzt noch Großbaustelle ist? Berlin habe sich sehr bemüht, sagt Klaus Töpfer, auch jetzt wieder »so etwas wie eine Berliner Mischung hinzukriegen, zum Beispiel durch die Verpflichtung, beim Neubau von Gewerbe- und Verwaltungsbauten zwanzig Prozent Wohnungen mitzuliefern«. Es stelle sich allerdings die Frage, ob diesem Anliegen nicht die »ökonomischen Rahmenbedingungen« (hohe Mieten) zuwiderlaufen. »Wir kriegen die Besorgnis, daß wir so etwas wie die Entmischung nach Haushaltsgröße bekommen ... die reicheren Einpersonenhaushalte wohnen in der Mitte und die Mehrpersonenhaushalte wohnen mehr am Rande.« Wie sich das tatsächlich entwickelt, bleibe abzuwarten.

Heiner Monheim wirft ein, daß der öffentliche Bauherr über »seine ihm zur Verfügung stehenden Instrumente« den öffentlichen Wohnungsbau auch im Zentrum noch mehr hätte vorantreiben können. »Auch, wenn das von den Preisstrukturen her nicht ganz leicht ist«. Wegen den großen Einrichtungen im Bildungssektor im Zentrum wäre zum Beispiel der Bau von Studentenwohnheimen eine Chance für Berlin Mitte gewesen. Einerseits hätte man damit die Wohnungsquote der kommerziellen Investoren übertreffen können, und andererseits einen Mindestbestand an preislich akzeptablem Wohnraum sichern können, findet Monheim. Die »ideale Nutzungsmischung« in den Hackeschen Höfen am Rand von Berlin-Mitte sei nur ein Tropfen auf den heißen Stein ...

Interview mit Christoph Zöpel
Bilanz der Stadtentwicklung in Deutschland

»Erhaltende Stadterneuerung« war eines der wichtigen Stichworte des NRW-Stadtentwicklungsministers Christoph Zöpel in den 80er Jahren. Nach einer »verengten modernistischen Geschichtslosigkeit« in den 60er Jahren, begann für ihn in den späten 70er Jahren »wieder so etwas wie eine Suche nach historischen Leitbildern«.

Behutsame Stadtentwicklung
»Die Stadtentwicklung, die sich daraus ableiten ließ«, so Zöpel, habe sich vom »vorherigen Umbauprozess und dessen Radikalität« entfernt. Die historisch gewachsene Stadt sei als Leitbild wieder mehr in den Vordergrund gerückt. Der »Grundansatz« war, daß zumindest der »identitätsstiftende Kern« einer Stadt erhalten bleibe. Zu dieser Vorstellung von Stadtentwicklung gehöre auch das Ziel, etwa drei Viertel des öffentlichen Straßenraums so zu regeln und gestalten, daß Autos nicht schneller als 30 Stundenkilometer fahren könnten.

Veränderter Denkmalschutz
Heiner Monheim kommt im Zusammenhang »Denkmalschutz und Denkmalpflege« auf einen speziellen Aufgabenbereich im Ruhrgebiet zu sprechen: Auf den Umgang mit Arbeitersiedlungen und Industriedenkmälern. Wie sieht Zöpel das aus heutiger Sicht?« Ich würde prinzipiell zwischen der Erhaltung von Arbeitersiedlungen und von Zentren in Mittel- und Kleinstädten keinen wesentlichen Unterschied sehen«, sagt Zöpel. In den 80er Jahre habe sich ein Denkmalschutzbegriff durchgesetzt, der nicht mehr verengt war auf »ästhetische Bauschönheit oder hohes Baualter«. Auch die historische Bedeutung von wirtschaftlich und politisch relevanten Bauten und in diesem Zusammenhang auch Industriedenkmälern wurde mehr und mehr in den Denkmalschutz einbezogen. »Es ist dann in den 90er Jahren manifest geworden, daß Industriedenkmäler auch identitätsstiftend sein können. Andernorts sind es das Renaissance-Rathaus oder die romanische Kirche, im Ruhrgebiet das Industriedenkmal.«

Stadtentwicklung im Ruhrgebiet
Funktional zureichend und deshalb zunehmend attraktiv ist für Zöpel eine Stadt, deren Kern die Infrastruktur- und Einkaufsangebote für ungefähr 50.000 Einwohner bereitstellt. »Das gilt für Städte aus sehr unterschiedlichen Bauzeiten.« In Bezug auf die »Agglomeration Ruhrgebiet« könne man sich durchaus kommunale Einheiten vorstellen, mit einem leistungsfähigen Zentrum, verbunden mit einer Reihe von Nebenzentren, beides mit Nutzungsmischung, verkehrsberuhigten Straßen und auch niedrig geschossigen Bauten und Grün.

Zwei Drittel der bundesdeutschen Bevölkerung lebe in Städten, die zumindest annähernd solche Ansprüche erfüllen; in Nordrhein-Westfalen treffe das auf über 200 Städte zu, um nur wenige zu nennen: In Westfalen Lemgo, Höxter, Detmold, Herford; alle Mittelzentren im Münsterland; im Rheinland hält er Remscheid-Lennep oder Kempen für Beispiele gelungener Stadterneuerung. Die Schwierigkeit bei den meisten Ruhrgebietsstädten liege darin, daß sie »unmäßig auf die Innenstadt« konzentriert seien und manchmal in »irrealer Weise« versuchten, Weltstädten nachzueifern. Das läge auch an der »begrenzten Einsichtsfähigkeit dort Handelnden, aus der polyzentrischen Siedlungsstruktur des Ruhegebiets, die nicht mit den kommunalen Verwaltungsgrenzen übereinstimmt, die richtigen Konsequenzen zu ziehen«.

Rolle des neuen Ressorts

Für Heiner Monheim stellt sich die Frage, wie Zöpel mit seinen politischen Möglichkeiten als Städtebauminister umgegangen sei. Schließlich habe er mit diesem damals neuen Ressort eine »ausgesprochene Umbruchsituation« geschaffen. Für Zöpel hatten die Fachdiskussionen der 70er Jahre die Grundlagen für moderne Stadtentwicklung (Abkehr von der Flächensanierung, Denkmalschutz oder erhaltende Stadterneuerung) schon vorbereitet. Das erste Landesentwicklungsprogramm von Anfang der 70er Jahre enthalte »erstaunliche ökologische Einsichten«, zumindest was Raumnutzung und Raumgestaltung angehe. Der Zufall habe geholfen, daß ein solches Ministerium überhaupt zustande kam (weil die mittlerweile ohne die FDP regierende SPD kein so überladenes Innenministerium wollte und dessen Aufgabenbereiche deshalb partiell neu verteilt wurden). Insofern sei ihm als » ganz neuer Minister in einem ganz neuen Bereich« die »schwierige, aber vor allem interessante Aufgabe« zugefallen, sich »kreativ« in einem mit diesen Kompetenzen noch nie dagewesenen Ressort zu betätigen. »Der Ministerpräsident hat damals, vor der Ernennung, mit mir nicht über meine Vorstellung von Stadtentwicklung diskutiert; er hat mir also von vorn herein einen großen Handlungsspielraum gegeben,« schmunzelt Zöpel. »Ich hatte aber lebensweltliche Vorstellungen von Stadtentwicklung, vier Leitbilder, die ich zu Beginn meiner Amtszeit der Öffentlichkeit mitteilte: Mehr Raum für Fußgänger, mehr Platz für Kinder, mehr Grün in der Stadt, alles lieber kleiner, als zu groß«. Sein großer Vorteil sei gewesen, daß »sehr vieles neu gedacht werden konnte«. Allerdings hatten die in seinem Ministerium tätigen Beamten in der Vergangenheit den Auftrag gehabt, die Finanzmittel der Städtebauförderung ordnungsgemäß auf Regierungspräsidenten und Städte zu verteilen – wohl ohne starke konzeptionelle Vorgaben der zuständigen FDP-Innenminister. Zöpel schuf sich deshalb Spielraum für neue Stellen, um neue Mitarbeiter zu gewinnen. »Vor allem, betont er, brauchte ich einen Abteilungsleiter für Stadtentwicklung, der diese Aufgabe konzeptionell zusammenhielt. Das war Karl Ganser.«

Ausstieg aus den Betriebsverlagerungen

Besonders Furore gemacht hat für Heiner Monheim am Anfang der Ausstieg aus der Betriebsverlagerung. Kommunen und Regierungspräsidenten seien irritiert gewesen, daß es nicht mehr weitergehen sollte, wie bisher. Monheim will von Zöpel wissen, wie er das heute sehe. Das Hauptinstrument der Stadtentwicklungspolitik sei die damals mit knapp 800 Millionen Mark »hochdotierte« Städtebauförderung gewesen, so Zöpel, die wegen der juristischen Konstruktion des Städtebauförderungsgesetzes aber auch »geniale Subventionserschleichung« ermöglicht habe. »Städte konnten festlegen, daß wirtschaftlich genutzte Bauten städtebaulichen Maßnahmen im Wege standen und mußten den Eignern dann Schadensersatz für deren Verlagerung zahlen.« Das habe zu vielen aberwitzig teuren Standortverlagerungen geführt. Zu Beginn seiner Amtszeit sei Zöpel zum Beispiel mit der »vollendeten Tatsache« konfrontiert gewesen, daß man sich in Ostwestfalen darauf verständigt hatte, die Brauereien zu verlagern. »Ich bekam die Meldung, welche noch verlagert werden müßten.« Die Umsiedlung der Paderborner Brauerei habe sich nicht mehr aufhalten lassen, erinnert er sich. »Bei der Warburger Brauerei gelang es«. Damit sei klargeworden, daß Städtebauförderung nach dem alten Muster nicht mehr funktionierte. Das habe zunächst »Aufruhr« gegeben, aber als dann klar war »der macht das mit allen gleich, hörte der Widerstand auf.« Besonders hart sei das, wegen Kompetenzverlust, für die Regierungspräsidenten gewesen. Aber: »Stadtentwicklung ist eben nicht hinzukriegen, wenn Geld dabei ›verschenkt‹ werden kann.«

Fortschritte bei Klein- und Mittelstädten zu wenig bewußt
Die heutige Situation der Städte in Nordrhein-Westfalen beurteilt Zöpel so: »Die Fortschritte, eingeleitet in den 70er Jahren, haben sich, was die Verhältnisse in den Innenstädten betraf, positiv fortgesetzt. Bei kleineren und mittleren Städten hat es in den vergangenen 15 Jahren einen großen Schub erhaltender Erneuerung gegeben.« Allerdings fände insgesamt viel zu wenig Informationsaustausch über Erfolge und Mißerfolge statt. Das verzögere den gewünschten Fortschritt.

Druck der Investoren
Eine zunehmende Gefahr sei für viele Städte der Einfluß von »Developern«, die »das schnelle Geld und Arbeitsplätze« durch Projekte wie Multiplex-Kinos oder Verbrauchermärkte versprechen. Für kleinere Städte sei die Versuchung, hier zuzugreifen groß, meint Zöpel. Die Stadtstrukturen, ihre Grundrisse würden durch solche Großprojekte aber häufig irreversibel geschädigt. »Wachsend sei auch der Einfluß »notleidender Unternehmer« auf Stadtentwicklung, wenn sie mit Verlust von Arbeitsplätzen drohten. Ökologisch orientierte Erneuerung unterbleibe dann vielfach. Größere Städte könnten Großprojekte leichter verkraften. Ihre Problematik sei aber der Umgang mit »Subzentren« und ihre Unfähigkeit zur »Dezentralisierung«. Für Heiner Monheim ist das Thema »Suburbia« kein Ruhmesblatt in der Stadtentwicklung Nordrhein-Westfalens. »Die großen Städte machen am Stadtrand nach wie vor den gleichen Mist wie vorher, sowohl im gewerblichen Bereich, wie auch beim Wohnungsbau.«

Interview mit Hans-Jochen Vogel
Bilanz der Verkehrsentwicklung in Deutschland

Vogel als Autokritiker
Hans-Jochen Vogel, hat, wie er sagt, eine »starke Abneigung gegen Hochstapelei«. Deshalb empfindet er es auch als übertrieben, wenn man ihn – wie häufig in der Presse kolportiert – als ersten Kommunalpolitiker bezeichnet, der in einer Großstadt »die Abkehr von der autogerechten Stadt« in die Wege leitete. »Das hängt mir an, wie ein Etikett, das man schwer loswerden kann … das ist aber weitgehend Legende«, betont er. Richtig sei vielmehr, daß bereits unter seinem Vorgänger im Amt des Oberbürgermeisters von München, Thomas Wimmer, die Frage, wo die Grenzen des Individualverkehrs liegen, »sehr ernsthaft erörtert wurde«. Richtig sei aber auch, »daß wir bereits im Gesamtverkehrsplan der Stadt München von 1963 einen sehr deutlichen Akzent auf den öffentlichen Nahverkehr gelegt haben.« »Da soll es in München eine U- und eine S-Bahn geben, die nicht einfach vom Himmel gefallen ist«, schmunzelt Vogel. Die im Stadtentwicklungsplan von 1963 schon reduzierten Straßenbaupläne seien bis 1972 noch einmal um einiges vermindert worden. Eine weitere Errungenschaft für München in diesen Jahren sei der Bau der Fußgängerzone gewesen.

ÖPNV-Erschließungsdefizite in München?
Heiner Monheim erinnert an eine damals »hitzige Diskussion«, bei der es um den Abbau oder Ausbau der Straßenbahn ging. Trotz der »beachtlichen Errungenschaften« durch U- und S-Bahnbau gebe es heute in der engeren Innenstadt mit ihrer Verdichtung von Kommerz, Verwaltung und Kultur im Vergleich zu anderen Städten, beispielsweise zu Zürich, noch Erschließungsdefizite. »Es fehlten viele Straßenbahnhaltestellen, die damals der Umstellung auf U- und S-Bahn zum Opfer gefallen sind.« Es gebe eine »sehr aufschlußreiche« Analyse, die die Detailstrukturen der Benutzung von öffentlichem Verkehr und Auto in München und Zürich vergleicht. Dabei sei herausgekommen,

daß es »kaum Unterschiede in der ÖPNV-Nutzung auf der regionalen Ebene und für lange Strecken gibt«, daß jedoch in der Züricher Innenstadt, wo die Dichte der Straßenbahnhaltestellen im Vergleich zu München deutlich höher sei, der ÖPNV für kurze Strecken deutlich höhere Anteile habe. »Kundennähe erfordere eben viele Haltestellen«. Wie sehe er, Vogel, das im Rückblick? »Ich verstehe, daß man heute die Rolle des Straßenbahnnetzes als ergänzend zu U- und S-Bahn wieder höher veranschlagt«, antwortet Vogel. »Aber, und das möchte ich betonen, da werden in München Linien reaktiviert, die erst nach meiner Zeit stillgelegt worden sind.« Er halte das durchaus für vernünftig. Die gegenwärtige Situation könne er übrigens aus eigener Anschauung beurteilen, weil er 800 Meter vom Rathaus entfernt wohne. Je nach Bedarf fahre er mit der Straßenbahn, S-Bahn oder U-Bahn und habe wegen des Abstands der Haltestellen »nicht die geringsten Probleme«. Der Gedanke, daß man zwischen Karlsplatz/Stachus und Marienplatz noch eine weitere Tunnel-Haltestelle hätte einrichten sollen, »würde mir heute ebenso wenig einleuchten, wie damals«, meint er. Es sei ja auch der Zeitverlust zu bedenken, der durch den Haltevorgang entstehe. Die Vergleiche zwischen Zürich und München halte er für nicht besonders aussagekräftig. Monheim klärt ein Mißverständnis auf: Es gehe ihm nur um ergänzende Haltestellen oberirdischer ÖPNV-Verkehrsmittel in der Innenstadt.

»Intelligente Mobilitätskonzepte«
Für Vogel sind jetzt in der Verkehrspolitik »intelligente Mobilitätskonzepte« erforderlich. Er bestätigt Monheims Klage, daß die Hersteller von Bussen und Schienenfahrzeugen sich viel zu wenig um die politischen Bedingungen für eine erfolgreiche Vermarktung kümmerten, nach dem Motto: »Wenn niemand unsere Produkte kaufen will, haben wir eben Pech gehabt«. Auch für die »fantastischen« neuen Schienenfahrzeuge, die technologisch hoch entwickelt seien, gäbe es mehr Chancen, wenn die Hersteller sich mehr um ihre Märkte und damit die Verkehrspolitik kümmerten. »Da sprechen Sie mir nun wirklich aus der Seele«, meint Vogel. »Ich habe in den vergangenen Jahren in München immer wieder dafür plädiert, den ÖPNV qualitativ weiter zu entwickeln.« Im internationalen Vergleich gebe es auch keine andere Stadt, die, was den öffentlichen Nahverkehr angehe, technologisch, qualitativ einen wirklich »bedeutsamen Sprung gemacht hätte …«

Interview mit Klaus Töpfer
Bilanz der Verkehrsentwicklung in Deutschland

Bahnhöfe als wichtige stadt- und verkehrsplanerische Aufgabe
Im Gespräch mit Klaus Töpfer war das Thema »Bahnhöfe und ihre Umfelder« ein Schwerpunkt: Probleme hat Monheim damit, daß die Bahn selbst und ein Teil der Städte, die mit solchen Projekten befaßt sind, die Tendenz haben, »mit der Schiene in den Untergrund zu gehen«. Das verursache immense Kosten und schaffe Engpässe, zumal die Hauptbahnhöfe die Knotenpunkte nicht nur des Fernverkehrs, sondern auch des öffentlichen Nahverkehrs seien. Der zweite problematische Punkt, sei, wie Monheim findet, die Tatsache, daß sich Hauptbahnhöfe immer mehr zu »Hauptknotenpunkten« des Autoverkehrs entwickelten. In der Regel seien »Rail 21-Bahnhöfe« Projekte mit riesigen neuen Parkhäusern und Straßen. »Da werden aus meiner Sicht eine Menge Chancen vertan und Probleme geschaffen, denn eigentlich soll ein Bahnhof ja der Schnittpunkt aller öffentlicher Verkehrsmittel und Quelle und Ziel großer Fußgänger- und Fahrradströme sein, wo Autos nichts verloren haben …« Wenn man sich die Planungen ansehe, seien leider »autoarme« Bahnhöfe kaum in Sicht …

Pläne zu unterirdischen Streckenführungen kommentiert Klaus Töpfer so: »Junge Architekten haben mir klargemacht, daß man im Untergrund das Erlebnis, in einer Stadt anzukommen, verpassen würde. Das kam mir auf den ersten Blick zu gefühlig vor.« Auf den zweiten Blick, so findet er, sei dies aber ein wichtiges Argument, das nicht vernachlässigt werden dürfe. Zur Frage »Verkehrsberuhigung« im Bahnhofsbereich meint Töpfer, daß es »eben vor allem im ländlichen Bereich« viele Menschen gebe, die das Auto brauchten, um zum Bahnhof zu kommen. Auch die »Ausdünnung« der Haltepunkte nähme zu, je schneller die Verkehrsmittel würden …«

Modaler Verkehrs-Mix und Chancen der Flächenbahn
Es sei aus Sicht der Raumordnung eine katastrophale Fehlentwicklung, »wenn sich die Schiene aus der Fläche zurückzieht«, wirft Heiner Monheim ein. »Es ist die Frage, wie weit dieser Prozess geht«, so Töpfer. Man werde aber immer einen »modalen Mix« zwischen Schiene und dem Individualverkehr, zwischen der Erschließung im Verdichtungsraum über den ÖPNV und dem Auto zur weiteren Erschließung der Fläche haben. »Ich bin ja bereit, Visionen langfristiger Art zu sehen«, aber »um Fläche zu erschließen« sei das Auto nicht wegzudenken. Und das sei kein »Offenbarungseid des Raumordnungsministers, sondern »eine Strukturentwicklung, die wir über Jahre und Jahrzehnte mitgetragen haben.« Die Menschen hätten ihre »Siedlungsentscheidung« eben so gefällt, sagt Töpfer. »Die kann ich ihnen im Nachhinein nicht verwehren und überall in die Fläche schienengebundenen Verkehr oder sonstigen öffentlichen Verkehr zu bringen, sei unbezahlbar.« Mit dieser Erklärung kann sich Monheim nicht zufrieden geben: »Wir haben seit Kriegende etwa 35.000 Kilometer Schienennetz, Kreisbahn und Eisenbahn stillgelegt, davor gab es eine Flächenbahn.« Heute gebe es neue Chancen für die Bahn, durch neue Leichttriebwagen, die »alles können, was man heute können muß: Häufig anhalten, schnell beschleunigen, schnell bremsen und rationell fahren.« Diese Triebwagen seien in der Lage, auf relativ einfach zu bauenden und kostengünstig zu betreibenden Schienennetzen Fläche zu erschließen. Damit haben uns die Ingenieure ein Mittel in die Hand gegeben, Flächenbahn wieder möglich zu machen – besser, als mit der alten, schweren Eisenbahn …« Müsse nicht das, was dreißig Jahre lang mit neuen Straßen versucht worden ist, nämlich Fläche zu erschließen, mit der Schiene nachgeholt werden? Der Bundesbauminister hält dagegen die Strategie, immer bessere Bahnverbindungen zwischen den großen Verkehrsknotenpunkten zu schaffen, für erstrangig. Das sei »absolut notwendig« und vielfach bereits »geglückt«. Daß man häufig im ICE keinen Platz mehr bekomme, daran sehe man, wie die Leute die Züge annehmen. »Das bedeutet eine klare Absage an den regionalen Flugverkehr und eine deutliche Verminderung des Autoverkehrs.« Diese »Bahnhochleistungssysteme« müßten nun noch europaweit besser verknüpft werden, meint Töpfer. Wenn das ohne mehr Subventionen als jetzt nötig, gehe, »sind wir wirklich gut«. Zum Thema »Autofahren« sagt er: »Ich kann die Straßen nicht absperren und den Leuten das Fahren nicht verbieten.« Sie hätten ihr Auto nun einmal und da könne man nur sinnvollerweise andere Möglichkeiten weiter entwickeln; zum Beispiel Bahnhöfe wieder zu urbanen Anziehungspunkten machen. »Wenn uns das gelingt und damit gleichzeitig Fläche frei wird für innerstädtische Entwicklung, wäre das eine tolle Veränderung dessen, was wir über Jahrzehnte mehr oder weniger passiv hingenommen haben.«

Dauerproblem: Zersiedelung
Monheim schlägt einen Themenwechsel »vom Zentrum zur Peripherie« vor. Dorthin, »wo das abläuft, was uns viel Bauchschmerzen macht«, weil nach wie vor »stark zersiedelt« werde und der öffentliche Verkehr eine »viel zu geringe Dichte« habe. Seit dreißig Jahren sei das Credo über alle Parteigrenzen hinweg, daß das nicht sein dürfe, warum laufe es dennoch real weiter ab? Hauptgrund, so Töpfer, seien die Tendenzen der Wirtschaft, ihre Niederlassungen aus Preisgründen vor die Tore der Stadt

zu legen. Er habe ein Factory-Outlet-Center in Saarbrücken wegen der drohenden Zersiedelung verhindert (»In der Antragsbegründung stand da locker darin: Einzugsbereich, zwei Autostunden«). Auch der wachsende individuelle Wohlstand der Bürger habe sehr viel mit »Zersiedelung« zu tun. Auf der Wunschliste der Deutschen stehe eben das »Häuschen im Grünen« ganz oben ... Monheim dazu: »Müßte sich Politik da nicht stärker für die Bildung von Problembewußtsein engagieren. So etwas hat doch viel mit Kommunikation und mit Aufklärung zu tun? Muß es da nicht so eine Art Leitbild-Diskussion geben und inwieweit kann ein Bauminister auf die Wünsche von Leuten Einfluß nehmen?« Natürlich sei das ein »interaktiver Prozeß«, an dem »extrem viele« teilnähmen; unter anderem die Bauwirtschaft, die natürlich ein Interesse an Baunachfrage habe, entgegnet Töpfer. An so etwas wirkten viele mit, die Vermittler von Geschmack, von Moden sind. »... Natürlich auch die Politiker ganz massiv; zum Beispiel, indem sie sich die Frage stellen, was das Bauen kosten darf.« Wohnen sei in Deutschland »massiv« subventioniert und trotzdem oft zu teuer.

Hinzu kämen die gesellschaftlichen Veränderungen, wie die Verkleinerung der Haushaltsgrößen, die mehr Wohnraum beanspruchten. All das müsse berücksichtigt werden. Natürlich müsse man versuchen, negativen Entwicklungen durch Bewußtseinsbildung und ökonomische Steuerung entgegenzuwirken. In einer Demokratie sei das allerdings immer eine schwierige Gratwanderung. »Wenn ich die Vision habe, den Verkehr zu ändern, muß ich die Menschen dort abholen, wo sie sind«, betont Töpfer. Und mit dem Auto hätten sie sich nun einmal einen »unheimlichen Mobilitätsanspruch« geschaffen. Die Vorstellung einer sofortigen Veränderung dessen, sei »graue Theorie«.

Rolle von Pilotprojekten
Heiner Monheim ist der Meinung, daß die Frage, wie man »Innovation in die Köpfe der Leute kriegt«, entscheidend sei und daß man die Instrumentarien dafür »sorgsam entwickeln und pflegen« müsse. So sei es etwa erforderlich, aus Forschungsergebnissen ein besseres Problembewußtsein und bessere Umsetzungsmöglichkeiten zu entwickeln. Instrumente dafür seien zum Beispiel Pilotprojekte und Modellprogramme, wie das ExWoSt-Programm für experimentellen Wohn- und Städtebau. Frage an Töpfer: »Wie beurteilen Sie so etwas?« Von der »Invention zur Innovation«, das sei natürlich ein enorm wichtiger Schritt, so Töpfer. »Wir haben ja viel wissenschaftlichen Fortschritt, der nicht unmittelbar umgesetzt wird ...« Modellprojekte für Stadtentwicklung und neue Raumstrukturen seien zum Beispiel die geplanten Untersuchungen zum Thema »Flächenverbrauch« anhand von Modellstädten wie Münster und Heidelberg. Bis zum Jahr 2000 soll klar sein, ob sich der Verbrauch von neuen Flächen wirklich so einschränken läßt, wie bei es bei diesen Städten erprobt werden soll.

Verhältnis von Politik und Forschung
Durch die geplante Integration der Bundesforschungsanstalt für Landeskunde und Raumordnung mit der Bundesbaudirektion will Töpfer Forschung und Umsetzung intensiver miteinander verbinden und effektiver machen. Dennoch, so Töpfer, solle die Politik nicht Forschung betreiben, sondern »einen Rahmen schaffen, in dem Forschung betrieben werden kann«. Heiner Monheim bemerkt dazu, daß die BfLR viele innovative »Spielräume« gehabt habe; genauso wie das Umweltbundesamt. Bei der Bundesanstalt für Straßenwesen dagegen sei immer viel mehr gebremst und »zementiert« worden. Töpfer dazu: »In Bereichen starker Konfliktfelder, die sehr stark interessengebunden sind, wie im Verkehr, sei Innovation eben viel schwerer, auch gesellschaftliche Innovation ...« »Ich erwarte von nachgeordneten Behörden, daß sie politische Relevanz gewinnen und nicht, daß sie bedeutende wissenschaftliche Entwicklungen haben«, betont Töpfer. Er habe sich deshalb auch »immer glänzend« mit dem ehemaligen Chef des Umweltbundesamtes, Heinrich von Lersner verstanden, weil der nicht daran interessiert war, »irgendwelche, nur für die Wissenschaft interessante Ergebnisse vor-

zulegen, die aber für Politik irrelevant waren«. In der Politik brauche man genau solche Menschen, denn Politik sei nicht dazu da, um Wissenschaft zu machen, sondern um Dinge zu entwickeln und voranzutreiben, die hinterher gesellschaftliche Realität verändern ...«

Interview mit Christoph Zöpel
Bilanz der Verkehrsentwicklung in Deutschland

Schienen- oder Straßenausbau: Schicksalsfrage des Ruhrgebiets
Für Christoph Zöpel war es ein grundsätzlicher Fehler, daß es im und für das Ruhrgebiet versäumt wurde, das Schienennetz auszubauen und zu modernisieren und so ein für die dichtest besiedelte Region Europas leistungsfähiges Systems für den Güter- und Personenverkehr zu schaffen. Christoph Zöpel bekam 1985 auch das Verkehrsressort und startete mit der Feststellung, daß man im Ruhrgebiet keine neuen Autobahnen mehr brauche. Heute sieht er das nicht anders. »Ich bin allerdings resigniert hinsichtlich der Chancen, die ein Landesverkehrsminister hat, der keine Straßen will.« Im Ruhrgebiet herrsche bei vielen Entscheidungsträgern, was Verkehrspolitik angehe, »Phantasielosigkeit«, findet Zöpel. Sie könnten sich nicht vorstellen, daß die Hauptverkehrsströme dieses Ballungsgebiets besser spurgebunden zu bewältigen seien. Das hänge auch damit zusammen, daß man bis jetzt in den Ruhrgebietsstädten mit dem Auto noch ganz gut vorankommt – außerhalb der Autobahnen. Im übrigen gäbe es im Ruhrgebiet eine »sozialdemokratisch und sehr gewerkschaftlich orientierte Mittelschicht«, die eine »latente Skepsis« gegen öffentliche Verkehrsmittel habe und sich kaum vorstellen könne, »umzusteigen«. Da gebe es viele »Auto-Freaks«, die die »kollektive Meinung« prägen, daß es ohne Auto nicht geht. »Und das kann man dann täglich in der WAZ lesen.«

Grenzen des Individualverkehrs
In den vergangenen Jahrzehnten sei der Autoverkehr weiter gewachsen. Daß aber durch mehr Autobahnen das Land nicht mobiler werde, sondern immer mehr Stauprobleme bekomme, sei in Nordrhein-Westfalen eine offenkundige Realität. Trotzdem sei es im Ruhrgebiet weiter schwierig, den ÖPNV zu stärken, weil die »Ansicht, irgendein zusätzlicher Autobahnkilometer« könne die Verkehrsprobleme lösen, immer noch weit verbreitet ist. Typische Beispiele hierfür seien die DüBoDo, das Stück Autobahn zwischen dem Süden von Bochum und dem Osten von Velbert und die sechs Kilometer vom Ende der jetzigen A 52 in Essen bis zur A 2. Zöpel: »Die Trasse der A 52 bin ich persönlich abgegangen. Danach war selbst der Abteilungsleiter Straßenbau der Meinung, daß sie zu nah an den Schlafzimmern der Leute vorbei gehe.«

Änderungen im Verkehr brauchen viel Zeit
»In den 80er Jahren hat es in Nordrhein-Westfalen eine Fülle von kleineren Verbesserungen und innovativen Projekten gegeben,« findet Zöpel, »vor allem bei der Verkehrsberuhigung und Fahrradförderung.« Aber der Effekt halte sich leider in Grenzen, »weil sich die Netzqualität für Fußgänger, Radfahrer und öffentlichen Verkehr nicht grundlegend verbessert habe. »Bei den Investitionen ist es nicht gelungen, daß die Verkehrsmittel des Umweltverbundes zureichend miteinander verbunden werden.« Fünf Jahre sind auch zu kurz gewesen, um durchgreifende, große Veränderungen herbeizuführen zu können. »Denn Vorgaben des Ministers müssen im Ministerium und vor Ort akzeptiert und umgesetzt werden.« Bei der Verkehrsberuhigung und Fahrradförderung hat Nordrhein-Westfalen aber eine Pionierrolle übernommen, »Heiner Monheim war der zuständige Referent.« In vielen Städten Nordrhein-Westfalens sind diese Innovationen wirksam geworden. Auch die Regionalisie-

rung der Bundesbahn sei stark von Überlegungen in seinem damaligen Ressort beeinflußt worden, wo Hermann Zemlin als Beauftragter für die Reorganisation von Verkehrsverbünden zuständig war. Aber: »Innovationen brauchen viel Zeit.« Er erinnert sich, daß er 1985, drei Monate nach seinem Amtsantritt als Verkehrsminister, mit dem damaligen Bundesverkehrsminister Dollinger vereinbart habe, daß eine ICE-Trasse von Köln nach Frankfurt gebaut werden solle. »Eine meiner letzten Amtshandlungen war dann, daß ich den Bundesverkehrsminister Friedrich Zimmermann fragte, warum das Planungsverfahren noch nicht weiter sei – fünf Jahre später und bei einem nicht übermäßig innovativen Projekt ... Das zeigt halt auch, daß der Ausbau des Schienennetzes im Ruhrgebiet in der kurzen Zeit nicht hinzukriegen war«.

Viel investiert und wenig rausgeholt?
Heiner Monheim fragt: »Hätte im Nahverkehr mehr erreicht werden können, mit mehr Öffentlichkeitsarbeit, hätten dann die Tunnelprojekte der Stadtbahn ähnlich gestoppt werden können, wie die Betriebsverlagerungen, nämlich durch Ende der Förderung? Mit den freigewordenen Mitteln wären neue Investitionsfelder wie neue Straßen- und Regionalbahnen sowie vor allem die Güterbahn möglich geworden, etwa nach dem Karlsruher Modell. Die teuren Tunnelprojekte haben innovative Schienenverkehrskonzepte behindert«, urteilt Monheim. »Nordrhein-Westfalen hat zwar absolut und auch proportional das meiste Geld unter allen deutschen Ländern und sogar unter den europäischen Regionen in den öffentlichen Nahverkehr gesteckt, aber trotzdem ist das Ruhrgebiet der europäische Ballungsraum mit den geringsten ÖPNV-Anteilen.« Neue Nahverkehrssysteme, die »im Schulterschluß« mit der Industrie entwickelt werden können, hätten auch dazu gedient, neue Arbeitsplätze im Ruhrgebiet zu schaffen. »Es fehlte die politische Durchsetzungsfähigkeit gegen die Vorbehalte der meisten Kommunen und der Wirtschaft gegenüber dem ÖPNV und gegen ihre Leidenschaft für Straßenbau und neue Parkhäuser«, betont Monheim. Zöpel weist darauf hin, daß jede ÖPNV-Schienenverkehrsmaßnahme, die der Bund förderte, über das Bundesverkehrsministerium laufen mußte. Das BMV war dafür bekannt, daß er Großprojekte bevorzugt. Das wußten natürlich auch die Kommunen. Man müsse auch bedenken, so Zöpel, »daß es bei den Tunnelprojekten im ÖPNV um sehr viel Geld ging«, um das die Bauwirtschaft hart gekämpft hatte. Das auszubremsen, war ein heikles Politikum. Das Programm von 1986, mit dem Zöpel Strecken für Straßenbahnlinien ausbauen lassen wollte, sei auch in der Öffentlichkeit sehr polemisch aufgenommen worden. Es galt merkwürdigerweise als zu teuer. »Der Boden der öffentlichen Debatte war noch unfruchtbarer, als wir befürchtet hatten.«

Wichtige Öffentlichkeitsarbeit
Heiner Monheim merkt an dieser Stelle an, daß man mit massiverer Öffentlichkeitsarbeit und Kommunikation nach außen, »wahrscheinlich mehr erreicht hätte«. Es hätte einer »systematischen Bearbeitung von Köpfen bedurft, vor allem auch der kommunalen Entscheidungsträger und der Wirtschaft«, um hier den Ansatz zur Wende »hinzukriegen«. »Diese Frage, so Zöpel, treffe einen Punkt, der ihm erst nach Ende der Amtszeit klar geworden sei. »Heute bin ich der Ansicht, daß man mit einem ebenso großen Aufwand für den ÖPNV werben muß, wie für Autos. Ob die Parlamente aber dafür Haushaltsmittel bewilligen, sei eine ganz andere Frage. Gegen die Werbeetats der Automobilwirtschaft hingegen wehrt sich offenkundig niemand.«

Autoren und Mitwirkende

Dr. Franz Alt, geb. 1938 in Untergrombach bei Bruchsal; Studium Politische Wissenschaften, Geschichte, Philosophie und Theologie 1960–1967 in Heidelberg, Promotion mit Dissertation über K. Adenauer 1967; seit 1968 Fernsehjournalist beim SWF; 1972–1992 Leiter und Moderator des politischen Magazins Report, seit 1992 des Zukunftsmagazins »Zeitsprung« seit 1997 auch Leitung des Magazins »Querdenker«, seit 1997 Leitung der Magazine »Querdenker« und »Grenzenlos«, seit 2003 freier Journalist, Publizist und engagierter Multiplikator für Solarfragen

Hein Arning, geb. 1949 in Münster-Hiltrup, 1968–1973 Studium Jura in Münster und Freiburg, Referendariat in Hamm und Düsseldorf, 1977–1980 beim Regierungspräsidenten Münster zuständig für Liegenschaften, 1980–1985 Leiter des Ministerbüros von Dr. Zöpel im Ministerium für Landes- und Stadtentwicklung, 1985–1987 Referent für Städtebaurecht im Ministerium für Stadtentwicklung, Wohnen und Verkehr, 1987–1992 Gruppenleiter Stadterneuerung und Strukturpolitik im Ministerium für Stadtentwicklung, Wohnen und Verkehr, 1992–1996 LEG-Wohnen Düsseldorf, seit 1996 LEG Düsseldorf, seit 2008 im Ruhestand

Dr. Ing. Reinhold Baier, geb. 1946 in Haßfurt/Main, Studium Bauingenieurwesen 1967–1972 in Aachen, 1972–1981 Wiss. Mitarbeiter am Institut für Stadtbauwesen in Aachen, Promotion 1977, seit 1981 Inhaber des Büros für Stadt- und Verkehrsplanung BSV in Aachen

Dipl. Ing. Henry Beierlorzer, geb. 1959 in Essen, Studium Architektur und Städtebau 1978–1984 an der RWTH Aachen, 1984–1989 freiberufliche Arbeit in einem Büro für Stadtplanung und Stadtforschung in Dortmund, seit 1989 Bereichsleiter für Siedlungsprojekte und Reaktivierung stadtintegrierter Brachen der IBA Emscher Park, seit 1995 dort stellv. Geschäftsführer, 1999 Geschäftsführung LEG Wohnen Brandenburg, 2001–2007 Geschäftsführer der Regionale 2006 Agentur GmbH, seit 2007 Geschäftsführer der Nachfolgegesellschaft

Dipl. Ing. Michael Bräuer, geb. 1943 in Dresden, Studium Architektur an der Hochschule für Architektur und Bauwesen, Weimar 1963–1969; 1970–1989 Arbeit als Architekt und Stadtplaner im Büro für Stadtplanung Rostock, ab 1982 Abteilungsleiter, ab 1982 stellv. Stadtarchitekt, ab 1989 Stadtarchitekt, 1990 Staatssekretär im letzten DDR-Ministerium für Raumordnung und Städtebau, nach der Vereinigung ausgeschieden, ab 1991 freiberufliches Planungsbüro für Architektur und Städtebau, Gründungsmitglied des LV Mecklenburg-Vorpommern des BDA, Mitglied des Präsidiums des BDA, Vorsitzender der Expertengruppe städtischer Denkmalschutz des BMBau

Dipl. Ing. Hans Dieter Collinet, geb. 1943 in Monschau, Studium 1965–1974 in Aachen Architektur und Städtebau, 1974–1978 Stadtplaner beim Kreis Heinsberg, 1978–1986 Leiter des Stadtplanungsamtes Stolberg, seit 1986 Gruppenleiter im Ministerium für Stadtentwicklung, Kultur und Sport, seit 1992 Abteilungsleiter Stadtentwicklung im Ministerium für Bauen und Verkehr, NRW

Prof. Dr. Dietrich Fürst, geb. 1940 in Zwickau; Studium Volkswirtschaftslehre mit Schwerpunkt Finanzwissenschaft in Kiel und Köln 1960–1964, Abschluß mit Diplom, 1965–1967 Assistent am Kommunalwissenschaftlichen Forschungszentrum Berlin (heute Difu), 1967–1974 Assistent am Seminar für Finanzwissenschaft der Universität Köln, dort 1968 Promotion und 1974 Habilitation,

1974–1981 Professor im Fachbereich Politikwissenschaft/Verwaltungswissenschaft an der Universität Konstanz, Professor für Landesplanung und Raumforschung am Institut für Landesplanung und Raumordnung, später Institut für Umweltplanung, mittlerweile im Ruhestand

Prof. Dr. Karl Ganser, geb. 1937 in Mindelheim, Studium Chemie, Biologie und Geographie an der Universität und der TH München, 1964 Promotion, 1964–1967 Assistent und Dozent am Geographischen Institut der TH München, der er auch nach seinem Wechsel nach Bonn und Düsseldorf lange als Dozent verbunden bleibt, 1970 Habilitation, 1967–1971 Projektleiter beim Stadtentwicklungsreferat der Stadt München, 1971–1980 Leiter der Bundesforschungsanstalt für Landeskunde und Raumordnung des Bundesministeriums für Raumordnung, Bauwesen und Städtebau in Bonn, 1980–1989 Abteilungsleiter Städtebau des Ministeriums für Landes- und Stadtentwicklung, seit 1985 Stadtentwicklung, Wohnen und Verkehr des Landes Nordrhein-Westfalen in Düsseldorf, von 1989–1999 Geschäftsführer der Internationalen Bauausstellung Emscherpark, seitdem im Ruhestand, aber noch vielfältig aktiv als Gutachter, Mediator und Publizist

Dr. Hans-Peter Gatzweiler, geb. 1947 in Niederelvenich, Rhld., Studium Geographie, Städtebau, Statistik und empirische Sozialforschung 1969–1972 an der Universität Bonn, seit 1972 Referatsleiter und seit 1986 Abteilungsleiter in der Bundesforschungsanstalt für Landeskunde und Raumordnung, seit 1998 mit der Bundesbaudirektion vereint zum Bundesamt für Bauwesen und Raumordnung

Dipl. Volksw. Hubert Heimann, geb. 1946 in Billerbeck, Studium Volkswirtschaft an den Universitäten Münster und Freiburg 1968–1972, Mitarbeit in einem privaten Planungsbüro in Düsseldorf 1973–1975, 1976–1981 Stadtplanungsamt Solingen, 1981–1986 Referat für Stadtentwicklungsplanung in Solingen, seit 1986 Leiter des Amtes für Stadtentwicklung und Wirtschaftsförderung der Stadt Solingen, seit 1998 Geschäftsführer des rheinland-pfälzischen Landesbetriebs Liegenschafts- und Baubetreuung

Dipl. Ing. Wolfgang Hillemeyer, geb. 1951 in Paderborn, Studium Architektur und Stadtplanung 1972–1980 an der TU Berlin; Tätigkeiten in verschiedenen Architekturbüros und öffentlichen Verwaltungen, 1985 II. Staatsexamen, seit 1989 Beigeordneter Baudezernent der Stadt Rheda-Wiedenbrück, heute freier Architekt in Rheda-Wiedenbrück

Dipl. Ing. Karl Jasper, geb. 1953 in Ennigerloh, Studium Rechtswissenschaft in Bielefeld 1973–1980, 1981–1991 Städtebauförderung beim Regierungspräsident Arnsberg, seit 1991 IBA-Referent beim Ministerium für Stadtentwicklung, Kultur und Sport, seit 1999 LMR und Gruppenleiter im Ministerium für Bauen und Verkehr NRW

Dipl. Geogr. Marion Klemme, geb. 1972 in Bielefeld, Studium der Angewandten Geographie/Raumentwicklung an der Universität Trier, 2001–2003 Planersocietät Düsseldorf/Dortmund, 2003–2004 Universität Dortmund, Fachgebiet Verkehrswesen und Verkehrsplanung, seit 2004 Assistentin am Lehrstuhl für Planungstheorie und Stadtentwicklung RWTH Aachen

Prof. Dr. Rolf Kreibich, geb. 1938 in Dresden, 1956 bis 1960 Studium der Mathematik und Physik in Dresden und Berlin; 1960 bis 1964 wiss. Mitarbeit am Fritz-Haber-Institut für Festkörper- und Polymerphysik Berlin der Max-Planck-Gesellschaft, 1968 bis 1969 Leitung des Instituts für Soziologie der FU Berlin, 1969 bis 1976 Präsident der FU Berlin, 1977–1981 Direktor des Instituts für Zukunftsforschung Berlin und des Sekretariats für Zukunftsfragen, Gelsenkirchen; danach Direktor des Instituts für Zukunftsstudien und Technologiebewertung Berlin und wiss. Direktor der IBA, später Professor an der Technischen Fachhochschule Berlin, außerdem Direktor des Instituts für Zukunftsstudien und Technologiebewertung Berlin

Freiherr Dr. Heinrich von Lersner, geb. 1930 in Stuttgart, Studium Rechtswissenschaften in Tübingen und Kiel 1950–1955, Studium Verwaltungswissenschaften 1955–1957, I. Staatsexamen 1955 in Tübingen, II. Staatsexamen 1959 in Stuttgart, Promotion 1959 in Stuttgart, 1959–1961 Assessor bei den Landratsämtern Villingen und Lahr, 1961–1973 Bundesinnenministerium, zuständig u. a. für Soziales, öffentliche Sicherheit, Wasserwirtschaft, Abfallbeseitigung und Umweltschutz, 1973 Präsident der Bundesstelle für Umweltschutzangelegenheiten, 1974–1995 Präsident des Umweltbundesamtes, seitdem im Ruhestand

Prof. Dr. Heiner Monheim, geb. 1946 in Aachen, Studium in Bonn und München (Geographie, Soziologie, Geschichte, Stadt- und Regionalplanung), Promotion 1971, 1972–1985 Referatsleiter in der Bundesforschungsanstalt für Landeskunde und Raumordnung (zuständig für soziale Infrastruktur und Stadtverkehr); 1986–1995 Referatsleiter im Ministerium für Stadtentwicklung, Wohnen und Verkehr, seit 1995 Professor für Angewandte Geographie/Raumentwicklung an der Universität Trier

Prof. Dr. Rolf Monheim, geb. 1941 in Bochum, Studium Geographie, Soziologie, Geschichte in Aachen, Bonn und München, 1966–1976 Assistent und Privatdozent an der Universität Bonn, 1976–2007 Professor für Angewandte Stadtgeographie an der Universität Bayreuth

Dr. Dipl. Ing. Christian Muschwitz, geb. 1966 in Kamen, Arbeit als Bergmann, 1989–95 Studium der Raumplanung an der Universität Dortmund, 1995–1999 Stadtplaner bei der Stadt Hamm (Programm ökologische Stadterneuerung), 1999–2002 Mitarbeit im Sonderforschungsbereich 522 Umwelt und Region der Universität Trier, seit 2000 Mitarbeiter beim TARUS Institut Trier und Lehrbeauftragter im Fach Raumentwicklung, seit 2004 Assistent im Fach Raumentwicklung, seit 2006 Lehrbeauftragter für Raumentwicklung an der Universität Luxemburg, seit 2007 Geschäftsführer des Institut für Raumentwicklung und Kommunikation RaumKom, Trier

Prof. Dr. Dipl. Ing. Peter Obbelode, geb. 1940 in Bielefeld, Studium Städtebau und Architektur in Braunschweig 1965–1969, 1970 Volontariat in Paris bei Candilis & Woods, 1970–1972 Teilhaber des väterlichen Architekturbüros, seither freier Architekt

Dr. Irene Wiese von Ofen, geb. 1935 in Berlin; Studium Architektur an der RWTH Aachen 1954–1959, Abschluß als Dipl. Ing., 1959–1962 städtebauliche Nachausbildung, 1968 Promotion, 1959–1960 Mitarbeit im Planungs-Atelier von Prof. Schwippert in Düsseldorf, 1960–1962 Stadtplanungsamt Duisburg, 1962–1990 Stadtplanungsamt Essen, zunächst zuständig für Grundsatzfragen des Städtebaus und generelle Planung, 1972 Abteilungsleitung Bauleitplanung, 1985 Amtsleitung, seit 1990 Baudezernentin der Stadt Essen, 1975–1977 Lehrauftrag an der Universität Stuttgart, 1977–1985 Lehrauftrag an der Universität/Gesamthochschule Essen, in den 1990er Jahren Mitglied im Beirat für Raumordnung, seit 2000 pensioniert

Prof. Dr. Franz Pesch, geb. 1947 in Grassau/Obb., Studium Architektur und Städtebau an der RWTH Aachen 1969–1977, 1977–1982 wiss. Mitarbeiter am Fachbereich Raumplanung der Universität Dortmund, Promotion 1981, seit 1982 Mitinhaber eines freien Planungsbüros für Architektur und Städtebau in Witten-Herdecke, seit 1994 Professor für Stadtplanung am städtebaulichen Institut der Universität Stuttgart

Dipl. Päd. Peter Pötter, geb. 1947 in Duisburg, Studium Pädagogik, Soziologie und Germanistik an der Gesamthochschule Duisburg, Seit 1989 Leiter des Bildungswerks für politische Bildung im Ruhrgebiet, seit 1990 Vorstandsmitglied der Wohnungsgenossenschaft Rheinpreußensiedlung und Sprecher der ARGE Arbeitersiedlungsinitiativen im Ruhrgebiet, Aachener und Kölner Raum, seit 1986 Leitung von Wohn- und Selbsthilfe-/Sozialprojekten in Arbeitersiedlungen

Johannes Rau, geb. 1931 in Wuppertal-Barmen, Verlagsbuchhändlerlehre und Besuch der Buchhändlerschule in Köln, Gehilfenprüfung 1952, parallel zur Lehre freie journalistische Tätigkeit, 1954–1967 Tätigkeit im Verlag der evangelischen Jugend in Wuppertal, ab 1954 als Geschäftsführer, ab 1962 als Vorstandsmitglied, ab 1965 als Direktor. Ab 1954 Redaktionsmitglied der gesamtdeutschen Rundschau. Ab 1952 politisch aktiv, 1958–1962 Vorsitzender der Jungsozialisten in Wuppertal, 1964–1978 Stadtverordneter und 1964–1967 Fraktionsvorsitzender der SPD in Wuppertal, 1969–1970 Oberbürgermeister von Wuppertal, seit 1968 Mitglied des Parteivorstandes der Bundes-SPD, seit 1978 Mitglied im Parteipräsidium, seit 1958 Mitglied des Landtages von Nordrhein-Westfalen, 1970–1978 Minister für Wissenschaft und Forschung des Landes Nordrhein-Westfalen, seit 1977 Landesvorsitzender der SPD, ab 1978 Ministerpräsident, 1987 Kanzlerkandidat der SPD, ab 1985 stellvertretender Parteivorsitzender der SPD, vorübergehend 1993 auch Parteivorsitzender der SPD, von 1999 bis 2004 Bundespräsident, † 27.1.2006

Prof. Dr. Götz von Rohr, geb. 1944 in Wiesbaden; Studium Geographie, Geologie und Verkehrspolitik in Hamburg von 1963–1968, 1970 Promotion, 1969–1972 Baubehörde Hamburg, Abteilung Regionalplanung, 1972.1980 Projektleiter GEWOS Hamburg, 1980–1992 Abteilungsleiter Planungsstab der Senatskanzlei, seit 1992 Professor für Geographie an der Universität Kiel, von 1977–1983 Vorsitzender des Deutschen Verbandes für Angewandte Geographie

Dr. Wolfgang Roters, geb. 1947 in Coesfeld, Studium der Rechts- und Staatswissenschaften an der Universität Münster 1968–1973, Studium der Verwaltungswissenschaften und Soziologie an der Universität Bielefeld und Verwaltungshochschule Speyer, 1975–1977 Forschungsreferent der Verwaltungshochschule Speyer, 1977–1980 Innenministerium, 1980–1985 Ministerbüro von Minister Zöpel im Ministerium für Landes- und Stadtentwicklung des Landes Nordrhein-Westfalen, 1985–1989 Gruppenleiter Z 1 im Ministerium für Stadtentwicklung, Wohnen und Verkehr, seit 1989 Abteilungsleiter Stadtentwicklung im Ministerium für Stadtentwicklung und Verkehr, seit 1995 Stadtentwicklung, Kultur und Sport des Landes Nordrhein-Westfalen, inzwischen Generalkurator des M:AI Museums für Architektur und Ingenieurkunst Gelsenkirchen

Dipl. Ing. Kurt Schmidt, geb. 1931 in Maaßdorf, Kr. Liebenwerda, 1949–1952 Tischlerlehre mit Meisterabschluß, anschließend Werkkunstschule in Aachen, anschließend Studium Architektur an der RWTH Aachen, Abschluß als Dipl. Ing., seit 1965 Mitarbeiter im Stadtplanungsamt der Stadt Düsseldorf, Arbeitsschwerpunkte Innenstadtkonzept, Neugestaltung Hauptbahnhof, Verkehrsberuhigung, Wohnumfeldverbesserung, Messeplanung, Bauleitplanung, seit 1975 Leiter des Stadtplanungsamtes, mittlerweile im Ruhestand

Dipl. Geogr. Ulrich Schramm, geb. 1942 in München; Studium Geographie, Soziologie und Rechtswissenschaft an der TH München; 1972 Abschluß als Diplomgeograph, seit 1971 in der Stadtentwicklungsplanung der Landeshauptstadt München tätig in den Aufgabenbereichen verkehrspolitische Grundsatzfragen, Verkehrsprogramme für das Erschließungsstraßennetz, soziale Grundsatzfragen und Infrastruktur

Prof. Thomas Sieverts, geb. 1934 in Hamburg; Studium Architektur und Städtebau in Stuttgart, Liverpool und Berlin; 1965 Gründung der Freien Planergruppe Berlin; 1967 bis 1971 Professor für Städtebau an der HBK Berlin, seit 1971 Professor für Städtebau an der TH Darmstadt; seit 1978 eigenes Planungsbüro in Bonn; 1989 bis 1994 wiss. Direktor der IBA, mittlerweile emeritiert

Dipl. Ing. Roswitha Sinz, geb. 1952 in Hilden/Rhld., Studium 1970–1975 Raumplanung an der Universität Dortmund, anschließend bis 1987 Projekt- und Stabsleitung bei der Landesentwicklungsgesellschaft LEG NRW, u. a. Projekt Sanierungsmaßnahme Severinsviertel Köln, ab 1988 Stabsleitung Wohnungswesen und Organisationsangelegenheiten bei der LEG NRW, 1990–1991 Stabsleitung Wohnungspolitik beim Oberbürgermeister der Stadt Leipzig, 1991–1993 Leitung der Planungsabteilung Media Park Köln, seit 1993 Projektleitung bei empirica, Berlin, seit 1995 Projektentwicklung Johannisviertel und Tacheles in Berlin Mitte, heute Abteilungsleiterin beim Verband der Wohnungswirtschaft Reinland-Westfalen e. V.

Agnes Steinbauer, geb. 1959 in München, 1978–1981 Studium Zeitungswissenschaften, Geschichte, Politik und Skandinavistik an der Universität München, 1981–1984 Ausbildung als Übersetzerin in Englisch und Französisch Wirtschaftssprache in München, 1984–1988 freiberufliche Arbeit als Journalistin in München, u. a. Bayerischer Rundfunk und Süddeutsche Zeitung, 1988–1989 Volontariat in Nürnberg, 1989–1991 Journalistin bei den Nürnberger Nachrichten, seit 1991 freie Journalistin für Funk, Fernsehen und Presse in Bonn, seit 1999 Freie Journalistin in Berlin

Dr. Carl Steckeweh, geb. 1947 in Hannover; von 1969–1974 Studium Volkswirtschaft an den Universitäten Hannover und Freiburg i.Br., 1970–1974 Wiss. Mitarbeit am Volkswirtschaftlichen Seminar der Universität Freiburg, 1975 Promotion, 1977–1983 Bundesgeschäftsführer des Bund Deutscher Landschaftsarchitekten BDLA in Bonn, 1979–1983 Geschäftsführer der Forschungsgesellschaft Landschaftsentwicklung-Landschaftsbau FLL in Bonn, seit 1984 Bundesgeschäftsführer des Bund Deutscher Architekten BDA in Bonn und Berlin, 1993–1995 Lehrbeauftragter für Planungsbetriebslehre an der FH Postdam, Inhaber Pentapolis CSP Berlin

Marion Taube, M.A., geb. 1963 in Dorsten, 1984–1989 Studium Kunstgeschichte. Politologie und Sinologie an der Universität Hamburg, Arbeit als freie Journalistin, seit 1990 Referentin der IBA Emscher Park, seit 1995 dort verantwortlich für die Bereiche Kunst und Kultur

Dr. Rolf Tiggemann, geb. 1943 in Winterberg, 1966–1971 Studium Geographie, Volkswirtschaft, Stadt- und Regionalplanung in Münster, Promotion 1997, 1971–1975 Wiss. Mitarbeiter am Lehrstuhl für Raumplanung und öffentliches Recht, 1975–1979 Regionalplaner beim Kreis Unna, 1979–1988 Stabsstelle Stadtentwicklung und Umweltschutz bei der Stadt Bochum, seit 1989 LEG, Geschäftsbereich Stadterneuerung und Strukturpolitik, heute Geschäftsführer des Bau- und Liegenschaftsbetriebs NRW

Prof. Dr. Klaus Töpfer, geb. 1938 in Waldenburg/Schlesien, Studium Volkswirtschaft und Regionalpolitik an den Universitäten Mainz, Frankfurt (M) und Münster, Promotion 1968, 1970–1971 Leiter der volkswirtschaftlichen Abteilung am Zentralinstitut für Raumplanung in Münster, 1971–1978 Leiter der Planungsabteilung in der Staatskanzlei des Saarlandes, parallel dazu Lehrbeauftragter an der Hochschule für Verwaltung Speyer, 1978–1979 Professor und Direktor des Instituts für Raumforschung und Landesplanung der Universität Hannover, 1978–1985 Staatssekretär im Ministerium für Soziales, Gesundheit und Umwelt Rheinland-Pfalz in Mainz, 1985–1987 Minister für Umwelt und Gesundheit Rheinland-Pfalz; 1987–1994 Bundesminister für Umwelt, Naturschutz und Reaktorsicherheit in Bonn, seit 1994 Bundesminister für Raumordnung, Bauwesen und Städtebau in Bonn und Beauftragter für den Umzug der Bundesregierung nach Berlin, danach bis 2006 Chef von UN-Habitat und UNEP mit Sitz in Nairobi, seit 2007 Professor für Umwelt und nachhaltige Entwicklung an der Tongji-Universität in Shanghai

Dr. Hans-Jochen Vogel, geb. 1926 in Göttingen, 1943 Abitur, anschließend bis 1945 Wehrdienst, Studium der Rechtswissenschaft 1946–1948 in Marburg, 1948 I. Staatsprüfung, 1951 II. Staatsprüfung, 1950 Promotion in München, 1952 Assessor im bayerischen Justizministerium, 1958 Rechtsreferent des Münchner Stadtrates, 1960–1972 Oberbürgermeister der Stadt München, 1972–1974 Bundesminister für Raumordnung, Bauwesen und Städtebau, 1974–1981 Bundesjustizminister, 1981 Regierender Bürgermeister von Berlin, 1970 Mitglied im Bundesvorstand der SPD, 1972 Landesvorsitzender der bayerischen SPD, 1972 Mitglied im Parteipräsidium der SPD, 1982 Kanzlerkandidat der SPD, 1983–1991 Fraktionsvorsitzender der SPD-Bundestagsfraktion, 1987–1990 Parteivorsitzender der SPD, bis 1991 Fraktionsvorsitzender der SPD-Bundestagsfraktion, bis 1994 Mitglied des Bundestages, Begründer und bis 2000 Vorsitzender des Vereins »Gegen Vergessen – für Demokratie«

Prof. Dr. Hermann Zemlin, geb. 1941 in Magdeburg, Studium Maschinenbau, Wärme- und Verfahrenstechnik an der Universität Hannover 1960–1965, Abschluß als Dipl. Ing., 1965–1969 Wiss. Mitarbeiter, ab 1967 Oberingenieur und stv. Leiter der Forschungsabteilung für Thermodynamik, Wärme- und Stofftransport am Max-Planck-Institut für Strömungsforschung Göttingen, 1969–1972 Oberingenieur am Institut für thermische Verfahrenstechnik der Universität Karlsruhe, ab 1971 gleichzeitig wiss. Mitarbeiter am Lehrstuhl für Wasserchemie der Universität Karlsruhe, 1972–1976 Referent im Bundesministerium für Bildung und Wissenschaft bzw. später im Bundesministerium für Forschung und Technologie im Bereich Transport und Verkehr, Kommunikationstechnologie und Umweltschutz, 1976–1981 Geschäftsführer der Studiengesellschaft für Nahverkehr SNV, 1981–1982 Geschäftsführer des Verkehrsverbundes Rhein-Ruhr VRR, 1982–1987 Unterabteilungsleiter im Bundesministerium für Verkehr, 1987–1990 Koordinator für die Neuorganisation des VRR, 1990–1993 Geschäftsführer des VRR, seit 1993 Vorstandsvorsitzender der Wuppertaler Stadtwerke, seit 1999 Geschäftsführer der Stadtwerke Bonn und der Stadtwerke Siegen

Dr. Christoph Zöpel, geb. 1943 in Gleiwitz; Studium Wirtschaftswissenschaften, Philosophie und öffentliches Recht 1962–1966 in Berlin, 1966–1969 in Bochum; 1969 Diplomökonom, 1973 Promotion Dr. rer. oec., 1969–1974 Wissenschaftlicher Assistent an der Ruhr Universität Bochum, 1974–1975 Akademischer Rat an der Universität Essen, 1972–1990 Mitglied des Landtages von Nordrhein-Westfalen, 1978–1980 Minister für Bundesangelegenheiten, 1980–1985 Minister für Landes- und Stadtentwicklung, 1985–1990 Minister für Stadtentwicklung, Wohnen und Verkehr, seit 1990 Mitglied des Bundestages, 1977–1996 stellv. Landesvorsitzender der SPD in NRW, 1986–1995 Mitglied des Parteivorstandes der SPD, 1992–1995 Mitglied des Präsidiums der SPD, 1990–2005 Mitglied des Bundestages, 1999–2002 Staatsminister im Auswärtigen Amt, seither Publizist